Zwischen Rechten und Pflichten – Kants *Metaphysik der Sitten*

# Zwischen Rechten und Pflichten – Kants *Metaphysik der Sitten*

—

Herausgegeben von
Jean-Christophe Merle und Carola Freiin von Villiez

DE GRUYTER

ISBN 978-3-11-125516-3
e-ISBN (PDF) 978-3-11-053721-5
e-ISBN (EPUB) 978-3-11-053591-4

**Library of Congress Control Number:** 2021938001

**Bibliografische Information der Deutschen Nationalbibliothek**
Die Deutsche Nationalbibliothek verzeichnet diese Publikation in der Deutschen Nationalbibliografie; detaillierte bibliografische Daten sind im Internet über http://dnb.dnb.de abrufbar.

© 2023 Walter de Gruyter GmbH, Berlin/Boston
Dieser Band ist text- und seitenidentisch mit der 2021 erschienenen gebundenen Ausgabe.
Druck und Bindung: CPI books GmbH, Leck

www.degruyter.com

# Inhalt

**Siglen** —— VII

Jean-Christophe Merle / Carola Freiin von Villiez
**Zur Gliederung der Metaphysik der Sitten** —— 1

Carola Freiin von Villiez / Jean-Christophe Merle
**Zum Konzept des Bandes** —— 17

Kenneth R. Westphal
**Aufklärung, Vernunft und Universalismus** —— 31

Dietmar von der Pfordten
**Zum Rechtsbegriff in Kants Rechts- und Tugendlehre** —— 57

Alessandro Pinzani
**Wie kann äußere Freiheit ein angeborenes Recht sein?** —— 79

Jean-Christophe Merle
**Das „zweideutige Recht" („Anhang zur Einleitung in der Rechtslehre")** —— 95

David James
**Unabhängigkeit und Eigentum in Kants *Rechtslehre*** —— 105

Matthias Kaufmann
**Muss Besitz erlaubt werden? Kant und die Naturrechtstradition** —— 129

Ulli F. H. Rühl
**Kants Privatrecht. Drittes Hauptstück §§ 36–40** —— 155

Robert Louden
**Was ist das Besondere an legalisiertem Sex? (Oder, wie kann doppeltes Unrecht Recht ergeben?)** —— 167

Carola Freiin von Villiez
**Staatliche Souveränität und Selbstbestimmung der Völker bei Kant und im Völkerrecht** —— 183

Günter Zöller
„Wahre Republik": Kants legalistischer Republikanismus im historischen und systematischen Kontext —— 201

Jean-Christophe Merle
Von den Tugendpflichten gegen Andere: Liebe, Achtung und Freundschaft —— 223

Alessandro Pinzani
Innere und äußere Pflichten, innere und äußere Handlungen: Das schwierige Verhältnis von Rechts- und Tugendpflichten in der *Metaphysik der Sitten* —— 247

Christel Fricke
Kants moralische Begründung der Rechtspflichten und das Immanuel-Kant-Problem —— 263

Ulli F. H. Rühl
Methodenlehre und kasuistische Fragen in Kants Rechts- und Tugendlehre —— 285

Andrea Marlen Esser
Kants Verbot der Lüge in der *Metaphysik der Sitten*: Irrweg eines „Moralpathologen" oder konsequentes moralphilosophisches Denken? —— 299

Patrick Kain
Pflichten in Ansehung der Tiere —— 319

Susan Meld Shell
Kants moralische Amphibolie und die Beziehung zwischen Ethik und Religion —— 331

Thomas Mertens
Kant und die Zwecke des Lebens —— 349

Literaturverzeichnis —— 369
Hinweise zu den Autoren —— 385
Personenregister —— 387

# Siglen

| | |
|---|---|
| Anth | Anthropologie in pragmatischer Hinsicht (AA 07) |
| BBM | Bestimmung des Begriffs einer Menschenrace (AA 08) |
| BGSE | Bemerkungen zu den Beobachtungen über das Gefühl des Schönen und Erhabenen (AA 20) |
| Br | Briefe (AA 10–13) |
| DfS | Die falsche Spitzfindigkeit der vier syllogistischen Figuren erwiesen (AA 02) |
| GMS | Grundlegung zur Metaphysik der Sitten (AA 04) |
| GSE | Bemerkungen zu den Beobachtungen über das Gefühl des Schönen und Erhabenen (AA 20) |
| HN | Handschriftlicher Nachlass (AA 14–23) |
| KpV | Kritik der praktischen Vernunft (AA 05) |
| KrV | Kritik der reinen Vernunft (nach Paginierung der A- bzw. der B-Ausgabe) |
| KU | Kritik der Urteilskraft (AA 05) |
| Log | Logik (AA 09) |
| MAM | Muthmaßlicher Anfang der Menschengeschichte (AA 08) |
| MAN | Metaphysische Anfangsgründe der Naturwissenschaften (AA 04) |
| Refl | Reflexionen (AA 14–19) |
| RGV | Die Religion innerhalb der Grenzen der bloßen Vernunft (AA 06) |
| RL | Die Metaphysik der Sitten. Erster Theil: Metaphysische Anfangsgründe der Rechtslehre (AA 06) |
| TL | Die Metaphysik der Sitten. Zweiter Theil: Metaphysische Anfangsgründe der Tugendlehre (AA 06) |
| TP | Über den Gemeinspruch: Das mag in der Theorie richtig sein, taugt aber nicht für die Praxis (AA 08) |
| UD | Untersuchung über die Deutlichkeit der Grundsätze der natürlichen Theologie und der Moral (AA 02) |
| ÜGTP | Über den Gebrauch teleologischer Principien in der Philosophie (AA 08) |
| VARL | Vorarbeit zur Rechtslehre (AA 23) |
| VATL | Vorarbeit zur Tugendlehre (AA 23) |
| V-Eth/Baumgarten | Baumgarten Ethica Philosophica (AA 27) |
| V-Met/Arnoldt | Metaphysik Arnoldt (K3) (AA 29) |
| V-Met/Dohna | Kant Metaphysik Dohna (AA 28) |
| V-Mo/Collins | Moralphilosophie Collins (AA 27) |
| V-Mo/Mron | Moral Mrongovius II (AA 29) |
| V-Met/Herder | Metaphysik Herder (AA 28) |
| V-Met/Heinze | Kant Metaphysik L 1 (Heinze) (AA 28) |
| V-Met/Volckmann | Metaphysik Volckmann (AA 28) |
| V-Met-L1/Pölitz | Metaphysik L 1 (Pölitz) (AA 28) |
| V-Met-L2/Pölitz | Kant Metaphysik L 2 (Pölitz, Original) (AA 28) |
| V-Met-N/Herder | Nachträge Metaphysik Herder (AA 28) |
| V-MP/Vigil | Die Metaphysik der Sitten Vigilantius (AA 27) |

| | |
|---|---|
| V-NR/Feyerabend | Naturrecht Feyerabend (AA 27) |
| VPG-Hesse | Vorlesungen über Physische Geographie (AA 26) |
| VRML | Über ein vermeintes Recht aus Menschenliebe zu lügen (AA 08) |
| VvRM | Von den verschiedenen Racen der Menschen (AA 02) |
| WA | Beantwortung der Frage: Was ist Aufklärung? (AA 08) |
| WDO | Was heißt sich im Denken orientiren? (AA 08) |
| ZeF | Zum ewigen Frieden (AA 08) |

Jean-Christophe Merle / Carola Freiin von Villiez
# Zur Gliederung der Metaphysik der Sitten

In seiner *Metaphysik der Sitten* fasst Kant die „Metaphysische[n] Anfangsgründe der Rechtslehre" (hiernach RL) und die „Metaphysische[n] Anfangsgründe der Tugendlehre" (hiernach TL) unter einem gemeinsamen Titel zusammen. Der damit suggerierte systematische Zusammenhang zwischen beiden Teilen der *Metaphysik der Sitten* wird von ihm allerdings weit weniger deutlich hervorgehoben, als dies wünschenswert wäre. So verdecken die Einteilungen, die Kant in deren Einleitungen liefert, diese Einheit tatsächlich mehr, als sie zu betonen oder zu erläutern. Die Beiträge zum vorliegenden Aufsatzband sind jenseits der vielfältigen Einzelbestimmungen der *Metaphysik der Sitten*, die sie jeweils vornehmen, daher durch das Anliegen vereint, anhand der einzelnen Teile und Aspekte der *Metaphysik der Sitten* die entscheidende Einheit dieses Werkes als Ganzes sowie den inneren Zusammenhang zwischen ihren beiden Textteilen im Einzelnen zu beleuchten. Im Folgenden möchten wir sie im Allgemeinen skizzieren.

## 1 Die Gliederung der *Metaphysik der Sitten*

Den Begriff „Sitten" verwendet Kant zur Kennzeichnung von Handlungsverbindlichkeit(en). Die Sitten bezeichnen also, wie gehandelt werden *soll*, d. h. die Pflicht bzw. die Pflichten. Die Allgemeingültigkeit, die den Kern des Begriffs des Sollens ausmacht, kann nur aus der Vernunft und deren Freiheit stammen, d. h. aus dem *Apriori* als dem Gegenstand der Metaphysik. Die *Metaphysik der Sitten* ist der metaphysische Teil der Sittenlehre.

In der Vorrede der *Metaphysik der Sitten* beginnt Kant mit deren Gliederung, ohne den Zusammenhang zwischen ihren einzelnen Teilen anzusprechen:

> Auf die Kritik der praktischen Vernunft sollte das System, die Metaphysik der *Sitten*, folgen, welches in metaphysische Anfangsgründe der *Rechtslehre* und in eben solche für die *Tugendlehre* zerfällt (als ein Gegenstück der schon gelieferten metaphysischen Anfangsgründe der *Naturwissenschaft*), wozu die hier folgende Einleitung die Form des Systems in beiden vorstellig und zum Teil anschaulich macht (RL, AA 6: 205).

Gleich nach diesen Zeilen folgt eine Darstellung allein der RL:

> Die *Rechtslehre* als der erste Teil der Sittenlehre ist nun das, wovon ein aus der Vernunft hervorgehendes System verlangt wird, welches man die *Metaphysik des Rechts* nennen könnte (RL, AA 6: 205).

Erst am Ende der Vorrede wird die TL lapidar wieder erwähnt: „Die *metaphysischen Anfangsgründe der Tugendlehre* hoffe ich in Kurzem liefern zu können" (RL, AA 6: 209).

Was ist denn dann aber „die Form des Systems in beiden", d. h. in der RL und in der TL?

Mit der Einteilung kann nicht die bereits aus anderen Werken Kants – seit der *Kritik der reinen Vernunft* – bekannte Einteilung in Elementarlehre und Methodenlehre gemeint sein, die sich zwar in der TL, jedoch nicht in der RL finden lässt.

Die „Einleitung in die Metaphysik der Sitten" und die „Einleitung in die Rechtslehre" enthalten zudem Elemente, die eher verwirren als dass sie dabei helfen würden, die Einheit der *Metaphysik der Sitten* zu erfassen.

Beispielsweise enthält die „Einleitung in die Rechtslehre" – wohlgemerkt nicht die „Einleitung in die Metaphysik der Sitten" – eine graphische „Einteilung nach dem objektiven Verhältnis des Gesetzes zur Pflicht" (RL, AA 6: 240) (siehe Abbildung 1).

|   | Vollkommene Pflicht | |   |
|---|---|---|---|
| Pflicht gegen sich selbst | 1. Das Recht der Menschheit in unserer eigenen Person | 2. Das Recht der Menschen | Pflicht gegen andere |
|   | (Rechts-) Pflicht (Tugend-) | | |
|   | 3. Der Zweck der Menschheit in unserer Person | 4. Der Zweck der Menschen | |
|   | Unvollkommene Pflicht | | |

**Abbildung 1:** „Einteilung nach dem objektiven Verhältnis des Gesetzes zur Pflicht" (RL, AA 6: 240)

Nach dieser Einteilung ist die „vollkommene Pflicht", die eine „Pflicht gegen sich selbst" ist, „das Recht der Menschheit in unserer eigenen Person", und sie gehört zur Rechtspflicht. Das Recht der Menschheit in unserer eigenen Person wurde von Kant kurz vorher im Zusammenhang mit einer der Ulpianischen Formeln, d. h. mit einer Pflicht in zwei Passagen erwähnt:

1) *Sei ein rechtlicher Mensch (honeste vive)*. Die *rechtliche Ehrbarkeit (honestas iuridica)* besteht darin: im Verhältniß zu Anderen seinen Werth als den eines Menschen zu behaupten, welche Pflicht durch den Satz ausgedrückt wird: ‚Mache dich anderen nicht zum bloßen Mittel, sondern sei für sie zugleich Zweck'. Diese Pflicht wird im folgenden als Verbindlichkeit aus dem *Rechte* der Menschheit in unserer eigenen Person erklärt werden (*lex iusti*) (RL, AA 6: 236).

Dies ist das „angeborene Recht", welches Kant wie folgt formuliert:

> *Freiheit* (Unabhängigkeit von eines Anderen nöthigender Willkür), sofern sie mit jedes Anderen Freiheit nach einem allgemeinen Gesetz zusammen bestehen kann, ist dieses einzige, ursprüngliche, jedem Menschen, kraft seiner Menschheit, zustehende Recht (RL, AA 6: 237).

In dem Letzteren sind weitere „Befugnisse" (RL, AA 6: 238) enthalten, z. B. die „angeborene *Gleichheit*" (RL, AA 6: 237). Darin sieht Kersting auch „Kants Version der herkömmlichen naturrechtlichen [...] Pflicht zur Selbsterhaltung und -bewahrung: der Mensch ist nicht sein Eigentümer [...]" (Kersting 1993, 103).

Kersting (Kersting 1993, 102) weist darauf hin, dass „*honeste vive*" noch bis kurz vor dem Erscheinen der *Metaphysische[n] Anfangsgründe der Rechtslehre* (RL) nicht der RL, sondern der TL angehörte, und verweist dabei auf folgende Passage der *Vorarbeiten zur Rechtslehre*:

> Die Moral besteht aus der Rechtslehre (*doctrina iusti*) und der Tugendlehre (*doctrina honesti*) jene heißt auch *ius* im allgemeinen Sinne, diese *Ethica* in besonderer Bedeutung (denn sonst bedeutet auch Ethic die ganze Moral). – Wenn wir letztere zuerst nehmen so können wir mit Ulpian die Formel derselben so ausdrücken: *honeste vive* – Die Rechtslehre enthält zwei Theile die des Privatrechts und des öffentlichen – *Neminem laede, suum cuique tribue* also das Recht des Naturzustandes und des bürgerlichen (VARL, AA 23: 386) (Kersting 1993, 102).

In der RL gehören alle drei Ulpianischen Formeln zur Rechtslehre. Kersting kommentiert dies, wie folgt:

> Die Entwicklung von Kants frühen Darstellungen der Doktrin der Sittlichkeit zur Pflichtenlehre des Alterswerks nimmt, so scheint es, auch den Weg einer Aufspaltung der juridisch-ethischen Doppelinstanz des Rechts der Menschheit in uns und damit des komplexen Bereichs der vollkommenen inneren Pflichten gegen sich selbst in eine juridische und eine ethische Hälfte: das Recht der Menschheit verläßt die Ethik und erweitert als Grund innerer Rechtspflichten die Prinzipienlehre des Rechts; die dadurch verwaisten vollkommenen Pflichten gegen sich selbst werden dem die freigewordene Stelle besetzenden Menschheitszweck zugeordnet (Kersting 1993, 105).

Mit den „verwaisten vollkommenen Pflichten gegen sich selbst" ist die o.g. „herkömmliche naturrechtliche [...] Pflicht zur Selbsterhaltung und -bewahrung" (Kersting 1993, 103) gemeint. Anders als von Kersting angenommen, gehört diese (etwa von Grotius und Pufendorf behauptete) Pflicht bei Kant jedoch nicht zum Zweck der Menschheit. Die Pflicht zur Selbsterhaltung bzw. das Verbot der „Selbstentleibung" (TL, AA 6: 421) gehört zum „Ersten Buch" der Pflichten gegen sich selbst, welches heißt: „Von den vollkommenen Pflichten gegen sich selbst". Das „Zweite Buch" heißt dagegen: „Von den unvollkommenen Pflichten des Menschen gegen sich selbst (in Ansehung seines Zwecks)" (TL, AA 6: 444) und befasst sich mit der Entwicklung der eigenen physischen und moralischen Anlagen als Beitrag zum Zweck der Menschengattung, wie er z.B. in der *Idee einer allgemeinen Geschichte in weltbürgerlicher Absicht* dargestellt wird. Anders als das „Zweite Buch" befasst sich das „Erste Buch" mit keiner Pflicht des Menschen gegen sich selbst „in Ansehung seines Zwecks". Und nur Pflichten, die mit dem Zweck der Menschheit verbunden sind, sind unvollkommen:

> Also sind alle Pflichten gegen sich selbst in Ansehung des Zwecks der Menschheit in unserer eigenen Person nur unvollkommene Pflichten (TL, AA 6: 447).

In der Metaphysik der Sitten lassen sich also zwei Verortungen von vollkommenen Pflichten finden: *einerseits* in der Rechtslehre, was die „rechtliche Ehrbarkeit" („angeborene Freiheit" und „Gleichheit" „im Verhältnis zu anderen") (vollkommene Pflicht gegen sich selbst zufolge der graphischen „Einteilung nach dem objektiven Verhältniß des Gesetzes zur Pflicht", RL, AA 6: 240) betrifft, *andererseits* in der Tugendlehre, was das Selbstmordverbot (Verbot der „Selbstentleibung", vgl. TL, AA 6: 422ff.), das Verbot der Masturbation („wohllüstige Selbstschändung", vgl. TL, AA 6: 424ff.) der Trunkenheit und der Völlerei („Selbstbetäubung", vgl. TL, AA 6: 427f.), der Lüge (vgl. TL, AA 6: 429ff.), des Geizes (vgl. TL, AA 6: 432ff.) usw. betrifft. Dabei ist keine dieser einzelnen Pflichten doppelt verortet, sondern jede derjenigen einzelnen Pflichten, die dem „*honeste vive*" entsprechen, wird jeweils nur einmal – entweder in der Rechtslehre oder aber in der Tugendlehre – verortet. Insofern liegt darum keine Inkompatibilität zwischen den beiden Verortungen vor.

Das Kriterium für die jeweilige Verortung ist dasselbe wie das Kriterium für die Verortung aller Pflichten entweder in der Rechtslehre oder aber in der Tugendlehre: ob eine „äußere Gesetzgebung" möglich ist, worunter Kant einen fremden Zwang versteht:

> Alle Pflichten enthalten einen Begriff der *Nöthigung* durch das Gesetz; die *ethische* eine solche, wozu nur eine innere, die *Rechtspflichten* dagegen eine solche Nöthigung, wozu auch eine äußere Gesetzgebung möglich ist; beide also eines Zwanges, er mag nun Selbstzwang oder Zwang durch einen Andern sein: da dann das moralische Vermögen des ersteren Tugend, und die aus einer solchen Gesinnung (der Achtung fürs Gesetz) entspringende Handlung Tugendhandlung (ethisch) genannt werden kann, obgleich das Gesetz eine

Rechtspflicht aussagt. Denn es ist die *Tugendlehre*, welche gebietet, das Recht der Menschen heilig zu halten (TL, AA 6: 394).

Kersting kritisiert die ausdrückliche Verortung der Ehrbarkeit als Teil des „*honeste vive*" in der Rechtslehre:

> Die Ehrbarkeit kann offenkundig nicht Gegenstand einer äußeren Gesetzgebung sein. Ist jede Rechtspflicht auch als indirekt-ethische Pflicht befolgbar, so scheint die innere Rechtpflicht der Ehrbarkeit nur als indirekt-ethische Pflicht betrachtet werden zu können. Rechtliche Ehrbarkeit läßt sich nicht durch Rechtszwang bewirken (Kersting 1993, 102).

Kerstings Ansicht ist aber unzutreffend, wie anhand eines Gegenbeispiels demonstriert werden kann. Kersting schreibt zu Recht:

> Eine Verletzung der *honestas iuridica* müßte den Tatbestand einer Selbstentrechtung und Selbstverdinglichung umfassen, die auf eine Selbstauflösung menschlicher Willens- und Handlungsfähigkeit gehen (Kersting 1993, 105 f.).

Dieser Tatbestand wäre bei der freiwilligen Selbstversklavung gegeben. „Das rechtliche Verhältnis des Menschen zu Wesen, die lauter Pflichten und keine Rechte haben", entspricht nach Kant dem Fall von „Menschen ohne Persönlichkeit (Leibeigene, Sklaven)" (RL, AA 6: 241). Nach Kant ist die Sklaverei – außer im Sinne der Zwangsarbeit als Bestrafung („Karren- oder Zuchthausarbeit" im „Sklavenstand", RL, AA 6: 333) – unzulässig, während der Status des Gesindes ein eindeutig rechtmäßiger Status ist.

> Dieser Vertrag also der Hausherrschaft mit dem Gesinde kann nicht von solcher Beschaffenheit sein, daß der *Gebrauch* desselben ein *Verbrauch* sein würde, worüber das Urtheil aber nicht bloß dem Hausherrn, sondern auch der Dienerschaft (die also nie Leibeigenschaft sein kann) zukommt; kann also nicht auf lebenslängliche, sondern allenfalls nur auf unbestimmte Zeit, binnen der ein Teil dem anderen die Verbindung aufkündigen darf, geschlossen werden. Die Kinder aber (selbst die eines durch sein Verbrechen zum Sklaven Gewordenen) sind jederzeit frei (RL, AA 6: 283).

Freiwillige Versklavung soll – und kann – daher mit rechtlichem Zwang verhindert werden.

Diejenigen vollkommenen Pflichten gegen sich selbst, die Rechtspflichten sind, kommen in den beiden Schemata der Einteilung, die Bernd Ludwig auf der Grundlage der „Einleitung zur Tugendlehre" bzw. des Haupttexts der TL zeichnet (vgl. Ludwig 1990, XXII), ebenfalls nicht vor (siehe Abbildungen 2 und 3).

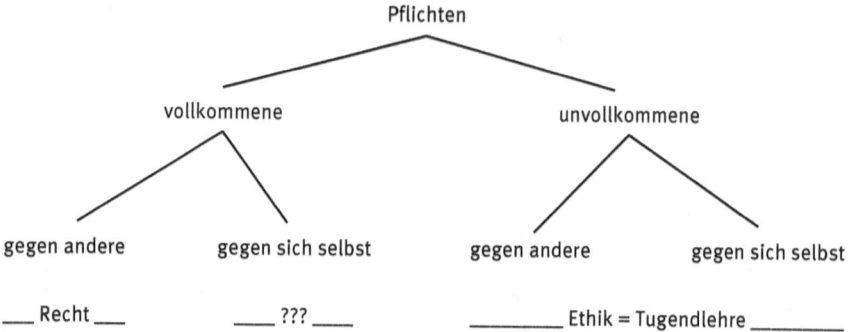

**Abbildung 2:** Schema der Einteilung, die Bernd Ludwig auf der Grundlage der „Einleitung zur Tugendlehre" der TL zeichnet (vgl. Ludwig 1990, XXII)

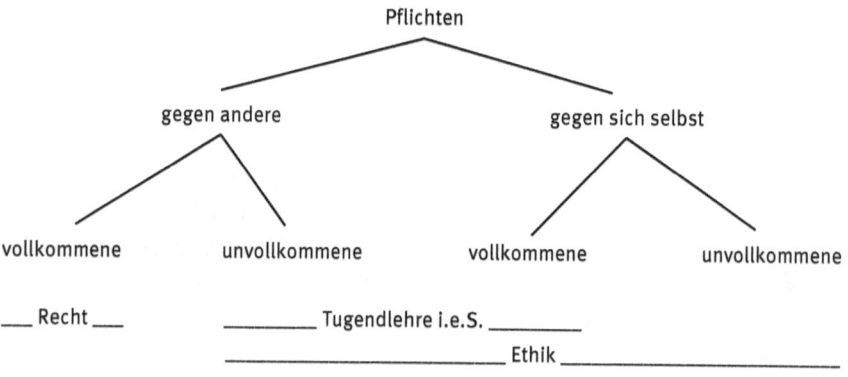

**Abbildung 3:** Schema der Einteilung, die Bernd Ludwig auf der Grundlage des Haupttexts der TL zeichnet (vgl. Ludwig 1990, XXII)

Dafür weist Ludwig in diesen Schemata auf eine Inkonsistenz der TL hin: Gemäß der „Einleitung zur Tugendlehre" gehören die vollkommenen Pflichten gegen sich selbst, die in der *Tugendlehre* behandelt werden (Selbstmordverbot, Verbot der Masturbation, der Trunkenheit und der Vollerei, der Lüge usw.) und nicht zu den Rechtspflichten zählen –, nicht nur ausdrücklich nicht zur Tugendlehre bzw. zu den Tugendpflichten, sondern sie gehören auch nicht zu den ethischen Pflichten, während dieselben vollkommenen Pflichten gegen sich selbst, die in der *Tugendlehre* behandelt werden und nicht zu den Rechtspflichten zählen, gemäß dem Haupttext der TL zwar nicht den Tugendpflichten, jedoch den ethischen Pflichten zugehören. Dies ist aber insofern ungereimt, als Kant in der RL erklärt:

Alle Pflichten sind entweder *Rechtspflichten* (*officia iuris*), d.i. solche, für welche eine äußere Gesetzgebung möglich ist, oder *Tugendpflichten* (*officia virtutis s. ethica*), für welche eine solche nicht möglich ist (RL, AA 6: 239).

Aus den hier genannten Gründen sollte die Einteilung der Pflichten also wie in der Abbildung 4 aussehen.

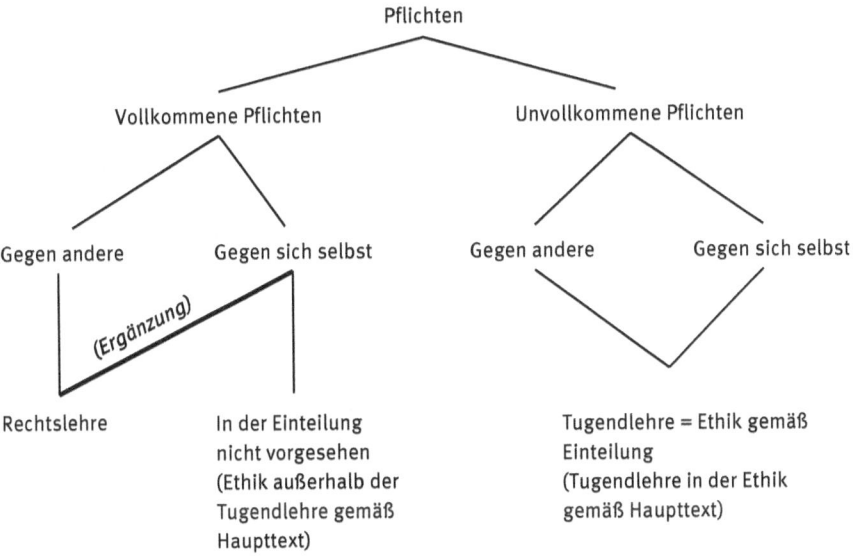

**Abbildung 4:** Ergänzte Einteilung der Pflichten

## 2 Die systematische Verbindung zwischen Rechts- und Tugendlehre

Unser Versuch einer konsistenten graphischen Darstellung der Einteilung der Pflichten in Kants *Metaphysik der Sitten* zeigt aber weiterhin nicht die systematische Verbindung, die zwischen der TL und der RL bestehen soll. Denn die TL stellt eine Lehre von den Pflichten dar, und sie ist dementsprechend ausdrücklich in Pflichten gegliedert, während die RL eine Lehre des Rechts – wohlgemerkt keine Lehre der Rechte – ist.

Worüber herrscht Einigkeit und Klarheit in Kants Werken und in deren Interpretationen? Eindeutig und von Kant mehrfach hervorgehoben sind die Unterscheidung zwischen Rechtspflichten und sonstigen Pflichten sowie das Kriterium für die Rechtspflichten, d. h. die Möglichkeit eines äußeren bzw. fremden Zwangs bzw. einer äußeren „Gesetzgebung".

Ebenso eindeutig ist, dass RL und TL zur *Metaphysik der Sitten* gehören, d. h. zur Lehre davon, wie gehandelt werden soll, d. h. als Lehre der Pflichten. Im Folgenden möchten wir daher die systematische Verbindung zwischen Rechts- und Tugendlehre kurz darstellen. Die „Einteilung der Metaphysik der Sitten überhaupt" (RL, AA 6: 239) ist eine Einteilung von Pflichten, und nicht etwa eine Untergliederung zwischen RL und TL. Dies wird durch das Schema „Von der Einteilung der Moral, als eines Systems der Pflichten überhaupt" (RL; AA 6:242; Abbildung 5) eindeutig dargestellt.

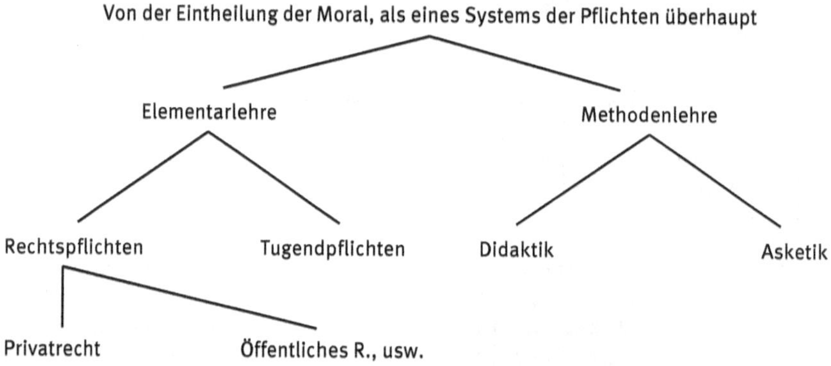

```
         Von der Eintheilung der Moral, als eines Systems der Pflichten überhaupt
                          /                                    \
                  Elementarlehre                          Methodenlehre
                   /          \                           /          \
        Rechtspflichten    Tugendpflichten           Didaktik       Asketik
          /      \
   Privatrecht   Öffentliches R., usw.
```

**Abbildung 5:** „Von der Eintheilung der Moral, als eines Systems der Pflichten überhaupt" (RL, AA 6:242)

Die Rechtspflichten gehören eindeutig zur Moral, obgleich sie keine ethischen Pflichten bzw. Tugendpflichten sind. Damit nimmt Kant, wie wir noch sehen werden, Stellung sowohl zu einer zum Zeitpunkt der RL aktuellen Debatte als auch zu einer aktuellen Debatte unter heutigen Autoren, die sich auf die kantische Tradition berufen. Bemerkenswerterweise werden in dieser „Einteilung" die Rechtspflichten nicht in unterschiedliche Pflichten eingeteilt, sondern in zwei Teile des Rechts (was nicht bedeuten soll, der Rechte): „Privatrecht" und „Öffentliches Recht".

Der Übergang von den Rechtspflichten zu den beiden Teilen des Rechts wird durch den Zusammenhang zwischen den drei einzelnen Ulpianischen Formeln erläutert, welche die folgenden sind:
1. „*Sei ein rechtlicher Mensch (honeste vive)*" (RL, AA 6: 236).
2. „*Tue niemandem Unrecht (neminem laede)*" (RL, AA 6: 236).

3. „*Tritt* (wenn du das letztere nicht vermeiden kannst) in eine Gesellschaft mit Andern, in welcher Jedem das Seine erhalten werden kann (*suum cuique tribue*)", oder genauer: „*Tritt* in einen Zustand, worin Jedermann das Seine gegen jeden anderen gesichert sein kann (*Lex iustitiae*)" (RL, AA 6: 237).

Kant erklärt:

> Also sind obstehende drei klassische Formeln zugleich Eintheilungsprinzipien des Systems der Rechtspflichten in *innere*, *äußere* und in diejenigen, welche die Ableitung der letzteren vom Prinzip der ersteren durch Subsumtion enthalten (RL, AA 6: 237).

Der Wechsel von der Einteilung der Rechtspflichten zur Einteilung des Rechts wird von vielen Interpreten außer Acht gelassen und von anderen übersehen. So schreibt etwa Robert Pippin:

> He [Kant] seems to have in mind a division between (i) innate and natural rights ('what is internally mine and yours'), and (ii) rights to acquire 'externally', to claim title in the state of nature ('what is externally mine and yours'). Then, since these acquisitions can only be provisional and always in contention and insecure, (iii) a right to and a duty to enter a civil situation where what is externally mine and yours can be secured and possible injustice avoided (Pippin 1999, 68).

Dabei wird u. a. übersehen, dass es sich um die Einteilung eines Systems nicht der Rechte, sondern der Rechtspflichten handelt, wobei erst im Punkt (iii) von einer „duty" die Rede ist.

Christoph Horn will bezüglich der Beziehung zwischen der Moral und dem Recht eine „Zwischenstellung zwischen Abhängigkeits- und Trennungsthese einnehmen" und behauptet in dieser Absicht:

> KI-Prozedur und die Generierung legitimen Rechts stehen nicht in einem einfachen Subsumtions- oder Derivationsverhältnis zueinander; vielmehr wird das Recht eher nachträglich und indirekt aus dem kategorischen Imperativ gewonnen (Horn 2014, 27).

Damit wird leider keine Erläuterung der in Bezug auf die Ulpianischen Formeln ausdrücklich behaupteten Subsumption und des Übergangs von den Pflichten zum Recht geliefert.

Die Frage bleibt also: Was ist das „Prinzip der ersteren", d. h. der „inneren Rechtspflichten", die in der ersten Ulpianischen Formel enthalten sind?

> 1) *Sei ein rechtlicher Mensch* (*honeste vive*). Die *rechtliche Ehrbarkeit* (*honestas iuridica*) besteht darin: im Verhältniß zu anderen seinen Werth als den eines Menschen zu behaupten, welche Pflicht durch den Satz ausgedrückt wird: ‚Mache dich anderen nicht zum bloßen

Mittel, sondern sei für sie zugleich Zweck'. Diese Pflicht wird im folgenden als Verbindlichkeit aus dem Rechte der Menschheit in unserer eigenen Person erklärt werden (*lex iusti*) (RL, AA 6: 236).

Die Rechtspflicht („Sei ein rechtlicher Mensch" bzw. „Mache dich anderen nicht zum bloßen Mittel, sondern sei für sie zugleich Zweck") ist von deren Prinzip zu unterscheiden. Deren Prinzip ist das „Recht der Menschheit", d. h. die „Unabhängigkeit von eines Anderen nöthigender Willkür" (RL, AA 6: 237) bzw. die zweite Formel des Imperativs der Pflicht: *„Handle so, daß du die Menschheit, sowohl in deiner Person, als in der Person eines jeden andern, jederzeit zugleich als Zweck, niemals bloß als Mittel brauchst"* (GMS, AA 4: 429). In der genannten „Subsumtion" werden aus diesem Prinzip die „äußeren" Rechtspflichten abgeleitet: „*Tue Niemandem Unrecht (neminem laede)*". Diese Formel lässt sich nach dem Modell der „inneren" Rechtspflichten auch auf folgende Weise formulieren: ‚mache Dir die anderen nicht zum bloßen Mittel, sondern sie seien für dich zugleich Zweck'. Die Subsumtion besteht darin, dass „die anderen" eine Teilmenge der Menschengattung sind, die in der Formulierung „in deiner Person, als in der Person eines jeden andern" gemeint ist, nämlich der Fall der „Person eines jeden andern"), und dass dieser Fall unter diesem Prinzip subsumiert wird, welches für die gesamte Menschengattung (meine Person und die Person „eines jeden andern") gilt. Dies scheint Kersting zu übersehen, obgleich diese Unterscheidung jener Unterscheidung zwischen dem an die zweite Ulpianische Formel angelehnten „Privatrecht" und dem an die dritte Ulpianische Formel angelehnten öffentlichen Recht, kurz der Gliederung der *Rechtslehre* zugrunde liegt:

> ‚Neminem laede' – ‚suum cuique tribue': beide Aufforderungen zielen auf das Recht anderer, auf das Recht der Menschheit in der Person anderer, und ein inhaltlicher Unterschied ist für Kant vorderhand nicht auszumachen: niemandes Recht kränken heißt jedem das ihm rechtlich-menschenrechtlich Zustehende und Zukommende zuzuerkennen, [ ] eben jedem das Seinige zu geben (Kersting 1993, 107).

Obwohl es bei Kant nur einen kategorischen Imperativ geben kann, könnte die Bezeichnung „Rechtsimperativ" (Höffe 1999, 41) für die dritte Ulpianische Formel heuristisch sinnvoll sein, wobei darunter zu verstehen wäre, dass die Errichtung des Rechts Gegenstand des kategorischen Imperativs ist, womit der Übergang von der Einteilung der Rechtspflichten zum Recht verständlicher würde. Otfried Höffe bietet aber keine Definition seines Begriffs eines „kategorischen Rechtsimperativs" und er versteht darunter erstaunlicherweise nicht nur die „Verbindlichkeit", auf die sich der „moralische Rechtsbegriff" bezieht, sondern auch die jeweilige Verbindlichkeit des Privatrechts und des öffentlichen Rechts, sodann die Teile der beiden (vgl. Höffe 1999, 42).

Im Folgenden möchten wir kurz erklären, warum Kant behauptet, dass die Rechtspflichten der dritten Art („*Tritt* in einen Zustand, worin Jedermann das Seine gegen jeden Anderen gesichert sein kann", RL, AA 6: 237) die genannte Ableitung durch Subsumption enthalten. Die Rechtpflichten der dritten Art enthalten den Imperativ zur Errichtung eines Rechtszustandes zwischen allen Menschen, d. h. eines „Zustand[s]", in dem „jedermann" einbezogen ist. Dieser Zustand, in dem „Jedermann das Seine gegen jeden Anderen gesichert sein kann" entspricht genau der Definition des Rechts:

> Das Recht ist also der Inbegriff der Bedingungen, unter denen die Willkür des einen mit der Willkür des andern nach einem allgemeinen Gesetze der Freiheit zusammen vereinigt werden kann (RL, AA 6: 230).

Die Einteilung der Rechts*pflichten* in das Privat*recht* und das öffentliche *Recht*, d. h. in zwei Teile des Rechts lässt sich dementsprechend auf zwei unterschiedliche Weisen interpretieren. Erstens gebieten die Rechtspflichten die Errichtung des Rechts, welches zwei Teile (das Privatrecht und das öffentliche Recht) enthält. Das Recht ist der Gegenstand von Rechtspflichten. Zweitens enthalten das Privatrecht und das öffentliche Recht Rechte sowie korrelative und dem Recht gehörige Pflichten, also Rechtspflichten.

Nach beiden möglichen Interpretationen werden nicht einzelne Rechtsbestimmungen von einzelnen oder von allgemeinen Moralbestimmung abgeleitet, sondern die Errichtung der gesamten Rechtsordnung lässt sich von der Moral ableiten. Dies wird bestätigt durch Kants Äußerung zur Zuordnung der Untersuchung des Rechts in der naturrechtlichen Tradition zu den Pflichten seit Ciceros *De Officiis*:

> Warum wird aber die Sittenlehre (Moral) gewöhnlich (namentlich vom *Cicero*) die Lehre von den *Pflichten* und nicht auch von den *Rechten* betitelt? da doch die einen sich auf die andern beziehen. – Der Grund ist dieser: Wir kennen unsere eigene Freiheit (von der alle moralische Gesetze, mithin auch alle Rechte sowohl als Pflichten ausgehen) nur durch den *moralischen Imperativ*, welcher ein pflichtgebieten der Satz ist, aus welchem nachher das Vermögen, andere zu verpflichten, d.i. der Begriff des Rechts, entwickelt werden kann (RL, AA 6: 239).

Damit nimmt Kant auf eine originelle Weise Stellung zur zentralen rechtsphilosophischen Debatte seiner Zeit, die auf eine Klärung der Beziehung und Abgrenzung zwischen Recht und Moral abzielte.

Gottfried Hufeland stellt den Gegenstand dieser Debatte wie folgt dar:

> Die Moral lehrt Pflichten; warum soll denn das Naturrecht auch Pflichten lehren? [...] wie wäre es nun, wenn wir versuchten, in unserer Wissenschaft blos Rechte zu lehren? (Hufeland 1785, 218).

Während Kant die Unterscheidung zwischen Rechtspflichten und Tugendpflichten als die Gliederung seiner Pflichtenlehre wählt und sie systematisch erläutert und begründet, stellt Hufeland den Unterschied zwischen moralischen Pflichten und Rechtspflichten also konsequent in Frage:

> Der Unterschied zwischen Pflichten der Moral und Pflichten des Naturrechts [...] ist also nach der vorhergehenden Betrachtung nichtig, da alle Pflichten eigentlich in die Moral gehören (Hufeland 1790, 27).

Ein Jahrzehnt später behauptet Schelling auf ähnliche Weise:

> Die Wissenschaft des Rechts (welche lange von der Moral gar nicht getrennt und bis jetzt noch in Rücksicht auf das Verhältniß zu dieser Wissenschaft völlig unbestimmt war) behauptet sich demnach einzig und allein *im Gegensatz* gegen die Wissenschaft der Pflicht (Schelling 1982, 153).

Weitere damalige Philosophen versuchten dagegen die Unterscheidung zwischen Recht und Moral aus Kants kategorischen Imperativ abzuleiten, und zwar genauer aus der Unterscheidung zwischen demjenigen, was nach dem kategorischen Imperativ geboten ist, und demjenigen, was nach dem kategorischen Imperativ zwar nicht verboten, jedoch auch nicht geboten, und daher bloß erlaubt ist. Kersting fasst diese Position zusammen, die z. B. von Theodor Schmalz (1792) und von Fichtes Revolutionsschrift vertreten wird, wie folgt:

> Die Pflichthandlungen bilden eine Teilklasse der erlaubten Handlungen, und zwar derjenigen, deren praktisches Gegenteil nicht verallgemeinerungsfähig ist. [...] Das Moralprinzip wird in seiner Eigenschaft als Regel des Verbotenen und Erlaubten von ihnen zerlegt in ein Obligativgesetz und ein Permissivgesetz und so [...] zur Ableitung des Rechts aus der sittlichen Vernunft so wie zur genauen vernunftgesetzlichen Abgrenzung seines besonderen Geltungsbereichs in Anspruch genommen (Kersting 1993, 53).

Daraus entstehen „absolute" (Hufeland 1790; Schmalz 1792) bzw. „ursprüngliche" (Hoffbauer 1793) Rechte sowie aus erlaubten Handlungen entstehende, sog. „hypothetische" (Hufeland; Schmalz) bzw. „bedingte" (Hoffbauer) Rechte. Gegen die Verletzung dieser Rechte ist dann der Einsatz von Zwang erlaubt. Schmalz schreibt: „Der oberste Grundsatz des *Naturrechts* [...] ist [...] *Behandle die Menschheit in andern nie als blosses Mittel*" (Schmalz 1992, 26). Er behauptet weiter:

> Weil dies Gebot die einzige Bedingung ist, unter welcher vernünftige Wesen in Freyheit neben einander bestehen können, so ist alles vollkommnes äusseres Recht, was nicht gegen

die Freyheit anderer streitet, und alles, was sie einschränkt, gegen äussere vollkomne Pflicht (Schmalz 1992, 27).

Damit werden die einzelnen Rechte einzeln aus dem kategorischen Imperativ abgeleitet.

Ein halbes Jahr vor dem Erscheinen von Kants *Rechtslehre* erscheint der erste Teil von Fichtes *Grundlage des Naturrechts*, in dem Fichte eine der Position seiner Revolutionsschrift radikal entgegengesetzte Position vertritt. In dem vermutlich im Zeitraum von Mai bis August 1795 geschriebenen und unveröffentlichten Entwurf einer Rezension fasst Fichte den Kern von mehreren zeitgenössischen Veröffentlichung zu dieser Debatte zusammen:

> Im Recht liegt offenbar, daß man es thun, oder laßen kann. In der Pflicht nicht so [...]. Ihr leitet also entgegengesetzte Begriffe, wie der der Pflicht, u. der des Rechts oft sind, ab, von dem gleichen Princip? Das ist inconsequent (Fichte 1971, 405).

Gemeint ist, dass durch diese Ableitung eine gleiche Handlung x gleichzeitig von einer Pflicht geboten und durch eine Erlaubnis bloß erlaubt wird. Also kann sie gleichzeitig obligatorisch und nicht obligatorisch sein. In Fichtes *Grundlage des Naturrechts* besteht das Recht weder aus einem Imperativ noch aus einer Pflicht, sondern aus einem „Gleichgewicht der Rechte". Fichte formuliert folgende Definition des Rechts:

> Das deduzierte Verhältnis zwischen vernünftigen Wesen, daß jedes seine Freiheit durch den Begriff der Möglichkeit der Freiheit des anderen beschränke, unter der Bedingung, daß das erstere die seinige gleichfalls durch die des anderen beschränke, heißt das *Rechtsverhältnis*; und die jetzt aufgestellte Formel ist der *Rechtssatz* (1966, 358).

Mehr als sechs Monate nach der Veröffentlichung des ersten Teils der *Grundlage des Naturrechts* gibt Kant eine ähnliche Definition des Rechts, die die kantischen Juristen und Naturrechtler überrascht und enttäuscht:

> Das Recht ist [...] der Inbegriff der Bedingungen, unter denen die Willkür des einen mit der Willkür des anderen nach einem allgemeinen Gesetze der Freiheit zusammen vereinigt werden kann" (RL, AA 6: 230).

Die von Kant in der *Rechtslehre* vertretene Position kam allerdings nicht unerwartet, weil ihre wesentlichen Prinzipien sich schon in der *Idee einer allgemeinen Geschichte* (1784) sowie im *Gemeinspruch* (1793) finden.

Fichtes *Grundlage des Naturrechts* enthält aber nicht nur eine Definition des Rechts. An alle Autoren des *Philosophischen Journals* adressierte Fichte in seiner o.g. Rezension das noch unerfüllte Desiderat jeder Rechtslehre: die Begründung einer deutlichen Unterscheidung zwischen Recht und Moral aus einer gemeinsamen Grundlage. Denn er schreibt:

> Im Recht liegt offenbar, daß man es thun oder laßen kann. In der Pflicht nicht so. Zeigt durch genetische Deduction den Unterscheidungsgrund auf (Fichte 1971, 405).

Während in der *Grundlage des Naturrechts* Fichte das Recht aus den Bedingungen des Selbstbewusstseins deduziert, leitet Kant in der *Metaphysik der Sitten*, wie wir gesehen haben, zwar nicht einzelne Rechte aus einzelnen (moralischen) Pflichten ab. Er leitet aber aus dem Rechtsimperativ und den Rechtspflichten die Pflicht zur Errichtung einer Rechtsordnung nach dem o.g. Begriff des Rechts ab, und zwar einer Rechtsordnung, in der genuin rechtliche Rechte mit Zwangsbefugnis und genuin rechtlich korrelative Pflichten enthalten sind, deren Erfüllung erzwingbar ist. Manche Pflichten gehören nur zu einer Gesetzgebung (der moralischen Nötigung durch den kategorischen Imperativ), andere zu beiden Gesetzgebungen (zusätzlich zur Gesetzgebung der Zwangsbefugnis). Manche Handlungen und Unterlassungen sind Gegenstand sowohl von moralischen Rechtspflichten als auch von genuin rechtlichen Rechtspflichten und Rechten. Dies ist z. B. der Fall des Mordverbots. Andere Handlungen und Unterlassungen sind lediglich Gegenstand von moralischen Rechtspflichten, jedoch nicht von genuin rechtlichen Rechtspflichten und Rechten. Dies ist z. B. der Fall des Lügenverbots und des Verbots der falschen Versprechen, außer bei bestimmten Arten von Lügen (z. B. unter Eid) bzw. des falschen Versprechens (z. B. im Vertragsrecht).

Dass die Menge der rechtlichen korrelativen Pflichten eine Teilmenge der Menge der moralischen Pflichten darstellt, ist bereits einem Vergleich zwischen der Formulierung der Menschheitsformel des zweiten Imperativs der Pflicht und dem Rechtsbegriff bzw. den Ulpianischen Formeln zu entnehmen. Die Menschheitsformel lautet:

> *Handle so, daß du die Menschheit, sowohl in deiner Person, als in der Person eines jeden andern, jederzeit zugleich als Zweck, niemals bloß als Mittel brauchst* (GMS, AA 4: 429).

Die erste Ulpinianische Formel fordert: „Mache dich anderen nicht zum bloßen Mittel, sondern sei für sie zugleich Zweck" (RL, AA: 236).

Darin – sowie in den beiden weiteren Ulpianischen Formeln – ist weder die Forderung, die Menschheit in der eigenen Person als Zweck zu brauchen enthalten, noch die Forderung, die Menschheit im anderen als Zweck zu behandeln. Es geht bloß darum auf die eigene freie Wahl und auf die freie Wahl der anderen, also auf die Willkür oder die Fähigkeit, sich Zwecke zu setzen, zu achten, wie dies im Begriff des Rechts enthalten ist:

> Das Recht ist also der Inbegriff der Bedingungen, unter denen die Willkür des einen mit der Willkür des andern nach einem allgemeinen Gesetze der Freiheit zusammen vereinigt werden kann (RL, AA 6: 230).

Wenn man die rechtlichen Rechtspflichten aus dem Begriff des Rechts allein ableitet, verlangen diese nicht mehr als die Beachtung der normativen Unverletzlichkeit der einzelnen Personen im Rawlsschen Sinne. Der Grund für das von Rawls vertretene Verbot einer Aufopferung individueller personaler Interessen zugunsten gemeinsamer Zwecke – wie es etwa in der utilitaristischen Priorisierung des größten Glücks der größten Anzahl impliziert ist – besteht darin, dass die Person über zwei moralische Vermögen verfügt: 1. über das Vermögen, eine eigene Konzeption des Guten – sprich des für sie guten Lebens – zu entwickeln, und 2. über das Vermögen, über das moralisch Richtige und das moralisch Falsche in ihren moralischen Intuitionen zu urteilen. Dies ist aber für Kants kategorischen Imperativ nicht relevant, sondern die Freiheit als Spontaneität und Unabhängigkeit von jeglicher sinnlichen Willensbestimmung. Kant leitet die einzelnen rechtlichen Rechtspflichten zwar aus seinem o.g. Rechtsbegriff ab, lässt in deren Bestimmung aber die Ableitung des Rechtsbegriffs aus dem kategorischen Imperativ mit einfließen. Dabei ist selbstverständlich nicht aus den Augen zu verlieren, dass ein drittes Element ebenfalls zu berücksichtigen ist: Kants Grundanthropologie, ohne die seine Position zum traditionellen Ideal der Freundschaft oder zur Masturbation kaum zu verstehen sind.

Manche heutige Kant-Interpreten unterscheiden dagegen Kants Rechtsbegriff in der *Rechtslehre* nicht von dessen Ableitung, und schließen daraus, dass dieser den kategorischen Imperativ nicht enthält, also darauf, dass der Rechtsbegriff in Kants *Rechtslehre* nicht aus dem kategorischen Imperativ abgeleitet wäre:

> Kant nowhere really says that the principle of right can be derived from – or can be based on, the categorical imperative. The moral law and the categorical imperative are not even mentioned in §A-E of the 'Introduction to the Doctrine of Right', where Kant introduces the principle of right (Willascheck 1997, 220; vgl. auch Pogge 2002, 137).

Die Fokussierung auf den Rechtsbegriff unter Ausblendung von dessen Ableitung aus dem kategorischen Imperativ ermöglicht eine liberale Interpretation der Kantischen Philosophie, die zwar attraktiver (und sicher auch Rawls' selbsterklärt kantischer politischer Philosophie näher) zu sein scheint, die aber mit manchen Rechtsbestimmungen in der *Rechtslehre* kaum zu vereinbaren ist, welche sich offensichtlich aus dem Rechtsbegriff allein inhaltlich nicht ableiten lassen, sondern nur unter Miteinbezug des kategorischen Imperativs zu erklären sind. Zu diesen Rechtsbestimmungen gehören beispielsweise jene zur Ehe, zur „öffentlichen Wollust" (RL, AA 6: 325), zur Bestraffung der „Bestialität" (RL, AA 6: 363), d. h. der Zoophilie, sowie das Inselbeispiel bezüglich der Strafe.

Aus den vorstehenden Gründen lassen sich unseres Erachtens die *Rechtslehre* und die *Tugendlehre* nicht getrennt voneinander lesen, und eine angemessene Interpretation ihrer einzelnen Teile sollte sowohl die Begriffe des Rechts und der Tugend als auch deren Ableitung sowie Elemente der Kantischen Grundanthropologie enthalten. Umgekehrt kommen bei einer Analyse der einzelnen Teile von Kants *Metaphysik der Sitten* die systematischen Fragen bezüglich des Zusammenhangs zwischen Recht, Moral und Grundanthropologie, die oben angesprochen wurden, zum Ausdruck, und aus solchen Analysen einzelner Teile der *Metaphysik der Sitten* lässt sich am besten eine konsensfähige Antwort auf diese komplexen Fragen finden. Mit Blick auf diese Einsichten und Erkenntnisziele wurden die Autorinnen und Autoren des vorliegenden Aufsatzbandes ausgewählt und zu entsprechenden Beiträgen eingeladen. Der Großteil der Beiträge geht dabei auf zwei Workshops – von denen einer an der Universität Vechta stattfand, der andere an der Universität Bergen – zurück, für deren Finanzierung wir beiden Universitäten zu Dank verpflichtet sind. Darüber hinaus möchten wir der „Universitätsgesellschaft Vechta" sowie „Meltzerfondet" für ihre finanzielle Unterstützung danken. Die hierdurch ermöglichten intensiven Diskussionen über die Lektüre einzelner Teile dieses Werks im Rahmen der beiden Workshops waren für uns ein großer fachlicher Gewinn und eröffneten uns neue Forschungshorizonte. Es sei an dieser Stelle allen Autoren und Autorinnen – nicht zuletzt für die angenehme Diskussionsart – gedankt.

Die Herausgeber
Im März 2021

Carola Freiin von Villiez / Jean-Christophe Merle
# Zum Konzept des Bandes

Im Vorangegangenen haben wir kursorisch in Kants Gliederung der *Metaphysik der Sitten* eingeführt und die Gründe für hieraus resultierende Probleme für die systematische Verbindung zwischen *Rechtslehre* und *Tugendlehre* benannt. Diese Probleme werden in den einzelnen Beiträgen aus unterschiedlichen Perspektiven und vor dem Hintergrund unterschiedlicher, auch multidisziplinärer, Erkenntnisinteressen aufgegriffen. Dabei wird – ganz im Sinne der Aufklärung – bewusst einem antidogmatischen Methodenpluralismus, bei dem grammatikalische, historische, systematische und teleologische Auslegungen (um sich des Vokabulars der Rechtswissenschaft zu bedienen) oftmals sogar innerhalb eines Beitrags gleichberechtigt nebeneinanderstehen, Raum gegeben. So fügen sich einem puristischen Interpretationsrigorismus verpflichtete Beiträge mit solchen, die auf einen umfassenden Einbezug der Vorlesungsnachschriften setzen oder mit Analogien und weitgreifender begrifflicher und/oder theoriehistorischer Kontextualisierung operieren, zu einem umfassenden Bild des Wertes der *Metaphysik der Sitten* in Theorie und Praxis zusammen. Die interne Schlüssigkeit der *Metaphysik der Sitten* sowie ihre Zusammenstimmung mit Kants Gesamtwerk werden durch über den Stand der Forschung kritisch hinausgehende Einbettungen in oder Anknüpfungen an frühere, zeitgenössische sowie gegenwärtige Theorietraditionen und Problemkontexte aufgezeigt oder in Frage gestellt. Indem dabei auch Fragen zur methodologischen Relevanz von Kants Beispielen und empirischen Diagnosen für seine Rechtfertigungsstrategie miteinbezogen werden, wird die rein gegenstandsbezogene Interpretation zudem um neue methodologische und metamethodologische Erkenntnisse bereichert. Im Folgenden seien die einzelnen Beiträge kurz vorgestellt und miteinander in Beziehung gesetzt.

Im *dritten Beitrag*, „Aufklärung, Vernunft und Universalismus", widmet sich *Kenneth Westphal* dem methodologischen Status von Kants Moraltheorie als einer Version des von ihm so benannten „naturrechtlichen Konstruktivismus". Die historisch-systematische Neubewertung von Kants Universalismus verspricht ein genaueres Verständnis von, und damit eine besser fundierte Beurteilungsgrundlage für, seine Moraltheorie, und leistet durch das Ausräumen einschlägiger Missverständnisse zudem einen wichtigen Beitrag zur methodologischen Verteidigung von universalistischen Werte- und Wertungsansprüchen der Aufklärung, die gerade wieder einmal ins Fadenkreuz der Kritik geraten sind. Der berechtigte kritische Umgang mit Traditionen, Institutionen, Theorien und Ungerechtigkeiten der europäischen Kultur bzw. Zivilisation – wie auch jeglicher anderer Kultur – zu dem Kant nicht unwesentlich beigetragen hat und der selbstverständlich auch auf

Kant Anwendung findet unterscheidet sich dabei indessen wesentlich von Versuchen, unter dem Deckmantel der Kritik dogmatische, anti-universalistisch diskriminierende oder gar inquisitorische und für die (u.a. wissenschaftliche) Freiheit gefährliche Positionen zu diktieren. In kritischer Auseinandersetzung mit Kants praktischer Anthropologie wird gezeigt, wie aus der Struktur vernunftgeleiteten Handelns resultierende moralisch relevante Fakten in die Grundlegung seiner Moralphilosophie miteinfließen und seine Rechtfertigungsstrategie als inhärent sozial und intersubjektiv ausweisen. Ein naturrechtlich-konstruktivistischer Ansatz, wie er hier exemplarisch herausgearbeitet wird, rückt Kant methodologisch in die Nähe eines normativ qualifizierten Pluralismus Rawlsscher Prägung (hierzu Freiin von Villiez 2005, 2019) und stärkt damit die Verteidigung von Theoriekonzeptionen, die sich in ihrer Verpflichtung auf die universalistischen Prinzipien der Aufklärung Kritik an ihrem vermeintlichen Kulturhegemonismus und Rigorismus ausgesetzt sehen. Ganz im Sinne des vorliegenden Bandes ist der Beitrag darüber hinaus ein Plädoyer für einen theorietraditionsübergreifenden Ansatz, der sich gegen eine bloße Parteigeistigkeit im Gewande methodologischer Reinheit und das damit oftmals einhergehende Opfer notwendiger Komplexität auf dem Altar der Vereinfachung richtet.

Der *vierte Beitrag* leitet eine umfängliche Diskussion zur Gliederung der *Metaphysik der Sitten* ein. Unter dem Titel „Zum Rechtsbegriff in Kants Rechts- und Tugendlehre" zielt *Dietmar von der Pfordten* in einer Form von grammatikalischer Rekonstruktion darauf ab, mithilfe eines strengen und sparsamen Interpretationsansatzes ein möglichst genaues Verständnis von Kants Rechtsbegriff zu entwickeln. *Streng* in dem Sinne, dass die Interpretation ausschließlich mit Kants eigenen Begrifflichkeiten operiert anstatt, wie dies heute oft praktiziert wird, Begriffe und systematische Unterscheidungen in den Originaltext hineinzutragen, die im Zuge gegenwärtiger Diskussionen überhaupt erst entwickelt und relevant wurden, und deren Triftigkeit zur Interpretation historischer Texte daher zumindest angezweifelt werden kann. *Sparsam* in dem Sinne, dass dabei ausschließlich auf die Hauptschriften in veröffentlichter Version zurückgegriffen wird, anstatt zu beanspruchen, deren von Kant explizit autorisierten Wortlaut mithilfe seiner Notizen, Briefe, oder fremder Vorlesungsnachschriften *post faktum* zu korrigieren. Wo Kant primär aus seiner explizit vertretenen Auffassung heraus verstanden werden soll, dürfen Letztere nach Auffassung des Autors lediglich in Härtefällen (e.g. manifeste textliche Widersprüche, Lücken oder Verständniszweifel bezüglich einzelner Thesen) behutsam und hilfsweise miteinbezogen werden. Im Geiste des so charakterisierten Ansatzes gilt es überdies Kants Systemdenken zu berücksichtigen, weshalb der Rechtsbegriff hier primär im systematischen Problemzusammenhang von *Rechtslehre* und *Tugendlehre* sowie anderer begriffsgenetisch relevanter Hauptschriften aufgearbeitet wird. So ergeben sich insbesondere Fragen danach, ob und inwieweit sich die Tugendlehre tatsächlich auf die Entwicklung von Tugendpflichten beschränkt (siehe auch Kap. 14), sowie ob Kants Trennung von Rechts- und Tugendpflichten als solche auch sachlich zu überzeugen vermag.

Im *fünften Beitrag* untersucht *Alessandro Pinzani* unter dem Titel „Wie kann äußere Freiheit ein angeborenes Recht sein?" ausgehend von der „Einteilung der Rechtslehre" Funktion und Charakter der äußeren Freiheit. Dass Kant diese in der Einleitung als das „einzige, ursprüngliche, jedem Menschen kraft seiner Menschheit zustehende, Recht" (RL, AA 6: 237) – *quasi* eine Art Ur- oder Metarecht – einführt, wird oftmals als Indiz für ihre Unverbrüchlichkeit gewertet. Andere Stellen der *Rechtslehre* (e.g. zum Freiheitsstatus des unehelichen Kindes, des Verbrechers oder des Gesindes) legen aber nahe, dass die äußere Freiheit für Kant keineswegs ein absolutes Recht darstellt, insofern sie eingeschränkt, suspendiert oder gar verwirkt werden kann. Eine systematische Erschließung des Freiheitsbegriffs erfolgt hier im Kontext seines Personenbegriffs aus der Einleitung zur *Metaphysik der Sitten*, denn die obenstehende Formulierung lässt vermuten, dass die von Kant zum Zwecke seiner Rechtslehre postulierte Freiheit eine essentielle Eigenschaft von Individuen darstellt. Pinzani zufolge ist dem aber nicht so. Sie ist weder als individuelle Wesenseigenschaft des Menschen noch als ein diese verbürgendes Staatsideal (dagegen Kap. 7) – somit auch nicht als ein „Recht" *sensu strictu* – zu verstehen, sondern vielmehr als formelle Ermöglichungsbedingung des (Privat-)Rechts. Dass sich daraus auch eine individuelle Pflicht zum Freiheitserhalt ergibt, bestätigt Kants Eigencharakterisierung seiner Rechtslehre als *Pflichten*lehre und damit auch die Einheit von *Rechtslehre* und *Tugendlehre*. Entgegen einer ebensolchen über den Freiheitsbegriff hergestellten Einheit diagnostiziert Fricke (Kap. 15) eine grundlegende Nichtvereinbarkeit von ethischer und positivrechtlicher Verpflichtung in Kants Denken. Rühls These einer missglückten Vermischung von Rechtsnormativität und Rechtsanwendung bei Kant (Kap. 9, 16) bietet dagegen einen weiteren Ansatz zur Auflösung der vermeintlichen Unverbrüchlichkeit der Freiheit.

Auch der *sechste Beitrag*, „Das ‚Zweideutige Recht' (‚Anhang zur Einleitung in der Rechtslehre')", von *Jean-Christophe Merle* beschäftigt sich mit durch die methodologische Vielschichtigkeit von Kants Rechtsbegriff aufgeworfenen Verständnisproblemen. Im Zuge einer anwendungsorientierten und begriffskontextuellen Analyse seiner Ausführungen zur Billigkeit und zum Notrecht wird demonstriert, dass der bloße Rückfall auf das Prinzip der Zwangsbefugnis kein angemessenes Verständnis von Kants Vorstellung von wahren Rechten *versus* vorgeblichen Rechten ermöglicht. Vielmehr wird hier ein inhärenter Widerspruch in seiner deutlich komplexeren, und zum Teil widersprüchlichen, Ablehnungsstrategie wider das Notrecht diagnostiziert. Dieser resultiert, so Merles These, aus einem Fehlschluss, der aber gleichwohl nicht in Kants Rechtsbegriff selbst begründet liegt, sondern einer verborgenen Prämisse in seiner zweiten These zum Notrecht aufruht. Auch bezüglich der Billigkeit eröffnet der „Anhang" innovative Interpretationsansätze, die von auf das Prinzip der Zwangsbefugnis sich beschränkenden Arbeiten übersehen werden. Der hier gewählte Interpretationsansatz vermag darüber hinaus, Kants Auffassung von „moralischen Rechten" als integralen Bestandteilen eines Begriffssystems von einander begrenzenden Rechten und Freiheiten verständlich zu machen. Insofern diese sich aufgrund ihrer Einklagbarkeit vor dem rechtsethischen, „inneren Gericht" – anders als oft behauptet – keineswegs als bloß supererogatorisch erweisen, sondern vielmehr nach einer Zwangsbewehrung im positiven Recht verlangen, verspricht sich hier insgesamt eine deutlich konkretere Anwendungsperspektive für Kants Theorie als sie etwa bei einer schlichten Berufung auf den Kategorischen Imperativ.

Wo sich die vorigen Beiträge eher grundlegend mit Struktur, Methodologie und Einheit der *Metaphysik der Sitten* befassen, wenden sich die Beiträge 7–12 primär konzeptuellen und anwendungsbezogenen Einzelproblemen im Ausgang von der *Rechtslehre* zu.

Im *siebten Beitrag*, „Unabhängigkeit und Eigentum in Kants *Rechtslehre*", erörtert *David James* Inkohärenzen, die sich aus Kants scheinbarer konzeptioneller Vorannahme zugunsten des Privateigentums ergeben. Ähnlich wie im *fünften Beitrag* werden dabei Unstimmigkeiten zwischen Prinzip und Anwendung der von Kant als für den Rechtsbegriff selbst konstitutiv verstandenen Freiheit verhandelt. Wo diese, wie hier, im weiten Sinne von *individueller Unabhängigkeit* verstanden wird, umfasst ihre wirksame Gewährleistung auch materielle Absicherungsvorkehrungen und wird somit unweigerlich auch Kants Eigentumslehre systemrelevant für die Kohärenz der *Rechtslehre* sowie der *Metaphysik der Sitten* insgesamt. Kants Eigentumslehre aber scheint asymmetrische Abhängigkeitsbeziehungen nicht nur zu begünstigen, sondern droht durch ihre spezifische Verbindung mit seiner Konzeption der Staatsbürgerschaft sogar direkt mit seiner, Rousseau verpflichteten, Auffassung politisch-rechtlicher Freiheit zu kollidieren (hierzu auch Kap. 15). Anders als im *fünften Beitrag* avanciert die so verstandene Freiheit damit zu einem staatlich zu schützendem Ideal. Um vor diesem Hintergrund die innere Kohärenz der *Rechtslehre* wiederherzustellen, wird ein Kant-kompatibles Deliberationsmodell entwickelt, das durch eine kontinuierliche (Neu-)Bestimmbarkeit von Eigentumsrechten die individuelle Unabhängigkeit verlässlicher zu gewährleisten verspricht als Kants – theorieimmanent nicht einmal zwingend gebotene – Vorannahme zugunsten des Privateigentums dies vermag. Ähnlich wie im *sechsten Beitrag* wird auch hier vorgeschlagen, von Kants hochabstrakten Festlegungen theoriekompatibel zu extrapolieren, und so einen praktischen Anwendungsmehrwert zu erreichen.

Im *achten Beitrag*, „Muss Besitz erlaubt werden? Kant und die Naturrechtstradition", thematisiert *Matthias Kaufmann* in Anknüpfung an Joachim Hruschkas These eine grundlegende Bedeutungsverschiedenheit zwischen Kants terminologischem Gebrauch der *lex permissiva* in der *Rechtslehre* und in seiner politischen Philosophie der Friedensschrift. Auch hier werden Kants Ausführungen in über seine explizit gemachten hinausgehenden Begriffstraditionen und Diskussionskontexten verortet. Wie im *siebten Beitrag* werden dabei Besonderheiten und Innovationen von Kants komplexer Besitzlehre einer kritischen Prüfung unterzogen. Wo dort aber primär die Beziehung von Unabhängigkeit und Eigentum in Kants *Rechtslehre* auf der Leinwand ihres philosophischen Zeitkontextes ausgeleuchtet wurde, wird hier der Zusammenhang von Erlaubnisgesetz und Besitz unter Rückgriff auf die mittelalterliche Rechtsdiskussion (insbesondere auch bei Suárez und Molina) und frühneuzeitliche Eigentumslehre, aus denen sich das Vokabular der deutschen Schulphilosophie speiste, herausgearbeitet. Dabei wird Kants Besitzlehre zwischen besitzindividualistischem Liberalismus Smith'scher Prägung und kollektivistischem Sozialreformismus Rousseau'scher Prägung verortet und, ähnlich wie im vorstehenden Beitrag, für heutige Diskussionen um Rechtfertigung und Funktion von Eigentum aufbereitet. Hierin bestätigt sich einmal mehr, wie wichtig eine wortgenaue Lektüre für das angemessene Verständnis von Kants Texten und das Vorbeugen wider hartnäckige Fehlinterpretationen ist. Zudem wird vorexerziert, wie verständnisessentiell eine solide Kenntnis der philosophiegeschichtlichen Begriffsbildung ist, wenn Verweise auf die großen Philosophen nicht zu – die eigene Position künstlich überhöhenden – bloßen *ad auctoritas* Argumenten verkommen sollen.

Im *neunten Beitrag*, „Kants Privatrecht. Drittes Hauptstück §§ 36–40", nimmt *Ulli Rühl* einen trotz seiner offenkundigen systematischen Relevanz in der Forschungsliteratur unterdiskutierten, gleichwohl bereits seit der Veröffentlichung umstrittenen, Teil der *Rechtslehre* in den Fokus. Kant zufolge laufen in den in der *Rechtslehre* erörterten (und bis heute aktuellen) Anwendungsfällen der Schenkung, der Leihe, des Eigentumserwerbs vom Nichtberechtigten und des Eides die subjektiven Bedingungen des richterlichen Erkenntnisprozesses und die objektiven Vernunftbedingungen auseinander und führen so zu konträren Entscheidungen. In wortgetreuer, kritischer Interpretation wird hier das Augenmerk nicht auf die Schlüssigkeit der Herleitung von Kants vernunftrechtlichen Behauptungen gelegt, sondern – aus einer Kenntnis der juristischen Anwendungsperspektive des Richters heraus – die als vernunftrechtsimmanent behauptete Inkongruenz von reinem Recht und Rechtsanwendung infrage gestellt. Dabei wird aufgezeigt, inwiefern die in allen vier Streitfällen dem Richter im institutionellen Kontext mit Blick auf die empirische Rechtspraxis und -praktikabilität von Kant unterstellten Präsumtionen nicht etwa zwingend notwendig sind, sondern kontingent, was den von ihm behaupteten methodologisch gleichberechtigten Status der Urteile widerlegt. Kants auf die Ausarbeitung der vier Anwendungsfälle in §§ 36–40 gründende Sentenz einer vernunftrechtsimmanenten Problematik missachtet insofern, so die Schlussfolgerung, die selbstgezogene Grenze einer philosophischen Rechtslehre des aus vernunftrechtlichen Begriffen Notwendigen. Im Zuge seiner perspektivischen Unterscheidung von dem an sich Rechten und dem aus der Perspektive eines Gerichtshofs im Einzelfall, d.i. bei der Rechtsanwendung, Rechten betritt er in deren Verletzung und mit zweifelhaftem Erfolg das Gebiet der Jurisprudenz.

Auch *Robert Louden* greift im *zehnten Beitrag* ein bereits seit der Veröffentlichung der *Metaphysik der Sitten* umstrittenes, im Unterschied zum Thema des vorigen Beitrags aber vieldiskutiertes, Thema auf, wenn er fragt „Was ist das Besondere an legalisiertem Sex? (Oder, wie kann doppeltes Unrecht Recht ergeben?)". Die geradezu vehementen Reaktionen, die Kant mit seinen Ausführungen zu Sex und Ehe im Laufe der Zeit auf sich gezogen hat, sind Paradebeispiel für (und zugleich Warnung wider) die Launigkeit des Zeitgeistes, der diesbezüglich, wie so häufig in der Geschichte, eine regelrechte Kehrtwende vollzogen hat. Letztere wird im vorliegenden Beitrag so konzise wie unterhaltsam nachgezeichnet, bevor das Augenmerk auf eine weitere Besonderheit von Kants Besitzlehre (siehe auch Kap. 7, 8) gerichtet wird. Kant versucht, die behauptete Grundimmoralität sexueller Handlungen durch deren institutionelle Legalisierung im Rahmen der Ehe moralitätskonform umzugestalten. Dass er dabei mit Blick auf Eheleute – i.e. *Personen* – explizit auf die Sprache von Eigentum und Besitz zurückgreift, lässt sich aber nur schwer mit seiner Konzeption der Person in Einklang bringen. Sein Versuch, die theorieimmanente Stimmigkeit durch eine auf Ideen der Selbstwiedergewinnung durch wechselseitigen Erwerb sowie einen Begründungsschritt von (Körper-)Teilen zu Ganzen (Körpern) gründende Argumentation wiederherzustellen, wird hier unter umfangreichem Einbezug der Vorlesungsnachschriften kritisch erörtert. Dabei schließt sich Louden der von Schütz und Bouterwek früh formulierten Kritik an Kants Konstruktion eines *auf dingliche Art persönlichen Rechts* als solchem sowie der ihr immanenten Kommodifizierung an, und sucht deren Schlüssigkeit in kritischer Auseinandersetzung mit gegenwärtigen (auch im Wortsinn *musikalischen*) Kontrastimmen zu bekräftigen.

Nachdem bisher das Privatrecht im Vordergrund stand, wenden sich die nachfolgenden zwei Beiträge historisch-systematisch dem Öffentlichen Recht, genauer dem Staats- und Völkerrecht, in der *Rechtslehre* zu, um neben einer inhaltlichen Aufarbeitung grundlegender Setzungen methodologische Klärungsvorschläge zu machen. Im *elften Beitrag*, „Staatliche Souveränität und Selbstbestimmung der Völker bei Kant und im Völkerrecht", befasst sich *Carola Freiin von*

*Villiez* im Rahmen einer Normanalyse sachrelevanter Abschnitte des Völkerrechts und einer analytischen Rekonstruktion sachrelevanter Passagen von Kants Schriften mit dessen rätselhafter Ambivalenz in der Frage globaler Verrechtlichung. Seine Entscheidung, den Völkerbund souveräner Staaten dem Völkerstaat einer zentralistischen Weltrepublik letztlich vorzuziehen, ist vielfach als methodologisch fragwürdige und theorieimmanent unstimmige Kapitulation vor einer gegenläufigen Realpolitik und Rechtswirklichkeit kritisiert worden. Hier wird sie dementgegen in seinem *genuin normativen* Konzept von staatlicher Souveränität verortet. Dessen normative Wirksamkeit speist sich aus einem – aus Kants Ausführungen in der *Rechtslehre* und in der Friedensschrift analytisch rekonstruierten, und von ihm an einer Stelle selbst so bezeichneten – *ursprünglichen Recht* eines *Volkes*. Seine Strategie der Rechtfertigung unter gleichzeitiger normativer Begrenzung staatlicher Souveränität trägt somit wesentliche Züge des heutigen Völkerrechts. Im Rückgriff auf das Letztere lässt sich „Kants Dilemma" daher auch in einem normativen Mehrebenmodell des Regierens Kant-kompatibel auflösen. Die Legitimitätsbeständigkeit und politisch-rechtliche Effizienz des vorgeschlagenen Modells werden durch ein Subsidiaritätsprinzip gesichert, dessen Robustheit sich einer Differenzierung von Souveränitätsbefugniskategorien verdankt. Kants Pflicht zur globalen Verrechtlichung, so die Schlussfolgerung, soll das Souveränitätsprinzip weder aushebeln, noch kann oder muss sie dies theoriebedingt oder aus empirischer Notwendigkeit tun. Hierin erweist sich Kant auch mit Blick auf kollektive Personen (und ungeachtet anderweitiger Bedenken – siehe Kap. 5, 7, 15) als genuiner Philosoph der Freiheit.

Wo der vorige Beitrag Kants Republik im internationalen Gefüge verortet, untersucht *Günter Zöller* im *zwölften Beitrag*, „Wahre Republik": Kants legalistischer Republikanismus im historischen und systematischen Kontext", Kants Auffassung von Rechtsstaatlichkeit im Lichte von Theorie und Praxis des antiken und modernen Republikanismus, und legt im Zuge einer umfassenden Aufarbeitung des klassischen und neoklassischen Republikanismus eine systematische Kategorisierung des modernen Territorialstaats vor. In Nachzeichnung des steten Wechsels zwischen monarchischen und anti-monarchischen Entwicklungen werden zugrundeliegende soziopolitische Prozesse sowie Machtverschiebungen und -umformungen identifiziert, die Renaissance des legalistischen Republikanismus in Form eines gewaltmonopolistischen souveränen Nationalstaats durch eine historisch-systematische Einbettung verständlich gemacht, Verfassungsideal und Verfassungswirklichkeit nüchtern gegenübergestellt, sowie die ideelle und faktische Bedeutung von republikanischen Tugenden, Freiheit und Gemeinwohl in den ausdifferenzierten Phasen analysiert. Nebenbei wird nicht nur das Vorurteil, Kant passe seine politische Philosophie lediglich den durch die Französische Revolution geschaffenen Fakten an, durch eine Rückdatierung seines republikanischen Engagements auf Schlüsselpassagen der ersten Auflage der *Kritik der reinen Vernunft* entkräftet, und aus diesen heraus seine „spezifisch moderne" Interpretation von Platons Idee der Republik herausgearbeitet. Es wird auch gezeigt, wie er den verfahrenstechnischen Fokus des traditionellen Republikanismus auf die *faire Anwendung* von Gesetzen hin zu einer politisch-rechtlich identifizierbaren Verpflichtung auf das Freiheitsprinzip verschiebt, und im Zuge dessen seine Position in der Frage der Volkssouveränität besser verständlich gemacht. Auf diese Weise fördert dieser Beitrag nebenbei auch ein besseres Verständnis von Kants Methodologie.

Während die ersten zwölf Beiträge die Frage nach der internen Stimmigkeit der *Metaphysik der Sitten* sowie deren Status im Kontext von Kants Gesamtwerk eher aus der Perspektive der *Rechtslehre* untersuchten, stehen in den nachfolgenden Beiträgen aus der *Tugendlehre* sich ergebende Problematiken im Vordergrund.

Im *dreizehnten Beitrag*, „Von den Tugendpflichten gegen Andere. Liebe, Achtung und Freundschaft", räumt Jean-Christophe Merle mit Missverständnissen bezüglich der Begriffe von, und Pflicht zu, Liebe, Achtung und Freundschaft auf, die bei der Kant-Lektüre aus einer unaufmerksamen Vermischung unterschiedlicher Argumentationsebenen resultieren können. Er plädiert dafür, die bei Kant mit den moralischen Gefühlen der Liebe und der Achtung als sinnliche Erscheinungen verbundenen verdienstlichen, respektive schuldigen, intelligiblen Pflichten nicht wie bisher isoliert voneinander zu untersuchen, sondern, wie Kant dies selbst angeregt hat, vor dem Hintergrund ihrer tiefen Vereinigung in der Idee der Freundschaft. Mit einem solchermaßen *quasi* von Kant selbst autorisierten, inkludierenden Ansatz wird unter umfänglichem Texteinbezug seine differenzierende Entwicklung der Begriffe von Liebe und Achtung als Gefühle und der mit diesen verbundenen Pflichten und Inhalte in kritischer Auseinandersetzung mit den einschlägigen Ausführungen von Horn, Wood, Baron, Schönecker und Anderen herausgearbeitet. Das so gelegte Fundament ermöglicht auch eine textnähere Bewertung und ein differenzierteres Verständnis von Kants Ausführungen zur Freundschaft als moralisches Gefühl und als Pflicht. Hierbei manifestieren sich die sinnliche und die intelligible Seite der Freundschaft nicht etwa wie erwartet werden könnte im Sinne einer Unterscheidung zwischen moralischer und ästhetischer Freundschaft. Vielmehr zeichnet eine Analyse der Elemente der Freundschaft bei Kant ein Bild der spezifisch moralischen Freundschaft als praktische Teilnahme, die sich in der Wahrung einer Balance zwischen Liebe und Achtung an einem unerreichbaren Ideal der Freundschaft bzw. dessen Idee orientiert. Damit erweist sich die moralische Freundschaft als ein exklusives Gut.

Mit dem *vierzehnten Beitrag* greift *Alessandro Pinzani* unter dem Titel „Innere und äußere Pflichten, innere und äußere Handlungen. Das schwierige Verhältnis von Rechts- und Tugendpflichten in der *Metaphysik der Sitten*" den paradoxen Status der von Kant in der *Tugendlehre* als vollkommene Tugendpflichten gegen sich selbst eingeführten Pflichten auf. Seine entsprechende Kennzeichnung von Pflichten wider den Selbstmord oder die Lüge (siehe auch Kap. 16, 17, 20) sowie die wollüstige Selbstschändung suggeriert deren strafrechtliche Relevanz, hatte er doch in der Einleitung zur *Metaphysik der Sitten* explizit die Rechtspflichten – und nur diese – den vollkommenen Pflichten zugeteilt. In Rückschau von der *Tugendlehre* wird hier folgerichtig ein Lösungsvorschlag aus der gesamtarchitektonischen Perspektive des Werks entwickelt. Einmal mehr stehen also die spezifischen Kompetenzen und Befugnisse von *Rechtslehre* und *Tugendlehre* mitsamt ihren vermeintlichen Alleinstellungsmerkmalen sowie die sachliche Überzeugungskraft der Architektonik der *Metaphysik der Sitten* (siehe auch Kap. 4) in Frage. Hier erhellt eine umfassende und differenzierte Analyse, dass Kants umstrittenes Konstrukt vollkommener Tugendpflichten nicht etwa auf Irrtum oder Nachlässigkeit eines alterswirren Philosophen zurückgehe, und sich auch durch bereits vorgeschlagene Rückgriffe auf mangelnde Erzwingbarkeit (siehe auch Kap. 6) oder die Unterscheidung zwischen engen und weiten Pflichten nicht hinreichend verstehen lässt. Unter Berücksichtigung der Dualität der menschlichen Natur (siehe auch Kap. 13) wird durch eine Bestimmung der vollkommenen Tugendpflichten als *innere Rechtspflichten* eine Alternative entwickelt, welche die Schlüssigkeit von Kants Unterteilungen wiederherstellt. Die Konklusion, dass Rechts- und Tugendpflichten sich nicht nur bezüglich ihrer Herleitung und Art der ihnen übergeordneten Gesetzgebung unterscheiden, sondern auch durch ihre spezifische Art der Verbindlichkeit, schlägt so auch eine Brücke zu den beiden Gerichtshöfen aus der *Metaphysik der Sitten* (siehe auch Kap. 9 und 16).

Der *fünfzehnte Beitrag*, „Kants moralische Begründung der Rechtspflichten und das Immanuel-Kant-Problem", befasst sich einmal mehr mit der schwierigen Verbindung zwischen Rechts- und Tugendpflichten in Kants Philosophie. *Christel Fricke* stellt hier in einem über die *Metaphysik der Sitten* weit hinausgehenden Ansatz die Frage nach der normativen Grundlage der von Kant formulierten Rechtspflichten – und damit nach der grundsätzlichen Vereinbarkeit seiner rechts- und politik-philosophischen Schriften mit seinen Werken zur Moralphilosophie. In begrifflicher Anlehnung an eine, unter dem Titel „Das Adam Smith Problem" von der Deutschen Historischen Schule (einer Forschungsrichtung der Nationalökonomie des 19.Jhs.) an die Smith-Forschung herangetragene, vermeintliche Inkonsistenz zwischen Smiths Moralphilosophie und seiner ökonomischen Theorie respektive zugrundeliegenden Motivationspsychologie wird hier ein „Immanuel-Kant-Problem" diagnostiziert. Während aber das Erstere in der Forschung auf eine mangelnde Kenntnis von Smiths Moralphilosophie zurückgeführt wird und daher als Scheinproblem gilt, wird die Inkongruenz bei Kant hier als mit seiner Staatsbegründung intrinsisch verbunden betrachtet. Dabei wird auch Horns Vermittlungsvorschlag, der sich über Kants Geschichtsphilosophie auf sein aufklärerisches Ideal des moralischen Fortschritts gründet, verworfen. Alternativ hierzu wird ein Zusammenfallen von moralischer Freiheit und positivrechtlicher Verpflichtung in Kants Begründung eines absolutistischen politischen Herrschers herausgearbeitet, und auf dieser Grundlage nicht nur die Nichtvereinbarkeit von ethischer und positivrechtlicher Verpflichtung in Kants Denken attestiert, sondern darüber hinaus auch jedwedes systemkritische Potential seiner Theorie verworfen.

Auch der *sechzehnte Beitrag*, „Methodenlehre und kasuistische Fragen in Kants Rechts- und Tugendlehre", greift die Verbindung der strukturell ähnlichen Rechts- und Tugendpflichten noch einmal auf, wenn *Ulli Rühl* im Ausgang von der *Tugendlehre* den von Kant für seine Theoriekonzeption beanspruchten Ausschluss von Normenkollisionen und Pflichtenkonflikten kritisch hinterfragt. Kants Annahme eines naturinhärenten Moralkompasses der praktischen Vernunft in Form des Kategorischen Imperativs lässt ihn intellektuelle Erkenntnisprobleme bei der Normanwendung exkludieren und pflichtwidriges Handeln ausschließlich auf neigungsbedingte Anerkennungsverweigerung zurückführen. Wo Kant also ausschließlich ein Motivationsproblem sieht, werden hier indessen aber unterschätzte oder schlichtweg übersehene Erkenntnisprobleme der praktischen Urteilskraft bei der Subsumtion konkreter Fälle unter die Pflichtregeln sowie bei der Auflösung von Normenkonflikten diagnostiziert. Denn es wird – im Hinblick auf die unvollkommenen, weiten, wie auf die vollkommenen, engen Pflichten, und dies ähnlich wie im *neunten Beitrag* vor dem Kenntnishintergrund der juristischen Anwenderperspektive – gezeigt, dass Kants Ausführungen zum Subsumtionsprozess einer übervereinfachenden Sicht der Rechtsanwendung aufruhen. Unter Erörterung der vollkommenen Tugendpflichten gegen sich selbst (hierzu auch Kap. 14, 17 und 20) wird damit auch die von Kant behauptete unproblematische Anwendbarkeit des Selbstmord- und Lügenverbots als nicht haltbar erwiesen.

Man könnte nun lamentieren, dass die im vorigen Beitrag diagnostizierten Erkenntnisprobleme Kants zutiefst demokratischer Auffassung von Moralphilosophie als bloßer begriffsanalytischer Theoretisierung eines allgemeinanthropologischen Moralpotentials und -prozederes (die er mit anderen Philosophen der Aufklärung, wie etwa Adam Smith (vgl. Freiin von Villiez 2018, teilt) Abbruch tun. Die daraus resultierende Anwendungsoffenheit könnte indessen aber zugleich neue Wege eröffnen, die von Kant mit Blick auf die Problematik von Lüge und Selbstmord bezogene Position dem heutigen Moralverständnis anzunähern. Auch die nachfolgenden Beiträge leisten, indem sie neben einer grundlegenden Theorieaufarbeitung noch stärker das Potential von Kants Tugendpflichten für die empirische Anwendung auf gegenwärtige Problemstellungen in den Fokus rücken, hierzu einen entscheidenden Beitrag.

Wo der vorige Beitrag Kants eigene Beispiele des Lügenverbots und des Selbstmordverbots aus der juristischen Anwendungsperspektive untersuchte, nimmt im *siebzehnten Beitrag*, „Kants Verbot der Lüge in der Metaphysik der Sitten – Irrweg eines „Moralpathologen" oder konsequentes moralphilosophisches Denken?" *Andrea Esser* das Lügenverbot aus rechtsphilosophischer Perspektive in den Fokus. Die im Titel provokant aufgeworfene Frage verweist dabei höchst direkt auf das Grundanliegen des vorliegenden Bandes, d.i. den systematischen Zusammenhang zwischen *Rechts-* und *Tugendlehre* in der *Metaphysik der Sitten* zu erhellen. Kants Differenzierung von Recht und Ethik wird hier ohne Vorberücksichtigung von aus der *Menschenliebe* sich fast zwangsläufig ergebenden Vor-Urteilen im Ausgang von der Rechts- über die Tugendlehre unvoreingenommen untersucht, und auf dieser Grundlage – mit und durch Kant – eine pragmatische Auflösung von Problemen, die mit seiner vollkommenen Pflicht zur Wahrhaftigkeit einhergehen, vorgeschlagen. Wie zuvor (siehe Kap. 9, 16) klingt auch hier die Notwendigkeit einer Unterscheidung zwischen der rechtsanalytischen Begründungsperspektive und der rechtspraktischen Anwendungsperspektive an. Nur so lässt sich einerseits die Widerspruchsfreiheit des Rechts bekräftigen und andererseits dem positiven Recht neben seiner Legitimität die notwendige Anwendungsflexibilität einräumen. Auch hier werden nicht nur sachbezogene Neuerkenntnisse geboten, sondern darüber hinaus auch der methodologische Status und die Funktion von Beispielen bei Kant erhellt. Vor dem Hintergrund seiner „Kasuistischen Fragen" aus der *Tugendlehre* erweist sich Kant, anders als dies oft behauptet wird, denn auch gerade nicht als einen menschenfeindlichen Rigorismus propagierender, irrlichternder Moralpathologe, sondern ganz im Gegenteil als überaus menschenfreundlich, sozial und lebensnah.

*Patrick Kain* greift im *achtzehnten Beitrag* Kants Auffassung von „Pflichten in Ansehung der Tiere" auf, welche sich aus seiner Konzeption moralischer Personalität ergibt, die Pflichten und Rechte unauflösbar in der Menschenwürde zu verweben scheint. Unter Verweis auf menschliche Entwicklungsstadien sowie Grenzfälle, bei denen aus empirischer Sicht die von Kant in Anlehnung an die traditionelle Auffassung gezogenen Grenzen der einzelnen Spezies zu verwischen scheinen, wird seine Reichweitenbestimmung des moralischen Status bereits seit Längerem als problematisch kritisiert. Wie in den Beiträgen zum Lügen- und Selbstmordverbot (Kap. 14, 16, 17, 20) wird hingegen auch hier herausgearbeitet, inwiefern einschlägige Einwände Kants überaus differenzierter – und zudem auf einer weiterreichenden Gegenstandskenntnis als gemeinhin angenommen fußender – Position nicht gerecht werden. Kants Ehrenrettung wird im umfangreichen Rückgriff insbesondere auch auf sachrelevante kleinere Schriften sowie Vorlesungsnachschriften geleistet, und durch seine eigenen Anmerkungen zur Methodologie zusätzlich plausibilisiert. So trägt auch dieser Text über sachbezogene Neuerkenntnisse hinaus zur weiteren meta- / methodologischen Erhellung bei. Zudem verdeutlichen die Positionierung und spezifische Einbettung der Pflichten in Ansehung von Tieren in der *Metaphysik der Sitten* einmal mehr die Einheitlichkeit von Kants Schrift im Angesicht derer, die sie als wirre Zeilen eines alten Philosophen abtun. Ähnlich wie der *dreizehnte Beitrag* inspiriert auch hier der Einbezug von Kants Definition moralverpflichtungsermöglichender anthropologischer Grundvoraussetzungen und ihrer Aktivierungserfordernisse dazu, Kants Verhältnis zu den Schottischen Sentimentalisten neu zu überdenken.

Wo der vorige Beitrag Kants Auffassung, Pflichten gegen rein sinnliche Wesen seien in Wirklichkeit Pflichten bloß in deren Ansehung (und damit gegen uns selbst) in den Fokus nahm, beleuchtet *Susan Meld Shell* im *neunzehnten Beitrag*, „Kants moralische Amphibolie und die Beziehung zwischen Ethik und Religion", seine Religionspflicht, die eben auch keine Pflicht *gegen* Gott ist. Die Vorstellung einer Pflicht gegen Gott würde, wie jedwede Idee von Pflichten gegen nichtmenschliche Wesen, vielmehr einer moralischen Amphibolie der Reflexionsbegriffe aufsitzen. Das von Kant angenommene praktische Erfordernis einer spezifisch moralischen Religion beruht auf der Funktionsweise des menschlichen Gewissens und der damit notwendig verbundenen Beschaffenheit eines kompetenzgeteilten inneren Gerichtshofs. So verstanden konkurriert die Religionsbedeutung aus der *Tugendlehre* aber unmittelbar mit der in der *Religionsschrift* behaupteten moralischen Notwendigkeit einer Offenbarungsreligion. Dabei steht nichts Geringeres auf dem Spiel als die Frage nach dem Erfordernis einer spirituell und metaphysisch gehaltvollen Christlichen Religion *vs.* der Hinlänglichkeit einer, obzwar normativen, gleichwohl rein weltanschaulichen und vollständig säkularisierten Religion. Auch aus methodologischer und anwendungsbezüglicher Perspektive ist die moralische Amphibolie der Reflexionsbegriffe problematisch, denn sie gefährdet die Schlüssigkeit einer Philosophie der inneren Gesetzgebung durch eine Missachtung der Dualität der menschlichen Natur, die überhaupt erst ein reales Verhältnis zwischen Recht und Pflicht ermöglicht. Kants „ethische Gymnastik" wird hier in eine Taxonomie der Religion eingebettet umfassend aufgearbeitet.

Auch im *zwanzigsten Beitrag* spielt die fortschreitende Säkularisierung westlicher Gesellschaften eine Rolle, wenn *Thomas Mertens* mit „Kant und die Zwecke des Lebens" die rechtlichen und lebensweltlichen Folgen einer zunehmenden Verdrängung der naturrechtlichen Auffassung des Lebens als absolut zu schützendes – sakrosanktes – Geschenk oder Depositum unter Obhutsverpflichtung, durch Vorstellungen des Lebens als ein Privateigentum (hierzu auch Kap. 5) untersucht. Wo das Naturrecht Pflichten gegen sich selbst (oder Gott) in den Vordergrund rückt, betont die Eigentumsauffassung mit dem souveränen Verfügungsrecht des autonomen Subjekts einhergehende Abwehrrechte gegen Andere (jenseits von materieller Subsistenzsicherungshilfe). Paradoxerweise wird die Eigentumsauffassung oftmals mithilfe von Kants Ideen der Autonomie und Menschenwürde begründet. Eine komparative Analyse seiner Religionsauffassung, Pädagogik, Ethik und Rechtslehre sowie deren methodologischer Beziehung zeichnet aber auch hier ein sehr viel nuancenreicheres Bild als jenes diese Ideen entsprechend vereinnahmender Theoriekonzeptionen. Dabei erleichtert die konsequente Beachtung seiner Unterscheidung zwischen normativem und empirischem Würdebegriff sowie zwischen dem Wert des Lebens als biologisches Faktum einerseits und als moralisches oder rechtliches Faktum andererseits neben dem Kantverständnis auch die Lösung von Anwendungsfällen. Wo autonome Selbstbestimmung der Moralität in der eigenen lebendigen Person nicht nur entstammt, sondern durch diese zugleich auch begrenzt wird, tritt an die Stelle einer absolutistischen Menschenrechtslehre eine nuancierte Menschen*pflichten*lehre, die nicht nur Kants Ambiguität bei ethischen Grenzfällen wie Abtreibung, Selbstmordbeihilfe oder Euthanasie richtig einordnet, sondern zudem differenziertere anwendungsorientierte Fallanalysen und damit neue moralphilosophische und rechtliche Lösungsansätze ermöglicht.

Kenneth R. Westphal
# Aufklärung, Vernunft und Universalismus

## 1 Einleitung

Heutzutage sind universalistischen Moralprinzipien einer breiten Palette von Einwänden ausgesetzt. Bevor wir uns mit dieser schwierigen Materie befassen, möchte ich darauf hinweisen, dass ich – anders als die meisten englischsprachigen Philosophen des 20. Jhd. – den Fachterminus „Moralphilosophie" für die Gattung der Praktischen Philosophie verwende, die zwei eigentlich gleichgeordnete Arten hat: die Ethik und die Gerechtigkeitstheorie (*ius*). Universalistische Moraltheorien wurden deswegen kritisiert, weil sie den europäischen Imperialismus rationalisieren, den positiven Charakter der Gemeinschaften vernachlässigen und die Werte der Freundschaft abschwächen würden. Obwohl es sein mag, dass verschiedene universalistische Theorien solche Irrtümer begehen, beunruhigt es mich, dass aus Ignoranz eine viel subtilere und wichtigere Form von universalistischer Moraltheorie beiseitegeschoben worden ist, welche eine Herangehensweise bietet, welche durch unnötige Uneinigkeiten in der Philosophie unter denjenigen verborgen worden ist, die die philosophischen Fragen, Perioden und Traditionen aufteilen. Im Folgenden skizziere ich den Ansatz dieser Perspektive, um einen ihrer Vorzüge hervorzuheben: Sie identifiziert und rechtfertigt einige grundlegende moralische Kernprinzipien, welche unsere Handlungen und Interaktionen regeln, und lässt viele verschiedene Weisen zu, diese Prinzipien in der Gesellschaft und in unserem Verhalten zu instanziieren und zu errichten.

Im Grunde genommen ist diese Perspektive Kants Fassung dessen, was ich ‚naturrechtlichen Konstruktivismus' nenne. Diese Bezeichnung mag wie ein Oxymoron klingen, denn die meisten Naturrechtstheorien erfordern einen moralischen Realismus, während die meisten konstruktivistischen Moraltheorien den moralischen Realismus ablehnen. Es gibt aber eine wichtige spezifische Form des moralischen Konstruktivismus, die sehr grundlegende moralische Normen identifiziert und rechtfertigt und sich weder auf den moralischen Realismus beruft noch ihn ablehnt, indem sie zeigt, dass bestimmte moralische Normen für endliche rationale Akteure, wie wir es sind, erforderlich sind, um in unserer Welt überhaupt zu leben und zu handeln. Die historische Entwicklung des naturrechtlichen Konstruktivismus fällt mit seiner systematischen Entwicklung zusammen: Der naturrechtliche Konstruktivismus begann mit Hume, wurde von Rousseau erheblich verbessert, von Kant verfeinert und von Hegel erweitert – und dann durch verschiedene Forderungen nach Einfachheit und Loyalität zum Parteigeist verdeckt.¹ Besonders in der Moralphilosophie sollten wir Einstein statt Quine folgen: Alles sollte so weit vereinfacht werden wie möglich, jedoch nicht einfacher als das.²

Indem ich einige grundlegende Merkmale des naturrechtlichen Konstruktivismus skizziere, erschließe ich ein wichtiges Merkmal von Kants Moralphilosophie.

Kants Metaphysik der Sitten versucht (aus seiner Sicht ‚metaphysische') Moralprinzipien zu identifizieren und zu rechtfertigen, die für alle rationale Akteure als solche gelten. Kant betont aber, dass die Anwendung dieser Prinzipien auf die *conditio humana* dasjenige erfordert, was er die ‚praktische Anthropologie' nennt (GMS, AA 4: 388, GMS, AA 4: 412, RL, AA 6: 216–7). Diese praktische Anthropologie listet grundlegende Merkmale unserer spezifisch menschlichen Form des Status eines endlichen rationalen Akteurs, unsere grundlegenden Fähigkeiten und Unfähigkeiten auf, insoweit sie relevant sind, um zu bestimmen, wie wir handeln können und sollen. Kant (TL, AA 6: 469) ordnet die ‚praktische Anthropologie' einem ‚Anhang' zu seinem System der Moralprinzipien zu, obgleich seine Beispiele viel Information über dieses Thema liefern. Dennoch können wir mit Kant über manche Punkte seiner praktischen Anthropologie uneinig sein und gleichzeitig seinen Moralprinzipien zustimmen. Ohne hier auf Einzelheiten einzugehen, vertrete ich die Hypothese, dass viele Einwände gegen Kants Moralprinzipien von Missverständnissen bezüglich dieser Merkmale seiner Moralphilosophie stammen.³

Ich weiche von Kants ausdrücklicher praktischer Anthropologie in drei Punkten ab. Erstens antworte ich auf Kants Pessimismus bezüglich der menschlichen Neigungen und der gefallenen menschlichen Natur wie Rousseau auf Hobbes geantwortet hat, d.h. indem ich feststelle, dass Fehlbildungen des menschlichen Charakters oft mehr mit sozialen Umständen als mit unseren natürlichen Fähigkeiten und Neigungen zu tun haben. Zweitens hebe ich dementsprechend mehr als Kant hervor, wie und in welchem Umfang unsere Bedürfnisse

---

**1** Ein Beispiel für diese Loyalität zu dem als methodologische Reinheit verkleideten Parteigeist ist die lange und hitzige Debatte über den ‚methodologischen Individualismus', der allzu oft als Fahne benutzt wurde, unter der ein substantieller Individualismus gefördert wurde (siehe Westphal 2003, §§32–37 und Westphal 2013b).
**2** Einstein 2000, 314. Ockhams heuristisches Sparsamkeitsprinzip ist ein methodologisches Prinzip für die Entscheidung zwischen zwei gleichermaßen angemessenen wissenschaftlichen Theorien, was einen seltenen Zufall darstellt. Quine dagegen betont die ontologische Sparsamkeit – d.h. seine ‚Präferenz' für ontologische ‚Wüstenlandschaften' – als Vorstufe zur philosophischen Analyse, jedoch auf Kosten seiner eigenen Semantik (siehe Westphal 2015, §§4–5).
**3** Die Ansichten und Analysen, die ich Kant zuschreibe, sind möglicherweise nicht vertraut oder nicht evident. Die vorliegende Analyse beruht auf Westphal 2016.

und Begierden durch unsere Erziehung, Ausbildung und Enkulturation geprägt werden können.[4] Drittens lehne ich Kants (offiziellen) strengen Dualismus zwischen unseren rationalen und unseren sinnlichen Fähigkeiten ab, um – wie Aristoteles und Hegel es getan haben – die aktive Harmonisierung der intellektuellen Tugenden und der Charaktertugenden, und daher auch die moralisch wertvollen gemischten Motive zu berücksichtigen. Im Folgenden untersuche ich unter Berücksichtigung dieser Einsprüche einige grundlegende Merkmale des naturrechtlichen Konstruktivismus.[5]

## 2 Einige Grundlagen des naturrechtlichen Konstruktivismus

Die Beschäftigung mit Selbstsucht, Habsucht und Herrschsucht hat zwei der wichtigsten Punkte von Hobbes Analyse der nicht staatlichen Naturzustandes in den Schatten gestellt, nämlich:

1. Eine unbegrenzte individuelle Handlungsfreiheit ist wegen der sich daraus ergebenden völligen Kollision unmöglich. Daher ist die grundlegende moralische Frage nicht, ob individuelle Handlungsfreiheit begrenzt werden darf bzw. muss, sondern welche Grenzen für die individuelle Handlungsfreiheit sich rechtfertigen lassen.

2. Eine zwar unschuldige und nicht böswillige völlige Unkenntnis davon, was wem gehört, genügt für die Entstehung der völligen Kollision, die im nicht staatlichen Naturzustand als Krieg aller gegen alle charakterisiert ist. Aus diesem Grund muss die Gerechtigkeit grundsätzlich eine öffentliche Gerechtigkeit als Gegenmittel gegen die genannte Unkenntnis sein, um die chronische Kollision durch soziale Koordinierung zu ersetzen.

Den zweiten Punkt kann man das ‚unschuldige Problem' der Kollision nennen. Diese beiden Punkte implizieren, dass die grundlegendsten moralischen Probleme grundlegende Probleme der sozialen Koordinierung sind. Offensichtlich sind diese Probleme der sozialen Koordinierung Gerechtigkeitsprobleme, aber sie sind auch grundlegende ethische Probleme: Eine unserer vordersten ethischen Pflichten – welche unser individuelles Handeln leiten sollen – besteht darin, den Imperativen der Gerechtigkeit zu folgen. Wie fehlerhaft auch immer

---

[4] Meine These ist komparativ. Über Erziehung hat Kant viel Wertvolles zu sagen: siehe Herman 2007, 106–153.
[5] Hegel hat dieselben Korrekturen zu Kants praktischer Anthropologie gemacht (siehe Westphal 2020a).

Hobbes' positive Lösung dieser Probleme sein mag, bleibt seine prägnante Formulierung dieser beiden grundlegenden Fragen der Moralphilosophie maßgebend.

Die kontraktualistische Tradition – insbesondere Hobbes Plädoyer für eine absolute Monarchie – stellt die zentrale Frage in Bezug auf Konventionalismus und moralischen Maßstäbe. Wenn die grundlegenden Moralprinzipien künstlich sind, müssen sie auch willkürlich sein? Nein. Humes entscheidender Einblick lautet:

> So gewiß die Regeln der Rechtsordnung *künstlich* sind, so sind sie doch nicht willkürlich. Es ist daher auch die Bezeichnung *Naturgesetze* nicht unpassend (Hume 1978, 227: 3. Buch, 2. Teil, Abschnitt 1).

Dieser Einblick ist grundlegend für Humes Gerechtigkeitstheorie, die eine spezifische Herangehensweise zur Naturrechtstheorie einführt (siehe Haakonssen 1981, Haakonssen 1993, Haakonssen 1996, Kap. 3, Buckle 1991), die ich den ‚naturrechtlichen Konstruktivismus' nenne. In einer konstruktivistischen Moraltheorie liefert den Zugang zur Objektivität nicht die Berufung auf subjektive Zustände der in den heutigen Formen des moralischen Konstruktivismus vorherrschenden Arten, sondern die Berufung auf objektive Tatsachen in Bezug auf unseren besonderen Status eines rationalen Akteurs sowie auf diejenigen Umstände unseres Handelns, die für unsere *conditio humana* grundlegend sind. Genauer fokussiert Humes Gerechtigkeitstheorie auf physiologische und geographische Tatsachen in Bezug auf die menschlichen Lebensbedürfnisse, auf unsere begrenzten Handlungsfähigkeiten, die relative Knappheit der Ressourcen für die Erfüllung unserer Lebensbedürfnisse und auf unsere unvermeidliche wechselseitige Abhängigkeit. Die Prinzipien, die Hume auf dieser Basis baut, verdienen die Bezeichnung „Naturgesetze", weil sie für die Menschen völlig unentbehrlich, und daher nicht optional sind.[6] Wenn Humes naturrechtlicher Konstruktivismus erfolgreich ist – anderswo zeigte ich im Einzelnen, dass er tatsächlich erfolgreich ist –, überwindet er in der Moraltheorie den toten Punkt zwischen den Moralrealisten und ihren Kritikern, indem er zeigt, dass ihre Debatte für die Identifizierung und die Rechtfertigung der grundlegenden, objektiven und allgemeingültigen Moralprinzipien irrelevant ist. Wenn moralische Objektivität ohne Berufung auf den Moralrealismus oder auf die Alternativen zum Moralrealismus auskommt, handelt es sich um einen erheblichen Durchbruch: Wir müssen diese

---

6 „[...] wenn wir unter natürlich das verstehen, was irgendeiner Spezies gemeinsam ist, ja sogar, wenn wir das Wort so beschränken, daß nur das von der Spezies Unzertrennliche gemeint ist." (Hume 1978, 227, 3. Buch, 2. Teil, Abschnitt 1).

langwierige Kontroverse nicht lösen, um objektive grundlegende Moralprinzipien zu identifizieren bzw. zu rechtfertigen.

Humes (sowie Rousseaus, Kants und Hegels) grundlegendste Probleme der sozialen Koordinierung stammen unmittelbar von Hobbes: Unter den Umständen der relativen Knappheit äußerer Güter, der leichten Übertragung der Güter von einer Person auf eine andere, des für die menschliche Natur typischen begrenzten Wohlwollens, unserer natürlichen Unkenntnis davon, wer was rechtens besitzt, und unserer von den menschlichen Schwächen verursachten wechselseitigen Abhängigkeit, verlangen wir eine rechtmäßige Besitzordnung, um die Verteilung und den Verbrauch der Güter zu stabilisieren und um dadurch chronische Kollisionen zu vermeiden.[7] Die minimale wirksame und durchführbare Lösung dieses Problems der sozialen Koordinierung besteht in der prinzipiellen Festsetzung und der praktischen Umsetzung des Grundsatzes „Respektiere die Besitzrechte!" Dies ist Humes erstes Gerechtigkeitsgrundsatz. Humes drei Gerechtigkeitsgrundsätze sind die „der Sicherheit des Besitzes, der Übertragung durch Zustimmung und der Erfüllung von Versprechungen." (Hume 1978, 274: 3. Buch, 2. Teil, Abschnitt 6) (vgl. auch Hume 1978, 320: 3. Buch, 2. Teil, Abschnitt 11). Seine erhellend konstruierten drei Grundregeln der Gerechtigkeit zeigen, dass diese drei Prinzipien für uns Menschen als „Naturgesetze" gelten, weil ohne sie das menschliche soziale Leben – und daher jegliches menschliche Leben – unmöglich ist.

In *Ein Traktat über die menschliche Natur* untersucht Hume nur den engen Kern der Gerechtigkeitstheorie. Zwei entscheidende Auslassungen sind die folgenden: Hume lässt die Frage nach der Sicherheit und der Garantie weg und schweigt über die kollektive Verteilung der Güter bzw. über deren kollektiv zulässigen Verteilungen. Die Beschränkung der Gerechtigkeit auf Humes drei Gerechtigkeitsregeln läuft darauf hinaus, ein großes Ausmaß von Willkür bezüglich weiterer Prinzipien und Praktiken walten zu lassen, denn nach diesen drei Gerechtigkeitsregeln sind Gesellschaft und menschliches Leben auch unter äußerst ungerechten Umständen „möglich".

Rousseau geht diese Probleme an, indem er Humes konstruktivistische Methode der Analyse der Gerechtigkeit vertritt, überarbeitet und erheblich erweitert. Rousseaus *conditio sine qua non* für gerechte kollektive Verteilungen des Reichtums ist, dass es niemandem erlaubt ist, Reichtum, Macht oder Privilegien von

---

[7] Siehe zur relative Güterknappheit Hume 1978, 231, 238 und 239 (3. Buch, 2. Teil, Abschnitt 2), zur einfachen Übertragung Hume 1978 231 und 238 (3. Buch, 2. Teil, Abschnitt 2), zur begrenzten Großzügigkeit Hume 1978, 231, 267, 356 (3. Buch, 2. Teil, Abschnitt 2 und Abschnitt 5, 3. Teil, Abschnitt 3), zur natürlichen Unkenntnis bezüglich des Besitzes Hume 1978, 233, 275f. (3. Buch, 2. Teil, Abschnitt 2 und Abschnitt 6), zur begrenzten Macht und zum daraus entstehenden wechselseitigen Unabhängigkeit Hume 1978, 228f. (3. Buch, 2. Teil, Abschnitt 2).

irgendwelcher Art bzw. in irgendwelchem Umfang zu haben, die ihm ermöglichen würde, fremde Handlungen einseitig zu befehligen. Rousseau schließt diese Art von Abhängigkeit von einem fremden persönlichen Willen als eine ungerechte Verletzung von jedermanns „ursprünglichem" Recht aus, frei zu sein, nur nach seinem Willen zu handeln (Rousseau 1977, Buch 1, Kap. 6 (§1) u. 8 (§2); siehe Westphal 2013a). Klarer als Hume betont Rousseau, dass Gerechtigkeitsprinzipien und die Institutionen und Praktiken, die sie gestalten, unter Umständen der Kollisionen erzeugenden Bevölkerungsdichte für uns obligatorisch sind. Rousseaus Hervorhebung, dass soziale Institutionen so gestaltet sein sollen, dass niemand den Willen anderer befehligen kann, ist für die moralische Freiheit erforderlich, welche wiederum verlangt, dass man nur Gesetzen gehorcht, die man sich selbst gegeben hat.

## 3 Freiheit als Autonomie und als Respekt vor Personen

Rousseaus Behauptung der Autonomie und sein Plädoyer dafür sind unwiderstehlich. Sind sie aber berechtigt? Die Analyse und die Begründung der moralischen Autonomie als richtige Darstellung der menschlichen Freiheit sind eine der entscheidenden Beiträge Kants zur Moralphilosophie. Kants Universalisierungstests stellen fest, ob die Durchführung einer vorgeschlagenen Handlung jede andere Person bloß als Mittel und nicht gleichzeitig als freie rationale Akteure behandeln würde. Der entscheidende Punkt von Kants Methode zur Identifizierung und Rechtfertigung moralischer Pflichten und Verbote besteht darin, zu zeigen, dass nicht allen betroffenen Parteien ausreichende Gründe für die Rechtfertigung einer verbotenen Handlung gegeben werden können. Es können wiederum nicht allen betroffenen Parteien ausreichende Gründe für die Unterlassung von positiven moralischen Pflichten gegeben werden. Im Gegensatz dazu sind moralisch rechtmäßige Arten von Handlungen diejenigen, für die allen betroffenen Parteien ausreichende Gründe für deren Rechtfertigung – auch bei der Gelegenheit meiner eigenen Handlung – gegeben werden können. Onora O'Neill bemerkt, dass Kants Grundkriterium für die richtige Handlung modal ist:

> Wenn wir denken, dass Andere ein bestimmtes Prinzip nicht annehmen und ihm erst recht nicht zustimmen können, können wir keine Gründe dafür geben, dass sie es annehmen bzw. ihm zustimmen sollten. (O'Neill 2000a, 200; vgl. Westphal 1997, §§4–5)

„Annehmen" bedeutet hier, fähig zu sein, im Gedanken und in der Handlung genau demselben Prinzip – aus genau denselben Gründen – zu folgen, das man als Handlungsmaxime vorhat. Es geht um das Vermögen und die Fähigkeit, etwas zu tun, und nicht um eine psychologische Behauptung über dasjenige, wozu jemand sich zu glauben durchringen kann oder nicht kann. Die Möglichkeit, ein Prinzip anzunehmen, unterscheidet sich daher grundsätzlich davon, ein Prinzip zu „akzeptieren" im Sinne von „glauben", „billigen" oder „einverstanden sein". Kants Test schließt jegliche Maxime aus, die in der gleichen Angelegenheit wie derjenigen, in der wir vorhaben, nach dieser Maxime zu handeln, von Anderen unmöglich angenommen werden kann. Die in Kants Test enthaltene Allgemeingültigkeit umfasst die eigene Handlung des Akteurs sowie (hypothetisch) alle Akteure, die zu jener Zeit oder zu irgendeiner Zeit auf dieselbe Weise handeln. Was wir als Maxime annehmen bzw. nicht annehmen können, ist durch die Form von Verhalten des Leitprinzips (d. h. der Maxime), durch grundlegende Tatsachen bezüglich der Begrenztheit unserer Beschaffenheit als rationaler Akteur, durch grundlegende Merkmale unseres weltlichen Handlungskontexts und vor allem dadurch eingeschränkt, ob die Maxime der Handlung, die wir vorhaben, von Anderen deswegen nicht angenommen werden kann, weil die genannte Handlung ihren Status eines rationalen Akteurs missachtet oder umstößt.

Kants Test des Widerspruchs in der Konzeption schließt Maximen und Handlungen, die Zwang ausüben, Täuschen und Ausbeutung aus. Im Prinzip schließen solche Maximen es aus, relevanten anderen Personen – am offenbarsten den Opfern – ausreichende Gründe dafür zu geben, warum sie diesen Maximen folgen und die Gründe oder die Handlungsweisen (vermeintlich) rechtfertigen sollten, welche diese Maximen in Gedanken oder in Handlungen leiten, insbesondere da der Akteur nach seiner eigenen Maxime handelt.[8] Dies wird durch das Fehlen jeglicher Möglichkeit der Zustimmung signalisiert, was als Kriterium für die Illegitimität gilt. Die schiere Möglichkeit der Zustimmung einer beliebigen Person zu verhindern, verhindert die schiere Möglichkeit, allen betroffenen Parteien ausreichende Rechtfertigungsgründe für seine Handlung zu geben. Keine Handlung, welche die Möglichkeit für andere verhindert, aus ausreichenden Rechtfertigungsgründen zu handeln, kann gerechtfertigt sein (siehe §4), und jede solche Handlung ist daher moralisch verboten.

---

8 O'Neill 1989, 81–125. Eine Maxime wie diejenige, nach der Sie und ich vereinbaren, dass „mal ich Sie und mal Sie mich ausbeuten werde(n)", mag minimale Forderungen bezüglich der generellen Gültigkeit der Gründe für die Handlung (nämlich dass ein Grund für einen Akteur auch ein Grund für andere Akteure sein kann) erfüllen, aber solche Beispiele unterstreichen nur, dass eine solche generelle Gültigkeit für die spezifisch Kantische Forderung nach Allgemeingültigkeit nicht ausreicht, was es ausdrücklich ausschließt, eine Ausnahme von einer ansonsten allgemeinen Regel für sich selbst zu machen (vgl. GMS, AA 4: 424, GMS, AA 4: 440 Fußnote, RL, AA 6: 321).

Weil das Bestehen des Universalisierungstests durch eine Maxime (oder durch eine Handlungsweise) es erfordert, dass ausreichende Rechtfertigungsgründe für diese Maxime oder diese Handlung allen betroffenen Parteien gegeben werden können, warum sie nach dieser Maxime in diesem genauen Fall handeln sollten, enthält der Kern von Kants Universalisierungstest die gleiche Achtung vor allen Personen als freie rationale Akteure, d. h. als Akteure, die dadurch bestimmen können, was sie denken oder tun sollen, dass sie die Gründe rational bewerten, welche diese Handlung (als obligatorisch, erlaubt oder verboten) rechtfertigen.[9] Der Ausschluss von Maximen, die bei diesem Universalisierungstest durchfallen, setzt die nötigen Mindestbedingung dafür fest, die Grundprobleme des Konflikts und der sozialen Koordinierung zu lösen, welche das Hauptanliegen der neuzeitlichen Naturrechtstheorien verursachten, d. h. die Errichtung von normativen Maßstäben im öffentliche Leben trotz tiefer Uneinigkeiten zwischen verschiedenen Gruppen dafür, was ein gutes bzw. ein frommes Leben substantiell ist. Diese Prinzipien gelten sowohl innerstaatlich als auch international und regeln auch die Beziehungen zwischen ethnischen oder andersartigen Gruppen. Diese Prinzipien sind neutral hinsichtlich der Theologie oder des Säkularismus und ihr Zweck ist es, ausreichende Mindestbedingungen für gerechte und friedliche Beziehungen zwischen Gruppen bzw. Völkern zu errichten, die in solchen Angelegenheiten uneinig sind, welche oft umstritten und entzweiend sind (vgl. O'Neill 2000b, O'Neill 2003a, O'Neill 2004b).

## 4 Respekt für Personen und gegenseitige Anerkennung

Kants Rechtfertigungsstrategie ist konstruktivistisch, weil sie sich auf keine früheren Quellen oder Art von normativer Autorität beruft. Kants Konstruktivismus ist dem moralischen Realismus gegenüber völlig neutral. Kants Rechtfertigungsstrategie beruft sich lediglich auf das grundlegende Prinzip der rationalen Rechtfertigung selbst, dass die Rechtfertigung eines Prinzips, einer Politik, eines Glaubens, einer Institution oder einer Handlung es erfordert, dass deren Befürworter allen anderen betroffenen Parteien ausreichende Rechtfertigungsgründe liefern können, sodass sie dasselbe Vorhaben in Denken und im Handeln auf konsistente Weise annehmen oder ihm folgen können. Daher ist der Kern von

---

[9] Diejenigen, die meinen, dass die moralische Rechtfertigung auf diese Bedingung verzichten kann, sollten das Pyrrhonische Kriteriumsdilemma sorgfältig nochmals durchdenken: siehe Westphal, 2014a.

Kants konstruktivistischer Rechtfertigungsstrategie für praktische Prinzipien grundsätzlich sozial und intersubjektiv, weil sie alle betroffenen Parteien betrifft. Unser – sowohl verbales als auch physisches – Verhalten wird weder von der Natur noch transzendental koordiniert. Infolgedessen können alle stabilen sozialen Bräuche bzw. Konstruktionen – ob kommunikativ, intellektuell, politisch oder physisch – nur auf Prinzipien beruhen, welchen alle Parteien im Denken und im Handeln auf konsistente Weise folgen können. Die Identifizierung und die Rechtfertigung solcher Prinzipien verlangt – so Kant –, dass wir den folgenden Maximen folgen: immer aktiv denken, immer konsistent denken, immer (möglichst) vorurteilsfrei denken, und „an der Stelle jedes andern denken" (KU, AA 5: 294, siehe auch GS, AA 8: 145). Diese Maximen sind weder Algorithmen noch spezifische Methoden, sondern sie sind notwendige Bedingungen für rational stichhaltiges und gerechtfertigtes Denken, Urteilen und Handeln. Wie O'Neill (1989, 24–27 und 42–48) es bemerkt, sind alle diese Maximen gleichermaßen Kommunikationsmaximen, die dazu erforderlich sind, dass wir nicht nur mit unseren Anhängern, sondern mit jedem kommunizieren können. Darum ist Kants Rechtefertigungsstrategie grundlegend sozial. Der Nerv von Kants konstruktivistischer Strategie besteht darin, zu zeigen, dass die modale Fähigkeit, allen betroffenen Parteien Rechtfertigungsgründe zu geben, sehr streng erfordert wird. Ein großer Vorteil von Kants minimalistischer Rechtfertigungsstrategie besteht darin, dass sie bekannte Probleme bezüglich der – impliziten, ausdrücklichen oder hypothetischen – Zustimmung bzw. der Akzeptanz vermeidet.[10]

Kants konstruktivistisches Prinzip bezieht sich weder auf eine bestimmte Gesellschaft und ihre Normen (anders als der Kommunitarismus, wie z. B. MacIntyre) noch auf einen „überlappenden Konsens" innerhalb einer pluralistischen Gesellschaft (anders als bei Rawls), noch auf eine Menge von Stimmen, die eine Kommunikation gemäß den Anforderungen einer „idealen Sprechsituation" anstreben (anders als bei Habermas), noch eine Vielfalt von potentiellen Vertragspartnern (anders als z. B. bei Gauthier, Scanlon oder Stemmer). Letztere Betrachtungen sind zwar wichtig, aber sekundär im Vergleich mit den Kernprinzipien der Gerechtigkeit, die durch Kants Konstruktivismus identifiziert und gerechtfertigt werden, welcher die grundlegendsten Prinzipien des menschlichen Denkens und Handelns formuliert. Die erforderlichen Prinzipien jeglichen

---

[10] Dieser Absatz fasst einige Gedanken von O'Neill 2000a zusammen; vgl. auch O'Neill 1996, O'Neill 2000b, O'Neill 2003, O'Neill 2004a, O'Neill 2004b und Westphal 2018, §§83–91. Dass die gleiche Achtung vor allen Personen als freie rationale Akteure Bestandteil von Kants Universalisierungstest ist, zeigt, dass der unvergleichbarer Wert bzw. die „Würde" des freien rationalen Akteurs (vgl. GMS, AA 4: 434 f.) weder als eine unabhängige Prämisse von Kants Analyse noch als eine wertbezogene Prämisse erforderlich wird.

legitimen Vertrags lassen sich nicht selbst durch einen Vertrag festlegen, wie Hume es erkennt (vgl. Hume 1978, 233: 3. Buch, 2. Teil, Abschnitt 5 sowie Hume 1978, 262ff.: 3. Buch, 2. Teil, Abschnitt 5), weil jeder Vertrag die genannten Prinzipien nicht definiert, sondern voraussetzt. Einen Konsens über die Festlegung von Grundnormen anzufordern, würde umgekehrt Fahrlässigkeit bzw. Rückschritt durch Zustimmungsverweigerung – einschließlich der Verweigerung der Anerkennung von relevanten, typischerweise auf andere Menschen bezogenen Betrachtungen und Verpflichtungen – erlauben.[11] Kants Konstruktivismus identifiziert und rechtfertigt entscheidende Normen, zu denen wir verpflichtet sind, ob wir sie anerkennen oder nicht, und zwar einerseits wegen unserer rationalen Anforderungen, auf eine gerechtfertigte Weise zu handeln, und andererseits wegen der Grenzen der besonderen Endlichkeit der menschlichen Akteure und wegen des weltlichen Kontexts unseres Handelns. Nach Kant gibt es keinen öffentlichen Gebrauch der Vernunft ohne dieses konstruktivistische Prinzip, welches es auf einzigartige Weise vermeidet, irgendwelche partikuläre Autorität – ob ideologisch, religiös, sozio-historisch oder persönlich – vorauszusetzen.

Weil die konstruktivistische rationale Rechtfertigung fallibilistisch ist, unterstreicht sie, dass rational beurteilen bedeutet, auf folgende Weise zu urteilen:

> Nach meinen besten gegenwärtigen Fähigkeiten, meinem Verständnis und meiner Information ist dieser Schluss aus den folgenden Gründen und in den folgenden Hinsichten gerechtfertigt – was meinen Sie dazu?

Weil das rationale Urteil fehlbar ist und unsere eigene sozusagen „perspektivistische" Bewertung des relevanten Beweismaterials, der relevanten Prinzipien und deren gegenseitiger Beziehungen einbezieht, ist das rational Urteil (in dem informellen Gebiet der Moral) grundsätzlich sozial. Die Urteile, die jeder von uns trifft, und die Prinzipien, die wir dabei gebrauchen, haben Konsequenzen, die über unsere gegenwärtige Lage und unseren Zuständigkeitsbereich hinausgehen. Dazu gehören Konsequenzen für Gebiete, Angelegenheiten und spezifische Fälle, die man vielleicht nie besuchen bzw. erleben wird bzw. denen man nie wird beiwohnen können. Darum verlangt jeder von uns die kritische Bewertung von anderen, die an anderen Tätigkeiten und Problemen beteiligt sind, welche mit unseren eigenen unmittelbar oder indirekt zusammenhängen, weil die anderen diejenigen Konsequenzen unserer eigenen Urteile sowie diejenigen Rechtfertigungsgründe derselben identifizieren können, die wir selber nicht identifizieren können. Niemand von uns kann die Auseinandersetzung unserer rationalen Ur-

---

[11] Zu einigen entscheidenden Mängel der Konsenstheorien vgl. O'Neill 2000a, 185–191 und Westphal 2014b.

teile mit der ehrlichen Gegenseite für sich ausreichend simulieren, indem er für sich selbst auch die Rolle der ehrlichen Gegenseite spielt. Obwohl es wichtig ist, seinen eigenen *advocatus diaboli* zu spielen, ist dieses Spiel von seiner Natur her begrenzt und selbstverständlich fehlbar. Jeder von uns kann sein Bestes tun, um zu versuchen herauszufinden, was unsere Opponenten über unsere eigenen Urteile sagen mögen, und es mag sein, dass uns dies ziemlich gut gelingt, jedoch nur wenn wir hinreichend aufgeschlossen und informiert sind, um mit den diesbezüglichen Gegenanalysen und Gegenpositionen eng vertraut zu sein. Sogar dies könnte nicht die wirkliche kritische Bewertung unserer eigenen Urteile durch verständige und geschickte Gesprächspartner ersetzen, die tatsächlich abweichende bzw. entgegengesetzte Ansichten vertreten. Unvermeidlich haben wir unsere eigenen Gründe dafür, Expertise in manchen Bereichen statt in anderen Bereichen selektiv zu gewinnen, auf manche Themen statt auf andere zu fokussieren und manche Methoden, Darstellungen oder Stile statt anderer zu bevorzugen. Wie breit auch immer unsere Erkenntnisse und Darstellungen sein mögen, wir können sozusagen nicht jenseits unseres Horizonts sehen. Unsere eigene Fehlbarkeit, unser eigenes begrenztes Wissen und unsere eigenen begrenzten Fertigkeiten und Fähigkeiten sowie die intrinsische Komplexität der Urteilsbildung über moralische Fragen machen es erforderlich, dass wir die kritische Bewertung von allen anderen kompetenten Menschen aufsuchen und ernsthaft berücksichtigen. Wer es versäumt, dies zu tun, der macht seine eigenen Urteile suboptimal informiert, suboptimal verlässlich und mit suboptimaler rationaler Rechtfertigung.

Alle diese Betrachtungen und Maßnahmen sind erforderlich – und sie zu verstehen ist ebenfalls erforderlich –, um rational zu urteilen, dass „ich urteile", statt die Worte „ich urteile" lediglich zu denken oder auszusprechen, wobei man die Rationalität lediglich vortäuscht. Darum ist die große philosophische Bedeutung der rationalen Rechtfertigung durch das rationale Urteil die folgende:

> Damit ein Mensch das Urteil wirklich rational trifft, dass er rational urteilt, ist es erforderlich, dass er das Urteil trifft, dass andere gleichermaßen rational urteilen, und dass wir alle gleichermaßen dazu fähig – und dafür verantwortlich – sind, unsere eigenen und alle fremden rechtfertigenden Urteile rational zu bewerten.

Diese wichtige und philosophisch entscheidende Form von rationalem Selbstbewusstsein erfordert das entsprechende Bewusstsein anderer Menschen, dass wir alle bezüglich unseres rationalen Urteilsvermögens, unserer rationalen Urteilsfähigkeit und der rationalen Ausübung derselben voneinander abhängig sind. Diese Anforderung ist transzendental, denn wir werden unsere eigene individuelle, zwar rationale, jedoch fehlbare und begrenzte Urteilskraft missverstehen, missbrauchen und überschätzen, es sei denn wir, als fehlbare rationale Richter, erkennen unsere kritische gegenseitige Abhängigkeit an. Daher ist die Anerkennung unserer eigenen Fehlbarkeit sowie unserer gegenseitigen Abhängigkeit als rationale Richter der Hauptfaktor, der uns als völlig rationale und autonome Richter konstituiert. Nur durch die Anerkennung der gegenseitigen Abhängigkeit unserer Urteilsfähigkeit kann jeder von uns unsere menschliche Fehlbarkeit und unser begrenztes menschliches Wissen mit unserer ebenso menschlichen Verbesserungsfähigkeit, d. h. mit unserer Fähigkeit – insbesondere aus konstruktiver Kritik – zu lernen verbinden. Diese Art von Anerkennung beinhaltet die gegenseitig erzielte Anerkennung unseres geteilten, fehlbaren und glücklicherweise auch verbesserungsfähigen rationalen Vermögens. In dieser Anerkennung wird die Anerkennung der entscheidenden Rolle der Wohltätigkeit, der Toleranz, der Geduld und der ausdrücklichen Verzeihung für die gegenseitige Bewertung unserer eigenen rationalen Urteile sowie der fremden Urteile einbezogen, um zuzugeben, dass das – eigene oder fremde – Versehen der *conditio humana* inhärent und an sich kein Grund ist, um die Fehler von irgendjemandem zu tadeln oder zu verurteilen.[12] Darum erfordert eine völlig rationale Rechtfertigung, dass wir die kritische Bewertung der anderen herausfinden und uns mit ihr auseinandersetzen.

Die Rechtfertigung irgendwelcher Ansichten in einem nicht bloß formalen Bereich erfordert eine sorgfältige konstruktive interne Kritik aller relevanten gegensätzlichen Ansichten – ob sie in der Vergangenheit vertreten worden sind, aktuell vertreten werden oder bloß möglich sind –, insoweit wir sie bestimmen können.[13] Da sich die Liste der relevanten Alternativen immer erweitern lässt – teilweise durch den Entwurf neuer Varianten früherer Darstellungen, teilweise

---

**12** Dies ist genau den Punkt, den die beiden, anfangs sehr individualistischen moralischen Richter erreicht haben, die Hegel in „das Böse und seine Verzeihung" (Phänomenologie des Geistes, Kap. VI CC) analysiert, was ausdrücklich der erste Fall von genuiner gegenseitiger Anerkennung in Hegels Phänomenologie des Geistes (GW 9:359.9 – 23, 360.31– 361.4, .22 – 25, 362.21– 29/§§666, 669, 670, 671) ist und den Anbruch des „absoluten Geistes" konstituiert (GW 9:361.22 – 25/§670) (cf. Westphal 2018, §§71– 91). Damit habe ich Kant nicht „hegelianisiert" (siehe unten Abschnitt 6). Das Gegenteil ist der Fall: Hegel erkennt die volle Reichweite und Bedeutung von Kants transzendentaler Methodenlehre und von seiner Kritik der Urteilskraft in allen drei Kritiken.

**13** Dies ist in Hegels Begriff der „bestimmten Negation" integriert (Phänomenologie des Geistes, GW 9:57.1–12/§79; cf. Westphal 1989, 125 – 126, 135 – 136 u. 163). Unter bloß „möglichen" Alternativen verstehe ich keine bloß logischen Möglichkeiten, sondern stichhaltige Alternativen, denen es bisher an Befürwortern fehlte. In nicht formalen Bereichen haben bloß logische Möglichkeiten keinen rechtfertigenden Status. Sie gewinnen ihn nur durch relevantes Beweismaterial (cf. Westphal 2018/, §§100 –110).

durch die Auseinandersetzung mit neuen Arten von Umständen, ist die rationale Rechtfertigung fehlbar und von Natur aus provisorisch. Dementsprechend ist die rationale Rechtfertigung grundsätzlich historisch, weil sie auf dem gegenwärtigen Kenntnisstand beruht, sie fehlbar und daher provisorisch ist und sich die Liste der relevanten Alternativen und Informationen im Laufe der Geschichte vergrößert.

## 5 Die kollektive Bewertung moralischer und praktischer Grundsätze

Die im vorigen Abschnitt (§4) zusammengefassten sozialen Dimensionen der praktischen Rechtfertigung und die vorher (§§2–3) zusammengefassten Grundsätze des naturrechtlichen Konstruktivismus haben wichtige Implikationen für die kollektive Bewertung von moralischen Prinzipien, Praktiken und Institutionen. Ich merke an, dass Kants Universalisierungstest Maximen und Handlungen ausschließt, die Zwang, Täuschung, Betrug oder Ausbeutung enthalten. Es sind wichtige Implikationen der Kantischen Kriterien für die richtige Handlung. Dennoch reichen sie nicht aus: Obwohl zahlreiche Arten solcher Handlungen offensichtlich – und daher offensichtlich falsch – sein mögen, können manche Arten subtiler ein. Soziopathen sind oft charmant. Andernfalls wäre ihre Soziopathie erfolglos. Jahrhundertelang sorgte sich niemand darum, ob menschliche Abfälle die Umwelt verschmutzten. Obwohl wir es jetzt viel besser wissen, handeln wir oft diesbezüglich nicht ausreichend besser als früher. Weitere ähnliche Beispiele werden dem Leser leicht einfallen. Im Allgemeinen braucht – wie O'Neill (1975, 70–71) es hervorhebt – die Bewertung von Handlungsmaximen und Handlungsarten durch Kants Universalisierungstest Informationen über die „normalen, vorhersehbaren Erfolgsergebnisse" der genannten Handlungen. Diese Informationen gehören zum rationalen Willen. In zahlreichen Fällen – O'Neills Beispiel ist Banküberfall – sind diese Ergebnisse offensichtlich. In anderen, komplexeren Fällen, in denen das soziologische Gesetz der unbeabsichtigten Folgen gilt – z. B. bei subtilen Arten von ethnischer bzw. wirtschaftlicher Diskriminierung oder von Rassen- bzw. Genderdiskriminierung –, mögen die letzten Folgen des Verhaltens einer Gruppe von Personen bei weitem weder offensichtlich noch vorhersehbar sein. Die sozialen Dimensionen der rationalen Rechtfertigung in moralischen Fragen haben zur Folge, dass wir versuchen müssen, die Implikationen unseres Verhaltens gegenüber allen Individuen und Gruppen zu verstehen, die anders behandelt werden bzw. die wir anders behandeln als uns selbst, unabhängig davon, wer „wir" sind. Dies ist nötig, um die Prinzipien und Praktiken der Gerechtigkeit in jeder Gemeinschaft zu bewerten, zu fördern oder zu verbessern, und zwar teilweise indem man illegitime Vorteile identifiziert und korrigiert, welche manchen Personen oder Gruppen wegen der unterschiedlichen Behandlung von anderen selektiv zukommen.

## 6 Vernunft, Rechtfertigung und Kritik

Meine Analyse betont, dass im Mittelpunkt der Formulierung, der Bewertung und der Rechtfertigung von grundlegenden (und sonstigen) moralischen Prinzipien und Praktiken – sowohl bezüglich der Ethik als auch bezüglich der Gerechtigkeit – die Vernunft und die Argumentation stehen, deren Wege viele heutzutage unangemessen oder naiv finden. Solche Verdachtsmomente gegen die Vernunft sind nicht auf die Anhänger der postmodernen Kritik begrenzt. Die Jahrzehnte, die ich mit der Untersuchung der Probleme, die das pyrrhonische Kriteriumsdilemma für die rationale Bewertung und die rationale Argumentation stellt, haben mich – sowie Hegel zuvor – überzeugt, dass Kants kritische Philosophie – unabhängig von Kants transzendentalem Idealismus – zur philosophischen Methodologie auf Weisen erheblich beiträgt, die immer noch missverstanden werden.[14] Es ist unmöglich, hier in einer kurzen Zusammenfassung Kants Methodologie nochmals zu erklären. Es ist dennoch einleuchtend, über Kants eigene Erwiderung auf die damaligen Versuche einer skeptischen „Metakritik der Vernunft" Hammans (1784/88), Herders (1799), Jacobis (1785, 1786) und Wizenmanns (1786) nachzudenken.[15] Ihre Versuche kündigen in einem weiten Ausmaß die zeitgenössischen neopragmatischen und postmodernen Kritiken an der Vernunft und der rationalen Rechtfertigung an.

Wie ich – im Anschluss an O'Neill (§4) angemerkt habe, ist unser verbales und physisches Verhalten weder durch die Natur noch transzendent noch transzendental koordiniert, sodass jede stabile soziale Praktik bzw. Konstruktion – ob kommunikativ, intellektuell oder politisch oder physisch nur auf Prinzipien beruhen kann, denen alle Parteien im Denken und im Handeln (im genannten Sinne) konsistent folgen können. Die Identifizierung und die Rechtfertigung dieser Prinzipien bedürfen, behauptet Kant, dass wir den folgenden Maximen folgen:

> 1. Selbstdenken; 2. An der Stelle jedes andern denken; 3. Jederzeit mit sich selbst einstimmig denken. Die erste ist die Maxime der *vorurtheilsfreien*, die zweite der *erweiterten*, die dritte der *consequenten* Denkungsart. (KU, AA 5: 294, vgl. auch WDO, AA 8: 145)

---

[14] Watson 1881 bleibt diesbezüglich lehrreich. Ausführlich dazu: Westphal (2020b).
[15] Zu dieser Diskussion siehe Beiser 1987, 16–164.

Diese Maximen sind weder Algorithmen noch spezifische Methoden, sondern die *conditio sine qua non*, um rational, stichhaltig und vertretbar zu denken, zu urteilen und zu handeln. O'Neill (1989, 24–27 u. 42–48) merkt an, dass diese Maximen gleichermaßen Maximen der Kommunikation sind, die nötig sind, damit wir mit jedermann und nicht nur mit unserem parteiischen Lager kommunizieren können. Betrachten wir in diesem Zusammenhang Kants Erläuterungen zu diesem wichtigen Punkt am Ende von *Was heißt sich im Denken orientieren?* (1786).[16]

In seiner Antwort auf die skeptischen Angriffe gegen die Vernunft ermahnt Kant:

> Männer von Geistesfähigkeiten und von erweiterten Gesinnungen! Ich verehre eure Talente und liebe Euer Menschengefühl. Aber habt Ihr auch wohl überlegt, was Ihr thut, und wo es mit Euren Angriffen auf die Vernunft hinaus will? Ohne Zweifel wollt Ihr, daß *Freiheit zu denken* ungekränkt erhalten werde; denn ohne diese würde es selbst mit Euren freien Schwüngen des Genies bald ein Ende haben. Wir wollen sehen, was aus dieser Denkfreiheit natürlicher Weise werden müsse, wenn ein solches Verfahren, als Ihr beginnt, überhand nimmt. (WDO, AA 8: 144)

Sodann stellt Kant die Denkfreiheit mit der obligatorischen Zensur und kommentiert:

> Zwar sagt man: die Freiheit zu *sprechen*, oder zu *schreiben*, könne uns zwar durch obere Gewalt, aber die Freiheit *zu denken* durch sie gar nicht genommen werden. Allein, wie viel und mit welcher Richtigkeit würden wir wohl *denken*, wenn wir nicht gleichsam in Gemeinschaft mit andern, denen wir unsere und die uns ihre Gedanken *mittheilen*, dächten! Also kann man wohl sagen, daß diejenige äußere Gewalt, welche die Freiheit, seine Gedanken öffentlich *mitzutheilen*, den Menschen entreißt, ihnen auch die Freiheit zu *denken* nehme [...] (WDO AA8:144)

Es kann sein, dass die von Kant hervorgehobene enge gegenseitige Abhängigkeit von dem Denken und der öffentlichen Kommunikation nicht selbstverständlich ist, aber denken Sie darüber nach, dass, welche kognitive Fähigkeiten uns auch immer angeboren sein mögen, wir deren Gebrauch nur durch die – formelle und informelle – Erziehung entwickeln und lernen, welche wir von anderen bekommen, die uns Informationen, Fertigkeiten, Methoden, Praxis und kritische Bewertung beibringen. Zur „Kommunikation" gehören alle Veröffentlichungen und sozialen Quellen von Informationen. Kant betont außerdem, dass stichhaltig („mit [...] Richtigkeit", WDO, AA 8: 144) denken mehr als nur zu denken erfordert. Für uns fehlbare und begrenzte menschliche kognitive Lebewesen ist es entschei-

---

16 Cinzia Ferrini hat mich an diesen Aufsatz Kants und an seine Relevanz freundlich erinnert.

dend, eine echte stichhaltige Argumentation von einer bloß scheinbar stichhaltigen Argumentation zu unterscheiden, und dafür ist die Kommunikation mit den anderen nötig. Die Kommunikation mit anderen ist entscheidend, um zu beurteilen, ob unsere Gedanken, wie wir sie formuliert und in bejahende, verneinende oder enthaltende Urteile integriert haben, so formuliert und integriert sind, wie sie sein sollten, um ein angemessenes und rational vertretbares Urteil zu bilden (vgl. KrV, A261–3/B317–9).[17] Kants dritter Punkt über die Denkfreiheit besteht darin, dass

> [...] Freiheit im Denken die Unterwerfung der Vernunft unter keine andere Gesetze, als: *die sie sich selbst giebt* [bedeutet]; und ihr Gegentheil ist die Maxime eines *gesetzlosen* Gebrauchs der Vernunft (um dadurch, wie das Genie wähnt, weiter zu sehen, als unter der Einschränkung durch Gesetze). (WDO, AA 8: 145)

Kant behauptet, dass dieser gesetzlose Gebrauch der Vernunft zur folgenden Situation führt:

> [...] wenn die Vernunft dem Gesetze nicht unterworfen sein will, das sie sich selbst giebt, sie sich unter das Joch der Gesetze beugen muß, die ihr ein anderer giebt; denn ohne irgend ein Gesetz kann gar nichts, selbst nicht der größte Unsinn, sein Spiel lange treiben. Also ist die unvermeidliche Folge der *erklärten* Gesetzlosigkeit im Denken (einer Befreiung von den Einschränkungen durch die Vernunft) diese: daß Freiheit zu denken zuletzt dadurch eingebüßt, und, weil nicht etwa Unglück, sondern wahrer Übermuth daran schuld ist, im eigentlichen Sinne des Worts *verscherzt* wird. (WDO, AA 8: 145)

„Gesetzmäßig" heißt, dass ein regelmäßiger, durch Regel geführter Gebrauch der Vernunft nötig ist, um einfach Sinn zu machen, um Aussagen, Behauptungen oder Urteile zu bilden, um sich auf jeden Gegenstand einer Diskussion auf verständliche und intelligente Weise zu beziehen, um gerechtfertigte bzw. vertretbare Behauptungen oder Urteile zu formulieren und um deren Treffgenauigkeit und Rechtfertigung zu bewerten. Diese Punkte gelten ebenfalls für Innovationen, deren Identifizierbarkeit (Erkennbarkeit), deren rationale Bewertung und – in günstigen Fällen – für deren Rechtfertigung. Die Gesetzlosigkeit einer Argumentation erzeugt dagegen

> [...] ein *Vernunftunglaube*, ein mißlicher Zustand des menschlichen Gemüths, der den moralischen Gesetzen zuerst alle Kraft der Triebfedern auf das Herz, mit der Zeit sogar ihnen

---

17 Wood 2014, 65–69 vernachlässigt diese grundsätzlich intersubjektiven und sozialen Aspekte von Kants konstruktivistischer Darstellung der rationalen Argumentation in nicht formalen Bereichen.

selbst alle Autorität benimmt, und die Denkungsart veranlaßt, die man *Freigeisterei* nennt, d. i. den Grundsatz, gar keine Pflicht mehr zu erkennen. Hier mengt sich nun die Obrigkeit ins Spiel, damit nicht selbst bürgerliche Angelegenheiten in die größte Unordnung kommen; und, da das behendeste und doch nachdrücklichste Mittel ihr gerade das beste ist, so hebt sie die Freiheit zu denken gar auf, und unterwirft dieses, gleich anderen Gewerben, den Landesverordnungen. Und so zerstört Freiheit im Denken, wenn sie sogar unabhängig von Gesetzen der Vernunft verfahren will, endlich sich selbst. (WDO, AA 8: 146)

Die Obrigkeiten, an die Kant denkt, sind religiöse Behörden und Zivilbehörden, zu einer Zeit und an einem Ort, wo religiöse Behörden Zivilbehörden waren, aber heutzutage könnte eine solche Obrigkeit nicht nur zum Staat oder zu einer Kirche gehören, sondern auch zur Hochschulverwaltung oder zur universitären „business leadership", denn so sehen inzwischen die Forderung nach wirtschaftlicher „Auswirkung" innerhalb des Hochschulwesens und die ständig zunehmende Vernachlässigung und Benachteiligung der moralischen, politischen und sozialen Kompetenzen und Interessen aus. Kants emphatischer Schluss bleibt heute genauso wichtig wie im Jahr 1786:

Freunde des Menschengeschlechts und dessen, was ihm am heiligsten ist! Nehmt an, was Euch nach sorgfältiger und aufrichtiger Prüfung am glaubwürdigsten scheint, es mögen nun Facta, es mögen Vernunftgründe sein; nur streitet der Vernunft nicht das, was sie zum höchsten Gut auf Erden macht, nämlich das Vorrecht ab, der letzte Probierstein der Wahrheit zu sein. Widrigenfalls werdet Ihr, dieser Freiheit unwürdig, sie auch sicherlich einbüßen, und dieses Unglück noch dazu dem übrigen schuldlosen Theile über den Hals ziehen, der sonst wohl gesinnt gewesen wäre, sich seiner Freiheit *gesetzmäßig* und dadurch auch zweckmäßig zum Weltbesten zu bedienen! (WDO, AA 8: 146 f.)

Aber warum eigentlich sollte die Vernunft der letzte Probierstein der Wahrheit sein? Darauf antwortet Kant in einer Fußnote zu seinem Schluss:

*Selbstdenken* heißt den obersten Probirstein der Wahrheit in sich selbst (d. i. in seiner eigenen Vernunft) suchen; und die Maxime, jederzeit selbst zu denken, ist die *Aufklärung*. Dazu gehört nun eben so viel nicht, als sich diejenigen einbilden, welche die Aufklärung in *Kenntnisse* setzen; da sie vielmehr ein negativer Grundsatz im Gebrauche seines Erkenntnisvermögens ist, und öfter der, so an Kenntnissen überaus reich ist, im Gebrauche derselben am wenigsten aufgeklärt ist. Sich seiner eigenen Vernunft bedienen will nichts weitersagen, als bei allem dem, was man annehmen soll, sich selbst fragen: ob man es wohl thunlich finde, den Grund, warum man etwas annimmt, oder auch die Regel, die aus dem, was man annimmt, folgt, zum allgemeinen Grundsatze seines Vernunftgebrauchs zu machen? Diese Probe kann ein jeder mit sich selbst anstellen; und er wird Aberglauben und Schwärmerei bei dieser Prüfung alsbald verschwinden sehen, wenn er gleich bei weitem die

Kenntnisse nicht hat, beide aus objectiven Gründen zu widerlegen. (WDO, AA 8: 146f., Fußnote)[18]

Die von Kant hier zensierte „Schwärmerei" besteht in der Ansicht, dass die Gesetzgebung der Vernunft ungültig sei, während „Aberglaube" die „gänzliche Unterwerfung der Vernunft unter Facta" ist, ob diese Fakten real oder angeblich sind (WDO, AA 8: 145). Ein „allgemeiner Grundsatz seines Vernunftgebrauchs" ist ein Prinzip, das jeder gebrauchen kann, um über Sachfragen zu urteilen. Dies widerspiegelt Kants folgende Beobachtung im „Kanon der reinen Vernunft": „Alles Wissen (wenn es einen Gegenstand der bloßen Vernunft betrifft) kann man mittheilen." (KrV, A829/B857). Die Mitteilbarkeit unseres Wissens ist eine notwendige und konstitutive Bedingung für die Erkenntnis von jeglichem Gegenstand, jeglichem Ereignis, jeglicher Struktur, jeglichem Phänomen, jeglichem Prinzip und jeglicher Praxis. Die kritische Frage, die Kant in dieser Fußnote für jeglichen Gebrauch der Vernunft stellt, ist ein klarer und wichtiger Schritt von Kants transzendentaler Methodenlehre zu den Universalisierbarkeitstesten, die Kant erst in der *Grundlegung zur Metaphysik der Sitten* darstellt. Der Schlüssel für die Universalisierbarkeitstests ist, dass die universelle Mitteilbarkeit eine notwendige Bedingung für die rationale Rechtfertigung in allen nicht-formalen Bereichen darstellt. Infolgedessen können Behauptungen bzw. Prinzipien – zusammen mit deren angeblich ausreichenden Rechtsfertigungsgründen –, wenn sie nicht universell mitteilbar sind, rational gar nicht gerechtfertigt sein. Dies gilt unabhängig von dem Charakter, von dem Inhalt oder von der einstigen Stichhaltigkeit der genannten Behauptungen, Prinzipien oder Gründe. Kants Einsicht in die moralische Bewertung bzw. Rechtfertigung von Handlungen ist die folgende: Weder die Unterlassung von strengen moralischen Pflichten noch die Begehung von moralisch verbotenen Handlungen kann gegenüber allen anderen Menschen dadurch gerechtfertigt werden, dass ihnen die Prinzipien und die angeblichen Rechtfertigungsgründe für diese Begehung (oder Unterlassung) dieser Handlungen mitgeteilt werden.

---

[18] Kants Fußnote schließt mit der folgenden Bemerkung: „Denn er bedient sich blos der Maxime der *Selbsterhaltung* der Vernunft. Aufklärung in *einzelnen Subjecten* durch Erziehung zu gründen, ist also gar leicht; man muß nur früh anfangen, die jungen Köpfe zu dieser Reflexion zu gewöhnen. Ein *Zeitalter* aber aufzuklären, ist sehr langwierig; denn es finden sich viel äußere Hindernisse, welche jene Erziehungsart theils verbieten, theils erschweren." (WDO, AA 8: 147, Fußnote)
So ist es in der Tat. Unsere durch Medienmarketing kommerziell geführten Gesellschaften versperren immer kräftiger und gründlicher die Ziele, Mittel und Regeln einer aufgeklärten Erziehung und einer verantwortungsbewussten wohlinformierten sozialen Teilnahme.

Da die universelle Mitteilbarkeit der Prinzipien und deren (angeblicher) Rechtfertigungsgründe eine *conditio sine qua non* für die rationale Rechtfertigung jener Prinzipien, sowie für jegliches auf ihnen beruhenden oder von ihnen geleiteten Gedankens bzw. Handelns ist, umgeht Kants naturrechtlicher Konstruktivismus die Debatten über „Werte" bzw. grenzt er diese Debatten ab, besonders wenn sie als Prämissen von moralischen Bewertungen oder als rechtfertigende moralische Argumentation benutzt werden. Selbstverständlich gibt es wichtige Angelegenheiten in Bezug Werte, Zwecke, politische Maßnahmen, Gesetzgebung und (häufig konkurrierende) Empfehlungen, die – ob auf lokaler, nationaler oder internationaler Ebene – gemeinsam zu regeln sind, aber diese Debatten können nur in der Reichweite derjenigen strengen Gerechtigkeitspflichten stattfinden, wirksam geführt werden und mit stichhaltigen Gründen eine Lösung finden, die von Kants Universalisierungstesten identifiziert werden, d. h. unabhängig von den genannten kontingenten und vielfältigen materiellen Prämissen. Daher können moralische bzw. politische Debatten über „Werte", Zwecke und Sehnsüchte nur politische Maßnahmen, Verfahren, Gesetze, Gebräuche und Konventionen betreffen, die von einem Wahlverfahren abhängen und vertretbar sind. Debatten über „Werte", Zwecke und Sehnsüchte als materiale Prämissen der moralischen Argumentation gehören nicht zu den grundlegendsten Gerechtigkeitsprinzipien, welche die grundlegendsten Moralprinzipien sind und durch Kants naturrechtlichen Konstruktivismus identifiziert und gerechtfertigt werden.

In dieser Hinsicht löst Kants Konstruktivismus ein sich in den Theorien des „moralischen Standpunkts" befindendes Problem, welche es versuchen, in der moralischen Praxis fehlerfreie Gründe und Argumente von mangelhaften Gründen und Argumenten zu unterscheiden, zu identifizieren und zu charakterisieren, und welche die gleiche moralische Beachtung für alle anderen Menschen in den Mittelpunkt stellen (z. B. Toulmin 1953, Baier 1958, Singer 1961, Nielsen 1989). Mit Letzterem liefern diese Theorien keine Analysen von irgendwelcher Art von moralischer Argumentation, sondern Analysen spezifisch für die liberale moralische Argumentation (Nielsen 1999). Dieselbe Konstellation kehrt in Rawls Theorie der Gerechtigkeit (Rawls 1975) wieder, wie Rawls späterer Aufsatz „Gerechtigkeit als Fairneß: politisch und nicht metaphysisch" (Rawls 1992) es bestätigte. Rawls behauptet, dass „das angeborne Recht" auf Freiheit bei Kant (RL, AA 6: 237 f.) eine „selbstbeglaubigende Quelle [...] gültiger [moralischer] Ansprüche" (Rawls 1998, 102) ist, und die moralische Freiheit besteht ebenfalls darin, sich und die Anderen für „selbstbeglaubigende Quellen gültiger Ansprüche" zu halten (Rawls 1998, 102). Bohman (2009) merkt zu Recht an, dass der moralische und rechtliche Status der Person grundlegender sein muss als ihr republikanisch-rechtlicher Status. Dennoch teilen die Positionen von Rawls und Bohmann die Instabilität, die Nielsen in den Theorien des moralischen Standpunkts beobachtet. Die genannten Positionen mögen „grundlegende Ideen" (Rawls 1998, 67) der „politischen Konzeption der Person" (Rawls 1998, 97) sein, um die Überschrift von einem Kapitel bzw. von einem Abschnitt von Rawls' *Politischer Liberalismus* zu übernehmen, aber Kants praktische Philosophie beruft sich nicht auf die angebliche Selbstverständlichkeit solcher synthetischen Sätze. Warum hat sich für eine „selbstbeglaubigende Quelle [...] gültiger [moralischer] Ansprüche" (Rawls 1998, 102) zu halten zur Folge bzw. sollte zur Folge haben, dass man jeden anderen Mensch ebenfalls als eine solche Quelle betrachtet?[19] Weder Bohman noch Rawls erkennen, wie Kant die genannten grundlegenden moralischen Ansprüche, die die Vernunft im Namen rationaler Personen erhebt, dadurch rechtfertigt, dass sie als *conditio sine qua non* für die Möglichkeit erforderlich sind, unsere Ansprüche, Urteile und Handlungen in nicht-formalen Bereichen zu rechtfertigen. Diese kühnen Thesen stehen im Mittelpunkt von Kants kritischer Methode und Strategien der rationalen Rechtfertigung.[20]

Die Behauptung, dass sich Kants Konstruktivismus nicht auf moralische Fakten beruft, könnte zu einem Missverständnis verleiten. Anders als die meisten aktuellen „konstruktivistischen" Programme setzt sich Kants Konstruktivismus nicht dafür ein, den gesamten Bereich der Moral ausschließlich unter Berufung auf empirische Fakten und nicht-moralische Prinzipien zu erzeugen bzw. zu konstruieren. Fakten, die mit der menschlichen Begrenztheit – z.B. dass wir verwundbar sind und dass wir gezwungen bzw. getäuscht werden können – zu tun haben, sind empirische Fakten. Sie sind teilweise konstitutive Bestandteile unserer begrenzten Art von Rationalität. Sie sind *moralisch relevante* Fakten, weil es soviel gibt, was wir, als Akteure machen, vermeiden, verwerten, verhüten oder betreuen sollten bzw. nicht dürfen. Der Ausgangspunkt von Kants Konstruktivismus sind nicht die angeblichen Rechte der anderen Menschen, sondern vielmehr unsere eigenen *Verpflichtungen* gegenüber anderen (sowie gegenüber uns selbst), da jeder von uns ein freier, rationaler und begrenzter Akteur ist. Von Anfang an bewegt sich diese Variante des Konstruktivismus innerhalb des Bereichs der Moral, weil sie mit dem Problem der sozialen Koordination (wenn nicht gar des sozialen Konflikts, siehe §2) beginnt, und weil uns auf diejenigen Prinzipien zu beschränken, für die wir allen Personen ausreichende Rechtfertigungsgründe geben können, genauso ein Moralprinzip wie auch ein Prinzip der rationalen Rechtfertigung *per se* (in nicht bloß formalen Bereichen) ist. Es ist (im

---

**19** Dies ist eine Variante der grundlegenden Frage, die Gauthiers radikaler Kontraktualismus stellt, und die im Kapitel 7 untersucht wird.
**20** Hier habe ich von Kants kritischer Methodologie nur das strikte Minimum dargestellt, um meine Untersuchung möglichst exoterisch zu halten. Für eine vollständigere Analyse und Verteidigung siehe Westphal 2014a und Westphal 2016.

weiten Sinne) ein Moralprinzip, weil es von uns verlangt, dass wir nur nach denjenigen Prinzipien handeln, die sich rational rechtfertigen lassen, und weil es von uns ebenfalls verlangt, dass wir uns selbst und alle anderen Personen als rationale Akteure, d.h. als Akteure respektieren, die rational gerechtfertigte Prinzipien verstehen, entwickeln, bewerten und befolgen können, weil wir ihre Rechtfertigungsgründe erkennen und verstehen können.[21]

# 7 Verfassungsrecht und Verpflichtung der Gemeinschaft

Gerechtigkeitsprinzipien existieren und gelten nur, insoweit wir alle sie in Wort und Tat befolgen, aufrechterhalten und pflegen. Dies gilt auch für die Kernprinzipien der Gerechtigkeit, die vom naturrechtlichen Konstruktivismus identifiziert und gerechtfertigt worden sind. Da der naturrechtliche Konstruktivismus verlangt, dass wir alle Personen als rationale Akteure respektieren, fordert er eine

---

**21** Kant versteht als Respekt bzw. als „Achtung" die Achtung vor dem Moralgesetz (GMS, AA 4: 400, 401, Fußnote, 403, 424, 426, 436, 440, KpV, AA 5: 73–76, 78–86, 128, 132, 151, 157). Die Achtung vor dem Gesetz besteht darin, den kategorischen Imperativ als das grundlegende Moralprinzip anzuerkennen und deswegen dasjenige zu befolgen, was der kategorische Imperativ verlangt, weil er das grundlegende Moralprinzip ist. Kants kategorischer Imperativ ist das grundlegende Moralprinzip, weil er das Verfahren bzw. das Kriterium bietet, um zulässige von unzulässigen Handlungsarten voneinander dadurch zu unterscheiden, dass er verbotene, erlaubte und gebotene Handlungstypen voneinander unterscheidet. Daher verlangen der Gebrauch des kategorischen Imperativs und die Befolgung seiner Gebote, dass man die hier dargestellte konstruktivistische Methode verwendet, um zulässige Maximen zu identifizieren und zu rechtfertigen. Kant behauptet mit Nachdruck, dass wir nur dann jede Person als einen Zweck in sich selbst, und nicht bloß als ein Mittel behandeln, wenn wir den kategorischen Imperativ verwenden und seine Gebote befolgen. Dies erfordert, dass wir nur auf der Basis von Prinzipien denken und handeln, die sich rechtfertigen lassen und die tatsächlich rational gerechtfertigt sind. Ein notwendiges und ausreichendes Kriterium für die Prinzipien, die sich rechtfertigen lassen und gerechtfertigt sind, besteht darin, dass wir nur für solche Prinzipien allen betroffenen Parteien ausreichende Rechtfertigungsgründe geben können, um zu denken bzw. um zu handeln, wie wir es tun bzw. zu tun vorschlagen. Kant spricht auch von der Achtung vor Personen, nicht nur vor dem Moralgesetz. Dies steht seiner Formulierung des Imperativs der Menschheit als Zweck an sich (vgl. GMS, AA 4: 429, siehe oben §2). Darum ist es richtig, von Respekt für Personen zu sprechen, obgleich Menschen Respekt als Personen nur wegen ihrer „Persönlichkeit" verdienen, welche in deren Fähigkeit besteht, ihre Pflichten zu erfüllen, indem sie die Gebote des kategorischen Imperativs verwenden und befolgen: „Alle Achtung für eine Person ist eigentlich nur Achtung fürs Gesetz (der Rechtschaffenheit etc.), wovon jene uns das Beispiel gibt." (GMS, AA 4: 401 Fußnote, vgl. GMS, AA 4: 428, 435, 436, 439, 440, KpV, AA 5: 87, 93).

republikanische Verfassung sowie ein Bildungswesen, das die Kinder befähigt, zu verantwortungsbewussten Amtsinhabern der Bürgerschaft heranzureifen.[22]

Eine Verfassung eines Staates ist eine Liste von – üblicherweise kodifizierten – grundlegenden Gesetzen sowie eine lebendige Institution, insofern diese Gesetze in einer Gesellschaft institutionalisiert sind, die auf deren Grundlage lebt und ihre Geschäfte führt. Die in der Verfassung eines Staates formulierten Gerechtigkeitsprinzipien gestalten das rechtliche und politische Leben eines Volks. Im Wesentlichen ist das Recht eine Liste von befähigenden Bedingungen, die die verschiedenen Handlungsarten ermöglichen, die sie instituieren. Wenn sich ein Volk im Laufe der Geschichte verändert, müssen die Implikationen des Verfassungsrechts für die neu entstandenen sozialen Umstände in rechtlichen und politischen Verfahren ausgearbeitet werden. Das Verfassungsrecht besteht in einer Liste von bestimmbaren Vorschriften. Genauso wie empirische Begriffe haben sie eine „offene Struktur" und bekommen in neuen Umsetzungskontexten neue Bestimmungen. Wie alle Normen haben sie latente Aspekte, die in Erscheinen treten, wenn neue Entwicklungen und Uneinigkeiten auftreten (vgl. Will 1988, 1997). Demzufolge kann es keinen „Gesellschaftsvertrag" im Sinne einer ausdrücklichen und vollständigen Liste von spezifischen rechtlichen Bestimmungen geben, denen man im Voraus zustimmen könnte. Die republikanische Staatsbürgerschaft enthält eine Verpflichtung zu seiner Verfassung, die im Wesentlichen eine Verpflichtung zu seiner nationalen Gemeinschaft ist, einschließlich der Verpflichtung zur stetigen Bewertung der Angemessenheit und der Effizienz der Rechtsordnung und der Justiz, um sie zu verbessern bzw. zu erweitern, wenn und in dem Ausmaß, in dem es nötig ist, um ihre Konformität mit den in der Verfassung formulierten Gerechtigkeitsprinzipien und mit den durch den naturrechtlichen Konstruktivismus identifizieren Kernprinzipien der Gerechtigkeit aufrechtzuerhalten bzw. zu verbessern. Dies ist der Grund, warum Montesquieu (1748) den Geist der Gesetze hervorhob: Gesetze sind nur gerechtfertigt, insoweit sie in der Gesellschaft als Schutz und Förderung von zulässigen freien Handlungen funktionieren, die sich rechtfertigen lassen und gerechtfertigt sind.[23] Wir ehren unsere Gerechtigkeitsprinzipien, indem wir einander als gleiche, ehrbare und geehrte Mitglieder unserer Republik ehren, und wir ehren im Wesentlichen dadurch, dass wir unsere Gerechtigkeitsprinzipien ehren. Diese Prinzipien gelten nicht nur national, sondern auch global, in einer weltbürgerlichen Perspektive. Wir alle sind

---

[22] Über relevante philosophische Theorien der Erziehung siehe Green 1999, Curren 2000, 2010 und Westphal 2012.
[23] Vgl. Hegel, Rph §3 Anmerkung; zur Interpretation siehe Westphal 2020a, §§10,11,29.2, 29.3, 37.4, 44, 52, 70.

verpflichtet, individuell sowie kollektiv unsere Praxis in Einklang mit diesen minimalen Gerechtigkeitsprinzipien zu bringen.

## 8 Gerechtigkeit, Tugend und Freundschaft

Freundschaft ist weitgehend geschätzt und genossen, und zwar so sehr, dass Hume sie als den Ausdruck einer stabilen Eigenschaft der menschlichen Natur ansieht.[24] Wie geschätzt und wertvoll auch immer Freundschaft sein mag, sind nicht alle Freundschaften gleich: Freundschaften zwischen Rassisten, Fanatikern oder Sexisten sind selber rassistisch, fanatisch bzw. sexistisch, weil sie kräftig dazu neigen, den Rassismus, den Fanatismus oder den Sexismus der Freunde zu erleichtern und zu verstärken. Dagegen neigen moralisch gesunde Freundschaften dazu, die moralisch besseren Tendenzen der Freunde zu erleichtern und zu verstärken. In der aktuellen englischsprachigen Ethik behauptet eine umfangreiche Literatur, dass es universalistischen Moralprinzipien nicht gelinge, für die besonderen in der Freundschaft enthaltenen Werte und Verpflichtungen Rechenschaft abzulegen, bzw. dass universalistische Moralprinzipien mit den genannten Werten und Verpflichtungen unvereinbar seien.[25] Diese Behauptung beruht auf der Annahme, dass universalistische Moralprinzipien Unparteilichkeit verlangen, dass andere unparteiisch und nur unter Berücksichtigung von ihren allgemeinen Merkmalen, statt als Individuen – die sie sind – behandelt werden. Wir müssen aber Unparteilichkeit nicht mit Gleichgültigkeit verwechseln! „Parteiisch" sein, was das moralische Urteil betrifft, besteht darin, sich selbst bzw. diejenigen, die sich selbst nah stehen, zuungunsten von anderen auf unzulässige Weise zu begünstigen. Dieses Verhalten ist ein von den Prinzipien des naturrechtlichen Konstruktivismus geächtetes Laster. Unsere Freunde – und im Allgemeinen unsere Gemeinschaften – stehen zu Recht an erster Stelle unserer Prioritätenliste, aber die genannte Priorität rechtfertigt keine Verletzungen unserer moralischen Verpflichtungen in der Absicht, ihnen Gefälligkeiten zu erweisen. Gefälligkeiten sind eines, unzulässige „besondere Gefälligkeiten" etwas ziemlich anderes. Freunde sollten keine unzulässigen Gefälligkeiten erwarten, und wir sollten auch nicht damit rechnen, dass wir sie ihnen erweisen. Wenn um eine

---

**24** Vgl. Hume 1984, 99 (Abschnitt 8, Teil 1) sowie Hume 1984, 165 (Abschnitt 11), Hume 2003, 12 (Abschnitt 2, Teil 1), Hume 2003, 40 (Abschnitt 3, Teil 2), Hume 2003, 68 (Abschnitt 5, Teil 2).
**25** z. B. Blum 1980, Blum 1993, Friedman 1989, Friedman 1993, Stocker 1976, Stocker 1981; für eine Zusammenfassung siehe Helm 2009, §3. Das von ihnen identifizierte Problem bezüglich der Unparteilichkeit betrifft die Theorien des „moralischen Standpunkts" bzw. den klassischen Utilitarismus, aber nicht Kants Moralphilosophie.

solche Gefälligkeit unabsichtlich ersucht wird, besteht nämlich die Pflicht gegenüber unserem Freund, ihm zu erklären, warum die Erweisung dieser Gefälligkeit unzulässig ist. Sollte der Freund auf dieser Gefälligkeit bestehen, wäre es eine Pflicht der Freundschaft ihm gegenüber, ihm Vorhaltungen zu machen und, soweit wie möglich, die diesbezügliche moralische Besserung unseres Freundes zu erleichtern.

Die Kernprinzipien des naturrechtlichen Konstruktivismus verlangen von uns, dass wir die Personen als rationale Akteure respektieren, die auf der Grundlage von ausreichenden Rechtfertigungsgründen bestimmen können, wie sie zu denken und zu handeln haben. Indes gibt es im naturrechtlichen Konstruktivismus nichts, was es verbieten bzw. hindern würde, dass wir diese Art von Respekt für unsere Freunde mit der Sorge für den Charakter, das Wohlbefinden und ihr Glück, einschließlich – im Mittelpunkt – ihrer moralischen Tugend verbinden. Ganz im Gegenteil! Genauso wie die Gerechtigkeit existiert die Tugend nur, insoweit wir sie in unseren Leben und Handlungen verkörpern. Angesichts unserer begrenzten Fähigkeiten, ist jeder von uns nur dazu fähig, mit einer kleinen Anzahl von Freunden eng verbunden zu sein, obwohl es selbstverständlich viele Arten und Grade von weniger engen und dennoch wichtig und moralisch bedeutenden Freundschaften und Abstammungen gibt, vorausgesetzt dass wir sie erschaffen, pflegen und verbessern. In jedem Fall, und in welchem Ausmaß auch immer wir dazu fähig sind, tragen wir gegenüber unseren Freunden bzw. unseren Partnern – jedoch besonders gegenüber unseren engen Freunden – die Verantwortung dafür, dass wir ihren Charakter und ihre Tugenden fördern, ermutigen und verbessern. Im Mittelpunkt der Tugenden steht die Sorge für Gerechtigkeit und Tugend. Um zu erkennen, was Gerechtigkeit und Tugend verlangen, sind wiederum die Kernprinzipien des naturrechtlichen Konstruktivismus entscheidend.

Obwohl Kant recht darüber hatte, dass unsere Affekte – einschließlich unserer Sympathien bzw. Abneigungen – eine fehlbare Orientierungshilfe sind, haben wir auch gesehen, dass die Institutionalisierung, die Umsetzung, die Aufrechterhaltung, die Überprüfung und die Verbesserung unserer Gerechtigkeitsordnung ebenfalls ein fehlbares Argumentationsvorhaben, an dem wir uns miteinander so rational und wohlwollend, jedoch auch so kritisch und so scharfsinnig wie möglich beteiligen müssen. Kants „metaphysische" Prinzipien der Moral sind nicht bloß konsistent mit dem Charakter und dem Wert der Gemeinschaft und der Freundschaft, sondern sie brauchen auch widerstandsfähige Gemeinschaften und Freundschaften, um mehr zu sein als leere Worte. Umgekehrt brauchen Gemeinschaften und Freundschaften die Kernprinzipien des naturrechtlichen Konstruktivismus, um den Verfall zu identifizieren, zu beheben und zu vermeiden (vgl. O'Neill 2002). Nur indem wir diese Prinzipien in unsere Praxis integrieren, können wir genuine Gerechtigkeit, Tugend, Gemeinschaft und Freundschaft – vor Ort und weltweit – entwickeln, aufrechterhalten und fördern. Da unsere Gesellschaften und unsere Interdependenz zunehmend komplex werden, haben wir keine Alternative zur Erleichterung und Steigerung unserer rationalen Fähigkeit, so gründlich und aufschlussreich wie möglich zu untersuchen, zu entdecken, zu bewerten, zu kommunizieren, zu korrigieren und zu rechtfertigen. Wir könnten und sollten dies viel mehr und viel besser tun als bisher. Ich mache mir keine Illusion darüber, wie und wie viel manche Beteiligte vom Überfluss an Informationen, von Falschinformationen und von Desinformationen zuungunsten anderer Beteiligten profitieren. Dennoch hört die Aufklärung nur dann auf, wenn – und wo – auch immer wir sie aufhören lassen. *Sapere aude!*

*Aus dem Englischen übersetzt von Jean-Christophe Merle.*

Dietmar von der Pfordten
# Zum Rechtsbegriff in Kants Rechts- und Tugendlehre

Manche Autoren fahren mittlerweile zur Interpretation des kantschen Rechtsbegriffs ein ganzes Arsenal schwerer Waffen auf. Kategorisierungen wie Einheitsthese, Abhängigkeitsthese, Trennungsthese, Liberalismus versus Nichtliberalismus, Positivismus versus Naturrecht, Nichtideale Normativität usw. (Willaschek 1997, Horn 2014). Methodisch stützt man sich nicht selten in starkem Maße auf frühe Mitschriften der kantschen Vorlesungen durch Studenten, Briefe oder handschriftliche Notizen aus dem Nachlass. Nach all diesen immer aufwendigeren Interpretationsbemühungen bleibt nicht selten der Eindruck, Kants Rechtslehre, wie er sie in seinem veröffentlichten Hauptwerk, der *Metaphysik der Sitten*, vollendet hat, nicht besser verstanden zu haben als bei einfacher, aber möglichst genauer Lektüre des Originaltexts. Damit soll nicht geleugnet werden, dass es sich bei Kants *Metaphysik der Sitten* um einen schwierigen und auch an einigen Stellen interpretationsbedürftigen Text handelt. Aber das Abfeuern sehr abstrakter und erst nach Kant entwickelter begrifflicher Geschütze und die Heranziehung peripherer, nicht von Kant selbst veröffentlichter Mitschriften, Briefe und Notizen scheint ein adäquates Verständnis des tatsächlich veröffentlichten Textes kaum zu befördern, zumindest dann nicht, sofern man keine akribische Textlektüre und Textanalyse des Originaltexts der Metaphysik der Sitten vorangehen lässt.

Wenn ein so skrupulöser Autor wie Kant ein Hauptwerk wie die *Metaphysik der Sitten* über mehrere Jahrzehnte bis zu seinem dreiundsiebzigsten Lebensjahr, also bis ins hohe Alter, reifen lässt und in vielen Details weiter entwickelt, bevor er es veröffentlicht, so muss dem schließlich publizierten Text der uneingeschränkte Primat bei der Interpretation der kantschen Auffassung zum Rechtsbegriff zukommen. Man kann diesen endgültigen Text in seinem ausdrücklichen Wortlaut nicht methodisch gerechtfertigt mit Verweis auf frühere Notizen, Mitschriften von Studenten oder Briefe korrigieren. Nur im Falle von manifesten textlichen Widersprüchen, Lücken sowie Zweifeln des Verständnisses einzelner Thesen können andere, kleinere Veröffentlichungen und schließlich auch sonstige Notate, wie die Mitschriften von Vorlesungen, Briefe und Notizen, vorsichtig und hilfsweise zur Interpretation mit herangezogen werden. In jedem Fall wird man aber fragen müssen, ob Kant in der *Metaphysik der Sitten* seine Meinung nicht gegenüber früheren Versuchen bzw. Äußerungen geändert oder weiterentwickelt hat.

Ich plädiere also eindringlich für eine radikale Abrüstung in der Kantinterpretation, und zwar sowohl was neue Interpretationsbegriffe als auch die Heranziehung anderer Schriften als der veröffentlichten Hauptschriften, hier also der *Metaphysik der Sitten*, anbelangt. Dies gilt insbesondere für Schriften, die von Kant nicht selbst publiziert wurden. Jeder Wissenschaftler weiß, dass man in nichtöffentlichen Vorlesungen gelegentlich eine These erst einmal versuchsweise äußert, um sie zu reflektieren, und sie dann auch wieder verwirft. Das gilt natürlich in noch höherem Maße für Briefe und Notizen.

In Umsetzung dieser strengeren, sparsameren Interpretationshaltung soll hier ein behutsames, möglichst genaues Verständnis der kantschen Auffassung des Rechtsbegriffs aus dem von ihm selbst veröffentlichten Originaltext des Hauptwerks der *Metaphysik der Sitten* und den von ihm selbst verwendeten Begriffen entwickelt werden. Dabei wird ganz bewusst vollständig darauf verzichtet, später entstandene Begriffe einzusetzen. Das gilt selbst für solche scheinbar harmlosen Begriffe wie Normativität oder Motivation. Auch diese Begriffe haben bei genauerer Betrachtung eine Bedeutung, die quer zum Inhalt der kantschen Thesen und Begriffe liegt und verstellen das Verständnis des kantschen Textes eher, als dass sie es verbessern. In einem zweiten Schritt können dann mögliche Inkohärenzen in Kants Theorie aufgeklärt werden.

Insgesamt ist also ein radikaler Minimalismus in der Kantinterpretation gerechtfertigt. Man muss den veröffentlichten Originaltext der *Metaphysik der Sitten* soweit als möglich aus diesem Text selbst sowie erst sekundär den weiteren veröffentlichten Schriften zu verstehen suchen.

Dabei ist es weiterhin wichtig, die Interpretation nicht von vornherein nur auf ein Einzelproblem zu beschränken. Kant wollte ein System entwerfen, in dem alles mit allem in einem sachlich begründeten Zusammenhang steht. Somit kann man die Teile dieses System *nur in diesem Zusammenhang verstehen*. Dazu ist es notwendig, den ganzen Text der Metaphysik zu untersuchen. Hier wird zu diesem Zweck auch besonderes Augenmerk auf die *Metaphysischen Anfangsgründe der Tugendlehre* gelegt, weil Kant dort die Unterscheidung von Recht und Ethik/Tugend noch einmal ausführlich reflektiert.

Um Kants Systematik zu verstehen, sollen die einzelnen Aspekte, Unterscheidungen und Zusammenhänge des kantschen Rechtsbegriffs zunächst in einer *Graphik* dargestellt werden, die dann im nachfolgenden Text Schritt für Schritt erklärt wird (siehe Abbildung).

# Zum Rechtsbegriff in Kants Rechts- und Tugendlehre — 59

| | 1. Freiheit | 2. Gesetz | 3. Gesetzgebung | 4. Pflicht | 5. Triebfeder | 6. Handlungen/ Verhältnisse | 7. Wirklichkeitsbereich |
|---|---|---|---|---|---|---|---|
| 0. Einteilung der *Metaphysik der Sitten* nach 3. subj. Gesetzgebung + 5. Triebfeder: S. 220, Z. 15-17 | | = Form des Willens → objektive Vorstellung | (Gesetz + Triebfeder) → S. 220, Z. 15-17. nach subj. GG.: | = Materie der Verbindlichkeit (S. 220, Z. 32) | die Willkür bestimmt; subjektive Vorstellung = Formalität d Verbindlichkeit | | |
| *Metaphysische Anfangsgründe der Tugendlehre* S. 220, 379, 406f., 410 | innere | ethisches Gesetz = inneres Gesetz nur für Maximen der Handlungen und als Gesetz des eigenen Willens des Handelnden (S. 388f.) | ethische Gesetzgebung: nur innere: nur Idee der Pflicht als Triebfeder | ethische Pflicht (383) innere oder äußere Pflicht (weite, unvollkommene Pflicht, nur Selbstzwang) 1. Pflicht, die nur Förmliches der sittlichen Willensbestimmung betrifft (tugendh. Gesinnung) + 2. Tugendpflicht = Zweck, der zugleich Pflicht ist (S. 398) – innere i.e.S., vollk. i.e.S – äußere i.e.S., unvollk.ie.S | nur innere = Idee der Pflicht/moralisches Gesetz/Zweck als Pflicht (S. 398) | innere oder äußere Handlungen innere: Idee der Pflicht zugleich. Triebfeder: **Moralität**, Maximen unter dem Gesetz | **Ethik/Tugend** = gibt eine Materie, einen Zweck der reinen Vernunft, einen Zweck, der an sich Pflicht ist |
| *Metaphysische Anfangsgründe der Rechtslehre* S. 220, 229, 379, 406f., 410 | äußere | juridisches Gesetz = äußeres Gesetz auch direkt für Handlungen (gerecht/ ungerecht) | rechtliche Gesetzgebung: innere oder äußere Gesetzg: – natürliche – positive → auch andere Triebfedern | Rechtspflicht = äußere Pflicht (enge, vollkommene Pflichten, äußerer Zwang moralisch möglich) (S. 236f.): – innere im engeren Sinn – äußere im engeren Sinn – dritte im engeren Sinn | innere oder äußere = andere Triebfedern: z. B. Abneigung, Lust, Sanktion, Angst vor Strafe, Bequemlichkeit äußerer Zwang usw. | nur äußere, also nicht Maximen, nur Übereinstimmung der Handlung mit dem Gesetz: **Legalität** | **Recht** = förmliche Bedingungen der äußeren Freiheit |
| → Hauptfundstellen in der *Metaphysik der Sitten*, Akademieausgabe → | S. 221f., 226, 237, 239, 378– 380, 382 Fn, 394, 396, 406 | S. 224, 227, 379, 388f. | S. 218f., 224, 226, 231, 379, 389, 392, 394 | S. 222, 236, 237, 239, 240, 380, 383, 398, 410 | S. 219f., 375 Fn, 392, 398, 407 | S. 218f., 224, 230f., 232 | S. 229f., 390, 405ff. |

**Abbildung:** Kants Unterscheidungen und Zusammenhänge in der Metaphysik der Sitten

# 1 Einleitung

Für das Verständnis der kantschen *Rechtslehre* und *Tugendlehre* in der *Metaphysik der Sitten* ist es zunächst wesentlich, dass man einerseits zwischen der *Einteilung des Gesamtwerks* in *zwei Teile* und andererseits zwischen verschiedenen *Unterscheidungen in der Sache* differenziert. Allerdings muss sofort etwas Wasser in diesen Wein der Differenzierung gegossen werden: Weil die Einteilung des Gesamtwerks naturgemäß nicht beliebig ist, sondern an eine bestimmte Unterscheidung in der Sache anknüpft, gibt es eine Verbindung. Trotzdem ist es sehr wichtig, die Differenzierung zwischen der Einteilung des Werks und den verschiedenen Unterscheidungen in der Sache grundsätzlich beizubehalten, denn Kant erwähnt einige Unterscheidungen, die zwar inhaltlich bedeutsam sind, der Einteilung des Werks aber nicht korrespondieren.

# 2 Die Einteilung der *Metaphysik der Sitten* nach der subjektiven Gesetzgebung, welche die Idee der Pflicht oder eine andere Triebfeder mit dem Gesetz verbindet

Welches ist die Unterscheidung in der Sache, die der *Einteilung* der *Metaphysik der Sitten* in zwei Teile zu Grunde liegt? Kant sagt dies an vielen Stellen, aber am ausführlichsten am Anfang und in der Mitte desjenigen Abschnitts, der zu Beginn der *Metaphysik der Sitten* mit dem Titel „*III. Von der Eintheilung einer Metaphysik der Sitten*" überschrieben ist (RL, AA 6: 218). Der Anfang dieses Abschnittes beginnt mit „Zu aller Gesetzgebung..." und dann kommt in der Mitte der wesentliche Satz:

> Rechtslehre und Tugendlehre unterscheiden sich also nicht sowohl durch ihre verschiedenen Pflichten, als vielmehr durch die Verschiedenheit der Gesetzgebung, welche die eine oder die andere Triebfeder mit dem Gesetz verbindet (RL, AA 6: 220).

Entscheidend für die Einteilung der *Metaphysik der Sitten* ist also weder das moralische Gesetz als solches, noch die Differenzierung der Pflichten, sondern die *Gesetzgebung in ihrer Verschiedenheit*, „welche die eine oder die andere Triebfeder mit dem Gesetz verbindet." Was bedeutet das?

Zunächst sei daran erinnert, dass es für Kant nur ein einheitliches *moralisches Gesetz* gibt. Und dieses *Gesetz* ist für alle praktischen Verpflichtungen die letzte, entscheidende Quelle, sieht man einmal von der *Freiheit* (Abbildung, Spalte 1) als allerletzter *ratio essendi* der Gesetzgebung ab.¹ Kant greift also für die Einteilung der *Metaphysik der Sitten* auf das *Gesetz* (Abbildung, Spalte 2) und damit ganz konsequent auf die – von der *Freiheit* als ontischer Grundlage abgesehen – ultimative Quelle praktischer Verpflichtungen zurück. Allerdings ist diese Quelle *nur eine einzige* und kann deshalb als solche keine Einteilung hervorbringen. Aber es ist ja auch nicht das *Gesetz*, sondern die „*Gesetzgebung*" (Abbildung, Spalte 3), welche für die Einteilung entscheidend sein soll, also eine *Relation des Gesetzes zu etwas anderem*, eine praktische Realisierung des moralischen Gesetzes, eine Verpflichtung, die sich aus dem moralischen Gesetz ergibt.

Das moralische Gesetz führt nach Kant in zweierlei Hinsicht zur *Gesetzgebung*: *objektiv* und *subjektiv* (vgl. RL, AA 6: 218): (1) *Objektiv*, in dem es die Handlung, die geschehen soll – z. B. das Sagen der Wahrheit bzw. Nichtlügen – als notwendig vorstellt, also als *Pflicht*² (Abbildung, Spalte 4), was nach Kant ein „bloßes theoretisches Erkenntnis der möglichen Bestimmung der Willkür, d. i. praktischer Regeln, ist" (RL, AA 6: 218) und keine Einteilung der Gesetzgebung und folglich der Metaphysik der Sitten, erlaubt. (2) *Subjektiv* mittels „eine(r) Triebfeder, welche den Bestimmungsgrund der Willkür zu dieser Handlung *subjektiv* mit der Vorstellung des Gesetzes verknüpft [...]" (RL, AA 6: 218).

In dieser *subjektiven Gesetzgebung* kann es nun Unterschiede geben, eben weil unterschiedliche *Triebfedern* (Abbildung, Spalte 5), also *Bestimmungsgründe der Willkür zu Handlungen*, wirksam werden können. Kant behauptet innerhalb der Pluralität der Bestimmungsgründe eine grundsätzliche Dichotomie; und zwar die grundsätzliche Dichotomie zwischen der *Idee der Pflicht* bzw. dem *moralischen Gesetz*/*dem Zweck als Pflicht* als *Triebfeder* und anderen Triebfedern, die er als „*pathologische* Bestimmungsgründe der Willkür der Neigungen und Abneigungen" bezeichnet (RL, AA 6: 219). Und genau dieser grundsätzliche sachliche Unterschied in der *subjektiven Gesetzgebung* zwischen der *Idee der Pflicht* bzw. dem *moralischen Gesetz* als *Triebfeder* und möglichen *anderen* Triebfedern liegt

---

1 KpV, AA 5: 4, Fußnote: „*) Damit man hier nicht *Inconsequenzen* anzutreffen wähne, wenn ich jetzt die Freiheit die Bedingung des moralischen Gesetzes nenne und in der Abhandlung nachher behaupte, daß das moralische Gesetz die Bedingung sei, unter der wir uns allererst der Freiheit *bewußt werden* können, so will ich nur erinnern, daß die Freiheit allerdings die *ratio essendi* des moralischen Gesetzes, das moralische Gesetz aber die *ratio cognoscendi* der Freiheit sei." Vgl. RL, AA 6: 21: Die sittlichen Begriffe und Gesetze haben ihren Ursprung in der Freiheit. Vgl. auch RL, AA 6: 239.

2 RL, AA 6: 222: „*Pflicht* ist diejenige Handlung, zu welcher jemand verbunden ist. Sie ist also die Materie der Verbindlichkeit, und es kann einerlei Pflicht (der Handlung nach) sein, ob wir zwar auf verschiedene Art dazu verbunden werden können."

der Einteilung des Gesamtwerks der *Metaphysik der Sitten* in *Metaphysische Anfangsgründe der Rechtslehre* und *Metaphysische Anfangsgründe der Tugendlehre* zu Grunde:

> Alle Gesetzgebung [...] kann doch in Ansehung der Triebfedern unterschieden sein. Diejenige, welche eine Handlung zur Pflicht und diese Pflicht zugleich zur Triebfeder macht, ist *ethisch*. Diejenige aber, welche das Letztere nicht im Gesetze mit einschließt, mithin auch eine andere Triebfeder als die Idee der Pflicht selbst zulässt, ist *juridisch*" (RL, AA 6: 218f.).

Weniger fundamental für die Einteilung und damit prinzipiell in beiden Teilen der Metaphysik behandelt, wenn auch mit Schwerpunkten, sind dagegen – das ist für das Verständnis des Rechtsbegriffs wesentlich – andere Sachunterscheidungen, etwa die in *ethische Pflichten* und *Rechtspflichten* (Abbildung, Spalte 4), in *innere* und *äußere* Pflichten (Abbildung, Spalte 4), in *innere* und *äußere* Handlungen bzw. Verhältnisse (Abbildung, Spalte 6) oder in *Ethik/Tugend* und *Recht* als Bereiche der Wirklichkeit (Abbildung, Spalte 7).

## 3 Die Terminologie der Einteilung

Kant legt für die Sachunterscheidung, die der Einteilung der *Metaphysik der Sitten* zugrunde liegt, also für die Differenzierung innerhalb der subjektiven, moralischen Gesetzgebung, ob somit die Idee der Pflicht Triebfeder der Handlung ist, oder nicht, auch eine Terminologie fest (RL, AA 6: 219 und 6: 214): Ist die Idee der Pflicht Triebfeder, so ist die allgemeine Gesetzgebung – nur um die geht es zunächst, nicht um eine spezielle Gesetzgebung durch das positive Recht – „ethisch", ansonsten „juridisch" bzw. „rechtlich". Diejenige Gesetzgebung, welche *juridisch* bzw. *rechtlich* ist, erlaubt also andere Triebfedern als die Idee der Pflicht, etwa Lust, Abneigung, Sanktion, Angst vor Strafe, äußerer Zwang, Bequemlichkeit usw. (*Abbildung, Spalten 3 und 5, jeweils Zeile 3*).

Hinsichtlich der ethischen Gesetzgebung, bei der – wie sich gerade ergab – die Idee der Pflicht Triebfeder ist, spricht Kant auch davon, dass „die ethische Gesetzgebung die innere Triebfeder der Handlung (die Idee der Pflicht) in ihr Gesetz mit einschließt [...]" (RL, AA 6: 219). Äußere Triebfeder wäre dann diejenige, bei der das nicht der Fall ist, bei der also die Triebfeder der Handlung nicht in das moralische Gesetz mit eingeschlossen ist. Bei den eben erwähnten möglichen Triebfedern der Normierung und Befolgung einer rechtlichen Gesetzgebung wie Lust, Abneigung, Sanktion, Angst vor Strafe, äußerem Zwang, Bequemlichkeit usw. ist das unmittelbar einleuchtend.

## 4 Die Innen/Außen-Unterscheidungen

Besondere Schwierigkeiten bereiten die, von Kant vielfach gebrauchten, Unterscheidungen zwischen einem *inneren* und einem *äußeren Etwas*. Sie haben zu besonderen Verwirrungen geführt. Kant qualifiziert mit dieser *Eigenschaftsbeschreibung* als „innen" oder „außen" in der *Metaphysik der Sitten* nicht nur die Triebfedern, sondern auch die Freiheit, die Gesetze, die Gesetzgebung, die Pflichten, die Handlungen, die Verhältnisse usw.

Wichtig sind zum Verständnis dieser vielfachen Innen-/Außendifferenzierungen Kants drei Fakten:

Diese Differenzierungen sind erstens im Hinblick auf eine Eigenschaft bzw. einen Eigenschaftsbegriff regelmäßig nicht primär, sondern kommen nur sekundär als zusätzliche Unterscheidung hinzu, etwa zur jeweiligen, weiteren Differenzierung von Tugendpflichten einerseits und Rechtspflichten andererseits (*Abbildung, Spalte 4, Zeilen 2* und *3*).

Zum zweiten ist die Unterscheidung iterierbar, also sekundär, tertiär usw. wiederholt einsetzbar. Es kann somit etwa innerhalb eines äußeren Etwas eine sekundäre Differenzierung in innen und außen geben. So charakterisiert Kant die Rechtspflicht als Frucht äußerer Gesetzgebung, unterteilt sie dann aber noch einmal in innere, äußere und dritte Pflichten (*Abbildung, Zeile 3*).

Schließlich darf man drittens keinesfalls davon ausgehen, dass die Unterscheidung eines inneren und äußeren Etwas in den erwähnten Teilaspekten des Praktischen, also der Freiheit, dem Gesetz, der Gesetzgebung, der Pflicht, der Triebfeder, der Handlung bzw. dem Verhältnis, untereinander und der oben entfalteten Einteilung in *Rechts-* und *Tugendlehre* mit Bezug auf die jeweilige Triebfeder der Gesetzgebung korrespondiert. Man muss vielmehr bei jedem dieser erwähnten Teilaspekte des Praktischen genau untersuchen, was hier die Unterscheidung einer inneren und einer äußeren Eigenschaft bedeutet:

Kant sagt etwa, dass die *ethische Gesetzgebung*, also diejenige, bei der die Idee der Pflicht Triebfeder ist, *keine äußere*, sondern nur eine *innere Gesetzgebung* sein kann (*Abbildung, Spalte 3, Zeile 2*), nicht einmal die des göttlichen Willens (RL, AA 6: 219). Im letzteren Fall einfach deshalb nicht, weil die Idee der Pflicht damit nicht bzw. noch nicht Triebfeder ist, sondern eben göttlicher Wille.

Kann die ethische Gesetzgebung keine äußere sein, dann muss es sich nach Kant um eine *innere Gesetzgebung* handeln, immer vorausgesetzt, dass äußere und innere Eigenschaft hier kontradiktorische Gegensätze bilden. Was ist unter einer inneren Gesetzgebung zu verstehen? Es ist eine solche, die vom Verpflichteten selbst kommt, genauer aus dem moralischen Gesetz in ihm.

Fraglich ist nun, wie es mit der *rechtlichen* Gesetzgebung steht? Kant beginnt die *Rechtslehre* im eigentlichen Sinn mit dem Satz: „Der Inbegriff der Gesetze, für welche eine äußere Gesetzgebung möglich ist, heißt die *Rechtslehre (Ius)*." (RL, AA 6: 229). Und am Beginn der *Tugendlehre* heißt es entsprechend:

> „[...] so daß jetzt das System der allgemeinen Pflichtenlehre in das der *Rechtslehre (ius)*, welche äußerer Gesetze fähig ist, und der *Tugendlehre (Ethica)* eingeteilt wird, die deren nicht fähig ist [...]" (RL, AA 379).

Bei der rechtlichen Gesetzgebung sind also äußere Gesetze (*nichtwirkliche*, also *naturrechtlich-moralische* und *wirkliche*, d. h. *positive*) und damit eine äußere Gesetzgebung *möglich*, bei der ethischen *nicht*.[3] Das ist nur eine konträre, keine kontradiktorische Gegenüberstellung. Daraus ergibt sich aber der Umkehrschluss, dass im Rahmen der rechtlichen Gesetzgebung auch eine *innere Gesetzgebung* möglich ist, welche allerdings nicht wie bei der ethischen Gesetzgebung das moralische Gesetz zur Triebfeder hat (*Abbildung, Spalte 3, Zeile 3*). Es muss also eine innere, rechtliche Gesetzgebung geben, so dass rechtliche und ethische Gesetzgebung sowie äußere und innere Gesetzgebung keinesfalls parallel laufen oder gar synonym sind.[4]

Was ist unter einer *inneren, rechtlichen Gesetzgebung* zu verstehen? Eine solche, die vom Verpflichteten selbst kommt, genauer von seinem eigenen moralischen Gesetz in ihm. Es handelt sich hier also um eine Gesetzgebung des moralischen Gesetzes in ihm, welche zwar eine *Handlung zur Pflicht, diese Pflicht aber nicht zur Triebfeder macht*. Welche Gesetzgebung kann das sein? In jedem Fall das allgemeine Rechtsgesetz, das Kant in der Rechtslehre aufführt. Dort heißt es:

> Also ist das allgemeine Rechtsgesetz: handle äußerlich so, daß der freie Gebrauch deiner Willkür mit der Freiheit von jedermann nach einem allgemeinen Gesetze zusammen bestehen könne, zwar ein Gesetz, welches mir eine Verbindlichkeit auferlegt, aber ganz und gar nicht erwartet, noch weniger fordert, daß ich ganz um dieser Verbindlichkeit willen meine Freiheit auf jene Bedingungen *selbst* einschränken *solle*, sondern die Vernunft sagt nur, daß sie in ihrer Idee darauf eingeschränkt sei und von andern auch tätlich eingeschränkt werden dürfe [...] (RL, AA 6: 231).

---

**3** (RL, AA 6: 224): Die Verbindung zwischen äußerer Gesetzgebung und äußeren Gesetzen ergibt sich aus dem Satz „Überhaupt heißen die verbindenden Gesetze, für die eine äußere Gesetzgebung möglich ist, äußere Gesetze (*leges externae*)."
**4** Die rechtliche Gesetzgebung ist also keinesfalls immer nur äußere Gesetzgebung, während die ethische Gesetzgebung immer innere Gesetzgebung ist (*Abbildung, Spalte 3, Zeilen 2+3*).

Wesentlich ist die Betonung des „*selbst*": Das Rechtsgesetz kann *keine Selbstbeschränkung durch Triebfedernbestimmung gebieten.*

Während die ethische Gesetzgebung tatsächlich immer *innere Gesetzge*bung ist, ist die rechtliche Gesetzgebung keinesfalls immer äußere Gesetzgebung, (*Abbildung, Spalte 3, Zeilen 2* und *3*).

Damit ist das für die Einteilung der *Metaphysik der Sitten* zentrale Sachstück der *Gesetzgebung* geklärt. Was ist nun aber mit den anderen wesentlichen Elementen der *Metaphysik der Sitten*, also den Pflichten, Verhältnissen und Handlungen?

## 5 Die verschiedenen Arten der Pflichten

Zu einem adäquaten Verständnis der Pflichten muss man sich zunächst daran erinnern, dass Kant die Pflicht als „diejenige Handlung" definiert hat, „zu welcher jemand verbunden ist" (RL, AA 6: 222). Er nähert den Begriff der Pflicht also eher dem Begriff der *Handlung* als Ergebnis der Verpflichtung an, nicht dem Begriff der Verpflichtung selbst.

Kant unterscheidet vor dem Hintergrund dieser Definition zunächst wesentlich zwischen *Rechtspflichten* (*officia iuris*) und *Tugendpflichten* (*officia virtutis s. ethica*) (RL, AA 6: 239, Z. 4–7): *Rechtspflichten* sind nach Kant solche, für welche „eine äußere Gesetzgebung möglich ist", Tugendpflichten solche, für welche „eine äußere Gesetzgebung nicht möglich ist"; und damit – wie es dann in der *Tugendlehre* heißt – nicht „stattfindet" (TL, AA 6: 410). Die Tugendpflichten können nach Kant keiner äußeren Gesetzgebung unterworfen werden, „weil sie auf einen Zweck gehen, der (oder welchen zu haben) zugleich Pflicht ist [...]" (RL, AA 6: 239). Insgesamt scheint diese Pflichteinteilung also mit den bisherigen Einteilungen der ethischen und rechtlichen Gesetzgebung konform zu gehen, wobei natürlich beide Arten von Pflichten in beiden Teilen der *Metaphysik der Sitten* behandelt werden. Man kann nur feststellen, dass es in der Rechtslehre hauptsächlich um Rechtspflichten und in der Tugendlehre hauptsächlich um Tugendpflichten geht.

Allerdings betont Kant in der *Einleitung zur Tugendlehre* (TL, AA 6: 383), dass nicht alle ethischen Pflichten Tugendpflichten sind, während umgekehrt alle Tugendpflichten als ethische Pflichten qualifiziert werden. Der Begriff der ethischen Pflicht ist also der Oberbegriff zum Begriff der Tugendpflicht. Neben den Tugendpflichten gibt es unter den ethischen Pflichten auch noch Pflichten, die nach Kant keinen gewissen Zweck (Materie, Objekt der Willkür), als blos das *Förmliche* der sittlichen Willensbestimmung (z. B. daß die pflichtmäßige Handlung auch *aus Pflicht* geschehen müsse) betreffen. (TL, AA 6: 383)

Nur ein *Zweck, der zugleich Pflicht ist*, kann nach Kant „Tugendpflicht" genannt werden, während bei den anderen ethischen Pflichten „nur eine, aber für alle Handlungen gültige (tugendhafte Gesinnung) gedacht wird" (*Abbildung, Spalte 4, Zeile 2*).

Es gibt *innere* und *äußere Rechtspflichten* und als dritte Kategorie nach Kant sogar noch solche Pflichten, „welche die Ableitung der letzteren vom Prinzip der ersteren durch Subsumtion enthalten" (RL, AA 6: 237). Eine innere Rechtspflicht ist *„Sei ein rechtlicher Mensch!"* („*honeste vive*", „*honestas iuridica*", „*Lex iusti*", „rechtliche Ehrbarkeit"), eine äußere *„Thue niemanden Unrecht!"* („*neminem laede*", „*Lex iuridica*") und eine der dritten Kategorie: „*Tritt* (wenn du das letztere nicht vermeiden kannst) in eine Gesellschaft mit Andern, in welcher Jedem das Seine erhalten werden kann (*suum cuique tribue*)" („*Lex iustitiae*"). (RL, AA 6: 236). Die innere Rechtspflicht ist eine Pflicht gegen sich selbst, die äußere Rechtspflicht eine Pflicht gegen andere (ebenda) (*Abbildung, Spalte 4, Zeile 3*).[5]

Und es gibt *innere* und *äußere Tugendpflichten* (*Abbildung, Spalte 4, Zeile 2*). Insgesamt bestehen also für Kant fünf Alternativen: äußere Rechtspflichten, innere Rechtspflichten, subsumierte Rechtspflichten, äußere Tugendpflichten und innere Tugendpflichten.[6] In welchem Verhältnis stehen diese zueinander sowie zur Gesetzgebung einerseits und zu Handlungen andererseits? Dafür ist wieder die Art der Gesetzgebung entscheidend, die zur Verpflichtung führt.

Kant sagt:

> Die Pflichten nach der rechtlichen Gesetzgebung können nur äußere Pflichten sein, weil diese Gesetzgebung nicht verlangt, daß die Idee dieser Pflicht, welche innerlich ist, für sich selbst Bestimmungsgrund der Willkür des Handelnden sei, und, da sie doch einer für Gesetze schicklichen Triebfeder bedarf, nur äußere mit dem Gesetze verbinden kann. (RL, AA 6: 219)

Die rechtliche Gesetzgebung kann also nur äußere Pflichten im weiteren Sinn erzeugen (*Abbildung, Spalte 4, Zeile 3*).

Daran schließt sich die Frage an, wie Kant innere und äußere Tugendpflichten unterscheidet. Die Unterscheidung lässt sich am besten anhand einer *Einteilungstafel* in der *Einleitung* zur *Tugendlehre* erklären, in der Kant nicht nur zwi-

---

[5] Vgl. dazu Ludwig 2013, 68.
[6] „Rechtspflichten" sind für Kant also keinesfalls mit „äußeren Pflichten" und „Tugendpflichten" mit „inneren Pflichten" synonym, wie Schadow 2013, 87 Fn. 2, meint.

schen der inneren und der äußeren Tugendpflicht, sondern auch zwischen dem *Materialen* und dem *Formalen* der Tugendpflicht differenziert (TL, AA 6: 398):

Die *innere Tugendpflicht* (*Abbildung, Spalte 4, Zeile 2 unten*) bezieht sich hinsichtlich des Materialen auf einen *eigenen Zweck*, „der mir zugleich Pflicht ist. (Meine eigene Vollkommenheit)", hinsichtlich des Formalen auf „das *Gesetz, welches zugleich Triebfeder ist.* Worauf die Moralität aller freien Willensbestimmung beruht" (TL, AA 6: 398). Dies passt gut zur allgemeinen Bestimmung der Tugendpflicht als Pflicht, für welche eine äußere Gesetzgebung nicht möglich ist (s. o.), also zur inneren Gesetzgebung. Und es passt somit auch gut zur ethischen Gesetzgebung und damit in die Tugendlehre. Entsprechend werden diese inneren Tugendpflichten vor allem im ersten Teil der ethischen Elementarlehre behandelt, welcher den Titel trägt: *Von den Pflichten gegen sich selbst* überhaupt (TL, AA 6: 417).

Die *äußere Tugendpflicht* (*Abbildung, Spalte 4, Zeile 2 unten*) bezieht sich hinsichtlich des Materialen auf einen „*Zweck Anderer*, dessen Beförderung mir zugleich Pflicht ist. (Die Glückseligkeit Anderer)" (TL, AA 6: 398), hinsichtlich des Formalen auf den „*Zweck, der zugleich Triebfeder ist.* Worauf die Legalität aller freien Willensbestimmung beruht". Hier ist also ein Zweck Triebfeder. Dies scheint auf den ersten Blick weniger gut zur allgemeinen Bestimmung der Tugendpflicht als Pflicht, für welche eine äußere Gesetzgebung nicht möglich ist (s. o.), zu passen. Aber eine Erklärung ergibt sich, wenn man an den Zweck denkt, der zugleich Pflicht ist. Man muss sich hier also die Zwecke Anderer nur um der Glückseligkeit dieser Anderen willen zur Pflicht machen. Dann ist auch in diesem Fall die Idee der Pflicht Triebfeder. Und eine äußere Gesetzgebung ist zu dieser Triebfeder nicht möglich. Auch die Behandlung dieser äußeren Tugendpflichten gehört also zur Tugendlehre, weil hier eine ethische Gesetzgebung entscheidend ist. Und sie erfolgt ja auch im zweiten Teil der Elementarlehre, welcher den Titel trägt: *Von den Tugendpflichten gegen Andere.* (TL, AA 6: 448 ff.).

Wolfgang Kersting hat kritisiert, dass Kant auch innere Rechtspflichten kenne, wie die Pflicht „*Sei ein rechtlicher Mensch!*" oder die Pflicht „Mache dich anderen nicht zum bloßen Mittel, sondern sei für sie zugleich Zweck." (Kersting 2004, 54 f.). Kersting ist der Auffassung, dass eine solche Ehrbarkeitspflicht offenkundig nicht Gegenstand einer äußeren Gesetzgebung sein könne. Dazu ist zu sagen: Bei dieser Kritik wird die obige, sekundäre Einsicht nicht beachtet, dass die Innen-/Außenunterscheidung iterierbar, also stufenweise wiederholbar ist. Man muss einfach – wie es Kant tut – zwischen der Qualifizierung der *Gesetzgebung* als „innen" und „außen" und der Qualifizierung der *Rechtspflicht* als „innen" und „außen" unterscheiden. So wie etwa das „Innere des Menschen" etwas ganz anders ist als das „Innere des Magens", weil das „Innere des Menschen" natürlich ein „Äußeres des Magens" sein kann, etwa die Lunge, so kann auch die Gesetzgebung des Rechts ohne weiteres zu inneren Rechtspflichten führen. Dies gilt insbesondere dann, wenn man wie Kant innerhalb der rechtlichen Gesetzgebung auch – dies übersieht Kersting ebenfalls – eine innere Gesetzgebung zulässt. (siehe oben unter 4, *Abbildung, Spalte 3, Zeile 3*). Dann ist es erst recht unproblematisch, dass diese innere Gesetzgebung zu inneren Rechtspflichten führt.

Bernd Ludwig ist der Auffassung, dass Kant zumindest einige der Pflichten, die er noch 1793 ausdrücklich zu den inneren Rechtspflichten gezählt hatte (Selbsterhaltung, Verbot, sich zum bloßen Mittel zu machen) 1797 dem Inhalte nach als vollkommene Pflichten gegen sich selbst am Anfang der Tugendlehre behandelt – wo sie dann freilich als ethische Pflichten anzusehen wären. Die inneren Rechtspflichten sollen in der Rechtslehre keinen eigenen systematischen Ort haben (Ludwig 2013, 70). Aber für die innere Rechtspflicht „*Sei ein rechtlicher Mensch!*" gilt eben gerade, dass sie zwar durch Ausprägung einer inneren Haltung befolgt, das moralische Gesetz bei ihr aber nicht zur Triebfeder gemacht werden muss. Man muss z. B. den inneren Entschluss fassen, seine Steuern gemäß der Steuergesetze zu bezahlen und so ein rechtlicher Mensch zu sein, nicht aber aus einer moralischen Überzeugung und damit wegen einer Maximenbildung nach dem moralischen Gesetz. Man kann dies nach Kant auch aufgrund einer anderen Triebfeder tun, etwa aus Angst vor Sanktionen oder Bequemlichkeit.

Von der Selbstentleibung muss man dagegen wegen des moralischen Gesetzes als Triebfeder bzw. Maxime absehen. Nur dann befolgt man die entsprechende Tugendpflicht bzw. ethische Pflicht gegen sich selbst (TL, AA 6: 421 ff.). Es genügt etwa nicht, sich aus Furcht vor Schmerzen oder bloßer Faulheit nicht zu töten. Dann würde man vielleicht einer Rechtspflicht gehorchen, nicht aber der entsprechenden Tugendpflicht.

## 6 Innere und äußere Handlungen bzw. Verhältnisse

Wie findet die Außen/Innen-Unterscheidung nun bei den *Handlungen* bzw. *Verhältnissen* zu Anderen Anwendung, auf die sich das Gesetz, die Gesetzgebung und die Pflichten beziehen (Abbildung, Spalte 6)?[7]

Kant schreibt am Beginn der *Metaphysik der Sitten*:

---

[7] Vgl. zu einer früheren, ausführlichen Diskussion dieser Frage nach dem Verständnis von Kants Unterscheidung zwischen inneren und äußeren Handlungen, die hier partiell wiedergegeben wird: von der Pfordten 2007.

> Diese Gesetze der Freiheit heißen zum Unterschiede von Naturgesetzen *moralisch*. Sofern sie nur auf bloße äußere Handlungen und deren Gesetzmäßigkeit gehen, heißen sie *juridisch*; fordern sie aber auch, dass sie (die Gesetze) selbst die Bestimmungsgründe der Handlungen sein sollen, so sind sie *ethisch*, [...] (RL, AA 6: 214)[8].

Und Kant definiert Recht bekanntlich wie folgt:

> Der Begriff des Rechts, sofern er sich auf eine ihm correspondirende Verbindlichkeit bezieht, (d. i. der moralische Begriff desselben) betrifft *erstlich* nur das äußere und zwar praktische Verhältniß einer Person gegen eine andere, sofern ihre Handlungen als Facta aufeinander (unmittelbar oder mittelbar) Einfluß haben können. (RL, AA 6: 230)

Man muss sich also zunächst fragen, was eigentlich gemeint ist, wenn Kant die juridische Gesetzgebung bzw. das Recht auf das „äußere Verhältnis" bzw. auf „äußere Handlungen" beschränkt. Auf welche Gegenstände in der Welt bezieht sich das Recht? Wo genau verläuft die Grenze zwischen äußeren und inneren Verhältnissen bzw. Handlungen? Zur Bestimmung des Begriffs der „*äußeren Handlung*" bzw. des „*äußeren Verhältnisses*" kommen vier Alternativen in Frage, die nachfolgend aufgeführt werden, wobei von notwendig begleitenden inneren Elementen einer Handlung wie Wissen, Intentionalität etc. abgesehen wird:

(1) Spezifisch für *äußere Verhältnisse* bzw. *äußeres Handeln* ist alles, was der einzelne Akteur in der *äußeren Welt* um sich herum mit seiner Handlung bewirkt. – Wenn jemand zum Beispiel eine Kaffeetasse zum Mund führt, wäre nach dieser Interpretation also die physikalische Übertragung von Bewegungsenergie auf die Kaffeetasse und die dadurch bewirkte Bewegung der Tasse das „äußere Verhältnis" bzw. die „äußere Handlung", während das Heben des Arms, die Muskelkontraktionen im Arm, die Nervenreize, die synaptischen Vorgänge im Gehirn und der ganze Komplex geistiger und emotionaler Steuerung und Beeinflussung zur „inneren Handlung" gehören würden. Die Grenze zwischen äußerer und innerer Handlung wäre also die Grenze des Körpers, die Haut des Menschen.

Kant rechnet im Rahmen einer Handlungsverpflichtung dem Handelnden nur die Handlung selbst zu, nicht aber die Folgen. Die Folgen sollen überhaupt nur bei verdienstlichen und unrechtmäßigen Handlungen eine zusätzliche Rolle spielen (RL, AA 6: 227). Man muss deshalb annehmen, dass sich der Begriff der äußeren Handlung für Kant nicht auf die bloßen Folgen in der äußeren Welt beschränken

---

**8** Vgl. auch RL, AA 6: 231: „Also ist das allgemeine Rechtsgesetz: handle äußerlich so, daß der freie Gebrauch deiner Willkür mit der Freiheit von jedermann nach einem allgemeinen Gesetze zusammen bestehen könne, zwar ein Gesetz, welches mir eine Verbindlichkeit auferlegt, aber ganz und gar nicht erwartet [...]"

kann. Die erste Alternative zur Bestimmung des Begriffs „äußere Handlung" scheidet für Kant also definitiv aus.

(2) Spezifisch für äußere Verhältnisse bzw. äußeres Handeln ist die im Rahmen der Alltagsbeobachtung empirisch wahrnehmbare *äußere Zustandsveränderung des Akteurs*, zum Beispiel jede Handhabung äußerer Gegenstände. Im Rahmen dieser Interpretation würde – neben den unter (1) beschriebenen Folgen der Handlung – die empirisch wahrnehmbare Bewegung des Arms zum Bereich des äußeren Handelns zählen, vielleicht auch noch die Muskelkontraktion, aber – jedenfalls im Normalfall der Alltagsbeobachtung – nicht mehr die auslösenden Nervenreize. Die Grenzlinie verliefe damit zwischen den ohne Spezialapparaturen empirisch wahrnehmbaren Handlungselementen und den Handlungselementen, die nicht mehr auf diese Weise wahrnehmbar sind.

(3) Spezifisch für äußere Verhältnisse bzw. äußeres Handeln ist jede *physiologische Zustandsveränderung* des Akteurs, jede Bewegung seines Körpers. – Im Rahmen dieser Interpretation fielen auch Nervenreize und die chemisch-biologische Gehirntätigkeit auf die Seite äußeren Handelns, während alle geistigen und emotionalen Vorgänge – oder vorsichtiger formuliert: die Aspekte der Gehirntätigkeit, die man als geistig und emotional ansieht – zu den inneren Handlungen gehörten. Diese Position setzt eine nicht vollständig reduktionistische Theorie geistiger Vorgänge voraus.

(4) Spezifisch für äußere Verhältnisse bzw. äußeres Handeln sind alle Veränderungen im Akteur, die *keine rein apriorische Vernunftnatur* aufweisen. – Die engste Fassung der Scheidelinie schlägt also auch noch einen Teil der geistigen und emotionalen Vorgänge auf die Seite der äußeren Handlungen, nämlich diejenigen, denen keine rein apriorische Vernunftnatur zukommt,[9] also diejenigen, die auch durch die äußere Welt beeinflusst werden und auf diese Weise den Kausalgesetzen unterfallen: das heißt Triebe, Neigungen, Gefühle, empirische Begriffe, hypothetische Imperative, zufällige Absichten bzw. der zufällige Wille usw. Unter die inneren Verhältnisse bzw. Handlungen fielen dann im Bereich des Praktischen nur noch rein apriorische Vernunft- bzw. Freiheitsakte, insbesondere die Einsicht in das Sittengesetz, die Ausrichtung der Maximen am Sittengesetz, die freie Zwecksetzung und die Verwendung apriorischer Begriffe. Diese Platzierung der Trennlinie würde der Scheidung entsprechen, die Kant zwischen Sinnenwesen

---

**9** Das bezieht sich jedenfalls auf die reinen *praktischen* Vernunftelemente; die theoretischen fallen auch in diesen Bereich, sind hier aber nicht relevant.

(*homo phaenomenon*) und Vernunftwesen (*homo noumenon*) bzw. zwischen Sinnenwelt und Vernunftwelt vorgenommen hat.[10]

Nach unserem heutigen Sprachverständnis würde man vermutlich die Alternative (2) als die zutreffende ansehen, also alle empirisch wahrnehmbaren äußeren Zustandsveränderungen des Akteurs unter den Begriff „äußere Handlung" fassen, wobei in bestimmten Kontexten die Folgen in der äußeren Welt miteinbezogen würden. Nervenreize und Gehirntätigkeit würde man dagegen kaum mehr unter den Begriff „Handlung" subsumieren, sondern als „Handlungssteuerung", als „inneren Vorgang", als „Wollen" oder ähnliches bezeichnen. Dieses heutige Sprachverständnis mag seine Wurzel in der Notwendigkeit haben, bei den Interpretationsalternativen (3) und (4) eine dualistische, nichtreduktionistische Leib-Seele-Theorie vorauszusetzen, denn wie sollen zwei Bereiche durch eine Grenze getrennt sein, wenn einer dieser beiden Bereiche nicht besteht. Der moderne Sprachgebrauch tendiert dazu, starke metaphysische Annahmen nicht schon durch Sprachprägungen zu präjudizieren.

Ich habe an anderer Stelle die Interpretationsalternative (4) ausführlich zu rechtfertigen versucht (von der Pfordten 2007) und will nur ein Argument wiederholen: Um eine Interpretation der zentralen Unterscheidung zwischen „inneren" und „äußeren" Handlungen bzw. Verhältnissen zu finden, sollte man Kants Theorieziel der Rechtslehre berücksichtigen: Kant wollte die eigene Moralphilosophie und die klassische Naturrechtslehre zueinander in Beziehung setzen. Dies gelingt ihm, indem er den Rechtsbegriff wie die klassische Naturrechtslehre auf „äußere Handlungen" beschränkt, gleichzeitig aber die Bedeutung dieser Bezugnahme im Sinne der Alternative (4) enorm ausweitet und die Verpflichtung zu „äußerem Handeln" nur als eine spezifische Perspektive der generellen Handlungsverpflichtung durch das Sittengesetz auffasst, und zwar im Gegensatz zur Maximenverpflichtung durch die Tugend bzw. Ethik. Nur dasjenige, das der Triebfeder des moralischen Gesetzes unterworfen wird, ist inneres Handeln und damit dem Maßstab des Rechtsbegriffs entzogen und unterfällt der Tugend bzw. Ethik.

---

10 Vgl. zum Beispiel GMS, AA 4: 451 ff.; KpV, AA 5: 114; TL, AA 6: 423.

## 7 Die Bestimmung des Rechtsbegriffs in der Tugendlehre

Um die systematische Interpretation von Kants Rechtsbegriff weiter zu entfalten, soll nun ein genauerer Blick auf seine Bestimmung in der *Tugendlehre* geworfen werden. Zum Teil werden in der *Tugendlehre* schon bekannte Thesen zum Rechtsbegriff aus der *Rechtslehre* wiederholt, zum Teil kommt aber auch Neues hinzu. Insgesamt lässt sich meiner Ansicht nach kein wesentlicher Widerspruch in der Behandlung des Rechtsbegriffs zwischen *Rechtslehre* und *Tugendlehre* feststellen. Die *Metaphysik der Sitten* ist also in ihren beiden Teilen hinsichtlich des Rechtsbegriffs grundsätzlich kohärent.

In der *Einleitung zur Tugendlehre* führt Kant *sechs* Aspekte der Unterscheidung von *Rechtslehre* und *Tugendlehre* an:

Nach Kant ist im Hinblick auf das System der allgemeinen Pflichtenlehre die *Rechtslehre* „äußerer Gesetze fähig", während die *Tugendlehre* „deren nicht fähig ist" (TL, AA 6: 379).

Ein *zweiter* Aspekt, den Kant erwähnt, wird dagegen in dieser Form zum ersten Mal formuliert, die Frage des *Freiheitsbezugs*. Die *Rechtslehre* hat es nach Kant bloß mit der „*formalen* Bedingung der äußeren Freiheit", dem Recht zu tun, während die Ethik noch eine „*Materie* (einen Gegenstand der freien Willkür), einen *Zweck* der reinen Vernunft, der zugleich als objectiv-nothwendiger Zweck, d. i. für den Menschen als Pflicht, vorgestellt wird, an die Hand" gibt (TL, AA 6: 380). Das heißt: Das Recht kann keinen notwendigen inneren Zweck zur Pflicht erheben. Das kann nur die Ethik. Und sie tut dies nach Kant auch mit dem berühmten *Zweck, der an sich selbst Pflicht* ist (TL, AA 6: 381) bzw. *der zugleich Pflicht ist* (TL, AA 6: 383).

Ein *dritter*, bereits bekannter Aspekt der Unterscheidung von Tugend- und Rechtspflicht ist für Kant derjenige der *Erzwingbarkeit*. Dazu heißt es: „Die Tugendpflicht ist von der Rechtspflicht wesentlich darin unterschieden: daß zu dieser ein äußerer Zwang moralisch-möglich ist, jene aber auf dem freien Selbstzwange allein beruht." (TL, AA 6: 383; vgl. auch RL, AA 6: 232f.). Die Tugendpflicht kann also nur durch Selbstzwang, nicht durch äußeren Zwang durchgesetzt werden. Das ist folgerichtig, weil eine durch Andere erzwungene Triebfeder keine solche sein kann. Zur Wahl des moralischen Gesetzes als Triebfeder kann man nicht zwingen.

Eine *vierte* wichtige und neuartige Einsicht betrifft den *spezifischen Fokus* der *Gesetze* von *Ethik/Tugend* und *Recht*: Die Ethik gibt nach Kant *nur Gesetze für* die *Maximen* der *Handlungen*, nicht aber für die *Handlungen selbst*, das tut nur das *Recht* (TL, AA 6: 388). Nur das Recht bezieht sich also auch direkt auf die

Handlungen, während die Ethik die Maximen durch ein Gesetz des Willens des Handelnden bestimmt. Wo nur der eigene Wille des Handelnden als moralisches Gesetz entscheidend für die Maxime ist, handelt es sich um eine ethische Pflicht, wo auch der Wille anderer eine Rolle spielen kann, um eine Rechtspflicht. Auch das Recht kann sich also auf Maximen beziehen, aber nur in Form von Gesetzen des Willens überhaupt, nicht aber des moralischen Gesetzes, wenn also das moralische Gesetz auch Triebfeder der Maxime ist. Das Recht kann also etwa – wie sich oben bei der inneren Rechtspflicht ergab – fordern, dass man sich die rechtliche Ehrbarkeit zur Maxime macht, nicht aber, dass das moralische Gesetz dafür zur Triebfeder wird.

*Fünftens* hat dies – und das ist ebenfalls neu – wiederum Folgen für die *Weite* bzw. *Enge* der jeweiligen *Pflicht:* Verpflichtet das Gesetz, wie bei der ethischen Pflicht, den Verpflichteten nur direkt in seiner *Maxime*, nicht aber in seiner *Handlung*, so wird dadurch der Handlung bzw. Befolgung ein Spielraum eingeräumt, also nicht bestimmt, welche einzelne, spezifische Handlung aufgrund der verpflichteten Maxime ausgeführt werden muss: Die *ethischen Pflichten/Tugendpflichten* sind also in dieser Perspektive nur *unvollkommene Pflichten*, während die *Rechtspflichten* sich auch direkt auf Handlungen beziehen, also *vollkommene Pflichten* ohne Spielraum darstellen (TL, AA 6: 390). Die wesentlichen ethischen Pflichten bzw. Tugendpflichten sind bekanntlich die *weiten*, die Selbstverpflichtung der eigenen Maximen betreffenden Pflichten der *eigenen Vollkommenheit* und der *fremden Glückseligkeit* (TL, AA 6: 391).

Schließlich ergibt sich *sechstens* für Kant auch ein, bisher so nicht konstatierter *methodischer Unterschied* in der Gewinnung der Pflichten: Das Prinzip der *Tugendlehre* ist *analytisch*, das der *Rechtslehre synthetisch* (TL, AA 6: 396): Dass der äußere Zwang mit Zwecken überhaupt zusammen bestehen könne, ist für Kant „nach dem Satz des Widerspruchs klar, und ich darf nicht über den Begriff der Freiheit hinausgehen, um ihn einzusehen; der Zweck, den ein jeder hat, mag sein welcher er wolle" (TL, AA 6: 396). „Dagegen geht das Princip der Tugendlehre über den Begriff der äußeren Freiheit hinaus und verknüpft nach allgemeinen Gesetzen mit demselben noch einen *Zweck*, den es zur *Pflicht* macht." (TL, AA 6: 396). Es stellt inhaltliche Zwecke auf, von denen das Recht abstrahiert. Bei der Tugendpflicht kommt also über den Begriff des Selbstzwangs der Begriff des Zwecks hinzu.

Während diese sechs Charakteristika der Unterscheidung von Gesetzgebung durch Recht und Ethik/Tugend, Rechts- und Tugendpflichten sowie *Rechts-* und *Tugendlehre* nach und nach entfaltet werden, kommt Kant am Schluss der *Einleitung zur Tugendlehre* in den Kapiteln XIV. und XVII. noch einmal direkt und quasi zusammenfassend, aber auch seine nun folgende Einteilung der Tugendpflichten rechtfertigend, auf das „Princip der Absonderung der Tugendlehre von der Rechtslehre" zurück (TL, AA 6: 406):

Der *Begriff der Freiheit* mache, so sagt er zunächst allgemein in Kapitel XIV., die Einteilung der Pflichten in Pflichten der *äußeren* und *inneren Freiheit* notwendig, von denen die letzteren allein ethisch seien. Hier wird also wie schon in der *Grundlegung zur Metaphysik der Sitten* und in der *Kritik der praktischen Vernunft* die Freiheit als letzter ontischer Grund des Praktischen zum Ausgangspunkt genommen. Und dann folgt in Kapitel XVII. unter der Überschrift „Vorbegriffe zur Eintheilung der Tugendlehre" eine Zusammenfassung der erwähnten sechs Aspekte unter drei Rubriken: dem *Formalen*, dem *Materialen* und der *Unterscheidung des Materialen vom Formalen* (TL, AA 6: 410):

(1): *Was das Formale betrifft:* a) Tugendpflichten sind im Gegensatz zu Rechtspflichten solche, für die *keine äußere Gesetzgebung* stattfindet (1). b) In der Tugendlehre ist das Pflichtgesetz im Gegensatz zur Rechtslehre *kein solches für Handlungen*, sondern nur für die *Maximen* der Handlungen (3). c) Die Tugendpflichten sind folglich im Gegensatz zu den Rechtspflichten *weite bzw. unvollkommene* Pflichten und keine *engen bzw. vollkommenen* Pflichten (4).

(2): *Was das Materiale betrifft:* Während die Rechtslehre bloße Pflichtenlehre sein kann, muss die Tugendlehre auch als *Zwecklehre* aufgestellt werden (1).

(3): *Was die Unterscheidung des Materialen vom Formalen (der Gesetzmäßigkeit von der Zweckmäßigkeit) betrifft:* Neben den einzelnen Tugend- und Rechtspflichten gibt es eine einzige übergreifende *Verpflichtung zur Tugendhaftigkeit* bzw. *„Tugendverpflichtung"*, weil es nur eine tugendhafte Gesinnung gibt, seine Pflichten zu erfüllen, die sich auch auf die Rechtspflichten erstreckt. Es gibt nach Kant also eine Art umfassender Metaverpflichtung zur Tugendhaftigkeit, welche Tugend- und Rechtspflichten verklammert.

Der Aspekt, der in dieser Zusammenfassung nicht mehr auftaucht, ist der Aspekt der *unterschiedlichen Erzwingbarkeit*. Dafür kommt der verbindende Gedanke einer übergreifenden Verpflichtung zur Tugendhaftigkeit hinzu, welcher die Unterscheidung von Rechts- und Tugendpflicht überwölbt.

## 8 Bewertung

Will man Kants Durchführung der Unterscheidung von Recht und Ethik/Tugend bewerten, so wird man nicht umhinkönnen, ihre Systematizität und Folgerichtigkeit zu bewundern. Stein für Stein werden hier die verschiedenen Aspekte zusammengetragen und aufeinander gebaut. Wesentlich erscheinen mir dabei die soeben wiedergegebenen Aspekte (2) und (5) in der Darstellung der Tugendlehre zu sein: Wenn die Tugendpflichten sich auch auf die Maximen der Handlungen und nicht nur auf die Handlungen selbst beziehen wie die Rechtspflichten und wenn die Tugendpflichten auch einen inhaltlichen Zweck, der zugleich Pflicht ist, vorgeben, während dies für die Rechtspflichten nicht gilt, so bestätigt das einerseits die obige Bestimmung der Unterscheidung zwischen äußerer und innerer Handlung bzw. äußerem und innerem Verhältnis (VI.). Die Maxime und der Zweck, der zugleich Pflicht ist, werden von Kant im Rahmen der Tugendpflichten auf den Kernbereich des moralischen Gesetzes bzw. *homo noumenon* des Menschen fokussiert. Alle sonstigen mehr oder minder kontingenten Zwecke, alle Neigungen, alle weiteren Absichten und Wünsche liegen dagegen jenseits dieses Bereichs und stehen der Gesetzgebung durch das Recht und damit der Regelung äußerer Handlungen bzw. Verhältnisse offen. Für Kant ist es also kein Problem, dass etwa das Strafrecht und auch das Zivilrecht Vorsatz, Fahrlässigkeit und Schuld als innere Phänomene des Menschen regelt.[11]

Zum anderen wird meines Erachtens auch deutlich, wie die Rechtspflichten und die ethischen Pflichten bzw. Tugendpflichten gleichzeitig unter dem kategorischen Imperativ stehen können, wie er in der *Grundlegung zur Metaphysik der Sitten* und der *Kritik der praktischen Vernunft* entfaltet wurde.[12] Wenn es dort heißt „Handle so, dass die Maxime Deines Handelns zum allgemeinen Gesetze werden könnte" usw., dann kann eben für die Rechtspflicht auch nur die Handlung und generelle Maximenverallgemeinerung als solche Pflicht sein, wobei die Maximenverallgemeinerung lediglich, aber immerhin, abstrakter, inhaltlicher Maßstab für die richtige Handlung ist, während durch die *Tugendpflicht* nicht nur die Handlung geboten wird, sondern die tatsächliche, je individuelle eigengesetzliche Bestimmung der je eigenen Maxime durch jeden einzelnen Menschen. Bei der Ethik bzw. Tugend muss also nicht nur wie beim Recht verallgemeinerungsfähig gehandelt werden, sondern es müssen von jedem einzelnen Menschen bestimmte inhaltliche Maximen bzw. Zwecke gemäß dem moralischen Gesetz verinnerlicht und handlungswirksam gemacht werden. Abstrakt sind dies: Mehre die eigene Vollkommenheit und fördere die fremde Glückseligkeit!

---

[11] Unzutreffend etwa insofern Rosen 1993, 90, wonach das Recht keine Überzeugungen, Meinungen oder Ideen regulieren soll.

[12] Es kann kein Zweifel sein, dass nach der *Metaphysik der Sitten* auch die Rechtspflichten einem gegenüber der Metaphysik der Sitten etwas erweiterten, das moralische Gesetz nicht als Triebfeder fordernden kategorischen Imperativ folgen müssen. Vgl. RL, AA 6: 222 und RL, AA 6: 331: „Das Strafgesetz ist ein kategorischer Imperativ."

Interpretiert man die Trennung zwischen Rechtspflichten und Tugendpflichten nach dem soeben Gesagten, dann stellen sich zwei wichtige Fragen, eine interpretatorische und eine systematische, die zum Abschluss behandelt werden sollen:

1. Handelt die Tugendlehre nur von ethischen Pflichten/Tugendpflichten?

Sind ethische Pflichten bzw. Tugendpflichten nur solche Pflichten, bei denen keine äußerliche, sondern nur eine innere Gesetzgebung stattfindet, und die sich nur direkt auf die Maxime hinter der Handlung beziehen, also nicht direkt auf die Handlung selbst, dann stellt sich die Frage, ob Kant die Tugendlehre angesichts von Verboten von Handlungen wie dem Selbstmord (§ 6), der wollüstigen Selbstschädigung (§ 7) oder der Selbstbetäubung durch Unmäßigkeit im Gebrauch der Geniess- oder auch Nahrungsmittel (§ 8) tatsächlich auf Tugendpflichten beschränken will bzw. – selbst wenn er es wollte – beschränken kann? Diese Frage wird durch die oben vertretene enge Fassung des Bereichs der inneren Handlung bzw. des inneren Verhältnisses mit der Folge der weiten Fassung der äußeren Handlung bzw. des äußeren Verhältnisses noch verschärft. Schließlich wird das Problem noch einmal dadurch größer, dass Kant angesichts der soeben erwähnten Pflichten von den „vollkommenen Pflichten gegen sich selbst" spricht (TL, AA 6: 421), obwohl er die Tugendpflichten in der Einleitung als weite, also unvollkommene Pflichten charakterisiert hatte. Dort hieß es wörtlich: „Die unvollkommenen Pflichten sind also allein *Tugendpflichten*." (TL, AA 6: 390).

Ich denke, es kann angesichts des Aufbaus der *Metaphysik der Sitten* und der *Einleitung der Tugendlehre* kein Zweifel bestehen, dass Kant in der *Tugendlehre* im wesentlichen ethische Pflichten bzw. Tugendpflichten behandeln will und auf Rechtspflichten nur en passant und im Kontrast zu sprechen kommen möchte, was zur Folge hat, dass er vor allem die Maximenbestimmung durch das moralische Gesetz beschreibt und nicht den konkreten Handlungswillen oder gar die Handlungsdurchführung. Dies wird an einer Stelle besonders deutlich, an der er die Liebe behandelt: Dort sagt er: „Die *Liebe* wird hier aber nicht als *Gefühl* (ästhetisch), d. i. als Lust an der Vollkommenheit anderer Menschen, nicht als Liebe des *Wohlgefallens*, verstanden (denn Gefühle zu haben, dazu kann es keine Verpflichtung durch Andere geben), sondern muß als Maxime des *Wohlwollens* (als praktisch) gedacht werden, welche das Wohltun zur Folge hat." (TL, AA 6: 449). Hier sagt Kant ganz ausdrücklich, dass es ihm in den *Metaphysischen Anfangsgründen der Tugendlehre* nicht um das innere Gefühl des Wohlgefallens geht, sondern um das Wohlwollen als Wollen, aber auch nicht als singuläres Wollen in einzelnen, konkreten Situationen, sondern als *Maxime des Wohlwollens*, also als nicht beliebigen, sondern gebotenen allgemeinen Willen, anderen wohl zu wollen. Ich denke, dieses Vorziehen der bloßen Verpflichtung zur Maximenbildung vor die Klammer, in der quasi eine Handlung steht, gilt für Kant hinsichtlich aller Erörterungen der Pflichten in der Tugendlehre, also auch etwa für die erwähnten Pflichten keinen Selbstmord zu begehen, sich nicht wollüstig selbst zu schädigen und Genuss- oder Nahrungsmittel nicht unmäßig zu gebrauchen. Immer wird die Handlung nicht direkt verboten, was auch seitens des positiven und überpositiven Rechts möglich wäre, sondern geboten ist die individuelle Fassung der verallgemeinerbaren Maxime, nicht Selbstmord zu begehen, sich nicht wollüstig selbst zu schädigen und Genuss- oder Nahrungsmittel nicht unmäßig zu gebrauchen usw. Kants Intention der Fokussierung auf die Maximenbildung bei den Tugendpflichten kann also nicht bezweifelt werden.

Dann muss weiter gefragt werden, ob es ihm gelingt, diese Absicht zu realisieren. Man müsste jetzt natürlich jede einzelne Erörterung der einzelnen Pflichten analysieren, was hier zu weit gehen würde. Vielleicht lässt sich aber Folgendes sagen: Es gibt keinen prinzipiellen Grund, warum man eine Verpflichtung nicht auf eine Maximenbildung beschränken könnte oder dürfte. Jede einzelne Handlung bedarf des Willens bzw. der Intention im Einzelfall und jeder dieser Willen kann zur Maxime verallgemeinert werden. Ist dies aber durch menschliche Entschließungen möglich, so kann man auch zu dieser Entschließung verpflichten bzw. sich selbst dazu bestimmen. Vor dem Hintergrund der kantschen Annahmen ist also die sachliche Durchführung in der Tugendlehre nicht zu kritisieren.

Dann bleibt noch das oben geschilderte Problem der Annahme vollkommener, enger Pflichten gegen sich selbst, obwohl Kant die Tugendpflichten allgemein als unvollkommene, weite Pflichten gekennzeichnet hatte. Diesen scheinbaren Widerspruch kann man vielleicht lösen, indem man darauf verweist, dass Kant jenseits der primären Kennzeichnung der ethischen Pflichten als unvollkommen in Abgrenzung zu den vollkommenen Rechtspflichten innerhalb der ethischen Pflichten gegen sich selbst zur Mehrung der eigenen Vollkommenheit als spezifischem Zweck noch einmal sekundär die Eigenschaft „eng, vollkommen" und „weit, unvollkommen" einsetzt (*Abbildung, Spalte 4, Zeile 2 unten*), und zwar anders als bei der primären Verwendung nicht klassifikatorisch, sondern graduell, wie die Passage in der Einleitung zeigt. Man muss die Einteilung also so lesen, dass Kant innerhalb der primär unvollkommenen, weiten ethischen Pflichten bzw. Tugendpflichten zunächst die sekundär relativ weniger weiten und damit relativ vollkommenen Pflichten gegen sich selbst, wie das Verbot des Selbstmords, der Wollust und der Trinkerei und Völlerei behandelt, bevor er sich dann ebenfalls sekundär den relativ weiteren und damit unvollkommeneren Pflichten gegenüber Anderen wie dem Gebot der Liebe und Achtung zuwendet.

## 2. Überzeugt Kants Konzeption der Trennung von Rechts- und Tugendpflichten auch sachlich?

Kants sehr ausgefeilte, aber auch sehr spezielle Unterscheidung steht und fällt mit der Anerkennung des anspruchsvollen eigenen Bereichs der ethischen Pflichten bzw. Tugendpflichten des *homo noumenon* als selbstverpflichtete Maximen bzw. des Zwecks, der zugleich Pflicht ist nach dem moralischen Gesetz. Erkennt man – wie etwa ein Utilitarist oder Konsequentialist – diesen für Kant entscheidenden, mentalen und persönlichen Bereich der autonomen Maximenbildung nach dem moralischen Gesetz, in dem Pflicht und Zweck verbunden sind, nicht an, dann bricht Kants Unterscheidung zwischen Tugend- und Rechtspflichten in sich zusammen, mit der Konsequenz, dass nur noch der Bereich der Rechtspflichten im kantschen Sinne übrigbliebe. Es gäbe dann also ausschließlich Rechtspflichten und keine Tugendpflichten im kantschen Verständnis. Dann wäre aber die Unterscheidung von Rechtspflichten und Tugendpflichten sinnlos. Dies zeigt, dass Kant die Rechtspflichten sehr weit und quasi naturrechtlich in einem umfassenden Sinn versteht. Das hat aber folgende Konsequenz: Wenn mit „Recht" anders als bei Kant das positive Recht gemeint ist, taugt ihre Charakterisierung als Rechtspflichten nicht, um die Frage „Was ist Recht?" zu beantworten. Das positive Recht kann nach Kant Rechtspflichten statuieren. Aber eine positive Ethik bzw. Tugendmoral kann das auch, weil sie natürlich ebenfalls bloß äußerlich verpflichten kann, ohne gebieten zu müssen, die Maximenbildung eigengesetzlich zu bestimmen. Die in Deutschland empirisch erkennbare und beschreibbare, positive Moralpflicht, nicht zu lügen (außer vielleicht in Notfällen), wäre dann für Kant zunächst nur eine Rechtspflicht. Nur die Pflicht des moralischen Gesetzes in jedem einzelnen, die Maxime, nicht zu lügen, anzunehmen, ist nach Kant eine Tugendpflicht.

Alessandro Pinzani
# Wie kann äußere Freiheit ein angeborenes Recht sein?

In der *Rechtslehre* behauptet Kant bekanntlich, dass das „einzige, ursprüngliche, jedem Menschen kraft seiner Menschheit zustehende, Recht" die (äußere) Freiheit ist (RL, AA 6: 237). Die Wortwahl ist schon verblüffend, denn es ist nicht von einem Recht *auf* Freiheit die Rede, sondern Freiheit selbst wird als Recht bezeichnet. Aber wie kann das sein? Und worin besteht eigentlich diese Freiheit? Zudem scheint sie angesichts der Position, die Kant an anderen Stellen derselben Schrift vertritt (z. B. mit Bezug auf den Verlust der rechtlichen Persönlichkeit seitens der Verbrecher oder mit Bezug auf das Recht der häuslichen Gesellschaft), keinesfalls ein unverletzliches Recht zu bezeichnen. In diesem Beitrag werde ich versuchen, diesen Fragen nachzugehen.

## 1 Der Zusammenhang

Kant führt den Begriff der Freiheit in der „Einteilung der Rechtslehre" ein, deren Struktur einen genaueren Blick verdient. Sie besteht ihrerseits aus zwei durchnummerierten Teilen (die eigentlich durch die Buchstaben A und B, nicht durch Zahlen gekennzeichnet sind), einem nicht nummerierten Teil mit dem Titel „Das angeborene Recht ist nur ein einziges" und einer Tafel. Die zwei durchnummerierten Teile haben als ihren Gegenstand respektiv die allgemeine Einteilung der Rechtspflichten und die allgemeine Einteilung der Rechte. Es ist bezeichnend, dass die Pflichten an der ersten Stelle kommen. Dies resultiert aus der Tatsache, dass kein rechtliches Verhältnis unter Individuen möglich ist, wenn der Einzelne zuvor die Verpflichtung nicht erfüllt, ein rechtlicher Mensch zu sein. Das gebietet nämlich die erste der drei pseudo-Ulpianischen Regel, die Kant in diesem Kontext einführt, um die Rechtspflichten in drei Gruppen einzuteilen. Die folgende Tafel zeigt einige der werksinternen Verhältnisse zwischen den drei Gruppen auf (vgl. Pinzani 2005; zu den Ulpianischen Regeln siehe auch Schnepf 2004, Byrd u. Hruschka 2005, Heck 2009, Brandt 2012; zur Beziehung von äußerer Freiheit und den Regeln siehe Pinzani 2017). Wichtig für uns sind die zwischen den verschiedenen *leges*, den rechtlichen Pflichten, den unterschiedlichen Arten von Recht und den rechtlichen Postulaten.

**Tabelle:** Ulpianische Formeln

| *Honeste vive* | *Neminem laede* | *Suum unicuique tribue* |
|---|---|---|
| Lex iusti | Lex iuridica | Lex iustitiae |
| Iustitia tutatrix | Iustitia commutativa | Iustitia distributiva |
| Innere Rechtspflichten | Äußere Rechtspflichten | Pflichten, welche die Ableitung der letzteren vom Prinzip der ersteren durch Subsumtion erhalten |
| Was recht ist | Was rechtlich ist | Was rechtens ist |
| Inneres Mein und Dein („inneres" Recht) | Äußeres Mein und Dein (Privatrecht) | Öffentliches Recht |
| Postulat der äußeren Freiheit (Freiheit muss sein) | (Privat)rechtliches Postulat (Eigentum muss sein) | Postulat des öffentlichen Rechts (Der Staat muss sein) |
| Möglichkeit oder Form der Erwerbung von Besitz | Wirklichkeit oder Materie der Erwerbung von Besitz | Notwendigkeit oder Rechtsgrund der Erwerbung von Besitz |
| Naturzustand (Kein Recht) | Naturzustand II (provisorisches Recht) | bürgerlicher Zustand (peremtorisches Recht) |
| Legislative Gewalt (in der Person des Gesetzgebers) | Exekutive Gewalt (in der Person des Regierenden) | Judikative Gewalt (in der Person des Richters) |
| Obersatz des praktischen Vernunftsschlusses (Gesetz) | Untersatz des praktischen Vernunftsschlusses (Gebot) | Schlusssatz des praktischen Vernunftsschlusses (Rechtsspruch) |
| Staatsrecht | Völkerrecht | (Weltstaat) |

Die erste Gruppe, die eben dem Grundsatz *honeste vive* entspricht, bezieht sich auf die Behauptung des eigenen Wertes den Mitmenschen gegenüber. Darunter versteht Kant zunächst das Verbot der Selbstsklaverei – ein Verbot, das auch an anderen Stellen wiederholt wird (im § 30 und in der „Allgemeinen Anmerkung D"; vgl. auch RL, AA 6: 270 und 282). Außerdem betrifft diese Pflicht die Rechtspersönlichkeit und kann deswegen als Rechtspflicht angesehen werden, obwohl sie eine innere Haltung fordert. Insofern formuliert sie auch die innere Bedingung für die Existenz vom Recht überhaupt, denn nur freie Willküren können in einem rechtlichen Verhältnis zueinander leben, wie nun zu erklären ist. Dies erklärt, wieso Kant behaupten kann, es handele sich um eine innere Rechtspflicht – was an sich im Widerspruch mit der Charakterisierung der Rechtspflichten als bloß äußerlichen Pflichten stünde, die Kant in der „Einleitung zur Metaphysik der Sitten" angeboten hatte.

Kant sagt, dass diese innere Rechtspflicht „das Recht der Menschheit in unserer eigenen Person" betrifft (RL, AA 6: 236). Ein solches Recht kann an sich nicht Gegenstand der eigentlichen Rechtslehre sein, denn ihr Gegenstand ist das objektive Recht, und dieses lässt sich durch drei Elemente definieren, die *prima facie* mit dem Gedanken des Rechts der Menschheit in unserer Person nichts zu tun haben, nämlich: Intersubjektivität, Reziprozität und Formalismus (RL, AA 6: 230). Das (objektive) Recht betrifft mit anderen Worten die Beziehungen zwischen Willküren bzw. zwischen Individuen. Zudem beziehen sich sowohl das Recht der Menschheit in unserer eigenen Person als auch die als einziges angeborenes Recht charakterisierte äußere Freiheit auf das, was Kant „inneres Mein und Dein" bezeichnet (RL, AA 6: 237f.); dies kann aber unmöglich Gegenstand des Rechts im strikten Sinne sein, weil sich letzteres immer auf ein äußeres, erworbenes Recht bezieht, daher in erster Linie Privatrecht ist, wie Kant betont (RL, AA 6: 232). Aus diesem Grund wird der Teil der *Rechtslehre*, der dem inneren Recht bzw. dem inneren Mein und Dein gewidmet ist, in den „Prolegomena" zur eigentlichen *Rechtslehre* behandelt (RL, AA 6: 238). Gegenstand dieses inneren Rechts ist eben die äußere Freiheit als das einzige angeborene Recht. Sie hat mit den Verhältnissen der Willküren untereinander nur mittelbar zu tun – und zwar insofern diese Willküren ihre äußere Freiheit gegen die anderen schützen wollen. Zu diesem Zweck verhilft ihnen eben das objektive Recht.

Das ist auch der Grund, warum aus dem Recht der Menschheit in unserer Person eine Klasse von Pflichten, die vollkommenen Pflichten gegen sich selbst, entsteht, die Kant zwar als innere Rechtspflichten bezeichnet (im Schema von RL, AA 6: 240), jedoch eigentlich zur Ethik (also zur *Tugendlehre*) gehören (und tatsächlich dort behandelt werden). Zwar führt Kant bei der allgemeinen Einteilung der Rechtspflichten das erwähnte Prinzip des *honeste vive* ein, das die rechtliche Ehrbarkeit gebietet und den inneren Rechtspflichten vorsteht (RL, AA 6: 236f.); dieses Prinzip hatte aber Kant sowohl in seinen Vorlesungen als auch in seinen Vorarbeiten in der *Tugendlehre*, nicht in der *Rechtslehre* eingeführt (VATL, AA 23: 386 und V-MS/Vigil, AA, 27: 527). Ich werde allerdings in diesem Kontext dieses Thema nicht weiter vertiefen (vgl. Pinzani 2005).

Man könnte zusammenfassend sagen, dass die innere Rechtspflicht, die das innere Mein und Dein betrifft, den Schutz der Persönlichkeit als ihren Gegenstand hat. Diese Leistung kann nur das Subjekt selbst vorbringen, nicht die Anderen: nur ich kann auf Selbstversklavung verzichten, meinen Wert als Mensch im Verhältnis zu Anderen behaupten, mein eigener Herr sein, meine Ehrlichkeit bewahren, mich als ehrlicher und unbescholtener Mensch bewähren, schließlich meine äußere Freiheit verwirklichen (da diese aus all diesen Elementen besteht, wie wir sehen werden). All das schulde ich mir selbst, genauer, der Menschheit in meiner Person.

Der allgemeinen Einteilung der Pflichten folgt die allgemeine Einteilung der Rechte, und zwar erstens als systematischer Lehren und zweitens als „(moralischer) Vermögen, andere zu verpflichten" (RL, AA 6: 237). Die Rechte als systematische Lehren lassen sich in Naturrecht einerseits und positivem Recht andererseits einteilen. Das Naturrecht beruht „auf lauter Prinzipien a priori", das positive Recht geht „aus dem Willen des Gesetzgebers" hervor. Was Kant in der *Rechtslehre* interessiert ist in erster Linie das Naturrecht, denn in diesem Werk sollen die metaphysischen Prinzipien a priori des Rechts analysiert werden. Eine Lehre, die sich mit positivem Recht beschäftigt, unterscheidet sich jedoch grundsätzlich von einer Rechtslehre, wie Kant schon im Paragraph A, also im ersten Absatz des Werks, betont hatte (RL, AA 6:229). Es gibt daher subjektive Rechte, die vorpositiven Charakter besitzen. Das bedeutet aber nicht, dass sie mit den angeborenen Rechten zusammenfallen. Diese kommen jedermann von Natur, also „unabhängig von allem rechtlichen Akt" zu, und unterscheiden sich von den erworbenen Rechten, die eines solchen Aktes bedürfen. Aber es kann natürlich auch erworbene Naturrechte geben, d. h. Rechte, die einen rechtlichen Akt zwar erfordern, ohne jedoch, dass dieser Akt ein positiver Akt sei und dem konkreten Willensakt eines Gesetzgebers entspreche. Das Privatrecht, das Kant im ersten Teil der *Rechtslehre* diskutiert, besteht eben aus solchen erworbenen Naturrechten.

Dieses zweite Teil der „Einteilung der Rechtslehre" schließt Kant mit der folgenden Bemerkung: „Das angeborene Mein und Dein kann auch das innere (meum vel tuum internum) genannt werden; denn das äußere muss jederzeit erworben werden" (RL, AA 6: 237). Hier wird also das innere Mein und Dein explizit erwähnt, das – wie gesagt – kein Gegenstand des Privatrechts und daher der Rechtslehre *stricto sensu* ist, so lange es mit dem inneren Mein und Dein von anderen Individuen nicht in Berührung kommt.

Unmittelbar darauf folgt die Stelle, die uns interessiert und den Titel „Das angeborene Recht ist nur ein einziges" trägt. Dieses einzige angeborene Recht ist eben die Freiheit, die Kant hier zunächst als die „Unabhängigkeit von eines Anderen nötigender Willkür" definiert (RL, AA 6: 237) – was mit dem Verbot der Selbstsklaverei und der Behauptung des eigenen Werts im Einklang steht. Dieses Recht kommt jedem Menschen ursprünglich und „kraft seiner Menschheit" zu. Die Frage ist nur: wie kann die Unabhängigkeit von der nötigenden Willkür anderer ein angeborenes *Recht* sein? Handelt es sich nicht eher um einen angeborenen *Zustand*?

## 2 Was ist Freiheit?

Um diese Frage zu beantworten, sollten wir zunächst auf die Definitionen von Freiheit und Person aus der Einleitung in der *Metaphysik der Sitten* zugreifen. Dabei stellt Kant den Freiheitsbegriff auf einer Weise vor, die dem Leser der *Grundlegung* und der zweiten *Kritik* vertraut ist. Freiheit ist danach „ein reiner Vernunftbegriff", von dem „kein angemessenes Beispiel in irgend einer möglichen Erfahrung gegeben werden kann" und somit „keinen Gegenstand einer uns möglichen theoretischen Erkenntniß ausmacht". Nichtsdestotrotz ist „im praktischen Gebrauche [...] seine Realität durch praktische Grundsätze" bewiesen. „Auf diesem (in praktischer Rücksicht) positiven Begriffe der Freiheit gründen sich unbedingte praktische Gesetze, welche *moralisch* heißen" (RL, AA 6: 221). Diese moralischen Gesetze der Freiheit können nach Kant „bloße äußere Handlungen" betreffen – dann „heißen sie *juridisch*" – oder sie können „selbst die Bestimmungsgründe der Handlungen" betreffen und heißen dann ethisch (RL, AA 6: 214). Damit weist Kant auf den Unterschied von Recht und Ethik hin. Beide gehören allerdings der allgemeinen Sphäre der Moral an; daher sind sowohl die juridischen als auch die ethischen Gesetze *moralische* Gesetze.

Die Freiheit, auf die sich die juridischen Gesetze beziehen, kann nach Kant „nur die Freiheit im äußeren Gebrauche" (RL, AA 6: 214) sein. Diese Einschränkung auf den äußeren Gebrauch der Freiheit hängt mit dem Gedanken zusammen, das Recht betreffe die Interaktion der Willküren. Interaktion entsteht nur durch äußere Handlungen von Körpern, die voneinander getrennt sind, wie Kant in den *Metaphysische[n] Anfangsgründe[n] der Naturwissenschaften* (MAN, AA 4: 544) darlegt. Die Freiheit, von der in der *Rechtslehre* die Rede ist, ist somit äußere Freiheit und nicht moralische Autonomie, d.h. das Vermögen der moralischen Selbstgesetzgebung. Dies ist wichtig, denn ansonsten kann man sich nicht erklären, dass ein Individuum durch seine rechtswidrigen Handlungen die eigene Freiheit verliert. Moralische Autonomie kann man hingegen nie verlieren, denn sie gehört zur Natur des Menschen qua rationales Wesen.

Ein weiterer wichtiger Begriff aus der Einleitung ist der Personenbegriff. Eine Person ist nach Kant „dasjenige Subjekt, dessen Handlungen einer Zurechnung fähig sind". Damit spielt Kant auf den Begriff der Autonomie an und fügt hinzu: „Die *moralische* Persönlichkeit ist also nichts anders, als die Freiheit eines vernünftigen Wesens unter moralischen Gesetzen" (RL, AA 6: 223). Das gilt sowohl für die ethischen als auch für die juridischen Gesetze, allerdings mit einem wichtigen Hinweis. Das juridische Gesetz, von dem hier die Rede ist, entspricht nicht einem positivem, von einem Gesetzgeber gesetzten Gesetz, sondern ist ein metaphysischer Grundsatz a priori, dessen Urheber die praktische Vernunft ist

(Kant spricht [RL, AA 6: 227] von dem „Gesetz, was uns *a priori* und unbedingt durch unsere eigene Vernunft verbindet"). Dieses Gesetz muss zwar für *homines phaenomena*, für Menschen als phänomenale Wesen, gelten – daher muss es von einem konkreten Gesetzgeber in ein konkretes positives Gesetz übersetzt werden – allerdings sind solche positiven Gesetze nicht Objekt der Rechtslehre, sondern höchstens einer Lehre des positiven Rechts (RL, AA 6: 229).

Wir können jetzt an die oben zitierte Stelle von RL, AA 6: 237 zurückgehen, an der vom einzig angeborenen Recht die Rede ist. Es handelt sich um ein angeborenes Recht, also – gemäß der allgemeinen Einteilung der Rechte – um ein Recht, das jedermann von Natur zukommt, „unabhängig von allem rechtlichen Akt" und, so könnte man hinzufügen, noch vor allem rechtlichen Akt. Sie betrifft was Kant als angeborenes bzw. inneres Mein und Dein nennt, das – wie gesehen – kein Gegenstand eines strikten Rechts, daher der Rechtslehre *stricto sensu* ist. Freiheit wird nicht durch einen rechtlichen Akt erworben, sie stellt vielmehr die notwendige Bedingung jedes rechtlichen Aktes dar: nur freie Rechtssubjekte können eigentliche rechtliche Handlungen vornehmen, wie aus der Tafel von RL, AA 6: 241 hervorgeht, nach der „Menschen ohne Persönlichkeit (Leibeigene, Sklaven)" keine rechtlichen Verhältnisse eingehen können.

Freiheit wird als „Unabhängigkeit von eines Anderen nöthigender Willkür" definiert (RL, AA 6: 237). Die hier angesprochene Nötigung ist keineswegs eine konkrete, empirische, sondern eine rechtliche, welche aus der Perspektive einer metaphysischen Rechtslehre die einzig relevante Art von Nötigung ist. Kant bezieht sich hier nicht auf die Gewalt, die von Anderen im Naturzustand ausgeht, sondern auf zwei andere Fälle von Nötigung, nämlich auf die illegitime Gewalt, die ein Verbrecher gegen mich anwendet (was an sich ein Unrecht darstellt), und auf den womöglich legitimen Einspruch, den Andere gegen mein vermeintliches Recht bzw. gegen das, was ich als mein Recht sehe, erheben können. In diesem Fall kann man sich „auf sein angebornes Recht der Freiheit" berufen (RL, AA 6: 238). Was das bedeutet, wird aber erst dann klar, wenn man die allgemeine Definition von Freiheit als „Unabhängigkeit von eines Anderen nöthigender Willkür" (RL, AA 6: 237) durch die von Kant eingeführten weitere Dimensionen von Freiheit ergänzt.

An dieser Stelle führt Kant nämlich drei Elemente der Freiheit ein, die von ihm als „Befugnisse" bezeichnet werden, die „schon im Princip der angebornen Freiheit" liegen und daher „wirklich von ihr nicht [...] unterschieden" sind (RL, AA 6: 238). Dass Freiheit aus Befugnissen besteht, macht es klar, wieso man von ihr als ein Recht sprechen kann, denn jedem dieser Befugnisse entspricht ein angeborenes Recht, wie wir im Folgenden sehen werden. Ob die Identifizierung von Freiheit und Befugnissen (die schon auf RL, AA 6: 223 ohne weitere Erklärung gemacht wurde) haltbar ist, werden wir hingegen noch sehen müssen.

Das erste Element ist „die angeborne *Gleichheit*" (RL, AA 6: 237) mit den Anderen. Sie besteht darin, dass man nur insofern von Anderen verbunden werden kann, als man die Anderen seinerseits verbinden kann. Es geht hier also um eine wechselseitige Verbindungsbefugnis. In der Sprache von Pflichten bedeutet das, dass ich nur zu dem verpflichtet werden kann, wozu ich meinerseits die Anderen zu verpflichten vermöge. In der Sprache der Rechte bedeutet das, dass ich von den Anderen nur das fordern darf, was sie ihrerseits von mir fordern dürfen.

Das zweite Element besteht in einer zweifachen Qualität, nämlich: aus der Qualität, sein eigener Herr (*sui iuris*) zu sein, und aus der Qualität, ein unbescholtener Mensch, also ein *iustus*, zu sein. Dass diese beiden Eigenschaften als eine einzige dargestellt werden, lässt sich mit Hinweis auf die erste pseudo-Ulpianische Regel erklären. Die stellt nämlich einerseits die Pflicht dar, unseren Wert als autonome Wesen zu behaupten, die von der Willkür der Anderen nicht abhängen, andererseits entspricht sie einem Gesetz, das Kant als *lex iusti* bezeichnet und die *honestas iuridica*, also die rechtliche Ehrbarkeit oder eben Unbescholtenheit als Gegenstand hat.

Das dritte Element ist „die Befugniß, das gegen andere zu thun, was an sich ihnen das Ihre nicht schmälert, wenn sie sich dessen nur nicht annehmen wollen" (RL, AA 6: 238), insbesondere mit Bezug auf die Mitteilung meiner Gedanken und auf die Frage, ob sie an die Wahrheit meiner Erzählungen glauben wollen oder nicht. Entscheidend ist dabei der Umstand, dass es den anderen überlassen bleibt, ob sie mir glauben *wollen*. Es geht hier also nicht um Lügen, die eine unmittelbare rechtliche Folge, nämlich die Verletzung der Rechte anderer haben können (Kant betont dies ausdrücklich in der Fußnote auf dieser Seite).

All diese drei Elemente lassen verschiedene Bedenken entstehen. Ich werde mich auf die konzentrieren, die mit unserer Hauptfrage zu tun haben. Dabei werde ich zunächst versuchen, ein allgemeines Bild davon anzubieten, was sich Kant unter einem ursprünglich und Kraft seiner Menschheit *freien* Menschen vorstellt.

Jeder Mensch gilt offensichtlich als unbescholten bei seiner Geburt. Es ist allerdings nicht leicht einzusehen, in welcher Hinsicht diese Eigenschaft eine Befugnis darstellen kann. Eine mögliche Antwort auf dieser Frage kann vielleicht gefunden werden, wenn man § 35 berücksichtigt, in dem Kant auf den guten Namen nach dem Tode zu sprechen kommt. Dort behauptet nämlich Kant, der Mensch erwerbe „durch ein tadelloses Leben und einen dasselbe beschließenden Tod [...] einen (negativ-)guten Namen" (RL, AA 6: 295). Wie das Wort „negativ" zeigt, handelt es sich nicht um Ruhm oder Berühmtheit, die durch besonders ausgezeichnete Taten entstehen, sondern um die Erhaltung einer tadellosen Reputation. Mit anderen Worten: Wer seinen ursprünglich makellosen Namen nicht durch Unrecht bzw. unmoralisches Handeln beschmutzt, der behält seine Ehre und verpflichtet die Anderen zum Respekt seines guten Namens auch nach seinem Tode (darin besteht der Befugnischarakter der ursprünglichen Unbescholtenheit). Damit wird auch klar, was Kant mit der ‚Qualität eines unbescholtenen Menschen' meint. Wenn er zur Welt kommt, gleicht der Mensch einem unbeschriebenen Blatt, auf dem seine Untaten und ungerechten Handlungen registriert werden. Lebt er tadellos, so bleibt das Blatt unberührt, und er kann eine blütenweiße Weste vorweisen – was nicht nur auf die strikte Beziehung zwischen Ehre und Ehrlichkeit hinweist, sondern darüber hinaus beweist, dass Ehre keineswegs eine Eigenschaft tatkräftiger, außergewöhnlicher Individuen ist, sondern vielmehr allen Menschen seit ihrer Geburt gebührt. Bleibt ein Mensch ehrlich, so wird er für immer seinen guten Namen behalten (Kant benutzt zwar das Wort „erwerben", aber da es sich um einen lebenslangen Prozess handelt, ist der Gebrauch dieses Wortes irgendwie verständlich).

Zudem ist der Mensch kraft seiner Menschheit sein eigener Herr. Dieser Eigenschaft entspricht zunächst das Verbot der Selbstsklaverei, wie wir schon sahen: Ich darf mich nicht in die Sklaverei verkaufen bzw. verschenken, da ich somit das Recht der Menschheit in meiner Person verletzen würde (in diesem Fall scheint aber die Befugnis eher der Menschheit in meiner Person als mir selbst zuzukommen). Andererseits ist diese Herrschaft seiner selbst nur im rechtlichen Sinne (sui *iuris*) zu verstehen. Es handelt sich um keine ontologische bzw. anthropologische Eigenschaft, die jedem Menschen bloß aufgrund seiner Zugehörigkeit der menschlichen Gattung zukommt. Wir werden im Gegenteil sehen, dass ein Mensch diese Eigenschaft verlieren kann, und zwar durch kriminelle Handlungen (genauso wie er seine Ehre durch Untaten oder Verbrechen verlieren kann). Außerdem kann er die Herrschaft seiner selbst partiell verlieren, nämlich wenn er als Gesinde aufgrund eines Vertrags einem Hausherrn dienen soll (RL, AA 6: 282ff.); dies entspricht allerdings keineswegs einem endgültigen und totalen Verlust, sondern nur einem partiellen und zeitweiligen Verlust der eigenen Freiheit. Ein vollkommener Verlust der Freiheit geht nur aus einem Verbrechen hervor, wie Kant klar ausdrückt: „Denn frei geboren ist jeder Mensch, weil er noch nichts verbrochen hat [...]" (RL, AA 6: 283). Darauf werde ich noch zurückkommen.

Auf RL, AA 6: 270 macht Kant klar, dass die Tatsache, dass „ein Mensch sein eigener Herr" ist, keineswegs bedeuten soll, dass er „Eigentümer von sich selbst" ist. Man besitzt also weder sein Leben noch seinen Leib und man darf nicht über sie „nach Belieben disponieren". Dass heißt auch, dass der rechtliche Schutz des Privateigentums nicht auf mein Leben und Körper erweitert werden kann. Das Recht auf Leben und körperliche Unversehrtheit entsteht vielmehr aus meiner ursprünglichen Freiheit, die jeglichem Recht auf privates Eigentum vorausgeht. Der eigentliche Befugnischarakter der Eigenschaft, sein eigener Herr zu sein, besteht eben darin, dass die Anderen über mich (also auch über meinen Leib) nicht frei verfügen können, solange ich nichts verbrochen habe, also vor allem rechtlichem Akt. Die Eigenschaft, sein eigener Herr zu sein, geht also zweifelsohne mit der Idee von Freiheit als Unabhängigkeit von der nötigenden Willkür anderer zusammen. Dass auch Unbescholtenheit oder rechtliche Ehrbarkeit zur Freiheit gehören, hängt aber nur damit zusammen, dass ein bescholtener Mensch, der durch sein rechtlich bzw. moralisch verwerfliches Handeln seine Ehre verloren hat, deswegen seine Freiheit verlieren kann.

All dies erklärt auch, was Kant meint, wenn er sagt, dass man sich auf sein angeborenes Recht der Freiheit berufen kann, sobald ein Streit über ein erworbenes Recht entflammen sollte (RL, AA 6: 238). Ich kann mich darauf berufen, dass ich als freies Rechtssubjekt (d.h. als unbescholtener Mensch, der sein eigener Herr ist, in einer Beziehung rechtlicher Gleichheit zu den Mitmenschen steht, und frei handeln und sprechen kann, solange dies nicht in der Verletzung der Rechte anderer resultiert) zunächst die Befugnis habe, dieses erworbene Recht gegen den Einspruch anderer zu verteidigen. Ich darf von ihnen fordern, dass sie mein Recht anerkennen, und zwar aus folgenden Gründen: Erstens weil ich die Befugnis habe, sie darauf zu binden; zweitens weil ich so lang als unbescholten gelte, wie ich kein Verbrechen begangen habe und daher als unbescholtener Mensch im Unterschied zum Verbrecher die Befugnis habe, als Herr meiner selbst rechtliche Verhältnisse einzugehen; drittens weil ich die Befugnis habe, frei über den Inhalt dieser rechtlichen Verhältnisse zu entscheiden, so lang dies kein Unrecht darstellt.

Zusammenfassend kann man sagen, dass ein Mensch frei geboren ist, (1) weil er von den Anderen Reziprozität im Bezug auf Pflichte und Rechte fordern darf; (2) weil er noch kein Verbrechen bzw. Unrecht begangen hat; und (3) weil er den Anderen alles antun, erzählen oder versprechen darf, was nicht rechtlich (und das heißt auch immer: ausdrücklich) verboten ist. Darum geht es bei Freiheit als „Unabhängigkeit von eines Anderen nöthigender Willkür" (RL, AA 6: 237). Dieser Begriff bezeichnet den Ausgangspunkt jeder rechtlich relevanten Tat. Wenn Individuen reziproke rechtliche Verhältnisse eingehen, können sie ihre angeborene Freiheit durch ihre eigenen Handlungen bedrohen: wenn sie ein Verbrechen begehen, wenn sie nicht unbescholten bleiben, wenn sie etwas tun oder versprechen, das rechtliche Folgen mit sich zieht. Dies bedeutet auch, dass ein angeborenes Recht nicht deswegen ein *unantastbares oder unverlierbares* Recht ist.

In der hier analysierten Stelle ist keineswegs von spezifischen Bedingungen die Rede, die zur Ausübung vom angeborenen Recht der äußeren Freiheit gefordert sind. Dies hängt damit zusammen, dass es sich um ein Recht handelt, das keine positive Handlung anderer fordert. Vielmehr betrifft es Unterlassungen. Die Anderen dürfen nicht von mir etwas fordern, wozu sie selbst nicht bereit sind, von mir verpflichtet zu werden; sie dürfen meinen guten Ruf nicht verletzen, so lang ich kein Unrecht bzw. Verbrechen begangen habe; sie dürfen mich nicht daran hindern, nach meinem Belieben zu handeln und zu sprechen, solang dies ihre Rechte nicht verletzt.

## 3 Ein angeborenes Recht kann verloren werden.

Ein angeborenes Recht wie Freiheit ist also keineswegs *unantastbar*. Es kommt zwar einem Menschen kraft seiner Menschheit zu, kann aber verloren werden, (a) wenn dieser Mensch zu einem Verbrecher wird (dann kann der Verlust sogar endgültig sein) oder (b) wenn er sich einem anderen Menschen zu Dienste anbietet (dann ist der Verlust partiell und zeitweilig). Wir werden jetzt auf diese beiden Möglichkeiten eingehen; aber es gibt auch eine dritte, die wir werden berücksichtigen müssen: Die eines Menschen, der dieses angeblich angeborenes Recht doch nicht besitzt.

### a) Verbrechen

Zur ersten Möglichkeit: Verbrechen. In der Allgemeinen Anmerkung D behauptet Kant Folgendes:

> Ohne alle Würde kann nun wohl kein Mensch im Staate sein, denn er hat wenigstens die des Staatsbürgers; außer, wenn er sich durch sein eigenes *Verbrechen* darum gebracht hat (RL, AA 6: 329 f.).

Der Verbrecher verliert seine Würde als Staatbürger, daher auch seine rechtliche Ehrbarkeit und seine Ehre (obwohl nicht immer, wie das Beispiel von Balmerino zeigt; aber das können wir beiseitelassen). Es scheint allerdings, dass er sogar seine Würde als Mensch verliert, denn bei der Bestrafung wird er, wie Kant hinzufügt, „zwar im Leben erhalten, aber zum bloßen Werkzeug der Willkür eines Anderen (entweder des Staats oder eines anderen Staatsbürgers) gemacht wird" (RL, AA 6: 330). Dies bedeutet, dass er anscheinend als ein bloßes Mittel und nicht ausschließlich als ein Zweck an sich angesehen werden darf. Er darf vom Staat versklavt und sogar einem Einzelnen gegeben werden, der ihn offensichtlich als Werkzeug benutzen darf – etwa wie heutzutage in manchen Staaten, in denen Sträflinge gezwungen sind, für den Staat (wie in China) oder für den Privateigentümer der Strafanstalt (wie in manchen US-Staaten) zu arbeiten. Die Stelle führt so fort:

> Wer nun das letzte [ein Werkzeug der Willkür eines Anderen] ist (was er nur durch Urtheil und Recht werden kann), ist ein *Leibeigener* (*servus in sensu stricto*) und gehört zum *Eigentum* (*dominium*) eines Anderen, der daher nicht bloß sein *Herr* (*herus*), sondern auch sein *Eigentümer* (*dominus*) ist, der ihn als eine Sache veräußern und nach Belieben (nur nicht zu schandbaren Zwecken) brauchen, und *über seine Kräfte*, wenn gleich nicht über sein Leben und Gliedmaßen *verfügen* (disponiren) kann (RL, AA 6: 330).

Wie Kant es ausdrücklich betont, hört er auf, „eine Person zu sein". Er ist nicht länger sein eigener Herr und wird zu einer Sache, zum Eigentum eines Anderen, zu einem bloßen Werkzeug in dessen Händen. Können wir sagen, dass er noch Würde als Mensch hat? Was geschieht mit dem Recht der Menschheit in seiner Person? Gilt für ihn der ethische kategorische Imperativ noch? Anscheinend ja, aber nur mit Bezug auf die Unversehrtheit von Leib und Leben und auf das Verbot, ihn zu schandbaren Zwecken zu benutzen – was allerdings eher einer Pflicht des Eigentümers zu sich selbst gleichkommt, nämlich der vollkommenen Pflicht, von der in § 7 der *Tugendlehre* die Rede ist (TL, AA 6: 424 ff.). Unter allen anderen Gesichtspunkten ist er bloß eine Sache und sein Eigentümer darf ihn nach Belieben *brauchen* (ein Verb, das kaum für die Beziehung zu einer Person angemessen ist).

## b) Gesinde

Zur zweiten Möglichkeit: Dienen als Gesinde. Dies ist der einzige Fall, in dem ein Individuum von einem anderen abhängig *wird*. Kant merkt an, dass sich durch einen Vertrag „niemand zu einer solchen Abhängigkeit verbinden, dadurch er aufhört, eine Person zu sein" (noch einmal das Verbot der Selbstversklavung!), und dass derjenige, der sich durch einen Vertrag einem anderen gegenüber zu bestimmten Dienstleistungen verpflichtet, bloß dessen „Unterthan (*subiectus*), nicht Leibeigener (*servus*)" wird (RL, AA 6: 330). Nichtsdestotrotz verliert er durch einen solchen Vertrag weitgehend seine äußere Freiheit, wie man der Stelle entnehmen kann, an der Kant diese Frage behandelt, nämlich dem § 30, in dem vom Gesinde, also von den Hausdienern die Rede ist. Durch den Vertrag gehört das Gesinde „nun zu dem Seinen des Hausherrn, und zwar was die Form (den *Besitzstand*) betrifft, gleich als nach einem Sachenrecht [...]" (RL, AA 6:283). In § 29, als vom Verhältnis eines Vaters zu seinen Kindern die Rede war, sprach Kant von einem „*auf dingliche Art persönliche*[n] *Recht*", das dem Vater erlaubt, vollkommen Kontrolle über die Kinder auszuüben und „sich ihrer als Sachen (verlaufener Hausthiere) zu bemächtigen" (RL, AA 6: 282). Das Bild verlaufener Haustiere scheint Kant auch im folgenden Paragraphen zu inspirieren, wenn er schreibt, dass ein Hausherr einen entlaufenen Diener „durch einseitige Willkür in seine

Gewalt bringen" (RL, AA 6: 283) kann, also ohne sich zuvor an einen Gerichtshof wenden zu müssen. Er kann einfach ihm hinterherlaufen, ihn wieder erwischen und zurück nach Hause führen, als ob er ein verlaufenes Pferd wäre.

Kinder und Gesinde behalten jedoch ihre Würde und dürfen nicht vollkommen als bloße Sachen angesehen werden. Der Vater bzw. Hausherr darf nicht über sie nach Belieben disponieren. Sein Recht über sie ist noch ein persönliches Recht, auch wenn auf dingliche Art. Kant selbst betont an dieser Stelle, dass dies einen ganz anderen Fall darstellt als das „Eigentumsrecht gegen den, der sich durch ein Verbrechen seiner Persönlichkeit verlustig gemacht hat" (RL, AA 6: 283). *Nota bene:* seiner Persönlichkeit, nicht bloß seiner Würde als Staatsbürger!

## c) Kindertötung

Nun zur dritten, unheimlichen Möglichkeit. In der Allgemeinen Anmerkung E erwähnt Kant zwei Fälle, bei denen es fraglich ist, ob die Gesetzgebung die Befugnis hat, „sie mit der Todesstrafe zu belegen" (RL, AA 6: 335 f.). Diese zwei Fälle sind der mütterliche Kindesmord und das Duell. Wir werden uns hier mit dem ersteren beschäftigen.

Eine Mutter, die ein Kind außerhalb der Ehe geboren hat und es tötet, um die Ursache ihrer Schande zu eliminieren, begeht eine Tat, die scheinbar – so Kant – eine einfache Tötung darstellt und nicht einmal Mord heißen müsste (RL, AA 6: 336). Das unehelich auf die Welt gekommene Kind wurde ohne den rechtlichen Schutz geboren, der durch die Institution der Ehe garantiert wird, und somit ohne rechtlichen Schutz schlechthin. Er ist kein Staatsbürger, nicht mal ein passiver, im Gegenteil zu Kindern, die im Rahmen einer rechtlich anerkannten Ehe auf die Welt gekommen sind und deswegen durch das Gesetz geschützt sind (wie wir sahen, darf sie der Vater weder verkaufen noch wie Sachen brauchen). Andererseits behauptet Kant nicht, dass es erlaubt ist, ein uneheliches Kind zu ermorden, sondern nur, dass die Mutter, die das tut, deswegen nicht als Mörderin angesehen wird. Aber warum denn nicht? Kant beantwortet diese Frage mit Hinweis auf die Rolle der Ehre in seiner Gesellschaft. Unter diesem Gesichtspunkt hat eine Frau, die ihre Ehre verloren hat, ein Anrecht, die Ursache dieses Verlusts zu eliminieren. Die Mutter würde somit die Ursache ihrer Schande durch die Tötung des unehelichen Kindes eliminieren. Kant teilt diese Ansicht nicht (für ihn hat die Mutter doch einen Mord begangen), aber er gibt zu, dass sie weiter herrschen wird, solange die Gesellschaft der Ehre einen so entscheidenden Wert zuschreibt.

Interessant ist der Fall trotzdem. Im Gegenteil zum Verbrecher tat das Kind nichts, um die eigene Würde zu verlieren: es ist vielmehr die Mutter, die gegen die Sitten gehandelt hat, als sie schwanger wurde, obwohl sie nicht verheiratet war.

Auf der anderen Seite kann das Kind unmöglich die eigene Würde bewahren, da er kein handlungsfähiges moralisches Subjekt ist. Es scheint in einer Art von moralischem Limbo zu leben: Es ist zwar ein Mitglied der Gattung, aber noch keine Person mit Würde oder Persönlichkeit. Man könnte sogar bezweifeln, ob er als eigentliches Lebewesen anzusehen ist, wenn man die Definition von Leben in Betracht zieht, die Kant in der Vorrede zur *Kritik der praktischen Vernunft* anbietet: „*Leben* ist das Vermögen eines Wesens, nach Gesetzen des Begehrungsvermögens zu handeln" (KpV, AA 5: 9). Ein neugeborenes Kind besitzt dieses Vermögen nur potentiell. Vielleicht aus diesem Grunde spricht Kant vom Opfer des Kindermords, als ob es eine Sache wäre:

> Es ist in das gemeine Wesen gleichsam eingeschlichen (wie verbotene *Waare*), so daß dieses seine Existenz (weil es billig auf diese Art nicht hätte existiren *sollen*), mithin seine *Vernichtung* auch ignoriren kann (RL, AA 6: 336 – kursiv AP).

Als eine verbotene Ware genießt es keinen legalen Schutz und die politische Gemeinschaft kann deswegen seine „Vernichtung" (man beachte die Wortwahl) ruhig ignorieren. Ja: es hätte eigentlich niemals auf die Welt kommen *sollen*. Ist es noch ein Mensch? Oder, kantischer ausgedrückt: Wie sieht es mit der Menschheit in seiner Person aus?

Man könnte einwenden, dass man diesen Fall nicht überbewerten sollte. Kant betont – wie gesagt –, dass das Befugnisdefizit des Gesetzes in diesem Fall (sowie in dem des Duells) von einer bestimmten sozialen und zeitlichen Lage abhängt. Die Tatsache, dass Ehre in der zeitgenössischen Gesellschaft ein so hoher Wert beigemessen wir, ist keineswegs als ein allgemein zu erwartendes Phänomen zu betrachten. Kant meint sogar, die Gesellschaft seiner Zeit zeige darin, dass sie „noch [...] barbarisch und unausgebildet" ist (RL, AA 6: 337). Aber so lange Ehre eine so zentrale Rolle spielt, wird das Töten um der Ehre willen gesellschaftlich eher akzeptiert, als ein Leben in Schande. Daher kann man behaupten, es handele sich hier keineswegs um ein rechtliches Prinzip a priori, sondern vielmehr um eine kasuistische Frage (eine der ganz wenigen in der *Rechtslehre*, die sich in dieser Hinsicht von der *Tugendlehre* stark unterscheidet). Zieht man Kants Definition der Politik als „ausübende Rechtslehre" (ZeF, AA 8: 370) in Betracht, so könnte man sagen, dass hier Kant eine Warnung an die Politiker und Gesetzgeber richtet, welche die metaphysischen Rechtsprinzipien in positive Gesetze übersetzen müssen: Sie sollten dabei die herrschenden sozialen Werte berücksichtigen. Für unser Vorhaben ist allerdings das Kinder*tötungs*beispiel insofern interessant, als das unehelich geborene Kind als Schmuggelware angesehen wird, die keinen rechtlichen Schutz genießt. Diese Sichtweise wirft einige wichtige Fragen auf.

Eine davon bezieht sich auf die Zulassungsbestimmungen einer politischen Gemeinschaft. Man wird bei Kant zum Staatsbürger eines bestimmten Staates, wenn man von Eltern geboren wird, die selbst dessen Staatsbürgerschaft besitzen, und deren Beziehung vom Staat rechtlich anerkannt ist. Oder man wird ein Staatsbürger durch Einwanderung und Einbürgerung. In beiden Fällen tritt das Individuum in den politischen Körper auf eine rechtlich definierte Weise ein. Aber was geschieht mit dem unehelichen Kind, falls sich die Mutter doch dafür entscheiden sollte, es zu behalten und großzuziehen? Wird es automatisch zum Staatsbürger? Oder sollte es der Staat doch aus seinem Territorium ausweisen, da es dorthin eingeschmuggelt wurde (in Ähnlichkeit etwa mit der Art und Weise, auf die viele Staaten heutzutage mit illegalen Einwanderern vorgehen)?

Eine weitere Frage betrifft einen eher beunruhigenden Aspekt. Der Umstand, dass das Kind als Mensch geboren ist, reicht anscheinend nicht dazu aus, dass ihm rechtlicher Schutz gewährt wird. Um die oben aufgeworfene Frage zu wiederholen: Wie sieht es mit der Menschheit in seiner Person aus? Anscheinend sollte man dieses Wort nicht im Sinne der bloßen Zugehörigkeit zur menschlichen Gattung verstehen, denn das uneheliche Kind ist zweifellos ein Mitglied derselben. Aber diese Zugehörigkeit ist offensichtlich nicht genug, um in den Genuss individueller Rechte zu kommen. Was bedeutet denn für Kant, ein Mensch zu sein? Was ist Menschheit?

Zudem: Wie sieht es mit dem einzigen angeborenen Recht dieses Kinds, mit seiner Freiheit aus, wenn das Gesetz keine Befugnis hat, es gegen seine Mutter zu schützen? Was geschieht mit seiner angeborenen Eigenschaft, ein unbescholteter Mensch zu sein, wenn seine Geburt eine solche Schande darstellt, dass es getötet werden kann, ohne dass diese Tat als Mord gelte?

Diese Fragen werfen einen Schatten über Kants Begriff der Würde, der von vielen für einen zentralen Bestandteil seines ethischen und juridischen Denkens gehalten wird. Oliver Sensen hat zu Recht bemerkt, dass Würde eigentlich einen relationalen Begriff ist, der auf die Tatsache hinweist, dass der Träger dieser Würde eine höhere Position als andere Individuen innehat. In einer berühmten Reflexion aus den 1770er Jahren schreibt Kant: „Die würde der Menschlichen Natur liegt blos in der freyheit [...]. Aber die würde eines Menschen (würdigkeit) beruht auf dem Gebrauch der freyheit [...]." (Refl, AA 19: 181.04–06). Diese bedeutet, dass Würde und Freiheit eng zusammenhängen, und zwar deswegen, weil die Freiheit den Menschen über den Rest der Natur erhebt und ihm Würde leiht (Sensen 2011). Gleichzeitig muss der Mensch diese Würde bewahren bzw. verdienen. Um es mit einem schlechten Wortspiel auszudrücken, muss er seiner Würde würdig sein. Missbraucht er seine Freiheit, um Verbrechen zu begehen, so verdient er, eben diese Freiheit und mithin auch seine Würde zu verlieren.

## 4 Fazit

Freiheit scheint ein Zustand zu bezeichnen, in dem jeder Mensch zwar geboren ist (mit der möglichen Ausnahme des unehelich geborenen Kindes), in dem jedoch nicht alle Menschen tatsächlich zu bleiben vermögen. Manche Individuen können ihre angeborene Freiheit vollständig (im Fall des Verbrechers) oder partiell (im Fall des Gesindes) verlieren. Freiheit bezeichnet somit eine notwendige Bedingung, um rechtliche Verhältnisse überhaupt möglich zu machen – z. B. um den Abschluss von Verträgen zu ermöglichen. Sie ist aber keineswegs eine wesentliche Eigenschaft der Individuen, so dass diese sie verlieren können, wenn sie bestimmte rechtliche Beziehungen eingehen – z. B. wenn sie einen Vertrag als Bedienstete unterschieben haben – oder wenn sie ein Verbrechen ausüben. Freiheit, so wie sie auf RL, AA 6: 237 f. beschrieben wird, ist eine formelle Bedingung der Gültigkeit jener Verträge, welche die rechtlichen Verhältnisse schaffen, aus denen das Privatrecht besteht; sie bildet keineswegs einen konkreten Zustand, in dem Individuen bleiben sollen. Jeder Mensch ist insofern frei geboren, als er die formellen Bedingungen erfüllen soll, um rechtliche Verhältnisse mit Anderen haben zu können; aber im Laufe der Zeit und eben aufgrund dieser Verhältnisse können sie ihre Freiheit zum Teil oder ganz verlieren bzw. auf einige der mit dieser Freiheit einhergehenden Befugnisse verzichten müssen. Freiheit besitzt somit rein instrumentellen Charakter: Sie dient zur Etablierung (privat)rechtlicher Verhältnisse, die ihrerseits zur Entstehung des öffentlichen Rechts führen werden. Sie ist weder ein zu erreichendes Ideal noch eine individuelle Eigenschaft, deren Erhaltung bzw. Gewährleistung dem Staat zukommt. Vielmehr sollen die Individuen selbst dafür sorgen.

Wenn es so ist, dann stellt Freiheit weniger ein Recht und vielmehr die Verpflichtung dar, die eigene Würde oder Ehrbarkeit und Unbescholtenheit zu bewahren und sich als ehrlicher, unbescholtener Mensch zu bewähren. Das steht im Einklang mit der Idee, die *Rechtslehre* sei eigentlich eine *Pflichten*lehre und keine *Rechten*lehre. Woher die Verpflichtung, der eigenen Freiheit würdig zu sein bzw. die eigene Würde zu bewahren, kommen soll, ist aber eine offene Frage. Worauf sollte der kategorische Imperativ „sei frei und unbescholten" gründen? Eine perfektionistische bzw. teleologische Antwort auf diese Frage (etwa: weil man somit die eigene Natur als freies Wesen besser verwirklichen kann) wäre eher aristotelisch als kantisch. Daher kann man in diesem Fall von einem Postulat sprechen, das zusammen mit den drei anderen Postulaten, d. h. dem Postulat der Existenz vom Recht überhaupt („Recht soll sein"), dem (privat-)rechtlichen Postulat („Eigentum soll sein") und dem Postulat des öffentlichen Rechts („Der Staat soll sein"), eine viergliedrige Struktur bildet (dazu siehe Pinzani 2017). Es wäre nun zu klären, ob und vor allem warum ein solches Postulat notwendig ist, aber diese Frage muss hier unbeantwortet bleiben.

Jean-Christophe Merle
# Das „zweideutige Recht" („Anhang zur Einleitung in der Rechtslehre")

Der Abhandlung der Billigkeit folgt das „Nothrecht (*Ius necessitatis*)" (RL, AA 6: 235) im „Anhang zur Einleitung in die Rechtslehre" unter der Überschrift „Vom zweideutigen Recht (*Ius aequivocum*)" (RL, AA 6: 233). Diese Begriffe bezeichnet er zwar als „wahre oder vorgebliche Rechte" (RL, AA 6: 234), wendet sie aber durchaus differenziert an. Die Billigkeit interpretiert er als ein wahres Recht, das Notrecht dagegen bloß als ein vorgebliches Recht. Ein „vorgebliches Recht" ist das Notrecht, weil die Tradition des Naturrechts es als „*ius (necessitatis)*" bezeichnet und sich diese Bezeichnung als falsch erweist. Das Notrecht ist nämlich gar kein Recht:

> Dieser, wahren oder vorgeblichen, Rechte sind nun zwei: die *Billigkeit* und das *Nothrecht*; von denen die erste ein Recht ohne Zwang, das zweite einen Zwang ohne Recht annimmt [...] (RL, AA 6: 234).

Diese Erklärung reicht aber weder im Fall des Notrechts noch im Fall der Billigkeit aus.

1. Es gibt nicht nur die Zweideutigkeit des Wortes Billigkeit, die darin besteht, dass es sowohl das Recht im Sinne der Rechtsordnung (*the law*) als auch das Recht im Sinne der individuellen und kollektiven Rechte (*rights*) bedeutet. Es ist zu bedauern, dass die englische Übersetzung von Kants Rechtslehre Doctrine of Right statt Doctrine of Law heißt. Das englische Wort „*right*" enthält aber eine weitere Zweideutigkeit. Es kann sowohl die positiven Rechte (*legal rights*) als auch die moralischen Rechte (*moral rights*) bezeichnen, deren Bedeutung Autoren wie Ronald Dworkin (vgl. Dworkin 1984, Kap.6) und Joel Feinberg (vgl. Feinberg 2003, Kap.2) hervorgehoben haben. Nun meint Kant mit seiner Differenzierung zwischen Rechten mit Zwangsbefugnis und Rechten ohne Zwangsbefugnis im Grunde genommen genau diese begriffliche Unterscheidung.

2. Die auf das Notrecht bezogene Formel „Zwang ohne Recht" bringt von weitem noch nicht den Inhalt von Kants komplexer Rechtfertigung seiner Ablehnung des Notrechts zum Ausdruck; noch weniger ermöglicht sie eine differenzierte Stellung dazu, die es ermöglichen würde, das, was bei Kant richtig und fruchtbar ist, von dem zu unterscheiden, was auf einem Fehlschluss beruht.

Mit dieser doppelten Aufgabe möchte ich mich jetzt auseinandersetzen, obwohl in der *Rechtslehre* die Billigkeit vor dem Notrecht behandelt wird, weil uns die Untersuchung über Kants Position über das Notrecht den Rahmen für das Verständnis der Kantischen Auffassung der Billigkeit geben wird.

## 1 Das doppeltes Gedankenexperiment des Notrechts

Der Absatz über das vermeintliche Notrecht besteht lediglich aus Kants Fassung des berühmten Brettes des Karneades. Die knappe Seite, die Kant dem Notrecht widmet (RL, AA 6: 235f.), wird oft auf die beiden folgenden Zitate reduziert:

> *Zitat (a):*
> Dieses vermeinte Recht soll eine Befugniß sein, im Fall der Gefahr des Verlusts meines eigenen Lebens einem Anderen, der mir nichts zuleide that, das Leben zu nehmen. Es fehlt in die Augen, daß hierin ein Widerspruch der Rechtslehre mit sich selbst enthalten sein müsse […] (RL, AA 6: 235).

> *Zitat (b):*
> […] Es kann nämlich kein *Strafgesetz* geben, welches demjenigen den Tod zuerkennte, der im Schiffbruche, mit einem Anderen in gleicher Lebensgefahr schwebend, diesen von dem Brette, worauf er sich gerettet hat, wegstieße, um sich selbst zu retten. Denn die durchs Gesetz angedrohte Strafe könnte doch nicht größer sein, als die des Verlustes des Lebens des ersteren. Nun kann ein solches Strafgesetz die beabsichtigte Wirkung gar nicht haben; denn die Bedrohung mit einem Übel, was noch *ungewiß* ist (dem Tode durch den richterlichen Ausspruch), kann die Furcht vor dem Übel, was *gewiß* ist (nämlich dem Ersaufen), nicht überwiegen. Also ist die That der gewaltthätigen Selbsterhaltung nicht etwa als *unsträflich* (*inculpabile*), sondern nur als *unstrafbar* (*impunibile*) zu beurtheilen […] (RL, AA 6: 235f.).

Die Versuchung liegt nahe, diese beiden Textstellen auf die folgende Weise zu interpretieren:
(a) Es besteht kein Notrecht, wenn sich zwei Schiffbrüchige auf einem Brett retten wollen, das nur eine einzige Person tragen kann. Also ist es keiner der beiden Personen erlaubt, die andere ins Wasser zu werfen und damit sie ertrinken zu lassen.
(b) Die Verletzung dieses Verbots verdient zwar die Todesstrafe, lässt sich jedoch nicht bestrafen, weil keine Strafe vor der Begehung dieser Verletzung abschrecken kann.

Kants Thesen und Argumente in dieser kurzen Textstellen enthalten aber noch Weiteres. Kant bezieht sich auf eine lange Tradition, die noch älter ist als die berühmte Darstellung, die sie in Ciceros *De Officiis* (Cicero, *De Officiis*, III 89 f.) erhält:

> Reich ist das sechste Buch des Hekaton über die pflichtgemäßen Handlungen an solchen Fragen: [...] „Wenn ein Tor bei einem Schiffbruch eine Planke erwischt, wird sie ihm dann der Weise entwenden, wenn er kann?" Er sagt „Nein, weil es ungerecht sei. Wie? Wird ein Schiffseigentümer seinen Besitz an sich reißen? Keineswegs, nicht mehr als er auf hoher See einen Passagier vom Schiff werfen will, weil es sein Besitz ist, denn bis man dorthin gelangt ist, wohin man das Schiff genommen hat, gehört das Schiff nicht seinem Eigentümer, sondern seinen Passagieren. Wie? Wenn nur eine Planke da ist, aber zwei Schiffbrüchige, [...] reißt sie dann jeder an sich, oder verzichtet der eine für den anderen? Es verzichte einer, aber für den, für den es zu leben seinetwegen oder um des Gemeinwesens willen wichtiger ist. Wie? Wenn diese Rücksicht bei beiden gleich ist? Dann wird es keinen Streit geben, sondern, wie durch Los oder Fingerschnalzen besiegt, wird der eine für den anderen Verzicht leisten (Cicero 1976, 297).

## 2 Kants erste These über das Notrecht

Lesen wir nun weiter Kants vollständige Argumentation zu seiner ersten These, gleich nach dem Zitat (a):

> [...] denn es ist hier nicht von einem *ungerechten* Angreifer auf mein Leben, dem ich durch Beraubung des seinen zuvorkomme [...], die Rede, wo die Empfehlung der Mäßigung [...] nicht einmal zum Recht, sondern nur zur Ethik gehört, sondern von einer erlaubten Gewaltthätigkeit gegen den, der keine gegen mich ausübte (RL, AA 6: 235).

Bei Kant fehlen viele Umstände der Planke des Karneades, die bei Cicero entscheidend sind: wer ist Eigentümer des Schiffes, und daher der Planke, wer ist weise, wer ist für das Gemeinwesen wertvoll bzw. wertvoller? Kant behält lediglich folgendes Element: Er spricht von einem Menschen, „der im Schiffbruche mit einem Anderen in gleicher Lebensgefahr schwebend, diesen von dem Brette, worauf er sich gerettet hat, wegstieße, um sich selbst zu retten" (RL, AA 6: 235). Der zweite Mensch ist der Angreifer, der erste der Angegriffene.

Was ist die „Rechtslehre", auf die sich Kant bei seiner Widerlegung des vermeintlichen Notrechts beruft? Sie kann nur sein Rechtsbegriff sein, den er wenige Seiten zuvor definiert hat:

> Das Recht ist [...] der Inbegriff der Bedingungen, unter denen die Willkür des einen mit der Willkür des andern nach einem allgemeinen Gesetze der Freiheit zusammen vereinigt werden kann (RL, AA 6: 230).

Da die „Befugniß, […] einem Anderen […] das Leben zu nehmen" (RL, AA 6: 235) im Widerspruch mit der Koexistenz beider Menschen steht, widerspricht das vermeintliche Notrecht Kants Rechtsbegriff. Also ist das vermeintliche Notrecht kein Recht. Man beobachte aber, dass nicht erst der Gebrauch des vermeintlichen Notrechts, sondern bereits die Notlage (*casus necessitatis*) nach dem Schiffbruch die Koexistenz unmöglich macht und mit dem Rechtsbegriff inkompatibel ist.

## 3 Kants zweite These über das Notrecht, deren Fehlschluß und deren verborgene Prämisse

Die richtige Interpretation von Kants Argument bezüglich der Bestrafung des Mordes in der Notlage bedarf der Berücksichtigung des ersten und des letzten Satzes von diesem Absatz:

> Es ist klar: daß diese Behauptung nicht objectiv, nach dem, was ein Gesetz vorschreiben, sondern bloß subjectiv, wie vor Gericht die Sentenz gefällt werden würde, zu verstehen sei (RL, AA 6: 235).

> […] und diese *subjective* Straflosigkeit wird, durch eine wunderliche Verwechslung, von den Rechtslehrern für eine *objective* (Gesetzmäßigkeit) gehalten (RL, AA 6: 236).

Anders als die meisten Interpreten (z. B. Hruschka 1994, 338, der sich auf Gentz 1793, 545 f. beruft) es annehmen, plädiert Kant in diesem Fall weder für die Straflosigkeit noch für eine rechtliche Entschuldigung oder für ein milderes Strafmaß als den Tod. Kant versucht vielmehr zu erklären, warum zahlreiche Juristen das Notrecht fälschlicherweise vertreten: Die Behauptung des Notrechts ist „bloß subjectiv, wie vor Gericht die Sentenz gefällt werden würde, zu verstehen" (RL, AA 6: 235). Nach Kant lassen sich diese Sentenz sowie das Strafrecht, auf dem dieser Rechtsurteil beruht, nur als eine Kombination der folgenden Elemente begründen: (a) eine präventive Straftheorie und (b) die empirische Annahme, nach der keine Abschreckung vor dem Gebrauch des vermeintlichen Notrechts, d. h. vor durch der Notlage motivierten Handlungen möglich sei. Diese empirische Annahme (b) ist falsch. Es ist falsch, dass

> […] die Bedrohung mit einem Übel, was noch *ungewiß* ist (dem Tode durch den richterlichen Ausspruch) […] die Furcht vor dem Übel, was *gewiß* ist (nämlich dem Ersaufen), nicht überwiegen [kann]" (RL, AA 6: 235).

Gibt es denn Niemanden, der lieber ertrinken und betrauert würde als die Entehrung eines möglichen öffentlichen Todesurteils? (vgl. Merle 2007, 37; der fiktive

Richter „Tatting" macht die gleiche Bemerkung in Fuller 1949, 23) Was (a), d. h. die Präventionstheorie betrifft, berufen sich Autoren, die präventionstheoretischen Elemente in Kants Straftheorie sehen, gerade und ausschließlich auf diese Textstelle (siehe z. B. Byrd 1989, 189). Kant selber widerspricht jedoch ausdrücklich diese Ansicht und vertritt einen strengen Retrivitivismus: „Richterliche Strafe [...] muß jederzeit nur darum wider [den Verbrecher] verhängt werden, weil er verbrochen hat [...]" (RL, AA 6: 331).

Wie gesagt, könnte die Straffreiheit des vermeintlichen Notrechts statt in einer rechtlichen Entschuldigung – ob richterlicher oder gesetzlicher Herkunft (Küper 1999, 48 f. berücksichtigt nicht die Möglichkeit einer rechtlichen Entschuldigung gesetzlicher Herkunft; würde er es tun, so würde er den gleichen Standpunkt wie Hrschuka vertreten.) – im Strafgesetz angesiedelt sein, das die Bestrafung vom Mord bestimmt. Dieses gesetzliche Recht würde vorsehen, dass die absichtliche Tötung eines Menschen – außer im Fall der Notwehr – mit der Todesstrafe bestraft wird.

Der Kern von Kants Fehlschluß liegt in seinem Schluß:

> Der Sinnspruch des Notrechts heißt: ‚Noth hat kein Gebot' (*necessitas non habet legem*), und gleichwohl kann es keine Noth geben, welche, was unrecht ist, gesetzmäßig machte." (RL, AA 6: 236).

Aus dem folgendem Grund handelt es sich um einen Fehlschluß: Wenn eine Notlage kein Gesetz bzw. kein Recht kennt, so kann in derselben Notlage nichts rechtlich falsch (oder richtig) sein, so daß der zweite Satz ein Widersinn ist. Die Notlage liegt außerhalb der Zuständigkeit des Rechts. Die Schuld des Angreifers ergibt sich also aus einer anderen Prämisse als Kants Rechtsbegriff. Diese versteckte Prämisse besteht darin, dass derjenige, der als erster Angreifer, deswegen – und nur deswegen – rechtlich falsch und schuldhaft handelt und der „ungerechte Angreifer" ist, *weil er als erster angreift*. In *Über den Gemeinspruch* (1793) erläuterte Kant seine Ansicht über das Notrecht auf folgende Weise:

> Denn mein Leben zu erhalten, ist nur bedingte Pflicht (wenn es ohne Verbrechen geschehen kann); einem Andern aber, der mich nicht beleidigt, ja gar nicht einmal in Gefahr das meinige zu verlieren *bringt*, es nicht zu nehmen, ist unbedingte Pflicht (TP, AA 8: 300 Fn).

Aus dieser Prämisse resultiert *sowohl* die Widerlegung des Notrechts (Es kann kein Notrecht geben, weil die entsprechende Handlung verboten ist) als auch die Schuld desjenigen, der demtenstprechend handelt (weil er das Verbot verletzt). Die Berufung auf den Rechtsbegriff ist dabei bestenfalls überflüßig. Sie mag sogar irreführend sein, weil diese aus einem Kantischen Gesichtspunkt einzige zulässige Lösung der Notlage zum Tod des Menschen führt, der sich der Betätigung des

Notrechts enthält, und eo ipso mit dem Rechtsbegriff inkompatibel ist, denn der Rechtsbegriff ist der „Inbegriff der Bedingungen, unter denen die Willkür des einen mit der Willkür des andern nach einem allgemeinen Gesetze der Freiheit zusammen vereinigt werden kann." (RL, AA 6: 230).

## 4 Kants Charakterisierung der Billigkeit

Sosehr das Notrecht mit Kants Rechtsbegriff unmöglich in Einklang zu bringen ist, und daher kein Recht ist, kann die Umsetzung von Kants Rechtsbegriff in Einklang mit der Billigkeit gebracht werden.

Kant charakterisiert die Billigkeit durch drei Punkte. *Erstens* bezeichnet Kant die Billigkeit ausdrücklich als „ein Recht" (RL, AA 6: 234 sowie V-Mo/Collins, AA 27: 433). Zwar ist sie bei Kant auch Gegenstand einer Pflicht, jedoch nur im Hohfeldschen Sinne, d. h. als Korrelat zu einem Recht (vgl. Hohfeld 2007, 61). Hufeland und Schmalz hingegen erklären die Billigkeit zu einer unvollkommenen Pflicht, welche sie nur sekundär auf ein korrelatives Recht beziehen. Primär definieren sie die Billigkeit nämlich durch ein *Telos*. Dies tut Kant gar nicht. *Zweitens* ist die Billigkeit nach Kant zwar „ein Recht, welches [...] keine Befugniß gibt, den anderen zu zwingen" (V-Mo/Collins, AA 27: 433, „ein Recht ohne Zwang", RL, AA 6: 234), welches aber dennoch „ein strenges Recht" (V-Mo/Collins, AA 27: 433) darstellt. Nach dem frühmodernen Naturrecht bis einschließlich Hufeland und Schmalz ist die Billigkeit dagegen kein strenges Recht (*ius strictum*) bzw. kein vollkommenes Recht (*ius perfectum*). Ein strenges Recht ist die Billigkeit bei Kant jedoch nur „*coram foro interno*", „aber nicht *coram foro externo*" (V-Mo/Collins, AA 27: 433). *Drittens* liefert Kant eine Begründung, die anders lautet als in seiner *Vorlesung über Ethik*. Dort begründet und erläutert er die fehlende Zwangsbefugnis auf folgende Weise:

> Hat jemand für mich gearbeitet für einen abgemachten Lohn, hat aber mehr gethan, als ich gefordert, so hat er zwar ein Recht, für seine übrige Arbeit Bezahlung zu fordern, aber er kann mich dazu nicht zwingen. Will er die Sache wieder in den vorigen Zustand bringen, so kann er solches auch nicht tun, wenn ich es nicht haben will, denn an meiner Sache hat weiter keiner mehr Recht daran. Er hat also keine Befugniß, mich zu zwingen, weil es nicht abgemacht war, es ist keine Deklaration (V-Mo/Collins, AA 27: 433).

In der *Rechtslehre* verändert Kant dieses Beispiel:

> Der Hausdiener, dem sein bis Ende des Jahres laufender Lohn in einer binnen der Zeit verschlechterten Münzsorte bezahlt wird, womit er das nicht ausrichten kann, was er bei Schließung des Contracts sich dafür anschaffen konnte, kann bei gleichem Zahlwerth, aber

ungleichem Geldwerth sich nicht auf sein Recht berufen, deshalb schadlos gehalten zu werden, sondern nur die Billigkeit zum Grunde aufrufen (eine stumme Gottheit, die nicht gehört werden kann); weil nichts hierüber im Contract bestimmt war, ein Richter aber nach unbestimmten Bedingungen nicht sprechen kann (RL, AA 6: 234).

Dass die Billigkeit ein Recht ohne Zwangsbefugnis darstellt, wird in der *Vorlesung über Ethik* dadurch erklärt, dass weder ein schriftlicher noch ein mündlicher Vertrag vorliegt. Die *Rechtslehre* liefert aber eine andere Erklärung dafür: Nicht allein mangels eines Vertrags, sondern auch wegen der sich daraus ergebenden Unbestimmtheit kann es keine Zwangsbefugnis geben. Dabei ist diese Unbestimmtheit keinesfalls mit der Unmöglichkeit zu verwechseln, die genaue „billige" Lösung zu identifizieren, welche dem jeweils zu behandelnden Fall angemessen ist. Die Unbestimmtheit beschränkt sich darauf, dass die „billige" Lösung nicht in einem Vertrag *festgesetzt* wurde. In der Tat ist es im ersten Beispiel durchaus möglich, den durch die zusätzliche Arbeitsleistung geschaffenen Mehrwert zu bestimmen. Ein Teuerungszuschlag kann ebenfalls im Arbeitsvertrag vorgesehen werden, damit die Kaufkraft des Arbeitnehmers trotz der Inflation gleich bleibt. Die einzige unüberwindbare Schwierigkeit besteht in den beiden Beispielen also nur darin, dass es keinen Vertrag gibt. Denn, wenn sich in manchen Fällen die „billige" Lösung wirklich nicht identifizieren ließe, so könnte es weder ein „Gewissensgericht *(forum poli)*" (RL, AA 6: 235) noch einen – zivilrechtlichen – „Gerichtshof der Billigkeit" (RL, AA 6: 234) geben. Nach Kant ist zwar Letzterer unmöglich; Ersteres gibt es aber ausdrücklich.

Gegen den ersten Punkt könnte man den Einwand erheben, dass die Billigkeit entweder kein Recht oder aber nur ein „zweideutiges Recht (*ius aequivocum*)", d. h. kein Recht im engsten Sinne des Wortes sei. Es ist aber beides falsch. Sowohl in der *Vorlesung über Ethik* als auch in der *Rechtslehre* schreibt Kant ausdrücklich, dass es sich bei der Billigkeit um ein Recht handelt:

> Die *Billigkeit* (objectiv betrachtet) ist keineswegs ein Grund zur Aufforderung bloß an die ethische Pflicht Anderer (ihr Wohlwollen und Gütigkeit), sondern der, welcher aus diesem Grund etwas fordert, fußt sich auf sein *Recht* [...] (RL, AA 6: 234).

## 5 Billigkeit als moralisches Recht

Unter Billigkeit versteht Kant keine bloße moralische Forderung, sondern das, was heutzutage als *moralische Rechte* bezeichnet wird. *Erstens* sind moralische Rechte – anders als positive Rechte – nicht einklagbar. Man darf die Berufung auf überpositive Rechte jedoch nicht – wie die positivistische Tradition von Jeremy Bentham bis Herbert Hart– mit der bloßen Forderung verwechseln, dass die genannten überpositiven Rechte in das positive Recht umgesetzt werden. Wenn wir der Ansicht sind, dass das in manchen afrikanischen Ländern praktizierte Ritual der genitalen Verstümmelung die moralischen Rechte der betroffenen Mädchen verletzt, so meinen wir nicht primär, dass sich das positive Recht ändern sollte. Unsere Forderung nach einer Änderung der dortigen Rechtslage resultiert erst in einem *sekundären* Schritt aus unserer *primären* Auffassung, nach der diese Rituale gegen das moralische Recht auf die Unversehrtheit vom Leib verstoßen. Denn, *zweitens*, sind die moralischen Rechte keine bloßen moralischen Forderungen, sondern haben die Hohfeldsche Eigenschaft eines Rechts: Sie sind Korrelate von Pflichten und existieren nicht einzeln. Sie gehören vielmehr zu einem begrifflichen System von Rechten und Freiheiten, welche sich einander begrenzen. Nun besteht bei Kant das Recht gerade im „Inbegriff der Bedingungen, unter denen die Willkür des einen mit der Willkür des andern nach einem allgemeinen Gesetze der Freiheit zusammen vereinigt werden kann" (RL, AA 6: 230).

Kant nennt zwei Elemente des positiven Rechts, die der Billigkeit bzw. dem moralischen Recht fehlen: die Zwangsbefugnis und den Vertrag. Der nicht vorhandene Vertrag hat eine allgemeinere Bedeutung: Den Beispielen für die Billigkeit in der *Rechtslehre* fehlt es an einer Autorisierung durch eine rechtlich kompetente Instanz. Der Privatvertrag gilt nämlich als eine Quelle des positiven Rechts, denn er resultiert aus einer Kompetenz im Hohfeldschen Sinne (*power*) (vgl. Hohfeld 2007, 61). Andere rechtliche Kompetenzen werden allerdings häufiger thematisiert als die Kompetenz privater Vertragspartner: die verfassungsgebende Gewalt, die gesetzgeberische Gewalt, die Kompetenz zu Erlässen und Beschlüssen, die richterliche Gewalt, usw. Jedes Rechtssubjekt hat die Kompetenz, positive Rechte zu schaffen, insoweit es die Kompetenz hat, Verträge abzuschließen. Nun gewährt diese Kompetenz eine Erlaubnis (*privilege*), welche aber wiederum einer Autorisierung bedarf, so dass sie den durch andere Kompetenzen festgesetzten Regeln unterworfen ist. Heutige Rechtstheoretiker – darunter sowohl Herbert Hart und Joseph Raz als auch Ronald Dworkin – führen die Komplexität unserer positiven Rechtsordnungen größtenteils darauf zurück, dass in ihnen eine inhaltliche, rechtliche Konsistenz und eine formale Struktur von Autorisierungsketten nebeneinander bestehen. Kants *Rechtslehre* stellt eine ähnliche Rechtstheorie dar, indem sie zwei Elemente nebeneinander stellt: Erstens den genannten Rechtsbegriff, d.h. die gegenseitige Begrenzung der Willkür der einzelnen Menschen und zweitens die autorisierte Kompetenz als Quelle des positiven Rechts. Es sind: Vertragsparteien, Zivilrichter sowie – an weiteren Stellen der *Rechtslehre* – Gesetzgeber und exekutive Gewalt. Dagegen hängt die Billigkeit als das moralische Recht nicht von autorisierten bzw. kompetenten Entscheidungsträgern ab, obgleich Letztere manche – aber auch nur manche – moralischen Rechte durchaus ins positive Recht – etwa mittels einschlägiger Grundrechte in

Paragraphen von Verfassungen und Grundgesetzen – umsetzen können. Dass es der Billigkeit bzw. den moralischen Rechten an einer Zwangsbefugnis fehlt, ist nur eine – allerdings eine sehr wichtige – Konsequenz davon, dass die Billigkeit bzw. die moralischen Rechte völlig unabhängig von Kompetenzen bzw. Autorisierungen bestehen.

Kants begriffliche Neuerung erwähnt erstaunlicherweise nicht die klassische aristotelische Auffassung der Billigkeit, welche sie zu einer Berichtigung zum Gesetz macht, die dazu bestimmt ist, die nötigen Ausnahmen vom Gesetz in das Gesetz selber zu integrieren. Nach Aristoteles resultieren die gesetzlichen Ausnahmen daraus, dass es „in manchen Fällen nicht möglich [ist], eine allgemeine Bestimmung so zu treffen, daß sie richtig ist." (*Nikomachische Ethik* 1137b 14). Anders als Aristoteles nimmt Kant als Ausgangspunkt seiner Behandlung der Billigkeit nicht das Gesetz, sondern die Rechte.

# 6 Schluss

Wenn wir von Kants Fehlschluß und von seiner vorborgenen Prämisse bezüglich der Bestrafung der Menschen, die das vermeintliche Notrecht in Anspruch genommen haben, ausgehen, so können wir aus Kants „Zweideutiges Recht" Folgendes lernen, indem wir seine These umformulieren bzw. überarbeiten.

1. Ein Notrecht kann es nicht geben, weil sich sein Gegenstand außerhalb der Kompetenz jeglicher denkbaren Rechtsordnung befindet. Aus demselben Grund kann der Gegenstand des Notrechts auch nicht rechtswidrig sein. Wenn es zwei Schiffbrüchige und nur ein Rettungsbrett für einen der beiden gibt, mag es durchaus moralische Forderungen geben, die eine Lösung gebieten und andere verbieten, so dass nicht das Faustrecht über das Schicksal der beiden entscheiden darf. Solche moralische bzw. ethische Forderungen formuliert Cicero; Kant lässt sie völlig außer acht. Da das moralische Recht zu einer – obgleich nicht positiven, und eventuell bloß denkbaren – Rechtsordnung gehört und die Notsituation keine Rechtsordnung ermöglicht, wird die Grenze zwischen moralischem Recht und Rechtsbegriff als Begriff einer überpositiven Rechtsordnung einerseits und bloß moralischen Forderungen im Sinne der Kantischen Tugend andererseits klar gezogen. Dies war in der vorkantischen Debatte über das Naturrecht nicht der Fall. Auch unter Beibehaltung des Kantischen Fehlschlusses bliebe erhalten, dass das Notrecht als bloße moralische Erlaubnis, das Recht zu verletzen, zu Recht abgelehnt wird; damit wird auch jede supererogatische Dimension für die Schiffbrüchigen abgelehnt, wenn sie nicht versuchen einander umzubringen.

2. Die Beachtung moralischer Rechte ist in einer überpositiven Hinsicht nicht supererogatorisch, wie Manche es noch heute meinen, sondern durchaus ein-

klagbar, und zwar nach der bekannten Kantischen Metapher vor dem rechtsethischen Gericht *coram foro interno*. Der Ausdruck „zweideutiges Recht" bedeutet also nicht, daß es einen Graubereich von einem weniger gültigen Recht, sondern daß es das Recht in zwei Sinnen gibt: als positives Recht und als moralisches Recht. Wie die Beziehung der beiden zueinander aussehen soll, sagt Kant gleich am Anfang der „Einleitung in die Rechtslehre":

> Der Inbegriff der Gesetze, für welche eine äußere Gesetzgebung möglich ist, heißt die *Rechtslehre* (*Ius*). Ist eine solche Gesetzgebung wirklich, so ist sie Lehre des *positiven Rechts*, und der Rechtskundige derselben, oder Rechtsgelehrte (*Iurisconsultus*) heißt *rechtserfahren* (*Iurisperitus*), wenn er die äußeren Gesetze auch äußerlich, d.i. in ihrer Anwendung auf die Erfahrung vorkommende Fälle kennt, die auch wohl *Rechtsklugheit* (*Iurisprudentia*) werden kann, ohne beide zusammen aber bloße *Rechtswissenschaft* (*Iurisscientia*) bleibt. Die letztere Benennung kommt der *systematischen* Kenntniß der natürlichen Rechtslehre (*Ius naturae*) zu, wiewohl der Rechtskundige in der letzteren zu aller positiven Gesetzgebung die unwandelbaren Principien hergeben muß (RL, AA 6: 229).

Damit ist es eindeutig, dass der Gültigkeit der Billigkeit als moralisches Recht die Umsetzung in das positive Recht folgen sollte. Nicht nur die Vertragspartner, sondern auch der positive Gesetzgeber sollten ihre Verträge bzw. die Gesetze, welche die Bedingungen der rechtlichen Gültigkeit der Verträge festsetzen, derart bestimmen, dass rechtmäßige Verträge der Billigkeit entsprechen. Diese Forderung an das positive Recht ergibt sich jedoch erst auf der Basis der Existenz von moralischen Rechten. Darin liegt z.B. ein erhebliches Potential für die Berufung auf Kant bei der Formulierung von zahlreichen Sozialrechten, während die heutige diesbezügliche Debatte über Kant auf der Ebene des kategorischen Imperativs im Allgemeinen bleibt.

Aber dieselbe Forderung an das positive Recht dürfte zu einer erheblichen Veränderung der – ohnehin sehr umstrittenen – These Kants führen, dass der Rechtsbegriff mit dem Zwangsrecht analytisch verbunden ist. In ihrer bestehenden Formulierung, scheint sie zu implizieren, dass es kein Recht gibt, wo keine Zwangsbefugnis besteht. Im Lichte des Anhangs sollte sie heißen, dass zufolge dem Rechtsbegriff jedem Recht (*right*) mit der zu seiner Verwirklichung nötigen Zwangsbefugnis versehen werden *sollte*. Diese Fassung der These der analytischen Verbindung zwischen dem Rechtsbegriff und der Zwangsbefugnis widerspricht zwar nicht formal Kants wörtlichen Formulierung dieser These; diese Fassung der These würde aber ihre – ungewollte und unglückliche – Zweideutigkeit aufheben, und Kants Rechtsphilosophie in ein neues, konsistenteres und fruchtbareres Licht rücken. Diese neue Interpretation der These „§D. Das Recht ist mit der Befugniß zu zwingen verbunden" (RL, AA 6: 231) bleibt aber noch zu unternehmen.

David James
# Unabhängigkeit und Eigentum in Kants *Rechtslehre*

## Recht und Unabhängigkeit

In der *Metaphysik der Sitten* argumentiert Kant, das allgemeine Prinzip des Rechts stelle das Mittel zur Bestimmung dafür bereit, wie die Freiheit aller und jedes Menschen nach einem allgemeinen Gesetz nebeneinander bestehen kann. Eine Handlung sei demnach dann zulässig, wenn nach „deren Maxime die Freiheit der Willkür eines jeden mit jedermanns Freiheit nach einem allgemeinen Gesetze zusammen bestehen kann" (RL, AA 6: 230). Infolge dieser Behauptung scheint es, dass es die Willkürfreiheit eines Jeden ist, welche durch ein allgemeines Gesetz zusammen bestehen können soll, so lange man annimmt, dass der in dieser Behauptung verwendete allgemeine Begriff „Freiheit" auch die Willkürfreiheit bezeichnet. Dann ginge es darum, die Willkürfreiheit einer Person mithilfe eines allgemeinen Gesetzes zu begrenzen, wenn – und nur wenn – dieser Person Ausübung der Willkürfreiheit es anderen Personen unmöglich machen würde, ihre Willkürfreiheit auszuüben. Diese Interpretation wird gestützt von Kants Definition des Rechts als dem „Inbegriff der Bedingungen, unter denen die Willkür des einen mit der Willkür des andern nach einem allgemeinen Gesetze der Freiheit zusammen vereinigt werden kann" (RL, AA 6: 230). Andere Äußerungen legen indessen eine alternative Interpretation der Freiheit, wegen der die Willkürfreiheit gemäß einem allgemeinen Gesetz zu begrenzen ist, nahe.

Die Vorstellung, dass das Recht nicht nur die Willkürfreiheit betrifft, sondern auch eine andere, grundlegendere Auffassung der Freiheit, lässt sich an Kants späterer Behauptung erkennen, das „einzige, ursprüngliche, jedem Menschen kraft seiner Menschheit zustehende Recht" sei „*Freiheit* (Unabhängigkeit von eines Anderen nöthigender Willkür), sofern sie mit jedes Anderen Freiheit nach einem allgemeinen Gesetz zusammen bestehen kann" (RL, AA 6: 237). Folglich ist die Form der durch das Recht geschützten Freiheit grundsätzlicher jene Freiheit, die darin besteht, nicht der Willkür einer anderen Person so unterworfen zu sein,

---

James, David (2016): „Independence and Property in Kant's Rechtslehre". In: *British Journal for the History of Philosophy* 24/2, 302–322.

https://doi.org/10.1515/9783110537215-008

dass dieser Person Ausübung ihrer Willkür und nicht die eigene Ausübung entscheidet, was man tut.[1]

Diese Unabhängigkeit kann jedoch nicht mit der Willkürfreiheit gleichgesetzt werden, weil sie eine negative Bedingung eines jedweden Aktes der freien Willkür ist und daher als eine logisch eigenständige Form der Freiheit anzusehen ist. Um es kurz zu machen: Unabhängigkeit muss vorausgesetzt werden, wenn man erklären möchte, wie es möglich ist, dass man nicht so der Willkür Anderer unterworfen ist, dass deren Willkür unabhängig davon, was man selbst will (oder wollen würde) die eigenen Handlungen bestimmt und damit begrenzt. Diese Unabhängigkeit ist für Kants *Rechtslehre* in dem Sinne grundlegend, als sie letztlich bestimmt, ob eine Handlung als rechtmäßig angesehen werden kann oder nicht, und welche Gesetze und Institutionen Bedingungen des Rechts sind. Es trifft folglich nicht zu, dass die Gewährleistung des Rechts einfach eine Frage der Sicherung oder der Förderung eines bestimmten Ergebnisses (d.i. Unabhängigkeit) ist, in welchem Falle Recht auf ein Mittel zu einem ihm selbst externen Zweck reduziert würde. Der Zweck der Sicherung von Unabhängigkeit ist vielmehr konstitutiv für den Rechtsbegriff selbst. Was aber bedeutet diese Unabhängigkeit von der Willkür Anderer wirklich? Und wie kann die Vorstellung dieser Unabhängigkeit dazu dienen, den berechtigten Umfang der Willkürfreiheit zu bestimmen? Im Folgenden werde ich zeigen, wie ein weiteres zentrales Merkmal von Kants *Rechtslehre*, nämlich seine scheinbare Annahme zugunsten von Privateigentum, in diesem Zusammenhang eine maßgebliche Rolle spielt.

Kant spricht von einer

> angeborne[n] *Gleichheit*, d. i. die Unabhängigkeit nicht zu mehrerem von Anderen verbunden zu werden, als wozu man sie wechselseitig auch verbinden kann; mithin die Qualität des Menschen *sein eigener Herr* (*sui iuris*) zu sein" (RL, AA 6: 237 f.).

Diese Behauptung gibt einen Hinweis auf die Quelle seines Verständnisses von Unabhängigkeit und wie diese innerhalb eines politischen-rechtlichen Gemeinwesens, in welcher ein jedes Mitglied einen gleichberechtigten Status genießt, gewährleistet werden kann. Die Vorstellung der Freiheit als Unabhängigkeit wird hier ausdrücklich mit der Idee der Selbstherrschaft, in dem Sinne des nicht dem willkürlichen Willen eines Anderen, dem man auf irgendeine Weise einseitig verpflichtet ist, Unterworfenseins, in Verbindung gebracht. Was jedoch bedeutet es konkret, dem willkürlichen Willen eines Anderen unterworfen zu sein? Betrifft dies beispielsweise nur direkte Formen von Beeinträchtigung, die eines Menschen

---

[1] Die Behauptung, die Unabhängigkeit von der Willkür Anderer stelle die Grundlage für Kants *Rechtslehre* dar, findet sich in Ripstein 2009, 14 und Wood 2014.

freie Ausübung der Willkür verhindern oder unterminieren? Oder betrifft Unabhängigkeit von der nötigenden Willkür Anderer auch das Fehlen der bloßen Möglichkeit, der willkürlichen Beeinträchtigung durch Andere unterworfen zu sein, wie dies Verteidiger eines eindeutig republikanischen Freiheitkonzeptes behaupten?[2] Die Ansicht, dass Kant diese zweite Vorstellung von Unabhängigkeit im Sinn hat, kann mit Verweis auf bestimmte Schlüsselideen gestützt werden, die sich in den Schriften von Jean-Jacques Rousseau finden. Da diese Ideen Kant bekanntlich tief beeinflusst haben, kann zu Recht angenommen werden, dass sie eine wichtige Quelle seines Verständnisses jener Form von Freiheit darstellen, die mithilfe der Vorstellung der Eigenherrschaft ausgedrückt wird, und seines Verständnisses wie diese Freiheit innerhalb eines politisch-rechtlichen Gemeinwesens gewährleistet werden soll.[3]

In Kants Charakterisierung des Kriteriums der Unabhängigkeit mit Blick darauf, „nicht zu mehrerem von Anderen verbunden zu werden, als wozu man sie wechselseitig auch verbinden kann", klingt Rousseaus Behauptung auf, dass mit Blick auf einen legitimen Gesellschaftsvertrag jedwede Vertragspartei sich seiner oder ihrer natürlichen Freiheit vollständig entäußern muss, da nur auf diese Weise die Bedingung „für alle die gleiche", sein kann, wobei „keiner ein Interesse daran [hat], sie für die anderen beschwerlich zu machen".[4] In anderen Worten: eine Minimalanforderung an eine legitime politisch-rechtliche Ordnung, in welcher wahre persönliche Unabhängigkeit besteht, ist, dass alle ihrer Mitglieder dahingehend gleich sind, dass sie zu dem gleichen Grade den gleichen grundlegenden Bedingungen (d.i. Gesetze und Verpflichtungen) unterworfen sind. Würden hingegen einige Personen Bedingungen unterstehen, denen andere nicht gleichermaßen unterstehen, so würden sie zusätzliche Bürden tragen, und dieser

---

[2] Für diesem Freiheitsbegriff entsprechende Darstellungen von republikanischer Freiheit und deren Unterschied zu der mit der Willkürfreiheit und der Abwesenheit von Hemmnissen ihrer Ausübung verbundenen liberalen Konzeption von Freiheit, siehe beispielsweise Pettit 1997 und Skinner 1998.

[3] Siehe Kants Aussage, „Rousseau hat mich zurecht gebracht", die sich in einer seiner vorkritischen Schriften findet (BGSE, AA 20: 44). Ebenso relevant für den gegenwärtigen Zusammenhang ist Kants Behauptung, dass Rousseau, obgleich er uns in seinen früheren Werken einen Konflikt zwischen Kultur, welche das Produkt der Freiheit ist, und Natur präsentiert, in seinen späteren Schriften wie etwa dem *Gesellschaftsvertrag* (*Contrat Social*) den Kurs zu erklären sucht, welche die Kultur nehmen sollte, wenn sie die wahre Entwicklung der menschlichen Rasse als einer moralischen Spezies und ihre schlussendliche Harmonie mit sich selbst als einer natürlichen Spezies herbeiführen soll (Anth, AA 7: 326 f.; MAM, AA 8: 116 ff). Kant betrachtet den *Contrat Social* also mit Blick auf den Nachweis, wie menschliche Freiheit mit der Entwicklung rechtlicher und politischer Beziehungen vereinbart werden kann, eindeutig als einen Schlüsseltext.

[4] Rousseau, 1977, 17 (*Der Gesellschaftsvertrag*, Buch 1, Kap. 6).

Zustand wäre mit der Idee der Gleichheit inkonsistent. Wir können darüber hinaus annehmen, dass diejenigen, welche zusätzliche Bürden tragen, von dem willkürlichen Willen jener Individuen und sozialen Gruppen abhängig wären, welche nicht die gleichen Bürden tragen oder diese nicht zu gleichem Grade tragen. Diese Individuen oder sozialen Gruppen wären dann in der Lage, die Willkür der Anderen zu beschränken, indem sie verlangen, dass diese den Verpflichtungen nachkommen, welche mit diesen zusätzlichen Bürden verbunden sind, ohne dass ihre Willkürfreiheit entsprechend beschränkt würde.

Kants Verpflichtung auf Rousseau zeigt sich an dem, was er über die Rolle des Interesses in der Bestimmung der Bedingungen des Gesellschaftsvertrages zu sagen hat. In der folgenden Textstelle nimmt Kant entweder an, (1) dass sich keiner willentlich dadurch Unrecht tun würde, dass er oder sie sich Bedingungen unterwirft, die seinen oder ihren grundlegenden Interessen – inklusive dem der Sicherung persönlicher Unabhängigkeit – widersprechen, selbst wenn er oder sie willentlich die Interessen anderer verletzen würde, oder (2) dass selbst wenn der Akt der freiwilligen Unterwerfung unter solche Bedingungen hinreicht, um sie für den eigenen Fall zu legitimieren, hieraus keine Legitimierung dieser Bedingungen für den Fall anderer, welche ihnen nicht zugestimmt haben, erwachsen würde. Die erste Annahme scheint dem zu entsprechen, was Rousseau im Sinn hat. Nach Kant lassen sich durch die Verallgemeinerung einer solchen Annahme die Gesetze bestimmen, welchen sich Individuen selbst und welchen sie auch andere vernünftigerweise unterwerfen könnten.

> Nun ist es, wenn jemand etwas gegen einen *Anderen* verfügt, immer möglich, dass er ihm dadurch unrecht thue, nie aber in dem, was er über sich selbst beschließt (denn *volenti non fit iniuria*). Also kann nur der übereinstimmende und vereinigte Wille Aller, so fern ein jeder über Alle und Alle über einen jeden ebendasselbe beschließen, mithin nur der allgemein vereinigte Volkswille gesetzgebend sein (RL, AA 6: 313 f.).

Doch was genau sind die Bedingungen, welchen ein jedes Mitglied zu gleichem Grade unterworfen ist, und die mithilfe eines ideal angelegten Gesellschaftsvertrags feststellbar sind, der auf der Verallgemeinerung dessen gründet, was Individuen in Anbetracht bestimmter grundlegender Interessen, die sie mutmaßlich teilen, aus freien Stücken zu akzeptieren bereit wären? Geht es einfach nur darum, den gleichen Gesetzen – und diesen in gleichem Maße – unterworfen zu sein wie Andere, oder bedarf es mehr, so wie etwa das Ausräumen sämtlicher anderer realer oder potentieller Bedrohungen der Freiheit im Sinne der Unabhängigkeit von eines Anderen nötigender Willkür?

Mit Blick hierauf ist es von besonderer Relevanz, dass Kant die Existenz von bestimmten Eigentumsrechten und auf diesen gegründeten sozialen Beziehungen annimmt, die eine Person dem willkürlichen Willen einer anderen Person innerhalb eines rechtmäßig verfassten politisch-rechtlichen Gemeinwesens unterwerfen. Hierdurch entsteht das Problem, wie sich Eigentumsrechte rechtfertigen lassen, deren Existenz in einem Mangel an voller Unabhängigkeit für einige Bürger resultiert, während Kant selbst die Unabhängigkeit als das einzige, ursprüngliche, jedem Menschen kraft seiner Menschheit zustehende Recht bestimmt. Diese Spannung zwischen Kants Verpflichtung auf die Idee der Unabhängigkeit in dem Sinne, nicht eines Anderen willkürlichem Willen oder Willkür unterworfen zu sein, und seine Akzeptanz von auf Eigentumsrechten basierenden einseitigen Formen der Abhängigkeit bedeutet, dass seine Darstellung der Eigentumsrechte im Hinblick auf die Kohärenz seiner *Rechtslehre* von zentraler Bedeutung ist. Wenngleich sich zeigen wird, dass Kants Darstellung der Eigentumsrechte eine Präsumtion zugunsten von Privateigentum impliziert, werde ich hier argumentieren, dass es tatsächlich keine der *Rechtslehre* interne Gründe dafür gibt, die Legitimität alternativer Formen des Eigentums abzulehnen, und noch nicht einmal dafür, Privateigentum in allen möglichen Fällen zu bevorzugen. Wenngleich es Gründe dafür geben könnte, Privateigentum in einigen speziellen Fällen anderen Formen des Eigentums vorzuziehen, betrifft die Entscheidung solch einer Angelegenheit lediglich die Anwendung der Prinzipien von Kants *Rechtslehre* und nicht diese Prinzipien selbst.

## Eigentum und Abhängigkeit

Kants Billigung der Legitimität von einseitigen Formen der Abhängigkeit auf der Grundlage von Besitzverhältnissen erhellt aus der Unterscheidung, die er zwischen aktiver und passiver Staatsbürgerschaft vornimmt.[5] Für Kant ist der Bürgerstatus die einzig relevante Qualifikation was die Eignung als Wähler anbelangt. Indessen beschränkt er die aktive Staatsbürgerschaft, welche das Wahlrecht verleiht, auf Personen, die kraft ihrer Stellung als Eigner einer bestimmten Art von Eigentum bereits die Eigenschaft der Unabhängigkeit besitzen. Dies wird durch einige seiner Beispiele von Menschen aufgezeigt, die *nicht* in dem relevanten Sinne unabhängig sind und denen das Wahlrecht daher verwehrt werden muss, nämlich jene Personen, die nur ihre Arbeitskraft zu Verkauf anbieten können (zum Beispiel der „Holzhacker, den ich auf meinem Hofe anstelle") und Pächtern, welchen das von ihnen bearbeitete Land nicht gehört (RL, AA 6: 314 f.).

---

5 Für eine Darstellung des geschichtlichen Hintergrundes von Kants Verwendung dieser Unterscheidung, siehe Maliks 2014, 80 ff.

Diese Beispiele implizieren, dass der Mangel voller Unabhängigkeit sich typischerweise von der Form ableitet, in welcher die Fähigkeit eines Menschen, von seiner Arbeit zu leben, von eines Anderen Willen abhängig ist, wobei Abhängigkeit eine Funktion der bestehenden Besitzverhältnisse ist und der Natur dessen, was er besitzt. Die Beziehung des Lohnarbeiters zu der ihn beschäftigenden Person ist eine, in welcher die Letztere für eine bestimmte Zeit die Arbeit des Ersteren besitzt, während die Tätigkeit des Pächters von der Einwilligung des Landeigners abhängt, ihm das Land zu verpachten, welches er, ohne es zu besitzen, zu kultivieren wünscht. In beiden Fällen bestehen Abhängigkeitsbeziehungen, die letztlich mit Bezug auf das Fehlen irgendeines Besitzes abgesehen von der eigenen Arbeitskraft im Falle einer Partei und der Mittel zum Kauf der Arbeitskraft Anderer oder dem Eigentum von anderen Produktionsmitteln als der eigenen Arbeitskraft im Falle der anderen Partei zu erklären sind. Kant behauptet, diese Art der Abhängigkeit vom Willen einer anderen Person und die damit verbundene politische Ungleichheit sei nicht unvereinbar mit der Freiheit und Gleichheit, die Passivbürger gemeinsam mit anderen als menschliche Wesen genießen, da durch das fehlende Wahlrecht des Passivbürgers nicht die übrigen von Kant bestimmten Merkmale der Staatsbürgerschaft, inklusive der gleichen rechtlichen Stellung, verletzt werden. Es muss überdies die Möglichkeit geben, sich von der Position des Passivbürgers zu der des Aktivbürgers hochzuarbeiten (RL, AA 6: 314 f.).

Angesichts des Umstands, dass Kant die Unabhängigkeit als ein dem Menschen alleine aufgrund seines Menschseins zustehendes angeborenes Recht bestimmt, ist es keineswegs selbstverständlich, dass es Eigentumsrechten zugestanden werden sollte, dieses angeborene Recht für Menschen, die nur ihre eigene Arbeitskraft zum Verkauf feilbieten können, was ihren Mangel an Unabhängigkeit zur Folge hat, außer Kraft zu setzen. Es wären vielmehr sämtliche Einschränkungen des Umfangs der Unabhängigkeit eines Bürgers selbst hinsichtlich dieses angeborenen Rechts zu rechtfertigen. Insofern Kants Unterscheidung zwischen aktiver und passiver Staatsbürgerschaft mit dem Recht auf volle politische Teilnahme verbunden ist, mag sie durch den Gedanken begründet gewesen sein, dass Personen, die ökonomisch von anderen abhängig sind, gezwungen werden könnten, in Angelegenheiten allgemeinen Interesses auf eine gewisse Weise zu stimmen, um ihren Lebensunterhalt zu sichern. Dieser Grund dafür, ihnen keine volle politische Unabhängigkeit zu gewähren, wirft allerdings ganz einfach die Frage auf, warum nicht anstelle dessen die Beziehungen ökonomischer Abhängigkeit, welche einer Person Macht über die freie Willkür einer anderen Person geben, beseitigt werden sollten. Angesichts der Art und Weise, in welcher diese Form der Herrschaft von der Existenz einer bestimmten Art von Eigentumsrechten abhängt, kann die Frage wie folgt reformuliert werden: warum sollte es solchen

Eigentumsrechten und irgendwelchen darauf gegründeten sozialen Beziehungen gestattet werden, das angeborene Recht der Unabhängigkeit außer Kraft zu setzen, wenn dieses Recht etwas ist, das seinerseits durch das Recht gewährleistet werden sollte? Kants Unterscheidung zwischen aktiver und passiver Staatsbürgerschaft kann die genaue Natur dieser Problematik verständlicher machen, zeigt sie doch, wie er selbst eingesteht, dass Beziehungen ökonomischer Abhängigkeit auf unterschiedliche Grade sozialer Macht gründende, indirekte Formen des Zwangs begünstigen, bei der die schwächere Partei dazu gezwungen wird, nach den Weisungen der Entscheidungen einer anderen Partei zu handeln, ohne dass die letztere dabei irgendeine Form direkter Zwangs ausüben müsste.

Kant beschränkt mögliche Verletzungen der äußeren Freiheit, welche Gegenstand des Rechts sind, nicht auf direkte Formen der Beeinträchtigung. Er kennzeichnet den Rechtsbegriff vielmehr mit Blick auf „das äußere und zwar praktische Verhältniß einer Person gegen eine andere, sofern ihre Handlungen als *Facta* aufeinander (unmittelbar oder mittelbar) Einfluss haben können" (RL, AA 6: 230). Es könnte im Sinne Kants folglich also eine Art von Zwang in Form von Andeutungen oder von Hinweisen darauf, was passieren könnte, sofern eine Person nicht gemäß den Entscheidungen einer anderen ökonomisch und sozial mächtigeren Person oder Gruppe handelt, geben. Die Schwierigkeit einer unabhängigen Ausübung des Wahlrechts im Angesicht von Beziehungen ökonomischer Abhängigkeit liefert selbst ein Beispiel davon, wie die Willkürfreiheit einer Person durch die Willkürfreiheit einer anderen in Ermangelung irgendeiner direkten Form des Zwangs eingeschränkt werden könnte (vorausgesetzt, man ignoriert solche Maßnahmen wie die Einführung der geheimen Wahl). Dies stellt nämlich eine Situation dar, in welcher eine Person nicht in der Position ist, unabhängig zu entscheiden, wer sie repräsentieren sollte, und dadurch nicht wirklich die Freiheit Willkür mittels einer in der phänomenalen Welt stattfindenden Praxis auszuüben in der Lage ist.

Diese Person wird stattdessen indirekt dazu gezwungen, ihre Wahl entsprechend den Ansichten oder den Interessen einer anderen Person zu treffen. Die ökonomisch und sozial mächtigere Person, mit der eine andere Person in einer asymmetrischen Abhängigkeitsbeziehung steht, mag sich zugegebenermaßen dazu entschließen, keinen Zwang über die Willkürfreiheit eines Anderen auszuüben. Er oder sie mag der anderen Person tatsächlich wohlwollend gesonnen sein und sich ihr gegenüber entsprechend einer paternalistischen Pflichtauffassung verhalten. Diese Situation würde indessen aber selbst mit einer republikanischen Auffassung von Freiheit als Unabhängigkeit von der Willkür Anderer unvereinbar sein, für welche die bloße Möglichkeit, durch Andere willkürlich irgendeiner Art von Zwang unterworfen zu werden, hinreicht, um Menschen aufgrund des in solch einer Situation enthaltenen Herrschaftspotentials unfrei zu machen.[6] Rechtlicher Schutz vor möglicher wie auch tatsächlicher Einmischung ist daher eine notwendige Bedingung wahrer Unabhängigkeit.

Kants Akzeptanz von Herrschaftsformen, die sich auf unterschiedliche Grade von ökonomischer und sozialer Macht gründen und sich aus Eigentumsrechten und den auf diesen basierenden sozialen Beziehungen ergeben, scheint also diese Darstellung von Staatsbürgerschaft mit der in seiner *Rechtslehre* zu findenden Vorstellung von Freiheit unvereinbar zu machen. Diese Vorstellung von Freiheit impliziert, dass die Willkürfreiheit einer Person nur dann mit der Willkürfreiheit einer anderen Person gemäß einem allgemeinen Gesetz koexistieren kann, wenn beide Personen volle Unabhängigkeit von der Willkür Anderer besitzen. Aus der Sicht des Rechts ist es daher legitim, die Willkürfreiheit mit dem Ziel der Gewährleistung der vollen Unabhängigkeit aller Bürger immer dann zu beschränken, wenn die republikanische Freiheit und die Willkürfreiheit sich als miteinander unvereinbar herausstellen.

Kant hat eindeutig Bedenken angesichts gewisser Eigenschaften der Eigentumsverhältnisse, welche seiner Unterscheidung zwischen aktiver und passiver Staatsbürgerschaft zugrunde liegen, insofern als sie vom Dasein von Menschen abhängen, die nur ihre eigene Arbeitskraft feilzubieten haben und sich mit Anderen konfrontiert sehen, die in der Lage sind, diese zu erwerben. Dem ist so trotz seiner Billigung der Legitimität der Art von Vertragsbeziehung, welche er als „Besitz der Willkür eines Anderen, als Vermögen sie durch die meine nach Freiheitsgesetzen zu einer gewissen That zu bestimmen," (RL, AA 6: 271) beschreibt und als Akt der „Bewilligung des Gebrauchs meiner Kräfte an einen Anderen für einen bestimmten Preis" (RL, AA 6: 285). Dennoch erlegt Kant dem zulässigen Gebrauch der Arbeitskraft einer anderen Person im Zusammenhang mit dem Vertrag zwischen Herrn und Diener indirekt moralische Beschränkungen auf. Dies Beispiel ist von breiterer Bedeutung, weil man es so erweitern kann, dass es jeden Vertrag zwischen einem Arbeitgeber und der ihre Arbeit verkaufenden Person einschließt. Kant behauptet, der

> Vertrag also der Hausherrschaft mit dem Gesinde kann nicht von solcher Beschaffenheit sein, daß der *Gebrauch* desselben ein *Verbrauch* sein würde, worüber das Urteil aber nicht bloß dem Hausherrn, sondern auch der Dienerschaft (die also nie Leibeigenschaft sein kann) zukommt [...] (RL, AA 6: 283).

---

**6** Das klassische Beispiel ist das des Sklaven, dessen Herr zufälligerweise einfach keinen willkürlichen Zwang ausübt, dies aber nichtsdestotrotz nach Belieben und straffrei tun könnte, so er dies wollte. Vgl. Pettit 1997, 22 f., 31 ff. und 63 f. sowie Skinner 1998, 39 ff.

Diese Behauptung lässt Raum für die Vorstellung, dass, selbst wenn eine Person ihre Arbeitskraft einer anderen Person für eine beschränkte Zeitdauer verkauft hat, Einschränkungen bezüglich der Intensität, mit welcher der Arbeitgeber diese Arbeitskraft während dieser Zeitdauer nutzen darf, gelten sollten, und diese Beschränkungen sollten überdies sowohl von dem Arbeitnehmer als auch von dem Arbeitgeber bestimmt werden. Kurz gesagt, Kant scheint den Arbeitern bestimmte Arbeitsrechte zuzuerkennen. Er scheint auch der Vorstellung, dass Menschen sich selbst besitzen und damit ein Recht haben, über sich selbst nach Belieben zu verfügen, ablehnend gegenüberzustehen, wenn er konstatiert, dass „ein Mensch sein eigener Herr (*sui iuris*), aber nicht Eigenthümer von sich selbst (*sui dominus*) (über sich nach Belieben disponiren zu können)" sein kann (RL, AA 6: 270). Er scheint somit nicht zweifelsfrei die Vorstellung der Selbsteignung zu befürworten, die das Recht, über den Eintritt in Vertragsbeziehungen frei über seine eigene Arbeitskraft zu verfügen, untermauert.

Der Umstand, dass Eigentumsrechte oftmals materielle Gegenstände betreffen, und dies zu Kants Zeiten typischerweise taten, macht sie zu einem Paradebeispiel der äußeren Freiheit, die den Gegenstand des Rechts bildet, wie Kant selbst mit seiner Erörterung solcher Rechte unter der Überschrift „vom äußeren Mein und Dein überhaupt" verdeutlicht. Wie ich oben gezeigt habe, scheint Kant zu akzeptieren, dass die Unabhängigkeit einer Person legitim durch das Exklusivrecht einer anderen Person auf Teile der Welt oder auf spezifische Gegenstände darin beschränkt werden kann, obwohl die Gewährleistung von Unabhängigkeit ein für den Rechtsbegriff konstitutiver Zweck ist.

Eine Möglichkeit, diese Spannung in Kants *Rechtslehre* zwischen den Prinzipien der Freiheit und Gleichheit auf der einen Seite und seiner Billigung von Formen der Herrschaft auf der anderen Seite zu erklären, ist sie als das Ergebnis einer grundlegenderen Spannung zwischen *a priori* Rechtsprinzipien und einer von einer traditionellen Auffassung der Art von durch Bürger genossenen Unabhängigkeit inspirierten *a posteriori* Auffassung von Unabhängigkeit zu betrachten (vgl. Riedel 1973). Zusammengefasst, der Rechtsbegriff als ein Gegenstand reiner praktischer Vernunft und die normativen Implikationen dieses Begriffs werden durch ihre Assoziation mit bestimmten, unkritisch von traditionellen Auffassungen dessen, was es bedeutet, ein Bürger zu sein, abgeleiteten Bestimmungsmerkmalen der Staatsbürgerschaft kompromittiert. Diese Erklärung belässt uns allerdings noch mit der Frage, ob es Kant vermag, Eigentumsrechte und jedwede auf ihnen basierenden sozialen Beziehungen zu rechtfertigen, die einseitige Formen der Abhängigkeit erzeugen, welche das Potential haben, es einer Person zu ermöglichen, die Willkürfreiheit einer anderen Person zu bestimmen, und ob er es darüber hinaus vermag, sie in einer Weise zu rechtfertigen, durch die seine Verpflichtung auf die Idee der Freiheit als Unabhängigkeit vom willkürlichen Willen anderer nicht kompromittiert wird.

Kant scheint gewisse vorstaatliche Eigentumsrechte rechtfertigen zu wollen, welche die Wege einschränken, auf denen ein politisch-rechtliches Gemeinwesen legitim den Zweck einer Sicherung der Unabhängigkeit aller ihrer Mitglieder verfolgen darf, dahingehend, dass eine Verletzung dieser Rechte selbst deren Unabhängigkeit untergraben würden, insofern letztere erfordert, dass man unabhängig von den Entscheidungen Anderer wählen können muss, wie man die einem zur Verfügung stehenden Mittel einsetzt (vgl. Ripstein 2009, 19, 63 ff., 66 f. und 86 ff). Zusammengefasst, Eigentumsrechte sind in dem Sinne als für die durch das Recht zu gewährleistende Unabhängigkeit konstitutiv zu betrachten, als sie Bedingungen dafür sind, unabhängig von Anderen freie Entscheidungen treffen zu können.

Dieses Argument, welches sich auf die Vorstellung stützt, unabhängig zu sein erfordere das Innehaben des Rechts, frei über sein Eigentum entscheiden zu können, geht indessen aber an der eigentlichen Frage vorbei, denn es setzt einfach voraus, dass Eigentumsrechte dieser Art tatsächlich Bedingung der Unabhängigkeit sind. Wenn es sich zeigen sollte, dass Eigentumsrechte einer bestimmten Art mit der vollen Unabhängigkeit Anderer unvereinbar sind, welche Möglichkeit Kant zugesteht, beginnt diese Annahme problematisch auszusehen, insbesondere dann, wenn das Eigentumsrecht nur ein erworbenes Recht darstellt, wohingegen die Unabhängigkeit ein angeborenes Recht ist. Man könnte vielmehr argumentieren, dass eine Bestimmung der Rechtmäßigkeit von Eigentumsrechten gemäß dem Erfordernis, die Unabhängigkeit *aller* Bürger zu gewährleisten, tatsächlich bedeutende Einschränkungen des Rechts hervorrufen würde, frei über die Gegenstände zu verfügen, auf die man angeblich ein absolutes Anrecht hat. Hier liefert die Unabhängigkeit das Kriterium anhand dessen jedwede Behauptung eines Rechts, Andere von Teilen der Welt oder von Gegenständen darin auszuschließen zu dürfen, zu beurteilen ist, anstatt dass die Unabhängigkeit an dem Recht gemessen wird, frei über Eigentum zu entscheiden, in welchem Falle bloß angenommen wird, der Besitz dieses Rechtes definiere (wenn auch nur teilweise), was es bedeutet, unabhängig zu sein.

Rousseaus Darstellung des durch einen rechtmäßigen Gesellschaftsvertrag ermöglichten Übergangs von einem Zustand natürlicher Freiheit zu einem bürgerlichen Zustand illustriert auf das Vollste die Schwierigkeit, mit der sich Kant konfrontiert sieht, versteht man ihn so, dass er ein vorstaatliches Eigentumsrecht zu begründen versucht, welches die Art und Weise einschränkt auf die ein politisch-rechtliches Gemeinwesen legitim den Zweck einer Sicherung der Unabhängigkeit aller ihrer Mitglieder verfolgen darf. Die republikanischen Begriffe von Gleichheit und Freiheit sind für diese Darstellung zentral. Rousseau versichert, die fraglichen Vertragsklauseln ließen sich „auf eine einzige zurückführen, nämlich die völlige Entäußerung jedes Mitglieds mit allen seinen Rechten an das Gemeinwesen als Ganzes" (Rousseau 1977, 17: *Der Gesellschaftsvertrag*, Buch I, Kap. 6). Diese Behauptung könnte so interpretiert werden, dass keinerlei vorläufige Eigentumsrechte – angenommen, dass man überhaupt sinnvollerweise von solchen Rechten sprechen kann – nach Vollzug des Übergangs zu dem bürgerlichen Zustand einfach als gültig angenommen werden können. Alle solche Rechte müssen vielmehr im Lichte der Prinzipien von Gleichheit und Freiheit untersucht werden, welche die Form jedweder die Anforderungen eines legitimen Gesellschaftsvertrages erfüllenden politisch-rechtlichen Vereinigung bestimmen. Sollte sich erweisen, dass diese vorläufigen Eigentumsrechte mit dem Prinzip der Gleichheit und/oder mit dem Prinzip der Freiheit im Sinne der Unabhängigkeit von der Willkür Anderer unvereinbar sind, so müssten die Ansprüche, auf die diese Rechte sich gründen, als mit den Grundlagen ebendiesen Rechts unvereinbar abgelehnt werden.[7]

Im nächsten Abschnitt werde ich argumentieren, dass Kant, sofern er die Idee vorstaatlicher Eigentumsrechte, die einschränken was zur Gewährleistung von republikanischer Freiheit rechtmäßig getan werden kann, zu rechtfertigen sucht, scheitert. Kants Verpflichtung auf die Universalisierung der republikanischen Prinzipien der Gleichheit und Freiheit im Sinne der Unabhängigkeit von der Willkür Anderer macht die Vorstellung solcher vorstaatlichen Eigentumsrechte so ungesichert, dass es besser gewesen wäre, die Möglichkeit jedweder solcher Rechte insgesamt abzulehnen. Es gibt nämlich überdies gute (wenn nicht sogar schlüssige) Gründe für die Annahme, dass Kant solche vorstaatlichen, vorläufigen Eigentumsrechte mit Privateigentum identifiziert. Die problematische Natur dieser Rechte bedeutet mithin auch, dass es keine Vorannahme zugunsten von Privateigentum geben kann, wenngleich es bestimmte Fälle geben mag, in welchen Privateigentum das beste Mittel zur Sicherung der Unabhängigkeit eines jeden Bürgers darstellt.

---

7 Dies geht über Versuche, dafür zu argumentieren, dass sich Eigentumsrechte dem Recht der Unabhängigkeit von den Entscheidungen Anderer derart unterordnen lassen, dass Eigentum möglicherweise, zur Gewährleistung der Unabhängigkeit Aller umzuverteilen wäre, hinaus (vgl. Ripstein 2009, 270 ff.). Dies rührt daher, dass diese Art von Behauptung nach Lage der Dinge die Rechtmäßigkeit von Privateigentum annimmt, und damit eine Vorannahme zugunsten desselben macht. Für den Versuch einer Ausarbeitung der Implikationen von Rousseaus Darstellung der Bedingungen eines legitimen Gesellschaftsvertrages in Beziehung auf Eigentumsrechte, siehe James 2013, 96 ff.

## Kant über Eigentum

Kant unterstellt, dass es vorläufige, vorstaatliche Eigentumsrechte geben kann, wenn er das Privatrecht mit dem Naturrecht identifiziert, und dementsprechend von einem im Naturzustand vorliegenden Privatrecht spricht, womit er es dem öffentlichen Recht gegenüberstellt, welches nur innerhalb eines politisch-rechtlichen Gemeinwesens möglich ist (AA, RL 6: 242). Die Möglichkeit von Recht im Naturzustand impliziert das Vorliegen einer auf Prinzipien der reinen praktischen Vernunft gründenden vorstaatlichen Form von Recht. Diese Form von Recht ist Gegenstand des ersten Teils der *Rechtslehre*, und hier begegnen wir Kants Darstellung von Besitzrechten.

Diese Darstellung der Besitzrechte entwickelt sich zu etwas, das als ein Versuch der Rechtfertigung speziell von Privateigentum betrachtet werden kann, denn am Ende des Abschnitts zum „Sachenrecht" stellt Kant fest

> Der äußere Gegenstand, welcher der Substanz nach das Seine von jemanden ist, ist dessen *Eigenthum* (*dominium*), welchem alle Rechte in dieser Sache (wie Accizidenzen der Substanz) inhäriren, über welche also der Eigenthümer (*dominus*) nach Belieben verfügen kann (*ius disponendi de re sua*) (RL, AA 6: 270).

Das Recht, über einen äußeren Gegenstand nach Belieben zu verfügen, unterscheidet das Privateigentum von anderen möglichen Formen des Eigentums, wie etwa das Recht, etwas nur unter bestimmten Bedingungen und ohne Recht auf die Übertragung an Andere zu gebrauchen. Kants Verwendung des Ausdrucks „Mein und Dein" impliziert darüber hinaus, den exklusiven Besitz eines Gegenstandes und damit im Besonderen Privateigentum, wie auch seine Feststellung, das „*rechtlich Meine* (*meum iuris*) [sei] dasjenige, womit ich so verbunden bin, dass der Gebrauch, den ein Anderer ohne meine Einwilligung von ihm machen möchte, mich lädiren würde" (RL, AA 6: 245). Folglich gibt es Gründe dafür, Kants Darstellung des Privatrechts als einen Versuch zu betrachten, im Speziellen das Privateigentum zu rechtfertigen.[8] Eigentumsrechte dieser Art würden sogar im Naturzustand vorliegen und die Art und Weise einschränken, auf die ein politisch-rechtliches Gemeinwesen legitim den Zweck einer Sicherung der Unabhängigkeit aller seiner Mitglieder verfolgen darf.

Kant erklärt die Möglichkeit eines äußeren Gegenstands, der einem rechtmäßig gehört, in Form des Begriffs des intelligiblen Besitzes. Diese Form des

---

[8] Es wurde aber die Behauptung aufgestellt, Kant sei in dem Abschnitt zum Privatrecht darauf aus, nur eine Rechtfertigung von Besitz und Gebrauch zu liefern (vgl. Westphal 2002).

Besitzes hängt nicht von dem empirischen (das ist, physischen) Besitz eines Gegenstandes ab. Der Begriff des intelligiblen Besitzes wird eingeführt, weil nur er die Unrichtigkeit einer Handlung erklären kann, bei der ein Anderer eine Sache benützt, welche rechtmäßig mir gehört, auch wenn ich diese Sache nicht physisch besitze und sie mir damit auch nicht gewaltsam genommen werden musste. Folglich muss intelligibler oder bloß rechtlicher Besitz „als möglich vorausgesetzt werden, wenn es ein äußeres Mein oder Dein geben soll" (RL, AA 6: 249).

Somit kann angenommen werden, dass Kant in der Tat von Fällen rechtmäßigen Besitzes äußerer Gegenstände ausgeht, und dann versucht, die notwendigen Bedingungen für diese Art von Besitz zu bestimmen. Dies erklärt seine Verwendung des Begriffs „Deduktion" in dem betreffenden Teil seiner *Rechtslehre*. Davon ausgehend, was er damit in der *Kritik der reinen Vernunft* (KrV, A 84f./B 116f.) meint, kann man ihn so verstehen, dass er eine Rechtfertigung unserer Verwendung des Begriffs vom rechtmäßigen Besitz eines äußeren Gegenstandes durch die Demonstration der Notwendigkeit eines derartigen Begriffs zur Erklärung unserer allgemeinen Erfahrung der Welt vorhat. Dass Kants Verwendung der Formulierung „Mein oder Dein" zusammen mit der Vorstellung eines Rechts, über einen Gegenstand nach Belieben zu verfügen, den Exklusivbesitz eines Gegenstandes und somit speziell Privateigentum impliziert, bedeutet jedoch, dass er nicht davon ausgehen kann, dass die Erkenntnis des Gegenstandes der von ihm unternommenen Deduktion auf die gleiche Art und Weise als selbstverständlich vorausgesetzt werden kann wie dies bei der Erfahrung im Allgemeinen der Fall ist, und dies, folglich, einzig eine Frage des Aufzeigens der notwendigen Bedingungen der Möglichkeit dieses Gegenstandes ist. Vielmehr ist es der Gegenstand selbst, dessen Legitimität angefochten wurde und immer noch wird. Es überrascht daher nicht, dass Kants Versuch, die Gültigkeit eines exkludierenden Eigentumsrechts zu begründen, speziell auf die Bedingungen des Gebrauchs einer Sache rekurriert.

Kant vertritt die Auffassung, dass ohne den Exklusivbesitz von Teilen der Welt oder sich darin befindlicher Gegenstände die Nutzung von Sachen gemäß einem allgemeinen Gesetz nicht möglich wäre. In diesem Zusammenhang spricht er von einem „rechtlichen Postulat der praktischen Vernunft: ‚daß es Rechtspflicht sei, gegen Andere so zu handeln, daß das Äußere (*Brauchbare*) auch das Seine von irgend jemanden werden könne'" (RL, AA 6: 252). Dadurch führt Kant ein auf der Prämisse, dass die Nutzung von Sachen *nur* dann möglich ist, wenn bereits ein Exklusivrecht auf sie besteht, beruhendes Argument ein. Dieses Argument kann unter der Annahme, dass die Bedingung der Unabhängigkeit die Fähigkeit, unabhängig von der Willkür Anderer darüber zu befinden, wie man die einem zur Verfügung stehenden Mittel einsetzt, erfordert, auf den Begriff der Unabhängigkeit bezogen werden.⁹ Kann aber die Vorstellung des Gebrauchs für sich selbst genommen wirklich ein unbeschränktes Recht rechtfertigen, Andere von der Nutzung von Etwas auszuschließen und darüber nach Belieben zu verfügen?

Obgleich Kants Berufung auf die Bedingungen des Gebrauchs äußerer Gegenstände nicht bedeutet, dass der intelligible Besitz und die damit verbundenen Eigentumsrechte durch den Akt des Gebrauchs einer Sache etabliert werden, so wird doch in der folgenden Textstelle die Vorstellung des Gebrauchs zur Rechtfertigung von Exklusivbesitz an Teilen der Welt und sich darin befindlichen Gegenständen angeführt:

> Denn ein Gegenstand meiner Willkür ist etwas, was zu gebrauchen ich *physisch* in meiner Macht habe. Sollte es nun doch *rechtlich* schlechterdings nicht in meiner Macht stehen, d. i. mit der Freiheit von jedermann nach einem allgemeinen Gesetz nicht zusammen bestehen können (unrecht sein), Gebrauch von demselben zu machen: so würde die Freiheit sich selbst des Gebrauchs ihrer Willkür in Ansehung eines Gegenstandes derselben berauben, dadurch dass sie *brauchbare* Gegenstände außer aller *Möglichkeit des Gebrauchs* setzte, d. i. diese in praktischer Rücksicht vernichtete und zur *res nullius* machte; obgleich die Willkür formaliter im Gebrauch der Sachen mit jedermanns äußeren Freiheit nach allgemeinen Gesetzen zusammenstimmte (RL, AA 6: 246).

Der Schlussteil dieser Textstelle geht von dem Vorliegen einer rechtmäßigen Bedingung aus, unter welcher die Willkürfreiheit einer Person mit der Willkürfreiheit Anderer insoweit zusammenbestehen kann, als die Ausübung der Willkür äußere Handlungen und den Gebrauch von Gegenständen betrifft. Da dies eine Angelegenheit der freien Willkür ist, muss der Gebrauch von Gegenständen im Sinne ihres Gebrauchs im Einklang mit den von einer Person geformten Zwecken verstanden werden. Dies impliziert die Vorstellung vom wirksamen Gebrauch im Sinne der Zweckangemessenheit eines Gegenstandes. Das rechtmäßige Bestehen des Mein und Dein, das heißt, das Vorliegen von Gegenständen als rechtmäßiges Eigentum von jemandem der das Recht besitzt, Andere von ihrem Gebrauch auszuschließen, wird hier einfach vorausgesetzt. Es stimmt somit nicht, dass der Gebrauch eines Gegenstandes ein Recht auf einen Gegenstand etabliert. Kant appelliert vielmehr an die Vorstellung der Absurdität einer hypothetischen Si-

---

9 Dies wird durch Ripsteins folgende Behauptung nahegelegt: „Freiheit erfordert, dass man über die einem voll zur Verfügung stehende nutzbaren Sachen nach Belieben verfügen kann, und so entscheiden kann, welche Zwecke man mit ihnen verfolgen möchte, während man nur solchen Einschränkungen unterworfen ist, die durch das Anrecht Anderer, jedwede *ihnen* zur Nutzung stehenden Sachen zu benutzen, auferlegt werden. Jede andere Regelung würde Deine Fähigkeit der Selbstzwecksetzung der Willkür Anderer unterwerfen, da sie Anspruch darauf hätten, ein Veto gegen jede von Dir gewünschte spezielle Nutzbarmachung von Sachen, abgesehen von Deinem Körper, einzulegen" (Ripstein 2009, 19).

tuation, in welcher die Freiheit, über Gegenstände der Willkür frei zu verfügen, kontrafaktisch als dem Recht zuwiderlaufend konzipiert wurde.

Diese Situation wäre absurd, weil die betreffende Einschränkung den zweckgemäßen Gebrauch von Gegenständen dadurch verunmöglichen würde, dass Handelnden ein Exklusivrecht auf äußere Sachen verweigert wird, wodurch die Möglichkeit der Ausübung freier Willkür, von welcher angenommen wird, dass sie die vollständige Verfügung über eine Sache erfordert, insgesamt ausgeschlossen würde. Kant scheint hier zu behaupten, dass (1) der zweckgemäße Gebrauch äußerer Gegenstände nur möglich ist, wenn deren rechtmäßiger Besitz ein ausschließlicher Besitz ist, und dass somit der Eigentümer ein Exklusivrecht auf einen äußeren Gegenstand innehaben muss, wenn dieser überhaupt ein Gegenstand freier Willkür sein soll. Als Folge von (1) behauptet er sodann, dass (2) nur ein Zustand, in welchem Eigentumsrechte von einer exkludierenden Art sind, einer sein wird, in dem die Willkür einer Person mit der Willkür Anderer nach einem allgemeinen Gesetz nicht nur formal, sondern auch mit Blick auf den tatsächlichen Gebrauch von Gegenständen zusammenstimmen kann. Die erste Behauptung wird sich als eine bloße Annahme Kants erweisen. Dies untergräbt Behauptung (2), welche eindeutig von ihr abhängig ist.

Dass die Möglichkeit des zweckgemäßen Gebrauchs von Gegenständen von einem Exklusivrecht auf freie Verfügung über sie abhängt, ist nicht offensichtlich, und die Möglichkeit freier Willkür kann somit nicht immer von Exklusivbesitz abhängig gemacht werden, wie Kant dies impliziert, wenn er darlegt, ein „Gegenstand meiner Willkür aber ist das, wovon beliebigen Gebrauch zu machen ich das physische Vermögen habe, dessen Gebrauch in meiner Macht (*potentia*) steht" (RL, AA 6: 246). Es ist also nicht der Fall, dass Privateigentum eine notwendige Bedingung des Zusammenstimmens der Willkürfreiheit einer Person mit der aller Anderen nach allgemeinen Gesetzen ist. Sofern ein exklusives Besitzrecht im Sinne eines absoluten oder fast-absoluten Rechts verstanden wird, Andere vom Gebrauch oder Nutzen von Etwas auszuschließen und darüber nach Belieben zu verfügen, ist es, wie Kant selbst bewusst ist, vielmehr wahrscheinlich, dass der Genuss dieses Rechts durch Einige die Ausübung genuin freier Willkür durch Andere verunmöglichen oder zumindest beträchtlich erschweren wird.

Kant erklärt, die „Sacherklärung" des Begriffs des äußeren Mein laute: „Das äußere Meine ist dasjenige, in dessen Gebrauch mich zu stören Läsion sein würde, *ob ich gleich nicht im Besitz desselben* (nicht Inhaber des Gegenstandes) *bin*", wohingegen die „Namenerklärung" wäre: „Das äußere Meine ist dasjenige außer mir, an dessen mir beliebigen Gebrauch mich zu hindern Läsion (Abbruch an meiner Freiheit, die mit der Freiheit von Jedermann nach einem allgemeinen Gesetze zusammen bestehen kann) sein würde" (RL, AA 6: 248f.). Mit dieser Unterscheidung beabsichtigt Kant vermutlich, Aufmerksamkeit darauf zu lenken, was dieses Konzept vom Blickwinkel seiner *Rechtslehre* (die Sacherklärung) aus betrachtet bedeutet, und was es gewöhnlich (und möglicherweise fälschlich so) bedeutet (die Namenerklärung). Der Bezug auf die Hinderung an dem beliebigen Gebrauch in der Namenerklärung des Begriffs des äußeren Mein verweist auf zwei bestimmende Merkmale des Privateigentums: das Recht, Andere von Gebrauch oder Nutzung eines äußeren Gegenstandes auszuschließen und das absolute Recht, darüber nach Belieben zu verfügen, das heißt, gemäß der Willkürfreiheit in einem völlig beliebigen Sinne. Dahingegen impliziert die Sacherklärung das Recht, Andere von Gebrauch oder Nutzung eines äußeren Gegenstandes, den man nicht direkt physisch besitzt oder innehat, *nur insofern* auszuschließen, als ihr Gebrauch desselben mit meinem Gebrauch unvereinbar wäre. Die Sacherklärung des äußeren Mein beinhaltet, zusammengefasst, nicht in gleicher Weise wie die Namenerklärung ein Exklusivrecht an einem äußeren Gegenstand,[10] und Kant glaubt, lediglich die Gültigkeit *dieser* Definition des äußeren Mein bewiesen zu haben. Um ein vorstaatliches Eigentumsrecht zu begründen, würde er auch die Gültigkeit der Namenerklärung beweisen müssen, unternimmt aber keinen wirklichen Versuch, dies zu tun.

Es ist relativ einfach, sich Szenarien vorzustellen, in welchen trotz des Nichtvorhandenseins von Privateigentum die Nutzungsbedingungen in solch einer Weise erfüllt werden, dass die eigene freie Willkür nicht offenkundig verletzt wird während die Unabhängigkeit Anderer ermöglicht wird. Der gleiche äußere Gegenstand könnte beispielsweise von zwei oder mehr Personen unbehindert genutzt werden, ohne dass der wirksame Gebrauch, den eine der Personen von dem Gegenstand macht, seinen wirksamen Gebrauch durch eine andere Person beeinträchtigt, wie etwa wenn dasselbe Stück Land für zwei voneinander unabhängige Tätigkeiten genutzt wird, welche ausgeführt werden können, ohne dass die eine dabei die erfolgreiche Ausführung der anderen unterminieren würde.[11] Ein äußerer Gegenstand (in diesem Fall ein Stuck Land) wäre somit ein Gegenstand der freien Willkür in dem Sinne, dass er mit der Absicht der Verwirklichung gewisser Zwecke benutzt wird, ohne dass irgendeine einzelne Person das Exklusivrecht an ihm besäße oder ein Recht, nach Belieben über ihn zu verfügen.

---

10 Selbst wenn Kant andeutet, dass sie es tut, wenn er später behauptet, die Sacherklärung eines Eigentumsrechts „würde daher so lauten müssen. Das *Recht in einer Sache* ist ein Recht des Privatgebrauchs einer Sache" (RL, AA 6: 260f., siehe auch ZeF, AA 8: 413), wenn angenommen wird, dass der Begriff „Privat" ein ausschließendes, unbegrenztes persönliches Recht zum Gebrauch einer Sache bedeutet.

11 Fichte weist auf diese Art von Fall in seiner *Grundlage des Naturrechts* von 1796-97 hin (vgl. Fichte, 1966-1970). Zur Vereinbarkeit von Fichtes Eigentumstheorie mit kollektiven Formen der Eigentümerschaft, siehe James 2011, 21 ff.

Angesichts des Umstands, dass die Idee des intelligiblen Besitzes für Kant erfordert, „von allen Raumes- und Zeitbedingungen" zu abstrahieren, und den Gegenstand nur „*als in meiner Gewalt*" zu denken (RL, AA 6: 253), gibt es darüber hinaus jedenfalls keinen eindeutigen Grund dafür, es Erwägungen von Raum und Zeit zu erlauben, Privateigentum zu rechtfertigen, so als wenn die Tatsache, dass zwei Personen nicht dasselbe Stück Boden einnehmen oder einen anderen materiellen Gegenstand zur exakt gleichen Zeit benutzen könnten dessen Exklusivbesitz selbst dann rechtfertigen würde, wenn derjenige von dem angenommen wird, dass er dieses Recht besitzt, den Gegenstand nicht benutzt.

Ein weiteres Beispiel wäre der Gebrauch von einer öffentlichen Bibliothek entliehenen Büchern. Hier wird ein Gegenstand nicht das Privateigentum von irgendeiner Einzelperson. Er wird vielmehr im Namen und zum Vorteil Aller, das heißt im Einklang mit einem allgemeinen oder gemeinsamen Willen kollektiv besessen und verwaltet.[12] In diesem besonderen Fall könnte die Idee des wirksamen Gebrauchs eines Gegenstandes als eine Bedingung der Unabhängigkeit über die Idee hinaus erweitert werden, dass solch ein Gebrauch das Vorliegen irgendeines Zweckes, zu dem der Gegenstand als probates Mittel angenommen wird, impliziert. Um wahrhaft unabhängig zu sein muss man Zugang zu bestimmten Gegenständen oder Ressourcen haben, welche dazu befähigen, sich als ein Wesen nicht nur mit der Macht, gemäß den eigenen Zwecken Veränderungen in der Welt

---

[12] Diese Form von gemeinsamer Eigentümerschaft sollte nicht mit der Aggregation von Eigentumsrechten, die jede einzelne diesen kollektiven Willen konstituierende Person ursprünglich hatte, gleichgesetzt werden. Dies läuft darauf hinaus, Eigentumsrechte bereits im Sinne von Privateigentum zu konzipieren. Man könnte argumentieren, dass die in einem Zustand, in welchem die Mitglieder einer politisch-rechtlichen Gemeinschaft nur das Recht haben, Gegenstände unter bestimmten Bedingungen zu benutzen, vorgefundene Form des Gemeinbesitzes ein dem Privateigentum verwandtes Eigentumsrecht auf Seiten des Staates selbst voraussetzt. So stellt zum Beispiel Ripstein nach der Verwendung des Begriffs „Privateigentum" die folgende Behauptung auf: „Die Macht des Staates, Land und bewegliches Gut gemäß seinen Prioritäten zuzuteilen, und die Art und Weise und Bedingungen zu bestimmen, gemäß derer sie genutzt werden können, ist eine Großversion eines Eigentumsrechts" (Ripstein 2009, 89). Was aber, wenn der Staat Ressourcen im Namen der Personen verwaltet, die sie gemeinsam besitzen, aber nicht in dem Sinne, dass das, was der Staat verwaltet, irgendwie der Summe der Eigentumsrechte seiner Bürger entspricht, egal ob existierende oder solche, die zuvor dem Staat veräußert wurden, welcher dieses Eigentum jetzt besitzt? Eigentlich ist davon auszugehen, dass niemand ein Exklusivrecht an irgendeiner dieser Ressourcen hat oder hatte und der Staat nicht selbst deren Eigentümer ist, weil er nur mit der Aufgabe betraut wurde, diese im Einklang mit dem Gemeinwillen der Menschen zu verwalten, im Auftrage derer er agiert, weshalb ihm auch das Recht fehlt, darüber nach Belieben zu verfügen. Ripsteins Behauptung zeigt nur, wie die Vorstellung des Privateigentums sich so weitgehend eingebürgert hat, dass einige Menschen offenbar nicht mehr in der Lage sind, den Besitz äußerer Gegenstände in irgendeiner anderen Weise zu verstehen.

zu bewirken, zu verstehen, sondern auch, die Fähigkeiten zu entwickeln, die entweder Vorbedingungen der Unabhängigkeit sind oder Möglichkeiten diese zu erhöhen. Diese Fähigkeiten, so lässt sich annehmen, beinhalten die Befähigung, über soziale und politische Angelegenheiten zu lesen, sie zu verstehen und zu diskutieren – Fähigkeiten, welche Bedingungen unabhängigen Denkens und Urteilens sind.

Diese Bedingungen werden für alle Bürger möglicherweise in gewissen Fällen am besten durch eine Form von Kollektiveigentümerschaft gesichert, wohingegen Privateigentümerschaft die Verfügbarkeit der notwendigen Ressourcen auf jene beschränken würde, die sie zufälligerweise besitzen oder sich leisten können. Der Gebrauch von Gegenständen wäre dann zeitlich begrenzt, und so gesehen hätte niemand ein Exklusivrecht an den betreffenden äußeren Gegenständen, während gleichzeitig einige grundlegende Bedingungen der Unabhängigkeit erfüllt werden. Diese Art Fall wird nur dann problematisch, wenn Unabhängigkeit mit der Vorstellung gleichgesetzt wird, dass Gegenstände vollständig der freien Willkür einer Person in einem rein arbiträren Sinne unterworfen wären. Jedoch ist es schwierig sich vorzustellen, wie Recht die Unabhängigkeit aller Bürger in Übereinstimmung mit dem Prinzip der Gleichheit garantieren könnte, ohne die Willkürfreiheit dahingehend erheblich einzuschränken. Das bedeutet nicht, dass eine kollektive Form von Eigentümerschaft mit Blick auf die Sicherung der Unabhängigkeit individueller Bürger notwendigerweise immer die angemessenste wäre. Hierauf werde ich in Kürze zurückkommen.

Obgleich Kant vom ursprünglichen Gemeinbesitz des Bodens spricht, führt er die Vorstellung wirksamen Gebrauchs an, um zu bestreiten, dass der Gemeinbesitz des Bodens mit dem Willen ihn zu nutzen vereinbar wäre. Vielmehr würde der Gemeinbesitz des Bodens den Willen diesen zu nutzen untergraben „wegen der natürlich unvermeidlichen Entgegensetzung der Willkür des Einen gegen die des Anderen", und ein wirksamer Gebrauch des Bodens wäre somit unmöglich, wenn derselbe Wille, es zu gebrauchen „nicht [...] zugleich das Gesetz für diese enthielte, nach welchem einem jeden ein *besonderer Besitz* auf dem gemeinsamen Boden bestimmt werden kann (*lex iuridica*)" (RL, AA 6: 267). Kants Behauptung, der Gemeinbesitz des Bodens sei mit dem wirksamen Gebrauch desselben und somit mit der Willkürfreiheit insofern unvereinbar, als deren Ausübung den Gebrauch äußerer Gegenstände erfordert, setzt einfach voraus, dass das Fehlen fester Muster der Exklusiveigentümerschaft unweigerlich Konflikte zwischen den Menschen hervorrufen wird. Dies wird durch die bloße Behauptung gezeigt, die individuelle Willkür stünde in einer „natürlich unvermeidlichen Entgegensetzung".[13]

Diese Behauptung gründet auf einer Auffassung der menschlichen Natur, welche selbst als von historischer Erfahrung geprägt zu betrachten ist, insofern die Art, in welcher das Privateigentum die bestehenden Verteilungen von Eigentümerschaft dominiert als der Grund für menschlichen Konflikt angesehen werden kann, und nicht als die Folge. Kant müsste überdies zeigen, dass das Privateigentum tatsächlich den Konflikt abwendet, wohingegen die zu dessen Schutz aufgewendeten staatlich Ressourcen nahelegen, dass dies eigentlich nicht zutrifft. Es ist selbst bei weitem nicht einmal offensichtlich, dass unter Bedingungen der Ressourcenknappheit der Konflikt beim Bestehen eines Gemeinbesitzes des Bodens nicht verhindert werden könnte, vorausgesetzt, die Menschen würden ihre Erwartungen dementsprechend anpassen oder hätten noch nicht dem Konflikt in solchen Zuständen vorschubleistende Erwartungen entwickelt. Überdies könnte ein Knappheitszustand die Menschen möglicherweise dazu treiben, zu kooperieren, anstatt miteinander um den größten Anteil des Vorhandenen zu konkurrieren.

Wie wir nun gesehen haben ermöglicht es die Idee, dass verschiedene Menschen denselben äußeren Gegenstand zu unterschiedlichen Zeiten benutzen oder denselben äußeren Gegenstand zur gleichen Zeit für unterschiedliche Zwecke benutzen, uns vorzustellen wie die Unabhängigkeit von Bürgern ohne das Exklusivrecht, über einen Gegenstand nach Belieben zu verfügen und Anderen den Gebrauch oder den Vorteil davon zu verwehren, aufrechterhalten werden könnte. Diese Möglichkeit wirft die Frage auf, wer die Nutzungsbedingungen und deren Verletzung bestimmt. In Anbetracht von Kants Ansichten über die Art der durch das Recht zu garantierenden Unabhängigkeit wären Besitz- und Nutzungsrechte sicherlich abhängig davon, was für die Sicherung der Unabhängigkeit jedes einzelnen Bürgers erforderlich ist. Es ist in diesem Zusammenhang wichtig anzu-

---

**13** Kant behauptet, es sei nicht durch Erfahrung, dass wir lernen, dass die menschlichen Beziehungen vor der Errichtung des bürgerlichen Zustandes durch gewaltsamen Konflikt geprägt sind: Vielmehr impliziere die bloße Vorstellung eines Zustandes, der des Rechts ermangelt, dass menschliche Wesen Richter in ihrer eigenen Sache wären, was das Tun dessen anbelangt, was sie für richtig und gut erachten, und dies würde für sich genommen ausreichen, die Unsicherheit eines solchen Zustandes zu erklären (RL, AA 6: 312). Dass man eine solche Schlussfolgerung vollständig unabhängig von der Erfahrung ziehen könnte, ist jedoch fragwürdig, denn es ist zumindest vorstellbar, dass die Urteile menschlicher Wesen in solch einem Zustand auf glückliche Weise kongruieren und dies weiterhin tun würden. Zugegebenermaßen ist Kants Punkt, dass solch eine Übereinkunft nur kontingent wäre. Nichtsdestotrotz scheint diese Kontingenz nur dann augenscheinlich, wenn einige allgemeine Annahmen über die menschliche Natur auf der Grundlage von Erfahrung eingeführt werden.

merken, dass Kant nichts sagt, was einen kollektiven Entscheidungsfindungsprozess bezüglich der Verteilung von Besitzrechten in der weiten Bedeutung von Rechten auf Besitz und Nutzung, die rechtlich anerkannt und durchgesetzt werden, im Einklang mit diesem Zweck prinzipiell ausschließt. Die Möglichkeit eines durch das Gesetz oder das Rechtsprinzip regulierten kollektiven Entscheidungsfindungsprozesses wird von Kant ja sogar explicit anerkannt, wenn er in Beziehung auf die Verteilung des Bodens behauptet,

> das austheilende Gesetz des Mein und Dein eines jeden am Boden kann nach dem Axiom der äußeren Freiheit nicht anders als aus einem *ursprünglich* und a priori vereinigten Willen (der zu dieser Vereinigung keinen rechtlichen Act voraussetzt), mithin nur im bürgerlichen Zustande hervorgehen (*lex iustitiae distributivae*), der allein, was *recht*, was *rechtlich* und was *Rechtens* ist, bestimmt (RL, AA 6: 267).

Sobald man es im Lichte solcher Behauptungen wie dieser betrachtet, läuft Kants Versäumnis, die rechtmäßige Natur der vorläufigen Eigentumsformen, die beim Übergang zum bürgerlichen Zustand einfach in ein legales Recht des Privatbesitzes überführt werden müssen, zu begründen, auf das eigentliche Erfordernis eines dehnbaren Schemas von Besitzrechten hinaus. Damit meine ich ein System von Besitzrechten, welches durch fortwährend gemeinschaftlich getroffene Entscheidungen bezüglich der Verteilung von Boden und anderen Ressourcen mit dem Ziel die Unabhängigkeit aller Bürger zu sichern gemäß einer Form von Abwägungsprozess bestimmt wird.

Somit sollte es keine Vorannahme zugunsten des Privateigentums geben, und selbst wenn Privateigentum in gewissen Fällen von Besitz oder Eigentum als das angemessenste Mittel zur Sicherung der Unabhängigkeit betrachtet wird, mag zu einem späteren Zeitpunkt entschieden werden, dass dem nicht länger so ist. Technologische Entwicklungen und Veränderungen in den Produktionsorganisationsformen, die für frühere Generationen nicht vorstellbar waren, könnten beispielsweise späteren Generationen die Möglichkeit eröffnen, alternative Eigentumsmuster wie etwa den Gemeinbesitz äußerer Gegenstände anzunehmen, welche zuvor als angemessene Gegenstände des Privateigentums betrachtet wurden. Wenn eine alternative Verteilung von Boden oder von Ressourcen der Aufrechterhaltung oder Erhöhung der Unabhängigkeit aller Bürger dienlicher wäre als irgendeine vorhergehende, müsste Kant sicherlich die mit diesem neuen Muster verbundenen Rechte befürworten, selbst wenn dieses mit Privateigentum unvereinbar wäre. Dennoch zieht er einen solchen Schluss nicht explizit. Stattdessen gibt es seinerseits eine Tendenz, nahezulegen, der Übergang vom Naturzustand zum bürgerlichen Zustand sei einer, bei welchem bestehende Ansprüche bezüglich des Besitzes äußerer Gegenstände üblicherweise durch den Staat rechtlich anerkannt und geschützt würden, wie wenn er behauptet, eine bürgerliche Verfassung sei ein rechtlicher Zustand, „durch welchen jedem das Seine nur gesichert, eigentlich aber nicht ausgemacht und bestimmt wird" (RL, AA 6: 256).

Die oben skizzierte alternative Sicht des Stellenwertes von Eigentumsrechten wird dennoch durch Kants eigene Definition der Bürgerschaft im Sinne der Selbstständigkeit nahegelegt, welche davon herrührt, dass jemand „seine Existenz und Erhaltung nicht der Willkür eines Anderen im Volke, sondern seinen eigenen Rechten und Kräften als Glied des gemeinen Wesens" verdankt (RL, AA 6: 314). Diese alternative Sicht des Stellenwertes von Eigentumsrechten findet auch Ausdruck in Rousseaus Idee des jedem Gesellschaftsmitglied abverlangten „gänzlichen" Aufgehens mit allen seinen Rechten in der Gesamtheit. Dies kann teilweise so verstanden werden, dass eine radikale Infragestellung aller bestehenden Ansprüche auf den rechtmäßigen Besitz von Gegenständen eine notwendige Bedingung der Gründung einer Gesellschaft darstellt, in welcher die genuine Selbstständigkeit einer jeden Person garantiert wird. Andernfalls werden die Gleichheit und die Selbstständigkeit, welche die Bürgerschaft definieren, aufgrund der größeren Verhandlungsmacht, die einige Individuen oder Gruppen aufgrund ihres Besitzes von Exklusivrechten an Gegenständen genießen, die sich angeblich auf irgendeine Weise zu vorpolitischen Rechten zurückverfolgen lassen, die durch den Staat nur rechtlich anerkannt und geschützt werden mussten, bedroht oder in manchen Fällen verunmöglicht. Wie wir gesehen haben, liefert Kant selbst Gründe dafür, solche Ansprüche in einem auf die Prinzipien der Gleichheit und der Selbstständigkeit gegründeten Zustand der kollektiven Überprüfung zu unterziehen. Diese Regelung wäre, so möchte ich behaupten, trotz der daraus möglicherweise resultierenden praktischen Schwierigkeiten einem Zustand, in welchem die Staatsbürger, in Kants eigenen Worten „nach Gesetzen ihrer eigenen Selbstständigkeit", und in welchem „jeder sich selbst besitzt und nicht vom absoluten Willen eines Anderen neben oder über ihm abhängt" leben angemessener (RL, AA 6: 317).

Es mag den Anschein haben, als reduziere die Vorstellung, dass die Form, welche Eigentumsrechte annehmen sollten, durch den gemeinsamen Willen der Menschen im Rahmen eines kontinuierlichen Überlegungsprozesses bestimmt werden sollte, der darauf abzielt, zu ermitteln, wie die Selbstständigkeit aller Bürger gesichert werden kann, solche Rechte auf Etwas, das auf einer Einzelfallbasis entschieden werden muss, und als wäre dies wiederum mit dem Ziel von Kants *Rechtlehre*, Prinzipien zu bestimmen, gemäß derer solche Angelegenheiten entschieden werden können, unvereinbar. Das ist jedoch ganz und gar nicht der Fall. Zunächst einmal, wirkt hier ein Prinzip, nämlich, das Prinzip, dass äußere Gegenstände mit Blick darauf verteilt und gesichert werden sollten, die Bedingungen für die wahre Selbstständigkeit für alle Bürger herzustellen. Zweitens schließt der Umstand, dass die genaue Form, die Eigentumsrechte innerhalb einer

Gesellschaft annehmen, nur die Anwendung ebendieses Prinzips betrifft, nicht die Möglichkeit bestimmter allgemeiner Regeln aus, ungefähr so, dass bei der Schaffung von Bedingungen wahrer Selbstständigkeit eine bestimmte Art äußeren Gegenstandes in einer gewissen Art von Fall im Allgemeinen eine Art von Eigentümerschaft unter Ausschluss von anderen begünstigt. Dies könnte in Bezug auf eine bestimmte Art äußeren Gegenstandes eine Vorannahme zugunsten von Privateigentum rechtfertigen, aber nur in Bezug auf diese Art äußeren Gegenstandes, und es muss auch eine Offenheit gegenüber der Möglichkeit geben, dass diese Form von Eigentümerschaft selbst mit Bezug auf diese Art äußeren Gegenstand eines Tages nicht mehr die angemessenste sein könnte.

Es ist jedenfalls schwierig, zu sehen wie diese Art Einwand eine Vorannahme zugunsten des Privateigentums schlechthin rechtfertigen könnte. Eigentlich müssen die Prinzipien der Gleichheit und der Unabhängigkeit als grundlegend angesehen werden, und es wird demnach einfach falsch sein, im Voraus zu urteilen, was in jedem einzelnen Fall das beste Mittel wäre, diese Prinzipien zu würdigen, besonders da den Menschen mit der Zeit Möglichkeiten bezüglich des Besitzes und der Verteilung äußerer Gegenstände bewusstwerden könnten, die ihnen zuvor nicht bewusst waren. Selbst wenn das Privateigentum nach der besseren Option aussehen könnte, wie etwa bei Waren, die sich durch den Gebrauch in solch einem Maße verschlechtern, dass spätere Nutzer dieser Waren nicht den gleichen Vorteil aus ihnen ziehen könnten wie frühere Nutzer, ist die Angelegenheit nicht eindeutig. Würde der Gemeinwille des Volkes es so entscheiden, könnte der Staat beispielsweise Waren dieser Art auf solch eine Art und Weise verteilen, dass ein jeder ihrer Nutzer sie im mehr oder weniger gleichen Zustand erhielte (zum Beispiel so gut wie neu oder mit demselben Grad an Funktionstüchtigkeit), gleichwohl ohne ein uneingeschränktes oder nahezu uneingeschränktes Recht zu gewähren, nach Belieben über sie zu verfügen. In diesem besonderen Fall ist nicht offenkundig, warum wir hier von Privateigentum sprechen sollten. Es könnte der allgemeine Einwand erhoben werden, dass solch ein Verteilungsmodus mitsamt der Vorstellung eines fortwährenden Beratungsprozesses, der darauf abhebt, zu bestimmen, welche Art von Eigentumsrechten die Selbstständigkeit aller Bürger am besten sichern werden, beträchtliche praktische Schwierigkeiten aufwirft. Dieser Einwand würde jedoch auf die Einführung von Kants *Rechtslehre* externen Überlegungen hinauslaufen.

Dies bringt mich zu einem letzten Punkt. Wenn die Verteilung äußerer Gegenstände mit dem Ziel vorgenommen werden soll, die wahre Unabhängigkeit aller Bürger zu sichern, wird es schlichtweg aufgrund des Umstands, dass in einer Gesellschaft zusammenlebende menschliche Wesen in einem Zustand wechselseitiger Abhängigkeit existieren, in dem es Grenzen für die Unabhängigkeit jedes Bürgers geben muss. Was es zu sichern gilt, ist folglich ein hinreichendes Maß an

Selbstständigkeit angesichts der Beschränkungen, welche die wechselseitige Abhängigkeit der Unabhängigkeit jedes Einzelnen auferlegt. Hinreichende Unabhängigkeit kann hier verstanden werden als zur Vermeidung der Entstehung asymmetrischer Abhängigkeitsbeziehungen ausreichende Unabhängigkeit, in welchen einem Bürger wenig Anderes übrigbleibt als dem Willen eines Anderen Folge zu leisten, selbst wenn der Letztere keinen direkten Zwang auf den Ersteren ausübt. Wenngleich Privateigentum einige Bürger vor dieser Form von Abhängigkeit abzusichern vermag, kann es, wie Kant selbst zugibt, auch einigen Bürgern ermöglichen, andere zu beherrschen. Wenn hier also argumentiert wird, dass Privateigentum folglich so verteilt werden muss, dass dieses Ergebnis vermieden wird, erhebt sich die Frage, wie sich dies auf eine Weise bewerkstelligen lässt, die nicht das Prinzip des Privateigentums als solches durch eine radikale Beschneidung des Rechts, Besitz anzusammeln und darüber nach Belieben durch Tauschhandlungen, denen alle betroffenen Parteien zugestimmt haben, zu verfügen, verletzt. Im Gegensatz hierzu droht Gemeineigentümerschaft ein hohes Maß an Abhängigkeit vom Staat als der für die angemessene Verteilung äußerer Gegenstände verantwortlichen Körperschaft einzubringen. Diese Art Abhängigkeit würde überdies die Bürger letztendlich von Anderen in Form von Regierungsbeamten abhängig machen.

Welche Form der Eigentumsrechte die persönliche Unabhängigkeit dahingehend in hinreichendem Maße mit Bezug auf bestimmte Arten äußerer Gegenstände sichern wird, muss von Faktoren wie der bisherigen Erfahrung und Formen sozialen und politischen Experimentierens abhängen. Dies ist offenkundig eine Angelegenheit, die nicht auf der Ebene der Rechtsprinzipien alleine entschieden werden kann. Angesichts dieses Elements der Unbestimmtheit scheint mir ein Deliberationsmodell wie das oben erwähnte aufgrund der bloßen Tatsache, dass es sich auf eine solche Unbestimmtheit einstellen kann, der Herstellung eines Zustands der Gleichheit und Unabhängigkeit bei weitem zuträglicher zu sein als ein auf eine Vorannahme zugunsten des Privateigentums gründendes politisch-rechtliches System, welches somit für die Berücksichtigung alternativer Formen der Eigentümerschaft keinen hinreichenden Raum lässt.

*Aus dem Englischen übersetzt von Carola Freiin von Villiez*

Matthias Kaufmann
# Muss Besitz erlaubt werden? Kant und die Naturrechtstradition

Immanuel Kant benutzt an einigen signifikanten Stellen seiner rechtsphilosophischen Schriften die Rede von einer *lex permissiva*, einem Erlaubnisgesetz. Dies ist zunächst eine lange Fußnote in seiner Schrift *Zum ewigen Frieden*, in welcher er darauf aufmerksam macht, dass sein Zugeständnis, die in seinen „Präliminarartikeln" erhobenen Forderungen für die Schaffung eines ewigen Friedens – also die Abschaffung stehender Heere, das Verbot von Staatsschulden zur Kriegführung und die Rückgabe ererbter, gekaufter, erst recht somit geraubter Staaten – erst allmählich umzusetzen, eine Innovation im Vernunftrecht darstelle. In jenem vermutete man nämlich im Unterschied zum positiven Recht keine Erlaubnis von Ausnahmen gegenüber Verbots- oder Gebotsgesetzen (vgl. ZeF, AA 8: 347 f.). Eine weitere zentrale Rolle spielt das sog. Postulat der praktischen Vernunft aus der *Rechtslehre* der *Metaphysik der Sitten*, wonach es möglich sein muss, einen jeden Gegenstand der Willkür als das seine zu haben, welches von Kant ebenfalls als *lex permissiva* bezeichnet wird (vgl. RL, AA 6: 246 f.). Es war wohl Reinhard Brandt, der die interessante These formulierte, auch der Rechtfertigung des empirischen Besitzes, darüber hinaus der Legitimation des tatsächlich vorhandenen Staates hafte insofern etwas Vorläufiges an, als sie in Vorwegnahme des gerechten Rechtszustandes und einer Übereinkunft des allgemeinen Willens eine Erlaubnis zur gewaltsamen Bemächtigung und Verteidigung enthalte (vgl. Brandt 1982, 244, 255, Kersting 1993, 328 ff.). Primär wegen seines Wertes für die Herausbildung gerechter Rechtsverhältnisse sei der gegenwärtige, unvollkommene rechtliche Zustand haltbar und gerechtfertigt. Die teilweise heftige Auseinandersetzung, die sich über diese Interpretation entwickelte, kann hier nicht im Einzelnen wiedergegeben werden (vgl. u. a. Oberer 1997, 197 ff.).

Joachim Hruschka hat nun in einem Aufsatz (vgl. Hruschka 2004) die These begründet, dass Kants Gebrauch des Terminus „Erlaubnisgesetz" im §2 der Rechtslehre der *Metaphysik der Sitten* von grundlegend anderer Bedeutung sei als die Verwendungsweise, die in der Friedensschrift relevant ist. Im Folgenden gedenke ich, die von ihm vorgetragenen Argumente aufzugreifen und durch Rückgriff auf einige historische Positionen zu stützen, die Kant vielleicht nicht direkt vertraut waren, die jedoch das Vokabular lieferten, innerhalb dessen sich die

---

Dieser Text ist eine überarbeitete Fassung des Beitrags „Was erlaubt das Erlaubnisgesetz und wozu braucht es Kant?" in: *Jahrbuch für Recht und Ethik* 2005, 195–220.

Schulphilosophie seiner Zeit noch immer bewegte. Auch auf die damit naheliegende Frage, wie Kant trotz der systematischen Verschiedenheit der beiden Problembereiche dazu kommt, dasselbe Wort *lex permissiva* zu benutzen, gibt ein Rückgriff auf die traditionelle Diskussion um Gesetz und Erlaubnis einen Hinweis. Zu diesem Zweck müssen wir auch einige mittelalterliche und frühneuzeitliche Stellungnahmen zur Eigentumslehre kurz ansprechen.

Ich werde sodann zu zeigen versuchen, dass der Zusammenhang von Erlaubnisgesetz und Besitz[1], ebenso wie einige andere vermeintliche Besonderheiten der Kantischen Besitzlehre einleuchtender erscheinen, wenn man die traditionellen Diskussionskontexte berücksichtigt. Schließlich werde ich unter Rückgriff auf verschiedene Schriften Kants einige Indizien dafür nennen, dass die nach wie vor vorhandene enorme Komplexität der kantischen Besitzlehre auch daher rührt, dass er – plakativ formuliert – sich vor die Aufgabe stellt, Adam Smith und Rousseau kompatibel zu machen. Gerade dieser Versuch macht Kant jedoch trotz der damit verbundenen theoretischen Schwierigkeiten für die Gegenwartsdiskussion außerordentlich interessant.

# 1 Das Erlaubte, das bloß Erlaubte und zweierlei Erlaubnisgesetze

Hruschka weist zunächst (Hruschka 2004, 48 f.) darauf hin, dass zwischen zwei Weisen, in denen Kant in der „Einleitung in die Metaphysik der Sitten" nach der Definition der Verbindlichkeit das Wort „erlaubt" gebraucht, ein logischer Unterschied besteht, insofern einmal das „Erlaubtsein" ohne weitere Spezifizierung das Fehlen eines Verbotes bedeute, wogegen beim „bloß Erlaubten" *weder* Verbot *noch* Gebot existierten. In den Worten Kants:

> *Erlaubt* (*licitum*) ist eine Handlung, die der Verbindlichkeit nicht entgegen ist; und diese Freiheit, die durch keinen entgegengesetzten Imperativ eingeschränkt wird, heißt die Befugniß (*facultas moralis*). Hieraus versteht sich von selbst, was *unerlaubt* (*illicitum*) sei. (RL, AA 6: 222)

---

[1] Es scheint mir angebracht, Kant zu folgen und das Wort „Besitz" zu verwenden, da Kant durchaus korrekter Weise „Eigentum" mit dem traditionellen *dominium* gleichsetzt, ein Terminus, den er vorsichtshalber eher meidet, weil die darin implizierte vollständige Herrschaftsgewalt zu Idiosynkrasien mit seiner Auffassung des auf dingliche Art persönlichen Rechts führen würde (vgl. unten, Abschnitt 3) und bereits die Annahme eines *dominium*, einer absoluten Gewalt über uns selbst gegen das Recht der Menschheit in unserer Person verstieße (vgl. RL, AA 6: 270).

Dagegen entspringt das bloß Erlaubte der Einteilung möglicher Imperativformen:

> Eine Handlung, die weder geboten noch verboten ist, ist bloß *erlaubt*, weil es in Ansehung ihrer gar kein die Freiheit (Befugniß) einschränkendes Gesetz und also auch keine Pflicht giebt. Eine solche Handlung heißt sittlich-gleichgültig (*indifferens, adiaphoron, res merae facultatis*). Man kann fragen: ob es dergleichen gebe, und, wenn es solche giebt, ob dazu, dass es jemanden freistehe, etwas nach seinem Belieben zu thun oder zu lassen, außer dem Gebotsgesetze (*lex praeceptiva, lex mandati*) und dem Verbotgesetze (*lex prohibitiva, lex vetiti*) noch ein Erlaubnisgesetz (*lex permissiva*) erforderlich sei. (RL, AA 6: 223)

Diese Passagen wurden etwas ausführlicher zitiert, weil sich zeigen wird, dass Kant hier in einer längeren Tradition steht, die seine Argumentation oder zumindest seine Ausdrucksweise nicht unbeeinflusst lässt. Im Augenblick lässt sich mit Hruschka[2] festhalten, dass bei erlaubten Handlungen nur das Verbotensein negiert, wird, so dass auch gebotene Handlungen unter diese Kategorie fallen können, wogegen bei bloß erlaubten Handlungen sowohl das Gebotensein, als auch das Verbotensein negiert wird, wodurch sie moralisch irrelevant, zu Adiaphora werden.

Hruschka weist im Fortgang seiner Argumentation darauf hin, dass in der gegenwärtigen Kant-Literatur eine starke, wenn nicht dominante Strömung[3] dazu neigt, als den für den Terminus „Erlaubnisgesetz" entscheidenden Gebrauch die genannte Verwendungsweise in der Schrift „Zum ewigen Frieden" anzusehen. Dort aber sind Erlaubnisgesetze im Fortgang der angesprochenen Fußnote solche, die eine eigentlich verbotene Handlung ausnahmsweise gestatten, wenn etwa für das „vorausgesetzte Verbot" einschränkende Bedingungen genannt werden, auch wenn dies in der tatsächlichen Rechtspflege leider nicht in systematischer Weise bei der Formulierung des Verbotsgesetzes, „welches dann zugleich ein Erlaubnisgesetz geworden wäre" (ZeF, AA 8: 348) geschieht, sondern durch mehr oder minder zufälliges Anhängen der Ausnahmeregelungen.

An den entscheidenden Stellen der *Metaphysik der Sitten*, insbesondere wo im § 2, im § 16 und im § 22 der *Rechtslehre* von einem Erlaubnisgesetz die Rede ist,[4]

---

[2] Auch Ebert 1976 hat, wohl als Erster, auf den Unterschied zwischen dem Erlaubten und dem bloß Erlaubten hingewiesen.

[3] Das Verdienst, auf die wichtige Rolle der *lex permissiva* hingewiesen zu haben, kommt sicherlich Reinhard Brandt zu, doch hat auch Wolfgang Kersting diese Begrifflichkeit aufgegriffen und ihr eine wesentliche Rolle im kantischen Legitimationskonzept zugewiesen.

[4] „Es ist möglich einen jeden äußern Gegenstand meiner Willkür als das Meine zu haben; d.i.: eine Maxime, nach welcher, wenn sie Gesetz würde, ein Gegenstand der Willkür an sich (objectiv) *herrenlos* (*res nullius*) werden müßte, ist rechtswidrig." (RL, AA 6:246). „Man kann dieses Postulat ein Erlaubnisgesetz (*lex permissiva*) der praktischen Vernunft nennen, was uns die Befugniß

sei jedoch nicht etwa eine Ausnahme von einem vorausgesetzten Verbot angesprochen, vielmehr gehe es um *bloß erlaubte* Handlungen, durch deren Erlaubtheit die Möglichkeit entsteht, anderen eine Verbindlichkeit aufzuerlegen. Somit handle es sich bei diesem Erlaubnisgesetz um eine machtübertragende Norm (*power conferring norm*), relevant etwa beim Besitzrecht, aber auch beim Elternrecht, was sich anhand früherer Verwendungsweisen der Rede von Erlaubnis oder *lex permissiva*, bei Achenwall, bei Thomasius und durch Walchs *Philosophisches Lexicon* von 1726 stützen lasse (vgl. Hruschka 2004, 52 ff., 62 f.).

Nun erscheint es zunächst sachlich plausibel, dass für die Besitzergreifung im Naturzustand oder auch die Gründung einer Ehegemeinschaft oder für das elterliche Recht eher so etwas wie eine Machtübertragung relevant sein könnte als die Ausnahme von einem „vorausgesetzten Verbot", dass Hruschkas Hinweis auf die unterschiedlichen Bedeutungen des Wortes „Erlaubnisgesetz" somit völlig berechtigt ist. Wie sich zeigen wird, ist dies vor dem Hintergrund der historischen Debatte indessen nicht so ganz gewiss. Nicht sicher scheint mir auch, dass die in diesem Kontext relevante Version des Erlaubten notwendigerweise das bloß Erlaubte ist. Zudem bleibt die Frage, warum Kant, wohl kaum unüberlegt, für beide Zusammenhänge dasselbe Wort verwendet. Geht man in der Geschichte des Erlaubnisbegriffs etwas weiter zurück, so zeigen sich relativ rasch sowohl die unterschiedlichen Kontexte, in denen der Terminus verwendet wurde, als auch Stellen, an denen diese Kontexte eine gewisse Verbindung eingehen, auf die Kant in den fraglichen Passagen mehr oder minder wissentlich zurückzugreifen scheint.

## 2 Permissio, licita potestas und verschiedene Arten des Besitzes

Die traditionellen Bezugspunkte für den Umgang mit Erlaubnis als Rechtsphänomen in der mittelalterlichen Rechtsdiskussion sind erstens eine entsprechende Anmerkung in Augustinus' *De libero arbitrio*, zweitens die Diskussion der in den Digesten vorzufindenden Einteilung der Gesetze bzw. der Wirkungen der Gesetze bei Thomas von Aquin und anderen und drittens das Erlauben, das Zugestehen von Rechten. Lange galt Wilhelm von Ockhams Definition des Rechts, auch des

---

giebt, die wir aus bloßen Begriffe vom Rechte überhaupt nicht herausbringen könnten: nämlich allen andern eine Verbindlichkeit aufzulegen, die sie sonst nicht hätten, sich des Gebrauchs gewisser Gegenstände unserer Willkür zu enthalten, weil wir zuerst sie in unseren Besitz genommen haben." (RL, AA 6: 247)

Besitzrechts, als *licita potestas*, als „erlaubte Macht" als Wendepunkt der Rechtsgeschichte; doch scheint die Lage komplizierter. Bei Francisco Suárez finden die beiden ersten Redeweisen explizit, die dritte der Sache nach auf relativ engem Raum zusammen. Generell überschneiden und trennen sich diese Argumentationslinien verschiedentlich. Ein weiterer Punkt des Zusammentreffens scheinen eben Kants Äußerungen über Erlaubtes und Erlaubnisgesetze.

a) Augustinus hält in *De libero arbitrio* fest, dass „jenes Gesetz, das zum Regieren von Staaten gegeben wird, vieles gestattet und ungestraft läßt, das trotzdem von der göttlichen Vorsehung verwehrt wird, und zwar mit Recht" (Augustinus 2006, 16: *De libero arbitrio* lib. I cap. 5, num. 13). Man sieht sich in der rechtsphilosophischen Literatur des Mittelalters daher vor der Aufgabe, zu erklären, warum das menschliche Gesetz einige Dinge erlaubt, welche vom ewigen und natürlichen Gesetz verboten sind.

b) Thomas von Aquin erklärt in seiner *Summa Theologiae* (Ia IIae qu. 92, art. 2 co) den Satz aus den Digesten, wonach die Leistung des Gesetzes im Befehlen, Verbieten, Erlauben und Bestrafen liege,[5] anhand der unterschiedlichen moralischen Qualität menschlicher Handlungen, auf die sich das Gesetz richtet: Während es dem Gesetz bei den tugendhaften Handlungen obliegt, sie zu gebieten und bei den lasterhaften, sie zu verbieten, gibt es, so Thomas, einige, die ihrer Art nach indifferente Handlungen sind. Im Hinblick auf diese obliegt es dem Gesetz, sie zu erlauben, und es können auch jene Handlungen indifferent genannt werden, die nur in geringfügigem Maß gut oder schlecht sind.[6]

c) Der Umstand, dass bei Wilhelm von Ockham ein subjektives Recht, auch ein Eigentumsrecht, als *licita potestas*, als erlaubte Macht bestimmt wird, veranlasste Michel Villey, bei Wilhelm von Ockham eine „semantische Revolution" (Villey 1968, 248 ff., 261, 267) des Rechtsbegriffs zu vermuten, da diese von seiner nominalistischen Metaphysik geleitete Definition die Frage nach der Richtigkeit des Rechts in die Bahnen von Macht und Durchsetzung gelenkt habe. Auch wenn man dies heute deutlich weniger dramatisch sieht, schon deshalb, weil bereits zuvor der keineswegs nominalistisch ausgerichtete Hervaeus Natalis dieselbe Formulierung benutzte, (vgl. Tierney 1997) bleibt für unseren Kontext der unmittelbare Zusammenhang von Rechtsanspruch und Erlaubnis bemerkenswert.

---

5 „Legis virtus haec est: imperare, vetare, permittere, punire." (*Digesta* I, 3, 7 (I 3)). Thomas von Aquin zitiert allerdings: „Das Gesetz ‚befiehlt, verbietet, erlaubt und bestraft'." (Thomas von Aquin 1977, 42).

6 „Bestimmte Handlungen aber sind ihrer Gattung nach weder gut noch böse: hinsichtlich derer obliegt dem Gesetz das *Erlauben*. Als weder gut noch böse können aber ebenfalls alle Handlungen gelten, die nur ein wenig gut oder ein wenig böse sind." (Thomas von Aquin 1977, 44: *Summa Theologica*, Ia IIae qu. 92, art. 2).

Dieser wird allerdings mehr als hundert Jahre vor Ockham in den Glossen zum *Decretum Gratiani* eingeführt; etwa, wenn Huguccio von Bologna die Regelung von Mein und Dein als vom Naturrecht bloß erlaubt bezeichnet. Dieses schreibe weder Individualbesitz, noch Gemeinbesitz vor.[7]

Ockham indessen bringt in seiner Stellungnahme zum franziskanischen Armutsstreit einen Gedanken aus dem römischen Recht wieder zur Geltung. Er führt den Besitz der Menschen nach dem Sündenfall auf ihre Aneignungsfähigkeit, ihre *potestas appropriandi* zurück Dieser schwache Abglanz seiner paradiesischen Herrschaft (*dominium*) über die Wesen der Welt, also die faktische Fähigkeit, sich das, was niemandem gehört (*quae in nullius bonis sunt*, ebd.), als Individuum oder als Gruppe anzueignen, ist alles, was dem Menschen mit seiner *natura corrupta* bleibt (vgl. Ockham 1963, 435 ff.: Opus Nonaginta Dierum, cap. 14). Im Unterschied zu seinem Diskussionsgegner, Papst Johannes XXII. und seinem Ordensbruder Bonagratia von Bergamo hält Ockham die Situation im Zustand der Unschuld, die der eine als Beweis für uranfängliche Existenz von individuellem *dominium* – die Ausnutzung der Doppelbedeutung von „Herrschaft" und „Eigentum" ist Teil der Argumentationsstrategie – der andere als Beweis ursprünglicher Besitzlosigkeit wertet, *nicht* für aussagekräftig für die Rechtfertigung des gegenwärtigen Besitzes. Wenn man, so Ockham, die allen Menschen *gleiche* Macht zur Aneignung und Aufteilung ein *dominium* nennen will, so gab es einen Gemeinbesitz der Dinge. Somit sind drei Zeitalter zu unterscheiden: Vor dem Sündenfall, nach dem Sündenfall und vor der Teilung der Dinge sowie nach der Teilung, als das Eigentum entstand, welches es heute von den irdischen Dingen gibt (vgl. Ockham 1963, 439 (Opus Nonaginta Dierum, Cap. 14). Eigentum im eigentlichen Sinne gibt es nur im positiven Recht, wenn es vor einem Gericht eingeklagt oder erstritten werden kann. Dagegen handelt es sich im Zustand kurz nach dem Sündenfall bei den der Aneignung fähigen Gütern nicht um ein *commune dominium*, keine gemeinsame Herrschaft und keinen gemeinsamen Besitz, „weil sich sonst niemand etwas davon ohne den Konsens der Gemeinschaft aneignen dürfte".[8] Für unseren

---

7 „De iure naturali aliquid est meum et aliquid est tuum, set de permissione, non de precepto, quia ius divinum numquam precipit omnia esse communia vel aliqua esse propria, set permittit omnia esse communia et aliqua esse propria", zitiert nach Weigand 1967, 353, vgl. Tierney 1997, 60, 142.

8 „[...] quod primi parentes post peccatum non habuerunt dominium commune omnium temporalium proprie loquendo de dominio, sed habebant potestatem appropriandi sibi et etiam acquirendi commune dominium; quia qui in nullius bonis sunt, occupanti conceduntur. Et ideo illa potestas non fuit proprie dominium commune...quia si esset proprie commune dominium, nullus deberet sibi appropriare aliqua ipsorum absque communitatis consensu." (Ockham *1963*, 435, Opus Nonaginta Dierum, Cap. 14).

Kontext ist hier wichtig, dass erstens der Besitz als Wirkung menschlicher Aneignung, aber durchaus legitimer Aneignung gedeutet, dass zweitens die Erlaubnis zur Aneignung der *res nullius* explizit als unabhängig vom Konsens der Gemeinschaft erklärt wird.

Gegenüber dieser Position fügt Samuel Pufendorf als wesentlichste Innovation den Gedanken hinzu, dass es so etwas wie einen stillschweigenden Vertrag gebe, die *prima occupatio* als Ursprung des individuellen Besitzes anzuerkennen (Pufendorf 1994, 105 f. (*De officiis hominis et civis*, I, 12 2). Andererseits lässt er das im Mittelalter zumeist anerkannte Recht der Armen auf Nothilfe zu einer Aufgabe, einer Pflicht des Souveräns werden, ein Punkt, in dem auch Kant ihm folgt (Pufendorf 1994, 176 f. u. 182–189 (*De officiis hominis et civis*, 9 u. 11); vgl. RL, AA 6: 325 f.).

d) Francisco Suárez diskutiert im Kapitel XV des ersten Buches seines Werkes *De legibus* die Frage, ob die in den Digesten von dem Ulpian-Schüler Herennius Modestinus gegebene, von Thomas verteidigte Einteilung der Wirkungen des Gesetzes in Gebieten, Verbieten, Erlauben und Strafen angemessen sei und benennt einige Schwierigkeiten (vgl. Suárez 1972, 92 ff., Kap. XV; Suárez 2019, 307 ff.). Die erste ergibt sich aus der Frage wie die Einteilung mit dem von Suárez im vorangegangenen Kapitel erzielten Resultat (vgl. Suárez 1972, 82 f., Kap. XIV, 4; Suárez 2019, 295 f.) zusammenstimme, wonach die Verpflichtung die adäquate Wirkung des Gesetzes sei. Suárez antwortet hier, *mittels* der Verpflichtung (*mediante obligatione*) würden noch andere Wirkungen erzielt (vgl. Suárez 1972, 94 f., Kap. XV, 3; Suárez 2019, 311). Die zweite Schwierigkeit, nämlich Gebot und Verbot zu trennen, lässt sich laut Suárez durch die unterschiedliche Reichweite der Verpflichtung lösen, der bei Übertretungen die Sünden des Begehens und Unterlassens korrespondieren (vgl. Suárez 1972, 95 f., Kap. XV, 4; Suárez 2019, 311 f.).

Ernste Probleme entstehen bei der Erlaubnis: Fasse man sie so wie Thomas von Aquin, also als bloße Negation sowohl des Gebotes, als auch des Verbotes, so ist die Erlaubnis keine Wirkung des Gesetzes, sondern der Negation des Gesetzes. In dieser Form enthält sie auch keine Verpflichtung und ist schon deshalb keine Wirkung des Gesetzes (vgl. Suárez 1972, 96, Kap. XV, 5; Suárez 2019, 313 f.). Ein solcher Akt ist nicht von Gesetzes wegen erlaubt, sondern „aus sich selbst heraus" (*ex se*).[9] Der Bereich des bloß Erlaubten wäre für Suárez in diesem Kontext also rechtstheoretisch schlicht irrelevant.

Doch ist die von Thomas gegebene Erklärung auch sachlich inadäquat für das Problem der Erlaubnis im Recht: Zu den von Augustinus erwähnten Handlungen,

---

9 „actus ex hoc praecise quod non prohibetur nec praecipetur per legem, non habet a lege quod sit permissus sed it habet ex se" (Suárez 1972, 99, Kap. XV, 8; Suárez 2019, 317 f.).

die gegen das ewige oder natürliche Gesetz verstoßen, aber vom positiven Recht erlaubt sind, können so schwere Vergehen wie Unzucht, Tötung von Ehebrecherinnen, ungerechte Verträge etc. gehören. Andererseits würden dann einige Handlungen nicht erfasst, die von besonders herausragender moralischer Güte sind, wie die Jungfräulichkeit oder Handlungen, die Gegenstand eines guten Rates sind. Derartiges müsse doch wohl zum Erlaubten gezählt werden, worauf auch die Glosse zu den Digesten hinweise (vgl. Suárez 1972, 96 f., Kap. XV, 6; Suárez 2019, 315; vgl. Accursius 1969, fol. 8). Noch genauer unterscheidet hier übrigens Marsilius von Padua zwischen den erlaubten Dingen, deren Gegenteil verboten wäre und den im eigentlichen Sinne erlaubten, weil nicht verpflichtenden, bei denen man wiederum die verdienstvollen, die man auch die ratsamen (*consilia*) nennen kann von denen differenzieren kann, die wirklich bloß noch erlaubt sind und so genannt werden.[10] Wenn Kant das Erlaubte vom bloß Erlaubten unterscheidet, so ist dies nicht nur logisch berechtigt, sondern in Übereinstimmung mit einer alten Diskussion. Diese ist allerdings mitunter noch differenzierter:

Suárez unterscheidet weiter zwischen einer faktischen und einer rechtlichen Erlaubnis (*permissio facti – permissio iuris*), je nachdem ob eine Handlung bloß nicht verhindert oder ob ihr Begehen rechtlich zugestanden wird (vgl. Suárez 1972, 97 f., Kap. XV, 7; Suárez 2019, 315 f.). Trotz einiger Gegenbeispiele aus unterschiedlichen, meist kirchenrechtlichen oder biblischen Texten lässt sich die wesentliche Bedeutung von „Erlaubnis" mit dem Erlauben einer schlechten Handlung verbinden (vgl. Suárez 1972, 99 f., Kap. XV, 9; Suárez 2019, 319) und festhalten, dass das Gesetz, wenn es ein Übel nicht regeln kann oder nicht regelt, zwar kein Recht zuerkennt, wohl aber eine Nicht-Strafbarkeit unter Menschen, welche ein nicht unerhebliches moralisches Recht enthält.[11] Da dies den rechtsprechenden Instanzen Schranken auferlegt, enthält ein Erlaubnisgesetz stets auch eine verpflichtende Vorschrift (vgl. Suárez 1972, 102 f., Kap. XV, 12; Suárez 2019, 323; Suárez 1972, 84 f., Kap. XIV, 5 und 6; Suárez 2019, 297 f.).

Wie klar die von Hruschka unterschiedenen Versionen des Erlaubten und des Erlaubnisgesetzes bei Suárez auseinander gehalten werden und wie eng sie dennoch beieinander liegen, zeigt sich im Kapitel XVI, wo Suárez zur Beantwortung der Frage, ob alle Gesetze die genannten Wirkungen haben, insbesondere die

---

10 „Von den Erlaubnissen im eigentlichen Sinne, denen ohne Strafandrohung, sind wieder einige nach dem göttlichen Gesetz verdienstlich und heißen *Ratschläge*, manche aber sind es durchaus nicht, nämlich die, die schlechthin *Erlaubnisse* heißen." (Marsilius von Padua 2017, 479: *Defensor Pacis* II.12 §4).

11 „Quando ..lex permittit malum in quo vel dispensare non potest vel non dispensat, licet non tribuat ius (ut sic dicam), tribuit saltem impunitatem apud homines quae continet morale ius non parvi momenti." (Suárez 1972, 102, Kap. XV, 11).

der Erlaubnis der Sünde, einige Unterscheidungen anmahnt. Dies ist zunächst die Differenz von „Gesetz" im Sinne der Rechtsordnung auf der einen und im Sinne der einzelnen Rechtsregel auf der anderen Seite,[12] wodurch rasch deutlich wird, dass nicht alle einzelnen Rechtsregeln sämtliche genannten Wirkungen des Gesetzes enthalten, wohl aber die diversen Rechtsordnungen, von denen der Mensch betroffen ist, allerdings in je verschiedener Weise (vgl. Suárez 1972, 107 ff., Kap. XVI, 1–3; Suárez 2019, 329 ff.). Während etwa das menschliche Recht mitunter schlechte Handlungen erlaubt, weil es gar nicht seine Aufgabe ist, alle menschlichen Laster zu verhindern oder zu bestrafen (vgl. Suárez 1972, 109 f., Kap. XVI, 4; Suárez 2019, 333), kann das kanonische Recht nur auf dem Wege des Dispenses nicht-schuldhafte Ausnahmen von Regeln gestatten, etwa dass einem von der Häresie Konvertierten die früheren Rechte wieder zugestanden werden (vgl. Suárez 1972, 110, Kap. XVI, 5; Suárez 2019, 335). Das Naturrecht schließlich kann viele Güter eher auf dem Wege des Erlaubens als des Vorschreibens zuerkennen, kann generell die Zuerkennung von Privilegien gestatten:

> So hat es den Menschen die Aufteilung und den Besitz der Dinge zugestanden. Denn das Naturrecht berechtigt dazu, die Dinge aufzuteilen und Privateigentum zu erwerben. Dennoch schreibt das Naturrecht diese Prozesse nicht vor. Die Menschen hätten eine solche Aufteilung mit vollem Recht auch unterlassen und das Privateigentum nicht akzeptieren müssen. Folglich wird dieses Vergehen durch das Naturrecht lediglich erlaubt. [...] Falls wir jedoch über die Erlaubnis einer schuldhaft bösen Handlung im Allgemeinen sprechen, so steht fest, dass sie in keiner Weise durch das natürliche Gesetz erlaubt wird. [...] [Es] verdient doch jeder Übertreter des Gesetzes aus der Kraft des Naturrechts eine Strafe. (vgl. Suárez 1972, 112, Kap. XVI, 7; Suárez 2019, 337)

Hier scheint mir eine theoretische Nähe zu Ockhams Auffassung des subjektiven Rechts, daher auch des Besitzrechts als „erlaubte Macht" offenkundig, insbesondere aber findet sich ein klarer Hinweis auf die Neutralität des Naturrechts gegenüber Einzel- oder Gemeinbesitz schon im 12. Jahrhundert bei dem Dekretisten Huguccio von Bologna, von dem wiederum Ockham beeinflusst wurde. Die von Thomas vertretene Auffassung, das Gesetz habe das moralisch Indifferente oder nur geringfügig Schlechte zu erlauben, wird von Suárez somit aufgespalten in das tatsächlich moralische Irrelevante, welches Kants Rede vom bloß Erlaubten korrespondiert, wo man das Erlauben auch für das Naturrecht annehmen kann, und das auch nur geringfügig Schlechte, das laut Suárez nur vom menschlichen, nicht vom natürlichen Gesetz erlaubt sein kann (vgl. Suárez 1972, 112 f., Kap. XVI, 7). Nicht nur die unterschiedliche Form des Erlaubten, auch die verschiedenen

---

[12] Die Unterscheidung von Verfassung und Verfassungsgesetz sieht später Carl Schmitt als seine Leistung an (vgl. Schmitt 1970, 12 ff.).

Varianten des Erlaubnisgesetzes bei Kant finden also ihre Analogien bei Suárez, der sich seinerseits bereits in einer längeren Tradition befindet, die sich nach ihm etwa bei Christian Wolff fortsetzt, der festhält, dass man auf diese Tätigkeiten ein Recht habe.[13] Allerdings wird, zugegebenermaßen, bei Suárez die Verbindung zwischen dem bloß Erlaubten und dem besitzermöglichenden Erlaubnisgesetz allenfalls dadurch angedeutet, dass die Menschen auch auf eine Besitz*verteilung* (nicht auf eine Besitzregelung) verzichten könnten. Kant, dies scheint der markanteste Unterschied, fügt ferner in der Friedensschrift den Gedanken hinzu, dass auch nach dem Gebot der Vernunft bestimmte Dinge vorläufig erlaubt sein können, obwohl sie eigentlich verboten sind, was Suárez kategorisch ablehnt. Dass dies eine zu Kants Zeit diskutierte Frage ist und er selbst seine Antwort für innovativ ansieht, zeigt sich an seiner Bezugnahme auf „die Lehrer des Naturrechts" (ZeF, AA 8: 348) in der Friedensschrift, auf Hufeland an anderer Stelle (V-MS/Vigil, AA 27, 513).

Bevor man die Frage bearbeiten kann, ob diese Art des Umgangs mit der *vorläufigen* Erlaubnis vom Besitzrecht völlig auszuschließen oder doch mit Kants Ansatz der Erklärung des Besitzes kompatibel ist, wird man sehen müssen, warum Kant sich einerseits in diese Tradition begibt, in welcher die Besitzverteilung *erlaubt* werden muss, es andererseits als ein Postulat der praktischen Vernunft ansieht, dass eine Besitzregelung vorgenommen wird. Dies ist angesichts der verschiedenen im 18. Jahrhundert vertretenen Positionen keineswegs zwingend, ebenso wenig wie die von Kant aufrecht erhaltene Annahme einer ursprünglichen Gemeinschaft des Bodens. Christian Thomasius nennt die bei Ockham dargestellte Gemeinschaft des Bodens im reduzierten Sinne gleicher Aneignungsmöglichkeit eine *negative* Gemeinschaft und preist die systematischen Vorzüge des Konzeptes der *res nullius* für die Erklärung der Besitzentstehung (vgl. Thomasius 1979, 234 f.). Kant erkennt dieses Konstrukt auf der Ebene des empirischen Besitzes durchaus an, nur kann es für ihn nicht sein, dass ein Gegenstand der Willkür der rechtlichen Regelung des Besitzes grundsätzlich entzogen bleibt (vgl. VARL, AA 23: 285).

e) Ohne wiederum eine direkte Abhängigkeitsbeziehung unterstellen zu wollen, bleibt doch bemerkenswert, dass eine ähnliche, bereits im römischen Recht vorzufindende Differenzierung von Arten des Besitzes auch bei einem weiteren Autor der sog. Spanischen Scholastik zum Zuge kommt, der in ver-

---

13 Vgl. einerseits die *Summa In nomine:* „Secundo modo dicitur ius naturale licitum et approbatum quod nec a Domino nec constitutione aliqua precepitur prohibiturve", zitiert nach Tierney 1997, 67. Mit ähnlichen Formulierungen arbeitet Jahrhunderte später Christian Wolff: „Lex naturae [...] permissiva, quae jus dat ad agendum, ad quod agendum tantummodo jus habemus, Licitum dicitur" (Wolff 1969, 22 f.); vgl. Weigand 1967, 205, 213.

schiedener Hinsicht die eine oder andere Nähe zu Kant aufweist. Die Rede ist von Luis de Molina (1535–1600), der in seinem Werk *De iustitia et iure* (1593f.) einen natürlichen vom staatlich gewährten, „bürgerlichen" Besitz (*possessio naturalis – possessio civilis*) unterscheidet:

Besitz definiert er unter Rückgriff auf Hostiensis, Covarrubias und andere als „Festhalten des Leibes und Verstands (animus) an einer körperlichen Sache, und dies mit Unterstützung des Rechtes." (Molina 2019, 267: *De iustitia et iure*, Tom I, Tract. II, Disp. XII, num 3) Er diskutiert die Elemente dieser Definition sukzessive, überlegt etwa in dieser und der nächsten Disputation, wann eine symbolische körperliche Besitznahme ausreicht und wann tatsächliche physische Präsenz unabdingbar ist, etwa bei der Inbesitznahme bislang herrenloser Güter (vgl. Molina 269 und 289 (Original: Molina 266 und 288; Ludovicus de Molina, *De iustitia et iure*, Tom I, Tract. II, Disp. XII, num 4; Disp. XIII, num 5), ferner warum die geistige Haltung des als-das-seine-Habens des Dinges dazugehört, da durch sie das bloß körperliche Innehaben zum Besitz wird, unterschieden von Pacht, Nießbrauch, Ausleihen, Pfand u. a.[14]

„Man sagt im Recht, dass jemand, solange er mit seinem Körper und zugleich auch mit Absicht besitzt, auf natürliche *und* auf bürgerliche Weise besitze" (Molina 2019, 271: *De iustitia et iure*, Tom I, Tract. II, Disp. XII, num 6; Hervorhung M.K.) *Natürlich* insofern er mit dem körperlichen Akt der Besitzergreifung das Ding innehat. Bürgerlich, sofern er auch dann im Besitz des Dinges verbleibt, wenn er etwa schläft oder gar nicht an seinen Besitz denkt. Wenn es normalerweise auch erforderlich ist, dass man etwas natürlich besitzen muss, um in den bürgerlichen Besitz zu gelangen – als Ausnahme nennt Molina später Fälle wie den, dass jemand ohne eigenes Wissen entfernte Ländereien erbt – so kann doch nur der bürgerliche Besitz auf Dauer ohne den natürlichen Besitz weiterbestehen, nicht umgekehrt. So ist es auch der bürgerliche Besitz, durch den der Rechtsbegriff im eigentlichen Sinn geprägt wird, der eine rechtliche Regelung entstehen lässt und den man meint, wenn man schlechthin von jemandes Besitzen spricht.[15]

---

14 „Wenn also das Ergreifen und Festhalten einer körperlichen Sache mit einer anderen als derjenigen Absicht geschieht, dass man diese [Sache] als seine haben will, so bewirkt es keinen Besitz, sondern ein Innehaben [der Sache], welches je nach der Verschiedenheit der Absicht, mit der die Sache ergriffen und innegehabt wird [...] unterschiedliche Eigenschaften und Benennungen erhält." (Molina 2019, 270: *Ludovicus de Molina, De iustitia et iure*, Tom I, Tract. II, Disp. XII, num 5).

15 „Dieser bürgerliche Besitz, der auch bei einem Schlafenden, Abwesenden und gar nicht an die Sache, die er besitzt, Denkenden fortdauert, ist derjenige, von dem im Recht hauptsächlich gehandelt wird und der eine Ersitzung veranlasst, ja er ist derjenige, bezüglich dessen man von jemandem schlechthin sagt, er besitze [etwas]." (Molina 2019, 271: *Ludovicus de Molina, De iustitia et iure*, Tom I, Tract. II, Disp. XII, num 7).

Ohne die genauen Gemeinsamkeiten und Differenzen zu Kants Unterscheidungen von empirischem und intelligiblem Besitz einerseits, von provisorischem und peremtorischem Besitz andererseits hier ausloten zu können, springen doch die Parallelen deutlich ins Auge.[16] Für unseren Kontext ist das insofern von Interesse als ein Blick auf Molinas Diskussion der Frage, ob eine Aufteilung der Besitzrechte erlaubt sei und mit welchem Recht sie geschehe, lohnend erscheinen könnte (vgl. Molina 2019, 373; Original: Molina 2019, 372; Ludovicus de Molina, *De iustitia et iure*, Tom I, Tract. II, Disp. XX, num 5).

Molina hält sich hier seinerseits an Thomas von Aquin, der die Frage, ob es erlaubt sei, dass jemand etwas als sein Eigenes besitzt, dahin beantwortet, dass es im allgemeinen Interesse liege, wenn jemand das Recht hat, für sein Eigentum zu sorgen und über es zu verfügen: Er tue dies meist besser als beim Gemeineigentum, wo jeder die Mühe scheut und dem andern überlässt, außerdem führe das Fehlen einer Eigentumsverteilung leicht zu Streit und Unfrieden. Beim Gebrauch aber, so Thomas, darf man die äußeren Dinge nicht als eigene haben, da gehören sie der Gemeinschaft, damit sie den Bedürfnissen der anderen zur Verfügung gestellt werden (Thomas von Aquin 1953, 196 (*Summa Theologiae*, IIa-IIae, qu. 66 art. 2 co.).

Trotz aller ostentativen Bezugnahme auf Thomas und mancher sachlicher Übereinstimmung bleiben auch die eigenen Akzentuierungen Molinas auffällig. Er bringt gewissermaßen die beiden Auffassungen: einmal, dass nach dem Naturrecht alles Gemeingut sei und jede Aufteilung der Dinge von daher rechtswidrig und andererseits die Unverzichtbarkeit einer Aufteilung des Besitzes durch die Menschen, in schroffen Gegensatz. Allerdings sind ihm auch beide Elemente wichtig, was deutliche kirchenpolitische Stellungnahmen impliziert: Wenn vor dem Sündenfall, in *statu innocentiae*, die Erde und was auf ihr ist, allen gemeinsam war, so ist die Position Johannes XXII. abzulehnen, der die Aufteilung des Eigentums für natürlich hielt. Umgekehrt wird jedoch die Situation nach dem Sündenfall, wenn die Menschen von wilden Affekten und Begierden heimgesucht werden und niemand sich die Mühe der Pflege und der Verwaltung der öffentlichen Dinge kümmern würde, was eine Unterdrückung der Schwachen durch die Starken mit sich brächte, derart dramatisch geschildert, beinahe in Form des Hobbesschen Naturzustandes, dass eine Aufteilung der Dinge, die solches verhindert, nur als allzu berechtigt angesehen werden muss (Molina 2019, 379.

---

**16** Diese erhalten vielleicht insofern zusätzliches Gewicht, als, wie Simone Goyard-Fabre (Goyard-Fabre 1996, 93) festhielt, die Unterscheidung von empirischem und intelligiblem Besitz nicht der römisch-rechtlichen Differenzierung von *possessio* und *detentio* entspricht. Interessant ist auch, dass Kant in den *Vorarbeiten* fast nur vom rechtlichen, kaum vom intelligiblen Besitz spricht, was eine größere Nähe zur Naturrechtstradition erkennen lässt.

(Original: Molina 2019, 378; Ludovicus de Molina, *De iustitia et iure*, Tom I, Tract. II, Disp. XX, num 5). Molina kennt für den Umgang mit der von Ockham konstruierten Ursituation nach dem Sündenfall, mit der Befugnis zur Aneignung herrenloser Gegenstände, obwohl er in einer Zeit intensiver Aneignung vermeintlicher *res nullius* lebt, auf Dauer in rechtlicher Hinsicht offenbar nur die Alternative zwischen individuellem Eigentum und Gemeinbesitz und streitet heftig gegen den Letzteren. Der bei Thomas vorgesehene gemeinsame Gebrauch der Dinge wird bei Molina noch deutlicher auf die Notfälle eingeschränkt (Molina 2019, 391. (Original: Molina 2019, 390; Ludovicus de Molina, *De iustitia et iure*, Tom I, Tract. II, Disp. XX, num 14).

Inwieweit Kant evtl. auf dem Umweg über Kompendien mit Molina und Suárez vertraut war, ist mir nicht bekannt. Es ist jedenfalls unübersehbar, dass sein Werk zu jedem der genannten Autoren gewisse Übereinstimmungen, wenngleich auch drastische Unterschiede aufweist. Thomasius allerdings, an dem er zumindest auf dem Weg über dessen Schüler Gundling und Koehler kaum ganz vorbeigekommen sein dürfte,[17] spricht sowohl bei der Diskussion der Erlaubnis wie der des Besitzes die Jesuitae an,[18] natürlich nicht, ohne sich heftigst und ostentativ zu distanzieren.

# 3 Die Rechtfertigung des Besitzes und die lex permissiva bei Kant

Von den 160 Seiten, auf denen im Band XXIII die *Vorarbeiten zur Rechtslehre* aus dem handschriftlichen Nachlass Kants abgedruckt sind (S. 211–370), befassen sich, wenn man den eingangs enthaltenen zusammenhängenden Entwurf hinzunimmt, mehr als 90 mit dem Privatrecht, und zwar ausschließlich mit dem Problem der Eigentumsbegründung. Zentrale Themen sind eins ums andre Mal die folgenden:

Erstens die Differenzierung von rechtlichem und physischem Besitz, welche es gestattet, scheinbare Antinomien über die Möglichkeit und Unmöglichkeit,

---

**17** Über einige Autoren der Schulphilosophie des 18. Jahrhunderts vgl. Bärthlein 1988, 221–272. Kants selbstverständliche Vertrautheit mit Teilen dieser Diskussion zeigt sich in seiner Naturrechtsvorlesung von 1784, z. B. De Dominio V-NR/Feyerabend, AA 27: 1345ff., De Jure Disponendi de Re Sua V-NR/Feyerabend, AA 27: 1348ff.
**18** Vgl. Thomasius 1979, 147, 232; zustimmend wird Grotius zitiert (Thomasius 1979, 146), der an dieser Stelle allerdings lediglich Suárez' Auffassung der *permissio facti* wiedergibt.

etwas Äußeres als das Seine zu haben, zu lösen (vgl. VARL, AA 23: 221 f., 300 f., 306 f., 325 ff.).

Zweitens das Postulat der praktischen Vernunft, wonach es möglich sein müsse, einen jeden Gegenstand der Willkür als das (rechtlich) Meine zu haben. In diesen Vorarbeiten wird neben dem Motiv der Sicherung der Freiheit die Verbindung zum Gebot der Friedenserhaltung deutlicher als im publizierten Text: Da man sich aller Gegenstände der Willkür physisch bemächtigen kann, wäre die Existenz einer *res nullius*, die dauerhaft niemandem rechtlich gehört, eine Art rechtsfreier Raum, eine enorme Belastung für den Frieden im zu gründenden Staat, folgerichtig rechtswidrig (vgl. VARL, AA 23: 288, 303, 317, 323 f., 328. 332, 336).

Drittens die Annahme, dass der Rechtsgrund für die Verteilung des Eigentums die *communio originaria*, der ursprüngliche, *nicht* uranfängliche Gemeinbesitz war, der dann gemäß dem allgemeinen Willen durch die Regel der *prima occupatio* verteilt wurde (vgl. VARL, AA 23: 285 f., 311 ff., 316 f., 322).

Ein viertes Element ist die Differenzierung zwischen einem provisorischen Besitz, der durch diese erste Besetzung zustande kam und dann rechtlich garantiert wurde und dem im vollen Sinne rechtlichen, peremtorischen Besitz, der erst durch den allgemeinen Willen im Staate gesichert werden kann (vgl. VARL, AA 23: 293).

Diese Elemente bestimmen in verschiedenen Arrangements und mit etlichen Ergänzungen die ersten 17 Paragraphen der Kantischen *Rechtslehre*. Ob der dort gewählte Aufbau in sich stringent ist, bleibt umstritten. Bekannt ist die von Bernd Ludwig vertretene und in der Folge intensiv diskutierte These, dass die uns in der Akademie-Ausgabe vorliegende Version der Metaphysik der Sitten einer Textrevision bedürfe, die insbesondere das in §2 der Rechtslehre auftauchende Postulat der praktischen Vernunft in den §6 verlegen würde (vgl. Ludwig 1982. Kritisch dazu Tuschling 1988, 273–292). Von anderer Seite wurde diese Hypothese eher angezweifelt,[19] allerdings bleibt in der Sekundärliteratur eine gewisse Neigung erkennbar, etwa die Abschnitte 4–8 im §6 zu eliminieren.[20] Wie im Folgenden hoffentlich deutlich wird, liefert indessen die Berücksichtigung der eben kurz skizzierten historischen Entwicklung Gründe für die Annahme, dass die genannten Abschnitte für Kant genau das leisten, was im Abschnitt zuvor angekündigt wird, nämlich in konzentrierter Vorwegnahme der folgenden Diskussion zu zeigen, „wie ein solcher sich über den Begriff des empirischen Besitzes er-

---

[19] Friedrich 2004, 104 f. Friedrich selbst findet allerdings ebenfalls die von Kant in § 6 gebotene Deduktion „äußerst unbefriedigend" (Friedrich 2004, 102).
[20] Vgl. Westphal 2002, 94. Eine längere Fassung dieses für die Diskussion um Kants Besitzlehre wichtigen Textes findet sich in Westphal 1997b, 141–194.

weiternde Satz a priori" (RL, AA 6: 250) von der Möglichkeit des intelligiblen Besitzes möglich sei, d. h. er leistet die Exposition des Begriffs, dessen Möglichkeit dann das rechtliche Postulat der praktischen Vernunft absichern soll: Kant erfasst in mehreren Schritten das Verhältnis des ursprünglichen Gemeinbesitzes zum entstehenden rechtlichen Privatbesitz, inklusive der Frage, inwieweit der Boden ursprünglich „frei", aber eben nicht „vor allem rechtlichen Act frei" (RL, AA 6: 250) ist und der Feststellung, Rechtsgrund der ersten Besitznehmung sei eben gerade der ursprünglich gemeinsame Besitz. So gelingt es ihm, von den „Bedingungen der Anschauung, welche den empirischen Besitz begründen" (RL, AA 6: 252), abzusehen um den Begriff des Besitzes „über den empirischen hinaus zu *erweitern*" (RL, AA 6: 252).

Für unseren konkreten Kontext, die Relation von Erlaubnisgesetz und Besitz, ist zunächst wichtig, dass in den Vorarbeiten nur einmal gesagt wird, dass die Besitznahme „erlaubt" sei, während im publizierten Text in den genannten Paragraphen zweimal explizit vom Erlaubnisgesetz, der *lex permissiva* die Rede ist:

In § 2 der *Rechtslehre* heißt es:

> Man kann dieses Postulat ein Erlaubnisgesetz (*lex permissiva*) der praktischen Vernunft nennen, was uns die Befugniß giebt, die wir aus bloßen Begriffen vom Rechte überhaupt nicht herausbringen könnten: nämlich allen andern eine Verbindlichkeit aufzulegen, die sie sonst nicht hätten, sich des Gebrauchs gewisser Gegenstände unserer Willkür zu enthalten, weil wir sie zuerst in unseren Besitz genommen haben. (RL, AA 6: 247)

In § 16 qualifiziert Kant die Ansicht, „eine provisorische Erwerbung des Bodens mit allen ihren rechtlichen Folgen" (RL, AA 6: 267) sei vor dem bürgerlichen Zustand möglich durch die Feststellung:

> Eine solche Erwerbung aber bedarf doch und hat auch eine Gunst des Gesetzes (*lex permissiva*) in Ansehung der Bestimmung der Grenzen des rechtlich-möglichen Besitzes für sich: weil sie vor dem rechtlichen Zustande vorhergeht und, als bloß dazu einleitend, noch nicht peremtorisch ist, welche Gunst sich aber nicht weiter erstreckt, als bis zur Einwilligung *Anderer* (Theilnehmender) zu Errichtung des Letzteren (RL, AA 6: 267).

Ein drittes Mal greift Kant dann im § 22, beim „auf dingliche Art persönlichen Recht", welches die häuslichen Verhältnisse regelt, also die Ehe, die Eltern-Kind-Beziehung und die Familie-Gesinde-Relation, auf das Erlaubnisgesetz zurück. Durch den besonderen Charakter dieser Rechtsbeziehungen, die kein Recht in einer Sache (*ius in re*), noch einen bloßen Anspruch gegenüber einer Person darstellen, sondern auch ihren Besitz implizieren, kommt es, so Kant, dass die Grundlage dieser Beziehungen

> [...] ein über alles Sachen- und persönliche hinaus liegendes Recht, nämlich das Recht der Menschheit in unserer Person sein muß, welches ein natürliches Erlaubnißgesetz zur Folge hat, durch dessen Gunst uns eine solche Erwerbung möglich ist. (RL, AA 6: 276)

Der letzte, durch seine Dichte etwas kryptisch wirkende Satz lässt sich überraschenderweise am leichtesten von diesen drei Textstücken entziffern: Bei den genannten Rechtsverhältnissen stehen unveräußerliche Rechte auf dem Spiel, die wir heute eng mit dem Gedanken der Menschenrechte in Verbindung bringen. Ohne die Beweiskraft der Formel vom Recht der Menschheit in unserer Person hier überprüfen zu können, lässt sich doch festhalten, dass Ehepartner, Kinder und damals eben auch Gesinde rechtlich an uns gebunden sind, wir haben in gewissem Sinne ein Recht auf sie, einen Anspruch auf sie, ohne dass wir das Recht hätten, sie zu veräußern. Man hat auch nicht das Recht, sich selbst als Sklave zu veräußern, laut Kant darf man ferner nicht den Genuss der eignen Geschlechtseigenschaften veräußern, wie es in der Hurerey geschieht. Um trotz dieser generellen Verbote die häuslichen Rechtsverhältnisse, wie etwa die Ehe zum wechselseitigen Genuss der Geschlechtseigenschaften, eingehen zu können, bedarf es eben eines Erlaubnisgesetzes, welches diese besonderen Ansprüche regelt. Gewiss gehört es zum Bereich des bloß Erlaubten, *ob* wir jemands Geschlechtseigenschaften wechselseitig zu genießen beabsichtigen oder nicht, *ob* wir Kinder erzeugen oder nicht, *ob* wir einen Hausstand mit Gesinde gründen oder nicht. Aber wenn wir es tun, dann muss es in einer mit dem Recht der Menschheit verträglichen Weise geschehen.

Zur Deutung der beiden ersten soeben zitierten Passagen ist ein Vergleich der Metaphysik der Sitten mit der sogenannten Vigilantius-Mitschrift einer Vorlesung Kants zur Metaphysik der Sitten hilfreich. Dort wird das Erlaubnisgesetz ausführlich diskutiert, einerseits in dem Sinne, dass der Bereich der Adiaphora durchs positive Recht nicht geregelt zu werden braucht, (weshalb dann auch kein Eltern- und Eherecht erforderlich wäre, wenn bloß Adiaphora auf dem Spiel stünden, M.K), (vgl. V-MS/Vigil, AA 27: 513) andererseits und vor allem jedoch, inwieweit Ausnahmen von Verboten zuzulassen sind. Dass dies *in jure statutario* so zu sein habe, wird als klar angenommen, zu diskutieren bleibt, inwieweit auch das Naturrecht Derartiges zulässt und es „contra legem prohibitivam generalem [...] Erlaubnißgesetze als Ausnahmen" (V-MS/Vigil, AA 27: 514) gibt. Und diese Fälle gibt es

> z.E. in statu naturali, wo Jeder in der Meinung steht, dass er die Gesetzmäßigkeit seiner Handlung vertheidige; hier reiben sie untereinander die Möglichkeit auf, in einen gesetzlichen Zustand überzugehen, und da bleibt nur die Gewalt des Stärkeren übrig; hier gilt also Gewalt für Recht. (V-MS/Vigil, AA 27: 514)

Gemäß dieser Vorlesungsmitschrift subsumiert Kant hier auch ein das gesamte 17. und 18. Jahrhundert über intensiv diskutiertes Rechtsproblem, das Brett des Karneades:

„Eben diese Gewalt gilt vom Fall, wenn zwey sich um ein Brett beym Schiffbruch schlagen." (V-MS/Vigil, AA 27: 515). Zu untersuchen gilt es bei der Beurteilung des jeweiligen Einzelfalles also, ob tatsächlich die Bedingung gegeben ist, unter der „Gewalt für Recht gehe" (V-MS/Vigil, AA 27: 515) und es wird sofort deutlich gemacht, wann dies gilt:

> Wenn nämlich der Fall so ist, dass ohne Gewalt kein Recht gestiftet werden kann, so muß dem Recht die Gewalt vorausgehen, statt dessen der Regel nach das Recht die Gewalt begründen muß [...] und also ist hier ein natürliches Erlaubnißgesetz zu der angewandten Gewalt vorhanden. (V-MS/Vigil, AA 27: 515)

Die Nähe zu der eingangs erwähnten Passage aus der Friedensschrift ist hier offenkundig, wie aber steht es mit dem Besitzrecht? Nur wenige Jahre später wählt Kant in der Metaphysik der Sitten einen deutlich anderen begrifflichen Zugang zum Zwangsrecht des Staates, welches für ihn nunmehr im Begriff des Rechts zumindest in Form einer wenn-dann-Bedingung enthalten ist, (vgl. Kaufmann 1997, 73–84; etwas anders Willaschek 2002, 75 ff.) da der Zwang des Rechts als „Verhinderung eines Hindernisses der Freiheit" aufgefasst wird: „mithin ist mit dem Rechte zugleich eine Befugniß, den, der ihm Abbruch thut, zu zwingen, nach dem Satze des Widerspruchs verknüpft." (RL, AA 6: 231). Das „stricte Recht" wird gar mit der Möglichkeit eines wechselseitigen Zwanges nach allgemeinen Gesetzen gleichgesetzt (vgl. RL, 6: 232). Das Notrecht wird aus dem stricten Recht ausgeklammert und der Fall der zwei Menschen auf dem Brett dadurch gelöst, dass hier nicht etwa das Notrecht oder ein Erlaubnisgesetz in Kraft trete, sondern, dass diese Handlung zwar strafbar, die Strafandrohung jedoch nutzlos sei, da die Furcht vor dem sicheren „Ersaufen" gewiss die vor der noch unsicheren Hinrichtung überwiege (vgl. RL, AA 6: 235).

Der Hinweis auf das Notrecht ist deshalb relevant, weil Kant über die faktische Staats- und Rechtsentstehung noch immer genauso denken mag wie zur Zeit der Vigilantius-Vorlesung. Beim Erwerb des Bodens wird sogar ausdrücklich auf die Fähigkeit zu seiner gewaltsamen Verteidigung hingewiesen: „gleich als ob der Boden spräche: wenn ihr mich nicht beschützen könnt, so könnt ihr mir auch nicht gebieten" (RL, AA 6: 265). Die bewusste Auslagerung des Notrechts aus dem stricten Recht, aus seinem systematischen Aufbau der Rechtslehre gibt einen wichtigen Hinweis auf deren Architektur. Diese beruht auf dem konsequenten Beharren auf wechselseitigem Zwang nach allgemeinen Gesetzen zur Sicherung der gleichen Freiheit für alle.

Mit dieser strikten Symmetrie des Rechtsaufbaus ist jedoch der Erwerb des privaten Eigentums zunächst nicht zu vereinbaren, da er die anderen Menschen vom „Gebrauch gewisser Gegenstände unserer Willkür" ausschließt. Dies gilt zumindest, wenn man keinen strikten Gemeinbesitz oder völlige Eigentumsgleichheit annimmt, beides hat Kant offenbar nicht vor. Insofern bedarf es für diesen Erwerb eines vernunftrechtlichen Erlaubnisgesetzes, das jedoch keine Ausnahme von einem generellen Verbot enthält, schließlich liegt kein derartiges Verbot vor. Andererseits scheint es sich bei der Befugnis, andere von einem Gegenstand der Willkür auszuschließen, auch nicht unbedingt um ein Adiaphoron zu handeln, wenn man bedenkt, wie um Gegenstände der Willkür auch mit *moralischen* Argumenten gerungen wird. Am ehesten scheint es plausibel, dieses Erlaubnisgesetz als vernunftrechtliche Anerkennung eines Privilegs zu deuten, ähnlich wie Suárez. Darauf könnte auch die Redewendung von der „Gunst des Gesetzes" in § 16 hinweisen. Es soll nach wie vor nicht über direkte Abhängigkeitsbeziehungen zwischen Kant und scholastischen Autoren spekuliert werden, es genügt der Hinweis, dass sich Kant, wie u. a. die Passagen aus der Vigilantius-Nachschrift andeuten, in einem Diskurs-Universum bewegt, welches durch diese Autoren massiv beeinflusst war.

Warum wird jedoch dieses Postulat von der praktischen Vernunft erhoben, demzufolge eine „Maxime, nach welcher, wenn sie Gesetz würde, ein Gegenstand der Willkür *an sich* [...] *herrenlos* (*res nullius*) werden müsste, [...] rechtswidrig" (RL, AA 6: 246) ist, wie kann es die Existenz von rechtlichem Besitz ermöglichen und warum, noch einmal, verwendet Kant darauf plötzlich den Namen „Erlaubnisgesetz"?

Die Begründung für das Postulat wird in den Vorarbeiten klarer erhoben als im publizierten Text: Zum einen würde ein gesetzliches Verbot des ursprünglichen Erwerbs des Bodens die „Freyheit als positives Vermögen aufheben" (VARL, AA 23: 278, vgl. auch VARL, AA 23: 294, 303 u.a.), zum anderen würde, da die physische Fähigkeit zur Aneignung vorhanden ist, dann, wenn die rechtliche unzulässig bliebe, „ohne ein Princip der Vertheilung [...] das Recht der Menschen irgend wo zu seyn ohne allen Erfolg seyn und durch den allgemeinen Wiederstreit vernichtet" (VARL, AA 23: 323f., vgl. auch VARL, AA 23: 326), es entstünde ein mit dem Prinzip des Rechts unvereinbarer rechtsfreier Raum.

Allerdings kann durch den physischen Vorgang der (ersten) Bemächtigung, generell durch den physischen Besitz, durch eine bloße Tatsache allein kein rechtlicher Besitz geschaffen werden.[21] Dies geschieht vielmehr durch einen ur-

---

21 „So werde ich einen Apfel nicht darum mein nennen, weil ich ihn in meiner Hand habe

sprünglichen, angeborenen Gemeinbesitz des Bodens und „dem diesem a priori entsprechenden allgemeinen Willen eines erlaubten *Privatbesitzes*" (RL, AA 6: 250), wodurch nach allgemeinem Einverständnis durch die erste Besitznahme ein ursprünglicher Besitz geschaffen wird.

Was im Kontext des rechtlichen Postulats der praktischen Vernunft erlaubt werden muss, ist also einmal die Abweichung vom ursprünglichen Gemeinbesitz. Diese Abweichung wäre nach dem Naturrecht bloß erlaubt, wie die oben zitierte Passage von Suárez, aber auch die Parallelstelle bei Huguccio belegen. In dem Maße, wie man annimmt, die Gleichverteilung besitze für Kant eine normative Kraft, wird aus dem bloß erlaubten Adiaphoron des Privatbesitzes die Ausnahme von einer Regel. Inwieweit Derartiges zutrifft, wird im nächsten Abschnitt zu überlegen sein. In jedem Fall, dies scheint die Passage aus der Vigilantius-Nachschrift nahe zu legen, bedarf außerdem die möglicherweise gewaltsame Verteidigung des ursprünglich Erworbenen einer Erlaubnis. Die *lex permissiva* besäße damit eine doppelte Aufgabe.

Der ursprüngliche Gemeinbesitz der Erde, der den Menschen angeboren ist, nicht eigens erworben werden muss, ist bei Kant aus rein säkularen Gründen zu unterstellen, weil nämlich die Erde rund, somit eine unbegrenzte Ausdehnung der menschlichen Besitztümer nicht möglich ist. Hinzu kommt jedoch, dass rechtlicher Besitz im eigentlichen Sinne nur „im bürgerlichen Zustande möglich" ist, (vgl. RL, AAA 6: 255) und gemeinsam mit diesem „allein auf einem Gesetz des gemeinsamen Willens gegründet werden kann [...]" (RL, AA 6: 257). Erlaubt ist die ursprüngliche Erwerbung also, weil und insofern sie einen im bürgerlichen Zustand möglichen Besitz begründet:

> Mit einem Worte: die Art, etwas Äußeres als das Seine *im Naturzustande* zu haben, ist ein physischer Besitz, der die rechtliche *Präsumtion* für sich hat, ihn durch Vereinigung mit dem Willen Aller in einer öffentlichen Gesetzgebung zu einem rechtlichen zu machen, und gilt in der Erwartung *comparativ* für einen rechtlichen. (RL, AA 6: 257)

Kant, der sich mit seiner Konzeption des Besitzes als einer von Wenigen gegen die Lockesche Theorie des Eigentums durch Arbeit wendet, (vgl. Brocker 1992, 310 und Brocker 1987) sucht sich also, vor ähnlichen Alternativen stehend, einen sehr eigenen Weg zwischen den seit langer Zeit konkurrierenden Auffassungen, die entweder einen natürlichen Besitz und natürliche Privilegien annehmen, oder aber auf der reinen staatlichen Konventionalität des Eigentums beharren: Es gibt vorstaatlichen Besitz, dieser trägt allerdings provisorischen Charakter im Hinblick

---

(physisch besitze), sondern nur, wenn ich sagen kann: ich besitze ihn, ob ich ihn gleich aus meiner Hand, wohin es auch sei, gelegt habe" (RL, AA 6: 247).

auf eine Gesetzgebung gemäß dem allgemeinen Willen. Umstritten ist in der Kant-Literatur, ob das Gesetz des allgemeinen Willens eine Modifikation des aus dem Naturzustand überkommenen Besitzes in egalitärer Form suggeriert, oder ob die Aufgabe des Gemeinwillens allein in der Bestätigung und Sicherung des vorhandenen Besitzstandes besteht. Man kann dann, je nach Auffassung, annehmen, dass das Erlaubnisgesetz lediglich die Besitzergreifung bis zur Gründung der bürgerlichen Verfassung regelt, oder aber, dass es als vorläufiger Legitimitätsvorschuss des Staates im Hinblick auf seine Aufgabe der Errichtung gerechter Verhältnisse zu verstehen ist, analog zur Lesart in der Friedensschrift.

## 4 Freiheit, Gleichheit und Besitzrecht

Ein erheblicher Teil der bisher vorgetragenen Argumente Kants könnte einer terminologisch leicht modifizierten Zusammenschau scholastischer und vielleicht noch frühaufkärerischer Positionen, von Thomas und Ockham über Molina und Suárez zu Pufendorf und Thomasius entsprungen sein. Dies wurde durch die relativ ausführliche Skizze einiger scholastischer Theoriestücke illustriert. Einige Elemente sind jedoch charakteristisch für Positionen aus der gelehrten Literatur des 18. Jahrhunderts, oder auch erst für Kant selbst.

Für unseren Kontext sind dies die Gedanken, dass das Verbot der Besitznahme von Gegenständen der Willkür die Freiheit aufheben würde, die Bezugnahme auf den allgemeinen Willen als Legitimationsinstanz und drittens, dies wurde für die Diskussion um mögliche Kant-Interpretationen, insbesondere anhand des Erlaubnisgesetzes relevant, eine Zielvorgabe für die politische und rechtliche Entwicklung: Zwar regelt der ursprüngliche Vertrag die Aufgabe der Güterverteilung. Doch wird, „wenn dieser sich nicht aufs ganze menschliche Geschlecht erstreckt, die Erwerbung [...] immer nur provisorisch bleiben." (RL, AA 6: 266).

Gestritten wird in der Kant-Literatur darüber, wie diese unbestreitbar vorhandenen Bestandteile zu gewichten sind. Je nach Lesart gelingt es Kant, einmal zum besitzindividualistischen Liberalen, dann wieder zum beinahe sozialistischen Sozialreformer zu mutieren. Will man eine ähnlich dramatische historische Verknüpfung, so könnte man sagen, dass Kants Eigentumslehre mit seinem Ehrgeiz zu kämpfen hat, zwei Helden seiner politischen Philosophie zusammenzuzwingen: Adam Smith und Jean-Jacques Rousseau.

Dass Kant für beide Autoren Bewunderung hegt, ist bekannt, ebenso, dass sein Werk an einigen Stellen unübersehbar Einflüsse beider Autoren trägt. Allerdings steht Adam Smith in unserem konkreten Kontext für eine ganze liberale

Tradition, während Rousseaus Einfluss auf Kants praktische Philosophie zweifellos singulär ist.

In unserem Kontext lässt sich einerseits aus Kants These, dass es peremtorischen Besitz erst durch die Übereinstimmung mit dem allgemeinen Willen gibt, ableiten, dass Kant einen Ausgleich ungerechter Besitzverhältnisse im Auge habe. Dafür sprechen die strikten, auch materialen egalitären Anforderungen, die Rousseau an das Bestehen des Gemeinwillens, der *volonté générale* im Unterschied zur bloßen *volonté de tous* stellt (Rousseau 1977, vor allem 56–59: Buch II, Kap. 11). Dabei scheint eher unwahrscheinlich, dass Kant diesen von Rousseau eigens hervorgehobenen Unterschied übernimmt, wenn er einmal vom gemeinen Willen und dann wieder vom Willen aller spricht, da auch der Wille aller bei ihm im Unterschied zur *volonté de tous* eine legitimatorische Bedeutung besitzt.[22] Man hat ferner Kants Rückgriff auf die *communio originaria* des Bodens als Indiz für diese egalitäre Komponente herangezogen (vgl. Luf 1978, 88). Dem wurde entgegengehalten, dass dieser Topos in der gesamten mittelalterlichen und römischrechtlichen Eigentumslehre zu verbreitet ist, um eine derartige Deutung zu stützen (vgl. Kersting 1993, 339 f.). Dennoch sollte man nicht ganz vergessen, dass die Begründung für diese ursprüngliche Gemeinschaft sich verschoben hat, nicht nur im Hinblick auf die unterstellte Gestalt der Erde.

Auf der anderen Seite wird bei Kant ein Grundsatz, welcher die Freiheit der Besitznahme herrenloser Güter beeinträchtigt, wie gezeigt als „rechtswidrig" bezeichnet und dem Gemeinwillen keineswegs offenkundig die Aufgabe der Besitzverteilung zugesprochen. Im Gegenteil: „bürgerliche Verfassung ist allein der rechtliche Zustand, durch welchen jedem das Seine nur gesichert, eigentlich aber nicht ausgemacht und bestimmt wird" (RL, AA 6: 256). Mindestens ebenso deutlich wird die Reflexion 7656 aus dem Handschriftlichen Nachlass:

> Der socialcontract giebt keinem ein recht über das was zu dem suo alterius pertinirt, sondern sichert einem jeden sein Recht; daher kann daraus keine Gemeinschaft entstehen. Daher sind die Güter des privati nicht Güter des souverains. (Refl, AA 19: 478)

Derartige Stellungnahmen Kants belegen anderen Interpretationen zufolge (v. a. Saage 1994 und Zotta 2000) offenkundig, dass Kant dem Gemeinwillen einzig die Aufgabe zuweise, die Tatsache der Verteilung selbst inklusive ihres kontingenten Resultats „abzusegnen" und die vorhandene Güterverteilung als legitim zu bestätigen. Dem Souverän wird dieser Interpretation entsprechend alles Recht abgesprochen, in den Besitz der Bürger einzugreifen, Enteignung wird für grund-

---

22 „Der Wille aller ist jederzeit gut. Der Willen der einzelnen mag noch so böse seyn." (Refl, AA 19: 491).

sätzlich unmöglich erachtet (vgl. Brandt 1974; Kersting 1993). Damit wäre es am plausibelsten, Kant neben Hobbes, Locke und den Levellers in die Reihe der von Macpherson (vgl. Macpherson 1967) präsentierten Besitzindividualisten aufzunehmen, gleich ob man dies eher mit Wohlgefallen oder kritischer Attitüde registriert. Ohne darauf eingehen zu können, ob Macphersons Interpretation der genannten Autoren zutreffend ist und inwieweit Kant auf den einen oder anderen zurückgreift, lässt sich doch feststellen, dass auch hier die Zusammenhänge etwas komplizierter sind.

Hinweise darauf finden sich bereits in den oben zitierten Ausführungen wenn es etwa in § 16 heißt: „Eine solche Erwerbung aber bedarf doch und hat auch eine Gunst des Gesetzes (*lex permissiva*) in Ansehung der Bestimmung der Grenzen des rechtlich-möglichen Besitzes für sich", (RL, AA 6: 267) so sind eben neben der Erlaubnis auch die Grenzen dessen angesprochen, was rechtlich möglicher Besitz sein kann. Kant scheut sich im publizierten Text auffällig, über diese Grenzen des berechtigterweise Erwerbbaren klar Stellung zu beziehen: „Die Unbestimmtheit in Ansehung der Quantität sowohl als der Qualität des äußeren erwerblichen Objects macht diese Aufgabe [...] unter allen zur schwersten sie aufzulösen." (RL, AA 6: 266). Doch wird er in den Vorarbeiten zumindest insofern deutlicher, als zwar jeder ein Recht haben muss, einen Boden als erster Besitzer zu haben, weil „das Gegentheil zum Gesetz gemacht [...] die Freyheit als positives Vermögen aufheben" (VARL, AA 23: 278) würde. „Aber wie viel ich erwerben könne bleibt dadurch unbestimmt denn wenn ich alles erwerben könnte, würde meine Freyheit anderer ihre nicht einschränken sondern aufheben." (VARL, AA 23: 278). Dies gilt natürlich nicht nur für zwei Erdbewohnerinnen, sondern ebenso unstatthaft ist es, wenn mehrere Millionen oder Milliarden Erstbesitzer die Freiheit einer Person aufheben. Das Recht, irgendwo auf der Erde zu sein und das Lebensnotwendige zu erhalten, steht jedem Menschen zu, mehr noch, er kann darauf gar nicht verzichten, da zugleich seine Freiheit aufgehoben würde, auf die er „nicht renunciiren" (Refl, AA 19: 474) kann. „Durch den angebohrnen Besitz des Bodens schließe ich jedermann von demjenigen Gebrauch desselben aus der zur Erhaltung meines Daseyns erforderlich ist" (VARL, AA 23, 286).

Die Rede vom „angebohrnen Besitz des Bodens" ist in einer modernen Gesellschaft offenkundig abstrakt und metaphorisch zu deuten, als unverzichtbares und unveräußerbares Recht auf Lebenserhaltung. Zu den gegenüber den Scholastikern und den Frühaufklärern innovativen Elementen in Kants Besitzlehre gehört also erstens, dass die ursprüngliche Bemächtigung des Bodens unter anderem durch die Präsumtion zugunsten der individuellen Freiheit legitimiert wird, dass diese aber zugleich ihre Grenzen da zieht, wo die Freiheit einer anderen dadurch aufgehoben würde, dass ihr der Lebenserhalt unmöglich wird.[23] Ein zweiter Punkt ist der Rückgriff auf die Rede vom Gemeinwillen. Dieser kommt anscheinend zweimal ins Spiel: Das erste Mal, wenn man übereinkommt, das ursprüngliche Gemeineigentum nach der Regel der *prima occupatio* zu verteilen,[24] das zweite Mal, wenn nur der Gemeinwille allein peremtorischen rechtmäßigen Besitz nach Grundsätzen distributiver Gerechtigkeit schaffen kann.[25] Dies bedeutet nicht unbedingt, dass der allgemeine Wille einmal im Sinne Pufendorfs, als stillschweigender Konsens zur Aufteilung des Bodens, das andere Mal im Sinne Rousseaus, als Entscheidungsfindung unter Bedingung ungefährer materialer Gleichheit zu deuten ist. Erstens geht es um die „a priori nothwendige Vereinigung des Willens um der Freyheit willen" (VARL, AA 23: 279), welche die Erwerbung möglich macht. Zweitens kann man die Feststellung, die ursprüngliche Erwerbung habe „gemäß dem gemeinsamen Willen" (VARL, AA 23: 315) zu geschehen, über die Rechtfertigung ihres Stattfindens hinaus so deuten, sie werde unter die Bedingung gestellt, man dürfe sich nur das aneignen, dessen Bestätigung durch den allgemeinen Willen überhaupt möglich ist. Dies kann beispielsweise nichts sein, was dem anderen die Freiheit vernichtet.

In welchem Ausmaß aber enthält dieser a priori gedachte allgemeine Wille die egalitären Elemente, aus denen man einen sozialreformerischen Zug in Kants Rechtslehre lesen könnte, der von verschiedenen prominenten Autoren so heftig bestritten wird?[26] Zunächst besteht Konsens darüber, dass Kant nicht bereit ist, Adelsprivilegien zu akzeptieren. Andererseits wird offenbar auch keine völlige oder auch nur ungefähre Besitzgleichheit unterstellt, wenn die Sorge um das Armenwesen und die Findelhäuser Aufgabe des Oberbefehlshabers ist (vgl. RL,

---

23 „Die Freiheit ist unteilbar, wenn sie nicht als Gebrauchsfreiheit rechtlich gesichert werden kann, dann geht sie auch als Handlungsfreiheit und Unabhängigkeit zugrunde." (Kersting 1993, 239).
24 „Die Momente [...] der *ursprünglichen* Erwerbung sind also: 1. die *Apprehension* eines Gegenstandes, der Keinem angehört [...] Diese *Apprehension* ist die Besitznehmung des Gegenstandes der Willkür im Raum und der Zeit [...]. 2. Die *Bezeichnung* (declaratio) des Besitzes dieses Gegenstandes [...]. 3. Die *Zueignung* (appropriatio) als Act eines äußerlich allgemein gesetzgebenden Willens [...]" (RL, AA 6: 258f.); vgl. RL, AA 6: 263: „Derselbe [d. h. bemächtigende, M.K.] Wille kann doch eine äußere Erwerbung nicht anders berechtigen, als nur so fern er in einem a priori vereinigten [...] absolut gebietenden Willen enthalten ist"; ähnlich RL, AA 6: 268.
25 „Aber das austheilende Gesetz des Mein und Dein eines jeden am Boden kann nach dem Axiom der äußeren Freiheit nicht anders als aus einem *ursprünglich* und *a priori* vereinigten willen (der zu dieser Vereinigung keinen rechtlichen Akt voraussetzt, mithin nur im bürgerlichen Zustande hervorgehen (*lex iustitiae distributivae*), der allein, was *recht*, was *rechtlich* und was *Rechtens* ist, bestimmt." (RL, AA 6: 267).
26 Vgl. Brandt 1974, 193; Kersting 1993, 338ff., 372ff. Eine differenzierte und klare Argumentation für eine eher auf sozialen Ausgleich gerichtete Deutung Kants bietet Merle 1997, 101ff.

AA 6: 325 f.). Das an anderer Stelle genannte „Obereigentum" des Oberbefehlshabers ist nicht als Staatseigentum zu betrachten, welches Kant ablehnt, sondern als Regelungsbefugnis über das Mein und Dein der Bürger, wozu auch das Recht zur Enteignung von Körperschaften wie Ritterorden und Kirchen gehören kann, dazu das Erheben von Steuern (vgl. RL, AA 6: 324 f.). Es lässt sich in der Tat nicht eindeutig beweisen, dass der Rousseau-Verehrer Kant bei seiner kontinuierlich wiederholten Rede vom allgemeinen Willen in egalisierender Weise auf Rousseaus Feststellung Rücksicht nimmt, die bloße Rechtsgleichheit widerstreite bei sozialer Ungleichheit vielleicht der Gerechtigkeit. Im Gegenteil kann man mit dieser Überlegung auch Kants eher unglückliche Forderung begründen, nur Selbständige als Bürger anzuerkennen (vgl. RL, AA 6: 314 f.). Und doch findet sich in der Reflexion 7654 auch die Ansicht:

> Es ist eine Hauptpflicht des souverains, alles auf die Gleichheit der Unterthanen sowohl dem Grade nach als der Absicht nach zu beziehen. Denn diese Gleichheit findet vor dem sozialcontract statt. Er wird dadurch auch nur möglich, [...] Er kann also wohl einen Unterschied der Gewalt in der administration der öffentlichen Befehle einführen aber im Privatleben keinen Vorzug jemandem über andre einräumen." (Refl, AA 19: 478)

Selbst diese Bemerkung kann man, so man will, als Forderung nach Rechtsgleichheit und Ablehnung von Adelsprivilegien deuten. Und doch fällt es schwer zu glauben, dass Kant stets aufs Neue die Legitimität des Gemeinwillens darin sieht, dass jeder dabei auch über sich entscheidet und „keiner sich selbst Unrecht thun kann" (Refl, Nr. 7664, AA 19: 482)[27] und dass er immer wieder die *iustitia distributiva* anspricht, während er gleichzeitig annimmt, man werde zustimmen, ohne den Ausgleich der größeren Ungerechtigkeiten anzustreben. Zudem ist sicherlich richtig, dass die Verwendung der Rechtsfigur des ursprünglichen Gemeineigentums zu gebräuchlich ist, um sozialreformerische, gar kommunistische Tendenzen vermuten zu lassen (vgl. Kersting 1993, 339). Und doch konnte man sehen, dass es historisch Alternativen für mögliche Besitzbegründungen gegeben hätte, die Kant nicht benutzt hat, vielleicht aus rein systematischen Gründen, vielleicht auch aus egalitär-moralischen Motiven. Dass Kant ferner ein Befürworter von Reformen unter Akzeptanz des vorhandenen Rechtsstatus war, ist aus vielen Passagen seiner Schriften unmissverständlich zu erkennen.[28] Es ist keineswegs klar, warum das Streben nach sozialem Ausgleich von diesen Reformen

---

[27] Vgl. Refl, Nr. 7529, AA 19: 482: „Ein jeder muß eben dasselbe über alle beschließen, was alle über ihn, d.i. es ist ein Gesetz."; Refl., Nr. 7634, AA 19: 446 u. ä..
[28] Z. B. RL, AA 6: 372. Die Frage, inwieweit Kants Rechtsphilosophie von seiner Ethik durchdrungen ist und inwieweit sie eine eigenständige Stellung innehat, wird nach wie vor diskutiert. Vgl. Guyer 2002; Pogge 2002.

grundsätzlich ausgeschlossen bleiben sollte. Allerdings verweist er dieses Streben vollständig in den Bereich rechtsförmiger Prozeduren. Gerade das könnte Kants Vorgehen jedoch für uns interessant machen.

Heutzutage wird Kants Konzeption eben nicht zuletzt dadurch interessant, dass sie gleichzeitig eine Erklärung des Besitzstandes, des status quo in Termini der Gewalt und einen Grund zu deren Akzeptanz, nämlich den öffentlichen Frieden liefert, und dabei auf Unzulänglichkeiten der bloß faktischen Verteilung verweist und die Möglichkeiten ihrer Revision offen hält. Entscheidend ist darüber hinaus das konsequente Insistieren auf der Rechtsförmigkeit dieser Revision und Transformation. Wieviel Sozialstaatlichkeit sich nun genau mit Kants Vernunftrecht ableiten lässt, spielt keine nennenswerte Rolle, da sie für die Vielzahl der modernen Problemlagen ohnehin unterkomplex wäre. Es ist die präzise Umgangsweise mit Recht, Gewaltsamkeit und Reformanstrengungen, die Kant heute derart interessant erscheinen lassen.

Kant weicht hier an einer Stelle ganz sicher von Rousseau ab. Dieser hatte gegen die Staatsbegründung durch Gewalt eingewandt, die Macht beweise nichts für das Recht (vgl. Rousseau 1977, 9 – 10 (Buch I, Kap. 3). Wie wir gesehen haben, verleiht Macht in der Tat auch für Kant keinen Rechtstitel, ermöglicht aber die Errichtung eines Systems, welches die Aufrechterhaltung und Umsetzung des Rechts überhaupt gestattet. Die Macht *beweist* nichts für das Recht, aber sie ermöglicht es und muss dann unter Kontrolle gebracht, möglichst beseitigt werden.

Ulli F. H. Rühl
# Kants Privatrecht. Drittes Hauptstück §§ 36 – 40

## 1

Kants Rechtslehre ist im ersten Teil zum Privatrecht in drei Hauptstücke gegliedert: Das erste zum Haben, das zweite zum Erwerben und schließlich das dritte Hauptstück mit dem Titel „Von der subjectiv-bedingten Erwerbung durch den Ausspruch einer öffentlichen Gerichtsbarkeit." (RL, AA 6: 296) Im Vergleich zu anderen Teilen der Rechtslehre hat das Dritte Hauptstück in der Literatur nur geringe Aufmerksamkeit gefunden. Die formale Stellung in der Architektonik der Gliederung der Rechtslehre zeigt jedoch an, dass dieses dritte Hauptstück systematisch wichtig sein muss. Es handelt sich eben nicht nur um einen Zusatz, eine Anmerkung oder einen episodischen Abschnitt, sondern ein Hauptstück. Dadurch wird von Kant signalisiert, dass sein System des Privatrechts ohne dieses dritte Hauptstück unvollständig wäre (vgl. Ludwig, 1988, 149 f.). Kant erinnert am Anfang des dritten Hauptstücks daran, dass er unter Privatrecht das sog. Naturrecht oder besser Vernunftrecht versteht: „das nicht-statutarische, mithin lediglich das *a priori* durch jedes Menschen Vernunft erkennbare Recht" (RL, AA 6: 296; vgl. auch 6: 242, 6: 306). Das dritte Hauptstück gehört also zum System des Kantschen Privatrechts und noch nicht zum Öffentlichen Recht; der wesentliche Inhalt dieses Hauptstücks besteht in der These, dass bei der Rechtsanwendung innerhalb des Natur- und Vernunftrechts Antinomien auftreten. Die rechtsphilosophische Erkenntnis, die Kant für sich beansprucht, besteht darin, dass es zwei verschiedene Gesichtspunkte gibt, die gleich berechtigt und wahr sind, aber zu konträren Urteilen (Antinomie[1]) in demselben Streitfall führen. – Ziel dieses Aufsatzes ist, im ersten Schritt das dritte Hauptstück möglichst getreu zu interpretieren und zu erläutern. In einem zweiten Schritt, soll aber auch kritisch untersucht werden, ob Kant dem eigenen Anspruch – metaphysische Erkenntnis aus (Rechts-)Begriffen – gerecht wird.

---

[1] Wenn hier von ‚Antinomie' die Rede ist, dann ist damit diese Konstellation gemeint; vgl. auch Brandt 2010, 143, Fn. 188.

https://doi.org/10.1515/9783110537215-010

## 2

Kant ist Vertreter eines Natur- bzw. Vernunftrechts. Seine These ist, dass es bereits im Naturzustand Recht gibt und dass im konkreten Einzelfall dingliche und persönliche Rechte (provisorisch) erworben werden können. Das hat zur Folge, dass es bereits im Naturzustand im Einzelfall zum Streit darüber kommen kann, ob Person A oder Person B das Eigentum an einer Sache als Ersterwerber zusteht. Es treten also auch Fragen der distributiven Gerechtigkeit auf: was nämlich im Streitfall im konkreten Einzelfall rechtens ist. Kant stellt klar, dass auch die Prinzipien der distributiven Gerechtigkeit zum Naturrecht gehören:

> Wenn unter Naturrecht nur das nicht-statutarische, mithin lediglich das *a priori* durch jedes Menschen Vernunft erkennbare Recht verstanden wird, so wird nicht bloß die zwischen Personen in ihrem wechselseitigen Verkehr unter einander geltende *Gerechtigkeit* (*iustitia commutativa*), sondern auch die austheilende (*iustitia distributiva*), so wie sie nach ihrem Gesetze *a priori* erkannt werden kann, daß sie ihren Spruch (*sentmeencia*) fällen müsse, gleichfalls zum Naturrecht gehört (RL, AA 6: 296 f.).

Die Antinomien in den §§ 37–40 treten auf, weil schon innerhalb des Vernunftrechts in konkreten Streitfällen die Urteile unter „zwei verschiedenen, beiderseits wahren Gesichtspunkten gefällt werden" können (RL, AA 6: 297). Diese beiden Gesichtspunkte sind kommutative und distributive Gerechtigkeit. Kommutative Gerechtigkeit beschreibt, was an sich recht ist, während die distributive Gerechtigkeit einen Gerichtshof erfordert:

> Die Frage ist also hier nicht blos: was ist an sich recht, wie nämlich ein jeder Mensch für sich zu urtheilen habe, sondern: was ist vor einem Gerichtshofe recht, d.i. was ist Rechtens? (RL, AA 6: 297)

Nach dieser Interpretation sind die Antinomien aus den §§ 37–40 vernunftrechtsimmanent. Es ist aber auch eine Interpretation möglich, wonach die Antinomien im Verhältnis von Naturzustand und bürgerlichem (staatlichem) Zustand auftreten. Und es gibt in der Tat Textstellen, in denen Kant die Perspektive des Gerichtshofs mit dem bürgerlichen Zustand identifiziert („Aber in Beziehung auf den Gerichtshof, also im bürgerlichen Zustande", RL, AA 6: 304; vgl. auch RL, AA 6: 300). Schon der zeitgenössische Rezensent *Bouterwek* hat das Dritte Hauptstück in diesem Sinn verstanden.[2] Für diese Interpretation kann man an-

---

[2] Friedrich Bouterwek: Rezension von Kants *Metaphysische Anfangsgründe der Rechtslehre*, Göttingische Anzeigen von gelehrten Sachen unter Aufsicht der Königl. Gesellschaft der Wis-

führen, dass man sich unter einem Gerichtshof gewöhnlich ein staatliches Gericht vorzustellen hat (vgl. Byrd/Hruschka 2010, 218). Dagegen spricht allerdings, dass Kant ausdrücklich unterscheidet zwischen einem Gerichtshof als moralische Person und einer staatlichen Gerichtsorganisation:

> Die moralische Person, welche der [distributiven] Gerechtigkeit vorsteht, ist der *Gerichtshof* (*forum*) und im Zustande ihrer Amtsführung das Gericht (*iudicium*): alles nur nach Rechtsbedingungen *a priori* gedacht, ohne, wie eine solche Verfassung wirklich einzurichten und zu organisiren sei (wozu Statute, also empirische Principien, gehören), in Betrachtung zu ziehen. (RL, AA 6: 297)

Der Begriff ‚Gerichtshof' bezeichnet für Kant nicht eine staatliche Institution, sondern eine Funktion. Diese Funktion des Richters kann von jeder Person wahrgenommen werden – auch im vorstaatlichen Zustand. Konstitutiv für die Wahrnehmung dieser Richterfunktion ist die Position der Unparteilichkeit, d. h. ein Richter, der dem Begriff entspricht, muss sich schon im Naturzustand bei Tatsachenwürdigung und Rechtsanwendung an der „Idee des öffentlichen Rechts" (RL, AA 6: 297) orientieren. Ein Richter, der zu entscheiden hat, was im Einzelfall Rechtens ist, muss schon deshalb eine andere Perspektive einnehmen als die streitenden Parteien. Die Antinomie wird also verursacht durch die Richterfunktion überhaupt, so dass sie zwar im staatlichen Zustand fortbesteht, aber nicht erst bei staatlichen Gerichten auftritt.

# 3

Die beiden Gesichtspunkte, welche die konträren Urteile in den konkreten Streitfällen bedingen, werden von Kant mit unterschiedlichen Begriffen beschrieben: Naturrecht vs. Gerichtshof, Naturzustand vs. Gerichtshof, Privatvernunft vs. Gerichtshof (bürgerlicher Zustand), die Perspektive, was an sich recht[3] ist und die Perspektive, was vor einem Gerichtshof im Einzelfall rechtens ist. Kant stellt zudem eine begriffliche Verbindung her zwischen ‚an sich recht' gleich „objectiv" und den Bedingungen des richterlichen Erkenntnisprozesses gleich ‚subjectiv': „was ein Gerichtshof zu seinem eigenen Behuf (also in subjectiver

---

senschaften vom 18.2.1797, AA 20: 445–453. So auch: Deggau 1983, 229. Reinhard Brandt schreibt: „Auf der einen Seite gibt es also das Recht, das „an sich recht" ist, auf der anderen Seite das im Staat geltende Recht" (Brandt 2010, 143) und „Der Staat kann für rechtens erklären, was dem Recht an sich widerspricht." (Brandt 2010, 144).

3 Was „an sich recht" ist wird von Kant definiert als: „wie nämlich hierüber ein jeder Mensch für sich zu urtheilen habe" (RL, AA 6: 297).

Absicht) anzunehmen befugt, ja sogar verbunden ist, um über jedes Einem zustehende Recht zu sprechen und zu richten" (RL, AA 6: 297). Die objektiven An-sich-Rechtsregeln werden durchbrochen durch subjektiv bedingte Regeln – und das führt zu konträren Entscheidungen in den vier Anwendungsfällen: Schenkung, Leihe, Eigentumserwerb vom Nichtberechtigten und beim Eid.[4]

**3.1** *RL § 37 – Schenkung:* Eine Schenkung ist heute wie zu Kants Zeiten eine unentgeltliche Zuwendung mit der durch Vertrag eine Sache oder ein Recht übertragen wird. Es gibt ein Schenkungsversprechen des Schenkers und eine Annahme durch den Beschenkten. Das Problem, das Kant beschäftigt, tritt dann auf, wenn es noch keine Erfüllung gibt, das Geschenk also noch nicht übergeben ist und der Schenker sein Versprechen in der Zwischenzeit bereut. Kann der Beschenkte in diesem Fall die Erfüllung des Schenkungsversprechens durch Klage vor einem Gerichtshof erzwingen?

Unter dem An-sich-Gesichtspunkt kommt es laut Kant darauf an, ob vorausgesetzt (präsumiert) werden darf, dass im Schenkungsversprechen die Einwilligung in die zwangsweise Durchsetzung enthalten ist. Kant hält dies für „ungereimt" (RL, AA 6: 298); man dürfe nicht voraussetzen, dass der Schenker seine Freiheit gleichsam wegwirft.

Aus der Perspektive des Gerichtshofs könnte man zusätzlich Vermutungen anstellen über Rücktritts-Vorbehalte. Das Gericht hält sich jedoch nicht mit Vermutungen darüber auf, was sich der Schenker vielleicht gedacht hat oder auch nicht. Es hält sich nur an das was gewiss ist – nämlich die Erklärungen („Versprechen und die Acceptation des Promissars", RL, AA 6: 298). Selbst wenn der Schenker (Versprechende, Promissar) sich einen Vorbehalt gedacht haben sollte,

> [...] so nimmt doch das Gericht an, daß er sich dieses ausdrücklich hätte vorbehalten müssen und, wenn er es nicht gethan hat, zu Erfüllung des Versprechens könne gezwungen werden, und dieses Princip nimmt der Gerichtshof darum an, weil ihm sonst das Rechtsprechen unendlich erschwert, oder gar unmöglich gemacht werden würde. (RL, AA 6: 298)

Kants These ist jedoch nicht stimmig. Denn unter dem Aspekt der Praktikabilität – ob das Rechtsprechen erleichtert, erschwert oder gar unmöglich gemacht wird – ist die eine ‚Präsumtion' so gut wie die andere: Man kann bei Schenkungen voraussetzen, dass niemand ohne zwingenden Grund und ausdrückliche Erklärung in Zwang gegen sich selbst einwilligt. Genauso gut kann man als Rechtsanwendungsregel annehmen, dass Rücktritts- oder Widerrufsvorbehalte ausdrücklich

---

[4] Gesamtkommentare zu allen vier Fällen gibt es (soweit ich das überblicke) nur bei: Falcioni 1999; Byrd/Hruschka 2010, 215–226.

erklärt werden müssen. Beide Rechtsanwendungsregeln sind gleich praktikabel. Im konkreten Fall sind sie sogar beide gleich einfach anwendbar, es ergibt sich aus der Sicht eines Gerichtshofs überhaupt kein Unterschied.

**3.2** *§ 38 – Leihe:* Die Leihe ist ein Vertrag, durch den der Gebrauch einer Sache unentgeltlich[5] überlassen wird; nach Ablauf der Leihfrist muss die Sache vom Entleiher an den Verleiher zurückerstattet werden. Probleme ergeben sich dann, wenn die Sache während der Leihfrist verloren geht oder beschädigt wird. Im ersten Fall kann der Entleiher die Sache gar nicht, im zweiten Fall kann er sie nur verschlechtert zurückgeben. Kants Beispiel ist ein Mantel, den sich jemand bei starkem Regen ausleiht. Der Mantel wird entweder gestohlen oder er wird „durch unvorsichtige Ausgießung abfärbender Materien aus dem Fenster auf immer verdorben" (RL, AA 6: 299). Der Mantel kann also gar nicht oder nur beschädigt (verschlechtert) zurückerstattet werden. Wer hat den Schaden zu tragen?

Kant prüft den Fall gleichsam wie in einem Gutachten in zwei Stufen durch. Hier die Vernunftrechtsprüfung im Detail:

(1) Was ist im Rechtsbegriff der Leihe bereits enthalten? (RL, AA 6: 298) – Antwort: Die unentgeltliche Gebrauchsüberlassung und die Rückgabe derselben Sache.

(2) Daraus schließt Kant (RL, AA 6: 298), dass der Verleiher nicht das Risiko des Abhandenkommens und der Verschlechterung übernehmen will. Genau genommen sagt Kant, dass der Entleiher dies nicht voraussetzen darf und es deshalb in seiner (des Entleihers) Verantwortung liegt, den Risikoausschluss im Vertrag ausdrücklich zu regeln.

(3) Wenn es diese ausdrückliche Vereinbarung nicht gibt, dann stellt sich die Frage, bei wem man eine implizite oder konkludente Einwilligung in die Übernahme des Risikos voraussetzen darf? Kant hat nach Naturrecht eine klare Lösung: Beim Verleiher darf man dies nicht voraussetzen, weil aus dem Begriff der Leihe nicht mehr folgt als die Einwilligung in die unentgeltliche Gebrauchsüberlassung. Man darf es aber sehr wohl beim Entleiher voraussetzen, „weil er da nichts mehr leistet, als gerade im Vertrage enthalten ist" (RL, AA 6: 299). Nach Naturrecht muss der Entleiher also entweder die Sache selbst oder – wenn das nicht möglich ist – ein Äquivalent zurückerstatten. – Erst in der zweiten Prüfungsstufe kommt die Wende:

> [Es] wird das Urtheil im *Naturzustande*, d.i. nach der inneren Beschaffenheit, so lauten: der Schade aus der Verunglückung einer geliehenen Sache fällt auf den *Beliehenen* [Entleiher] (*casum sentit commodatarius*); dagegen im *bürgerlichen*, also vor einem Gerichtshofe, wird

---

5 Die entgeltliche Gebrauchsüberlassung heißt Miete.

die Sentenz so ausfallen: der Schade fällt auf den *Anleiher* [Verleiher][6] (*casum sentit dominus*), und zwar aus dem Grunde verschieden von dem Ausspruche der bloßen gesunden Vernunft, weil ein öffentlicher Richter sich nicht auf Präsumtionen von dem, was der eine oder andere Theil gedacht haben mag, einlassen kann, sondern der, welcher sich nicht die Freiheit von allem Schaden an der geliehenen Sache durch einen besonderen angehängten Vertrag ausbedungen hat, diesen tragen muß. (RL, AA 6: 300)

Kants Auffassung bedeutet zusammenfasst: Nach Naturrecht muss der Entleiher im Vertrag ausdrücklich das Risiko des Verlustes der Sache ausschließen; tut er dies nicht, muss er Ersatz leisten. Vor dem Gerichtshof liegt diese Verantwortung beim Eigentümer; wenn er das Risiko nicht ausdrücklich überträgt, trägt er den Schaden.

Kants Argumentation ist allerdings schon immanent nicht überzeugend. Denn die Rückgabe der Sache ist, wie Kant selbst gezeigt hat, schon im (Rechts-)Begriff der Leihe enthalten, und nicht etwas, was sich der Eigentümer vielleicht „gedacht haben mag". Darüber könnte man trefflich streiten. Es kommt hier aber nicht darauf an. – Man kann nämlich ziemlich leicht erkennen, dass beide Rechtsanwendungsregeln sich im Hinblick auf die Praktikabilität nicht unterscheiden. Es ist nicht so, dass die eine Regel das Rechtsprechen erleichtert, während die andere Regel das Rechtsprechen erschwert. Für den Gerichtshof macht es keinen Unterschied; die eine Regel ist so leicht anwendbar wie die andere.

**3.3** *§ 39 – „Von der Wiedererlangung (Rückbemächtigung) des Verlorenen"* (RL, AA 6: 300): Die dritte Fallkonstellation ist in der Rechtswissenschaft seit alters her bekannt als das Problem des Eigentumserwerbs vom Nichtberechtigten (Zum Verhältnis des § 39 der RL zum zeitgenössischen Naturrecht vgl. Kiefner 1991). Nach wie vor handelt es sich dabei um ein rechtspraktisch relevantes Problem. Zur Erläuterung greife ich Kants Beispiel vom Pferdekauf auf:

K kauft auf dem Markt ein Pferd von V. K zahlt den Kaufpreis und V übergibt das Pferd an K. Es taucht nun der ›wahre‹ Eigentümer des Pferdes (E) auf, dem das Pferd entlaufen oder gestohlen worden ist. E verlangt von K Herausgabe

---

[6] Zu Kants Terminologie: (1) Verleiher = *commodans*, Eigentümer der Sache, Lehnsgeber, Darleiher; (2) Entleiher = *commodatarius*, Lehnsnehmer, Empfänger des Geliehenen. Die Terminologie Beliehener/Anleiher ist etwas verwirrend. Die lateinische Erläuterung macht die Aussage aber eindeutig: *casum sentit dominum* bedeutet „Den Zufall [Schaden] trägt der Eigentümer." Dadurch ist Kants Urteil eindeutig interpretierbar: Im Naturzustand trägt am Maßstab der „Privatvernunft" (6:300 Z. 17) den Schaden der Entleiher (*commodatarius*). Vor dem Gerichtshof trägt den Schaden der Verleiher (*dominus*, Eigentümer).

des Pferdes. Zu Recht? – Ob der K das Pferd herausgeben muss, hängt davon ab, ob er Eigentümer geworden ist oder nicht – das ist so nach Vernunftrecht und nach allen denkbaren Rechtsordnungen.

a) Das Vernunftrecht und alle Rechtsordnungen beruhen auf dem Rechtsprinzip: *Niemand kann Rechte übertragen, die er nicht hat*.[7] – Das bedeutet, dass nur der Eigentümer berechtigt ist, sein Eigentum zu übertragen, was spiegelbildlich bedeutet: dass es keinen Erwerb vom Nichtberechtigten geben kann. Das ist ein sehr klares und einleuchtendes Rechtsprinzip, auf das kein Rechtssystem der Welt verzichten kann. Die Tragik besteht darin, dass dieses vernünftige und einleuchtende Prinzip in der Alltagspraxis absurde Konsequenzen hat: Man kann sich als Käufer praktisch niemals sicher sein, dass man an der Sache, die man ehrlich bezahlt hat, auch wirklich Eigentum erworben hat. Woher aber soll ich als Käufer auf dem Markt wissen, ob der Verkäufer auch Eigentümer der Sache ist? Die Sache kann verloren gegangen sein, der Finder verkauft sie; sie kann gestohlen sein oder ein Entleiher oder Mieter hat sie verkauft etc. Im Normalfall ist es dem Käufer nicht möglich und auch nicht zuzumuten, die Eigentümerstellung zu erforschen. Das allgemeine Rechtsbewusstsein empfand diesen Zustand der Rechtsunsicherheit seit der Antike als unerträglich. Man hat deshalb seit der Antike nach einer Lösung für dieses Problem gesucht. Die Lösung besteht darin, dass unter der Bedingung der Gutgläubigkeit (*bona fide*) der Eigentumserwerb vom Nichtberechtigten möglich sein muss.[8]

b) Kant trägt zwei Lösungsvarianten nach der schon bekannten Einteilung der zwei Gesichtspunkte vor:

[1] Unter dem *Naturrechts*-Gesichtspunkt wird die vernunftrechtliche Regel – „Man kann nur das Recht überragen, was man hat" – konsequent und puristisch angewendet. Nur der Eigentümer kann das Recht an der Sache an eine andere Person übertragen. Schließt man den Vertrag mit einem Nichtberechtigten (Nichteigentümer), hat man den Schaden, wenn der wahre Eigentümer die Herausgabe der Sache verlangt. Wenn der Käufer sichergehen will, muss er die Übertragungskette überprüfen. Das hat zur Folge:

---

[7] Ulpian Dekrete 50, 17, 54: *nemo plus iuris ad alium transferre potest quam ipse habet*; vgl. Kaser/Knütel, 2013, § 24 RN 3.
[8] Nach römischem Recht durch Ersitzung in einer kurzen Frist. Der französische *Code Civil* (Art. 2279, 2280 *Code Civil*) und das deutsche BGB (§§ 929, 932, 935 BGB) statuieren einen gutgläubigen Erwerb vom Nichtberechtigten mit Ausnahme von gestohlenen oder sonst wie abhanden gekommenen Sachen.

> Da nun in der Reihe der von einander ihr Recht ableitenden sich dünkenden Eigenthümer den schlechthin ersten (Stammeigenthümer) auszufinden mehrenteils unmöglich ist: so kann kein Verkehr mit äußeren Sachen, so gut er auch mit den formalen Bedingungen dieser Art von Gerechtigkeit (*iustitia commutativa*) übereinstimmen möchte, einen sicheren Erwerb gewähren. (RL, AA 6: 302)

Das an sich vernünftige Prinzip hat also sehr unzweckmäßige Folgen. Ein Erwerber kann sich seines Eigentums praktisch niemals sicher sein.

[2] Die Gerichtshof-Lösung besteht darin, dass ein formal korrekter Vertragsabschluss für den Eigentumserwerb ausreichen soll. Statt der Naturrechtsperspektive wird die Perspektive eines Gerichtshofs zur Richtschnur genommen

> [...] wo alsdann die Übereinstimmung mit den formalen Bedingungen der Erwerbung, die an sich nur ein persönliches Recht begründen, zu Ersetzung der materialen Gründe (welche die Ableitung von dem Seinen eines vorhergehenden prätendirenden Eigenthümers begründen) als hinreichend postulirt wird, und ein an sich persönliches Recht, *vor einen Gerichtshof gezogen*, als ein Sachenrecht gilt [...] (RL, AA 6: 302).

Kants Lösung besteht also darin, dass ein „an sich persönliches Recht [...] als ein Sachenrecht gilt". – Der formal korrekte Vertrag mit einem Nichteigentümer (Nichtberechtigten) erzeugt irgendwie beim Käufer das Eigentum als Sachenrecht.

c) Es muss hier wieder nicht entschieden werden, ob Kants vernunftrechtliche Argumentation sachlich richtig und überzeugend ist. Es kann und muss aber kritisch hinterfragt werden, ob der Ansatz bei der Gerichtshof-Perspektive immanent stimmig ist. Denn die verschiedenen Lösungen sollen ja deshalb notwendig sein, weil der Gerichtshof nicht danach geht, „wie es *an sich ist* (als ein persönliches), sondern wie es *am leichtesten* und sichersten *abgeurtheilt* werden kann (als Sachenrecht)" (RL, AA 6: 303). Kant vertritt die These, dass die Alternativlösung subjektiv bedingt ist durch die Bedürfnisse des Gerichtshofs: so wie am leichtesten und sichersten abgeurteilt werden kann. – Die subjektiv bedingten Schwierigkeiten, distributive Gerechtigkeit zu erlangen, liegen jedoch eher bei den Parteien als beim Gerichtshof. Der Gerichtshof kann sich die Arbeit durch Beweislastregeln erleichtern; so gehört etwa die (widerlegbare) Eigentumsvermutung zugunsten des unmittelbaren Besitzers auch für Kant zum Naturrecht (RL, AA 6: 252). Die praktische Schwierigkeit der Beweisführung liegt beim Kläger, der die Herausgabe verlangt. Man kommt wieder zu dem Ergebnis, dass unter dem Gesichtspunkt der Praktikabilität der Rechtsprechung beide Lösungen sich nicht unterscheiden. Unterschiede ergeben sich erst auf der Ebene der materiellen Gerechtigkeit. Es geht um Wertungen, ob der gutgläubige Erwerb schutzwürdig ist, es geht um Vertrauensschutz und die Abgrenzung von Risikosphären. Das sind die Gesichtspunkte, welche die distributive Gerechtigkeit bestimmen, nicht jedoch, ob dem Gerichtshof das Rechtsprechen leichter oder schwerer gemacht wird.

**3.4**  § 40 – „*Von der Erwerbung der Sicherheit durch Eidesablegung*" (RL, AA 6: 303):

Kants Stellungnahme zur Eidesablegung ist für moderne Leser nur verständlich, wenn man eine wichtige Voraussetzung explizit macht: Die religiöse Beteuerungsformel (,So wahr mir Gott helfe') und die darauf beruhende Drohung mit der göttlichen Strafe sind für Kant analytisch im (Rechts-)Begriff des Eides enthalten.[9] – Das impliziert, dass der Eid seine Funktion nur erfüllen kann, wenn die schwörende Person an Gott und das göttliche Strafgericht glaubt. Das führt dann zu der fast absurden Frage, ob es eine Pflicht oder gar Rechtspflicht zum Glauben geben kann? Wie könnte man so etwas begründen? – Kants Antwort lautet:

> Man kann keinen anderen Grund angeben, der rechtlich Menschen verbinden könnte, zu *glauben* und zu bekennen, daß es Götter gebe, als den, damit sie einen Eid schwören und durch die Furcht vor einer allsehenden obersten Macht, deren Rache sie feierlich gegen sich aufrufen mußten, im Fall daß ihre Aussage falsch wäre, genöthigt werden könnten, wahrhaft im Aussagen und treu im Versprechen zu sein. (RL, AA 6: 303)

Die Absurdität dieser Begründung wird von Kant betont durch den Gegensatz von Moralität und „blindem Aberglauben" (RL, AA 6: 304) und die Gleichsetzung des Eides mit der Zauberkraft der Fetische der heidnischen Völker, die „bei den Knochen ihrer verstorbenen Anverwandten schwören" (RL, AA 6: 304). Unter dem Vernunftrechts-Gesichtspunkt ist der Eid „an sich unrecht" (RL, AA 6: 304). – Aus der Gerichtshofs-Perspektive wird der Eid von Kant nach dem schon bekannten Muster als *unentbehrlich* gerechtfertigt. Was genau genommen als unentbehrlich angenommen werden muss, ist der Aberglaube an die göttliche Strafe:

> Ein solcher Glaube, dessen Name Religion ist, eigentlich aber Superstition heißen sollte, ist aber für die Rechtsverwaltung unentbehrlich, weil, ohne auf ihn zu rechnen, der *Gerichtshof*

---

**9** Das in Deutschland geltende Recht wie z.B. § 64 StPO lässt Vereidigungen mit und ohne religiöse Beteuerungsformel zu; mit Strafe bedroht sind sowohl die uneidliche Falschaussage als auch der Meineid (§§ 153, 154 StGB). Für Kant und das zeitgenössische Naturrecht ist ein ›Eid‹ ohne religiöse Beteuerung kein Eid. Zu den Elementen des Eides im Naturrecht im Einzelnen vgl. Hüning 2008, 409 f.

nicht genugsam im Stande wäre, geheim gehaltene *Facta* auszumitteln und recht zu sprechen (RL, AA 6: 304).[10]

Um meine Interpretation noch einmal deutlich zu machen: Kant rechtfertigt nicht den Eid im allgemeinen, sondern die Indienstnahme des Aberglaubens für die Rechtsprechung.[11] Gemessen an Kants eigenen methodischen Maßstäben, stellt sich indes die Frage, ob diese Erwägungen zum System einer Rechtsmetaphysik – einer Vernunfterkenntnis aus reinen Begriffen – gehören können (Hüning 2008, 419). Denn prima facie betrachtet, ist es doch eine rein empirische Frage, ob die Furcht vor der göttlichen Strafe ein geeignetes Mittel ist, um Zeugen zu ehrlichen Aussagen zu motivieren; a priori kann man das nicht wissen.

## 4

Es ist von Kant im Dritten Hauptstück des Privatrechts als vernunftrechtliche Erkenntnis vorgetragen worden, dass kommutative und distributive Gerechtigkeit in vier Fällen zu konträren Urteilen gelangen müssen. Kant hat das zurückgeführt auf die verschiedenen Perspektiven, was an sich recht und was aus der Perspektive eines Gerichtshofs im Einzelfall Recht ist. Kants Begründungen der Antinomien halten jedoch einer genaueren Prüfung nicht Stand. – Es drängt sich der Verdacht auf, dass Kant die selbst gesetzte Grenze zwischen einer philosophischen Rechtslehre und Jurisprudenz (vgl. RL, AA 6: 205; RL, AA 6: 229) nicht immer beachtet hat; man muss unterscheiden zwischen dem, was aus vernunftrechtlichen Begriffen notwendig und dem, was kontingent ist, also auch anders sein kann. Die Indienstnahme des rohen Aberglaubens (Eid) für Zwecke der Wahrheitsfindung ist nur das drastischste Beispiel. Die Liste der Problemfälle ist aber länger. Da wäre das Ehe- und Gesinderecht mit dem quasi-dinglichen Rückholrecht zu nennen (vgl. dazu Rühl 2010, 122 ff.). Kant wagt sich sehr weit vor in den Bereich der Jurisprudenz, wenn er den Grundsatz ‚Kauf bricht Miete' als nach Vernunftrecht notwendig behauptet (RL, AA 6: 290; RL, AA 6: 361). Das ist schon von Bouterwek 1797 (AA 20: 445–453) kritisiert worden; der umgekehrte

---

**10** Den Verdacht, dass Kant mit dem „Geisteszwang (*tortura spiritualis*)" (RL, 6: 304) auch die Körperfolter rechtfertigen könnte (so Falcioni 1999, 167; Brandt 2010, 144), halte ich für unbegründet. Denn Kants Rechtfertigung bezieht sich nur und ausschließlich auf die Indienstnahme der Religion bzw. des Aberglaubens für die Rechtsprechung.

**11** Vgl. aus der TL: „denn wie hätte man einen Eid schwören können, wenn es nicht öffentlich und gesetzlich *von hoher Obrigkeit wegen* (*de par le Sénat*) befohlen wäre: *daß es Götter gebe*" (TL, AA 6: 486).

Grundsatz (,Kauf bricht nicht Miete') ist unter allgemeiner Akzeptanz seit über 200 Jahren in Europa geltendes Recht (seit 1900 in Deutschland § 566 BGB). Kant behauptet die Vernunftnotwendigkeit des sogenannten Abstraktionsprinzips (vgl. RL, AA 6: 274 f.), das nur in Deutschland geltendes Recht ist; im Gegensatz dazu geht der Rest der Welt und gehen alle juristischen Laien auch in Deutschland davon aus, dass man durch den Vertragsabschluss Eigentum an der Sache erwirbt (Byrd 2002; Rühl 2010, 120 f.). – Das „Dritte Hauptstück" sollte Anlass sein, die Grenzen einer reinen, philosophischen Rechtslehre kritisch zu reflektieren.

Robert Louden
# Was ist das Besondere an legalisiertem Sex? (Oder, wie kann doppeltes Unrecht Recht ergeben?)

Love and marriage, love and marriage,
Go together like a horse and carriage.
This I tell ya, brother, you can't have one without the other....
Try, try, try to separate them, it's an illusion.
Try, try, try and you only come to this conclusion:
Love and marriage, love and marriage,
Go together like a horse and carriage.
Dad was told by mother you can't have one
You can't have none.
You can't have one without the other.
(Frank Sinatra, *Love and Marriage*)

Wenn Mann und Weib einander ihren Geschlechtseigenschaften nach wechselseitig genießen wollen, so müssen sie sich notwendig verehelichen. (RL, AA 6: 278)

Kants Ansichten zu Sex und Ehe gehören sicherlich zu seinen am häufigsten und am schärfsten kritisierten Positionen zu Themen der angewandten Ethik – vielleicht nur noch überboten von seinem wohldokumentierten Rassismus. Was letzteren anbelangt, so haben mehrere Kommentatoren jüngst argumentiert, dass Kant seine Verfehlungen im Alter schließlich eingesehen und auf eine viel weniger verwerfliche Position eingelenkt hat.[1] Was seine Argumente hinsichtlich Sex und Ehe anbelangt, so werden vermutlich keine auf einen Sinneswechsel hindeutenden Argumente hervortreten. Ebenso wurde Kants Auffassung über Sex und Ehe – im Unterschied zu seinen Positionen bezüglich anderer Themen der angewandten Ethik, wie etwa Strafe oder Homosexualität[2] – zudem von Anfang an

---

[1] Siehe Kleingeld 2007, Muthu 2003, 184, und Shell 1996, 387 Fn.23. Allerdings distanziert sich Kant in keiner seiner veröffentlichten Schriften oder Vorlesungen ausdrücklich von seinem Rassismus. Für Skepsis bezüglich Kants vermeintlichem „Sinneswandel" zur Rasse siehe Louden 2011, 131–35 und Louden 2015, 522f.
[2] In diesem Aufsatz werde ich Kants berühmt-berüchtigte Behauptung, dass Sex „an einer Person ebendesselben Geschlechts [...] unnatürlicher Gebrauch" ist, nicht anfechten (RL, AA 6: 277). Es sollte allerdings auch darauf aufmerksam gemacht werden, dass in den letzten Jahren mehrere Kommentatoren versucht haben, Kants Konzeption der Ehe zur Verteidigung der gleichgeschlechtlichen Ehe zu verwenden. Für Erörterungen und Hinweise siehe Altman 2010 und Sticker 2020.

von seinen Zeitgenossen scharf kritisiert. Sie erscheinen nicht nur dann anstößig, wenn sie durch die Linse gegenwärtiger moralischer Auffassungen betrachtet werden. So bemerkt etwa Christian Gottfried Schütz, der die Druckfahnen zur zweiten Ausgabe von Kants *Anthropologie in pragmatischer Hinsicht* (vgl. Schützes Brief vom 22 Mai, 1800, Br, AA 12: 307)[3] korrigierte, in einem Brief an Kant: „Sie können sich nicht überzeugen, dass der Mann das Weib zur Sache macht, sofern er ihr ehelich beiwohnet et vice versa. Ihnen scheint es nichts weiter, als ein *mutuum adiutorium* [wechselseitige Unterordnung] zu sein." (Kant an Schütz, 10. Juli, 1797, Br, AA 12: 181).[4] Michel Foucault zitiert später ebendenselben Text in seinem eigenen frühen Werk *Einführung in Kants Anthropologie* (1961), das erst 2008 postum sowohl auf französisch als auf englisch und 2010 auf Deutsch veröffentlicht wurde, und bemerkt, Schütz

> war darüber beunruhigt, daß diese Beziehungen in der *Metaphysik der Sitten* zu getreu nach den Hauptformen des Sachenrechts modelliert wurden. [...] Nun weigert Schüz sich zu glauben, daß in der ehelichen Beziehung ‚das Weib Sache des Mannes' werde [...]. (Foucault 2010, 34).

Und wie ich bereits in einem früheren Aufsatz zu Foucaults Interpretation von Kants Anthropologie bemerkt habe „werden wir, wenn wir ein wenig zwischen den Zeilen lesen, in dieser Diskussion möglicherweise Anzeichen für Foucaults eigenes späteres Interesse an Herrschaftspraktiken entdecken können" (Louden 2013, 168).

Auch Hegel kritisiert Kants Position in seiner Rechtsphilosophie scharf, wenn er behauptet: „Unter den Begriff vom Vertrag kann daher die *Ehe* nicht subsumiert werden; diese Subsumtion ist in ihrer – Schändlichkeit, muss man sagen, bei *Kant* („Metaphys. Anfangsgründe der Rechtslehre", 106 ff.) aufgestellt" (Hegel 2009, § 75, siehe auch §161 *Zusatz*).[5] Und so ging es viele Jahre lang weiter. Kants Po-

---

**3** In Anbetracht der wohldokumentierten textlichen Probleme in Kants *Rechtslehre* wäre es wohl wünschenswert gewesen, hätte Schütz das Korrekturlesen auch für diesen Text gehandhabt. Für Diskussionen siehe Mautner 1981 und Gregor 1996, 355 ff.
**4** Kant zitiert aus Schützes früherem Brief an ihn, welcher allerdings nicht in der Sammlung von Kants Briefen in der Akademie Ausgabe enthalten ist – vermutlich, weil er nicht mehr erhalten ist.
**5** Strenggenommen subsumiert Kant die Ehe in seiner *Rechtslehre* nicht „[u]nter den Begriff vom Vertrag". Er erörtert das persönliche Recht im Zweiten Abschnitt des ersten Teils der *Rechtslehre*, wohingegen das Eherecht im Dritten Abschnitt erörtert wird (RL, AA 6: 276–86). Nach Kants Ansicht stellen das Vertragsrecht und das Eherecht zwei unterschiedliche Abteilungen des Privatrechts dar. Das im Ersten Abschnitt der *Rechtlehre* erörterte Sachenrecht (siehe RL, AA 6: 260–70) ist die dritte Abteilung. In Kants System wird die Ehe (zusammen mit Gesetzen, welche Eltern-Kind-Beziehungen betreffen, sowie dem Familien- und Gesinderecht) einer dritten, eigenen

sition zur Ehe „ist flach und sogar widerwärtig" (Aris 1936, 102), „notorisch, eine Schande für Moralphilosophen und Rechtsphilosophen gleichermaßen" (Mendus 1992, 175) etc. Nach Barbra Hermans einflussreichem Aufsatz „Could It Be Worth Thinking About Kant on Sex and Marriage?" von 1993, der teilweise unter dem Einfluss der feministischen Theoretikerinnen Andrea Dworkin und Catherine MacKinnon geschrieben wurde, und in dem sie behauptet, dass deren Ansichten „sehr kantianisch" seien, begann das Blatt indessen sich zu wenden (Herman 1993, 56). Herman argumentiert, dass Kant mit seiner Behauptung, „Sexualhandlungen seien unweigerlich moralisch problematisch" (Herman 1993, 63), richtigliegt. Plötzlich begannen Scharen von Kommentatoren nicht nur über Kants Ansichten zu Sex und Ehe nachzudenken, sondern auch ein „kantianisches Ideal der [...] ‚moralischen Ehe' zu schmieden" (Denis 2001, 27; vgl. 3), und zu argumentieren, „die von Kant verfochtene Form von Ehevertrag müsste nicht als zutiefst fehlerhaft angesehen werden" (Wilson 2004, 118), Kants Ansichten zu Sex und Ehe seien „relevant und lehrreich für zeitgenössische Diskussionen der Sexualethik" (Brake 2005, 59), „die kantianische Ehe kann in der Tat die ihr seitens zeitgenössischer Denker zuteil gewordene Kritik überleben" (Papadaki 2010, 292), und „es ist auch heute noch lohnenswert, [Kants Modell der Ehe] abzurufen und zu überdenken" (Kneller, 2006, 470).

Der vorliegende Aufsatz ist bewusst retrograd. Meiner Ansicht nach hat Schütz Kants Darstellung von Sex und Ehe in 1797 zu recht kritisiert, und ich meine auch, dass Friedrich Bouterwek in seiner Besprechung der *Rechtslehre* von 1797[6] zu recht argumentiert, dass Kants „neues Phänomen am juristischen Himmel" (AA 20: 449; siehe auch RL, AA 6: 359) – nämlich das merkwürdige Konzept

---

Abteilung des Privatrechts subsumiert, welche in der Überschrift des dritten Abschnitts umständlich als *„Von dem auf dingliche Art persönlichen Recht"* (RL, AA 6: 276) beschrieben wird. Letzteres würde in wortwörtlicher englischer Übersetzung lauten: „Of Personal Rights of the Thingly Kind". Es wurden aber auch folgende Übersetzungen vorgeschlagen: „On Rights to Persons Akin to Rights to Things" (Mary Gregor) oder „Personal rights of a Real Kind [Domestic Rights]" (John Ladds Version). Wie ein Autor anmerkt ist dies „eine äußerst rätselhafte Formulierung" (De Laurentiis 2000, 309). Gregor, schreibt in einer Notiz zu Ihrer Übersetzung: „diese dritte Abteilung der Rechte ist eine Innovation von Kants Seite, und es gibt keinen englischen Terminus für deren Korrespondenz mit ‚Eigentum' und ‚Vertrag' (Gregor 1996, 426 n.b). Ähnlich bemerkt Ladd in seiner „Einführung des Übersetzers", dass Kant sich hier genötigt sieht „eine neue Art von Recht zu erfinden" (Ladd 1999, xxxiv). In dem vorliegenden Aufsatz werde ich Kants Innovation kritisieren. Sie ist meiner Ansicht nach nicht nur rätselhaft, sondern letztendlich inkohärent.

**6** Bouterweks Besprechung von Kants *Rechtslehre* wurde erstmals am 18. Februar 1797 in *Göttingenische Anzeigen* veröffentlicht und ist in AA 20: 445–53 wiederabgedruckt. Ich werde darauf weiter unten in „Eine Supernova oder eine Sternschnuppe?" zurückkommen.

eines „auf dingliche Art persönlichen Recht[s]" (s. RL, AA 6: 276), welches er zur Erläuterung seines Ehemodells erfunden hat – für Überlegungen zu Sex und Ehe keine Verbesserung darstellt. Obgleich seine Ansichten zu diesem Thema sicherlich „der Überlegung wert" sind (Herman 1993, 49 – ich würde diesen Aufsatz nicht schreiben, wenn ich dies nicht so sähe), erkenne ich in diesen Wenig was wiederverwertet werden könnte oder sollte. Und während die grundlegenden Kritikpunkte gegen Kants Ansichten zu Sex und Ehe, die ich präsentieren werde, nicht neu sind (sie gehen auf Schütz und Bouterwek zurück), so hoffe ich doch, den Leser davon zu überzeugen, dass sie nichtsdestotrotz schlüssig sind.

## Die Natur menschlicher Sexualhandlungen (infolge Kant)

Wie ich bereits zuvor bemerkt habe, betrachtet Herman Kant als „der unbequemen Behauptung verpflichtet, dass Sexualhandlungen unweigerlich moralisch problematisch sind" (Herman 1993, 63), und dieser „Pessimismus" bezüglich menschlicher Sexualität (Kneller 2006, 458) ist ein Merkmal, welches in vielen der jüngsten Quasi-Verteidigungen seiner Position stark mitschwingt. Wenn wir einige von Kants eigenen Aussagen anschauen, so sind „moralisch problematisch" und „Pessimismus" tatsächlich Untertreibungen seiner eigenen Position. Um ein paar Beispiele zu nennen:

> Es liegt doch in dieser Neigung auf solche Art eine Erniedrigung des Menschen; denn so bald er ein Objekt des Appetits des andern ist, so fallen alle Triebfedern der sittlichen Verhältnisse weg... Dies ist die Ursache warum man sich scheut solche Neigung zu haben, und warum alle strenge Moralisten... diese Neigung zu unterdrücken und zu entbehren gesucht haben. ... Die Menschheit wird also hier hinten an gesetzt. ... [E]iner entehrt des andern seine Menschheit. Demnach ist die Menschheit ... entehrt und der Thierheit gleich geschäzt. ... Alle Philosophen setzen dieser Neygung ... entgegen. ... [E]s ist hier in der Handlung selbst etwas verächtliches, was wider die Moralität läuft. (V-Mo/Collins, AA 27: 384 ff.)

> [S]o scheint es, als wenn alle Geschlechtsneigung der Moralität zuwiderlaufe. ... Zuvörderst ist die sinnliche Geschlechtsvermischung eine in ihrer Wirkung mit den Thieren ganz ähnliche Erscheinung bey Menschen: diese körperliche Handlung der physischen Natur bringt auch die Scham hervor, macht sie zu einer obscönen Handlung, d. i. die in öffentlicher Darstellung Widerwillen erwecken würde, begleitet vom Begriff der impudicitia. Wäre nun die Handlung der Vermischung an und vor sich erlaubt, so läßt sich die Scham nicht erklären; und sie beruht auf nichts anderem, als daß der Mensch dadurch, daß er sich dem anderen zum Object des Genusses darbietet, es empfindet, daß er die Menschheit in seiner eigenen Person herabsetzt, und sich dem Thiere ähnlich macht. (V-Mo/Vigilantius, AA 27: 638)

Nach Kants Ansicht sind menschliche Sexualhandlungen mehr als „moralisch problematisch". Sie sind „verachtenswert" und „laufen der Moralität zuwider". Sie laufen der Moral zuwider, weil sie uns offenbar „auf eine Stufe mit der tierischen Natur" stellen, und zum Teil aus diesem Grunde „haben alle strengen Moralisten ... versucht, sie zu unterdrücken und darauf zu verzichten." Wie Kneller – direkt bevor er das selbige, obenzitierte Textstück von Vigilantius zitiert – richtig bemerkt, glaubte Kant, dass „sich während des Sexualaktes beide Partner zu des freien Willens und der Verantwortung beraubten Tieren reduzieren. Die Scham und Heimlichkeit, welche Sexualhandlungen anhaften, betrachtet er als ein Zeichen hierfür" (Kneller 2006, 458). Und weil er die Auffassung vertritt, dass Sexualhandlungen Menschen zu Tieren reduzieren, ist Sex für Kant (um noch einmal Kneller zu zitieren) ein Beispiel „moralischer Entartung" (Kneller 2006, 465).

Gibt es einen Ausweg aus dieser Herabwürdigung der Menschheit – abgesehen von einem allgemeinen Zölibat, welches, zumindest zu Kants Zeiten, alsbald zur Auslöschung der Menschheit geführt hätte? Eine nicht von ihm bedachte Lösung ist die Möglichkeit geschlechtlicher Fortpflanzung auf künstlichem Wege. Kant wäre natürlich dagegen, die eigenen Eizellen oder das eigene Sperma gewinnorientiert zu veräußern.

> – Demnach kann der Mensch nicht über sich disponiren, er ist nicht befugt einen Zahn oder ein ander Glied von sich zu verkaufen. [...] Der Mensch ist also nicht befugt, [...] aus Interesse sich als eine Sache dem andern zum Gebrauch darzugeben (V-Mo/Collins, AA 27: 386 f.; vgl. V-Mo/Vigilantius, AA 27: 602, GMS, AA 4: 429).

Ich glaube indessen, dass Kant, unter der Voraussetzung, dass dies keinerlei Kauf oder Verkauf beinhaltet, menschlicher Fortpflanzung auf künstlichem Wege sehr offen gegenüberstehen würde, würde dies doch das Problem der Herabwürdigung der Menschheit lösen, während es der menschlichen Gattung weiterhin ermöglichte, sich fortzupflanzen. Und während diese technologische Behebung des Dilemmas des Moralisten keine neue Idee ist, scheint sie sich derzeit doch endlich ihren Weg aus dem Bereich der Fiktion in die Realität zu bahnen. Zum Beispiel beginnt Henry Greely sein jüngstes Buch *The End of Sex and the Future of Human Reproduction* (2016) mit der nachfolgenden Voraussage:

> Ich erwarte, dass unter Menschen mit guter Gesundheitsvorsorge der Sex [...] irgendwann im Laufe der nächsten zwanzig bis vierzig Jahre weitgehend verschwinden wird oder zumindest merklich abnehmen wird. Die meisten dieser Menschen werden sich nicht länger des Geschlechtsverkehrs bedienen, um ihre Kinder zu zeugen. Anstatt in einem Bett, auf der Rückbank eines Autos, oder unter einem ‚den Rasen nicht betreten' Schild gezeugt zu werden, werden Kinder in Kliniken gezeugt werden. Eier und Sperma werden durch In-Vitro-

Fertilisation (IVF) vereinigt werden. Die DNA der so entstandenen Embryonen wird dann sequenziert und sorgfältig analysiert werden, bevor Entscheidungen darüber getroffen werden (intentionaler Passiv), welcher Embryo oder welche Embryonen zwecks möglicher Entwicklung zu einem oder mehr lebenden, atmenden Babys in eine Gebärmutter transferiert werden (Greely 2016, 1–2).

Aber diese Art von technologischer Behebung stand in Kants Ära natürlich noch nicht zur Verfügung. Es bleibt ihm also nichts Anderes übrig, als zu versuchen, den altmodischen Geschlechtsverkehr zu legitimieren. Und die Strategie zu der er sich entschließt ist eine juridische. Nur durch die rechtliche Institution der Ehe können menschliche Sexualhandlungen moralisch zulässig gemacht werden:

> Es ist nämlich, [...] der Ehevertrag kein beliebiger, sondern durchs Gesetz der Menschheit nothwendiger Vertrag, d. i. wenn Mann und Weib einander ihren Geschlechtseigenschaften nach wechselseitig genießen wollen, so müssen sie sich nothwendig verehelichen, und dieses ist nach Rechtsgesetzen der reinen Vernunft nothwendig (RL, AA 6: 277 f.).

„Die Ehe ist ... die einzige Bedingung von seiner Geschlechter-Neigung Gebrauch zu machen" (V-Mo/Collins, AA 27: 388). Kant ist der Auffassung, dass legalisierte Sexualhandlungen der Moral nicht zuwiderlaufen. Gleichwohl „ist hier in der Handlung selbst etwas verächtliches, was wider die Moralität läuft" ((V-Mo/Collins, AA 27: 384 ff.). Und Kants juridische Strategie tut das ihrige zu der derzeitigen Attraktivität seiner Position dazu. Wie Herman bemerkt: „für diejenigen, welche das Recht als einen gangbaren Weg für radikalen sozialen Umbruch ansehen, mag Kant eine unerwartete Quelle der theoretischen Einsicht und Unterstützung bieten" (Herman 1993, 65). Bevor wir aber detailliert untersuchen, wie genau diese juridische Strategie funktionieren soll, wollen wir uns anschauen, wie Kant die sexuellen Aktivitäten des Menschen begrifflich fasst.

## Personen und Sachen, Eigentümer und Eigentum

Kant zufolge sind menschliche Sexualhandlungen deshalb „grundlegend unmoralisch" (Brake 2005, 61) und nicht bloß moralisch problematisch, weil sie einen zeitweiligen Verlust unserer Menschheit beinhalten. Wenn Menschen Sex haben, gehen sie in einen Zustand der bloßen Tierheit über, der Vernunft, des freien Willens und der Verantwortung entleert. Bei seiner Beschreibung menschlicher Sexualaktivität bedient sich Kant aber auch ausgiebig seiner berühmten Unterscheidung zwischen Personen und Sachen. Wenn Menschen sich sexuell betätigen, verlieren sie zeitweilig ihren Status als Personen und gehen in

Sachen über.[7] Kant stellt dies in Vorlesungsabschriften seiner Ethikkurse sowie in der *Rechtslehre* wiederholt fest. Um einige Beispiele zu nennen: „so bald er ein Objekt des Appetits des andern ist, so fallen alle Triebfedern der sittlichen Verhältnisse weg; als ein Gegenstand des Appetits des andern ist er nämlich eine Sache" (V-Mo/Collins, AA 27: 384 f.). „In diesem Act macht sich ein Mensch selbst zur Sache, welches dem Rechte der Menschheit an seiner eigenen Person widerstreitet" (RL, AA 6: 278).

Personen, (deren vollständige Menge nicht nur Menschen umfasst, sondern alle rationalen Wesen: „[s]o stellt sich aber auch jedes andere vernünftige Wesen sein Dasein [...] vor" (GMS, AA 4: 429)) sind Zwecke an sich; i. e. „etwas, das nicht bloß als Mittel gebraucht werden darf" (GMS, AA 4: 428), wohingegen Sachen „nur einen relativen Wert, als Mittel" haben (GMS, AA 4: 428). Für Kant ist die Unterscheidung zwischen Personen und Sachen eine qualitative und nicht eine quantitative. Personen und Sachen unterscheiden sich nicht bloß graduell, sondern der Beschaffenheit nach. Ein Gebilde, welches eine bloße Sache ist, kann nie zu einer Person werden, denn es fehlen ihm die hierzu erforderlichen Vermögen der Rationalität, des freien Willens und der Verantwortung. Kant hebt diese wesentliche Unterscheidung früher in der *Rechtslehre* hervor, wenn er schreibt:

> *Person* ist dasjenige Subject, dessen Handlungen einer *Zurechnung* fähig sind. Die *moralische* Persönlichkeit ist also nichts anders, als die Freiheit eines vernünftigen Wesens unter moralischen Gesetzen [...] *Sache* ist ein Ding, was keiner Zurechnung fähig ist (RL, AA 6: 223, Hervorhebung RL).

Weiterhin „könnte", ohne diese Unterscheidung zwischen Personen und Sachen – i. e. wenn es keine Personen mit absolutem Wert gibt – „für die Vernunft überall

---

[7] Kants Standpunkt, dass Menschen einander als Sachen und nicht als Personen behandeln, wenn sie sich sexuell betätigen, ist ein klarer Anknüpfungspunkt für gegenwärtige feministische Darstellungen sexueller Verdinglichung, und dieser Anknüpfungspunkt hilft auch, das jüngste Wiederaufleben des Interesses für seine Ansichten zu Sex und Ehe zu erklären. Allerdings gibt es mindestens zwei wesentliche Unterschiede zwischen Kant und dem Feminismus zu diesem Punkt: 1) Nach Kants Ansicht ist die sexuelle Verdinglichung notwendigerweise symmetrisch. Bei heterosexuellen Handlungen behandeln zwar die Männer die Frauen wie Objekte, aber die Frauen behandeln auch die Männer wie Objekte. Die Feministen betrachten die Verdinglichung indessen als asymmetrisch – Männer sind ausschließlich die Verdinglicher, Frauen die Objekte. 2) Nach Kants Darstellung gehen sexuelle Handlungen notwendigerweise mit einer Verdinglichung einher, wohingegen Feministen die Verdinglichung als ein soziales Konstrukt betrachten, als etwas, das durch soziale Umgestaltung verändert werden kann. Für Diskussionen siehe Brake 2005, 83–89 und Nussbaum 1999, 213–39, insb. 224–27. Siehe auch Wood 1999, 396 f. Fn. 11, der überzeugend argumentiert, dass sich der Kantianismus von Andrea Dworkins Auffassung über Sex zu de Beauvoirs und Sartres Aneignung von Kants Analyse des Sex zurückverfolgen lässt.

kein oberstes praktisches Princip angetroffen werden" (GMS, AA 4: 428). Ohne die Unterscheidung zwischen Personen und Sachen zerfällt Kants gesamtes moraltheoretisches Projekt. Ohne das Zugeständnis der qualitativen Unterscheidung zwischen Personen und Sachen ist eine Begründung „des obersten Prinzips der Moralität" unmöglich (GMS, AA 4: 392). Also sollten wir am Ende vielleicht doch auf sexuelle Aktivität verzichten und darauf hoffen, dass Greelys zuvor erwähntes IVF-Szenarium für menschliche Fortpflanzung zügig eintritt?

Und obwohl Gebilde, die Personen sind, die Fähigkeit haben, zeitweilig (oder sogar dauerhaft) in Sachen überzugehen indem sie ihre Vermögen der Rationalität, des freien Willens, und der Verantwortlichkeit preisgeben, ist dies zu tun in Kants Ethik kategorisch verboten. Personen dürfen niemals sich selbst oder Andere als Sachen behandeln. Das ist der Hauptpunkt der Selbstzweckformel des Kategorischen Imperativs: *„Handle so, daß du die Menschheit sowohl in deiner Person, als in der Person eines jeden andern jederzeit zugleich als Zweck, niemals bloß als Mittel brauchst"* (GMS, AA 4: 429).

Somit kommen wir mittels einer etwas anderen Route zu demselben Schluss bezüglich der grundlegenden Immoralität menschlicher Sexualhandlungen. Diese sind grundlegend unmoralisch, weil sie eine klare Verletzung der Selbstzweckformel des Kategorischen Imperativs darstellen. Wenn Menschen[8] sich sexuell betätigen, gebrauchen sie Personen (sowohl sich selbst als auch ihre Partner) als Sachen, und der Gebrauch einer Person als Sache „steht mit einem grundlegenden Prinzip von Kants Ethik im Widerspruch" (Brake 2005, 65; vgl. Kneller 2006, 458, Mendus 1992, 176).

Ein weiterer grundlegender und hiermit verwandter Aspekt von Kants Unterscheidung zwischen Personen und Sachen – einer, der auch in seiner Erörterung und Verteidigung der Ehe eine wichtige Rolle spielt – ist der Unterschied zwischen Eigentum und Eigentümer. Sachen können als Eigentum besessen werden, Personen nicht. Und Personen können zu Eigentümern oder Besitzern von Eigentum werden, wohingegen dies für Sachen nicht möglich ist. Kant trägt dieses Argument in zahlreichen Texten auch wiederholt vor. Um einige wenige Beispiele zu nennen:

> Der Mensch kann über sich selbst nicht disponiren, weil er keine Sache ist. Der Mensch ist nicht ein Eigentum von sich selbst, das ist eine Contradiction; denn so ferne er eine Person ist, so ist er ein Subjekt, das ein Eigentum an andern Dingen haben kann. Wäre er nun aber ein Eigentum von sich selber, so wäre er eine Sache, über die er Eigentum haben kann. Nun

---

**8** Noch einmal, nicht nur Menschen, sondern alle rationalen Wesen. Außerirdische rationale Wesen, die sich sexuell betätigen, werden auch rechtlich heiraten müssen, so sie es zu vermeiden wünschen, grundlegend unmoralisch zu handeln.

ist er aber eine Person, die kein Eigentum hat, demnach kann er keine Sache sein, an der er ein Eigentum haben kann; denn es ist ja unmöglich Sache und Person zugleich zu sein, ein Eigenthümer und ein Eigenthum zu sein. (V-Mo/Collins, AA 27: 386).

„Er *kann* ... sich nicht zum Leibeigentum von andern machen d. i. seine Freiheit und Persönlichkeit so ganz aufgeben, dass der andere ihn als Sache behandeln kann" (V-Mo/Vigilantius, AA 27: 602). „Der Mensch aber ist keine Sache, mithin nicht etwas, das *bloß* als Mittel gebraucht werden kann, sondern muss bei allen seinen Handlungen jederzeit als Zweck an sich selbst betrachtet werden. Also kann ich über den Menschen in meiner Person nichts disponieren" (GMS, AA 4: 429). „Eigenthümer kann ein Mensch nicht einmal von sich selbst, viel weniger von einer anderen Person sein" (RL, AA 6: 359).

Diese Differenzierungen zwischen Personen und Sachen und zwischen Eigentümern und Eigentum tauchen in Kants Erörterung der Ehe auf eine Weise wieder auf, die vielen Kommentatoren rätselhaft ist. Er verwendet nämlich explizit die Sprache von Eigentum und Besitz, wenn er auf Eheleute rekurriert, welche doch aber selbst Personen sind. In der Ehe wird „die eine Person von der anderen gleich *als Sache* erworben" (RL, AA 6: 278). In der Vigilantius Abschrift ist er sogar noch unverblümter mit der Aussage, dass „[in der] Stiftung des matrimonii, ... [b]eide sich ganz erwerben, und einer das Eigentum des anderen wird" (V-Mo/Vigilantius, AA 27: 638f.). Und genau dies ist es auch, worauf die merkwürdige Sprache der Überschrift zum dritten Abschnitt, erster Titel (nämlich „Von dem auf dingliche Art persönlichen Recht" (RL, AA 6: 276)) aufmerksam machen soll. Er erörtert Beziehungen zwischen moralischen Personen (Ehemann und Ehefrau, Eltern und Kind, Familienvorstand und Hausgesinde), beschreibt diese Beziehungen indessen aber nichtsdestotrotz als etwas, das Eigentümerschaft und Eigentum beinhaltet. In der *Rechtslehre* bringt er ja zur Untermauerung seiner Behauptung, die Eheleute seien einander Eigentümer, sogar das folgende Argument vor:

> Daß aber dieses *persönliche Recht* es doch zugleich *auf dingliche Art* sei, gründet sich darauf, weil, wenn eines der Eheleute sich verlaufen, oder sich in eines Anderen Besitz gegeben hat, das andere es jederzeit und unweigerlich gleich als eine Sache in seine Gewalt zurückzubringen berechtigt ist (RL, AA 6: 278).

Wie wir indessen zuvor gesehen haben beharrt Kant darauf, dass Personen keine Sachen sind, und dass es kein Eigentum an Personen geben kann. Wie Papadaki anmerkt:

> Was die Ehe anbelangt, scheint Kant seine vorher artikulierte Überzeugung zu ignorieren, dass man unmöglich sowohl Eigentümer als auch Eigentum sein kann. Ehemann und

Ehefrau, so erzählt er uns, sind sich gegenseitig Eigentum und Eigentümer zugleich. Kants Definition der Ehe wird also paradox. Es ist begrifflich unmöglich zugleich eine Person (Eigentümer) und eine Sache (Eigentum) zu sein, gleichwohl erzielen Eheleute ihre „romantische Vermischung"[9] dadurch, dass sie einander Eigentum und Eigentümer sind (Papadaki 2010, 281).

## Teile und Ganzes: *All of Me*

> All of me
> Why not take all of me ...
> You took the part that once was my heart
> So why not take all of me
> (Billie Holiday, *All of Me*)

Was genau ist Kants Lösungsvorschlag für die Problematik menschlicher Sexualaktivität, und wie soll dieser funktionieren? Wie soll die Institution der Ehe oder des legalisierten Sex ebendenselben von einer grundlegend unmoralischen Handlung in eine moralisch zulässige umwandeln? Sexualhandlungen welche nicht mit dem Recht der Menschheit in der eigenen Person im Widerspruch stehen seien, so behauptet Kant in der *Rechtslehre*, „[n]ur unter der einzigen Bedingung [...] möglich, dass, indem die eine Person von der anderen gleich als Sache erworben wird, diese gegenseitig wiederum jene erwerbe; denn so gewinnt sie wiederum sich selbst und stellt ihre Persönlichkeit wieder her (RL, AA 6: 278; vgl. V-Mo/Collins, AA 27: 388.). Aber ergibt diese Selbstwiedergewinnungsbehauptung irgendeinen Sinn? Wie kann Unrecht plus Unrecht Recht ergeben?[10] Außerhalb des sexuellen Bereiches ist dem eindeutig nicht so. Wenn ich Dich als ein Mittel gebrauche, und Du wiederum (oder zeitgleich) mich als ein Mittel gebrauchst, so haben wir beide Unrecht begangen. In der normalen Moralarithmetik ergibt Unrecht plus Unrecht nicht Recht. Nach Kants Auffassung ist dies in dem Spezialfall der Ehe gleichwohl doch der Fall. Personen sind keine Sachen, und somit „kann ein Mensch nicht einmal von sich selbst, viel weniger von einer anderen Person [Eigentümer] sein" (RL, AA 6: 359). Die Heirat zweier Menschen führt aber dazu, dass ein jeder „das Eigenthum des anderen wird" (V-Mo/Vigilantius, AA 27: 638), und daraus wird ersichtlich, dass die Institution der Ehe selbst unmoralisch ist. Anstatt das Problem der Immoralität von sexueller Aktivität zu lösen, bestätigt die

---

9 Papadaki entlehnt diesen Ausdruck von Hermann (siehe Herman 1993, 61). Ich werde später darauf zurückkommen.
10 Vgl. Wood 1999, 258, und de Laurentiis 2000, 312, welche bei der Erörterung von Kants Ansichten zur Ehe auch diese fragwürdige Maxime ins Feld führen.

Institution der Ehe dieses schlichtweg. Wie Brake anmerkt: „wenn ich mich selbst einem Anderen von vorneherein gar nicht übergeben kann, wie kann ich mich dann von diesem anderen zurückerhalten? (Brake 2005, 72).

Ein weiteres mysteriöses Kapitel in Kants Erzählung ist mit dem Schritt von Teilen zu Ganzen – von Körperteilen (i. e. Sexualorganen) zu ganzen Körpern verbunden. Die Institution der Ehe ist ein Vertrag zwischen einem Mann und einer Frau über den „wechselseitigen Gebrauch" und den „lebenswierigen wechselseitigen Besitz" von des jeweils anderen „Geschlechtsorganen und Vermögen" (RL, AA 6: 277). Aber mit dem Zutritt zu und dem lebenswährenden Gebrauch eines bestimmten Körperteils erwirbt man auch die ganze Person. So

> [ist nun] offenbar, dass wenn der Mensch einen Teil von sich dem andern überlässt, so überlässt er sich ganz. Es ist nicht möglich über einen Teil des Menschen zu disponieren, denn ein Teil des Menschen gehört zum ganzen Menschen (V-Mo/Collins, AA 27: 387).

Kant unternimmt den gleichen Schritt von Teilen zum Ganzen in der *Rechtslehre*: „Es ist aber der Erwerb eines Gliedmaßes am Menschen zugleich Erwerbung der ganzen Person, weil diese eine absolute Einheit ist" (RL, AA 6: 278). Wie und warum aber zieht ein Recht an einem Körperteil ein Anrecht auf den ganzen Körper nach sich? Dies ist ein weiterer fragwürdiger Schritt in Kants Argument. Gehe ich – etwa für ein Fotoshooting für meine Schuhfirma – einen rechtlichen Vertrag zwecks Gebrauchs Deines Fußes mit Dir ein, so bedeutet dies nicht, dass ich Dich dadurch in Deiner Gesamtheit besitze. Kant will auf eine eheliche Verpflichtung hinaus, bei der jeder der beiden Partner „[s]eine Person der anderen widmet", indem er „sein Glück, sein Unglück und alle seine Umstände übergibt" (V-Mo/Collins, AA 27: 388). Getreu dem traditionellen protestantischen Ehegelübde: „In guten und in schlechten Zeiten, in Reichtum und in Armut, in Krankheit und in Gesundheit." Er versucht indessen aber dem Leser diese Schlussfolgerung mithilfe einer implausiblen „Du-kannst-nicht-einen-Teil-haben-ohne-das-Ganze-zu-besitzen" Prämisse aufzudrängen.[11] Darüber hinaus gibt es

---

[11] Korsgaard argumentiert, dass Kants Theorie der Ehe „auf Rousseaus Theorie gründet". Ehen „ebenso wie der Staat, hängen von der Formierung eines Gemeinwillens ab" (Korsgaard 2009, 189). Das, was in der Ehe „ausgetauscht wird, ist ein Teil der eigenen praktischen Identität, und das, was dabei herauskommt, ist eine Umwandlung ebenjener Identität" (Korsgaard 1996a, 215 Fn.14). Ich glaube sie könnte recht haben, wenn sie auf Rousseaus Theorie des Gemeinwillens als eine Quelle von Kants Ehemodell verweist, aber ihre Behauptungen bieten für Kants Modell wenig Unterstützung. Der daraus sich ergebende größere Akteur, welcher aus dem Ehevertrag herrührt, ist aus mehreren Gründen grundlegend problematisch. Siehe e. g. das obige Zitat von Herman 1993, 61.

einige zusätzliche Probleme mit Kants „Willensvereinigungslösung", wie Herman in der folgenden Textpassage anmerkt:

> Obgleich man sieht, worauf Kant möglicherweise hinauswollte – eine Form von romantischer Vermengung des Selbst in ein neues und größeres Selbst –, so ist es ihm doch nicht möglich zu bekommen, was er wollte. Wenn das Problem mit dem Sex darin besteht, dass wir verleiblichte Selbste sind, und der Gebrauch des Körpers den Rechtsanspruch über ein Selbst impliziert, werden die Dinge nicht wesentlich besser dadurch, dass wir Teile eines neuen Selbst werden, welches zwei Körper hat (und der Sex wäre dann was?). Es scheint eher so, als würde die Gefahr für den autonomen Akteur in der Abtretung an die neue Einheit von Personen eher vergrößert denn aufgelöst […]. (Herman 1993, 61).

Auf einer Ebene ist Kants Versuch, menschliche Sexualaktivität durch die Institution der Ehe zu legitimieren, eine altbekannte Geschichte, die von Frank Sinatra sehr schön in seinem Lied *Love and Marriage* („Du kannst die Eine nicht ohne die Andere haben") zusammengefasst wird.

In Kants Fall wird der Pokereinsatz allerdings durch seinen starken Verlass auf die Person/Sache- Dichotomie beträchtlich erhöht (und die sich daraus ergebenden Paradoxa bleiben ungelöst).

## Eine Supernova oder eine Sternschnuppe?

Wie zuvor bemerkt wurde (s. Fn.5), unterteilt Kant das Privatrecht in drei Teile. Die ersten beiden Unterteilungen – *Sachenrecht* und *persönliches Recht* – sind für viele Leser vertrautes Territorium. Es gibt Gesetze, die sich mit „eine[r] (körperlich[e]) Sache außer mir" (RL, AA 6: 247) befassen – alias Eigentum, und es gibt auch Gesetze, die sich mit der „*Willkür* eines anderen zu einer bestimmten That (*praestatio*)" befassen (RL, AA 6: 247) – alias Verträge. Kant vertritt aber die Auffassung, dass es eine dritte, eigenständige Gattung „äußere[r] Gegenstände meiner Willkür" gibt RL, AA 6: 247). Dieser dritte Typus der äußeren Gegenstände meiner Willkür – unter den Kant nicht nur Sexualhandlungen und die Ehe platziert, sondern auch das „Elternrecht" (die Rechte und Pflichten von Eltern mit Bezug auf ihre Kinder; RL, AA 6: 280) und das „Hausherren-Recht" (die Rechte und Pflichten der Hausherren in Bezug auf das Gesinde; RL, AA 6: 282) – erfordert nach Kant einen besonderen Begriff.

Dieser dritte Typus der Willkür, der sich mit familiären Rechten beschäftigt, ist weder ein Eigentumsrecht noch ein Vertragsrecht, sondern eines, das eine ungelenke Mischform von Personen und Sachen beinhaltet. Dementsprechend benennt Kant den dritten Abschnitt des ersten Teils – wortwörtlich – „*Von dem auf dingliche Art persönlichen Recht*" (RL, AA 6: 276).

Gregor und Ladd nehmen in ihren jeweiligen englischen Übersetzungen von Kants *Rechtslehre* beide kurz Stellung zu den durch Kants Einführung einer dritten Art von Recht sich ergebenden Herausforderungen (Stellenangaben s. Fn. 5, oben), und Kants Neueinführung wurde in der Tat in einer der ersten Rezensionen der *Rechtslehre* bemerkt – nämlich der von Friedrich Bouterwek[12], mit Erstpublikation in *Göttingische Anzeigen* No. 28 (Februar 18, 1797). Bouterwek schreibt:

> *Von dem auf persönliche Art dinglichen Rechte.* S. 105.[13] Dies ist denn das neue Phänomen am juristischen Himmel. Hr. Kant hat dabei die von ihm so genannte Kategorie der Wechselwirkung vor Augen gehabt. Hier finden wir ganz unerwartet das Eherecht, das *elterliche* Recht und das Hausrecht. (Verhältnisse des Hausherrn zu seinem Gesinde.) Der Mann erwirbt ein Weib, das Paar erwirbt Kinder, und die Familie, (die Kinder mitgerechnet?) erwirbt Gesinde. Dieses wohlerworbene Recht ist nicht bloß ein persönliches Recht; denn – – – der Mann kann sein entlaufenes Weib, der Vater sein Kind, der Herr sein Gesinde als sein vindiciren. (Ist es möglich, dass ein Denker vom ersten Range den Zirkel dieser Argumentation nicht sieht? Wenn es wahr ist, dass der Mann seine Frau u. s. w. gewissermaßen vindiciren kann, dann ist das Verhältnis der Ehegatten zu einander u. s. w. gewiss mehr als persönlich. Nun leugnen aber der größte Teil der juristischen Welt, und unter andern auch der Rez., die hypothetische Prämisse, folglich auch den Kantischen Schluss.) (AA 20: 449)

Kant fügte der 1798 Ausgabe der *Rechtslehre* einen Anhang hinzu, an dessen Anfang er Bouterweks Rezension als den Anstoß anerkennt, welcher ihn zu diesem Zusatz veranlasste. „Die Veranlassung zu denselben nehme ich größtenteils von der Rezension dieses Buchs in den Götting. Anz. 28stes Stück, den 18ten Februar 1797)" (RL, AA 6: 356). Wenngleich seine Reaktion auf Bouterwek kursorisch und unsystematisch ist (und wie Gregor anmerkt: „Kants Zitate [von Bouterweks Rezension] sind nicht immer präzise" – Gregor 1996, 638 Fn.37), so widmet er Bouterweks Kritik an seinem „neuen Phänomen" doch besondere Aufmerksamkeit. Wie er später im Anhang schreibt:

> Ob nun jener Begriff „als neues Phänomen am juristischen Himmel" eine *Stella mirabilis* (eine bis zum Stern erster Größe wachsende, vorher nie gesehene, allmählich aber wieder

---

[12] Friedrich Bouterwek (1766-1828): Philosoph, Ästhetiker und Dichter an der Universität Göttingen. In seinem Brief an Bouterwek vom 7. Mai 1793 dankt Kant ihm für seine Entscheidung, einen Kurs zur *Kritik der reinen Vernunft* anzubieten und lobt, er sei „ein dichterischer, die den reinen Verstandesbegriffen correspondirende Darstellung in Gewalt habender Kopf, [...] den ich immer wünschte, aber zu hoffen mir nicht getraute, um die Mittheilung dieser Grundsätze zu befördern" (Br, AA 11: 432). Und in *Zum Ewigen Frieden* zitiert Kant eine Zeile aus einem von Bouterweks Gedichten (ZeF, AA 8: 367).
[13] Wortwörtlich „Von dem auf dingliche Art persönlichen Recht". Wir bemerken, dass Bouterwek die Reihenfolge der Begriffe „Person" und „Ding" in Kants ursprünglicher Abschnittsüberschrift umgedreht hat. Ist das ein Versehen oder Absicht?

verschwindende, vielleicht einmal wiederkehrende Erscheinung), oder bloß eine *Sternschnuppe* sei, das soll jetzt untersucht werden. (RL, AA 6: 358f.)

Kant glaubt eindeutig, dass sein neuer Begriff eine Supernova ist – „eine bis zum Stern erster Größe wachsende [...] Erscheinung". Ich hingegen neige dazu, mich auf Bouterweks Seite zu schlagen mit der Ansicht, dass er eine Sternschnuppe ist – ein Phänomen, das bloß einen kurzen Auftritt hat und dann wieder verschwindet. Dabei ist ein Teil meines Arguments empirisch und historisch. Kants „dritter Weg" hat sich ganz einfach nicht durchgesetzt. Mir ist kein nachfolgender Rechtstheoretiker bekannt, der die Notwendigkeit einer besonderen dritten Art von äußerem Objekt der Willkür verteidigt. In der nachkantischen Rechtstheorie wird das *Eherecht* (zusammen mit Kants anderen zwei Unterabteilungen des häuslichen Rechts, *Elternrecht* und *Hausherrenrecht*) ganz einfach nicht in der von Kant vorgeschlagenen Manier verstanden.

Mein Argument hat aber auch eine wichtige begriffliche Komponente – eine die ich an verschiedenen Stellen zuvor angedeutet habe. *Sachen* und *Personen* sind in Kants Philosophie qualitativ unterschiedene Entitäten, und aufgrund dieses qualitativen Unterschieds dürfen sie unter keinen Umständen vermischt werden. Wir dürfen Personen nicht als Sachen behandeln und *vice versa*. Sobald man ihre Grenzen verwischt – wie Kant dies in §§ 22–30 der *Rechtslehre* unglücklicherweise tut – verliert sein gesamtes Programm in der Moralphilosophie sein Fundament, da es nun nicht länger eine Möglichkeit gibt, ein „höchstes praktisches Princip" zu rechtfertigen (GMS, AA 4: 428). Kants „Vertheidigung eines befremdlichen, neu hinzukommenden Rechtstitels in der natürlichen Gesetzlehre" (RL, AA 6: 361) schlägt somit fehl. Er war eine Sternschnuppe.

# Konklusion

Durch das in Szene setzen und die Verteidigung einiger der allerersten Kritiken an Kants Ansichten zu Sex und Ehe seitens seiner Zeitgenossen werden mehrere grundlegende Schlussfolgerungen augenfällig. Erstens, menschliche Sexualhandlungen sind nicht inhärent verdinglichend. Menschen behandeln sich nicht notwendigerweise als Sachen, wenn sie miteinander Sex betreiben. Alle menschlichen Handlungen sind potentiell verdinglichend, und obgleich Sexualhandlungen häufig in Verdinglichung resultieren, ist dies doch nicht inhärent oder notwendigerweise so. Dies war ein Teil von Schützes Kontraargument gegen Kant in 1797. Es ist dies ein Punkt, dem dieser ganz einfach ausweicht, wenn er schreibt: „hier ist eben die Frage: ob eine eheliche Beiwohnung, und wodurch sie möglich sei" (Kant an Schütz, 10. Juli, 1797, Br, AA 12: 182).[14]. Es ist dies ein Punkt, der auch im Hintergrund von Bouterweks Beschwerde über die Zirkularität von Kants Argument liegt – eine Beanstandung, auf die Kant nicht einmal reagiert. Zweitens, und damit verbunden, gehen Menschen nicht notwendigerweise in der Rationalität, des freien Willens und der Verantwortung entleerte Tiere über, wenn sie Sex haben. Die Sexualität ist eine von vielen Aktivitäten, die Menschen mit den Tieren gemeinhaben. Gleichwohl sind Menschen in der Lage, beim Sex an ihrer Rationalität, ihrem freien Willen und ihrer Verantwortung festzuhalten. Unglücklicherweise beschädigt Kants Leugnung dieser beiden einfachen Argumente alle seine nachfolgenden Argumente über Sex und Ehe.

Drittens, ob eine Handlung verdinglichend ist oder nicht hängt von ihrer Maxime ab (vgl. GMS, AA 4: 399). Wenn Akteure Maximen des Respekts für ihre Partner und auch für sich selbst in ihren Handlungen berücksichtigen, dann sind ihre Handlungen nicht verdinglichend. Und es ist möglich (wenn auch zugegebenermaßen nicht einfach) für Menschen „in sexuellen Situationen mit Respekt zu agieren" (Brake 2005, 89). Obgleich Kant nicht behauptet, dass ein Agieren mit Respekt in sexuellen Situationen unmöglich ist, so vertritt der doch die Auffassung, dass dies nur innerhalb der rechtlichen Institution der Ehe oder des legalisierten Sexes möglich ist. Er versucht, wie Herman bemerkt, „moralische Rücksicht zu gestalten", indem er die Anerkennung von Verbindlichkeiten im Hinblick auf das Wohlergehen des Ehepartners zur Bedingung sexueller Handlungen macht (Herman 1993, 63). Wenngleich ich glaube, dass Kant in dieser Hinsicht übermäßig optimistisch ist (wir Alle kennen verheiratete Leute, die ihre Partner nicht respektieren), so ist doch das Argument dieses Aufsatzes nicht Anti-Ehe. Legalisiertem Sex haftet häufig etwas Besonderes an. Um es in kantianischeren Begriffen auszudrücken: ebenso wie von Bürgern, die unter demokratischen Regimes, in denen die Rechtsstaatlichkeit respektiert wird, leben, gesagt werden kann, dass sie unter einem „moralischen Anstrich" leben, wodurch „die Entwicklung der moralischen Anlage zur unmittelbaren Achtung fürs Recht wirklich viel Erleichterung bekommt" (ZeF, AA 8: 375f. Fn.), so ist es doch auch wahrscheinlicher dass Liebende, die sich öffentlich zueinander „in guten wie in schlechten Zeiten" bekennen, und die geloben, „dass keine Person ein Glück oder Unglück, Freude oder Missvergnügen erdulden [wird], wo nicht die andre mit Antheil nehmen wird (V-Mo/Collins, AA 27: 388), Respekt füreinander entwi-

---

14 In diesem Punkt habe ich mich auch von Brakes sowie Nussbaums Erörterungen beeinflussen lassen (siehe insb. Brake 2005, 60; Nussbaum 1999, 239).

ckeln.¹⁵ Mithilfe der juridischen Strategie der Ehe wird „dann ein großer Schritt zur Moralität (obgleich noch nicht moralischer Schritt) gethan" (ZeF, AA 8: 376 Fn.).

*Aus dem Englischen übersetzt von Carola Freiin von Villiez*

---

**15** Für eine hiermit verwandte Diskussion siehe Louden 2000, 149 und Louden 2007, 208–09. Die Wurzeln dieses Aufsatzes liegen in einem informellen Vortrag, den ich auf einem Workshop zu Kants *Rechtslehre* am Boston College im Juli 2012 gehalten habe. Ich möchte Susan Shell für die Einladung zu diesem Workshop danken, sowie dem Mitteilnehmer Howard Williams für die Ermutigung, meine Bemerkungen weiter zu entwickeln. Eine erste Ausarbeitung dieses Aufsatzes wurde im Juli 2016 während meines Aufenthaltes als Gastprofessor an der Universidade Federal de Santa Catarina in Florianópolis, Brasilien, geschrieben. Ich möchte meiner Gastgeberin Maria Borges danken – nicht nur für die Einladung, Teile meine Arbeit den Studenten und Kollegen in Brasilien präsentieren zu können, sondern auch für die Gelegenheit, ein wenig in einem so wunderschönen Teil der Welt schreiben zu dürfen.

Carola Freiin von Villiez
# Staatliche Souveränität und Selbstbestimmung der Völker bei Kant und im Völkerrecht

## 1 Funktion des Staats und Grenzen seiner Funktionalität nach Kant

Nach Kant gibt es für miteinander in Wechselwirkung stehende menschliche Wesen zwei mögliche Formen des Zusammenlebens: den Naturzustand und den bürgerlichen Zustand (vgl. RL, AA 6: 306 f.). Im Unterschied zum bürgerlichen Zustand steht der Naturzustand für eine Gesellschaft, die noch nicht durch öffentliches Recht wirksam reguliert wird (s.a. Geismann 1996, 275). Es gibt in ihr weder positives Recht noch einen kompetenten öffentlichen Richter, und es gibt auch keine Instanz der Rechtsdurchsetzung (vgl. RL, AA 6: 312; ZeF, AA 8: 355). Wenngleich der Naturzustand als solcher nicht ungerecht ist und auch nicht notwendigerweise durch fortwährende tätliche Gewalt geprägt ist, so ist er doch anfällig für fortwährenden juridischen Streit (vgl. ZeF, AA 8: 349; RL, AA 6: 312).[1] Hieraus folgt für den Menschen eine Rechtspflicht, gemeinsam mit seinen Mitmenschen aus dem Naturzustand auszutreten und sich im Sinne eines bürgerlichen Zustands zu verfassen (vgl. RL, AA 6: 306 f., 348).

Die kleinste Einheit eines umfassenden Systems bürgerlicher Institutionen der Rechtsverwirklichung ist der Staat. Der bürgerlich-rechtliche Zustand ist also „Resultat eines rechtschaffenden Aktes [...] durch den ‚sich das Volk [die Menge der Rechtssubjekte] selbst zu einem Staat konstituiert'" (Seel 1997, 302). Der legitime Staat ist nach Kant gemäß einem Prinzip der Gewaltenteilung (vgl. RL, AA 6: 313 ff.) republikanisch verfasst (vgl. ZeF, AA 8: 349 f.). Nun wird allerdings durch das Organisationsprinzip „Staat" das Naturzustandsproblem lediglich auf die nächsthöhere Ebene verschoben (gleichwohl mit dem Vorteil einer Dezimierung der Einheiten, für deren juridischen Streit keine öffentliche Schlichtungsinstanz zur Verfügung steht). In ihren Beziehungen untereinander verbleiben die

---

Eine Erstformulierung des normlogischen Vorrangs von Selbstbestimmung vor Souveränität findet sich in Freiin von Villiez 2001.

1 Geismann 1996, 275, spricht hier in Anspielung auf Hobbes von einem juridischen Streit Aller gegen Alle.

Staaten im rechtlosen Naturzustand. Kant hat natürlich selbst erkannt, dass eine Welt von ausschließlich intern rechtlich verfassten Staaten keine hinreichende Lösung des Naturzustandsproblems darstellt. Solange es keine Instanz gibt, die den juridischen Krieg der Staaten untereinander wirksam beilegen kann, wird es immer wieder zu Gewaltausbrüchen kommen. Ein ewiger – juridischer – Friede ist daher nur durch eine globale Ausdehnung des öffentlichen Rechtszustands zu erreichen. Er erfordert öffentlich-rechtliche Beziehungen zwischen Individuen, zwischen Staaten und zwischen Staat und Individuum, was sich in Kants dreifacher Bestimmung des öffentlichen Rechts als Staatsrecht, Völkerrecht und Weltbürgerrecht niederschlägt (vgl. auch Geismann 1996, 288). Jede dieser drei Rechtsebenen muss nach Kant vollständig bestimmt sein. Denn „wenn unter diesen drei möglichen Formen des rechtlichen Zustandes, es nur einer an dem die äußere Freiheit durch Gesetze einschränkenden Princip fehlt," wird „das Gebäude aller übrigen unvermeidlich untergraben" und muss „endlich einstürzen" (RL, AA 6: 311).

## 2 Defizite der Weltrepublik und Insuffizienz des Staatenbundes nach Kant

„Völker als Staaten können wie einzelne Menschen beurtheilt werden" (ZeF, AA 8: 354).[2] Solange sie sich untereinander nicht unter äußeren Gesetzen befinden, gilt also auch für sie die Rechtspflicht, ihren gesetzlosen Zustand zugunsten eines gemeinsamen öffentlich-rechtlichen Zustands zu verlassen. Kant erwägt in seinen Schriften zwei Optionen für eine angemessene Strukturierung der Beziehungen zwischen Staaten: Den *Völkerstaat* bzw. die *Weltrepublik* und den *Föderalism freier Staaten* oder *Völkerbund*. Deren charakteristische Merkmale seien kurz erläutert.

### 2.1 Der Völkerbund

„Das Völkerrecht soll auf einen Föderalism freier Staaten gegründet sein" (ZeF, AA 8: 354), so lautet der Zweite Definitivartikel zum Ewigen Frieden. Darunter

---

**2** Kants Postulat von Staatsvölkern als moralischen Personen ist ein Grundpfeiler von an Kant anschließenden Völkerrechtskonzeptionen wie der von John Rawls. Dessen oft kritisierte Setzung von zwei sequentiellen Urzuständen würdigt die hieraus folgende normative Kraft kollektiver Verrechtlichung.

versteht Kant eine Allianz souveräner Staaten zum ausschließlichen Zwecke der negativen Gewährleistung von Sicherheit und Frieden zwischen den Staaten: ein Schutz- und Abwehrbündnis (ZeF, AA 8: 356). In der *Rechtslehre* taucht der Völkerbund auch unter dem Titel des *„permanenten Staatencongreß"* auf, worunter Kant eine „willkürliche, zu aller Zeit *auflösliche* Zusammentretung verschiedener Staaten" versteht (RL, AA 6: 350f.). „Dieser Bund", so Kant, „geht auf keinen Erwerb irgendeiner Macht des Staats, sondern lediglich auf Erhaltung und Sicherung der *Freiheit* eines Staats für sich selbst und zugleich anderer verbündeter Staaten [...]" (ZeF, AA 8: 356; s.a. „Recht des Friedens" RL, AA 6: 349). Es dürfen sich die Staaten im Unterschied zu den „Menschen im Naturzustande", so Kant weiter, daher auch nicht „öffentlichen Gesetzen und einem Zwange unter denselben unterwerfen [...]" (ZeF, AA 8: 356).

## 2.2 Die Weltrepublik

Kant fordert die Staaten im Zweiten Definitivartikel also unmissverständlich auf, sich in einem zwanglosen Völkerbund zusammenzuschließen. In derselben Schrift formuliert er indessen aber die Unterwerfung der Staaten unter *gemeinsame öffentliche Zwangsgesetze* als ein Gebot der Vernunft, wenn er schreibt

> Für Staaten im Verhältnisse unter einander kann es nach der Vernunft keine andere Art geben, aus dem gesetzlosen Zustande, der lauter Krieg enthält, herauszukommen, als daß sie eben so wie einzelne Menschen ihre wilde (gesetzlose) Freiheit aufgeben, sich zu öffentlichen Zwangsgesetzen bequemen und so einen (freilich immer wachsenden) *Völkerstaat* (*civitas gentium*), der zuletzt alle Völker der Erde befassen würde, bilden (ZeF, AA 8: 357).

Man könnte den Völkerstaat dann als *Weltrepublik* bezeichnen. Letztere ist hier im Sinne „einer einzigen (globalen) bürgerlichen Gesellschaft unter öffentlichen Zwangsgesetzen der äußeren Freiheit" zu verstehen (Geismann 1996, 294, Übersetzung CFvV): im Sinne eines *zentralistischen Weltstaats*. Als maßstabgetreue Reproduktion des (National-)Staats auf der globalen Ebene, wäre die Weltrepublik – im Unterschied zum Völkerbund – durch die Existenz öffentlichen Rechts, einer öffentlichen Gerichtsbarkeit und einer öffentlichen Zwangsgewalt charakterisiert (vgl. RL, AA 6: 312).

## 2.3 Das Problem

Welche der beiden Optionen zieht Kant nun vor? Vor dem *Ewigen Frieden* hatte er vehement zugunsten der Weltrepublik argumentiert;[3] und auch im *Ewigen Frieden* schreibt er noch, jeder Staat dürfe, um Rechtssicherheit zu erlangen, von den anderen fordern, „mit ihm in eine der *bürgerlichen Verfassung ähnliche* Verfassung zu treten, wo jedem sein Recht gesichert werden kann" (ZeF, AA 8: 354, Hervorhebung CFvV). Unter einer bürgerlichen Verfassung versteht Kant in all seinen Schriften die Verfassung eines *Staats* (vgl. Seel 1997, 304). An just dieser Stelle führt er indessen aber weiter aus, jene der bürgerlichen Verfassung ähnliche Verfassung, in der jedem sein Recht gesichert würde, wäre „ein Völkerbund, der aber gleichwohl kein Völkerstaat" sein darf (ZeF, AA 8: 354). Man kann nun aber nicht für eine Weltrepublik unter gemeinsamen öffentlichen Zwangsgesetzen und gleichzeitig für den gerade durch deren Abwesenheit definierten Völkerbund argumentieren. Tatsächlich befindet sich Kant, wie im Weiteren erläutert werden soll, in einem genuinen Dilemma.[4] Angesichts der behaupteten Ähnlichkeit des Völkerbundes zur bürgerlichen Verfassung legt sich die Frage nahe, wo Kant den Unterschied zwischen beiden sieht. Nach Seel gründet dieser darin, dass „es sprachlich nicht gut möglich ist, von ‚Staaten' als von ‚Bürgern' zu sprechen" (Seel 1997, 304). Wie zu zeigen sein wird, liegt er jedoch eher in einem substantiellen Aspekt des bürgerlichen Zustandes begründet. Eine Analyse der von Kant bezüglich der beiden in Betracht gezogenen Optionen angedeuteten Probleme wird den Weg zur Lösung seines augenscheinlichen Entscheidungsproblems aufzeigen.

Das Hauptdefizit des Völkerbunds ist seine geringe Effizienz mit Blick auf eine dauerhafte Sicherung des juridischen Friedens. Sie ist eine Folge seiner Unterbestimmtheit. Individuen *inter pares* beenden den juridischen Krieg, indem sie sich zu einem Staat zusammenschließen und sich „eine oberste gesetzgebende, regierende und richtende Gewalt setzen" (ZeF, AA 8: 356), die ihre Konflikte mithilfe des Rechts schlichten kann. Wie das „Surrogat des bürgerlichen Gesellschaftsbundes, nämlich der freie Föderalism" (ZeF, AA 8: 356) den endlosen juridischen Streit in Ermangelung der konstitutiven Elemente des Rechtszustandes – gemeinsame Legislative, Judikative und Exekutive – dauerhaft beenden können soll, ist hingegen völlig unklar. Der völkerbündische Weg zum ewigen Frieden ist gepflastert mit den schlüpfrigen Steinen einer Vereinbarung, die jederzeit unila-

---

[3] Für Seel 1997, 322, „markiert diese Schrift" insofern auch „einen entscheidenden Wendepunkt in der Rechtsphilosophie Kants".
[4] Seel 1997, 297 spricht in diesem Zusammenhang von einer Aporie, Höffe (nach Seel) von einer Antinomie.

teral aufkündbar ist. Mit seinem Föderalism freier Staaten scheint Kant tatsächlich jener Liga „leidiger Tröster" (Grotius, Pufendorf und Vattel) beizutreten, deren jeweiliger Kodex „nicht die mindeste *gesetzliche* Kraft hat oder auch nur haben kann (weil Staaten als solche nicht unter einem gemeinschaftlichen äußeren Zwange stehen)" (ZeF, AA 8: 355). Recht ist nach Kant stets mit der „Befugniß zu zwingen" verbunden (RL, AA 6: 234); und so ist Kant zumindest konsequent, wenn er einräumt, dass der Völkerbund bloß das „negative Surrogat" für die positive Idee einer Weltrepublik sein kann, wo die Letztere auf den Widerstand der Staaten stößt (ZeF, AA 8: 357). Er kann zwar „den Strom der rechtscheuenden, feindseligen Neigung aufhalten, doch mit beständiger Gefahr ihres Ausbruchs [...]" (ZeF, AA 8: 357).

Wenn aber der Völkerbund bloß ein negatives Surrogat für die positive Idee einer Weltrepublik ist, warum argumentiert Kant im *Ewigen Frieden* dann nicht vorbehaltlos zugunsten der Letzteren? Was sind deren Defizite? Die Weltrepublik ist problematisch, weil sie den Umstand unberücksichtigt lässt, dass die globale Ebene bereits als ein System souveräner Staaten organisiert ist. Die bestehende Struktur wird von Kant allerdings nicht etwa durch den Rekurs auf das bloße Faktum des Pluralismus legitimiert – noch dazu im Angesicht eines ihr scheinbar widerstreitenden Vernunftgebots. Ihre Legitimität folgt vielmehr aus einer genuin normativen Prämisse. Kant gründet sein Völkerrecht auf ein normatives Konzept staatlicher Souveränität, denn die Anerkennung des Souveränitätsprinzips ist für ihn eine der Grundbedingungen für einen internationalen Rechtszustand überhaupt. Er formuliert sie im „Fünften Präliminararartikel zum ewigen Frieden unter Staaten" wie folgt: „Kein Staat soll sich in die Verfassung und Regierung eines andern Staats gewaltthätig einmischen" (ZeF, AA 8: 346). Als konstitutives Prinzip des Völkerrechts verweist die Souveränität der Staaten auf ein grundlegendes Recht der Menschen, sich in Gruppen unter Zwangsgesetzen der äußeren Freiheit zusammenzuschließen: Sie verweist auf ein *Menschenrecht auf Eigenstaatlichkeit*.

Eine Weltrepublik würde, wie Kant anhand der Universalmonarchie veranschaulicht, als Verschmelzung von zuvor separaten Staaten zu einem einzigen Riesenstaat indessen die Abschaffung der Staaten bedeuten. Und dagegen spricht der Umstand, dass die „Staaten innerlich schon eine rechtliche Verfassung haben" (ZeF, AA 8: 355 f.). Staaten haben ein „erworbenes Recht [...], in einem bürgerlichen Zustand zu verweilen" und eine Pflicht, „den Grad, zu dem sie den bürgerlichen Zustand intern bereits realisiert haben, nicht aufs Spiel zu setzen" (Geismann 1996, 291, Übersetzung CFvV). Diese Pflicht, so könnte man argumentieren, schulden die Staaten ihren Rechtssubjekten, d.i. Staatsvölkern. Sie sind es, die dem Staat, d.i. den staatlichen Institutionen, nicht nur in ihrer Rolle als Souverän, sondern auch in ihrer im legitimationstheoretischen Sinne *staatsbegründenden* Eigenschaft die Befugnis verleihen, auch die *innere Souveränität* im

Sinne des Rechts der Freiheit auszugestalten, womit also sowohl die äußere Souveränität als auch die innere Souveränität der Staaten normativ qualifiziert wären. Demnach haben sie „mit Blick auf das Menschenrecht zwei Pflichten [...], von denen sich eine aus ihrer Existenz als bürgerliche Gesellschaften ergibt, und die andere aus dem [zwischengesellschaftlichen] Naturzustand" (Geismann 1996, 291, Übersetzung CFvV). Entgegen Geismann zielt die Letztere aber gerade nicht auf die Abschaffung äußerer Souveränität ab. Sie zielt vielmehr ab auf „ein auf öffentliche mit Macht begleitete Gesetze, denen sich jeder Staat unterwerfen müsste, gegründetes *Völkerrecht*" (TP, AA 8: 312, Hervorhebung CFvV), das gleichwohl die Wirksamkeit eines allgemeinen Völkerstaates aufweisen müsste, um Selbstständigkeit und Eigentum der Staaten verlässlich sichern zu können.

Der Kern des Problems liegt darin, dass die Staaten aufgrund ihrer internen Verfasstheit „dem *Zwange* anderer, sie nach *ihren Rechtsbegriffen* unter eine erweiterte gesetzliche Verfassung zu bringen, entwachsen" sind (ZeF, AA 8: 355f., Hervorhebung CFvV), die Etablierung der Weltrepublik nach Kant aber die Form einer „Zusammenschmelzung [der Staaten] durch eine die anderen überwachsende und in eine Universalmonarchie übergehende Macht" nehmen muss (ZeF, AA 8: 367). Obgleich das Recht ihrer Bürger auf bloße Staatlichkeit auch im Rahmen der Weltrepublik durchaus realisiert werden könnte, haben die Staaten also das Recht – ja sogar die Pflicht –, sich dieser Nötigung zu widersetzen. Denn die Ablösung ihrer gegenwärtigen Verfassung durch die einer Weltrepublik würde ihre Unterwerfung unter eine übergeordnete Gewalt voraussetzen. Dies aber wäre, wie im Weiteren gezeigt werden soll, mit Kants legitimationstheoretischer Auffassung von Volkssouveränität und Selbstbestimmung der Völker nicht vereinbar.

Kants halbherzige Distanzierung von der Weltrepublik im *Ewigen Frieden* verweist insofern auf ein echtes Dilemma: Die Staaten dürfen ihre Souveränität nicht aufgeben – gleichwohl scheint ihnen die Rechtspflicht zum Austritt aus dem internationalen Naturzustand gar keine andere Wahl zu lassen, als genau dies zu tun. Die Vernunft fordert jene vollständige Institutionalisierung des Rechtszustands, die alleine den juridischen Kriegszustand wirksam zu beenden vermag. Die bloße Übereinkunft der Staaten über Regeln der Nichtaggression im Rahmen des Völkerbunds reicht hierzu nicht hin. Denn insofern „in diesem Zustande jeder in seiner eigenen Sache Richter ist", wäre „die Art, wie Staaten ihr Recht verfolgen" nicht „wie bei einem äußeren Gerichtshofe, der Proceß, sondern nur der Krieg [...]" (ZeF, AA 8: 355). Und selbst wenn es solch ein externes Tribunal gäbe, wären dessen Urteile doch immer nur provisorisch, solange es keine externe, übergeordnete Instanz gibt, die mit der Befugnis und der Macht zu zwingen verbunden ist. Eine vollständige Institutionalisierung des Rechtszustands auf der zwischenstaatlichen Ebene wäre nach Kants Überzeugung indessen aber mit einer unvertretbaren Auflösung der Staaten verbunden. Aus diesem Grunde entscheidet er sich für den Völkerbund. Dessen Wirksamkeit, das räumt Kant selbst ein, ist zwar überaus gering, da er weder öffentliches Recht, noch einen öffentlichen Richter, noch eine öffentliche Zwangsinstanz bestimmt. Er verletzt dafür aber nicht die Souveränität der intern bereits rechtlich verfassten Staaten und ist damit das kleinere Übel. Eine an Kant anschließende Theorie internationalen Rechts muss also, so die Konsequenz des Vorangegangenen, eine globale Institutionenstruktur modellieren, die – indem sie alle drei Elemente des Rechtszustands aufweist – das Effektivitätsproblem des Föderalism freier Staaten löst, ohne mit dem Verlust von Souveränität zur politisch-rechtlichen Auslöschung der Staaten und somit der Eigenstaatlichkeit ihrer Staatsvölker zu führen.

Kant verwirft den schließlich zur Weltrepublik anwachsenden Völkerstaat also nicht deshalb, weil er ihn für faktisch nicht durchsetzbar hält, da die Staaten dies „nach ihrer Idee vom Völkerrecht durchaus nicht wollen, mithin, was *in thesi* richtig ist, *in hypothesi* verwerfen [...]" (ZeF, AA 8: 357). Er verwirft ihn in erster Linie deshalb, weil er die damit notwendig verbundene politisch-rechtliche Auslöschung der Staaten für nicht legitimierbar hält. Wie im Weiteren gezeigt werden soll, ruht seine Ablehnung des zentralistischen Völkerstaats bzw. der Weltrepublik letztlich normativen Erwägungen zu Souveränität und Selbstbestimmung auf; und sein fortwährendes Ringen mit der Frage, ob Völkerstaat bzw. Weltrepublik sich nicht doch noch irgendwie legitimieren ließen, welches in eine scheinbar halbherzige Befürwortung einer Welt rechtlich affiliierter, gleichwohl souveräner Staaten mündet, liegt darin begründet, dass der Zentralismus eine überragende Effektivität in der Durchsetzung von Recht verspricht, wie sie in der Staatenwelt seiner Zeit mit dem ihr eigenen Souveränitätsverständnis anders nicht erbracht werden kann. Der Preis hierfür wäre allerdings allzu hoch, begründet der Zentralismus doch einen Frieden, der auf dem alle Kräfte schwächenden „Kirchhofe der Freiheit [...] hervorgebracht und gesichert wird", und dem der im Rahmen eines zwanglosen Völkerbundes durch aller Kräfte „Gleichgewicht im lebhaftesten Wetteifer derselben" hervorgebrachte und gesicherte Frieden allemal vorzuziehen ist (ZeF, AA 8: 367). Sofern „ein föderativer Zustand der Staaten, welcher bloß die Entfernung des Krieges zur Absicht hat, der einzige, mit der *Freiheit* derselben vereinbare *rechtliche* Zustand" ist, „ist die Zusammenstimmung der Politik mit der Moral nur in einem föderativen Verein (der also nach Rechtsprincipien *a priori* gegeben und nothwendig ist), möglich" (ZeF, AA 8: 385).

## 3 Souveränität und Mehrebenen-Modelle des Regierens

Kants Grundgedanke, dass politische und rechtliche Institutionen Anforderungen der Effektivität ebenso genügen können müssen wie solchen der Legitimität,[5] lässt sich in einem normativ abgesicherten Mehrebenen-Modell des Regierens angemessen berücksichtigen. Solche Modelle erfreuen sich heute großer Beliebtheit, wobei empirische Entwürfe (etwa Zürn 1998, Zürn/Leibfried 2005) normativ untermauert werden (exemplarisch Höffe 1999; Mohr 2001 u. 2002; Freiin von Villiez/Mohr 2002, Freiin von Villiez 2004 und 2005).[6] Die universale Verrechtlichung mündet hier – theoretisch – nicht in jene Weltrepublik, die sich Kant mit Blick auf die Effektivität internationalen Rechts einerseits so sehr wünschte, die er andererseits aber auf der Grundlage von genuin normativen Erwägungen als nicht legitimierbar verwarf. Eine Vermittlung von Kants scheinbar miteinander konfligierenden Forderungen nach Effektivität und Legitimität ist also grundsätzlich erst vor dem Hintergrund des heutigen Verständnisses von staatlicher Souveränität möglich. Anders als noch zu Kants Zeiten gilt diese heute nicht mehr als ein unteilbarer Nexus, sodass Souveränitätstransfers nicht mehr automatisch als Auflösung der (National-)Staaten wahrgenommen werden.

Wie sich exemplarisch an der Europäischen Union beobachten lässt, scheint Mehrebenen-Systemen indessen aber eine Tendenz innezuwohnen, aus machtdynamischem oder ideologischem Antrieb letztlich doch zunehmend zum Zentralismus eines Weltstaats oder eines Vielvölkerstaats abzudriften. Als Schutzmechanismus gegen derartige Entwicklungen wurde (offenbar in weiser Voraussicht) und wird in empirischen und normativen Mehrebenen-Modellen des Regierens dem Prinzip der Subsidiarität häufig ein entscheidender Stellenwert beigemessen (exemplarisch Höffe 1997a, 1997b, 1999 sowie Döring 2004). Es stellt sich aber zunehmend die Frage, ob und, wenn ja, wie eine angemessene Berücksichtigung des Subsidiaritätsprinzips in real existierenden Strukturen überhaupt gewährleistet werden kann. Antworten auf diese Frage erfordern einen Rekurs auf die normativen Grundlagen des Subsidiaritätsprinzips. Diese Grundlagen liegen zum einen im Anspruch von *Staaten* auf Selbstbestimmung – dem Prinzip staatlicher *Souveränität* – und zum anderen in einer Idee von im normativen Sinne *vorstaatlichen Ansprüchen*. Im Folgenden sei zunächst kurz auf das

---

[5] Diesen Gedanken greift auch John Rawls insbesondere in *Das Recht der Völker* mit seiner Idee einer realistischen Utopie auf.
[6] Auch Pogges Idee des institutionellen Kosmopolitismus (exemplarisch Pogge 1992) weist in diese Richtung.

Souveränitätsprinzip eingegangen und im Anschluss daran erläutert, was die Rede von vorstaatlichen Ansprüchen meint.

Mit Blick auf die Subsidiaritätsproblematik ist es aus legitimationstheoretischer Sicht wichtig, zwischen *Kompetenzen-Kompetenz* sowie hier so benannter *Kernsouveränität* und *Reflexivsouveränität* zu unterscheiden. Die Kompetenzen-Kompetenz bestimmt im Völkerrecht den positivrechtlichen Status eines Staates als originäres Völkerrechtssubjekt mit unbeschränkter Völkerrechtssubjektivität. Sie weist ihn als völkerrechtsunmittelbar und verfassungsautonom aus und begründet damit die grundlegende Befugnis der Staatsgewalt, zum einen das Staatsvolk und das Staatsgebiet gegen externe Übergriffe zu verteidigen und Bündnisse einzugehen, d. i. als Völkerrechtsakteur zu agieren (äußere Souveränität), und zum anderen die politisch-rechtliche Ordnung auf dem Staatsgebiet zu organisieren (innere Souveränität) (hierzu Ipsen 1999b, §2, 37; Epping 1999, §5, 55f). Wie kursorisch gezeigt werden soll, leitet sich die Kompetenzen-Kompetenz normativlogisch vom Selbstbestimmungsrecht der Völker ab und ist daher stets an das Letztere rückgebunden. Dies hat weitreichende Konsequenzen für die Ausübung der Kompetenzen-Kompetenz, und in diesem Zusammenhang kommt die Unterscheidung zwischen Kernsouveränität und Reflexivsouveränität zum Tragen. Die Kernsouveränität bezeichnet hier durch das Selbstbestimmungsrecht der Völker festgelegte Souveränitätsbereiche, deren Innehaben für die dauerhafte und würdige Existenz eines Staatsvolkes unerlässlich ist. Aufgrund von deren herausragender Relevanz ist die Staatsgewalt als solche nicht befugt, ihre Oberhoheit in der Verwaltung dieser Bereiche niederzulegen oder zu übertragen. In den Bereich der Reflexivsouveränität fallen dagegen als Ausgestaltung der Kernsouveränität von dieser Grundbefugnis abgeleitete konkrete Befugnisse und ihnen entsprechende Regelungen. Diese Ausgestaltung unterliegt der räumlich-zeitlichen Bestimmung gemäß dem Gebot der Zweckmäßigkeit.

Mit Blick auf „Kants Dilemma" und die ihm hier theoriesystematisch zugeschriebene Bevorzugung einer Lösung im Sinne des Subsidiaritätsprinzips erlangt diese Unterscheidung theoretische und praktische Relevanz. Soll der Staat als normative Entität (man könnte hier durchaus auch von einer abgeleiteten *moralischen Personalität* des Staates sprechen) in einem ihn einbegreifenden Institutionengefüge erkennbar bleiben, und soll die subsidiäre Souveränitätsstruktur gewahrt bleiben, müssen ihm nämlich seine Kompetenzen-Kompetenz, aber auch seine Kernsouveränität mit Bezug auf äußere wie innere Angelegenheiten erhalten bleiben. Die hiermit erforderliche Bestimmung von der Kernsouveränität zuzuordnenden staatlichen Befugnissen muss im Lichte des Selbstbestimmungsrechtes der Völker vorgenommen werden. Dies soll im Nachfolgenden geleistet werden, bevor gezeigt wird, inwiefern bei Kant von einem Selbstbestimmungsrecht der Völker die Rede sein kann.

## 4 Souveränität und Selbstbestimmungsrecht der Völker im Völkerrecht

Die Souveränität der Staaten und das in ihr begründete Verbot von über die akute Selbstverteidigung oder Verteidigung alliierter Mächte hinausgehender zwischenstaatlicher Gewaltanwendung wird von Vielen zu Recht als die Geburtsnorm des Völkerrechts betrachtet. Nur Staatsgewalten (*in abstracto*) die sich wechselseitig als legitime Vertreter von jeweils voneinander abgegrenzten Staatsgebieten und Staatsvölkern anzuerkennen gewillt sind, können miteinander in genuin rechtliche Beziehungen treten. Ein gelungener Subsidiaritätsentwurf im Geiste Kants setzt aber noch weit mehr voraus als das Souveränitätsprinzip. Er bedarf aus legitimationstheoretischer Sicht der Unterfütterung durch das Prinzip der politischen, wirtschaftlichen, sozialen und kulturellen Selbstbestimmung der Völker; und er bedarf aus rechtlicher Sicht einer Gewährleistung der Letzteren durch das entsprechende Recht auf Selbstbestimmung im positiven Völkerrecht.

Das Selbstbestimmungsrecht der Völker ist in der UN-Charta und dem jeweiligen Artikel 1 der beiden UN-Menschenrechtspakte über bürgerliche und politische bzw. wirtschaftliche, soziale und kulturelle Rechte von 1966 (vgl. Vereinte Nationen 1966 in Fastenrath/Simma 1998, 25 ff.) festgeschrieben. Ihm gemäß wird allen Völkern das Recht zuerkannt, frei über ihren politischen Status und die Gestaltung ihrer wirtschaftlichen, sozialen und kulturellen Entwicklung zu entscheiden sowie frei über ihre natürlichen Reichtümer und Mittel zu verfügen. Demnach darf in keinem Fall ein Volk seiner eigenen Existenzmittel beraubt werden. Das auf Staaten referierende Souveränitätsprinzip und das Selbstbestimmungsrecht der Völker werden oftmals als einander widerstreitende Größen aufgefasst, da immer wieder auch versucht wird, das Letztere zur Aufweichung oder Anfechtung von völkerrechtlich attestierten Souveränitätsansprüchen in Anschlag zu bringen. So wurde aus Furcht vor daraus begründeten Sezessionsforderungen das Selbstbestimmungsrecht der Völker bereits durch Beschränkungen wie etwa den dezidierten Bezug auf Dekolonisierungsprozesse und die Gewährleistung von stabilen politischen Grenzen durch das *uti possidetis* Prinzip flankiert. Wo *uti possidetis* als „allgemeiner völkerrechtlicher Begriff" als eine „besondere Ausprägung des Effektivitätsprinzips […] zunächst die völkerrechtliche Anerkennung der faktischen Innehabung zum Zeitpunkt der Streitbeendigung oder des Friedensschlusses" bedeutet (Gloria 1999, §23, 73), wird es heute dementsprechend „überwiegend als Besitzstandsgarantie im Sinne einer Garantie der territorialen Integrität der Staaten verstanden" (vgl. Wooldridge 1987, 519–521).

Wenngleich der positivrechtliche Status des Selbstbestimmungsrechts der Völker nach wie vor umstritten ist,[7] lässt sich doch zum grundsätzlichen Verhältnis zwischen staatlicher Souveränität und Selbstbestimmungsrecht der Völker folgendes festhalten: Die Anerkennung von Staaten als Völkerrechtssubjekte mit universaler und originärer Völkerrechtssubjektivität bezeichnet einen normativen Akt der auf *de jure* anerkannte Rechtsprinzipien rekurrierenden Völkergesellschaft (hierzu Oppenheim/Lauterpracht 1955, §71; Gloria 1999 §22, 223; Freiin von Villiez 2005, 80 ff.); und im bestehenden Völkerrecht ist das Konzept der Souveränität unlösbar an die Dienstbarkeit der Staatsgewalt gegenüber den Rechten des Volkes und den Menschenrechten gebunden (vgl. Freiin von Villiez 2003). Dies ist das Unterscheidungsmerkmal zwischen einem Rechtsstaat und einer Gewaltherrschaft. Nach Auffassung etlicher Völkerrechtler ist das in der UN-Charta und den beiden UN-Menschenrechtspakten festgeschriebene Selbstbestimmungsrecht der Völker heute

> ‚zum tragenden Legitimationsprinzip der gesamten Völkerrechtsordnung' geworden, das auch das Verhältnis von Staaten und Völkern neu definiert. Demnach ist die Souveränität der Staaten nicht mehr Selbstzweck, sondern steht im Dienste der Rechte des Volkes und der Menschenrechte, als deren Institutionalisierung sie allein gerechtfertigt ist. (Heintze 1999, §27, 5)

Solch einem Verständnis von staatlicher Souveränität folgend ist die Achtung der Rechte des Volkes und der Menschenrechte das Kriterium für die Legitimitäts- und Integritätsansprüche staatlicher Institutionen (vgl. Freiin von Villiez 2003 u. 2005, 89 ff., 157 ff.). Es ist, mit anderen Worten, das Selbstbestimmungsrecht der Völker der staatlichen Souveränität legitimationstheoretisch vorgeordnet; und es ist in diesem Sinne das Abstraktum „Volk", welches dem Abstraktum „Staat" die Kompetenzen-Kompetenz erteilt, damit dieser dessen politische, ökonomische, soziale und kulturelle Selbstbestimmung gewährleiste. In diesem Sinne vertritt bereits John Westlake die Auffassung, die Rechte von Staaten seien nichts Anderes als die Summe der Rechte ihrer Staatsangehörigen (vgl. Oppenheim 1914, 78). Wenngleich hiergegen einzuwenden wäre, dass sich die Rechte von Staaten in einigen wichtigen Aspekten von Individualrechten unterscheiden, wie etwa darin, dass sie mit Territorialansprüchen einhergehen, so scheint doch die Grundintuition richtig, die Rechte von Staaten nicht losgelöst von den Rechten von Staatsangehörigen zu denken. Die Souveränitätsrechte von Staaten sind zwar im Hinblick auf Anwendung und Inhalt nicht aber im Hinblick auf ihre Herkunft Rechte *sui generis* (vgl. Freiin von Villiez 2005, 164). Sie sind das rechtliche De-

---

7 Für eine umfassende Diskussion siehe Gornig/Horn/Murswiek 2013.

stillat der vereinigten Willen von Personen, sich als ein Staatsvolk zu verstehen (vgl. Freiin von Villiez 2003).

In seinem Status als kollektives Menschenrecht, also als ein Recht, das zwar nur von Kollektiven wahrgenommen werden kann, das aus legitimationstheoretischer Sicht aber unablösbar an Individuen rückgebunden ist, ist das Selbstbestimmungsrecht der Völker neben den rein individuellen Menschenrechten als legitimationstheoretischer Fixpunkt jedweden staatlichen Handelns zu betrachten. Während die Konkretisierung der Souveränitätsrechte gemäß feststehenden und korrekt durchzuführenden Verfahren der Obhut von staatlichen Organen obliegt, liegt die grundsätzliche Berechtigung zu solcher Aktivität also im Legitimationsbereich des Selbstbestimmungsrechtes der Völker. Die mit der Kompetenzen-Kompetenz der Staatsgewalt zuerkannte Ausgestaltungsbefugnis ist hier aus legitimationstheoretischer Sicht so zu interpretieren, dass im Rahmen des Selbstbestimmungsrechtes der Völker definierte, hochsensible Kernsouveränitätsbereiche durch deren Ausübung unbeschadet bleiben müssen. Mit anderen Worten, eine Beschneidung oder gar Aufgabe der Oberhoheit über diese Bereiche liegt nicht in der Verfügungsbefugnis einer faktischen Regierung. Sie liegt, wie im Nachfolgenden erläutert werden soll, auch nicht in der Verfügungsbefugnis einer faktischen Bevölkerung.

Wenn nun etwa ein Staat anderen Staaten Überflugrechte gewährt oder einer internationalen humanitären Organisation Befugnisse einräumt, auf seinem Gebiet eine humanitäre Einrichtung zu etablieren und zu betreiben, bedeutet dies eine zeitlich und räumlich begrenzte Übertragung von Nutzungsrechten an seinem Hoheitsgebiet, die gleichwohl seine Kernsouveränität nicht in Frage stellt. Anders verhält es sich aber beispielsweise mit einer dauerhaften Übertragung von Haushaltsoberhoheit an staatsexterne Institutionen und Organe. Die Haushaltsoberhoheit ist essentiell für ein Staatswesen und im Sinne der hier eingeführten Unterteilung insofern der Kernsouveränität zugehörig. Da das Prinzip der Haushaltsoberhoheit die materielle Grundlage staatlicher Handlungs- und Wandlungsfähigkeit – und damit die faktische Existenz eines Staates als politisch-rechtliches Gebilde – dauerhaft soll sichern können, ist es zu Recht auf der Legitimationsebene des Selbstbestimmungsrechts der Völker verankert. Dies gilt unbeschadet des Umstands, dass das Selbstbestimmungsrecht der Völker aufgrund seiner Genese im Kontext der Entkolonialisierung in erster Linie auf natürliche Ressourcen Bezug nimmt. So ergibt sich diese Verankerung also nicht bloß aus der legitimen Forderung nach autonomer und vollumfänglicher Verfügungsgewalt eines konkreten Staatsvolkes über sein völkerrechtlich anerkanntes Staatsgebiet, sondern aus der Überlegung, dass die ökonomische Selbstbestimmung notwendige Grundbedingung auch für die politische, kulturelle und soziale Selbstbestimmung eines Volkes als Staatsvolk – und damit seiner Würde schlechthin – ist. In diesem Sinne sind auch ideologische Grundsatzentscheidungen – die neben der inneren politisch-rechtlichen Struktur eines Staates letztlich auch dessen sozioökonomische Struktur und kulturelles Wertesystem betreffen – zu Gunsten eines normativ minimal qualifizierten Pluralismus der völkerrechtlichen Regelung und Beurteilung entzogen. Demgegenüber fallen hingegen Gesetze und Bestimmungen, welche vor dem Hintergrund solcher Grundsatzentscheidungen die entsprechende Allokation materieller Ressourcen etwa im Sinne eines bestimmten Sozialstaatsmodells konkretisieren, in den Gegenstandsbereich der Reflexivsouveränität. Insofern sie jederzeit aufhebbar sind, stellen sie die grundsätzliche ökonomische Selbstbestimmung des Staates bzw. des Staatsvolkes auch nicht in Frage.

Das Selbstbestimmungsrecht der Völker umreißt die Kernkompetenzbereiche eines Staates *als Staat* und benennt damit zugleich die fortwährende Erfüllung der hiermit verbundenen Kernaufgaben als dessen völkerrechtliche – und zugleich auch normativ-philosophische – Legitimitätsgrundlage. Wenngleich der „Entscheidung über das *äußere* (oder offensive), auf Veränderung des Territorialstatus ausgerichtete Selbstbestimmungsrecht" (Heintze 1999, §29, 1), welches – wenn auch nicht ausschließlich, so doch in erster Linie – zwischenstaatliche Beziehungen betrifft, „alle anderen Fragen [...] logisch nachgeordnet" sind (Murswiek 1993, 308), so „verbraucht" sich doch gleichwohl „dieses Recht nicht in dem Akt der Staatsgründung" und der wechselseitigen Anerkennung von Staaten im normativen Kontext einer rechtlich geordneten Völkergemeinschaft, sondern hat permanenten Charakter (Heintze 1999, §30, 1). Hieraus „resultiert zwangsläufig" das *innere* Selbstbestimmungsrecht, welches „die Beziehungen zwischen einem Volk und seiner eigenen Regierung" erfasst und „ebendieses Volk zur freien Gestaltung der staatlichen Ordnung" berechtigt (Heintze 1999, §30, 1). Es verkörpert insofern „ein kollektives Menschenrecht der Bevölkerung eines Staates gegen den ‚souveränen' Staat" (Rosas, 1993, 227, Übersetzung CFvV). Auch ergeben sich nach Heintze

> trotz des Fehlens einer abstrakten Definition des Volksbegriffs aus der Staatenpraxis Anhaltspukte dafür, welche Personengruppen als Träger des Selbstbestimmungsrechts anzusehen sind. Als Grundelemente des Volkes sind [...] in jedem Falle das Bewusstsein und der politische Wille anzusehen, ein Volk zu sein. Dadurch entsteht in dieser Personengruppe eine Verbindung. (Heintze 1999, §28, 5)

Gleichwohl sind neben diesem „zentralen Moment" der „Selbstidentifikation von Völkern" auch „*objektive* Faktoren" – wie „Territorium, Sprache, Kultur, Religion, Mentalität oder gemeinsames geschichtliches Erbe" als „Komponenten einer Gruppenqualität" mit zu berücksichtigen (Heintze 1999, §28, 9–10).

## 5 Souveränität und Selbstbestimmungsrecht der Völker bei Kant

Kant gewährt eine Einschränkung von äußerer Souveränität im Sinne eines normativ qualifizierten *ius ad bellum* (s.a. Höffe 1998, 234 ff). Er gesteht Staaten im normativen Kontext des Friedensbundes ein Recht auf die Verteidigung des eigenen Staatsgebietes und -volkes und auf die Verteidigung Alliierter zu (vgl. ZeF, AA 8: 356). Einmischungen in die inneren Angelegenheiten anderer Staaten lehnt er dagegen explizit als normativ unzulässig ab. „Kein Staat soll sich in die Verfassung und Regierung eines andern Staats gewaltthätig einmischen" (ZeF, AA 8: 346). Hier stellt sich erstens die Frage, was als eine „gewaltthätige" Einmischung in die Angelegenheiten eines anderen Staates gelten kann, und, zweitens, warum Kant solche Einmischungen für aus normativer Sicht nicht vertretbar hält. Seine Ausführungen zum Friedensbund legen den Schluss nahe, dass er *jedwede* Intervention – sei diese militärischer oder anderer Art – als gewalttätige Einmischung verstanden wissen will. Hierauf soll an dieser Stelle aber nicht weiter eingegangen werden. Der zweite Teil der Frage wurde weiter oben bereits beantwortet. Das Faktum der Verstaatlichung begründet – *qua* Realisierung der Pflicht zur Staatlichkeit – ein erworbenes Recht in dem etablierten politisch-rechtlichen Zustand zu verbleiben. Hier findet eine Rückbindung staatlicher Souveränität an die Individuen statt, die sich gemeinsam unter Zwangsgesetze der äußeren Freiheit begeben haben und mit dieser Konstituierung einer bürgerlichen Gesellschaft ihrer individuellen Rechtspflicht nachgekommen sind.

Ein Selbstbestimmungsrecht der Völker so wie es im heutigen Völkerrecht vorliegt findet sich bei Kant zwar nicht in expliziter Formulierung. Die Idee eines solchen – im normativen Sinne *vorstaatlichen* – kollektiven Menschenrechts lässt sich aus seinen Ausführungen in der *Rechtslehre* und im *Ewigen Frieden* aber gleichwohl analytisch rekonstruieren. Hierzu bieten sich mindestens zwei fruchtbare Ansatzpunkte.

1. Im *Ewigen Frieden* schreibt Kant, dass eine Zusammenschmelzung der Staaten zu einer in eine Universalmonarchie übergehende Macht unzulässig ist, weil die Staaten aufgrund ihrer internen Verfasstheit „dem Zwange anderer, sie nach ihren Rechtsbegriffen unter eine erweiterte Verfassung zu bringen, entwachsen" sind (ZeF, AA 8: 355 f.). Dass Kant versucht, seine Argumentation zugunsten des freien Föderalism der Staaten mit einem empirischen Faktum zu untermauern, ist eher unwahrscheinlich. Vielmehr scheint hier eine genuin *normative* Erwägung im Hintergrund zu stehen (so auch Kleingeld 2014, 1124). Es ist dies die Auffassung, dass ein Volk Anspruch darauf hat, nach *seinen eigenen Rechtsbegriffen* zu leben.

Zwar müssen diese im Einklang mit dem Imperativ der Vernunft stehen, sollen sie als abschließend legitimiert gelten können. Dennoch sind aber die *leges humanae* als räumlich-zeitliche Ausdifferenzierungen der *leges rationales* so zu formulieren, dass sie die Lebensumstände der Normsubjekte berücksichtigen: „Sollen impliziert können" (vgl. RGV, AA 6: 50, 6: 62; KpV, AA 5: 143; TP, AA 8: 276–7). In diesem Sinne ließe sich auch das auf den ersten Blick scheinbar empirische Argument aus dem *Ewigen Frieden*, dass die Gesetze mit der Ferne ihre Autorität einbüßen und in einen „seelenlose[n] Despotismus" umzuschlagen drohen, deuten (ZeF, AA 8: 367; ähnlich RL, AA 6: 350 f.). Es lässt sich im natur- bzw. vernunftrechtlichen Sinne eines Rechts auf gerechtes (richtiges) – mithin auch effektives sowie (im Radbruchschen Sinne) zweckmäßiges – Recht deuten. Auch der berühmte Eingangspassus in §B der *Rechtslehre* – „Was ist Recht" (RL, AA 6: 229) – spricht dafür, dass es für Kant mehr als eine einzige richtige Ausformung der Rechtsidee gibt.

Das Selbstbestimmungsrecht der Völker könnte so als eine Extrapolation des einzigen angeborenen Rechtes der Menschen ausgewiesen werden. Es ist dies die Freiheit, nach Gesetzen leben zu dürfen, welche als selbstgegeben anerkannt werden könnten, in ihrer positivrechtlichen Form auch der Lebenswirklichkeit von real existierenden Menschen Rechnung tragen, mithin die Öffentlichkeitbarmachung nicht scheuen müssen (vgl. RL, AA 6: 381 ff.).

2. Es bietet sich ein weiterer Ansatzpunkt für die Idee eines Selbstbestimmungsrechtes der Völker, wenn Kant im *Zweiten Präliminarartikel* zum *Ewigen Frieden* schreibt: Der Staat wird durch ein sich selbst beherrschendes Volk konstituiert. Insofern soll „kein für sich bestehender Staat [...] von einem andern Staate durch Erbung, Tausch, Kauf oder Schenkung erworben werden können" (ZeF, AA 8: 344). Ein Volk, als durch die ihm zugehörigen Individuen konstituiertes Kollektiv, kann solch einer Übereignung seiner Selbst an Andere (Staaten oder Fürstentümer) nicht zustimmen wollen, weil hierdurch die „Existenz [des Staates] als einer moralischen Person" aufgehoben würde (ZeF, AA 8: 344). Der Staat aber ist „nicht (wie etwa der Boden, auf dem er seinen Sitz hat) eine Habe (*patrimonium*)", sondern „eine Gesellschaft von Menschen, über die Niemand anders als er selbst zu gebieten und zu disponieren hat" (ZeF, AA 8: 344). So bleiben also auch in der kollektiven moralischen Person des Staates die diesen gemeinsam konstituierenden Individuen als autonome Subjekte vor der Verdinglichung geschützt. In der *Rechtslehre* spricht Kant im Kontext einer Definition des „*ungerechten Feind[es]*" dann konsequenterweise auch von dem (unverlierbaren) „ursprünglichen Recht" eines Volkes „sich in ein gemeines Wesen zu verbinden" (RL, AA 6: 349). Es ist dieses ursprüngliche Recht, welches siegreichen Staaten im Krieg gegen einen ungerechten Feind die politisch-rechtliche Auslöschung des besieg-

ten Staates durch Landnahme untersagt. Letzteres wäre eine „Ungerechtigkeit gegen [dessen] Volk", welches durch die Entmachtung des ungerechten Feindes lediglich in die Lage versetzt werden soll, „eine neue Verfassung" anzunehmen, „die, ihrer Natur nach, der Neigung zum Krieg ungünstig ist" (RL, AA 6: 349). Und es ist, so könnte man in Kants Sinne extrapolieren, dieses ursprüngliche Recht, welches siegreichen Staaten im Krieg gegen den ungerechten Feind auch eine wirtschaftliche und kulturelle Auslöschung durch Einverleibung untersagt. So sind auch Umwandlungen besiegter Staaten zu Kolonien oder Provinzen zu unterlassen – selbst wenn hierbei ein Volk „seine eigene Verfassung, Gesetzgebung, Boden" hätte, also „von sich selbst (durch sein eigenes Parlament [...]) regiert", gleichwohl durch seinen „*Mutterstaat*" beherrscht würde; denn hierdurch verlören deren Untertanen „durch die Eroberung [ihres] Landes [...] ihre staatsbürgerliche Freiheit" und würden „zu Leibeigenen abgewürdigt" (RL, AA 6: 348). Verteidigungskriege dürfen also lediglich die wirksame Unschädlichmachung von Aggressoren zum Ziel haben. Darüberhinausgehende Einmischungen in die inneren Angelegenheiten anderer Völker sind unzulässig.

Die von Kant postulierte normative Unhintergehbarkeit des ursprünglichen Rechtes der Völker spricht aber (entgegen Geismann 1996, 293 f.) auch gegen eine *freiwillige* Übertragung von Kernsouveränitätsbereichen (etwa der Haushalts- und Steuerhoheit oder der Verteidigungshoheit) an einen übergeordneten Souverän. Anders als eine vorübergehende Übertragung von der Reflexivsouveränität zugehörigen Befugnissen (e. g. Überflugrechte) würde eine solche Übertragung das Volk nämlich seiner grundsätzlichen Definitionsmacht berauben. Dem aber stehen sein Recht auf Erwerb von kollektiver Entscheidungs- und Handlungssouveränität (Staatsgründung) sowie seine Pflicht zur Sicherung fortwährender kollektiver Entscheidungs- und Handlungsautonomie (Staatserhalt) entgegen. Es würde damit unter die Gesetze Anderer gezwungen worden sein, bzw. sich aus freien Stücken selbst verdinglicht haben. Nun könnte man meinen, dass eine *konsensbegründete* Abtretung von Kernsouveränität – etwa in Folge eines Referendums – diese Schwierigkeit umgehen könnte. Dem ist aber nicht so. Denn aus legitimationstheoretischer Sicht ist der Staat bei Kant nicht Resultat eines *faktischen Gründungsaktes* „wodurch sich das Volk selbst zu einem Staat constituirt" (RL, AA 6: 315). Im legitimationstheoretischen Verstand „rechtschaffend" ist der Gründungsakt alleine im *kontrafaktischen* Sinne eines ursprünglichen Kontraktes, also als „die Idee desselben, nach der die Rechtmäßigkeit desselben allein gedacht werden kann" (RL, AA 6: 315). Nur weil diese Idee des ursprünglichen Kontraktes der Staatsbegründung zugrunde liegt, erlangt ein faktischer Staat im normativen Sinne rechtliche Verbindlichkeit. In dieser Idee des ursprünglichen Kontraktes ist aber der Staat, dessen Funktion es ist, jedem sein Recht effektiv zu sichern, an den gesetzgebenden *Willen eines jeden Einzelnen zum Staat* rückgebunden. Denn dieser

> [...] hat die wilde, gesetzlose Freiheit gänzlich verlassen, um seine Freiheit überhaupt in einer gesetzlichen Abhängigkeit, d.i. in einem rechtlichen Zustande, unvermindert wieder zu finden; weil diese Abhängigkeit aus seinem eigenen gesetzgebenden Willen entspringt. (RL, AA 6:316)

Wenngleich dieser Akt des gesetzgebenden Willens kontrafaktisch zu verstehen ist, setzt Kant damit doch dem Staat klare Grenzen, denn die „(praktische) Realität" der Idee des ursprünglichen Kontraktes ist es den faktischen Gesetzgeber an den „Probirstein der Rechtmäßigkeit eines jeden öffentlichen Gesetzes" zu binden (TP, AA 8: 297), welcher durch das negative Rechtsprinzip vorgegeben wird (vgl. TP, AA 8: 304).

Gegen eine konsensbegründete Abtretung von Kernsouveränität an supranationale Institutionen (oder die Institutionen eines anderen Staates) spricht zudem die offenkundig auch von Kant geteilte Vorstellung vom Staatsvolk als einer in Renans Sinne kontinuierlich fortbestehenden Entität (vgl. Renan 1995),[8] sowie eine hierauf aufbauende Idee der, institutionell Rechnung zu tragenden, intergenerationalen Gerechtigkeit im Rawlsschen Sinne.[9] Auch für Kant „verkörpert" der Staat als räumlich-zeitliches Phänomen den abstrakten Volkswillen im Sinne von Rousseaus *volonté générale*, und ist der Staat ebenso wie das faktische Volk als räumlich-zeitliches Phänomen als (bloße) Teilverkörperung eines abstrakten, *diachronen* Volksbegriffs aufzufassen (hierzu RL, AA 6: 313f.; in diesem Sinne auch Pinzani 2008, 231). Legt man ein solches Verständnis von Staat und Volk zugrunde, so wäre die Legitimität von Kernsouveränitätstransfers nicht einmal durch Referenden zu decken. Denn es ist aus legitimationstheoretischer Sicht eben nicht der summierte Wille, im Sinne von Rousseaus *volonté de tous*, der ein Volk zu einem bestimmten Zeitpunkt zufälligerweise konstituierenden Personen als staatsbegründend zu betrachten, sondern vielmehr der „allgemeine Volkswille", der sich „zu einer Gesellschaft vereinigt, welche sich immerwährend erhalten soll, und zu dem Ende sich der inneren Staatsgewalt unterworfen" hat (RL, AA 6: 326).[10] Von daher ist letztlich auch gerade die diachrone Vorstellung

---

**8** Hierauf scheint nicht zuletzt auch der Begriff des „Stammvolkes (*gens*)" hinzudeuten, den Kant in der *Rechtslehre* im Sinne „angeerbter Vereinigung" verwendet (RL, AA 6: 311). Das Volk als „ganze Masse der Unterthanen" (RL, AA 6: 329) tritt in Kants politisch-rechtlicher Konzeption unter funktionellen Gesichtspunkten in einer kontrafaktischen Rolle auf.
**9** Zu Rawls Auffassung von Souveränität und Selbstbestimmung s. Freiin von Villiez 2019.
**10** Dass Kant zwischen Staat und Volk unterscheidet ist offenkundig, so etwa RL, AA 6: 348.

von Staat und Volk die Legitimationsgrundlage, die von „Staats wegen" eine faktische „Regierung berechtigt", zur Befriedigung von – faktisch-akuten – „Volksbedürfnissen" Eigentum und Handelsverkehr der Staatbürger „zwangsmäßig als Staatslasten" zu belasten, um etwa „durch *laufende Beiträge*, so daß jedes Zeitalter die Seinigen ernährt" die Versorgung der „Glieder dieser Gesellschaft, die es selbst nicht vermögen, zu erhalten" (RL, AA 6: 326).

## Fazit

Die von Kant postulierte Pflicht zur globalen Verrechtlichung soll das Souveränitätsprinzip nicht aufheben. Kant plädiert aus *genuin normativen* Gründen für den freien Völkerbund. Die Souveränität der Staaten ist dabei weder Selbstzweck noch Zugeständnis an eine defizitäre Realität. Sie dient der Gewährleistung des Selbstbestimmungsrechtes der Völker und der Zweckmäßigkeit des positiven Rechts. Wie im Vorangegangenen gezeigt wurde, lässt sich die Idee eines solchen Selbstbestimmungsrechts der Völker aus Kants Ausführungen in der *Rechtslehre* und im *Ewigen Frieden* analytisch rekonstruieren. Kants Rechts- und Staatstheorie ist mit der völkerrechtlichen Auffassung einer vorstaatlichen Zusammengehörigkeit von (separaten Gruppen von) Individuen als staatstragende Legitimationsgrundlage kompatibel, wobei das Zusammengehörigkeitskriterium einer gemeinsamen politisch-rechtlichen Absichtserklärung im Sinne von Renans *„plébiscite de tous les jours"* (Renan 1995, 56 f.) Kants Ausführungen zu Staatlichkeit und Recht am nächsten zu liegen scheint.

Die scheinbar einander widerstreitenden Prinzipien wirksamer globaler Verrechtlichung und nationaler Souveränität lassen sich in einem an Kant anschließenden Mehrebenen-Modell des Regierens „Kant-kompatibel" miteinander vermitteln. Soll das Souveränitätsprinzip in einem entsprechenden Gefüge legitimer und effektiver supranationaler Institutionen nicht ausgehebelt werden, ist dem Subsidiaritätsprinzip eine entscheidende Rolle zuzuerkennen. Die wirksame Umsetzung und Anwendung des Subsidiaritätsprinzips erfordert eine Unterscheidung zwischen hier so genannter Kernsouveränität und Reflexivsouveränität. Eine Identifikation von der Kernsouveränität zugehörigen Befugnissen kann auf der normativen Ebene durch einen Rekurs auf das Selbstbestimmungsrecht der Völker vorgenommen werden, an welches staatliche Souveränität positivrechtlich und legitimationstheoretisch unauflösbar rückgebunden ist. Kants Verständnis von Souveränität konvergiert insofern mit dem heutigen Völkerrecht: *„Was ein Volk über sich selbst nicht beschließen kann, das kann der Gesetzgeber auch nicht über das Volk beschließen"* (TP, AA 8: 304).

Günter Zöller
# „Wahre Republik": Kants legalistischer Republikanismus im historischen und systematischen Kontext

*extra rempublicam nulla salus*
(Refl, AA 19: 566)

Der Beitrag stellt Kants Theorie der republikanischen Staatsordnung in den weiteren Kontext des antiken und modernen Republikanismus. Sein doppelter historischer Schwerpunkt liegt auf der antimonarchischen Tendenz des klassischen und neoklassischen Republikanismus und auf der promonarchischen Orientierung einer legalistischen Auffassung der republikanischen Regierungsform als essentiell identisch mit der Herrschaft von Recht und Gesetz (Rechtsstaatlichkeit, *rule of law*). Das zentrale systematische Anliegen des Beitrags ist die Unterscheidung zwischen den allgemeinen Staatsformen und der spezifischen Regierungsart des modernen souveränen Territorialstaats, wie sie in der politischen Theorie von Bodin und Hobbes über Montesquieu und Rousseau bis zu Kant und seiner Unterscheidung zwischen einem innerlichen, geistigen und einem äußeren, buchstäblichen Republikanismus vorliegt.

## 1 *Res publica antiqua*

Sowohl linguistisch als auch historisch gesehen gehen das Wort und der Begriff der „Republik" zurück auf die ausgedehnte politische Aufbauphase Roms zwischen der Vertreibung des letzten Königs und der Einführung der kaiserlichen Herrschaft – eine Zeitspanne von ungefähr fünfhundert Jahren, in der die politische Macht in Rom nicht in den Händen eines monarchischen Herrschers lag, sondern auf verschiedene und wechselnde Weise in einem System von zivilen Mächten verteilt war, dessen allgegenwärtiger Inbegriff „SPQR" (*senatus populusque romanus*) den Senat und das römische Volk als die gemeinsamen Machthaber der Republik identifiziert. Außer dieser negativen Charakterisierung als antimonarchischer Auffassung von ziviler Regierung wirkt das Erbe des römischen Republikanismus fort in der politischen Philosophie des Legalismus, demzufolge die staatliche Herrschaft nicht bei einzelnen Menschen und deren partikulären Präferenzen, sondern bei den Regeln und Gesetzen liegt, die Regierende und Regierte in der Verfolgung des Gemeinwohls zusammenbinden, so dass die politische Machtausübung von einer privaten und persönlichen Sache zu einer gemeinschaftlichen und öffentlichen Angelegenheit (*res publica*) wird.

Die gemeinschaftliche Sorge um das Gemeinwohl schuf in den führenden Bürgern Roms eine intensive Identifizierung mit der Republik, durch die Politik mit Patriotismus und Bürgerschaft mit Dienst und sogar Aufopferung verbunden wurde. Sicher war am römischen republikanischen Ethos vieles eher Theorie als Praxis, eher Philosophie als Politik und eher Wunsch als Wirklichkeit, besonders wenn es sich um späte Vertreter und Befürworter einer im Verschwinden begriffenen (wie im Fall Ciceros) oder schon entschwundenen (wie im Fall Tacitus') zivischen Kultur handelte. Dennoch erwiesen sich der Ciceronismus und der Tacitismus sowohl in der frühneuzeitlichen politischen Theorie als auch in der gleichzeitigen politischen Praxis als einflussreiche philosophiegeschichtliche Traditionen.

Vor der Einrichtung der Herrschaft von Recht und Gesetz durch die römische Republik, die mit der Ausformung des Zivilrechts (*ius civile*) durch ihre Juristen-Rhetoriker einherging, waren schon im Griechenland der spätarchaischen und klassischen Periode antimonarchische Formen von Regierung entwickelt und verfochten worden. Hier erfolgte die theoretische und praktische Ablehnung des Königtums vor dem doppelten Hintergrund der vormaligen Fürstenherrschaft in den Kulturen der frühhellenischen Bronzezeit (mykenische Kultur) und des jüngeren Aufkommens von Tyrannenherrschaft in zahlreichen griechischen Stadtstaaten der spätarchaischen Zeit, aber auch angesichts der damaligen Bedrohung und Herausforderung durch das expandierende Persische Reich. Die griechische Alternative zur älteren und jüngeren monarchischen Herrschaftsform war zentriert um die Vorstellung staatsbürgerlicher Gleichheit, worunter primär die Gleichheit der Bürger vor dem Gesetz (*isonomia*) verstanden wurde. Doch im singulären Fall vom Athen des fünften Jahrhunderts schloss sie zunehmend die direkte Beteiligung der Bürger an der Regierung des Stadtstaates (*polis*) mit ein, wodurch als weitere Merkmale die Redefreiheit in der Öffentlichkeit (*parrhesia*) und die Volksherrschaft (*demokratia*) hinzugefügt wurden.

Die politische Erfahrung der Griechen mit einer Vielfalt an Arten von Staatsverfassung (*politeia*) und politischer Herrschaft sowohl bei den Griechen selbst als auch bei ihren „barbarischen" Nachbarn führte zur Entwicklung einer Typologie der politischen Regimeformen, die die Herrschaft nach der zahlenmäßigen Größe der Regierenden – als Herrschaft von Einem, von Wenigen oder von Vielen – einteilte. Das klassische griechische politische Denken, wie es hauptsächlich von Platon entwickelt und von Aristoteles maßgeblich festgelegt wurde, zeigt aber auch ein scharfsichtiges Verständnis für die unbeständige Natur jedes Verfassungstyps: Die Herrschaft von Einem variiert zwischen einer legitimen monarchischen Herrschaft (*monarchia*, *basileia*) und einer usurpierten despotischen Herrschaft (*tyrannis*), die Herrschaft von Wenigen zwischen der Herrschaft der Besten (*aristokratia*) und der Herrschaft der Reichen (*oligarchia*) und die Herrschaft von Vielen zwischen der Herrschaft des Volkes (*demokratia*) und der Herrschaft des Pöbels (*ochlokratia*). Der *locus classicus* ist hier Aristoteles, *Politik* III, 7.

Außerdem waren in der griechischen politischen Vorstellungswelt die zweimal drei Herrschaftsarten in einem typisierten Zyklus von Erzeugung, Verfall und Regenerierung verbunden, der zuerst von der Monarchie über die Tyrannei zur Aristokratie, sodann von der Aristokratie über die Oligarchie zur Demokratie und schließlich von der Demokratie über die Ochlokratie zurück zur Monarchie führte. In einer normativen Perspektive ermöglichte es die Zweiteilung der drei Hauptformen der politischen Herrschaft, die mangelhafte Triade auszurangieren und auf die jeweiligen Stärken der drei normalen Staatsordnungen zu fokussieren. Aristoteles führte dann in die vergleichende Beurteilung der drei Arten von guter Herrschaft sozioökonomische Erwägungen ein, die die verschiedenen Regierungsarten auf den zivischen Status („Freiheit"), den wirtschaftlichen Status („Reichtum", „Armut") und den ethischen Status („Tugend") bezogen. Außerdem rekonzipierte Aristoteles das demokratische Regime als die Staatsverfassung im Allgemeinen oder als solche (Politie, *politeia*), in der die freien Bürger in der Herrschaft des Stadtstaates als Gleiche interagieren, idealerweise indem sie abwechselnd regieren und regiert werden (Aristoteles 2012, IV, 8).

Noch vor Aristoteles' theoretischer Darlegung der politischen Angelegenheiten (*ta politika*) war das System der Selbstherrschaft in den griechischen *poleis* im Allgemeinen und im protodemokratischen Athen im Besonderen Gegenstand von narrativen und dramatischen Wiedergaben durch griechische Historiker und Tragiker. Die Historien, eigentlich die Nachforschungen (*historiai*), über die Perserkriege, die Herodot im ersten griechischen Prosawerk unternommen hat, enthalten einen fiktionalen Dialog unter Mitgliedern der persischen politischen Elite, in dem eines dieser Mitglieder, Otanes, gegenüber der Fürstenherrschaft wie der Adelsherrschaft – und gegen beide gerichtet – die Herrschaft der Mehrheit (*plethos*) unter den Bedingungen von bürgerlicher Gleichheit (*isonomia*) bevorzugt und empfiehlt (Herodot 2019, 3.80 – 82). In Aischylos' Kriegsdrama *Die Perser* – das von dem jungen Perikles produziert wurde – wird der Mutter von Xerxes durch den Boten, der ihr von der katastrophalen Niederlage ihres Sohnes gegen die verbündete Streitmacht der Griechen berichtet, gesagt, dass die Griechen weder unter einem absoluten Herrscher leben noch unter einem uneingeschränkten Befehlshaber kämpfen (Aischylos 2017, Vers 242).

In Thukydides' Darstellung des Peloponnesischen Krieges lobt Perikles in seiner Grabrede für die Kriegsopfer des Feldzuges aus dem ersten Kriegsjahr die Verfassung Athens dafür, dass sie in der Regierung die Vielen im Vergleich mit den

Wenigen begünstigt und allen die gleiche Gerechtigkeit gewährt. Dabei verwendet Perikles alias Thukydides ausdrücklich das Wort „Demokratie" für die Beschreibung der athenischen Staatsordnung (Thukydides 2000, 2.37). Schließlich erklärt in *Die Schutzflehenden* (*Hiketides*) von Euripides Athens legendärer Gründer Theseus dem thebanischen Helden, dass die Stadt keinen Alleinherrscher kennt, sondern frei ist und sich unter der Herrschaft des Volkes in Form einer jährlichen Rotation befindet, bei der die Reichen keine Bevorzugung erfahren und Reiche wie Arme an der Herrschaft des Stadtstaates gleichermaßen beteiligt sind (Euripides 2016, Verse 404–408).

Zur kulturellen Hellenisierung der römischen Elite infolge der Einverleibung Griechenlands in das expandierende Imperium der römischen Republik gehört, dass die römischen Historiker und politischen Denker die Werkzeuge der klassischen griechischen Philosophie heranziehen, um die politischen Gegebenheiten der späten Republik zu verstehen und zu beurteilen. Doch anstatt die griechischen politischen Kategorien auf den römischen Fall bloß anzuwenden, interpretierte Polybios – der selbst nach der römischen Eroberung von Griechenland als politische Geisel nach Rom deportiert worden war – die Republik als eine ausgeklügelte Kombination der drei Hauptarten von Verfassung, die die klassische griechische Philosophie voneinander unterschieden hatte. In seiner Geschichte Roms (*Historien*, auf Griechisch verfasst) hat Polybios im einzelnen das Amt der Konsuln mit dem Status von Monarchen, das Amt des römischen Senates mit der Funktion einer Aristokratie und die Rolle des römischen Volkes – durch seine Vertreter, die Tribunen – mit der Verfahrensweise einer Demokratie gleichgesetzt (Polybios 1973, 6.11–18). Außerdem griff er auf das klassische griechische Modell der zyklischen Verfassungsveränderung (*anakyklosis politeion*) zurück, um die konstitutive Unbeständigkeit aller reinen Verfassungsformen darzulegen. Im Gegenzug führte er Roms anhaltenden Erfolg als politischer Entität auf das Gleichgewicht zurück, das die Republik zwischen ihren konstitutiven politischen Kräften erfolgreich errichtet hatte und aufrechtzuerhalten verstand.

Mit dem – wenn nicht formalen, so doch faktischen – Ende der Republik infolge von Julius Cäsars Aufstieg zur Macht und seiner politisch motivierten Ermordung, die Rom erst einen exzessiven Bürgerkrieg und dann den protoimperialen Frieden des Augustus brachte, wurde der Senat zunehmend marginalisiert und die Stellung des Imperators, vormals ein Ehrentitel, zur monarchischen Realität. Unter dem doppelten Umstand der Christianisierung und der Barbarischen Invasionen (aus dem Gesichtspunkt der Eindringlinge euphemistisch als „Völkerwanderung" bezeichnet) war Roms primäres politisches Erbe nicht republikanisch, sondern imperial, wobei der römische Papst und der deutsche Kaiser um die politische Macht über einander und über die anderen Fürsten, die sich formal unter ihrer Herrschaft befanden, rivalisierten.

Doch auch Roms republikanisches Erbe überlebte das spätantike Ende des kaiserlichen (West-)Roms und wurde ab dem Hochmittelalter zu einer gestaltenden Kraft der europäischen Kultur und Politik. Zum einen erfuhr das römische Recht in seiner spätantiken Kodifizierung (*corpus iuris civilis*) an den neu gegründeten europäischen Universitäten (allen voran an der Universität Bologna) seine Verwandlung in einen akademischen Lehrstoff, der über Jahrhunderte hinweg die Rechtstheorie und -praxis prägte durch eine Sammlung von allgemeinen Gesetzen, mittels derer zivile Beziehungen aller Art auf eine von fürstlichen Privilegien weitgehend befreite und monarchische Herrschaft grundsätzlich begrenzende Weise geregelt wurden. Zum anderen ermöglichte die Erweiterung des römischen Rechts von der engen Sphäre des Vertrages und seiner „horizontalen" Beziehungen zwischen den Bürgern (*ius civile*) auf die öffentliche Sphäre der Rechte und Pflichten im „vertikalen" Verhältnis zwischen Herrscher und Untertanen (*ius publicum*) die Ausrichtung des gesamten Lebens der politischen Gemeinschaft (*civitas*) an der Norm des Rechts, insbesondere der des römischen Rechts.

Die gleichzeitige Wiederdeckung von Aristoteles' Werken zur praktischen Philosophie – darunter nicht zuletzt der *Politik* – führte überdies dazu, die monarchische Herrschaft von Kaiser, König oder Fürst in die Form einer rechtlich-politischen Begrifflichkeit zu gießen, die durch die Sorge um das Gemeinwohl und dessen Verfolgung durch eine kluge und von Prinzipien des Rechts und der Gerechtigkeit getragene Praxis geprägt war. So diente bei Thomas von Aquin die antike Redewendung *res publica*, neolatinisiert zu *respublica*, der Bezeichnung der funktionsfähigen Einheit einer Gemeinschaft von Bürgern, die unter der Gestalt eines Rechts – des Naturrechts (*ius naturale*) – zusammenwachsen und zusammenwirken, das für Herrscher und Beherrschte gleichermaßen gilt. Im Verlauf dieser vielfältigen Entwicklungen erhielt der Ausdruck „Republik" eine allgemeinere Bedeutung, wurde mit jeder der anerkannten Arten von guter Regierung kompatibel und sogar mit dem herausgehobenen Status eines Monarchen verträglich.

## 2 *Res publica moderna*

Eine buchstabengetreuere Auslegung des republikanischen politischen Ideals findet sich zu Beginn der Neuzeit in den historisch wie philosophisch versierten Versuchen der europäischen Humanisten, das antimonarchische Erbe der römischen Republik wieder zu beleben. Politisch hatte die republikanische Tradition in den mittelalterlichen und frühneuzeitlichen Stadtstaaten Norditaliens sowie in den Freistädten des deutsch-römischen Reiches überlebt. Im Fall von Venedig und

Genua sollte die republikanische Herrschaft erst unter Napoleon zu Ende gehen – mehr als ein Jahrtausend nach der Gründung der Republik, die man in beiden Fällen „die Durchlauchtigste" (*la Serenissima*) nannte. Andere norditalienische Republiken wie Florenz und Siena verloren ihre eigene Regierung und damit ihre politische Freiheit bereits zu Beginn der Renaissance mit der Einführung dynastischer Herrschaftsverhältnisse im Rahmen der Expansionspolitik der großen europäischen monarchischen Mächte, einschließlich des deutsch-römischen Reiches und des Kirchenstaates.

Der Niedergang und Untergang der mittelalterlichen Republiken in der frühen Neuzeit war Teil eines langwierigen soziopolitischen Prozesses, in dessen Verlauf die zerstückelte und zerstreute Machtstruktur des feudalen Europa durch eine eng begrenzte Anzahl von großen Territorialstaaten mit zentralisierter Verwaltung, effizienter Bürokratie, stehendem Heer und einem auf Waffen- und Hofdienst reduzierten Adel ersetzt wurde. Während die vormaligen Patrizierrepubliken dem Interesse einer kommerziellen Oberschicht von Kaufleuten und Händlern gedient hatten, benutzten die entstehenden modernen europäischen Staaten (der Ausdruck „Staat" ist selbst eine moderne Erfindung, die vom Italienischen „lo stato" herrührt) die steuerpflichtige Bürgerschaft als einträgliche Einkommensquelle und wirtschaftliche Machtbasis für ihre eigennützige dynastische Politik.

Die dem Übergang zur politischen Moderne zugrundeliegende politisch-philosophische Staatskonzeption basiert auf dem Gedanken staatlicher Souveränität. Der Staat wird dabei gedacht als Inhaber der absoluten politischen Macht, ohne ernste Konkurrenz seitens der Stände oder sonstiger Körperschaften, die die Bürgerschaft oder Teile von ihr vertreten. Es ist eine Ironie der politischen Geschichte, dass ausgerechnet das Werk, das die Grundlagen für die sich herausbildende Theorie und Praxis der absolutistischen monarchischen Herrschaft legte, den Namen „Republik" in seinem Titel trägt. In Jean Bodins *Die sechs Bücher über den Staat* (*Les six livres de la République*) aus dem Jahr 1583 behält der neu begründete Staat, der jeweils eine gewisse Zahl bereits bestehender Gemeinschaften („Familien") zu einer komplexeren Gesellschaft vereinigt, von der alten Republik das geforderte Bestehen und Befolgen gerechter Gesetze und die konstitutive Sorge für die gemeinsamen Angelegenheiten. Das weitere Merkmal der souveränen Macht, das Bodin der Definition der Republik qua Staat hinzufügt, erfüllt das politische Erfordernis einer Herrschaftsform, die bedingungslos (absolut) und unbegrenzt (fortwährend) ist in der Ausübung ihrer umfassenden staatlichen Kontrolle wie in ihrem Verhältnis zu anderen sozialen und zivischen Kräften (Bodin 2005, Buch I, Kap. 8). Solche souveräne Gewalt besteht nach Bodin in der Macht, allgemein verbindliche Gesetze zu erlassen, die keiner Bestätigung durch eine andere zivische Gewalt bedürfen (Bodin 2005, Buch I, Kap. 8).

Allerdings unterwirft Bodin die souveräne Gewalt der doppelten Einschränkung durch das Gebot Gottes und durch das Naturrecht und unterscheidet so die absolute Herrschaft von der unkontrollierten Ausübung willkürlicher Autorität. Zudem beschränkt Bodin die Souveränität des Staates im Wesentlichen auf öffentliche Angelegenheiten, die durch das Gesetz geregelt werden, während die private Sphäre allen Arten von vertraglichen Vereinbarungen unter den einzelnen Bürgern überlassen bleibt. Insbesondere erstreckt sich die Macht des Souveräns nach Bodin nicht auf das Privateigentum. Wenn Bodin auch die monarchische Herrschaftsform aus praktischen politischen Gründen bevorzugt, erlaubt er ausdrücklich, dass die souveräne Gewalt bei dem gesamten Volk oder bei einem Teil desselben liegt. Nach Bodins Auffassung hat in einer Aristokratie eine Minderheit des Volkes die souveräne Gewalt inne, während sie in einer Demokratie vom gesamten Volk oder einer Mehrheit desselben ausgeübt wird (Bodin 2005, Buch 2, Kap. 1).

Zwar lehnt Bodin Mischverfassungen nach Polybios' Lesart der römischen Republik ab, mit dem Argument, dass die souveräne Gewalt unteilbar ist. Doch erlaubt er – und empfiehlt sogar – die Einführung von aristokratischen und demokratischen Elementen in den monarchisch verfassten Staat. Dieser Vorschlag zur Modifikation der Monarchie beruht auf der begrifflichen Unterscheidung zwischen der Form eines Staates und der Form seiner Regierung, wobei sich Erstere auf den Sitz der Souveränität und Letztere auf den Mechanismus ihrer Ausübung bezieht. In einer aristokratisch regierten Monarchie weist der souveräne Herrscher die Ämter nach Rang und Reichtum zu. In einer demokratisch regierten Monarchie erfolgt die Zuweisung der Ämter auf eine gleichberechtigte Weise, unabhängig von den Kriterien der Abstammung und des Reichtums. Nach Bodins Darstellung verbessern die aristokratischen und demokratischen Formen der Regierung den souveränen monarchischen Staat, insofern die proportionale Verteilungsgerechtigkeit mit dem aristokratischen Element zusammengeht und die Tauschgerechtigkeit der Billigkeit das demokratische Element begleitet (Bodin 2005, Buch 4, Kap.6).

In Thomas Hobbes' *Leviathan* aus dem Jahr 1651 überlebt das republikanische Erbe sogar die Errichtung der absoluten politischen Herrschaft und dies dank des primären Zweckes des solcherart erstarkten Staates, dem Gemeinwohl zu dienen. Hobbes beschreibt die Beziehung des Gemeinwesens (*commonwealth*, *civitas*) zum absoluten Souverän mit semiotischer Begrifflichkeit als eine Beziehung der Vertretung (*representation*), in der der Souverän im Auftrag des Gemeinwesens als „der absolute Vertreter aller Untertanen" (Hobbes 1984, 174) – „*absolute representative of all its subjects*" (Hobbes 1966, 211: Teil 2, Kap. 22) – agiert – „*actor*" (Hobbes 1966, 148: Teil 1, Kap. 16: „Darsteller", Hobbes 1984, 123). Dem Gemeinwesen als der Vereinigung aller Bürger zum „politischen Körper" (Hobbes 1984,

174) – „*body politic*" (Hobbes 1966, 212: Teil 2, Kap. 22) – entstammt alle politische Autorität (Hobbes 1984, 174: Teil 2, Kap. 22) – „*author*" (Hobbes 1966, 212: Teil 2, Kap. 22: „Autor", Hobbes 1984, 175). Nach Hobbes' Darstellung ist die oberste Gewalt des Souveräns – obgleich „unbeschränkt" (Hobbes 1984, 173: Teil 2, Kap. 22: „*absolute*", Hobbes 1966, 211) – nicht bedingungslos sondern abgeleitet, denn sie beruht auf der Selbstkonstituierung der Bürger in spe, die sich vereinigen, indem sie sich einem Souverän unterwerfen, dessen Urheber wie Untertanen sie sind (Hobbes 1984, Teil 2, Kap. 17).

Unter Rückgriff auf die Institution des Vertrages („*compact*") aus dem römischen Zivilrecht sowie auf das alttestamentarische Narrativ vom theologisch-politischen Bund („*covenant*") lässt Hobbes den absolutistischen Staat aus einem Gesellschaftsvertrag hervorgehen, dem jeder aus Klugheitsgründen der Selbsterhaltung und Selbststärkung („Sicherheit des Volkes", Hobbes 1984, 255: Teil 2, Kap. 30: „*safety of the people*" Hobbes 1966, 322) beitritt. Darüber hinaus schließt der Vertrag auch den Souverän ein, der dadurch allererst eingesetzt wird. Allerdings findet die Einsetzung des Souveräns statt, ohne ihn politisch einzuschränken; er bleibt ungebunden und keiner anderen Autorität unterworfen als dem Naturgesetz („*law of nature*"). Ferner erlaubt Hobbes die Besetzung des Amtes des Souveräns entweder durch eine einzige individuelle, physische Person („*one man*") oder durch mehrere vereinigte Individuen („*assembly of men*") als eine juristische Person. Damit läßt er grundsätzlich offen, ob der absolutistische Staat die Form einer Monarchie, einer Aristokratie oder einer Demokratie annimmt (vgl. Hobbes 1984, Teil 2, Kap. 19). Hobbes' eigenes politisches Urteil und seine politische Erfahrung mit dem Bürgerkrieg in England führen ihn aber dazu, die absolute Herrschaft eines Einzelnen zu bevorzugen.

Ein weiteres Merkmal, das das Gemeinwesen bei Hobbes mit der politischen Tradition des Republikanismus verbindet, ist die Freiheit, die der neuartige, absolutistische Staat seinen Bürgern gewährt. Nach Hobbes entstammen die Gesetze des Staates letzten Endes dem Gemeinwesen, wenn auch dem durch den Souverän vertretenen und verkörperten Gemeinwesen. Auch ist nach Hobbes das bürgerliche Recht nicht einfach positives Recht, sondern es beinhaltet das Naturrecht und ist im Naturrecht beinhaltet, insofern den gesellschaftlich-moralischen Tugenden der Billigkeit, der Gerechtigkeit und weiteren dergleichen Tugenden erst durch die bürgerlichen Gesetze ein rechtlicher Status zukommt, so wie umgekehrt die genannten Tugenden ihrerseits die bürgerliche Gesetzgebung prägen. Ferner ist der Sinn der zivilen Gesetzgebung bei Hobbes nicht die Kontrolle und Herrschaft über das Leben der Bürger um ihrer selbst willen, sondern die Errichtung und Erhaltung einer rechtlich geschützten Sphäre, in der jeder Bürger die Freiheit genießt, Pläne und Projekte nach Belieben zu verfolgen, vorausgesetzt, dass dies den bürgerlichen Frieden nicht stört.

In Hobbes' pointierter Unterscheidung zwischen dem Gesetz (*law*) und dem Recht (*right*) in zivilen Angelegenheiten (*lex civilis, ius civile*) nimmt Ersteres die Form der Verpflichtung und Letzteres die Form der Freiheit qua Freizügigkeit an (Hobbes 1984, Teil 2, Kap. 26). Nach Hobbes ist die Beziehung zwischen den beiden Rechtsprinzipien eine der Abgrenzung. Die Freiheit der Bürger als Untertanen besteht in der Erlaubnis zu allen Handlungen, die von den staatlichen Gesetzen, seien es Gebote oder Verbote, „ausgelassen" sind – „*praetermitted*", Hobbes 1966, 199: Teil 2, Kap. 21: „freigestellt", Hobbes 1984, 165). Darüber hinaus sind Gesetz (*law*) als Verpflichtung und Recht (*right*) als Freiheit eng miteinander verbunden. Ersteres kann als dasjenige angesehen werden, was Letzteres ermöglicht, und Letzteres lässt sich als Zweck von Ersterem betrachten – ganz so wie bei Hobbes bürgerlicher Friede und bürgerliche Ordnung keine Zwecke an sich selbst sind, sondern eingerichtet werden, um die Erhaltung und Verbesserung des Lebens und der Sicherheit der Bürger-Untertanen zu ermöglichen.

Während bei Hobbes der Restrepublikanismus zutiefst ahistorisch und hoch selektiv ausfällt und völlig im Dienst der Legitimation von absoluter Souveränität steht, ist in Montesquieus *Geist der Gesetze* aus dem Jahr 1748 die Darstellung der republikanischen Herrschaftsform sowohl historisch fundiert als auch systematisch orientiert. Nach Montesquieu ist die republikanische Herrschaft eine von drei Grundformen der Regierung, neben der Monarchie – der Alleinherrschaft gemäß festen etablierten Regeln – und der Despotie als Alleinherrschaft ohne solche Regeln, die stattdessen auf willkürlicher Entscheidung beruht (Montesquieu 1965, Buch 2, Kap. 1). Nach Montesquieus Darstellung erlaubt die republikanische Herrschaft überdies eine zweifache Ausgestaltung. Wenn das gesamte Volk die souveräne Gewalt innehat, handelt es sich um eine Demokratie oder eine demokratische Republik. Wenn diese Gewalt in den Händen eines Teils des Volkes liegt, handelt es sich um eine Aristokratie oder eine aristokratische Republik (Montesquieu 1965, Buch 2, Kap. 2).

Montesquieu liefert keine generische Definition der Republik als solcher, diesseits ihrer Differenzierung in Volksherrschaft und Elitenherrschaft. Er vergrößert sogar die Kluft zwischen den beiden Arten von republikanischer Herrschaft, indem er jeder der beiden einen eigenen zugrundeliegenden Wirkmechanismus („Prinzip", *principe*) zuschreibt. Nach Montesquieu beruht eine aristokratische Republik auf Mäßigung – einem Ethos, das der Aufrechterhaltung von Gleichheit innerhalb der herrschenden Minderheit und der Minimierung ihrer Unterscheidung von der Mehrheit der Bevölkerung dienlich ist (Montesquieu 1965, Buch 3, Kap. 4). Im Gegensatz dazu ist das der Volksherrschaft zugrundeliegende Prinzip die Tugend (*vertu*), unter der Montesquieu nicht die moralische oder ethische Tugend im engen Sinne versteht, sondern die patriotische Geisteshaltung oder die Bürgertugend (*vertu politique*) (Montesquieu 1965, Buch 3,

Kap. 3). In Übereinstimmung mit der klassischen und neoklassischen republikanischen Tradition betont Montesquieu außerdem die wesentliche Rolle der (zivischen) Erziehung in Republiken im Allgemeinen und in demokratischen Republiken im Besonderen (Montesquieu 1965, Buch 4, Kap. 5).

Wenngleich Montesquieu um das historische Junktim der bürgerlichen Freizügigkeit und politischen Freiheit mit der griechischen Demokratie und der römischen Republik samt ihren spätmittelalterlichen und frühneuzeitlichen Nachfolgern weiss, hält er solche Freiheit auch für kompatibel mit der aristokratischen und der monarchischen Herrschaftsform. Nach Montesquieus Auffassung besteht die bürgerliche und politische Freiheit in dem Recht dasjenige zu tun, was die (bürgerlichen) Gesetze erlauben. Deshalb hängt eine solche Freiheit auch eher von der Herrschaft von Recht und Gesetz ab als von der Größe und Zusammensetzung des regierenden politischen Körpers (Montesquieu 1965, Buch 11, Kap.3). Dem entsprechend garantiert für Montesquieu jede Verfassung, die Recht und Gesetz achtet und pflegt, die bürgerliche und politische Freiheit ihrer Untertanen.

Indem Montesquieu die Herrschaft von Recht und Gesetz sowie die Gewährleistung der Freiheit zum Kernbestand guten Regierens macht, nimmt er den Republikanismus de facto in das Zentrum seiner neuartigen, im spezifischen Sinne modernen politischen Wissenschaft auf. Ein weiteres bei Montesquieu zu findendes eminent republikanisches Merkmal ist die Trennung der politischen Körperschaften, die mit der gesetzgeberischen Gewalt und der ausführenden Gewalt betraut sind, von einander – verbunden mit der Unabhängigkeit der Rechtsprechung von den beiden anderen Gewalten. Die institutionelle Trennung der primären politischen Gewalten erfährt ihre Begründung und Rechtfertigung im Hinblick auf den Endzweck der Regierung, nämlich die bürgerlich-politische Freiheit (*liberté politique*), die darin besteht, dass die Bürger in der Lage sind, in Frieden zu leben – ohne Furcht vor ihrer Regierung oder ihren Nachbarn (Montesquieu 1965, Buch 11, Kap. 6; Montesquieu 2000, VIII, 7: „Liberté"). Nach Montesquieus Diagnose ist unter den sozioökonomischen Bedingungen des modernen Territorialstaates die konstitutionelle Monarchie, wie er sie in der Verfassung Englands verkörpert sieht, besser für die Verwirklichung bürgerlicher Freiheit geeignet als die nominellen Republiken der griechisch-römischen Antike samt den jüngeren Versuche ihrer Wiederbelebung.

Die republikanischen Affinitäten eines großen Teils der modernen politischen Philosophie sind besonders erkennbar in Jean-Jacques Rousseaus *Gesellschaftsvertrag* aus dem Jahr 1762. Auf dem Titelblatt des Werkes identifiziert sich Rousseau gezielt als Bürger von Genf, das damals eine unabhängige, noch nicht in die Schweizerische Eidgenossenschaft eingegliederte Stadtrepublik war. Darüber hinaus ist republikanisches Gedankengut tief in die Textur von Rousseaus Darlegung des vertraglichen Ursprungs der politischen Gesellschaft eingewoben.

Insbesondere gründet Rousseau das gesellschaftliche Leben im bürgerlichen Zustand auf der vollständigen wechselseitigen Entäußerung (*aliénation*) der ungleichen natürlichen Freiheit zugunsten der egalen künstlichen Freiheit (Rousseau 1977, Buch 1, Kap. 6). In diesem Austauschprozess bilden die Untertanen, die als Bürger untereinander gleich sind, einen politischen Körper, der mit der obersten Befugnis zum Regieren ausgestattet ist – den Volkssouverän (Rousseau 1977, Buch 1, Kap. 7).

Nach Rousseau ist der Souverän weder ein Individuum noch eine Gruppe von Individuen, die das Gemeinwesen verkörpern oder vertreten würde, wie dies bei Hobbes der Fall war, sondern das Volk selbst, insofern dessen individuelle Willen durch die Ausrichtung auf das Gemeinwohl umgeprägt und dadurch in den allgemeinen und souveränen Willen verwandelt sind. Nach Rousseaus Darstellung liegt die Souveränität auf immer beim Volk selbst und ist ebenso unveräußerlich wie unteilbar (Rousseau 1977, Buch 2, Kap. 1–2). Dementsprechend kann Rousseau zufolge das souveräne Volk auch nicht vertreten werden, außer durch sich selbst. Nach Rousseaus Auffassung ist ein vom souveränen Volk numerisch verschiedener regierender Körper nicht dessen Repräsentant, sondern nur dessen Beauftragter, der nach dem Ermessen und Belieben des souveränen Volkes ins Amt berufen und im Amt gehalten wird (Rousseau 1977, Buch 3, Kap. 15). Anstatt aber jede Herrschaft abzulehnen, die keine radikale Volksherrschaft darstellt, plädiert Rousseau für eine strenge Trennung von Souverän und Regierung – von gesetzgeberischer und ausführender Gewalt (Rousseau 1977, Buch 3, Kap. 1).

In seiner Bewertung der verschiedenen Regierungsformen schließt sich Rousseau den modernen Vertretern der politischen Philosophie an, wenn er die radikale Demokratie ablehnt und die Vereinbarkeit einer aristokratischen oder monarchischen Regierung mit der bürgerlichen Freiheit behauptet, vorausgesetzt die regierenden Autoritäten gewährleisten die Herrschaft von Recht und Gesetz. Im Anschluss an Montesquieu erwägt Rousseau auch die Umstände und Bedingungen, die bestimmen, ob eine besondere Regierungsform für einen gegebenen zivischen Gesamtzustand geeignet oder ungeeignet ist. Dabei bekundet Rousseau eine gewisse Präferenz für eine Wahlaristokratie, bei der die Regierung des politischen Körpers in den Händen von Weisen liegt, die über die breite Masse herrschen (Rousseau 1977, Buch 3, Kap. 5). Im Allgemeinen befürwortet Rousseau aber jede Regierung, die auf gerechten Gesetzen beruht, ungeachtet des Teils des Volkes, der die Ausübung der Regierung übernimmt. Rousseau erweitert deshalb auch den Terminus und Begriff der „Republik" auf jeden Staat, in dem Recht und Gesetz gelten, womit er die frühmoderne Trennung zwischen der Regierungsart und der verfassungsmäßigen Form des Staates aufnimmt (Rousseau 1977, Buch 2, Kap. 6).

## 3 Res publica noumenon

Als sich Kant in seinen politischen Schriften aus den 1790er Jahren (*Über den Gemeinspruch*, 1793; *Zum ewigen Frieden*, 1795; *Streit der Fakultäten*, 1798) mit politischen Dingen befasst, hat die Französische Revolution die Volksherrschaft und die republikanische Verfassung im Rahmen eines großen Territorialstaates nach einer Unterbrechung von fast zwei Jahrtausenden wieder in die europäische Geschichte eingeführt. Doch beschränkt sich Kants Republikanismus in der politischen Philosophie nicht darauf, die Lehren aus der jüngsten Geschichte zu ziehen.[1] Auch ist sein politisches Denken in republikanischen Kategorien keine bloße Folgeerscheinung der Pariser Ereignisse. Vielmehr geht Kants republikanisches Engagement dem Ausbruch der Französischen Revolution voraus und gehört in den generellen Kontext seiner praktischen Philosophie („Moralphilosophie"), insbesondere seiner Rechtsphilosophie, von der seine politischen Schriften eine durch empirische Fakten und historische Daten geprägte Erweiterung und Anwendung darstellen.[2]

Kants früheste veröffentlichte Stellungnahme zur republikanischen Herrschaft liegt seinen grundlegenden Schriften zur Moralphilosophie aus den 1780er Jahren (*Grundlegung zur Metaphysik der Sitten*, 1785; *Kritik der praktischen Vernunft*, 1788) sogar noch voraus und ist in zwei Schlüsselpassagen der ersten Auflage der *Kritik der reinen Vernunft* (1781) enthalten, die in der zweiten Auflage (1787) unverändert übernommen wurden. Die erste dieser beiden frühen Gedankenfolgen über die Republik in der ersten *Kritik* ist Bestandteil von Kants kritischer Entwicklung der Vernunftbegriffe oder Ideen zu Beginn der Transzendentalen Dialektik. Die zweite befindet sich in der Darlegung der Regeln für den richtigen Gebrauch der Vernunftbegriffe im Kanon der reinen Vernunft in der Transzendentalen Methodenlehre.

Kants kritische Erörterung der Republik in der Transzendentalen Dialektik ist Teil der Einführung eines Typus von Begriffen a priori, die spezifisch verschieden sind von den reinen Verstandesbegriffen, die zuvor, in der Transzendentalen Analytik, unter der Aristotelischen Bezeichnung „Kategorien" eingeführt wurden (KrV, A 81/B 107). Dagegen firmiert die weitere Art von Begriffen a priori unter der

---

[1] Zum weiteren historischen und systematischen Kontext von Kants rechtlichem und politischem Republikanismus siehe Zöller 2016 und Zöller 2017.
[2] Zum logischen Verfahren des Übergangs vom Recht zur Politik siehe VRML, AA 8: 429. Für eine Darstellung der systematischen Einheit von Recht und Politik bei Kant siehe Ripstein 2009. Für einen Versuch, die Normativität des Rechts und der Ethik von derjenigen der Politik zu unterscheiden siehe Horn 2014.

Platonischen Bezeichnung „Ideen" (KrV, A 313/B 370). Kategorien und Ideen kontrastiert Kant in epistemologischer wie in ontologischer Hinsicht. Den beiden Arten von apriorischen Begriffen ist gemeinsam, dass sie keine Produkte der Erfahrung, sondern des Geistes selbst sind und also unabhängig von Erfahrung Bestand haben. Doch obwohl die Kategorien dem Verstand entstammen und insofern unabhängig von Erfahrung bestehen, bleiben sie auf die begriffliche Konstituierung der möglichen Erfahrung und von deren Objekten („Erscheinungen") beschränkt. Im Gegensatz dazu transzendieren – und übertreten potenziell – die Ideen grundsätzlich alle solche Einschränkung und zielen über das Bedingte hinaus auf das Unbedingte im Ausgang vom logischen Vermögen der Vernunft zur Bildung von verketteten syllogistischen Schlüssen (KrV, A 308 f./ B 365 f.).

Vor der kritischen Untersuchung der Reichweite der Vernunft in der rationalen Psychologie, der rationalen Kosmologie und der rationalen Theologie, die Kant in den Hauptkapiteln der Transzendentalen Dialektik zu den Paralogismen der reinen Vernunft, der Antinomie der reinen Vernunft und dem Ideal der reinen Vernunft durchführt, bietet er eine allgemeine Einschätzung der Rolle der Vernunftideen beim Überstieg über alle mögliche Erfahrung und über bloße Erscheinungen hinaus. In diesem Zusammenhang lobt Kant Platon für die Einführung von Begriffen, die weder aus der Erfahrung stammen noch in der Erfahrung angemessen instanziiert werden können. Doch kritisiert er Platon dafür, aus den Ideen qua Begriffen der reinen Vernunft „Urbilder der Dinge selbst" (KrV, A 313/B 370) gemacht zu haben, und entwickelt im Gegenzug eine deflationäre Lesart der Platonischen Ideen, die auf der hermeneutischen Maxime beruht, dass es möglich ist, einen Autor besser zu verstehen, als er sich selbst verstand, indem man nämlich die einzelnen Gedanken des Autors sorgfältig miteinander vergleicht (KrV, A 314/B 370).[3]

Kant veranschaulicht den Mehrwert einer solchen kritischen Interpretation, indem er sich den praktischen Ideen zuwendet, die allesamt um die Idee der Freiheit kreisen und die deshalb nicht auf Begriffen beruhen, die die Naturordnung widerspiegeln, sondern auf Begriffen, die Ausdruck der Vernunft selbst sind. Im Hinblick auf das Musterbeispiel der Tugend zitiert Kant zustimmend Platons Einsicht in den nicht-empirischen Ursprung der „Idee der Tugend" als „Regel" und „Muster" ethischen Verhaltens (KrV, A 315/B 372). Zugleich kritisiert er Platons Ausdehnung der Ideen auf die theoretische Erkenntnis, insbesondere in der Mathematik, und dies mit dem Argument, dass die Mathematik und

---

3 Für eine Darstellung von Kants Verhältnis zu Platon im Kontext der klassischen deutschen politischen Philosophie und deren republikanischer Dimension siehe Zöller 2015b, Zöller 2015c und Zöller 2019.

überhaupt alle theoretische Erkenntnis die Erfahrung nicht etwa übersteigt, sondern, so Kant, vollständig innerhalb der Grenzen möglicher Erfahrung verbleibt (KrV, A 314f./B 371f.). Nach Kants Auffassung besteht das Hauptmerkmal der praktischen Ideen in deren kausaler Macht in Bezug auf Handlungen und Objekte, der zufolge die Vernunft über Wirksamkeit in der moralischen Domäne verfügt (KrV, A 317/B 374).

Der von Kant geltend gemachte enge Bezug der Platonischen Ideen zur praktischen Freiheit und zu moralischen Angelegenheiten nimmt den Wechsel von der transzendentalen Freiheit zur moralischen Freiheit und den damit verbundenen Übergang von der reinen theoretischen („spekulativen") Vernunft zur reinen praktischen Vernunft vorweg, die Kant in der Grundlegung seiner reifen Moralphilosophie vornimmt. Doch geht die kritische Rekonstruktion von Platons praktischen Ideen am Anfang der Transzendentalen Dialektik der Einführung der transzendentalen Freiheit in der Auflösung der Dritten Antinomie voraus. Die von Kant in seiner kritischen Interpretation von Platon herangezogene praktische Freiheit ist noch gar nicht die absolute, „transzendentale Freiheit" (KrV, A 803/B 831) der reinen Vernunft, sondern nur erst die Freiheit der Willkür von empirischer Bestimmung und die alternative Empfänglichkeit derselben für nicht-empirische Vernunftbegriffe (Ideen) und reine Vernunftprinzipien (moralische Gesetze).

Im systematischen Kontext der *Kritik der reinen Vernunft*, die vom Wesen her eine „Kritik der reinen spekulativen Vernunft" (KrV, B XXII) liefert, ist das einzige, was sich im Hinblick auf den praktischen Gebrauch der reinen Vernunft ausmachen lässt, die vernünftige Vorschrift von bloß auf Ideen beruhenden Gesetzen und die damit verbundene Freiheit von bloß sinnlichen Bestimmungen des Wollens und Handelns. Die weitergehende Frage, ob die gesetzgebende Vernunft ihrerseits einem höheren bestimmenden Einfluss unterworfen ist, der, was Freiheit gegenüber den Sinnen darstellt, im Hinblick auf weitere bestimmende Umstände wieder in Natur verwandeln würde, bleibt pointiert unerörtert und absichtlich unbeantwortet innerhalb der spezifischen Grenzen der ersten *Kritik* (KrV, A 803/B 831). Insbesondere fehlt in Kants Interpretation der Platonischen Ideen in der Transzendentalen Dialektik wie in der gesamten ersten *Kritik* noch die Einsicht, dass die Vernunft nicht nur ihren eigenen Gesetzen unterworfen, sondern auch der eigentliche Autor solcher Gesetze ist („Autonomie"). Die in der *Kritik der reinen Vernunft* als wirklich eingeführte praktische Freiheit ist nicht die moralisch-praktisch realisierte „transzendentale" oder „kosmologische Freiheit", sondern diejenige Freiheit, die ganz generell nötig und ausreichend ist, um aus Vernunft und mit Gründen zu handeln.

Die in der *Kritik der reinen Vernunft* vorwaltende Auffassung der Freiheit im Wollen und Handeln liegt auch der am Anfang der Transzendentalen Dialektik entwickelten Interpretation der „Platonischen Republik" (KrV, A 316/B 372) zugrunde. Nach Kants (Re-)Interpretation ist Platons ideale Staatsverfassung kein übertriebenes Beispiel von erträumter politischer Vollkommenheit, die dem Gehirn eines müßigen Intellektuellen entstammen würde. Noch verdient Platons explizite Anforderung, dass Fürsten („Könige") Philosophen werden, verspottet zu werden. Richtig verstanden ist die Platonische Republik ein unentbehrlicher Vernunftbegriff („notwendige Idee"), der den ersten Entwurf einer Staatsverfassung ebenso wie alle anschließende Gesetzgebung leiten und als Maßstab für politische Theorie wie Praxis dienen soll. Als Idee beruht die Platonische Republik weder auf Erfahrung, noch ist sie der empirischen Bestätigung oder Widerlegung unterworfen. Stattdessen fungiert sie als Kriterium für die Beurteilung aller Ausübung der gesetzgeberischen wie der ausführenden Gewalt (KrV, A 316 f./ B 372–374, „Gesetzgebung und Regierung": KrV, A 317/B 373).

Kant belässt es aber nicht bei der funktionellen Rehabilitierung der Platonischen Republik als Inbegriff des normativen Maßstabs für politische Tätigkeit. Mit einem gewagten Schritt, der Platons idealen Staat (*Politeia*) in entschieden republikanischen Termini umdefiniert, verbindet Kant das formale Erfordernis einer ideengeleiteten politischen Theorie und Praxis mit der materialen Anforderung von Freiheit als Kernbestandteil der idealen Staatsverfassung. Allerdings resultiert die Orientierung auf einen republikanischen Staat der Freiheit weder aus dem allgemeinen Profil noch aus den Spezifika von Platons idealem Staat. Sie resultiert vielmehr aus Kants exegetischer Strategie des hermeneutischen Überbietens eines früheren Autors. Unter Rückgriff auf die republikanische Tradition der staatsbürgerlichen Gleichheit (re-)definiert Kant die Platonische Republik nach Maßgabe der praktisch notwendigen Idee einer

> Verfassung von der *größten menschlichen Freiheit* nach Gesetzen, welche machen, *daß jedes Freiheit mit der andern ihrer zusammen bestehen kann* (KrV, A 316/B373, Hervorhebung von Kant).

Der doppelte Fokus auf Freiheit und Gesetz stellt Kants Definition in die politische Tradition des Republikanismus mit ihren doppelten Schwerpunkt auf der Freiheit des Bürgerstaates von innerer wie äußerer Beherrschung und Einmischung und auf der Herrschaft von Recht und Gesetz, unter der alle Staatsbürger solche Freiheit gleichermaßen genießen.[4] Die republikanische Ausrichtung von Kants Definition wird dadurch noch deutlicher, dass sie die „größte Glückseligkeit" der Staatsbürger von den definitorischen Voraussetzungen der so bestimmten poli-

---

4 Für eine rezente Neukonzeption des Republikanismus, die dessen konstitutive Freiheit als Fehlen von struktureller Beherrschung (*domination*) statt bloß als Fehlen von tatsächlicher Einmischung (*interference*) versteht, siehe Pettit 1997.

tischen Gesellschaft ausdrücklich ausschließt. Nach Kants Darstellung ist Glückseligkeit weder das Ziel noch der Zweck und nicht einmal ein definitorisches Merkmal des Staates als Republik, sondern dessen quasi naturgegebene Konsequenz (KrV, A 316/B 374).

Doch bei allen ihren republikanischen Resonanzen fügt Kants Definition des Staates qua Republik den überlieferten Merkmalen der Herrschaft von Recht und Gesetz und der allgemeinen bürgerlichen Freiheit eine Neuerung hinzu. Die traditionelle Betonung von gleichen Gesetzen für alle lässt die Spezifika solcher allgemeinen Gesetze unerörtert und sogar demonstrativ offen, um stattdessen das Gewicht auf die faire Anwendung der Gesetze zu legen. Dagegen spezifiziert Kants republikanische Definition genau die Gesetze, die die menschliche Freiheit nach Umfang und Zweck regeln sollen. Die Gesetze sollen nämlich auf allgemeine Weise sicherstellen, dass die Freiheit eines jeden mit jedermanns Freiheit zusammen bestehen kann. Indem die Gesetze jedermanns Freiheit dem Erfordernis der allgemeinen Vereinbarkeit unterstellen, erstrecken sie sich nicht nur auf alle gleichermaßen, sondern bezwecken überdies die gleiche Freiheit von jedem. Niemand darf seine Freiheit zulasten von jemand anderem genießen, und jeder soll seine Freiheit genießen, insoweit niemandes Freiheit dadurch eingeschränkt wird.

Darüber hinaus ist die Pointe von Kants neuer Definition der Freiheit, die die Freiheit eines jeden auf Bedingungen der Vereinbarkeit mit jedermanns Freiheit einschränkt, nicht Einschränkung *per se*. Statt auf die Einschränkung der Freiheit ist die Staatsverfassung, wie Kant sie vorstellt, vielmehr auf deren Verstärkung ausgelegt. Weit davon entfernt, die Freiheit eines jeden zu minimieren, maximiert die Kantische Republik die Freiheit einzeln und insgesamt. Nach Kants Einschätzung verlangt die Erreichung und Sicherstellung der „größten menschlichen Freiheit" auf der Ebene der gesamten Gesellschaft nicht nur die Herrschaft der Gesetze, sondern auch die Herrschaft solcher – und nur solcher – Gesetze, die ihrerseits durch das Prinzip der gleichen Freiheit aller geprägt sind.

Die in der bürgerlichen Gesetzgebung republikanischer Art involvierte Freiheit, wie sie von Kant definiert wird, ist die Freiheit des äußeren Handelns, das durch Gesetze geregelt ist, die manches vorschreiben oder verbieten, um so anderes zu erlauben und zu ermöglichen. Mit der Idee der (Platonischen) Republik hat Kant das Kriterium für von zivilem Gemeinsinn inspirierte, gerechte Gesetze formuliert. Das von Kant lancierte Kriterium besteht in der maximalen Erweiterung verbunden mit der minimalen Einschränkung der äußeren Freiheit unter den Bedingungen der gleichen Freiheit aller.

In der zweiten Passage von republikanischer Resonanz in der *Kritik der reinen Vernunft*, die sich im Kanon der reinen Vernunft befindet, verbindet Kant die frühere Behandlung der rechtlich geregelten bürgerlichen Freiheit mit der Berücksichtigung der ethisch konditionierten Ausübung des freien Willens. Die in der zweiten, ethischen Art von Gesetzgebung involvierte praktische Idee, ist die Idee einer moralischen Ordnung der Welt („moralische Welt"), in deren Licht die vorherrschende Welt („Sinnenwelt") als eine durch den praktischen Gebrauch der Vernunft zu verändernde Domäne von Gegenständen in Betracht kommt (KrV, A808/B 836). Mit einem bemerkenswerten Manöver schließt Kant die zivische Regulierung der gesellschaftlichen Freiheit in die moralische Welt und deren Regierung „nach den notwendige[n] Gesetzen der *Sittlichkeit*" ein (KrV, A 808/B 836; Hervorhebung im Original).

Ganz allgemein umfasst die moralische Welt bei Kant die „durchgängige systematische Einheit" (KrV, A 808/B 836) der freien Willkür, insofern letztere unter moralischen Gesetzen steht. Dabei weist die freie Willkür eine doppelte systematische Einheit auf: erstens „mit sich selbst" – in der ethisch-moralischen Gesetzgebung – und zweitens „mit jedes anderen Freiheit" – in der rechtlich-moralischen Gesetzgebung (KrV, A 808/B836). Nach der *Kritik der reinen Vernunft* ist das moralische Kriterium der *ethischen* Gesetzgebung die Konsistenz des Gebrauchs der freien Willkür innerhalb ein und desselben Subjekts, während der moralische Maßstab der *juridischen* Gesetzgebung die Konsistenz des Gebrauchs der freien Willkür zwischen einer Mehrzahl von Subjekten ist. Anders als in Kants späterer Behandlung der Beziehung zwischen Recht und Ethik in der *Metaphysik der Sitten* (RL, AA 6: 225) wird die doppelte Gesetzgebung der Freiheit aber nicht auf ein gemeinsames formales Prinzip (den kategorischen Imperativ) zurückgeführt.[5] Die Unterscheidung zwischen den beiden Arten von Gesetzgebung wird auch noch nicht, wie später, in modale Begriffe gekleidet – als Unterschied zwischen der Möglichkeit und der Unmöglichkeit von rechtlichem (äußeren) Zwang, wobei Erstere die rechtliche Gesetzgebung und Letztere die ethische Gesetzgebung charakterisieren wird. Für den Kant der *Kritik der reinen Vernunft* ist der Unterschied zwischen dem Gebiet des Rechtsgesetzes und dem der spezifisch ethischen Gesetzgebung subjektivitätstheoretischer Natur, insofern die Ethik die praktische Einheit des individuellen Subjekts begründet und das *ius* die praktische Einheit zwischen solchen Subjekten konstituiert.[6]

---

5 Zum prinzipiellen Verhältnis zwischen Recht und Ethik beim kritischen Kant siehe Zöller 2020a.
6 Zum Verhältnis zwischen der Intrasubjektivität der Ethik und der Intersubjektivität des (juridischen) Rechts bei Kant siehe Zöller 2015d.

## 4 Res publica latius sic dicta

Wenn Kant in den *Metaphysischen Anfangsgründen der Rechtslehre* der *Metaphysik der Sitten* aus dem Jahr 1797 die rechtliche Verfassung des Staates als Gemeinwesen oder Republik reexaminiert, dann ist der Kontext nicht mehr die allgemeine Ideenlehre, sondern das Recht als ein Vernunftbegriff a priori – definiert als „Inbegriff der Bedingungen, unter denen die Willkür des einen mit der Willkür des anderen nach einem allgemeinen Gesetze der Freiheit zusammen vereinigt werden kann" (RL, AA 6: 230). Das daraus resultierende „allgemeine Prinzip des Rechts" (RL, AA 6: 230) besagt, dass „eine jede Handlung [...] recht [ist], die oder nach deren Maxime die Freiheit der Willkür eines jeden mit jedermanns Freiheit nach einem allgemeinen Gesetze zusammen bestehen kann" (RL, AA 6: 230).

Zwar ist diese Definition des Rechts mit der früheren Definition der idealen Republik weitgehend identisch, doch beschränkt sie das so definierte Recht nicht auf die Sphäre des Staatsrechts. Es handelt sich vielmehr um eine Auffassung von Recht (und Gesetz), die den Unterschied zwischen Privatrecht und öffentlichem Recht umspannt, wobei Letzteres neben dem „Staatsrecht" auch das „Völkerrecht" (*ius gentium*) und das „Weltbürgerrecht" (*ius cosmopoliticum*) umfasst (RL, AA 6: 311).[7] In Anbetracht der apriorischen, „metaphysischen" Prinzipien, die sie beinhaltet, umfasst die Definition des Rechts in der *Metaphysik der Sitten* auch die Naturrechtslehre (*ius naturae*). Das solcherart definierte Recht schließt insbesondere „das angeborene und erworbene Recht" (RL, AA 6: 237), noch vor dessen Institutionalisierung unter den Bedingungen des öffentlichen Rechts, ein.

Obwohl dem Naturzustand prinzipiell die Mittel zur öffentlichen Sicherung rechtlicher Ansprüche und Verpflichtungen fehlen, mangelt es ihm nach Kants Auffassung durchaus nicht an Recht, das in Gestalt des Naturrechts und unter dem Namen des Privatrechts sowohl die ursprüngliche als auch die abgeleitete Erwerbung von Eigentum, noch ganz unabhängig von einem System der öffentlichen Gerechtigkeit, regelt. Kant zufolge geht das naturrechtliche Privatrecht dem bürgerlichen Zustand voraus und gilt als solches unabhängig von öffentlicher rechtlicher Autorität. Da es im Naturrecht den Rechten aber an öffentlicher Sanktionierung mangelt, kann es immer dazu kommen, dass die Rechte nicht anerkannt werden und sie so unwirksam bleiben oder missachtet werden. Um sicherzustellen, dass das gültige, aber bloß „provisorische" Recht anerkannt und zum geltenden, „peremptorischen" Recht wird, bedarf es des öffentlichen Rechts als des „Inbegriff[s] der Gesetze, die einer allgemeinen Bekanntmachung bedür-

---

[7] Für eine Darlegung der kosmopolitischen Dimension von Kants Republikanismus siehe Kleingeld 2012.

fen" (RL, AA 6: 311) und die das Recht ganz generell den Prinzipien der öffentlichen Gerechtigkeit unterwerfen (vgl. RL, AA 6: 257).

Der Übergang von dem bloß privaten, obgleich natürlichen Recht zum öffentlichen Recht als öffentlich sanktioniertem Privatrecht wird von Kant durch die „Idee" des Gesellschaftsvertrages („*ursprüngliche[r] Kontrakt*") vorgestellt, in dem die Individuen ihre natürliche, „wilde" Freiheit aufgeben, um ihre künstliche, „bürgerliche" Freiheit zu erhalten. Begrifflich gesehen verwandelt der Urakt der politischen Selbstkonstitution das Volk in Mitglieder eines Gemeinwesens („Glieder eines gemeinen Wesens", RL, AA 6: 315). Darüber hinaus bildet das Volk, das auf diese Weise „durch das gemeinsame Interesse Aller, im rechtlichen Zustand zu sein" (RL, AA 6: 311), vereinigt wird, den Staat – verstanden als eine Republik im weiteren Sinne („*res publica latius sic dicta*", RL, AA 6: 311). Nach Kant ist der Ausgang aus dem Naturzustand und der Eintritt in den bürgerlichen Zustand nicht eine Frage von Klugheit und Kalkül, sondern eine praktische oder moralische Notwendigkeit nach Maßgabe eines „*kategorischen Imperativ[s]*" (RL, AA 6: 318), der sich aus der Konzeption des Gesetzes selbst ergibt, weil nur dieser Übergang dem präexistierenden „natürlichen" Recht oder Gesetz sowie der vorgängigen Freiheit gerechtwird ( RL, AA 6: 315 f.).

In einem platonisch inspirierten Schritt erläutert Kant die proto-politische Funktion des Staatsrechts, dem Privatrecht einen öffentlichen Status zu verleihen, indem er die apriorische Struktur des „Staat[es] *in der Idee*" (RL, AA 6: 313; Hervorhebung im Original) näher ausführt. Er unterscheidet insbesondere drei „Gewalten", die sich im Staat als solchem und insofern in „jede[m] Staat" finden (RL, AA 6: 313). Die Einheit des Staates inmitten von dessen prinzipieller Dreiteilung sucht Kant dadurch aufrechtzuerhalten, dass er die drei politischen Gewalten als eine „dreifache Person (*trias politica*)" vorstellt, die in dem den Staat konstituierenden „allgemein vereinigten Willen" (RL, AA 6: 313) enthalten ist. Nach Kant umfasst der so verstandene Staat die „*Herrschergewalt* (Souveränität)" in der Person des „Gesetzgebers", die „*vollziehende Gewalt*" in der Person des „Regierers" und die „*rechtsprechende Gewalt*" in der „Person des Richters" (RL, AA 6: 313; Hervorhebung im Original).

In einem Schritt, der Kants republikanische Affinitäten noch deutlicher erkennen lässt, ordnet Kant die gesetzgebende Gewalt „dem vereinigten Willen des Volkes" (RL, AA 6: 313) oder dem „übereinstimmende[n] und vereinigte[n] Wille[n] Aller" (RL, AA 6: 314) zu. Dabei ist Letzterer auf die allgemeinen Bedingungen der Gegenseitigkeit eingeschränkt, unter denen ein jeder über alle und alle über einen jeden entscheiden, so dass der Ausschluss von Vorzügen und Privilegien sichergestellt ist. Der gesetzgebende Wille aller, in dieser zivisch zugespitzten Form, ist „der allgemeine vereinigte Volkswille" (RL, AA 6: 314). Für Kant besitzen die Staatsbürger (*cives*) als konstituierende Mitglieder des im Staat verkörperten gesetzgebenden Willens ein dreifaches politisches Profil, das dem klassischen republikanischen Ideal von *libertas* und *aequalitas* entspricht. Erstens beinhaltet bei Kant die Staatsbürgerschaft die rechtliche *Freiheit*, nur denjenigen Gesetzen unterworfen zu sein, denen die Staatsbürger zugestimmt haben. Zweitens besteht staatsbürgerliche *Gleichheit*, aufgrund derer niemand im Volk als überlegen und befugt anerkannt wird, rechtliche Verpflichtungen zu verhängen, ohne selbst wiederum der rechtlichen Verpflichtung durch andere Staatsbürger unterwerfen zu sein. Drittens gilt die staatsbürgerliche *Unabhängigkeit*, die darin besteht, dass der Staatsbürger seine Existenz und Erhaltung keinem anderem verdankt und also rechtlich eigenverantwortlich ist (RL, AA 6: 314 f.).

In einem weiteren Schritt, der deutlich republikanische Obertöne aufweist, besteht Kant auf der strengen Trennung der drei Hauptgewalten im Staat. Insbesondere kritisiert Kant die institutionelle Verschmelzung der gesetzgebenden und der ausführenden Gewalt, die er als geradezu definitorisch ansieht für despotische Herrschaft. Außerdem betont er, dass weder die gesetzgebende noch die ausführende Gewalt die Gewalt der Rechtsprechung übernehmen darf. Nach Kants Auffassung gewährleisten die drei politischen Gewalten des Bürger-Staates – einzeln erwogen und gemeinsam betrachtet – die „Autonomie" des Staates als dessen Befähigung, sich unabhängig von äußeren Zwängen und Bedingungen und ausschließlich unter eigenen Gesetzen, die deshalb als „Freiheitsgesetze" (RL, AA 6: 318) anzusehen sind, zu gestalten und zu erhalten.[8]

Doch enthält Kants radikal republikanische Auffassung der drei Gewalten im Gemeinwesen als ebensovieler Erscheinungsformen des vernünftig regierten Volkswillens nur erst die abstrakte Idee eines Souveräns, welche, wie Kant einräumt, ein bloßes „Gedankending" oder Noumenon bleibt, solange sie nicht konkretisiert wird durch die Bindung an eine Person, die die „höchste Staatsgewalt vorstellt" (RL, AA 6: 338). Kant unterscheidet drei Arten von effektiver Repräsentation des ursprünglichen, vernünftig vereinigten Willens in der Person des Souveräns: die Herrschaft von einem über alle, diejenige von einigen, die einander gleich sind, über alle anderen, und diejenige von allen zusammen über einen jeden, einschließlich über sich selbst. Nach Kant bilden die drei möglichen Personifizierungen des (Volks-)Souveräns ebensoviele Ausprägungen der „Staatsform", welche entweder monarchisch (oder „autokratisch" nach Kants veränderter Terminologie) oder aristokratisch oder demokratisch ist (RL, AA 6: 338).[9]

---

[8] Zur politischen Prägung der Autonomie bei Kant siehe Zöller 2015a.
[9] Zu Kants ethisch-politischer Auffassung von Autokratie siehe Zöller 2010 und Zöller 2021a.

Zwar liefert Kant eine differentielle Bewertung des mit der jeweiligen Staatsform verbundenen Grades an Effizienz und des jeweils gegebenen Ausmaßes an Bürgerfreiheit und verweist auch auf die weiteren Entwicklungen der Verfassungslehre durch die sogenannten gemischten Staatsverfassungen. Doch bekundet er ein beträchtliches Maß an Gleichgültigkeit gegenüber den Einzelheiten der unterschiedlichen äußeren Formen des Staates, die für ihn nur den „Buchstabe[n]" der bürgerlichen Gesetzgebung ausmachen – im Gegensatz zum „Geist" des „ursprünglichen Vertrags" (RL, AA 6: 340), der der kontingenten und historisch bedingten Form eines gegebenen Staates zugrunde liegt. Insbesondere stellt Kant den pluralen, aber nicht eigentlich ausschlaggebenden „Staatsformen" die singulare „Regierungsart" gegenüber, die von der Idee des ursprünglichen bürgerlichen Vertrages und dem mit ihr verbundenen politischen Imperativ inspiriert und informiert ist, sich der „einzig rechtmäßige[n] Verfassung, nämlich der einer reinen Republik" (RL, AA 6: 340) immer mehr anzunähern, um sie schließlich zu erlangen – wenn nicht nach ihrer äußerlichen Form („Buchstabe"), so zumindest ihrer Wirkung („Geist") nach.[10]

Kants Auffassung zufolge beinhaltet die so imaginierte und intendierte republikanische Verfassung als Ziel und Zweck die durchgängige Herrschaft von Recht und Gesetz („wo das *Gesetz* selbstherrschend ist", RL, AA 6: 341; Hervorhebung im Original) und als Prinzip die Freiheit. Darüber hinaus dient das republikanische Prinzip der Freiheit als Rechtfertigungsgrund für alle Einschränkung der Freiheit, die in Gestalt von rechtmäßigem äußerem Zwang die Aufrechterhaltung von jedermanns Freiheit bezweckt. Des Weiteren setzt Kant dem politischen Fortschritt, der unter der republikanischen Idee des Ursprungs des Staates in einem vereinigten Volkswillen zu erzielen ist, klare Grenzen. Insbesondere argumentiert er gegen die Staatsform der (direkten) Demokratie und zugunsten „ein[es] *repräsentative[n] System[s] des Volks*" (RL, AA 6: 341; Hervorhebung im Original), in dem die Bürger – in idealer Einheit – ihre Rechte durch Abgeordnete ausüben. Zwar präzisiert Kant nicht eigens das Auswahlverfahren für die Vertretung des Volkes in der künftigen Republik, doch hält er faktisch die Idee der republikanischen Regierung getrennt von der Institution allgemeiner, freier und gleicher Wahlen.[11]

In einem umgekehrten Manöver gegenüber dieser Restriktion der republikanischen Herrschaft auf das repräsentative System nimmt Kant den personifizierten Souverän, wie er ihn durch die äußere Form des Staates (als König, Adel oder

---

[10] Zu Kants Dissoziation des (legalistischen) Republikanismus von der (realpolitischen) Republik siehe Zöller 2021b.
[11] Zur historischen Herkunft und systematischen Funktion von politischer Repräsentation bei Kant siehe Zöller 2021b.

demokratischen Verein) näher bestimmt, von der Vertretung durch irgend jemand anderen aus. Nach Kants Darstellung würde solche Delegation den Verlust der absoluten politischen Autorität durch den Souverän mit sich bringen. Als Beispiel für einen derartigen Vorgang zitiert Kant die einer Selbstaufhebung seiner souveränen Macht gleichkommende Einberufung der Generalstände zum Zweck der Genehmigung von Besteuerung durch Ludwig XVI. (vgl. RL, AA 6: 341f.). Kants Republik, wie rein und wahr sie auch immer sein mag, bleibt so ohne eigentliche Volksherrschaft und ohne effektive Volkssouveränität. Ihre Freiheit ist zivisch und rechtlich, nicht politisch und partizipatorisch. Der Schlüssel zu Umfang und Grenzen der Freiheit in Kants republikanisch gesinntem Staat liegt in dem ursprünglichen „angeborene[n]" Recht eines jeden auf eine Freiheit, die definiert ist als „Unabhängigkeit von eines Anderen nötigender Willkür [...], sofern sie mit jedes Anderen Freiheit nach einem allgemeinen Gesetz zusammen bestehen kann" (RL, AA 6: 237). Solche Freiheit ist wesentlich eine private Freiheit – und dies auch da, wo sie, wie bei Kant, sozial gestaltet und politisch geschützt ist.

*Aus dem Englischen übersetzt von Jean-Christophe Merle und Günter Zöller*

Jean-Christophe Merle
# Von den Tugendpflichten gegen Andere: Liebe, Achtung und Freundschaft

## 1 Eine Relativierung der Einteilung der Pflichten gegen andere

Die „Ethische Elementarlehre" liefert – neben der kürzeren „Ethischen Methodenlehre", die auf ihr beruht –, die Anwendung der Tugendpflicht, die in der „Einleitung zur Tugendlehre" dargestellt wird. Die Elementarlehre besteht selber aus der Untersuchung der Pflichten gegen sich selbst, sodann aus der Untersuchung der Pflichten gegen Andere. Dabei geht es im Wesentlichen um die Pflicht gegen Andere „bloß als Menschen" (TL, AA 6: 448), denn trotz ihrem Status als „Zweites Hauptstück" – und daher als Pendant – ist die Darstellung der „Pflichten der Menschen gegeneinander in Ansehung ihres [sozialen] Zustandes" sowohl vom Umfang als auch vom Inhalt her ohne besondere Bedeutung.

Die „Eintheilung" der „Tugendpflichten gegen Andere" beginnt mit einem Satz, der gleichzeitig eine relative Distanzierung enthält:

> Die oberste Eintheilung kann die sein: in Pflichten gegen Andere, so fern du sie durch Leistung derselben zugleich verbindest, und in solche, deren Beobachtung die Verbindlichkeit Anderer nicht zur Folge hat. (TL, AA 6: 448)

Es handelt sich um eine Distanzierung, insofern diese Einteilung zwar so sein „kann", gleichwohl nicht so sein *muss*. In der GMS finden wir eine Erklärung für eine ähnliche Einteilung: „Nun wollen wir einige Pflichten herzählen, nach der gewöhnlichen Eintheilung derselben [...]" (GMS, AA 4: 421). Anschließend äußert Kant seine relative Distanzierung noch deutlicher:

> Man muß hier wohl merken, daß ich die Eintheilung der Pflichten für eine künftige *Metaphysik der Sitten* mir gänzlich vorbehalte, diese hier also nur als beliebig (um meine Beispiele zu ordnen) dastehe. (GMS, AA 4: 421)

Es handelt sich in der TL um die gleiche Einteilung wie in der GMS. In der TL präzisiert Kant nämlich die Einteilung, wie folgt: „Die erstere Leistung ist (respectiv gegen Andere) *verdienstlich*; die der zweiten ist *schuldige* Pflicht." (TL, AA 6: 448) In der GMS verfährt Kant „nach der gewöhnlichen Eintheilung derselben in Pflichten gegen uns selbst und gegen andere Menschen, in vollkommene und unvollkommene Pflichten." (GMS, AA 4: 421) Die unvollkommenen Pflichten werden von Kant auch als verdienstliche Pflichten bzw. als Tugendpflichten bezeichnet: „Die unvollkommenen Pflichten sind also allein *Tugendpflichten.* Die Erfüllung derselben ist *Verdienst (meritum)* [...]." (TL, AA 6: 390) Kant unterscheidet die „verdienstlichen" Pflichten von den „schuldigen", wie folgt: „Was jemand pflichtmäßig *mehr* thut, als wozu er nach dem Gesetz gezwungen werden kann, ist verdienstlich (*meritum*) [...]" (TL, AA 6: 227). Um den „Zweiten Theil: Von den Tugendpflichten gegen Andere" richtig zu verstehen, darf diese relative Distanzierung nicht aus den Augen verloren werden.

Direkt nach der genannten Einteilung werden die zentralen Begriffe des „Zweite[n] Theil[s]" wie folgt eingeführt:

> *Liebe* und *Achtung* sind die Gefühle, welche die Ausübung dieser Pflichten begleiten. Sie können abgesondert (jede für sich allein) erwogen werden und auch so bestehen. [...] Sie sind aber im Grunde dem Gesetze nach jederzeit mit einander in einer Pflicht zusammen verbunden; nur so, daß bald die eine Pflicht, bald die andere das Princip im Subject ausmacht, an welche die andere accessorisch geknüpft wird. (TL, AA 6: 448)

Akzessorisch miteinander verbunden sind die von der Liebe begleiteten (verdienstlichen) Pflichten bzw. die von der Achtung begleiteten (schuldigen) Pflichten nur in einer raschen Aufeinanderfolge, in einem schnellen Wechsel von zwei Situationen bzw. von zwei subjektiven Fokussierungen desjenigen Menschen, der aus Pflicht handelt. Kant gibt nämlich ein Beispiel, in dem die Aufeinanderfolge sehr rasch ist und die beiden Momente dann dauerhaft zusammen bestehen bleiben:

> So werden wir gegen einen Armen wohlthätig zu sein uns für verpflichtet erkennen; aber, weil diese Gunst doch auch Abhängigkeit seines Wohls von meiner Großmuth enthält, die doch den anderen erniedrigt, so ist es Pflicht, dem Empfänger durch ein Betragen, welches diese Wohlthätigkeit entweder als bloße Schuldigkeit oder geringen Liebesdienst vorstellt, die Demüthigung zu ersparen und ihm seine Achtung für sich selbst zu erhalten. (TL, AA 6: 448)

Wenn sich entweder der subjektiven Fokussierung im Bewusstsein nach oder in der philosophischen Analyse die beiden Momente unterscheiden lassen, so bleiben sie aber dennoch „im Grunde dem Gesetze nach jederzeit miteinander in einer Pflicht zusammen verbunden", so dass diese wesentliche Verbindung im Mittelpunkt der Untersuchung der Pflichten gegen Andere bei Kant stehen sollte. Kant selbst hebt diese Einheit hervor, indem er die „innigste[] Vereinigung der Liebe mit der Achtung" zum Gegenstand des gesamten „Beschluss[es] der Elementarlehre" (TL, AA 6: 469) macht.

Statt diese „innigste Verbindung" in den Mittelpunkt zu stellen, behandeln die Kant-Kommentare die beiden genannten Pflichten getrennt voneinander sowie getrennt von der „Idee der Freundschaft", die nach Kant ausdrücklich diese „innigste Vereinigung" beider ist. Infolgedessen wird diese „Vereinigung" als Idee entweder mit der moralischen oder mit der bloß gefühlsbasierten („ästhetischen") Freundschaft verwechselt oder als weniger wichtig als die genannten Arten von Freundschaft betrachtet. Im Folgenden werde ich dagegen die genannten Pflichten und die moralischen Gefühle von Liebe und Achtung in der Perspektive ihrer „innigsten Vereinigung" in der Idee der Freundschaft analysieren.

## 2 Liebe und Achtung als Gefühle und als Pflichten

Freundschaft ist ein Gefühl. Dennoch ist Freundschaft der Gegenstand des „Beschluss[es] der Elementarlehre", der die Elementarlehre abschließt, und der Gegenstand „der ethischen Elementarlehre zweite Theil[s]" sind die „Tugendpflichten gegen Andere" (TL, AA 6: 448). Daher besteht zwischen Freundschaft als Gefühl und den Tugendpflichten gegen Andere eine enge Verbindung. Freundschaft betrachtet Kant außerdem ausdrücklich als Gegenstand einer Pflicht: Es besteht eine Pflicht zur Freundschaft. Freundschaft ist ein Gefühl, das nach Kant zwei Gefühle verbindet: Liebe und Achtung. Genauso wie das Gefühl der Freundschaft stehen diese Gefühle wiederum in enger Verbindung mit Tugendpflichten. Letztere soll daher zunächst im Folgenden untersucht werden.

Liebe und Achtung als „Gefühle" sind von der „Pflicht", die sie jeweils „begleite[t]", zu unterscheiden. (TL, AA 6: 448) Erstere sind erst die sinnliche Erscheinung der letzteren, d.h. der intelligiblen Pflicht(en). In der Tat bezeichnet Liebe nach Kant einerseits ein sinnliches Gefühl der Zuneigung zu Anderen, d.h. eine „Lust" bzw. ein „Wohlgefallen" an Anderen (TL, AA 6: 449). Ein solches Liebesgefühl zu haben, „dazu kann es keine Verpflichtung durch Andere geben" (TL, AA 6: 449), so dass es nicht Gegenstand einer Liebespflicht sein kann. Andererseits bezeichnet Liebe aber auch ein intelligibles bzw. praktisches Wohlwollen aus Pflicht bzw. eine „Maxime des Wohlwollens" (TL, AA 6: 449), die Kant auch „praktische Menschenliebe" nennt (TL, AA 6: 450):

> Die *Liebe* wird *hier* [meine Hervorhebung, JCM] nicht als *Gefühl* (ästhetisch), [...] nicht als Liebe des *Wohlgefallens* verstanden (denn Gefühle zu haben, dazu kann es keine Verpflichtung durch andere geben), sondern muß als Maxime des *Wohlwollens* (als praktisch) gedacht werden, welche das Wohltun zur Folge hat. (TL, AA 6: 449)

Sodann führt Kant die Begriffe von „Wechselliebe", „Anziehung" und „Abstoßung" ein:

> Wenn von Pflichtgesetzen (nicht von Naturgesetzen) die Rede ist und zwar im äußeren Verhältnis der Menschen gegen einander, so betrachten wir uns in einer moralischen (intelligibelen) Welt, in welcher, nach der Analogie mit der physischen, die Verbindung vernünftiger Wesen (auf Erden) durch *Anziehung* und *Abstoßung* bewirkt wird. Vermöge des Prinzips der *Wechselliebe* sind sie angewiesen, sich einander beständig zu *nähern*, durch das der *Achtung*, die sie einander schuldig sind, sich im *Abstande* voneinander zu erhalten; und sollte eine dieser großen sittlichen Kräfte sinken: ‚so würde dann das *Nichts* (der Immoralität) mit aufgesperrtem Schlund der (moralischen) Wesen ganzes Reich, wie einen Tropfen Wasser trinken' [...] (TL, AA 6: 449).

Dabei sind zwei Welten voneinander zu unterscheiden, die von Kant-Kommentaren allzu oft verwechselt werden: einerseits die „moralische (intelligibele) Welt", andererseits die „Erde" bzw. die sinnliche Welt. Im Folgenden werde ich die genannte Unterscheidung untersuchen und ihre Konsequenzen darstellen.

In der (von „Pflichtgesetzen" geregelten) intelligiblen Welt wird etwas in der (von „Naturgesetzen") sinnlichen Welt („auf Erden") „bewirkt". Dasjenige, was bewirkt, sind also die Pflichten, während dasjenige, was bewirkt wird, „die Verbindung vernünftiger Wesen (auf Erden) durch Anziehung und Abstoßung" ist. Kant präzisiert, dass „Anziehung" und „Abstoßung" die „großen sittlichen Kräfte sind." „Sittliche Kräfte" werden in der sinnlichen Welt durch die Pflichten in der intelligiblen Welt bewirkt. Die Pflichten gehören zur intelligiblen Welt und zur Metaphysik der Sitten. Die Sitten – und daher die „sittlichen Kräfte" – gehören aber zur sinnlichen Welt. Wo von „Anziehung" und „Abstoßung" die Rede ist, kann es sich also nicht um die Pflichten selbst handeln, sondern um dasjenige, was die Erfüllung der Pflichten bewirkt.

Dies bedeutet jedoch selbstverständlich nicht, dass jede „Anziehung" bzw. jede „Abstoßung" zwischen Menschen von Pflichten bewirkt würde. Kant unterscheidet nämlich die Anziehung von der Liebe im Sinne der Pflicht zur Liebe, und er unterscheidet ebenfalls die Abstoßung von der Achtung im Sinne der Pflicht. Die Anziehung, die nicht durch die Ausübung der Pflicht zur Liebe erfolgt, ist die sinnliche Liebe als Wohlgefallen an Anderen.

Christoph Horn behauptet, dass Kant zwei „ernsthafte Mängel" (*serious shortcomings*) in seiner eigenen Ansicht sehe, dass Liebe bzw. Anziehung von der Erfüllung der Pflicht bewirkt werden könne, d. h. dass Liebe die Ausübung der Pflicht begleiten bzw. mit ihr verbunden sein könne. Der erste ernsthafte Mangel bestehe darin, dass „love cannot be coerced and its presence is, therefore, contingent (or the result of doing one's duties)" (Horn 2008, 166). Durch die Anführung der beiden genannten Mängel will Horn Kant gegen Kant ausspielen, und zwar, indem er gegen Kants Ansicht des moralischen Status des moralischen Gefühls argumentiert:

> There can be no doubt on the one hand that Kant considers benevolent love to be a complete equivalent of morality (in his accounts of the biblical commandment), and that on the other hand he accuses it of two serious shortcomings. (Horn 2008, 166)

Vorher skizziert Horn eine kantische Argumentation gegen Kants Ansicht des moralischen Status des moralischen Gefühls, bevor er dann fairerweise darauf hinweist, dass Kant diese Argumentation ausdrücklich nicht vertritt. Vorher verwendet Horn Formulierungen, die es sorgfältig vermeiden, zu behaupten, dass die genannte Argumentation Kants Ansicht wäre: „If this paraphrase is correct, [...]" (Horn 2008, 154), „The content of this paragraph might be paraphrased as follows [...]" (Horn 2008, 153).

Horn skizziert zunächst die These – wie gesagt, ohne sie zu behaupten –, dass es nach Kant keine Pflicht zur Liebe und keine praktische Liebe geben könne, sondern nur eine pathologische Liebe. Nachdem Horn die „Einleitung XIIc" in die TL vollständig zitiert und kurz im Sinne einer alternativen kantischen Argumentation erläutert hat, schreibt er:

> If this paraphrase is correct, one might be tempted to read it as follows: Kant here considers all kinds of love to be pathological, i.e., passive and physical states, and hence as morally inappropriate. But consequently, there would be, for him, no room left for a 'practical' type of love. What he seems to say is that benevolence, insofar as it is a moral duty, is not love, but instead beneficence. Therefore, love is, in each of its forms, morally inadequate. (Horn 2008, 154)

Eine solche Ansicht würde auf dem folgenden Satz der TL beruhen:

> Liebe ist eine Sache der *Empfindung*, nicht des Wollens, und ich kann nicht lieben weil ich *will*, noch weniger aber weil ich *soll* (zur Liebe genöthigt werden); mithin ist eine *Pflicht zu lieben* ein Unding. Wohlwollen (*amor benevolentiae*) aber kann, als ein Thun, einem Pflichtgesetz unterworfen sein. Man nennt aber oftmals ein uneigennütziges Wohlwollen gegen Menschen auch (obzwar sehr uneigentlich) *Liebe* [...]. (TL, AA 6: 401)

Indem Kant behauptet, dass Liebe eine Sache der Empfindung sei, charakterisiert er Liebe als sinnlich. Die alternative kantische Argumentation versteht aber diese Behauptung, als wäre jede Liebe „pathologisch". Während alles, was pathologisch ist, sinnlich ist, ist nicht alles, was sinnlich ist, *eo ipso* pathologisch. Kurz vorher erläutert Kant:

> [...] der *ästhetische* Zustand (der Afficirung des inneren Sinnes) nun entweder ein *pathologisches* oder *moralisches* Gefühl ist. – Das erstere ist dasjenige Gefühl, welches vor der Vorstellung des Gesetzes vorhergeht, das letztere das, was nur auf diese folgen kann. (TL, AA 6: 399)

Wer – wie die alternative kantische These – diese Unterscheidung übersieht, der übersieht auch das moralische Gefühl bei Kant, und insbesondere das moralische Gefühl der Liebe: „[...] strictly speaking, love is, in each of its forms, morally inappropriate, since it is an emotion" (Horn 2008 154). Wenn Horn schreibt, „benevolence, insofar as it is a moral duty, is not love, but instead beneficence" (Horn 2008, 154), übersieht er, dass Wohltätigkeit (*beneficience*) ausdrücklich zu den Liebespflichten gehört (vgl. TL, AA 6: 452). Interessanterweise begnügt sich Horn mit einer Paraphrase der beiden folgenden Sätze[1], die seiner genannten Behauptung offensichtlich widerspricht:

> *Wohlthun* ist Pflicht. Wer diese oft ausübt, und es gelingt ihm mit seiner wohlthätigen Absicht, kommt endlich wohl gar dahin, den, welchem er wohl gethan hat, wirklich zu lieben. Wenn es also heißt: du sollst deinen Nächsten *lieben* als dich selbst, so heißt das nicht: du sollst unmittelbar (zuerst) lieben und vermittelst dieser Liebe (nachher) wohlthun, sondern: *thue* deinem Nebenmenschen *wohl*, und dieses Wohlthun wird Menschenliebe (als Fertigkeit der Neigung zum Wohlthun überhaupt) in dir bewirken! (TL, AA 6: 402)

Wie einleitend gesagt wurde, weiß Horn, dass Kant diese Ansicht vertritt, die der alternativen kantischen Argumentation entgegensteht:

> But since love, understood as benevolence, can arise from a practice of beneficence, we are entitled to say that it can be morally appropriate, if only in an indirect manner of ex post-habituation. Its prima facie inadequacy is, therefore, not the last word to be said on it. (Horn 2008, 154)

Kommen wir zu dem ersten „ernsthaften Mangel", den Horn in Kants Ansicht des moralischen Status des moralischen Gefühls diagnostiziert: „[...] first, love cannot be coerced and its presence is, therefore, contingent (or the result of doing one's duties)" (Horn 2008, 166). Dies scheint durch Kants folgende Behauptung bestätigt zu sein:

> Aber alle Pflicht ist *Nöthigung*, ein Zwang, wenn er auch ein Selbstzwang nach einem Gesetz sein sollte. Was man aber aus Zwang tut, das geschieht nicht aus Liebe. (TL, AA 6: 401)

---

[1] „[...] it is beneficence (*Wohlthun*) that is demanded as our moral obligation. And by practicing it, we begin to love the person who is the object of our beneficence." (Horn 2008, 154)

Kant spricht aber von einer „Fertigkeit der Neigung zum Wohlthun überhaupt" (TL, AA 6: 402). Eine „*Fertigkeit (habitus)*" ist eine „Leichtigkeit zu handeln", welche entweder eine „*freie* Fertigkeit *(habitus libertatis)*" oder eine unfreie erworbene „*Angewohnheit*" *(assuetudo)* sein kann. (TL, AA 6: 407) Offensichtlich könnte eine bloße Angewohnheit kein *moralisches* Gefühl der Liebe sein, sondern nur ein pathologisches. Die Fertigkeit im Sinne der freien Fertigkeit setzt nun Kant gerade dem Zwang entgegen:

> Man nennt den *Zwang*, wodurch der beständige Hang von gewissen Regeln abzuweichen eingeschränkt, und endlich vertilgt wird, die *Disciplin*. Sie ist von der *Cultur* unterschieden, welche bloß eine *Fertigkeit* verschaffen soll, ohne eine andere, schon vorhandene dagegen aufzuheben. Zu der Bildung eines Talents, welches schon für sich selbst einen Antrieb zur Äußerung hat, wird also die Disciplin einen negativen, die Cultur aber und Doctrin einen positiven Beitrag leisten. (KrV A710/B737)

Eine Fertigkeit ist eine Naturanlage, die als solche zwar angeboren ist, jedoch noch entwickelt werden muss, wie jede Naturanlage in Kants teleologischer Perspektive. Wie kann aber eine „Fertigkeit der Neigung zum Wohlthun" gegenüber denjenigen entwickelt werden, gegenüber denen ein Mensch keine solche Neigung hat?

Um dies zu verstehen, empfiehlt es sich, die Hindernisse zur Entwicklung der Neigung zum Wohltun zu untersuchen. Kant weist auf *zwei* Hindernisse hin.

Das *erste* Hindernis ist die Neigung der Selbstliebe, „eines über alles gehenden *Wohlwollens* gegen sich selbst." (KpV, AA 5: 73), weil die Selbstliebe dem von der Pflicht zum Wohlwollen gegen Andere verlangten Verzicht auf die Verfolgung eigener Zwecke zugunsten fremder Zwecke im Wege steht. Dies ist der zweite Mangel (*shortcoming*), den Horn anspricht: „[...] secondly, beneficent love in a sense humiliates the beloved and in the case of friendship it must be counterbalanced with respect." (Horn 2008, 166) Das *zweite* Hindernis steht in unmittelbarem textuellem Zusammenhang mit der Textstelle über die „Fertigkeit der Neigung zum Wohlthun". Dieses Hindernis ist die fehlende Liebenswürdigkeit nicht nur mancher Menschen, sondern aller Menschen:

> [...] diese Pflicht [*wohlzuthun*] verliert nichts an ihrem Gewicht, wenn man gleich die traurige Bemerkung machen müßte, daß unsere Gattung, leider! dazu nicht geeignet ist, daß, wenn man sie näher kennt, sie sonderlich liebenswürdig befunden werden dürfte. (TL, AA 6: 402)

Diese ziemlich geringe Liebenswürdigkeit lässt sich leicht mit einer fehlenden Liebenswürdigkeit verwechseln. Wer diese Verwechslung begeht und wegen dieser ziemlich geringen Liebenswürdigkeit die Liebe gegenüber anderen verweigert, der empfindet Hass, genauer „Menschenhaß" (TL, AA 6: 402). Menschenhass kann nämlich auch „ohne thätige Anfeindung, blos in der gänzlichen Abkehrung von Menschen" (TL, AA 6: 402) bestehen, worauf die Verweigerung der Liebe hinausläuft. „*Menschenhaß* aber ist jederzeit *häßlich* [...]" (TL, AA 6: 402), d. h. dass der Menschenhass als solcher den Haß immer verdient. Man könnte daraus schließen, dass der Mensch, der Menschenhass empfindet, selber gehasst werden sollte, und aus demselben Grund sollten diejenigen, die ihn zu Recht hassen, selber gehasst werden usw. Dies würde einen Teufelskreis darstellen, in dem unter Menschen überhaupt keine Anziehung, d. h. überhaupt keine Liebe stattfände.

Die *beiden* Hindernisse sind im Grunde genommen nur *eines*, weil das erste Hindernis die Erklärung dafür liefert, warum die Menschen für nicht „sonderlich liebenswürdig" (TL, AA 6: 402) gehalten werden dürfen. Im Gegensatz zur Liebe, die mit dem Gefühl der Übereinstimmung der Zwecke unter Menschen verbunden ist, ist der Hass als Verweigerung der Liebe mit einem Widerstreit bzw. einer Kollision der Zwecke verbunden.

Die Erfüllung der Pflicht zum Wohlwollen führt zur Wegräumung dieser *beiden* Hindernisse dank den beiden folgenden Faktoren: 1. Für die Pflicht ist nicht nur die Unterordnung der Neigungen, sondern auch das Prinzip der Universalisierbarkeit konstitutiv, und 2. Menschen sind endliche Vernunftwesen, d. h. dass sie gleichzeitig zur intelligiblen und zur sinnlichen Welt gehören. Die Kombination der beiden Faktoren hat die beiden folgenden Konsequenzen.

*Erstens* untersagt das Prinzip der Universalisierbarkeit nicht nur jegliche Verfolgung eigener Zwecke zulasten fremder Zwecke, sondern auch jeglichen Verzicht auf die Verfolgung eigener Zwecke zugunsten fremder Zwecke, und dieses Prinzip gebietet das Wohlwollen gegen sich selbst nur deswegen nicht (es erlaubt es bloß), weil dies bereits unserer Neigung entspricht. Nach Kant soll ich

> [...] gegen jeden Anderen wohlwollend sein. Da aber alle *Andere* außer mir nicht *Alle* sein, mithin die Maxime nicht die Allgemeinheit eines Gesetzes an sich haben würde, [...] so wird das Pflichtgesetz des Wohlwollens mich als Object desselben im Gebot der praktischen Vernunft mit begreifen: nicht, als ob ich dadurch verbunden würde, mich selbst zu lieben (denn das geschieht ohne das unvermeidlich, und dazu giebts also keine Verpflichtung), sondern die gesetzgebende Vernunft [...] schließt als allgemeingesetzgebend mich in der Pflicht des wechselseitigen Wohlwollens nach dem Princip der Gleichheit wie alle Andere neben mir mit ein, und *erlaubt* es dir dir selbst wohlzuwollen, unter der Bedingung, daß du auch jedem Anderen wohl willst [...] (TL, AA 6: 451)

In der Freundschaft „sorgt [der Mensch] für sich und auch für das Glück anderer." (V-Mo/Collins, AA 27: 424)

*Zweitens*, dass der Mensch nicht „sonderlich liebenswürdig" ist, schließt logischerweise aus, dass er gar nicht liebenswürdig sein könnte. Die angeborene Liebenswürdigkeit besteht darin, dass die Menschheit in der Person eines jeden

Menschen als Vernunftwesen als Zweck an sich behandelt werden soll. Dies wird durch Folgendes bestätigt: Kant schreibt, dass „Menschenhaß [...] jederzeit häßlich [...]" ist. Er schreibt jedoch nicht, dass ein Mensch, der von Menschenhass bewegt ist, je hässlich wäre, d.h. dass er je Hass verdienen würde. Nur der Menschenhass, nicht der Misanthrop muss weggeräumt werden. Vielmehr gilt auch gegenüber dem hassenden Menschen die Pflicht zum Wohlwollen. Denn, während der Mensch als hassendes Lebewesen die Liebe nicht verdient, verdient er sie als Vernunftwesen trotz seines Hasses.[2] In diesem Sinne sollen die Menschen als Vernunftwesen die Zusammenstimmung der Zwecke verfolgen, und den bereits erfolgten Hass unter der Bedingung verzeihen, dass er nicht wiederholt wird:

> Es ist also Tugendpflicht nicht allein selbst blos aus Rache die Feindseligkeit Anderer nicht mit Haß zu erwidern, sondern selbst nicht einmal den Weltrichter zur Rache aufzufordern; theils weil der Mensch von eigener Schuld genug auf sich sitzen hat, um der Verzeihung selbst zu bedürfen [...]. Daher ist *Versöhnlichkeit* (*placabilitas*) Menschenpflicht, womit doch die *sanfte Duldsamkeit* der Beleidigungen (*mitis iniuriarum patientia*) nicht verwechselt werden muß, als Entsagung auf harte (*rigorosa*) Mittel, um der fortgesetzten Beleidigung Anderer vorzubeugen. (TL, AA 6: 460f.)

Wenn die beiden genannten Hindernisse durch die Ausübung der Pflicht überwunden sind, kann sich das Talent bzw. die Naturanlage entwickeln, die die Menschen zueinander hinzieht. Diese bereits in der *Idee einer allgemeinen Geschichte in weltbürgerlichen Absicht* dargestellte Naturanlage ist die Geselligkeit als „Hang [...] in Gesellschaft zu treten" und als – wenn die Umstände dies ermöglichen – „Neigung sich zu *vergesellschaften*" (IaG, AA 8: 20), unter der Kant vor allem „das allgemeine *Theilnehmungsgefühl*" und das „Vermögen sich innigst und allgemein mittheilen zu können" (KU, AA 5: 355) versteht.

Die Prämissen dieser Ansicht sind selbstverständlich die Existenz einer angeborenen Geselligkeit und die Möglichkeit einer Zusammenstimmung der Zwecke, d.h. der individuellen Willen. Letzteres setzt wiederum voraus, dass die involvierten Personen das Moralgesetz zur Maxime ihrer Handlung machen. Wenn diese Prämissen erfüllt sind, dann ist die Erklärung dafür konsistent, dass die Erfüllung der Pflicht zum Wohlwollen zur Liebe gegenüber anderen, und sogar gegen *alle* anderen führen kann, und dass dies ohne Zwang geschehen kann. Denn die Hindernisse zur Erfüllung des Moralgesetzes liegen nicht mehr vor, so

---

2 Im Allgemeinen gilt für Kants Auffassung der Freundschaft – anders als für die antiken und klassischen Auffassungen der Freundschaft: „[...] the source of benevolence to one's friend is *not* esteem for the morally good will one might find in one's friend." (Wood 1999, 276)

dass in diesem Fall das Moralgesetz nicht mit Neigungen kollidiert und es daher keinen Zwang ausüben muss.

Auf diese Weise lässt sich erklären, wie die Pflicht zum Wohlwollen einerseits Wohltun gegenüber den anderen gebietet, andererseits aber auch ausdrücklich Liebe gegenüber den anderen ohne Zwang bei demjenigen bewirkt, der aus Pflicht zum Wohlwollen handelt. Diese Liebe ist sinnlich; sie ist jedoch gleichzeitig ein moralisches, kein pathologisches Gefühl. Moralisch ist diese Liebe, weil sie durch das Wohlwollen bewirkt wird. Daher „begleitet" die moralische Liebe die Pflicht und ist mit ihr „verbunden" (TL, AA 6: 448). Darum kann die Anziehung entweder ein moralisches oder ein pathologisches Gefühl sein.

Auf die gleiche Weise ist Achtung im intelligiblen Sinne von der Achtung im sinnlichen Sinne zu unterscheiden und beide sind miteinander verbunden:

> Eben dasselbe muß von der gegen Andere zu beweisenden *Achtung* gesagt werden: daß nämlich nicht blos das *Gefühl* aus der Vergleichung unseres eigenen *Werths* mit dem des Anderen (dergleichen ein Kind gegen seine Ältern, ein Schüler gegen seinen Lehrer, ein Niedriger überhaupt gegen seinen Oberen aus bloßer Gewohnheit fühlt), sondern nur eine Maxime der Einschränkung unserer Selbstschätzung, durch die Würde der Menschheit in eines Anderen Person, mithin die Achtung im praktischen Sinne [...] verstanden wird. (TL, AA 6: 449)

Kant definiert die mit der Achtung verbundene Pflicht als die Pflicht, „sich nicht über Andere zu erheben" (TL, AA 6: 449), und er führt sie auf die zweite Formel des Imperativs der Pflicht der GMS, nämlich die Formel der Menschheit als Zweck an sich zurück. Die mit dem Gefühl der Achtung verbundene Pflicht besteht daher in einer Anwendung des Imperativs der Pflicht:

> [...] die Pflicht der Achtung meines Nächsten ist in der Maxime enthalten, keinen anderen Menschen blos als Mittel zu meinen Zwecken abzuwürdigen (nicht zu verlangen, der Andere solle sich selbst wegwerfen, um meinem Zwecke zu frönen) (TL, AA 6: 450)

Das Wohlwollen gegen Andere, wenn es aus Pflicht und nicht in der Absicht erfolgt, Andere zur Dankbarkeit zu verpflichten, behandelt die Menschheit in anderen als einen Zweck, da die Person die Zusammenstimmung der Zwecke verfolgt. Daher ist die Erfüllung der Pflicht zum Wohlwollen immer mit der Erfüllung des Imperativs der Menschheit als Zweck an sich wesentlich verbunden. Und diese Erfüllung bewirkt das Gefühl der Achtung für die anderen.

## 3 Der Inhalt der mit dem Gefühl der Liebe und der Achtung verbundenen Pflichten

In der „Eintheilung der Liebespflichten" (TL, AA 6: 452) geht Kant auf die einzelnen Elemente der Liebe ein: Wohltätigkeit, Dankbarkeit und Anteilnahme („theilnehmende Empfindung", TL, AA 6: 456) am „Zustand[] des Vergnügens sowohl als Schmerzens Anderer" (TL, AA 6: 456), d.h. Mitfreude und Mitleid. Allen W. Wood behauptet einerseits, „Kant regards friendship of need (or mutual advantage) as the original foundation of all friendship" (Wood 1999, 276), andererseits aber, „our natural need for friendship is the need to share our condition with others." bzw. „our need for friendship arises from a powerful, need to reveal [ourselves] to others (even with no ulterior end)" (Wood 1999, 278), „intimate communication [...] is the final end of all friendship" (Wood 1999, 280). In Wahrheit gehören beide Facetten zwar zur Freundschaft, jedoch nicht zu derselben Art von Freundschaft.

Sodann untersucht Kant die konträren („gerade (*contrarie*) entgegengesetzten", TL, AA 6: 458) Laster des Menschenhasses: Neid, Undankbarkeit, Schadenfreude und Rachebegierde. Danach analysiert Kant die einzelnen Elemente der mit Achtung verbundenen Pflichten, nämlich Bescheidenheit und Achtung für die Mitmenschen, sodann die entsprechenden Laster: Hochmut, Afterreden (d.h. üble Nachrede und Verleumdung) und Verhöhnung.

Bis zum „Beschluß" (TL, AA 6: 469) werden bei dem aus Pflicht handelnden Subjekt die moralischen Gefühle der Liebe und der Achtung – d.h. die Gefühle der Liebe und der Achtung, wenn und insoweit sie von der Pflicht zum Wohlwollen bzw. von dem Imperativ der Menschheit als Zweck an sich „bewirkt" (TL, AA 6: 449) werden – genauso wenig einander entgegengesetzt wie diese Pflicht und dieser Imperativ selbst. In diesem Sinne ist Marcia Barons Behauptung richtig, dass „Understood as a maxim, [...] love seems to include respect, rather than to be an opposing force." (Baron 2002, 396) Bei dem Anderen, d.h. bei dem Adressaten, gegenüber dem das Subjekt die beiden wesentlich verbundenen Pflichten erfüllt, werden dagegen bereits in der „Eintheilung" Liebe und Achtung entgegengesetzt:

> So werden wir gegen einen Armen wohlthätig zu sein uns für verpflichtet erkennen; aber, weil diese Gunst doch auch Abhängigkeit seines Wohls von meiner Großmuth enthält, die doch den Anderen erniedrigt, so ist es Pflicht, dem Empfänger durch ein Betragen, welches diese Wohlthätigkeit entweder als bloße Schuldigkeit oder geringen Liebesdienst vorstellt, die Demüthigung zu ersparen und ihm seine Achtung für sich selbst zu erhalten. (TL, AA 6: 448)

Die durch die Pflicht zum Wohlwollen motivierte Wohltätigkeit des moralischen Wohltäters, die beim Wohltäter selbst Liebe bewirkt, kann vom Adressaten als Großmut, d. h. als Laster gegen den mit der Achtung verbundenen Imperativ der Menschheit als Zweck an sich empfunden werden. Die durch den Imperativ der Menschheit als Zweck an sich motivierte Darstellung der Großzügigkeit als „bloße Schuldigkeit oder geringen Liebesdienst" durch den Wohltäter kann aber genauso gut vom Adressaten als fehlendes Mitleid bzw. als fehlende Mitfreude (als fehlende „theilnehmende Empfindung" bzw. emotionale Anteilnahme) empfunden werden. Selbstverständlich handelt es sich nicht um moralische Gefühle seitens des Adressaten. Unabhängig davon, ob der Wohltäter aus Pflicht handelt oder ihn hochmütig mit seiner Großzügigkeit zu erniedrigen beabsichtigt, gilt für den Adressaten die Pflicht zur Dankbarkeit. Deshalb ist Dankbarkeit nicht deswegen die „*Verehrung* einer Person wegen einer uns erwiesenen Wohlhtat" (TL, AA 6: 454), weil diese aus Pflicht zum Wohlwollen gehandelt hat. Auf der Ebene der Pflicht bzw. der „Maxime" besteht daher keine Pflichtenkollision. Barons anschließende Behauptung, dass Kant „[...] veers away from his sensible claims and exaggerates the contrast, and the opposition, between love and respect" (Baron 2002, 396) ist daher unzutreffend. Es handelt sich vielmehr um zwei verschiedene Perspektiven: die Perspektive der Pflicht und die Perspektive derjenigen Gefühle, die keine moralischen Gefühle sind.

Dass die Wohltätigkeit des aus Pflicht zum Wohlwollen handelnden Wohltäters mit einem die Erniedrigung des Adressaten beabsichtigenden Hochmut verwechselt werden kann, und dass mit Dankbarkeit auf die Wohltätigkeit des Wohltäters unabhängig von seiner Motivation reagiert werden soll, beides muss schon deshalb sein, weil niemand (weder der Adressat noch der Wohltäter) je sicher sein kann, dass ein Wohltäter aus Pflicht handelt. Die Pflicht zur Dankbarkeit und das o.g. moralische Verbot, hässliche Taten mit Hass zu erwidern, machen aber die Frage irrelevant, ob der Wohltäter aus Pflicht gehandelt hat. Vielmehr soll sich der Adressat so verhalten, als ob der Wohltäter aus Pflicht gehandelt hätte, solange er nicht pflichtwidrig handelt (s.o. Kants Ansicht zur Verzeihung). Dies gilt auch für die Achtung:

> *Liebe* des Nächsten, ob dieser gleich wenig *Achtung* verdienen möchte; imgleichen nothwendige Achtung für jeden Menschen, unerachtet er kaum der Liebe werth zu sein beurtheilt würde. (TL, AA 6: 448)

## 4 Freundschaft als Gefühl und als Pflicht

Dieter Schönecker behauptet:

> To begin with, friendship in this context (moral friendship anyway, „as distinguished from aesthetic friendship" (TL 6:471.26, trans. D.S.) is understood as a „duty" (TL 6:469.23). Therefore, love and respect as the ingredients of friendship are not understood as feelings either [...]. (Schönecker 2013, 326 f.)

Wir haben gesehen, wie mit der Erfüllung der genannten Pflichten das Gefühl von Liebe und Achtung beim Handelnden verbunden ist. Genauso ist das Gefühl der Freundschaft, dessen Komponenten die Gefühle der Liebe und der Achtung sind, mit der Erfüllung der Pflicht zur Freundschaft verbunden. Die „innigste Verbindung der Liebe mit der Achtung in der Freundschaft" besteht in mindestens zwei Welten, nämlich in der sinnlichen und in der intelligiblen, wie sich im Folgenden erweisen wird. Dies ist nicht damit zu verwechseln, dass Kant von „*moralische*[r] *Freundschaft* [...] zum Unterschiede von der ästhetischen" (TL, AA 6: 471) spricht. Denn in der „ästhetischen Freundschaft" ist das Gefühl nicht mit der Pflicht verbunden, sondern es ist statt der Erfüllung der Pflicht das Motiv der Handlung. Das moralische Gefühl der Freundschaft – das Kant die „*moralische Freundschaft*" (TL, AA 6: 471) nennt – ist wie das moralische Gefühl der Liebe und das moralische Gefühl der Achtung mit der Erfüllung der Pflicht zur Freundschaft verbunden. Denn einerseits gibt es ausdrücklich eine Pflicht zur Freundschaft: Kant behauptet am Anfang von §46, „daß Freundschaft unter Menschen Pflicht derselben ist" (TL, AA 6: 469). Andererseits tut Kant dies aber erst nach einer einleitenden Definition der Freundschaft, die zunächst keine Pflicht enthält, sondern nur „Liebe und Achtung", welche Gefühle sind: „*Freundschaft* (in ihrer Vollkommenheit betrachtet) ist die Vereinigung zweier Personen durch gleiche wechselseitige Liebe und Achtung." (TL, AA 6: 469) Ebenso wird die moralische Freundschaft zunächst als Gefühl des Vertrauens dargestellt:

> *Moralische Freundschaft* (zum Unterschiede von der ästhetischen) ist das völlige Vertrauen zweier Personen in wechselseitiger Eröffnung ihrer geheimen Urtheile und Empfindungen, so weit sie mit beiderseitiger Achtung gegen einander bestehen kann. (TL, AA 6: 471)

Dieses Gefühl des Vertrauens wird von Kant inhaltlich näher bestimmt. Der Mensch, dem der Freund vertraut, hat nicht die „unedle[] Denkungsart der Meisten", Geheimnisse zu verraten bzw. zu missbrauchen, was „selten ist". (TL, AA 6: 472) Er ist also „ein verständige[r] und vertraute[r] Freund", der

> [...] zugleich verbunden ist, ebendasselbe ihm anvertraute Geheimniß einem anderen, für eben so zuverlässig gehaltenen, ohne des ersteren ausdrückliche Erlaubniß nicht mitzutheilen. (TL, AA 6: 472)

Ob die vertraute Person diese moralischen „Eigenschaften" (TL, AA 6: 472) tatsächlich besitzt, d. h. ob sie bisher aus Pflicht oder bloß pflichtgemäß gehandelt hat, kann niemand (hier: keiner der beiden Freunde) je mit Sicherheit wissen. Andererseits kann nur ein moralisch handelnder Mensch das Gefühl des Vertrauens haben, denn dieses Gefühl existiert ausdrücklich nicht ohne Selbsteröffnung der Person, die das Gefühl hat. Wer das moralische Verhalten vortäuscht, kein Geheimnis zu verraten oder zu missbrauchen, der muss auch die Selbsteröffnung vortäuschen, und er kann daher auch niemandem wirklich vertrauen, sondern er muss wegen seines vorhersehbaren späteren Verrats bzw. Missbrauchs mit einer Rache rechnen. Die Freundschaft als gegenseitiges Vertrauen ist also ein Gefühl, und nicht bloß eine Pflicht.

„Der *Menschenfreund*" wird ebenfalls zunächst von Kant als der Mensch bestimmt, der das Gefühl der „Mitfreude" (TL, AA 6: 472) hat. Erst dann wird die Menschenfreundschaft je nach dem Ursprung dieses Gefühls differenziert: Nicht der „blos Menschenliebende[] (*Philanthrop*)", sondern nur der „*Freund*[] der Menschen" (TL, AA 6: 473) hat dieses Gefühl wegen der Erfüllung seiner Pflicht, weil nur er unter der „Idee" handelt, „dadurch selbst verpflichtet zu werden, indem man Andere durch Wohlthun verpflichtet" (TL, AA 6: 473).

## 5 Genauere Bestimmung der Idee der Freundschaft und der moralischen Freundschaft

Im Folgenden soll näher bestimmt werden, was die Pflicht zur Freundschaft und das moralische Gefühl der Freundschaft sind.

Die Anzahl der Freunde ist entweder eins oder alle. Freundschaft wird zunächst als „eine Vereinigung zweier Personen" (TL, AA 6: 469) betrachtet. Erst in dem letzten Absatz ist von einem „*Menschenfreund* [...] (d. h. der ganzen Gattung)" (TL, AA 6: 472) die Rede. Auf diese unterschiedlichen Zahlen werde ich zurückkommen. Beginnen wir mit der Freundschaft zwischen zwei Personen.

Freundschaft scheint in der Überschrift des „Beschluß[es]" anders definiert zu sein als in dem Eröffnungssatz. Während die Überschrift die Freundschaft durch 1. die „innigste[ ] Verbindung der Liebe mit der Achtung" in derselben Person charakterisiert, bestimmt sie die erste Zeile als 2. „die Vereinigung zweier Personen durch gleiche Liebe und Achtung." (TL, AA 6: 469) Später wird präzisiert, dass nicht Liebe der Achtung in derselben Person gleich sein soll, sondern

2.1 dass die Liebe des einen Freundes A der Liebe des anderen Freundes B und 2.2 die Achtung des einen Freundes A der Achtung des anderen Freundes B gleich sein sollen. Dabei sind Liebe und Achtung im Sinne von Wohlwollen aus Pflicht bzw. Achtung aus Pflicht zu verstehen:

> [...] die *Gleichheit* eines der dazu erforderlichen Stücke eben derselben Pflicht (z. B. des wechselseitigen Wohlwollens) in dem Einen mit eben derselben Gesinnung im Anderen [...]. (TL, AA 6: 469)

Mit anderen Worten sind 2.1. Gleichheit zwischen Wohlwollen in A und Wohlwollen in B und 2.2. Gleichheit des Imperativs der Menschheit als Zweck an sich in A mit demselben Imperativ in B. Diese Gleichheit ist „zur Freundschaft erforderlich" (TL, AA 6: 470).

Außerdem werden in den folgenden Zeilen weitere Elemente genannt:

3. „Verhältnis" zwischen dem „Gefühl aus der einen Pflicht zu dem aus der anderen (z. B. das aus dem Wohlwollen zu dem aus der Achtung) in derselben Person [...]" (TL, AA 6: 469).

4. eine einfache negative Korrelation zwischen der Liebe der Person A und der Achtung der Person B in dem Sinne, dass je „inbrünstiger" die Liebe von A für B, desto schwächer die Achtung von B für A ist. (Dies impliziert jedoch weder, dass je schwächer die Achtung von B zu A ist, desto größer die Liebe von A für B wird, noch dass je schwächer die Liebe von A für B ist, desto größer die Achtung von B für A wird) (vgl. TL, AA 6: 470).

5. Das „subjectiv[e] Ebenmaß des Gleichgewichts" zwischen „Liebe und Hochschätzung" bei jedem der beiden Freunde („beiderseitig") (TL, AA 6: 470). Dies ist „zur Freundschaft erforderlich" (TL, AA 6: 470).

Die Elemente 1 und 2 (2.1 und 2.2) gehören zur intelligiblen Welt, das Element 3 gehört zur sinnlichen Welt, ist aber ein moralisches Gefühl, während 4 und 5 Gefühle sind, die zur sinnlichen Welt gehören, wobei nichts darauf hindeutet, dass sie moralische Gefühle sind.

Kant stellt eine bloß rhetorische Frage: „[...] wie ist [Element 2] möglich, [...] noch mehr aber" (TL, AA 6: 469) wie ist Element 3 möglich? Die Antwort auf diese Frage ist klar: Kant behauptet die Unmöglichkeit, 2 und 3 „auszumitteln". Der Grund dafür ist, dass niemand (weder der Adressat noch der Wohltäter) je sicher sein kann, dass ein Wohltäter aus Pflicht handelt, sondern höchstens, dass er pflichtgemäß handelt. Dieses epistemische Hindernis allein macht bereits Freundschaft als Pflicht unerreichbar, weshalb sie eine bloße Idee bleiben muss.

Analysieren wir aber zunächst, worin diese unerreichbare Freundschaft besteht, d. h. die Elemente aus der intelligiblen Welt.

1. Die „innigste Verbindung der Liebe mit der Achtung" in derselben Person

2.1 Die Gleichheit zwischen dem Wohlwollen aus Pflicht des einen Freundes A und dem Wohlwollen aus Pflicht des anderen Freundes B.

2.2 Die Gleichheit zwischen der Achtung aus Pflicht des einen Freundes A und der Achtung aus Pflicht des anderen Freundes B.

Da aus Pflicht handeln bzw. die moralische Maxime in einer Person nicht teilweise vorhanden sein kann, sondern völlig oder gar nicht vorhanden ist, fügen die Elemente 2.1 und 2.2. dem Element 1 nur die „Vereinigung" der Freunde und die Wechselseitigkeit ihrer Liebe und Achtung hinzu, denn „Freundschaft (in ihrer Vollkommenheit betrachtet) ist die Vereinigung zweier Personen durch gleiche wechselseitige Liebe und Achtung" (TL, AA 6: 469). Kant erläutert nicht, warum es sich um zwei Personen statt um mehrere Personen oder gar um alle Menschen handelt. Es kann sich nicht auf die alltagssprachliche Verwendung des Wortes „Freundschaft" beziehen, denn sie findet auch Verwendung bezogen auf eine Freundschaft zwischen drei Menschen oder mehr. Die Freundschaft zwischen allen Menschen wäre ein Sonderfall der Freundschaft zwischen drei Personen oder mehr. Im letzten und kurzen Absatz über die Freundschaft spricht Kant zwar von einem „Menschenfreund" bzw. von einem „*Freund*[] der Menschen" (TL, AA 6: 472), aber jener Absatz enthält keinen Hinweis auf eine „Vereinigung" aller Menschen oder auf eine Wechselseitigkeit oder auch auf die Anzahl von zwei Freunden. Darauf werden wir zurückkommen. Vorläufig ist aber aus den genannten Gründen anzumerken, dass Kant die Anzahl der Freunde zunächst auf genau zwei Personen festsetzt, was zu erläutern sein wird.

Die o.g. „Vereinigung zweier Personen" als Idee bzw. als Ideal ist von der moralischen Freundschaft zu unterscheiden, und zwar aus Gründen, auf die ich zurückkommen werde.

Die moralische Freundschaft besteht in einem

> [...] völlige[n] Vertrauen zweier Personen in wechselseitiger Eröffnung ihrer geheimen Urtheile und Empfindungen, so weit sie mit beidseitiger Achtung gegen einander bestehen kann. (TL, AA 6: 471)

Eine solche Freundschaft wird von Kant als „*moralische Freundschaft* [...] zum Unterschiede von der ästhetischen" bezeichnet (TL, AA 6: 471). Letztere wird durch das „Gefühl[]" bzw. durch den „Affect" motiviert (TL, AA 6: 471) und anders als die moralische Freundschaft unterliegt sie nicht „Grundsätze[n]" und „Regeln" (TL, AA 6: 471). Was die moralische Freundschaft von der ästhetischen Freundschaft unterscheidet, ist u.a. die Frage, ob der Freund konstruktiv („zu seinem Besten", TL, AA 6: 470) kritisiert wird. Den Freund konstruktiv kritisieren, ist nach Kant „moralisch erwogen, [...] freilich Pflicht" (TL, AA 6: 470). In der ästhetischen Freundschaft kann es keine konstruktive Kritik geben, weil der kritisierte Freund „hierin einen Mangel der Achtung" bzw. einen „Verlust seiner Achtung" sieht, oder es als „beleidigend" empfindet (TL, AA 6: 470).

Dagegen umfasst die moralische Freundschaft mehr als die Zulassung der konstruktiven Kritik durch den Freund: das spontane Geständnis seiner „eigenen Fehler" (TL, AA 6: 472). Die moralische Freundschaft entspricht einerseits den Dimensionen der Liebe, die z.T. in der „theilnehmende[n] Empfindung" bzw. in *„Mitfreude* und *Mitleid*", d.h. „in dem *Vermögen* und *Willen*, sich einander in Ansehung seiner *Gefühle mitzutheilen* (*humanitas practica*), oder blos in der *Empfänglichkeit* für das gemeinsame Gefühl des Vergnügens oder Schmerzens [...]" besteht. (TL, AA 6: 456). Die „wechselseitige Eröffnung" (TL, AA 6: 471) umfasst aber mehr als die teilnehmende Empfindung: Sie betrifft „Urtheile und Empfindungen" (TL, AA 6: 471), „Gedanken" (TL, AA 6: 471), „[...] wie er über die Menschen, mit denen er umgeht, wie er über die Regierung, Religion usw. denkt [...]" (TL, AA 6: 472), und gar das Geständnis „seiner eigenen Fehler" (TL, AA 6: 472) und „Geheimnisse" (TL, AA 6: 472), so dass der moralische Freund „Verstand" und eine „übereinstimmende Art, die Dinge zu beurtheilen" (TL, AA 6: 472) haben muss.

Die wechselseitige Selbstöffnung und das Vertrauen der Freunde sollen aber nur soweit bestehen, wie „sie mit beidseitiger Achtung gegen einander bestehen" (TL, AA 6: 471) können, so dass die Achtung „eine Einschränkung der Vertraulichkeit durch die Regel [fordert]: daß auch die besten Freunde sich unter einander nicht gemein machen sollen [...]" (TL, AA 6: 470). Wie wir gesehen haben, kann sich diese Einschränkung nicht auf die Freundschaft als bloße „Idee" (TL, AA 6: 473) beziehen, denn in der intelligiblen Welt des Moralgesetzes kann es grundsätzlich keine Pflichtenkollision geben. Dass aus dem Universalisierungsprinzip sowohl die Liebespflicht als auch die Achtung resultieren, haben wir außerdem bereits gezeigt. Dass es sich bei der Freundschaft zweier Freunde nicht um die bloße Idee der Freundschaft in der intelligiblen Welt handeln kann, ist auch drei Tatsachen zu entnehmen: 1. die ideelle Freundschaft wäre eine Freundschaft „unter Menschen" (TL, AA 6: 469) bzw. „zu seinem Nächsten" (TL, AA 6: 469), worunter alle Mitmenschen und nicht nur ein einziger anderer Mensch zu verstehen ist, 2. die moralische Freundschaft umfasst zwei der drei Elemente der Liebe nicht: die Wohltätigkeit und die Dankbarkeit. Denn Mitfreude, Mitleid und ein übereinstimmendes Urteilsvermögen sind nur eines der drei Elemente der Einteilung der „Eintheilung der Liebespflichten" (TL, AA 6: 452). 3. Die Idee der Freundschaft stellt das „Maximum der guten Gesinnung gegeneinander" (TL, AA 6: 469; vgl. auch V-Mo/Collins., AA 27: 423) dar, während das folgende Problem der ästhetischen Freundschaft auch in der moralischen Freundschaft besteht:

> Ein Freund in der Noth, wie erwünscht ist er nicht (wohl zu verstehen, wenn er ein thätiger, mit eigenem Aufwande hülfreicher Freund ist)? Aber es ist doch auch eine große Last, sich an Anderer ihrem Schicksal angekettet und mit fremdem Bedürfnis beladen zu fühlen. – Die Freundschaft kann also nicht eine auf wechselseitigen Vortheil abgezweckte Verbindung, sondern diese muß rein moralisch sein, und der Beistand, auf den jeder von beiden von dem Anderen im Falle der Noth rechnen darf, muß nicht als Zweck und Bestimmungsgrund zu derselben – dadurch würde er die Achtung des andern Theils verlieren – sondern kann nur als äußere Bezeichnung des inneren herzlich gemeinten Wohlwollens, ohne es doch auf die Probe, als die immer gefährlich ist, ankommen zu lassen, gemeint sein, indem ein jeder großmüthig den Anderen dieser Last zu überheben, sie für sich allein zu tragen, ja ihm sie gänzlich zu verhelen bedacht ist, sich aber immer doch damit schmeicheln kann, daß im Falle der Noth er auf den Beistand des Andern sicher würde rechnen können. (TL, AA 6: 470 f.)

Wohltätigkeit gehört daher zwar zu den Liebespflichten, kann jedoch nicht unter moralischen Freunden mit einem „Maximum der guten Gesinnung gegeneinander" ausgeübt werden, denn selbst in der moralischen Freundschaft würde der wohltätige Freund es als eine „große Last" empfinden und er würde seinem Freund gegenüber einen Verlust der Achtung empfinden, was mit der Freundschaft nicht vereinbar ist. In diesem Punkt unterscheidet sich die *Tugendlehre* von den *Vorlesungen über Ethik*, die die Existenz moralischer Freunde auch hinsichtlich der Wohltätigkeit noch behauptete: „Die Freundschaft, die sich so weit erstreckt, daß man dem Anderen mit seinem Schaden hilft, ist sehr selten und auch sehr delikat und fein." (V-mo/Collins, AA 27: 426) Die fehlende Erfüllung der Liebespflicht der Wohltätigkeit unterscheidet daher die moralische Freundschaft von der Idee der Freundschaft. Da das Ideal die Idee „*in individuo*, d.i. als ein einzelnes, durch die Idee allein bestimmbares oder gar bestimmtes Ding" (KrV A568/B596; vgl. auch V-Mo/Collins, AA 27: 423) ist, ist auch die „bloß moralische" Freundschaft „kein Ideal" (TL, AA 6: 472), und zwar ist die moralische Freundschaft von dem Ideal der Freundschaft deutlich zu unterscheiden.

## 6 Inwieweit ist die moralische Freundschaft moralisch?

*Prima facie* würde man eine solche Art von Freundschaft nicht als moralisch, sondern als vorsichtig betrachten und daher einem Imperativ der Klugheit statt eines kategorischen Imperativs zuordnen. Warum ist denn nach Kant die moralische Freundschaft dennoch moralisch?

Eine Erklärung für das Verhalten des moralischen Freundes lässt sich grundanthropologisch auf einer der drei „Klassen" der „ursprünglichen Anlage zum Guten in der menschlichen Natur" (RGV, AA 6: 26) in Kants Religionsschrift konstruieren. Die zweite Klasse ist die „Anlage für die Menschheit", d. h. die „*vergleichende* Selbstliebe, welche darin besteht, sich „nur in Vergleichung mit andern als glücklich oder unglücklich zu beurtheilen" (RGV, AA 6: 27). Diese Anlage ist ausdrücklich Teil der Anlage zum Guten, aus der jedoch eine Begierde entspringen kann, worauf die „größten Laster [...] gepfropft werden" (RGV, AA 6: 27) können. Diese größten Laster sind diejenigen, die in Kants Tugendlehre die „von der Menschenliebe gerade (*contrarie*) entgegengesetzten Lastern des Menschenhasses" (TL, AA 6: 458). Von der vergleichenden Selbstliebe

> [...] rührt die Neigung her, *sich in der Meinung Anderer einen Werth zu verschaffen*; und zwar ursprünglich bloß den der *Gleichheit:* keinem über sich Überlegenheit zu verstatten, mit einer beständigen Besorgniß verbunden, daß Andere darnach streben möchten; woraus nachgerade eine ungerechte Begierde entspringt, sie sich über Andere zu erwerben. – Hierauf, nämlich auf *Eifersucht* und *Nebenbuhlerei*, können die größten Laster, geheimer und offenbarer Feindseligkeiten gegen Alle, die wir als für uns Fremde ansehen, gepfropft werden: die eigentlich doch nicht aus der Natur, als ihrer Wurzel, von selbst entsprießen, sondern, bei der besorgten Bewerbung Anderer zu einer uns verhaßten Überlegenheit über uns, Neigungen sind, sich der Sicherheit halber diese über andere als Vorbauungsmittel selbst zu verschaffen: da die Natur doch die Idee eines solchen Wetteifers (der an sich die Wechselliebe nicht ausschließt) nur als Triebfeder zur Cultur brauchen wollte. Die Laster, die auf diese Neigung gepfropft werden, können daher auch Laster der *Cultur* heißen; und werden im höchsten Grade ihrer Bösartigkeit (da sie alsdann bloß die Idee eines Maximum des Bösen sind, welches die Menschheit übersteigt), z. B. im *Neide*, in der *Undankbarkeit*, der *Schadenfreude*, u.s.w., *teuflische Laster* genannt. (RGV, AA 6: 27)

Die gegenseitige Angst vor dem Erwerb der Überlegenheit durch den anderen, ruft als präventive Sicherheitsmaßnahmen die Neigungen zum eigenen Erwerb der Überlegenheit hervor, und diese Neigungen nähren wiederum die genannte Angst. Dieser Teufelskreis ähnelt im moralischen Bereich dem Hobbesschen Naturzustand im rechtlichen Bereich, und die Lösung dieses Problems im „Dritten Stück" der Religionsschrift („Der Sieg des guten Princips über das Böse, und die Gründung eines Reichs Gottes auf Erden", RGV, AA 6: 91) enthält ebenfalls einen Hinweis auf den Hobbesschen Naturzustand. Kurz: während jeder einzelne Mensch eine Naturanlage zum Guten hat, entstehen daraus wegen des menschlichen Zusammenlebens Laster der Ungeselligkeit:

> [Der Mensch] ist nur arm (oder hält sich dafür), sofern er besorgt, daß ihn andere Menschen dafür halten und darüber verachten möchten. Der Neid, die Herrschsucht, die Habsucht und die damit verbundenen feindseligen Neigungen bestürmen alsbald seine an sich genügsame Natur, *wenn er unter Menschen ist*, und es ist nicht einmal nöthig, daß diese schon als im Bösen versunken und als verleitende Beispiele vorausgesetzt werden; es ist genug, daß sie da

sind, daß sie ihn umgeben, und daß sie Menschen sind, um einander wechselseitig in ihrer moralischen Anlage zu verderben, und sich einander böse zu machen. (RGV, AA 6: 93f.)

Es besteht zwar keine Pflicht, „mich selbst zu lieben (denn das geschieht ohne das unvermeidlich, und dazu giebts keine Verpflichtung)", aber das Pflichtgesetz „*erlaubt* es dir, dir selbst wohlzuwollen unter der Bedingung, daß du auch jedem Anderen wohl willst." (TL, AA 6: 451)

Um nicht in die Situation zu geraten, sich selbst wohlzuwollen, indem man durch präventive Laster versucht, sich vor anderen zu schützen, vermeiden moralische Freunde die Umstände, unter denen die Naturanlage zum Guten der vergleichenden Selbstliebe zu den genannten größten Lastern führt. Vermieden werden müssen alle diejenigen Situationen, die einen Angst hervorrufenden Vergleich erwecken. Die Vermeidung solcher Situationen bedeutet die Vermeidung der genannten Laster. Freunde, die solche Situationen konsequent vermeiden, sind daher *moralische* Freunde.

Es muss noch erklärt werden, warum die moralischen Freunde die Situationen der gegenseitigen Wohltätigkeit, jedoch nicht unbedingt die Situationen der wechselseitigen Selbsteröffnung und Vertrauen vermeiden? Nach Kant besteht zwischen dem wohltätigen Freund und dem Freund in der Not eine grundlegende Asymmetrie, die sich auch nicht mit der Zeit aufheben lässt. Auch wenn sich später das Verhältnis umkehrt, bleibt derjenige, der zunächst wohltätig war, dem ersten Empfänger überlegen, und dieser Vergleich allein ruft Neid, Undankbarkeit und Schadenfreude hervor. Nach Kant kann es aber in der wechselseitigen Selbsteröffnung und dem wechselseitigen Vertrauen eine Symmetrie geben, denn es kann durchaus ein Gleichgewicht zwischen den „Fehler[n]" (TL, AA 6: 472) herrschen, die sich die moralischen Freunde gestehen bzw. die sich bei einander kritisieren. Ein solches Gleichgewicht ist zwar – wie „der schwarze Schwan" (TL, AA 6: 472) eine Seltenheit, aber es ist grundsätzlich möglich. Wo diese Symmetrie besteht, werden die genannten Laster nicht hervorgerufen. Weil aber, sobald mindestens drei Menschen in Beziehung zu einander stehen, Eifersucht stattfinden kann, die es – anders als Neid – bei zwei Menschen gegenüber einander nicht geben kann, lässt sich ein solches Gleichgewicht nicht bei Freundschaften zwischen mehr als zwei Freunden finden: Der eine kann immer auf einen der beiden anderen eifersüchtig sein, weil er die Gunst des Dritten gegenüber dem zweiten beobachtet oder befürchtet. Die moralische Freundschaft schließt nicht nur die Freundschaft zwischen drei Freunden oder mehr, sondern auch dass ein Mensch zwei voneinander völlig getrennte moralische Freundschaften haben kann, aus.

## 7 Der „Freund der Menschen"

Während die „innigste Verbindung der Liebe mit der Achtung in der Freundschaft" (TL, AA 6: 469) nur in der Idee der Freundschaft, jedoch nicht in der moralischen Freundschaft bestehen kann, kann grundsätzlich bei jedem Menschen die innigste Verbindung von Liebe und Achtung in seinem Verhältnis zu jedem anderen Menschen im Sinne des Universalisierungsprinzips bestehen. Diese innigste Verbindung setzt voraus, dass er gegenüber allen Menschen gleichermaßen die Situationen vermeidet, in denen sich Menschen miteinander vergleichen würden. Solche Situation sind diejenigen, in denen andere Menschen seine Liebe bzw. seine Achtung gegenüber einem Mensch A mit seiner Liebe bzw. seiner Achtung gegenüber einem anderen Mensch B oder seine Liebe bzw. seine Achtung gegenüber einem Mensch A mit der Liebe bzw. der Achtung des Menschen A ihm gegenüber vergleichen könnten.

Die Vermeidung von Situationen der Vergleichbarkeit besteht vor allem in einer Enthaltung des direkten Kontakts zwischen Personen sowohl was seine Urteile, Gefühle usw. als auch was seine Wohltätigkeit betrifft.

Die Pflicht der „teilnehmende[n] Empfindung" (TL, AA 6: 456) als Liebespflicht bezieht sich auf „das *Vermögen* und den *Willen*, sich einander in Ansehung seiner *Gefühle mitzutheilen* (*humanitas practica*), d.i. in Ansehung der „Mitfreude und [des] Mitleid[s]" als

> Lust oder Unlust an dem Zustande des Vergnügens sowohl als Schmerzens Anderer (Mitgefühl, theilnehmende Empfindung), wozu schon die Natur in den Menschen die Empfänglichkeit gelegt hat. (TL, AA 6: 456)

Sie ist „als Mittel zur Beförderung des thätigen und vernünftigen Wohlwollens zu gebrauchen" (TL, AA 6: 456). Konkret besteht diese Pflicht z. B. darin,

> [...] nicht die Stellen, wo sich Arme befinden, denen das Nothwendigste abgeht, umzugehen, sondern sie aufzusuchen, die Krankenstuben, oder die Gefängnisse der Schuldner und dergl. zu fliehen, um dem schmerzhaften Mitgefühl, dessen man sich nicht erwehren könne, auszuweichen [...]. (TL, AA 6: 457)

Die Pflicht der „theilnehmenden Empfindung" gegenüber allen Menschen umfasst nicht die Mitteilung von „Urtheile[n] und Empfindungen" (TL, AA 6: 471) noch „Gedanken" (TL, AA 6: 471) über Menschen, Religion und Politik in privaten Kreisen und schon gar nicht das Geständnis seiner „eigenen Fehler" und „Geheimnisse" (TL, AA 6: 472). Lediglich zum „*öffentliche*[n] Gebrauch seiner Vernunft", der „jederzeit frei sein" (WA, AA 8: 37) soll, besteht nämlich für den

"Gelehrten" eine Pflicht, worunter die Veröffentlichung eines Gelehrten in "Schriften zum eigentlichen Publicum, nämlich der Welt" zu verstehen ist, in denen er sich „seiner eigenen Vernunft [...] in seiner eigenen Person" bedient (WA, AA 8: 38). Der öffentliche Gebrauch der Vernunft ist inhaltlich nicht auf Individuen gerichtet, und liefert keine Basis für den Vergleich zwischen Individuen.

Die mit Achtung verbundenen Pflichten gebieten die „*Mäßigung* in Ansprüchen überhaupt, d.i. freiwillige Einschränkung der Selbstliebe eines Menschen durch die Selbstliebe Anderer, heißt *Bescheidenheit*." (TL, AA 6: 462) Damit wird der Nährboden für eine unmoralische vergleichende Selbstliebe entzogen, wie sie sich z. B. in der Arroganz, dem Hochmut und der üblen Nachrede äußert. Die Würde soll auch jedem Menschen gleichermaßen anerkannt werden.

Die Liebespflicht der Wohltätigkeit soll so ausgeübt werden, dass sie weder beim Wohltäter noch beim Empfänger Platz für die vergleichende Selbstliebe lässt: Beim „Freund der Menschen" ist

> [...] die Vorstellung und Beherzigung der *Gleichheit* unter Menschen, mithin die Idee, dadurch selbst verpflichtet zu werden, indem man Andere durch Wohlthun verpflichtet, enthalten; gleichsam als Brüder unter einem allgemeinen *Vater*, der Aller Glückseligkeit will. – Denn das Verhältniß des Beschützers als Wohlthäters zu dem Beschützten als Dankpflichtigen ist zwar ein Verhältniß der Wechselliebe, aber nicht der Freundschaft: weil die schuldige Achtung beider gegen einander nicht gleich ist. Die Pflicht als Freund den Menschen wohl zu wollen (eine nothwendige Herablassung), und die Beherzigung derselben, dient dazu, vor dem Stolz zu verwahren, der die Glücklichen anzuwandeln pflegt, welche das Vermögen wohl zu thun besitzen. (TL, AA 6: 473)

Durch die aus der „Gleichheit unter Menschen" resultierende Gegenseitigkeit der Verpflichtung zwischen Wohltäter und Empfänger werden die mit der vergleichenden Selbstliebe verbundenen Laster in der Beziehung der beiden gemieden. Durch die „Gleichheit unter Menschen" werden außerdem alle Empfänger gleichgestellt, so dass auch zwischen den Empfängern diese Laster gemieden werden. Die konkrete Umsetzung besteht darin, dass die Wohltätigkeit anonym dank öffentlicher Vermittlung stattfindet (siehe Merle 2013).

## 8 Schlussbemerkungen

Der moralische Mensch, der die Liebe mit der Achtung auf innigste Weise vereint, bzw. der moralische Freund ist also ein „Freund" in zwei sehr verschiedenen Formen: einerseits ist er Freund einer einzigen Person im Sinne einer exklusiven wechselseitigen Selbsteröffnung; andererseits ist er Freund aller Menschen im Sinne der Wohltätigkeit, ohne dass diese Beziehung wechselseitig wäre. Diese

Konstellation ist einzigartig. Die Wechselseitigkeit gehört zum Begriff der Freundschaft, auch wenn bei Platon ein *philos* nicht unbedingt die *philia* seines Geliebten erlebt. Denn *philos* sein kann man auch in einem anderen Sinne der Liebe als im Sinne der Freundschaft: Liebe und Freundschaft waren noch viel weniger voneinander unterschieden als bei Kant. Bei Kant besteht Wechselseitigkeit nur in der Idee der Freundschaft, nicht im moralischen Freund mitten einer unmoralischen Welt. Dass Wohltätigkeit nicht wechselseitig ist, weicht ebenfalls von der gesamten Tradition der Freundschaftstheorien ab. Zugegeben findet man bei Kant auch Elemente des traditionellen Ideals der Freundschaft, z. B. dass jeder Mensch nur einen einzigen Freund im Sinne der moralischen Freundschaft haben kann, wie dies bekanntlich zwischen Montaigne und La Boétie der Fall war.

Marcia Baron behauptet:

> Significant though *Menschenfreundschaft* is, particularly in connection with beneficence, Kant's real interest in his „Conclusion" is in friendship as the union of two persons through equal mutual love and respect. (Baron 2013, 367)

Anders als Baron und – oft implizit – weitere Kant-Kommentare es annehmen, ist Kants Anliegen nicht die Analyse des Begriffs der Freundschaft in einer moralischen Perspektive, sondern Kant verwendet dieses Wort, um einen Begriff zu bezeichnen, den er im Rahmen seiner Moraltheorie erst schafft: „die innigste Vereinigung der Liebe mit der Achtung" in einer Person, einerseits als Idee einer Beziehung zwischen zwei Personen in einer moralischen, intelligiblen Welt, andererseits aber als Pflichten einer Person mitten in einer unmoralischen Welt. Nicht zuletzt: Nicht nur die Erfüllung der Pflicht der Liebe und der Achtung, sondern auch das daraus entstehende Gefühl der Liebe und der Achtung gegenüber allen Menschen im Allgemeinen und jener einzigen Person insbesondere charakterisiert den moralischen Freund.

Alessandro Pinzani
# Innere und äußere Pflichten, innere und äußere Handlungen: Das schwierige Verhältnis von Rechts- und Tugendpflichten in der *Metaphysik der Sitten*

In den §§6-12 der *Tugendlehre* behandelt Kant die vollkommenen Tugendpflichten gegen sich selbst, darunter diejenigen, die Selbstmord und wollüstige Selbstschändung als Gegenstand haben. In der „Eintheilung der Metaphysik der Sitten überhaupt" werden jedoch vollkommene Pflichten den Rechtspflichten, nicht den Tugendpflichten zugeteilt (RL, AA 6: 240) – was als Folge hätte, dass Selbstmordsversuche und Akte der sexuellen „Selbstschändung" (z. B. der Masturbation) rechtlich verboten werden sollte (vgl. Hüning 2017). Aber meint Kant wirklich, dass solche Akte strafrechtlich relevant sind?

Um diese Frage zu beantworten, werde ich im Folgenden (1) kurz auf die Unterscheidung zwischen ethischer und rechtlicher Gesetzgebung aus der „Einleitung in die Metaphysik der Sitten" eingehen, um dann (2) die Tafel, die Kant in der „Einteilung der Metaphysik der Sitten überhaupt" anbringt, sowie die dort eingeführte „Einteilung der Moral als System der Pflichten überhaupt" zu kommentieren. Schließlich werde ich (3) die Seiten der Tugendlehre berücksichtigen, in denen Kant den Selbstmord und die *crimina carnis* diskutiert, um das erwähnte Problem zu lösen bzw. dies zu versuchen.

## 1 Recht und Ethik in der „Einleitung in die Metaphysik der Sitten"

Die Seiten, in denen von der Unterscheidung zwischen Recht und Ethik die Rede ist, gehören zu den meist kommentierten der ganzen *Metaphysik der Sitten*; daher werde ich nur kursorisch darauf eingehen und mich auf die Elemente konzentrieren, die für unseres Vorhaben von Interesse sind. Das erste für uns relevante Element besteht im Unterschied von ethischer und rechtlicher Gesetzgebung. Dieser Unterschied erfolgt auf zwei Ebenen: (a) im Bezug auf den Gegenstand des jeweiligen Gesetzes und (b) im Bezug auf die jeweils zugelassene Triebfeder. Der Einfachheit halber werde ich von diesem letzten Punkt anfangen, der die wenigsten Schwierigkeiten bereitet.

Zu (b): Während die ethische Gesetzgebung die Idee der Pflicht selbst zur einzig annehmbaren Triebfeder macht, lässt die juridische Gesetzgebung auch andere Triebfedern – wie z. B. die Furcht vor der Strafe – zu (RL, AA 6: 219). Mithin fordert die erstere vom handelnden Subjekt Moralität: Sie fordert m. a. W., dass das ethische Gesetz selbst der Bestimmungsgrund der Handlung sei (vgl. RL, AA 6: 214, 219 und 225). Die letztere fordert hingegen nur Legalität, d.h. die Übereinstimmung der Handlung mit dem Gesetz aus welcher Triebfeder auch immer (a. a. O.).[1]

Zu (a): Eine praktische Gesetzgebung besteht aus praktischen Gesetzen, d.h. aus Grundsätzen, welche „die Handlung[en], die geschehen soll[en], *objectiv* als nothwendig" vorstellen und sie daher zur Pflicht machen (RL, AA 6: 218). Dies betrifft keineswegs die Notwendigkeit, den Pflichtcharakter der Handlung selbst zur Triebfeder zu machen – wie gesehen. Diese Notwendigkeit besteht nur im Fall der ethischen Gesetzgebung. Ich werde in Kürze darauf zurückkommen.

Nach Kant können die Pflichten nach der juridischen Gesetzgebung nur äußere Pflichten sein, „weil diese Gesetzgebung nicht verlangt, dass die Idee dieser Pflicht, welche innerlich ist, für sich selbst Bestimmungsgrund der Willkür des Handelnden sei" (RL, AA 6: 219). Die ethische Gesetzgebung macht hingegen sowohl innere wie auch äußere Handlungen zu Pflichten und „geht auf alles, was Pflicht ist, überhaupt". Da sie nun „die innere Triebfeder der Handlung (die Idee der Pflicht) in ihr Gesetz mit einschließt", kann sie „keine äußere" sein (RL, AA 6: 219). Dies klingt zunächst konfus – ist es auch zum Teil –, aber nur wenn man sich von Kants eigenartigem Gebrauch von „innere" und „äußere" mit Bezug auf Handlungen verwirren lässt.

Was eine äußere Handlung sei, ist *prima facie* einleuchtend. Weniger einleuchtend ist die Idee einer inneren Handlung. Wie handelt man innerlich? Ja, was ist eine Handlung überhaupt? Man würde umsonst in der *Metaphysik der Sitten* nach einer Definition suchen, obwohl die Einleitung eine ganze Reihe von Definitionen praktischer Begriffe anbietet. Dort findet man u. a. die Definition von Tat als „eine Handlung, sofern sie unter Gesetzen der Verbindlichkeit steht" (RL, AA 6: 223), aber der Begriff von Handlung – umso weniger von innerer Handlung – wird nicht weiter definiert. In der *Kritik der reinen Vernunft* stoßen wir auf eine innere Handlung, nämlich auf die, „verschiedene Vorstellungen unter einer ge-

---

[1] Das schließt selbstverständlich nicht aus, dass das Individuum eine Haltung reiner ethischen Legalität bzw. rechtlicher Moralität annimmt. Im ersteren Fall wird seine Handlung ihren moralischen Charakter verlieren, im zweiten Fall wird es sich um eine regelrechte Tugend handeln, da rechtliche Moralität nicht erfordert, daher supererogatorischen Charakter besitzt (dazu Höffe 2001). Daher darf man nicht den Fehler machen, die Unterscheidung von Moralität und Legalität mit der Unterscheidung von Ethik und Recht zusammenfallen zu lassen.

meinschaftlichen zu ordnen" (B 93), also auf den Akt des Denkens schlechthin. Aber eine innere Handlung in praktischem Sinne kann nur den Akt bezeichnen, durch den man eine bestimmte Absicht oder Haltung im Bezug auf eine äußerlich auszuführende Handlung annimmt. Um praktisch relevant zu sein, kann ein solcher Akt keine bloße Phantasie bzw. kein bloßer Wunsch sein, sondern muss praktische Folgen haben. Es muss sich daher um die Annahme einer Maxime handeln, durch die erst eine Handlung zu einer Tat wird, so dass ein moralisches Urteil über sie möglich wird. Dies entspricht der Charakterisierung der ethischen Gesetzgebung als eine Gesetzgebung, welche die Idee der Pflicht selbst als einzige Triebfeder zulässt, somit die Annahme einer Maxime fordert, die besagt, dass ich eine bestimmte Handlung nur aus dem Grund ausführen werde, dass sie ethisch geboten ist.

Diese Art von Gesetzgebung erhebt somit eine zweifache Forderung: Einerseits gebietet bzw. verbietet sie die Durchführung einer äußeren Handlung, oder genauer gesagt einer Tat; andererseits gebietet sie, dass dies nur aus Moralität geschieht. Somit gebietet sie eine innere Handlung (die Annahme einer Maxime, nach der ich die Idee der Pflicht als einzige Triebfeder haben werde) und verbietet gleichzeitig eine andere innere Handlung (nämlich, die Annahme einer Maxime, nach der ich anderen Triebfedern folgen werde). Die juridische Gesetzgebung beschränkt sich hingegen darauf, eine bestimmte äußere Handlung oder Tat zu gebieten bzw. zu verbieten, und lässt dem Handelnden frei zu entscheiden, aus welchem Bewegungsgrund dies geschehen soll. Die Durchführung einer Tat (d.h. einer Handlung, die unter Gesetzen der Verbindlichkeit steht) besteht somit aus zwei verschiedenen Handlungen: aus einer inneren (der Annahme einer Maxime bzw. einer Triebfeder) und aus einer äußeren (dem konkreten Akt, den der Handelnde in der äußeren Welt ausführt). Die juridische Gesetzgebung betrifft nur das letztere Moment, die ethische bezieht sich immer auf beide. Nichtsdestotrotz behauptet Kant, nur die juridische sei eine äußere, die ethische hingegen eine rein innere Gesetzgebung. Wir müssen also feststellen, dass eine innere Gesetzgebung durchaus äußere Handlungen betreffen kann, sich jedoch in erster Linie auf ihre Triebfeder, somit auf eine innere Handlung bezieht.

Eine letzte wichtige Unterscheidung ist die zwischen inneren und äußeren Pflichten, die dem Unterschied zwischen inneren und äußeren Handlungen irgendwie zu entsprechen scheint. Äußere Pflichten sind „Verbindlichkeiten zu äußeren Handlungen" (RL, AA 6: 220), innere Pflichten verbinden hingegen zu inneren Handlungen. Daher kennt die juridische Gesetzgebung nur äußere Pflichten, da sie nur äußere Handlungen betrifft, während die ethische Gesetzgebung sowohl innere wie auch äußere Pflichten definiert. So leicht ist es aber auch nicht, denn Kant spricht in der „Eintheilung der Rechtslehre" von *inneren*

Rechtspflichten, nämlich in Bezug auf die erste pseudo-Ulpianischen Regel „*honeste vive*". Wir werden darauf zurückkommen müssen.

## 2 Die Einteilung der Pflichten in der „Eintheilung der Metaphysik der Sitten überhaupt"

Die *Metaphysik der Sitten* ist in erster Linie ein Buch über moralische Pflichten: die *Rechtslehre* bezieht sich auf rechtliche Pflichten und auf die metaphysischen Prinzipien (Anfangsgründe), auf denen sie basieren, während sich die *Tugendlehre* mit ethischen Pflichten beschäftigt. Daraus resultiert die Einteilung der Pflichten, die Kant in der „Eintheilung der Metaphysik der Sitten überhaupt" anbietet, die sich verblüffender Weise nach der „Eintheilung der Rechtslehre" befindet. Dies hat Bernd Ludwig dazu bewogen, diesen Abschnitt ans Ende der „Einleitung in die Metaphysik der Sitten" zu verlegen. Möge dies prima facie einleuchtend sein, gibt es m. E. Gründe dafür, diese Paragraphen an ihrer ursprünglichen Stelle zu lassen. Dies wird hoffentlich im Folgenden klarer werden.

In der ersten Edition und in der Akademie-Ausgabe geht die Einteilung der Rechtspflichten der Einteilung der Pflichten überhaupt vor. Dies mag strukturell problematisch erscheinen (so Ludwigs Argument), ist aber in Anbetracht der von Kant angebotenen Argumentation hilfreich. Die Rechtspflichten werden gemäß den drei pseudo-Ulpianischen Regeln eingeteilt – und zwar als innere, als äußere und als Pflichten, „welche die Ableitung der letzteren [der äußeren] vom Princip der ersteren [der inneren] durch Subsumtion enthalten" (RL, AA 6: 237). Ich werde nicht lang bei dieser Einteilung verweilen, da ich dies schon anderswo gemacht habe (Pinzani 2005). Für unseres Vorhaben müssen wir nur festhalten, dass es innere Rechtspflichten gibt, die mit der rechtlichen Ehrbarkeit zu tun haben und an sich dem strikten Recht nicht zugehören, da dieses nur die äußeren Beziehungen zwischen mindestens zwei Willküren betrifft. Bei der Regel „*honeste vive*" ist das Individuum noch allein – daher ist er ehrbar und unbescholten, „weil er vor allem rechtlichen Akt keinem Unrecht getan hat", noch hätte tun können, wie Kant erklärt, als er vom einzigen angeborenen Recht, nämlich von der äußeren Freiheit zu sprechen kommt (RL, AA 6: 238; s. meinen anderen Beitrag in diesem Band).

Da innere Pflichten zu inneren Handlungen verbinden, müssen innere Rechtspflichten zu inneren Handlungen verbinden, die gleichzeitig rechtlichen Charakter besitzen. Da aber das strikte Recht erst dann entsteht, wenn die Individuen wechselseitige Beziehungen eingehen, und somit mit äußeren Handlungen gebunden ist, ist eine innere Handlung mit rechtlichem Charakter schwer vorstellbar. Im Folgenden versuche ich sie trotzdem zu identifizieren.

Innere Handlungen betreffen, wie gesehen, die Annahme einer Maxime oder einer Triebfeder, und sind eine Vorbedingung für äußere Handlungen – einschließlich für äußere Handlungen oder Taten, die von einer rechtlichen Gesetzgebung als notwendig vorgestellt werden. Möge auch die entsprechende Triebfeder gleichgültig sein, so wird es auf jeden Fall eine geben, die vom handelnden Subjekt gewählt wurde. Die Regel „*honeste vive*" gebietet also, eine Maxime anzunehmen, die als Inhalt die Erhaltung der eigenen ursprünglichen Ehrbarkeit und Unbescholtenheit hat, bzw. sie gebietet, den Wunsch dazu als Triebfeder der eigenen äußeren rechtlichen Handlungen zu haben. Was also durch die erste Regel gefordert wird, ist zweifaches. Zunächst soll ich mir vornehmen, meinen Wert als möglicher Partner von rechtlichen Beziehungen zu behaupten (Kant ist emphatischer und spricht von meinem „Wert als den eines Menschen überhaupt"). Dies schließt zweitens ein, dass ich mir vornehme, meine ursprüngliche Unbescholtenheit zu bewahren, und somit den festen Vorsatz habe, niemandem Unrecht zu tun, wie die zweite Regel, „*neminem laede*", verlangt. Erst dann können rechtliche Beziehungen mit den anderen und damit das strikte Recht entstehen. Insofern kann man sagen, dass die erste Regel, „*honeste vive*", unmöglich Gegenstand einer juridischen Gesetzgebung sein kann, da sie zu einer inneren Handlung verpflichtet. Da allerdings diese in einer Haltung besteht, welche die Herstellung gegenseitiger rechtlichen Beziehungen und des strikten Rechts erst ermöglicht, hat die entsprechende innere Pflicht rechtlichen Charakter.[2]

---

[2] Dass diese Pflicht kein Gegenstand juridischer Gesetzgebung sein kann, hat Kant dazu motiviert, die erste Regel zunächst (d.h. in den Vorlesungen zur Metaphysik der Sitten) der Ethik zuzuschreiben und erst in der endgültigen Fassung in die *Rechtslehre* aufzunehmen – zu Recht, denn es handelt sich dabei um keine ethische Forderung. Sie betrifft zwar die juridische Moralität, hat aber als Inhalt eine Einstellung seitens des Subjekts, die das Recht überhaupt möglich macht, und zwar „vor allem rechtlichen Akt". Der eventuelle ethische Charakter der darauffolgenden, vom Subjekt unternommenen Taten ist hier irrelevant.

Man könnte einwenden, dass dies die von Kant getroffene Unterscheidung von Recht und Ethik als zwei verschiedenen Gebieten der Moral sprengen könnte: Es gebe nämlich mindestens eine Pflicht (die Pflicht, eine Haltung anzunehmen, die das Recht überhaupt möglich macht), die weder der Ethik noch dem strikten Recht ausschließlich gehört. Somit scheint die Rechtslehre weder auf den eigenen Beinen zu stehen (wie die Vertreter der Unabhängigkeitsthese behaupten), noch aus der Ethik ableitbar zu sein (wie die Vertreter der Abhängigkeitsthese meinen), sondern auf eine Art Verbindlichkeit *sui generis* zu verweisen. Die Regel vom „*honeste vive*" fordert, dass man sich allen anderen gegenüber als rechtliches Subjekt behauptet. Das ist aber an sich Gegenstand weder einer juridischen noch einer ethischen Gesetzgebung – und wenn, dann eher der

Gehen wir jetzt auf die „Einteilung der Metaphysik der Sitten überhaupt". Dort werden wir sofort mit einer Unterscheidung konfrontiert, die an sich keine große Schwierigkeit bereitet. Kant unterscheidet hier Rechts- von Tugendpflichten dadurch, dass für die ersteren eine äußere Gesetzgebung möglich ist, während für die letztere „eine solche nicht möglich ist" (RL, AA 6: 239). Wie wir wissen, bedeutet dies nicht, dass die Tugendpflichten keine äußeren Handlungen betreffen; sie stellen vielmehr eine äußere Handlung als notwendig vor und bestimmen gleichzeitig die Triebfeder dieser Handlung (nämlich die Idee der Pflicht selbst); dabei gebieten sie auch eine innere Handlung. Aber an dieser Stelle führt Kant eine Begründung des Unterschieds von innerer und äußerer Gesetzgebung ein, die mit der Bestimmung der Triebfeder nichts zu tun hat, sondern auf den *Zweck*begriff verweist.

Danach können Tugendpflichten „keiner äußeren Gesetzgebung unterworfen werden, weil sie auf einen Zweck gehen, der (oder welchen zu haben) zugleich Pflicht ist; sich aber einen Zweck vorzusetzen, das kann durch keine äußerliche Gesetzgebung bewirkt werden (weil es ein innerer Akt des Gemüths ist)" (RL, AA 6: 239). Nicht die Triebfeder ist hier entscheidend, sondern der Zweck, genauer: Die *Art* des Zwecks. Laut Kant kann eine äußere Gesetzgebung unmöglich fordern, dass ich mir einen bestimmten Zweck vorsetze. Sie kann von mir nicht fordern, dass ich Land besitzen wolle, oder dass ich heiraten wolle, oder dass ich jemanden in meinen Dienst annehmen wolle. Sie besagt nur, wie ich verfahren soll, wenn ich eine dieser Sache will, d.h. wenn ich mir einen Zweck vorsetze, den zu haben kontingent ist. Unter diesem Gesichtspunkt stellen ihre Gesetze allesamt hypothetische Imperative dar, die nur unter der Voraussetzung gelten, dass ich einen bestimmten Zweck erreichen will – mit Ausnahme des allgemeinen Rechtsgesetzes (RL, AA 6: 231), das kategorisch gilt, an sich jedoch kein Gesetz einer juridischen Gesetzgebung, sondern ein metaphysisches Prinzip darstellt, das von jeder juridischen Gesetzgebung vorausgesetzt wird.

---

letzteren, als der ersteren. Anders gesagt, wieso sollte man sich als mögliches rechtliches Subjekt behaupten? Damit das Recht entstehe. Aber warum soll das Recht sein?

Die Vertreter der Abhängigkeitsthese werden wahrscheinlich sagen, diese Frage zeige, wie verzweifelt die Lage der Vertreter der Unabhängigkeitsthese ist, denn das Recht ließe sich ohne Hinweis auf die Ethik nicht begründen. Ihre Gegner werden hingegen der Meinung sein, diese Frage sei unmöglich zu beantworten, weil Kants Rechtsbegriff einen nichtpräskriptiven Charakter hat, wie Markus Willaschek (2002) meint. Ich werde in diesem Kontext auf eine Diskussion beider Thesen verzichten müssen und verweise vielmehr auf Horn 2014. Was mich interessiert, ist vielmehr die Tatsache, dass man eine ähnliche Frage auch mit Bezug auf die Ethik stellen kann: wieso soll Ethik sein?

Dies gilt auch für juridische Normen, die prima facie einen kategorischen Charakter besitzen, wie z. B. das Mordverbot. Als Rechtspflicht fordert dieses Verbot vom rechtlichen Subjekt keineswegs, dass er sich z. B. den Zweck setzt, das Leben anderer aus Respekt vor ihrer Menschheit zu achten – was aus ihm ein ethisches Gesetz mit kategorischer Gültigkeit machen würde. Weiter soll betrachtet werden, dass mit diesem Verbot immer eine Strafandrohung einhergeht, die in den konkreten Rechtsordnungen unterschiedliche Form annimmt. Das rechtliche Mordverbot (wohl bemerkt: Als rechtliches Prinzip, nicht als positive Norm) besagt nicht bloß: „Du sollst nicht töten", auch nicht: „Du sollst nicht töten, *weil* Du das Leben anderer aus Achtung vor ihrer Menschheit nicht antasten darfst", sondern „Du sollst nicht töten, *wenn* Du die auf diese Tat folgende Strafe nicht abbüßen willst". Im Fall des ethischen Mordverbots steht es dem Adressaten nicht frei, zu entscheiden, ob er sich den Zweck setzen will, das Leben anderer zu achten. Daher gilt das Verbot kategorisch, und daher stellt die Erhaltung des Lebens Anderer einen Zweck dar, den zu Haben „zugleich Pflicht ist". Im Fall des rechtlichen Mordverbots bin ich natürlich frei, mir einen anderen Zweck als die Vermeidung der Strafe zu setzen. Zivile Ungehorsamkeit besteht z. B. eben in der Verletzung eines rechtlichen Gesetzes bei der gleichzeitigen Annahme der damit verbundenen Strafe.

Meiner rechtlichen Pflicht, andere nicht zu töten, entspricht somit ihr Recht, nicht getötet zu werden, nicht die Setzung eines entsprechenden Zwecks, wie im Fall der ethischen oder Tugendpflichten. Rechtspflichten haben als Gegenstand die Beziehung des Adressaten mit anderen Subjekten und bestimmen die entsprechenden Rechte – sowohl des Adressaten als auch der Anderen. Tugendpflichten haben als Gegenstand Zwecke, die sich ihr Adressat setzen soll – mögen diese Zwecke andere beeinträchtigen oder nicht. Dementsprechend unterscheidet Kant in der darauffolgenden Tafel Rechts- und Tugendpflichten zunächst mit Bezug auf die jeweiligen Rechte und Zwecke (RL, AA 6: 240).

Ein weiteres Kriterium, um sie voneinander zu unterscheiden, bietet der normative Status der Pflichten. Nach Kant sind Rechtspflichten allesamt vollkommene Pflichten, die Tugendpflichten hingegen unvollkommene Pflichten (RL, AA 6: 240 und TL AA 6: 390). Letztere sind von weiter Verbindlichkeit, d.h. sie lassen einen gewissen Spielraum für die freie Willkür zu. Das bedeutet allerdings nicht, dass sie Ausnahmen zulassen: Die Pflicht bleibt bestehen, ihre Durchführung wird aber nicht bedingungslos gefordert. Das handelnde Subjekt ist frei zu entscheiden, wann und wie er die Pflicht erfüllen wird. Rechtspflichten lassen diesen Spielraum nicht zu, sind also immer von enger Verbindlichkeit und von vollkommener Natur. Tugendpflichten hingegen sollten von weiter Verbindlichkeit und unvollkommener Natur sein – dies besagen auf jeden Fall die „Eintheilung" (RL, AA 6: 240) und Paragraph VII der „Einleitung in die Tugendlehre" (TL,

AA 6: 390). In derselben *Tugendlehre* ist allerdings von *vollkommenen ethischen* Pflichten die Rede, deren Behandlung das erste Buch des ersten Teils des Werks (d.h. der ethischen Elementarlehre) ausmacht (TL, AA 6: 421-444). Es gibt also doch Tugendpflichten, die eine enge Verbindlichkeit haben und keinen Spielraum für die Willkür zulassen. Das steht offensichtlich im Widerspruch zur genannten Charakterisierung der Tugendpflichten als unvollkommener Pflichten bzw. der vollkommenen Pflichten als Rechtspflichten.

Eine Möglichkeit, diesen Widerspruch zu beheben, wäre es, den Adjektiven „vollkommen/unvollkommen" in der o.g. „Eintheilung" (RL, AA 6: 240) eine andere Bedeutung zu geben als diejenige, die sie sonst bei Kant, einschließlich in der *Tugendlehre*, haben. In diesem Fall bestünde die wahrscheinlich beste Lösung darin, dass man vollkommene Pflichten als die bezeichnet, deren Vollzug äußerlich erzwungen werden kann. Dies würde einer Charakterisierung entsprechen, die Kant selbst in der „Einleitung in die Metaphysik der Sitten" einführt, als er vom Gebot der Einhaltung von Versprechen spricht: „Es ist keine Tugendpflicht, sein Versprechen zu halten, sondern eine Rechtspflicht, zu deren Leistung man *gezwungen* werden kann. Aber es ist doch eine tugendhafte Handlung [...], es auch da zu thun, wo kein *Zwang* besorgt werden darf" (RL, AA 6: 220, meine Hervorhebung). Da Rechtspflichten mit Zwang verbunden sind, liegt es nah, ihre Vollkommenheit eben darin zu sehen – wenn man diesen Begriff anders als sonst interpretieren will. Dies aber lässt die weitere Schwierigkeit entstehen, dass vollkommene Tugendpflichten äußerlich erzwingbar sein sollten. Darauf werde ich gleich zurückkommen.

Die Rechts- und Tugendpflichten werden weiter in Pflichten gegenüber der Menschheit in unserer eigenen Person und Pflichten gegenüber den anderen Menschen unterschieden. Dies bietet aber keine besondere Schwierigkeit, da Kant selbst diese Unterscheidung ausführlich erklärt (TL, AA 6: 391 ff., 413 und 417 ff.).

Schließlich bietet Kant eine weitere Einteilung an, nämlich die „nach dem subjectiven Verhältniß der Verpflichtenden und Verpflichteten" (RL, AA 6: 241). Kant spricht hier von *rechtlichen* Verhältnissen – was gegen die von Ludwig unternommene Verlegung diese Stelle aus der *Rechtslehre* in die „Einleitung in die Metaphysik der Sitten" spricht. Nach dieser neuen Einteilung ist das einzige wirklich bestehende rechtliche Verhältnis, das von Menschen zu Menschen, also zwischen Wesen, „die sowohl Recht als Pflicht haben" (RL, AA 6: 241). Wir haben hingegen kein rechtliches Verhältnis zu vernunftlosen Wesen, noch zu Wesen, die lauter Pflichten und keine Rechte haben (z. B. Leibeigene oder Sklaven), noch zu „einem Wesen, was lauter Rechte und keine Pflichten hat (Gott)".[3]

---

[3] Dazu nur eine kurze Bemerkung. Gott ist nicht das einzige Wesen, „was lauter Rechte und keine

## 3 Selbstmord und *crimina carnis*

Nun aber zu der Stelle, die uns interessiert: Die Abschnitte der *Tugendlehre*, in denen Kant von den vollkommenen Pflichten gegen die Menschheit in unserer Person spricht. Sie betreffen unsere animalische und unsere moralische Natur. Sie sind allesamt negative Pflichten und werden daher durch Verbote ausgedrückt (TL, AA 6: 421).[4] Ich werde mich im Folgenden auf die ersteren konzentrieren.

Die erste Pflicht des Menschen gegen sich selbst als animalisches Wesen „ist die Selbsterhaltung" (TL, AA 6: 421). Genauer ausgedrückt: Die Selbstherhaltung ist der Zweck, den man sich mit Bezug auf die eigene animalische Natur vorsetzen soll. Die entsprechenden negativen Pflichten betreffen alle Handlungen, welche diesem Zweck zuwiderlaufen – allen voran die Selbstentleibung, d.h. der Selbstmord (TL, AA 6: 422 f.). Diese Handlung ist nach Kant „ein Verbrechen (Mord)". Somit scheint sie in erster Linie die Verletzung einer *Rechts*pflicht darzustellen. Dies entspricht der Tafel von S. 240, in der von Rechtspflichten gegen sich selbst die Rede war, bringt aber einige Schwierigkeiten mit sich.

Zunächst gibt es ein strukturelles Problem: Das Selbstmordverbot wird in der *Tugendlehre*, nicht in der *Rechtslehre* behandelt. Zwar räumt Kant ein, dass die Selbstentleibung „auch als Übertretung seiner Pflicht gegen andere Menschen", einschließlich Gott, betrachtet werden kann (TL, AA 6: 422), so dass ihr Verbot problemlos als Rechtspflicht angesehen werden könnte. Durch seine Handlung würde der Selbstmörder die Rechte anderer verletzen – also gegen die Regel „*neminem laede*" stoßen. Andererseits betont Kant sofort, dass „hier [...] nur die Rede von Verletzung einer Pflicht gegen sich selbst" ist. Ist nun diese Pflicht eine Rechts- oder eine Tugendpflicht?

Sieht man sie als vollkommene Tugendpflicht an, so würde man implizit oder explizit die früher erwähnte Revision der „Eintheilung" (RL, AA 6: 240) vornehmen, denn diese lässt eigentlich keine vollkommene Tugendpflicht zu und spricht

---

Pflichten hat", denn dies trifft gemäß einer Stelle auf Seite 319 auch dem Herrscher im Staat zu: „Der Herrscher im Staat hat gegen den Untertan lauter Rechte und keine (Zwangs-)Pflichten". Zwar ist es praktisch relevant, dass es sich um Zwangspflichten handelt, denn dies bedeutet, dass der Herrscher wenigstens ethische oder Tugendpflichten dem Untertan gegenüber hat – aber aus der Perspektive rechtlicher Verhältnisse, also aus der Perspektive der Einteilung von Seite 241, ist dies keineswegs entscheidend.

4 Kant spricht zwar diesen negativen Charakter ausdrücklich nur den Pflichten zu, von denen „in diesem Hauptstücke", also im Hauptstück über die Pflichten gegen sich selbst als animalisches Wesen, die Rede ist (TL, AA 6: 421). Aber dies schließt nicht aus, dass auch die Pflichten, von denen im folgenden Hauptstück die Rede ist, also die Pflichten gegen sich selbst als moralisches Wesen negativen Charakter besitzen.

Vollkommenheit nur den Rechtspflichten zu. Also: entweder wird es angenommen, dass sich Kant einfach widerspricht bzw. beim Gebrauch der Adjektive „vollkommen" und „unvollkommen" getäuscht hat (aber das überzeugt wenig: Wie konnte er sich bei so einem wichtigen Punkt widersprechen bzw. täuschen?); oder man geht davon aus, dass „vollkommen", so wie es in der Tafel benutzt wird, gleichbedeutend mit „erzwingbar" ist, während „vollkommen", so wie es in der *Tugendlehre* benutzt wird, die gewöhnliche Bedeutung hat, die ihm Kant sonst gibt – nämlich: eine Pflicht, die enge Verbindlichkeit besitzt. Dies würde viele Probleme lösen, überzeugt aber m. E. nicht vollständig. Ist es wirklich denkbar, dass Kant im Rahmen desselben Werks dasselbe Wort mit zwei unterschiedlichen Bedeutungen benutzt, ohne den Leser zu warnen? Zudem behauptet Kant noch im Paragraph VII der „Einleitung zur Tugendlehre" (wie gesehen), dass die ethischen Pflichten „von weiter, dagegen die Rechtspflichten von enger Verbindlichkeit" sind (TL, AA 6: 390), und bestätigt damit die in der „Eintheilung" (RL, AA 6: 240) vorgenommene Kategorisierung. Hinzu kommt, dass die Diskussion vom Selbstmord von einer Reihe kasuistischer Fragen gefolgt wird (TL, AA 6: 423 f.), die nur dann Sinn machen, wenn die entsprechende Pflicht unvollkommen ist und einen gewissen Spielraum für ihre Durchführung zulässt.

Das Verbot der Selbstentleibung scheint also doch eine *unvollkommene* Tugendpflicht darzustellen. Man ist dazu verpflichtet, die eigene Selbsterhaltung als Zweck zu haben; es wird allerdings angenommen, dass man in besonderen Fällen (die allesamt Objekt der kasuistischen Fragen sind) diesen Zweck zugunsten eines anderen, höheren fallen lässt – wie beim Beispiel des tollwütigen Menschen, der Selbstmord begeht, bevor er andere Menschen infiziert. Dass Kant von einem Verbrechen und von Mord spricht, besagt nur, dass der Inhalt dieser Tugendpflicht gleichzeitig Inhalt einer Rechtspflicht sein kann. Es stellt sich allerdings die Frage, wie die Erfüllung dieser Pflicht erzwungen werden kann: Welche Strafe kann man einem toten Menschen auferlegen? Die beim Mord vorgesehen Strafe ist der Tod, aber es wäre sinnlos, einen toten Menschen zum Tode zu verurteilen. Andere Formen der Bestrafung wären zwar denkbar – etwa die *damnatio memoriae*, also der Verlust des guten Namens, von dem im § 35 der *Rechtslehre* die Rede ist (RL, AA 6: 295 f.) – aber, ungeachtet der möglichen Abschreckungswirkung, ist es ziemlich fraglich, ob dies als Zwang betrachtet werden kann. Hier – und nicht beim sogenannten Notrecht – stünden wir vor einem Fall, in dem ein „Strafgesetz die beabsichtigte Wirkung gar nicht haben" kann (RL, AA 6: 235).

Es gibt aber eine andere Möglichkeit, die m. E. bisher nicht erwogen wurde, und zwar die, dass das Selbstmordverbot eine *innere Rechtspflicht* darstelle. Sie würde zu einer *inneren* Handlung verpflichten, nämlich, zur Annahme der Maxime, das eigene Leben nicht zu opfern. Da innere Rechtspflichten unter der Regel „*honeste vive*" stehen, wäre die Begründung dieser spezifischen Pflicht in der

Notwendigkeit zu sehen, sich als mögliches Rechtssubjekt zu behaupten – was natürlich voraussetzt, dass man am Leben ist.

Ein gutes Argument zugunsten dieser Lesart besteht in der Tatsache, dass Kant, wenn er von den Pflichten des Menschen gegen sich selbst und von den Lastern, die diesen Pflichten entgegenstehen, spricht, Folgendes behauptet: „Die Tugend, welche allen diesen Lastern entgegen steht, könnte die *Ehrliebe* (*honestas interna*) [...] genannt werden [...]" (TL, AA 6: 420). Die Ehrliebe, die *honestas interna*, bildet das ethische Pendant zur Ehrbarkeit, zur *honestas iuridica*. Da diese Laster Gegenstand von negativen Pflichten, also von Verboten bilden, besteht hier die Tugendhaftigkeit in ihrer Vermeidung, genau so wie die *honestas interna* in der Erhaltung der ursprünglichen Ehrbarkeit und Unbescholtenheit besteht, also in der Vermeidung von allen Handlungen, die den eigenen Wert als Person negieren – und Selbstmord gehört zweifellos dazu.

Es bleibt allerdings ein Problem bestehen: Rechtspflichten sind vollkommen, aber gilt das auch für innere Rechtspflichten? Versteht man diese Vollkommenheit im Sinne von Erzwingbarkeit, dann sind sie es bestimmt nicht. Wird sie hingegen im Sinne von enger Verbindlichkeit verstanden, dann stünden wir vor dem Umstand, dass der Selbstmord juridisch absolut verboten ist, ethisch aber in manchen Fällen zugelassen wird. Dies würde eine Menge Fragen in Bezug auf die Beziehung von Recht und Ethik aufwerfen, würde aber gleichzeitig bedeuten, dass Kants Position bezüglich dieser Frage nuancierter ist, als man prima facie annehmen könnte.

Wenn das Selbstmordverbot als innere Rechtspflicht eine vollkommene Pflicht wäre, dann wäre der Titel dieses Abschnitts der *Tugendlehre*, „Von den vollkommenen Pflichten gegen sich selbst", zwar zum Teil irreführend, aber nicht inkorrekt: Die hier vorgestellten Pflichten können gleichzeitig als vollkommene innere Rechtspflichten und als unvollkommene Tugendpflichten angesehen werden.

Dies gilt auch für das zweite Verbot, das sich auf unsere animalische Natur bezieht, nämlich das Verbot der „wohllüstigen Selbstschändung" (TL, AA 6: 424 ff.). In diesem Fall haben wir allerdings mehrere Möglichkeiten, diese Pflicht zu verletzen, und nicht alle verdienen es, als vollkommene innere Rechtspflichten angesehen zu werden. Der Zweck, den zu haben eine Pflicht ist, ist hier die Erhaltung der Art, und es handelt sich um einen Naturzweck, sagt Kant. Alle Geschlechtsakte, die nicht zu diesem Zweck dienen, können daher als unnatürlich und pflichtwidrig angesehen werden. Wie im Fall des Selbstmordverbots handelt es sich sowohl um eine Rechtspflicht als auch um eine Tugendpflicht, aber diesmal haben wir auch mit einer äußeren Rechtspflicht zu tun. Darauf weist Kant selbst hin, wenn er schreibt: „In der Rechtslehre wird bewiesen, daß der Mensch sich einer *anderen* Person dieser Lust zu Gefallen ohne besondere Einschränkung durch einen rechtlichen Vertrag nicht bedienen könne" (TL, AA 6: 424). Es besteht also ein rechtliches Verbot, sexuellen Verkehr mit jemandem zu haben, mit dem man keinen entsprechenden rechtlichen Vertrag abgeschlossen hat. In der *Rechtslehre* ist zwar nur vom Ehevertrag die Rede, aber es wäre denkbar, dass auch andere Sorten von Vertrag zu diesem Zweck beschlossen werden. Schließlich ist die Absicht, Kinder zu erzeugen, also die Annahme der Erhaltung der Art als Zweck, beim Abschließen des Ehevertrags nicht erforderlich, wie Kant betont (RL, AA 2: 277). Dies ist kohärent mit der Unterscheidung von Rechts- und Tugendpflichten, da nur letztere die Annahme von Zwecken fordern.

Geschlechtsverkehr außerhalb des Rahmens eines Vertrags (eine äußere Handlung) ist also rechtlich verboten und somit strafbar. Dies gilt nach Kant in erster Linie für die *crimina carnis contra naturam*, also für homosexuelle Akte und andere Form der „unnatürlichen" Wohllust, obwohl es nicht einzusehen ist, wieso dies so ist. Wenn der Naturzweck der Erhaltung der Art beim Abschließen des Ehevertrags nicht erforderlich ist, so wäre gegen die Möglichkeit eines Ehevertrags zwischen zwei Männern oder zwei Frauen an sich nichts anzuwenden. Verboten blieben nur *außereheliche* Akte von Geschlechtsverkehr – egal ob homo- oder heterosexueller Natur – also jene Akte, die Kant unter „*vaga libido, venus vulgivaga, fornicatio*" meint (RL, AA 6: 277). Diese vollkommene äußere Rechtspflicht betrifft nur die Fälle, „wo dann zwei Personen wechselseitig einander verpflichten", wie Kant sagt (TL, AA 6: 424). Gibt es auch eine entsprechende vollkommene innere Rechtspflicht? Um auf diese Frage zu beantworten, muss man zunächst auf die unvollkommene Tugendpflicht des Menschen gegen sich selbst eingehen, welche die Wohllust als Gegenstand hat, sowie auf die daraus resultierenden kasuistischen Fragen.

Da diese Pflicht fordert, dass man sich den Naturzweck der Erhaltung der Art zu Eigen macht, sind alle wollüstige Akte, die diesem Zweck nicht dienen, pflichtwidrig und unnatürlich. Welche sind nun diese Akte? Der erste ist die Masturbation, d.h. eine Wohllust, wozu der Mensch „nicht durch den wirklichen Gegenstand, sondern durch die Einbildung von demselben, also zweckwidrig, ihn sich selbst schaffend, gereizt wird" (TL, AA 6: 424 f.). Dieser Akt ist zweckwidrig, weil er gegen die Erhaltung der Art geht. Nach Kant stellt er deswegen eine schlimmere Übertretung als der Selbstmord dar, denn beim letzteren geht man nur gegen die Erhaltung des Individuums, nicht der Spezies vor (TL, AA 6: 425). Hier scheint Kant einer Art Naturalismus zu verfallen, nach dem nicht nur das Individuum weniger wert zu sein scheint als die Spezies, sondern vor allem – und gravierender – die Ethik selbst eine natürliche Basis zu haben scheint. Bei der Darstellung der kasuistischen Fragen, schreibt Kant: „Der Zweck der Natur ist in der Beiwohnung der Geschlechter die Fortpflanzung, d.i. die Erhaltung der Art; jenem Zwecke darf also wenigstens nicht zuwider gehandelt werden" (TL, AA 6:

426). Die Natur bietet somit den Grund für eine ethische Verpflichtung an – was eigentlich gegen so gut wie alles geht, was Kant seit der *Grundlegung* in Bezug auf die Grundlage der Ethik behauptet hat. Zwar ist hier von den Pflichten gegen sich selbst als *animalisches* Wesen die Rede, aber diese enge Auffassung, nach der das Individuum als Mittel zur Erhaltung der Art gilt, verblüfft. Aus dieser Perspektive bezichtigt Kant den masturbierenden Menschen einer „ihn selbst unter das Vieh herabwürdigenden Behandlung seiner eigenen Person" (TL, AA 6: 425), denn nach Kants nicht einwandfreien biologischen Auffassung paaren sich nicht-menschliche Tiere nur zum Zweck der Reproduktion.

Kant führt aber ein weiteres Argument für die Behauptung ein, die wollüstige Selbstschändung sei schlimmer als Selbstmord. Während dieser als „die trotzige Wegwerfung seiner selbst [...] Muth erfordert" und Ausdruck einer gewissen „Achtung für die Menschheit in seiner eigenen Person" ist, stellt jene „eine weichliche Hingebung an thierische Reize", durch die sich der Mensch „gänzlich der thierischen Neigung überlässt" und sich „zur genießbaren [...] Sache" und „zum *ekelhaften* Gegenstand macht, und so aller Achtung für sich selbst beraubt" (TL, AA 6: 425). Der Mensch macht sich dann zu bloßem Mittel und verstößt somit gegen die zweite Formel des kategorischen Imperatives. Wichtiger noch für unser Vorhaben: Er negiert seinen Wert als Menschen und verstößt somit gegen die Regel „*honeste vive*". Somit kann man das Verbot der wollüstigen Selbstschändung als innere Rechtspflicht ansehen, die darauf abzielt, den eigenen Wert als Menschen zu behaupten. Als solche ist sie vollkommen, als Tugendpflicht lässt sie aber wenigstens eine kasuistische Frage entstehen, der ich hier nicht nachgehen werde (vgl. Mertens 2014).[5]

---

[5] Wenn hier von der wollüstigen Selbstschändung als Tugendpflicht die Rede ist, lässt sie Spielraum für die Willkür zu? Denn ethische Pflichten sind von weiter Verbindlichkeit, wie wir sahen, und besitzen somit eine gewisse *latitudo*. Auch in diesem Fall formuliert Kant kasuistische Fragen und fragt, ob man „den thierischen Neigung" einen gewissen Spielraum gestatten kann – aber immer nur im Rahmen der erwähnten naturalistischen Auffassung, nach der man dem Naturzweck der Erhaltung der Art nicht zuwiderlaufen darf. Also wird kein Spielraum für jene Formen von Geschlechtsverkehr, die ihrer Natur nach diesem Zweck nicht dienen wie z. B. Selbstbefriedigung, gleichgeschlechtlicher Verkehr, Oral- und Analverkehr. Die einzigen möglichen Ausnahmen, die Kant erwähnt, betreffen Fälle, in denen die Frau nicht schwanger werden kann – entweder wegen ihres Alters, oder wegen ihrer Krankheit, oder weil sie ihre Menstruation hat. Geschlechtsverkehr ist in diesem Fall nicht prinzipiell, sondern nur kontingent steril, nach Kant, der hier Sterilität respektive als altersbezogenes Phänomen, als Krankheit und als vorübergehenden Zustand betrachtet. Interessant wäre die Frage, ob es einem Mann ethisch erlaubt ist, eine Frau zu heiraten, die steril ist, denn er weiß von vornherein, dass ihre Beziehung dem Naturzweck zuwiderlaufen wird. Und interessant wäre natürlich auch der Fall, in dem der Mann steril ist. Kant würde wahrscheinlich beide Fälle unter der Rubrik „Krankheit" fallen lassen, aber damit wäre die Frage der Unmöglichkeit, den Naturzweck zu verfolgen, nicht beantwortet.

Schwieriger ist der dritte Fall, den Kant mit Bezug auf die Pflichten gegen sich selbst diskutiert, nämlich die „Selbstbetäubung durch Unmäßigkeit im Gebrauch der Genieß- oder auch Nahrungsmittel" (TL, AA 6: 427). Die Hauptschwierigkeit besteht darin, dass man hier nicht mit einem Akt zu tun hat, der entweder ganz verboten, oder nur unter sehr besonderen Umständen erlaubt ist – wie z. B. im Fall des Selbstmordes –, sondern mit einer Handlung, die alltäglich ist und mehrere Abstufungen ermöglicht. Selbsttötung und wollüstige Selbstschändung sind prinzipiell verboten, Trinken und Essen sind nicht nur erlaubte, sondern notwendige Handlungen. Problematisch werden sie nun ab einem gewissen Punkt, nämlich dann, wenn sie in Versoffenheit und Gefräßigkeit ausufern (TL, AA 6: 427).[6] Es ist auf jeden Fall objektiv schwer zu bestimmen, ab wann man den Lastern der Versoffenheit und der Gefräßigkeit verfallen ist bzw. wann ein Missbrauch der Genießmittel vorliegt. Noch schwieriger ist, daraus den Gegenstand einer vollkommenen Pflicht zu machen, vor allem, wenn man vollkommene Pflichten mit äußeren Rechtspflichten identifiziert. Soll der Staat seinen Bürgern durch ein Gesetz verbieten, dass sie sich betrinken und zu viel essen? Der schrittweise Charakter der hier angeprangerten Laster scheint nur eine unvollkommen Tugendpflicht zuzulassen, nach der man vermeiden sollte, so viel zu trinken bzw. zu essen, dass man richtig betrunken wird bzw. sich zum passiven Sammelbecken von Nahrung macht, ohne dass man deswegen komplett auf den Genuss von Alkohol und Essen verzichtet. In den kasuistischen Fragen scheint Kant zu erlauben, dass man Wein konsumiert, da dieser „die Gesellschaft zur Gesprächigkeit belebt, und damit Offenherzigkeit verbindet" (TL, AA 6: 428). Er erlaubt weiter, dass man an festlichen Essen teilnimmt, bei denen man mehr als sonst isst. Ist in diesem Fall die Rede von einer inneren Rechtspflicht möglich? Nur in dem Sinne, dass ein betrunkener Mensch kaum imstande ist, bestimmte juridische Handlungen – wie etwa den Abschluss eines Vertrags – vorzunehmen. Hört er deswegen auf, eine Rechtsperson zu sein? Kaum – und gar nicht im Fall der Gefräßigkeit. Die einzige Lösung für diese Probleme scheint mir die zu sein, die

---

Als der Chauvinist, der er nun mal ist, ist Kant hier nur um die ethische Verpflichtung des Mannes besorgt, und fragt nach einem möglichen Erlaubnisgesetz, das erlauben sollte, dass der Mann „etwas an sich Unerlaubtes" vollziehe, um eine schlimmere Übertretung zu vermeiden. Es ist allerdings nicht klar, was Kant hier meint. Der an sich unerlaubte Akt bestünde in einem Geschlechtsverkehr mit der Ehefrau, auch wenn er dem Naturzweck zuwiderläuft. Die „größere Übertretung" könnte im Ehebruch bestehen – etwa, wenn er seine Wohllust mit einer anderen Frau oder einer Prostituierten auslebt –, aber auch in einem Akt Selbstbefriedigung. Ich überlasse der Phantasie der Lesenden, sich auszudenken, wie das geschehen soll, und empfehle herzlich die Lektüre des Aufsatzes von Mertens 2014.

6 Anders steht es anscheinend mit der Einnahme von Betäubungsmittel wie dem von Kant erwähnten Mohnsaft aus, aber an sich stellt auch Alkohol ein Betäubungsmittel dar.

hier angeprangerten Laster als Gegenstand unvollkommener Tugendpflichten zu betrachten, die eher mit der eigenen Vollkommenheit zu tun haben.

Dieser Fall zeigt, dass die Rede von vollkommenen Pflichten gegen sich selbst als animalisches Wesen nur im extremen Fall des Selbstmordes und in manchen Fällen von wollüstiger Selbstschändung sinnvoll ist – weil sie allesamt zum Gegenstand von inneren oder sogar von äußeren Rechtspflichten gemacht werden können, möge das uns zu extrem oder (im Fall vom Selbstmordverbot) gar nutzlos erscheinen. Ähnliches kann man auch vom Verbot der Lüge behaupten, welche „die größte Verletzung der Pflicht des Menschen gegen sich selbst, blos als moralisches Wesen betrachtet", darstellt (TL, AA 6: 429). Wie das Selbstmordverbot ist es von enger Verbindlichkeit und lässt keinen Spielraum zu (wie man aus der berühmten Aufsatz *Über ein vermeintes Recht aus Menschenliebe zu lügen* schon weiß). Alle anderen von Kant erwähnten Fälle von vermeintlichen vollkommenen Tugendpflichten gegen sich selbst (als animalisches oder als moralisches Wesen) sind eigentlich Fälle von unvollkommenen ethischen Pflichten, die weite Verbindlichkeit besitzen und daher eine gewisse *latitudo* erlauben. Sie sollten an sich kein Gegenstand von Rechtspflichten sein (obwohl es niemals auszuschließen ist, dass ein Gesetzgeber Betrunkenheit, Geiz oder Kriecherei rechtlich verbietet: Die Frage ist, ob das im Einklang mit Kants metaphysischen Rechtsprinzipien stünde – was eher zu bezweifeln ist). Sogar die extremen Fälle lassen – als Tugendpflichten betrachtet – Spielraum zu, die auf ihren unvollkommenen Charakter hinweisen. Mit anderen Worten: Es scheint, dass die Einteilung der Tafel von „Eintheilung" (RL, AA 6: 240) insofern richtig ist, als sie den Charakter der Vollkommenheit nur den Rechtspflichten zuschreibt.

Was also Recht von Ethik unterscheidet, ist nicht nur die Art der Gesetzgebung, sondern auch die Art der Verbindlichkeit der jeweiligen Pflichten. Dies kann vielleicht ein ganz anderes Licht auf Kants Ethik werfen als von vielen Interpreten angenommen.

Christel Fricke
# Kants moralische Begründung der Rechtspflichten und das Immanuel-Kant-Problem

## 1 Das Immanuel-Kant-Problem

Im Jahr 1797 publiziert Kant die *Metaphysik der Sitten*. Diese Schrift enthält Kants politische Philosophie; sie handelt von den Gesetzen eines Staates, der Autorität staatlicher Institutionen und den Rechten und Pflichten der Bürgerinnen und Bürger eines solchen Staates. Schon mit der Wahl des Titels legt Kant die Vermutung nahe, dass seine politische Philosophie ihre normativen Grundlagen in seiner Moralphilosophie habe. Hatte er doch zehn Jahre zuvor seine Moralphilosophie unter dem Titel einer *Grundlegung zur Metaphysik der Sitten* publiziert. Die *Kritik der praktischen Vernunft* von 1788 rekapituliert und erweitert das Projekt der *Grundlegung*, macht sich aber nicht anheischig, dieses Projekt durch eine *Metaphysik der Sitten* zu vollenden.

Die Frage nach dem argumentativen Zusammenhang von Kants Moralphilosophie und seiner politischen Philosophie wird in der Kantforschung kontrovers diskutiert. Christoph Horn unterscheidet zwischen zwei Extrempositionen. Die Vertreter der „Abhängigkeitsthese" schreiben Kant einen „Rechtsmoralismus" zu; sie können sich mit dieser Position auf zentrale Aussagen Kants berufen (siehe Horn 2014, 9, 31 u.a.).[1] Die Vertreter der „Unabhängigkeits-" oder „Trennungsthese" dagegen verneinen einen Begründungszusammenhang zwischen Kants Rechts- und seiner Moralphilosophie und verweisen auf Schwierigkeiten, Kants Ableitung der Rechtspflichten aus der moralischen Pflicht argumentativ überzeugend zu rekonstruieren (siehe Horn 2014, 9).[2] Horn selbst schlägt eine mittlere Position vor, der zufolge Kant in der *Rechtslehre* der *Metaphysik der Sitten* eine Theorie „nichtidealer Normativität" entwickelt, die im Vergleich mit der absoluten Autorität des moralischen Gesetzes abgeschwächt ist, ihre Autorität jedoch ebenso wie diese aus der „praktischen Vernunft" bezieht (siehe Horn 2014, 308 und 311). In Horns Beschreibung dieser mittleren Position manifestiert sich nicht

---

[1] Als Vertreter dieser Position nennt Horn Ingeborg Maus, Wolfgang Kersting, Otfried Höffe, Bernd Ludwig, Paul Guyer, und Gerhard Seel.
[2] Zu den Vertretern dieser Position zählt Horn u.a. Julius Ebbinghaus, Allen Wood, Thomas Pogge, Arthur Ripstein und Markus Willaschek.

zuletzt der Wunsch, den Spannungen zwischen Kants Moralphilosophie und seiner Rechtsphilosophie Rechnung zu tragen, ohne dadurch in den Verdacht zu geraten, den „philosophischen Klassiker" Kant „diskreditieren" zu wollen (Horn 2014, 84). Horns mittlere Position beruht auf der folgenden Überlegung: Zwar ist Kant kein Rechtsmoralist; und man wird „die These vom moralischen Fundament der politischen Philosophie Kants preisgeben müssen" (Horn 2014, 55). Aber daraus zu schließen, dass seine politische Philosophie von seiner Moralphilosophie gänzlich unabhängig sei, wäre voreilig. Horn sucht den Zusammenhang beider Philosophien an anderer Stelle und glaubt ihn dort auch zu finden, nämlich in Kants Geschichtsphilosophie. Seine Hauptthese ist, dass Kant Rechtsstaatlichkeit als Vehikel des moralischen Fortschritts gesehen hat. Jeder Rechtszustand, wie er nur innerhalb eines Staates möglich ist, ist Kant zufolge moralisch gerechtfertigt, so Horn, weil Menschen, die im Naturzustand verharren, sich der Möglichkeit jedes moralischen Fortschritts berauben; dies gilt auch dann, wenn das, was in einem Staat als Recht gilt, einer moralischen Überprüfung nicht standhält.

So plausibel Horns Interpretation der Kantischen Geschichtsphilosophie auch ist, sie kann den Verdacht nicht wirklich entkräften, Kants politische Philosophie stehe in keinem Begründungszusammenhang mit seiner Rechtsphilosophie. Denn der Fortschritt, den Kant in der Geschichte der Menschheit zu erkennen glaubt und den er durch die Existenz von Rechtsstaatlichkeit erklärt, ist „moralisch" nur in dem weiteren Sinn, dass er es Menschen zunehmend ermöglicht, friedlich und zum gegenseitigen Vorteil zusammenzuleben, nicht aber in dem engen, spezifisch Kantischen Sinn, demzufolge nur ein autonomer Mensch moralisch handelt. An einen vergleichbaren moralischen Fortschritt in der Geschichte glaubten auch Vertreter der schottischen Aufklärung wie David Hume und Adam Smith, deren sentimentalistische Moralphilosophien Kant kategorisch ablehnte. Auch Hume und Smith hielten die Existenz von staatlichen Institutionen und von Gesetzen, die der Rechtsgleichheit der Bürgerinnen und Bürger eines Staates verpflichtet sind, für eine notwendige Voraussetzung für einen solchen Fortschritt. Horns These, die politische Normativität sei Kant zufolge schwächer als die moralische Normativität, kann den Verdacht einer Unabhängigkeit seiner politischen Philosophie von seiner Moralphilosophie nicht entkräften; im Gegenteil, Horns Interpretation der Kantischen Geschichtsphilosophie bestärkt diesen Verdacht. Dabei muss die Unabhängigkeitsthese in all ihren Varianten allen, die Kant so ernst nehmen, wie Horn es tut, unbefriedigend erscheinen. Die Frage stellt sich also erneut, ob und wie Kants politische Philosophie ihre normative Grundlage in seiner Moralphilosophie hat, obwohl Kant keinen Rechtsmoralismus vertritt. Zur Beantwortung dieser Frage werde ich im Folgenden eine neue Variante der Abhängigkeitsthese entwickeln; diese sucht den Zusammenhang von Kants Moralphilosophie und seiner politischen Philosophie in Kants Begründung der absoluten Autorität eines politischen Herrschers.

Dabei werde ich ein Problem offenlegen, das ich das ‚Immanuel-Kant-Problem' zu nennen vorschlage – in Anlehnung an das so-genannte ‚Adam-Smith-Problem'. Bekanntlich ergibt sich das Adam-Smith-Problem aus der scheinbaren Inkonsistenz von Smiths Thesen zur Natur der menschlichen Handlungsmotivation: Während Smith in seiner Moralphilosophie dem Menschen Selbstliebe und Sympathie zuschreibt, aus denen ein genuines, natürliches Interesse an moralisch richtigem Handeln erwächst, geht er in seiner Schrift zur Nationalökonomie von der Voraussetzung aus, den Akteuren der kapitalistischen Gesellschaft gehe es um nichts anderes als den eigenen Nutzen.[3] Das Immanuel-Kant-Problem ergibt sich, so meine These, aus einer vergleichbaren Inkonsistenz: Die moralische Pflicht zur Selbstbestimmung einer Handelnden durch das Sittengesetz ist mit der Pflicht zur Gesetzestreue, wie Kant sie in der Rechtslehre der *Metaphysik der Sitten* beschreibt, inkompatibel. Wer Bürger eines Staats ist, kann nicht mehr direkt dem Sittengesetz verpflichtet sein; er oder sie muss den Gesetzen dieses Staates gehorchen. Die Inkompatibilität von moralischen und Rechtspflichten spricht gegen einen Rechtsmoralismus Kants. Sie spricht damit aber nicht unweigerlich, und in diesem Punkt stimme ich mit Horn überein, gegen jede Art von Begründungszusammenhang zwischen Kants Moral- und seiner Rechtsphilosophie. Im Folgenden werde ich einen alternativen Begründungszusammenhang aufzeigen. Dabei gehe ich von der Frage aus, welche Überlegungen Kant dazu veranlasst haben, eine *moralische* Pflicht zur Gesetzestreue der Bürgerinnen und Bürger eines Staats zu verteidigen. Die Antwort auf diese Frage, so meine These, liegt in Kants Begründung politischer Herrschaft und ihrer Autorität. Mit dieser Auffassung ist das Immanuel-Kant-Problem intrinsisch verbunden.

## 2 Kant über die moralische Pflicht, einem Staat als Bürger anzugehören

In der allgemeinen Einleitung in die *Metaphysik der Sitten* stellt Kant fest, dass

> [z]u aller Gesetzgebung [...] zwei Stücke [gehören]: *erstlich* ein Gesetz, welches die Handlung, die geschehen soll, *objectiv* als nothwendig vorstellt, d.i. welches die Handlung zur Pflicht macht, *zweitens* die Triebfeder, welche den Bestimmungsgrund der Willkür zu dieser Handlung *subjectiv* mit der Vorstellung des Gesetzes verknüpft (RL, AA 6: 218).

---

[3] Zur Geschichte des Adam-Smith-Problems siehe Ballestrem 2001, 195–198.

In der Folge unterscheidet Kant zwischen „ethischer" und „juridischer" Gesetzgebung. Dieser Unterschied betrifft das „zweite Stück" der Gesetzgebung, nämlich die „Triebfeder" zum Handeln gemäß dem Gesetz. Die ethische Gesetzgebung macht nicht nur eine Handlung zur Pflicht; sie macht auch diese Pflicht zur Triebfeder. Die juridische Gesetzgebung dagegen lässt auch andere Triebfedern als die der Pflicht zu, insbesondere die Triebfeder der Abneigung (siehe RL, AA 6: 218f.). Später sagt Kant ausdrücklich, was der Gegenstand einer solchen Abneigung ist, nämlich die Strafe, mit der eine Verletzung der juridischen Pflicht geahndet wird (siehe RL, AA 6: 227).[4]

Seine Unterscheidung dieser „zwei Stücke" der Gesetzgebung erlaubt ihm, von Anfang an sowohl die Gemeinsamkeiten als auch die Differenzen der moralischen oder „ethischen" und der politischen oder „juridischen" Gesetzgebung zu betonen. Beiden Arten der Gesetzgebung ist gemeinsam, eine gesetzestreue Handlung „objektiv als notwendig" vorzustellen und sie damit „zur Pflicht" zu machen. Mit der Betonung dieser Gemeinsamkeit wendet sich Kant gegen sentimentalistische und naturalistische Erklärungen der Autorität positiver Gesetze oder Prinzipien der Gerechtigkeit, wie sie z. B. von David Hume und Adam Smith entwickelt wurden. Kant diskreditiert deren Begründungen der Autorität positiver Gesetze als „kümmerlich" (RL, AA 6: 215f.).

Der Kantischen Unterscheidung zwischen ethischer und juridischer Gesetzgebung entspricht die Unterscheidung zwischen natürlichen äußeren und positiven äußeren Gesetzen; die Verbindlichkeit der natürlichen äußeren Gesetze kann „auch ohne äußere Gesetzgebung *a priori* durch die Vernunft erkannt werden"[5]; die positiven äußeren Gesetze dagegen sind in ihrer Verbindlichkeit abhängig von „positiver äußerer Gesetzgebung" (RL, AA 6: 224; s.a. RL, AA 6: 237). In der Terminologie von Kants Moralphilosophie sind natürliche äußere Gesetze diejenigen Maximen, die sich in einer praktischen Reflexion als verallgemeinerbar erwiesen haben; ihre Autorität hat in der reinen praktischen Vernunft ihren Ursprung. Die positiven äußeren Gesetze dagegen beruhen sowohl ihrem Inhalt als auch ihrer Autorität nach auf einem Akt der Gesetzgebung durch eine politische Institution. Was aber ermöglicht einer solchen politischen Institution, mit den von ihr erlassenen Gesetzen Pflichten zu konstituieren, die notwendig und

---

**4** In der *Tugendlehre* ergänzt Kant eine entsprechende Unterscheidung zwischen ethischen Pflichten und Rechtspflichten; ethische Pflichten konstituieren eine innere Nötigung, Rechtspflichten eine Nötigung, die nicht innerlich sein muss, die auch durch „äußere Gesetzgebung" möglich ist. An dieser Stelle unterscheidet Kant auch zwischen „Selbstzwang" und dem „Zwang durch einen anderen" (TL, AA 6: 394).

**5** Bemerkenswert ist hier, dass die natürlichen Gesetze einerseits äußere Gesetze sind, andererseits aber in ihrer Verbindlichkeit nicht abhängig von äußerer Gesetzgebung.

objektiv sind? Es wäre naheliegend, diese Frage mit einer Verteidigung des Rechtsmoralismus zu beantworten, also die Autorität jeder politischen Institution an die Bedingung zu knüpfen, nur solche Gesetze zu erlassen, die auch moralisch richtig sind. Aber so argumentiert Kant nicht, jedenfalls nicht durchgängig und nicht konsistent. Darin, dass Kant keinen Rechtsmoralismus vertritt, wie er für ihn eigentlich nahegelegen hätte, sehe ich den eigentlichen Grund für das Immanuel-Kant-Problem. Gibt Kant überhaupt eine Antwort auf die Frage nach der Autorität einer politischen Institution, die es ihr ermöglicht, mit ihren Gesetzen notwendige und objektive Pflichten zu konstituieren?

Dass Kant nicht den Weg des Rechtsmoralismus wählt, wird gleich am Anfang der *Metaphysik der Sitten* deutlich: Eine politische Institution ist in ihrer Gesetzgebung frei. Sie hat die Macht, Gesetze zu erlassen, sie also inhaltlich zu bestimmen und ihnen Autorität zu verleihen. Das bedeutet, dass positive Gesetze nicht nur dann Autorität haben können, wenn sie ihrem Inhalt nach natürlichen Gesetzen entsprechen und damit auch durch die reine praktische Vernunft autorisiert werden. Die positive Gesetzgebung durch politische Institutionen eines Staats konstituiert Standards für die Unterscheidung zwischen Recht und Unrecht sowie die Pflicht für alle Bürgerinnen und Bürger dieses Staates, unrechte Taten zu unterlassen:

> Recht oder *Unrecht* [...] überhaupt ist eine That, sofern sie pflichtmäßig oder pflichtwidrig [...] ist; *die Pflicht selbst mag, ihrem Inhalte oder Ursprunge nach, sein, von welcher Art sie wolle.* Eine pflichtwidrige That heißt *Übertretung* [...]. (RL, AA 6: 223 f., dritte Hervorhebung CF)

Die „Rechtslehre" bestimmt Kant als den „Inbegriff der Gesetze, für welche eine äußere Gesetzgebung möglich ist [...]" (RL, AA 6: 229). Zu diesen Gesetzen gehören sowohl die natürlichen als auch die positiven äußeren Gesetze. Deren Unterscheidung präsentiert Kant hier als eine Sache der Modalität: Für alle äußeren Gesetze ist eine äußere Gesetzgebung möglich; aber nur für die positiven äußeren Gesetze ist die Gesetzgebung wirklich. Allerdings impliziert die Unterscheidung von möglichen und wirklichen äußeren Gesetzen weder, dass alle äußeren positiven Gesetze auch natürliche Gesetze sind, noch dass alle möglichen äußeren Gesetze entweder natürlich oder wirklich sind. Jenseits der zu einer bestimmten Zeit wirklichen positiven Gesetze mag es andere mögliche äußere Gesetze geben, die durch einen Akt der positiven Gesetzgebung wirklich werden könnten, aber dennoch nicht zu den natürlichen äußeren Gesetzen gehören.

Es ist, so Kant, Aufgabe der Rechtswissenschaft, alle „positive Gesetzgebung" darauf zu überprüfen, ob sie den „unwandelbaren Prinzipien" „der natürlichen Rechtslehre" entspricht. Es geht also in der Rechtswissenschaft nicht bloß um die Beschreibung positiver Gesetze und der Praxis ihrer Anwendung; vielmehr geht es darum, die Legitimation der positiven Gesetzgebung zu hinterfragen und auf ihre Grundlage in den unwandelbaren Prinzipien der natürlichen Rechtslehre zu prüfen, letztlich also auf ihre moralische Richtigkeit.

Damit scheint Kants Rechtsbegriff ambivalent zu sein. Einerseits ist Recht eine Sache der Pflichtmäßigkeit, und *„die Pflicht selbst mag, ihrem Inhalte oder Ursprunge nach, sein, von welcher Art sie wolle"* (s.o.); das bedeutet, dass die Pflicht ihren ausschließlichen Ursprung in einem Akt positiver Gesetzgebung durch eine politische Institution haben kann. Andererseits aber kann nur das Recht sein, das den natürlichen Gesetzen entspricht, denn das sind die Gesetze der Freiheit oder die moralischen Gesetze:

> Das Recht ist der Inbegriff der Bedingungen, unter denen die Willkür des einen mit der Willkür des anderen *nach einem allgemeinen Gesetze der Freiheit* zusammen vereinigt werden kann. (RL, AA 6: 230, Hervorhebung CF)

Tatsächlich versucht Kant, diese Ambivalenz zu beseitigen, wenn er nämlich zwischen dem, „[w]as Rechtens sei [...], d.i. was die Gesetze an einem gewissen Ort und zu einer gewissen Zeit sagen oder gesagt haben" und dem unterscheidet, was „auch recht" ist (RL, AA 6: 229). Die Quellen für die Bestimmung dessen, was „recht" ist, liegen in der „bloßen Vernunft" (RL, AA 6: 230), und deren Prinzipien sind unwandelbar. Ein Rechtswissenschaftler muss also bereit sein, die positiven Gesetze seiner Gesellschaft und seiner Zeit zu kritisieren, nämlich dann, wenn sie sich mit den Forderungen der Moralität nicht vereinbaren lassen. Nun wird man erwarten, dass positive Gesetze, die den Forderungen der Moralität entsprechen, die Freiheit und moralische Würde aller Bürger in keiner Weise einschränken. Die Frage ist jedoch, ob Kant im Rahmen eines gegebenen Staats und seiner Gesetze juristische Systemkritik tatsächlich zulässt, die ernster zu nehmen ist und mehr normatives Gewicht hat als eine private Meinungsäußerung.[6]

Rechtstreue darf durch Androhung und gegebenenfalls auch Verhängung von Strafe erzwungen werden, obwohl Zwang eigentlich eine Einschränkung der Freiheit des Gezwungenen bedeutet und damit auf den ersten Blick unrecht zu sein scheint:

> [...] Nun ist alles, was Unrecht ist, ein Hinderniß der Freiheit nach allgemeinen Gesetzen; der Zwang aber ist ein Hinderniß oder Widerstand, der der Freiheit geschieht. Folglich: wenn ein

---

6 Kant erlaubt den Bürgerinnen und Bürgern eines Staates, kritische Meinungen oder „Beschwerden" zu aktuellen Gesetzen zu äußern. Aber auch wenn eine solche Kritik folgenlos bleibt, dürfen die Bürgerinnen und Bürger nicht gegen die kritisierten Gesetze verstoßen (RL, AA 6: 319).

gewisser Gebrauch der Freiheit selbst ein Hinderniß der Freiheit nach allgemeinen Gesetzen (d.i. unrecht) ist, *so ist der Zwang*, der diesem entgegengesetzt wird, als *Verhinderung* eines *Hindernisses der Freiheit mit der Freiheit nach allgemeinen Gesetzen zusammen stimmend*, d.i. recht: mithin ist mit dem Rechte zugleich eine Befugniß, den, der ihm Abbruch thut, zu zwingen, nach dem Satze des Widerspruchs verknüpft. (RL, AA 6: 231; s.a. TL, AA 6: 396, Hervorhebung CF)

Unrecht wird hier als „Hinderniß der Freiheit nach allgemeinen Gesetzen" definiert. Zwang ist „einem gewissen Gebrauch der Freiheit entgegengesetzt". Wenn die Ausübung von Zwang damit nicht *per se* zu Unrecht werden soll, kann die „Freiheit nach allgemeinen Gesetzen" nicht dieselbe Freiheit sein wie die Freiheit, von der man „ein[en] gewissen Gebrauch" machen kann. Vielleicht sollte man hier statt von einem „gewissen Gebrauch der Freiheit" eher von einem Missbrauch der Freiheit sprechen. Allerdings kann die Freiheit, die man missbrauchen kann, nicht die Freiheit nach allgemeinen Gesetzen sein; es kann nur die Freiheit „im negativen Verstande" sein, wie Kant sie in der *Kritik der praktischen Vernunft* genannt hatte (siehe KpV §8, AA 5: 33), also die Freiheit, so zu handeln, wie es der oder dem Einzelnen beliebt. Zwang wird im Namen der Freiheit nach allgemeinen Gesetzen ausgeübt, und zwar in der Absicht, diese Freiheit zu verteidigen.

Schon vorher hatte Kant gesagt, dass eine „*Collision* von *Pflichten* und Verbindlichkeiten" nicht denkbar sei (RL, AA 6: 224). Betrifft das nur das einzele Handlungssubjekt, oder betrifft das alle Handlungssubjekte gleichzeitig? Sollte das letztere der Fall sein, so könnte es gar nicht zu einer Entgegensetzung bzw. einem Konflikt zwischen zwei Handelnden kommen, die beide im Sinne der Freiheit nach allgemeinen Gesetzen handeln. Die Freiheit des einen müsste gar nicht gegen die Freiheit des anderen verteidigt werden. Konflikte kämen nur dort zustande, wo mindestens ein Handelnder seine Freiheit missbraucht. Einem solchen Missbrauch ist Zwang entgegenzusetzen. Da der Missbrauch aber gar keine Ausübung der Freiheit nach allgemeinen Gesetzen ist, beschränkt der Zwang nicht diese Freiheit. Der Zwang – und die Androhung oder Verhängung von Strafe – appelliert an die Abneigung als Triebfeder des Handelns in denen, die ihre Freiheit zur Moralität nicht einmal zu verwirklichen versuchen. Also ist der Adressat von Zwang und Strafe gar kein moralisch frei Handelnder, der seine Freiheit nach allgemeinen Gesetzen verwirklicht; Adressat ist vielmehr ein von Neigungen und Abneigungen bestimmter Handelnder, der seine transzendentale Freiheit nicht verwirklicht hat, der sie nicht einmal für sich beansprucht.

Wer kann gegen wen rechtmäßigen Zwang ausüben? Rechtmäßiger Zwang wird im Namen der Freiheit unter allgemeinen Gesetzen ausgeübt, und damit im Namen aller Bürger eines Staats. Kant spricht von dem Recht als der Möglichkeit eines „durchgängigen wechselseitigen Zwangs" (RL, AA 6: 232), mit dem staatliche Institutionen autorisiert werden, Zwang gegen einzelne Bürgerinnen und

Bürger auszuüben. Jeder hat moralische Pflichten, insofern er oder sie ein vernunftbegabtes Handlungssubjekt ist. Die moralische Verpflichtung hat ihren Ursprung in der reinen praktischen Vernunft. Ihre Autorität bedarf keiner staatlichen Institutionen. Und diese Pflicht beinhaltet auch die Pflicht, die moralische Freiheit anderer zu respektieren, die Pflicht zum „Rechthandeln":

> Das Rechthandeln mir zur Maxime zu machen, ist eine Forderung, die die *Ethik* an mich thut. (RL, AA 6: 231, Hervorhebung CF)

Kant ist aber offenbar der Meinung, dass eine einzelne Person, die unter dem moralischen Gesetz steht, damit nicht auch das Recht hat, ihre moralische Freiheit gegen Übergriffe anderer zu verteidigen; sie darf zur moralischen Selbstverteidigung keinen Zwang ausüben.[7] Nur politische Institutionen können die Ausübung von Zwang gegen die, die die moralische Freiheit einzelner Personen durch ihr unmoralisches Handeln beschränken, legitimieren.[8]

Heißt das, dass die positive Gesetzgebung eines Staats die moralische Freiheit seiner Bürgerinnen und Bürger nicht einschränkt? Das könnte nur dann der Fall sein, wenn diese positiven Gesetze auch moralisch richtig wären; aber das ist keineswegs immer der Fall. Die Frage ist daher, ob ein Staat und seine Institutionen zu Recht beanspruchen können, im Namen des Sittengesetzes zu handeln, auch wenn sie Gesetze erlassen (und deren Übertretung bestrafen), die den Anforderungen des Sittengesetzes offensichtlich nicht genügen. Kant bejaht diese Frage. Aber wie kann er diese Antwort verteidigen? Schließlich gilt, dass nur dann, wenn die positiven Gesetze eines Staats auch moralisch richtig sind, der Zwang zur Gesetzestreue und die Bestrafung von Gesetzesverstößen nie Bürger betreffen, die autonom und moralisch handeln, sondern nur solche, die ihre Freiheit missbrauchen und dabei von ihrer moralischen Autonomie keinen Gebrauch machen.

Es ist eine nicht von der Hand zu weisende Tatsache, dass ein Missbrauch der Freiheit im negativen Verstande nicht nur möglich ist, sondern auch oft vorkommt; Kant spricht von der „Neigung der Menschen überhaupt über andere den Meister zu spielen" (RL, AA 6: 307). Alle sind in Gefahr, an der Ausübung ihrer moralischen Freiheit gehindert zu werden. Die einzig legitime Strategie, dieser

---

[7] In diesem Punkt stimme ich mit Marcus Willaschek überein, der feststellt, dass sich aus der moralischen Pflicht, dem Sittengesetz bzw. dem kategorischen Imperativ zu folgen, kein Recht darauf ableiten lässt, Zwang auf Andere auszuüben. Siehe Willaschek 2009, 59–65.

[8] Diese Kantische These hebt auch Arthur Ripstein hervor, wenn er feststellt, dass „for Kant the starting point for political philosophy concerns the ways in which people may be forced to treat each other" (Ripstein 2004, 17).

Gefahr zu begegnen, ist der Beitritt zu einer politischen Gemeinschaft. Kant betont, dass der Übergang vom Naturzustand zum zivilisierten Zustand nicht nur eine Sache der Klugheit ist, sondern eine Sache der moralischen Verpflichtung – und scheint damit einem Rechtsmoralismus das Wort zu reden:

> Es ist nicht etwa die Erfahrung, durch die wir von der Maxime der Gewaltthätigkeit der Menschen belehrt werden und ihrer Bösartigkeit, sich, ehe eine äußere machthabende Gesetzgebung erscheint, einander zu befehden, also nicht etwa ein Factum, welches den öffentlich gesetzlichen Zwang nothwendig macht, sondern, sie mögen auch so gutartig und rechtliebend gedacht werden, wie man will, so liegt es doch *a priori* in der Vernunftidee eines solchen (nicht-rechtlichen) Zustandes, daß, bevor ein öffentlich gesetzlicher Zustand errichtet worden, vereinzelte Menschen, Völker und Staaten niemals vor Gewaltthätigkeit gegeneinander sicher sein können, und zwar aus jedes seinem eigenen Recht zu thun, was ihm recht und gut dünkt, und hierin von der Meinung des Anderen nicht abzuhängen [...] (RL, AA 6: 312; s.a. RL, AA 6: 307f.).

## 3 Kants Rousseausches Erbe

Kant ist in seiner politischen Philosophie allem Anschein nach ein Vertragstheoretiker, und vieles in seiner Vertragstheorie erinnert an Rousseaus Lehre vom Gesellschaftsvertrag, wenn er sich auch in seiner Konzeption des Naturzustands eher an Hobbes anschließt.[9] Insbesondere folgt Kant Rousseau, wenn er die Legitimität eines Staats und die Autorität seiner Institutionen aus der Autorisierung durch jede Bürgerin und jeden Bürger ableitet. Wie für Rousseau besteht auch für Kant die Hauptfunktion des Staats darin, einzelne Bürger vor der Machtausübung durch andere zu schützen. Der Preis für diesen staatlichen Schutz besteht in der teilweisen Aufgabe der individuellen Freiheit. Ein weiterer Aspekt des Rousseauschen Sozialvertrags könnte für Kant inspirierend gewesen sein: Mit der Aufgabe eines Teils ihrer individuellen Freiheit delegieren die Bürger eines Staates die Aufgabe der Gesetzgebung an einen Gesetzgeber. Dieser handelt im Namen aller Bürgerinnen und Bürger; er hat die Macht, bestimmte Gesetze zu erlassen, ohne die betroffenen Bürgerinnen und Bürger um ihre Zustimmung zu diesen Gesetzen ersuchen zu müssen.

Offenbar fordert auch Kant von den Bürgern eines Staats, darauf zu vertrauen, dass dessen Institutionen Gesetze erlassen, die moralisch richtig sind. Er gesteht ihnen nicht zu, ihre Gesetzestreue von der Berechtigung dieses Vertrauens ab-

---

**9** Allerdings ist Kant auch in seiner Vertragstheorie eines Staats nicht ganz konsistent, denn er macht die Legitimität staatlicher Autorität nicht von deren Ursprung in einem Vertragsschluss abhängig, sei dieser nun idealer oder historisch tatsächlicher Natur (siehe RL, AA 6: 318f.).

hängig zu machen. Damit redet er einer moralischen Entmündigung der Bürgerinnen und Bürger eines Staates das Wort. Für eine solche moralische Entmündigung gibt es jedoch kein Rousseausches Vorbild.

Handlungsnormen, die alle Personen gleichermaßen verpflichten, gibt es Rousseau zufolge nur für Staatsbürgerinnen und Staatsbürger. Diese sind einander gleich, insofern ihr Staat auf einem Vertragsschluss beruht, in dem sie alle in gleicher Weise Vertragspartner sind. Und ihre Freiheit ist im Staat bewahrt, insofern die staatlichen Institutionen durch den allgemeinen Willen autorisiert sind und alle Bürgerinnen und Bürger vor dem Recht gleich sind. Gesetzestreues Handeln des Staatsbürgers erscheint so als ein Akt der – wenn auch kollektiven, über den allgemeinen Willen vermittelten – Selbstbestimmung. Mit dieser Auffassung von verbindlichen Handlungsnormen steht Rousseau – wie Locke und Hume – in der Tradition von Hobbes. Dessen Staatstheorie ist eine Antwort auf die Frage, wie Menschen friedlich und zum gegenseitigen Vorteil in einer Gesellschaft zusammenleben können, obwohl sie ihrer Natur nach eher dazu neigen, ihren eigenen Vorteil zu suchen und dabei auf andere keine Rücksicht zu nehmen. Zwar steht für Rousseau die Frage im Vordergrund, wie das individuelle natürliche Recht jedes Bürgers auf Gleichheit und Freiheit im gesellschaftlichen Zustand bewahrt werden kann; aber seine Antwort auf die Frage impliziert auch eine Erklärung dessen, wie gesellschaftliches Leben einvernehmlich und zum gegenseitigen Vorteil möglich ist.

Schon Hobbes hatte die Auffassung vertreten, dass es außerhalb des Staats und seiner Institutionen keine verbindlichen Handlungsnormen gibt. Für Kant gilt das jedoch nicht. In seiner Moralphilosophie fragt Kant nicht danach, wie Menschen, die dazu neigen, einander als Konkurrenten zu sehen und über knappe Ressourcen in Streit zu geraten, trotzdem friedlich und zum gegenseitigen Vorteil zusammenleben können. Ebenso wenig fragt er, wie das Recht des Einzelnen auf Freiheit und Gleichheit unter Bedingungen eines gesellschaftlichen Lebens bewahrt werden kann. Vielmehr fragt Kant in seiner Moralphilosophie danach, welches Handeln moralisch richtig ist und wie wir mit unumstößlicher Gewissheit, d. h. a priori, erkennen können, was zu tun wir moralisch verpflichtet sind. Zur Beantwortung dieser Fragen entwickelt er seine Theorie der reinen praktischen Vernunft, die allein in der Lage ist, den Willen eines vernünftigen Menschen zu bestimmen. Die reine praktische Vernunft ist eine gesetzgebende Instanz; eine Person, die sich in ihrem Wollen und Handeln von der reinen praktischen Vernunft leiten lässt, ist autonom. Mit seiner Moraltheorie steht Kant in der Tradition, der zufolge moralische Gesetze göttliche Gebote sind. Seine Moraltheorie ist eine Art säkularisierte Version rationalistischer Moraltheorien, deren Kerngedanke ist, dass Gott die moralischen Gesetze erlassen hat. Menschen können die Aufgabe moralischer Gesetzgebung übernehmen, weil sie Vernunft haben, insbesondere natürlich reine praktische Vernunft.[10]

Daraus, dass Kant zunächst eine Theorie *moralischer* Pflichten entwickelt und erst danach und auf deren Grundlage eine Theorie der Rechtspflichten eines Staatsbürgers, ergibt sich ein Konflikt, wie man ihn weder bei Rousseau noch bei anderen Vertragstheoretikern findet. Dies ist der Konflikt zwischen den moralischen Pflichten des vernünftigen und autonomen Handlungssubjekts einerseits und den politischen und Rechtspflichten eines Staatsbürgers andererseits. Zwar behauptet Kant, die politische Pflicht, einem Staat als Bürger beizutreten, aus der allgemeinen moralischen Verpflichtung abzuleiten. Autonome Handlungssubjekte haben die Pflicht, aber auch die Autorität, einen allgemeinen Willen und entsprechende politische Institutionen zu autorisieren, in ihrer aller Namen Gesetze zu erlassen und ihre Befolgung durch Androhung von Strafe zu erzwingen. Für Kant ist die Autorisierung durch einen so konstituierten allgemeinen Willen eine hinreichende Bedingung für die Legitimität absoluter staatlicher Herrschaft und ihrer Institutionen. Die moralische Richtigkeit der von den staatlichen Institutionen erlassenen Gesetze ist jedoch nicht einmal eine notwendige Bedingung ihrer Legitimität.

Was aber wird aus der moralischen Autonomie der Bürgerinnen und Bürger eines Staates, dessen Gesetze nicht durchweg moralisch richtig sind? Für Rousseau gibt es keine andere Autonomie als die des Staatsbürgers: Durch den „ursprüngliche[n] Contract, nach welchem alle (*omnes et singuli*) im Volk ihre äußere Freiheit aufgeben, um sie als Glieder eines gemeinen Wesens, d.i. des Volks als Staat betrachtet (*universi*) sofort wieder aufzunehmen" (RL, AA 6: 315), wird ein Zustand „wilder, gesetzloser Freiheit" beendet (RL, AA 6: 316).[11] Jedoch ist der vorstaatliche, natürliche Zustand bei Kant kein Zustand „wilder gesetzloser Freiheit", denn Menschen sind als vernünftige Handlungssubjekte autonom und stehen unter dem moralischen Gesetz. Die Vernünftigkeit, die für die moralische Autonomie konstitutiv ist, ist kein Privileg von Staatsbürgern. Kant übersieht, dass er den für eine Vertragstheorie charakteristischen Dualismus von vor-gesellschaftlichem, gesetzesfreiem Naturzustand und gesellschaftlichem und gesetzlichem Zustand nicht einfach übernehmen kann, es sei denn um den Preis, seine eigene Theorie der Moralität zu verraten. Diesen Konflikt habe ich im Auge, wenn ich vorschlage, von einem Immanuel-Kant-Problem zu sprechen.

---

10 Auch Christoph Horn verweist auf eine strukturelle Ähnlichkeit der Kantischen Moraltheorie mit der rationalistischen Auffassung moralischer Gesetze als göttlicher Gebote. (Horn 2014, 102f.).
11 Zur Vorstellung der Erde in einem „gesetzlosen Zustand" siehe auch RL, AA 6: 353.

## 4 Die Verdrängung moralischer Pflichten durch Rechtspflichten

Nun möchte man wohl meinen, dass moralische und politische Verpflichtungen als Handlungsmotivationen einander weit weniger entgegengesetzt sind als der Eigennutz und die sympathische Menschenliebe Smithscher Provenienz, insbesondere dann, wenn sich der Staat, zu dem man als Bürger gehört, zum Schutz der Freiheit und Rechtsgleichheit seiner Bürger verpflichtet hat und seine Gesetze noch dazu moralisch richtig sind. Aber dieser Anschein trügt. Das Smithsche Problem erweist sich alsbald als ein Scheinproblem, denn Eigennutz und Menschenliebe können einander ergänzen und sollen es auch. Das Kantische Problem dagegen ist keineswegs ein Scheinproblem; es ist, so meine These, mit seiner Theorie politischer Herrschaft und ihrer Autorität intrinsisch verbunden.

Selbst wenn die positiven Gesetze eines Staats moralisch richtig sind, muss ein Staatsbürger sich vornehmlich an diese Gesetze halten; er darf seine Gesetzestreue nicht von der moralischen Richtigkeit der Gesetze abhängig machen. Denn selbst wenn die politischen Gesetze moralisch richtig sind, so ist doch die Motivation zur Gesetzestreue von der genuin moralischen Motivation unterschieden, und die eine schließt die andere aus. Kant selbst betont diesen Unterschied, wenn er pflichtmäßiges Handeln vom Handeln aus Pflicht unterscheidet.[12] Und in der *Metaphysik der Sitten* schreibt er:

> [...] nur daß in der Ethik dieses [das formale Princip der Pflicht im kategorischen Imperativ] als das Gesetz deines eigenen Willens gedacht wird, nicht des Willens überhaupt, der auch der Wille Anderer sein könnte: *wo es alsdann eine Rechtspflicht abgeben würde, die nicht in das Feld der Ethik gehört.* – Die Maximen werden hier als solche subjective Grundsätze angesehen, die sich zu einer allgemeinen Gesetzgebung blos *qualificiren*; welches nur ein negatives Princip (einem Gesetz überhaupt nicht zu widerstreiten) ist. (TL, AA 6: 389, Hervorhebung CF)

Das Problem ist jedoch nicht nur motivationspsychologisch, es ist ein Problem konfligierender normativer Autoritäten. Kant selbst sagt ausdrücklich, dass ein Staat nicht per Gesetz seine Bürger ermächtigen kann, dem Gesetz zuwider zu handeln und die Autorität des Staates in Frage zu stellen. Das bedeutet aber, dass die individuelle moralische Autonomie mit der kollektiven – Rousseauschen –

---

**12** Willaschek führt in seiner Analyse von Kants Motivationstheorie weitere Differenzierungen ein, die für mein Anliegen an dieser Stelle aber vernachlässigt werden können. Siehe Willaschek 1997, 211–7.

Autonomie des Staatsbürgers nicht zugleich bestehen kann. Im Gegenteil, die individuelle Autonomie geht auf in der kollektiven Autonomie des allgemeinen Willens – ohne Rest. Zwar betont Kant das Primat des Pflichtbegriffs vor dem Rechtsbegriff; letzterer soll aus ersterem abgeleitet werden:

> Wir kennen unsere eigene Freiheit (von der alle moralische Gesetze, mithin auch alle Rechte sowohl als Pflichten ausgehen) nur durch den *moralischen Imperativ*, welcher ein pflichtgebietender Satz ist, aus welchem nachher das Vermögen, andere zu verpflichten, d.i. der Begriff des Rechts, *entwickelt* werden kann. (RL, AA 6: 239, Hervorhebung CF)

Aber sobald eine Person in den Rechtszustand eingetreten, d. h. zur Bürgerin eines Staats geworden ist, hat sie ihre individuelle Autonomie aufgeben bzw. diese an den Staat übertragen, sie hat sich zur Gesetzestreue verpflichtet, obwohl sie kraft ihrer Vernunft durchaus in der Lage wäre, die staatliche Gesetzgebung auf ihre Moralität hin zu prüfen. Andernfalls wäre die Autorität des Staates gegenüber seinen Bürgern nicht absolut:

> [...] da das Volk, um rechtskräftig über die oberste Staatsgewalt (*summum imperium*) zu urtheilen, schon als unter einem allgemein gesetzgebenden Willen vereint angesehen werden muß, so kann und darf es nicht anders urtheilen, als das gegenwärtige Staatsoberhaupt (*summus imperans*) es will. (RL, AA 6: 318)

Klarer hätte Kant es kaum sagen können:

> [...] der Herrscher im Staat hat gegen den Unterthan lauter Rechte und keine (Zwangs-) Pflichten. – Ferner, wenn das Organ des Herrschers, der Regent, auch den Gesetzen zuwider verführe, z. B. mit Auflagen, Recrutirungen, u. dergl. wider das Gesetz der Gleichheit in Vertheilung der Staatslasten, so darf der Unterthan dieser Ungerechtigkeit zwar Beschwerden (*gravamina*), aber keinen Widerstand entgegensetzen. (RL, AA 6: 319)

Und weiter:

> Wider das gesetzgebende Oberhaupt des Staats gibt es also keinen rechtmäßigen Widerstand des Volks; denn nur durch Unterwerfung unter einen allgemein-gesetzgebenden Willen ist ein rechtlicher Zustand möglich; also kein Recht des *Aufstandes (seditio)*, noch weniger des *Aufruhrs (rebellio)*, am allerwenigsten gegen ihn als einzelne Person (Monarch), unter dem Vorwande des Mißbrauchs seiner Gewalt (*tyrannis*) Vergreifung an seiner Person, ja an seinem Leben (*monarchomachismus sub specie tyrannicidii*). (RL, AA 6: 320)

Kurz gesagt, das Vertragsmodell der Legitimation politischer Herrschaft, wie Kant es versteht, ist mit einem politischen Recht der Bürger auf Widerstand gegen moralisch falsche Gesetzgebung unverträglich.

## 5 Wie moralisch ist das Recht, wie Kant es beschreibt?

Kants Moralphilosophie zufolge sind alle moralischen Subjekte frei. Als Vernunftwesen sind sie in der Lage, sich dem moralischen Gesetz und damit sich selbst zu verpflichten. Sie sind aber auch gleich, jedenfalls als moralische Subjekte. Und ihre Moralität verpflichtet sie, die Gleichheit und Freiheit aller anderen ebenso wie die eigene zu respektieren. Genuin moralische Interessenkonflikte kann es Kant zufolge eigentlich gar nicht geben.

Es bleibt die Frage zu stellen, was im politischen Zustand von dem moralischen Zustand der universellen Gleichheit aller Menschen, ihrer Freiheit und dem gegenseitigen Respekt, den sie einander schulden, übrig bleibt. Alles, so sollte man meinen. Schließlich sollte man erwarten, dass die politischen Institutionen, autorisiert durch den allgemeinen Willen, nur solche Gesetze, erlassen, die auch moralisch richtig sind. Tatsächlich betont Kant, dass alle Bürger in Staat „gesetzliche *Freiheit*", „bürgerliche *Gleichheit*" und „bürgerliche *Selbständigkeit*" genießen (RL, AA 6: 314).[13]

Schaut man sich aber die Kantische Staatslehre genauer an, so wird man feststellen, dass aus moralischer Perspektive doch erhebliche Defizite bestehen. So unterscheidet Kant bekanntlich zwischen aktiven und passiven Staatsbürgern (siehe RL, AA 6: 314). Nur aktive Staatsbürger haben Stimmrecht (RL, AA 6: 314). Aktive Staatsbürgerschaft ist eine Frage ökonomischer Macht über andere, wie z. B. über „Geselle[n] bei einem Kaufmann", „Dienstbot[n]", „Unmündige", und „Frauenzimmer"; all diesen Bürgerinnen und Bürgern spricht Kant die „bürgerliche Persönlichkeit" ab (RL, AA 6: 314). Dem Einwand, dass der Status eines passiven Staatsbürgers der geforderten Gleichheit aller Bürger widerspräche, begegnet Kant mit der bloßen Behauptung, dass „die Abhängigkeit vom Willen Anderer, und Ungleichheit, [...] keineswegs der Freiheit und Gleichheit derselben *als Menschen*, die zusammen ein Volk ausmachen" widerspreche (RL, AA 6: 315). Er gesteht zwar die Möglichkeit zu, sich „aus diesem passiven Zustande zu dem activen empor[zu]arbeiten" (RL, AA 6: 315); das dürfte eine Option aber nur für diejenigen sein, deren ökonomischer Status nicht mit einem natürlich vorgege-

---

[13] Ripstein hat ausbuchstabiert, was die Aufgabe positiver Gesetzgebung ist, die sich den moralischen Werten der Freiheit und Gleichheit aller Bürger verpflichtet weiß. (Siehe Ripstein 2004).

benen Geschlecht einhergeht, an dem sich – zumal zu Kants Zeiten – schwerlich etwas ändern lässt.[14]

## 6 Die Pflicht des Staatsbürgers zur Tugend

Die „Tugendlehre" wendet sich zunächst ausdrücklich an Menschen als moralische Wesen – nicht an Staatsbürger. Ihr Anliegen ist psychologischer Natur; es geht ihr darum, die Motivation des Einzelnen zum moralisch gebotenen Handeln zu stärken. Warum ist eine solche Stärkung erforderlich? Moralische Pflichten sind Vernunftpflichten. Menschen sind kraft ihrer Vernunft zur moralischen Selbstbestimmung fähig. Aber die Vernunft ist nicht die einzige Instanz, die ihr Handeln anleiten kann. Neben der Vernunft gibt es die Bedürfnisse, Neigungen und Interessen als Quellen des Wünschens und Wollens des Menschen; schließlich ist der Mensch ein körperliches, bedürftiges und verletzliches Wesen, und seine Bedürfnisse, Neigungen und Interessen können es der Vernunft schwer machen, in der Anleitung zum Handeln die Oberhand zu behalten. Kant spricht von diesen nicht genuin vernünftigen Quellen des Wünschens und Wollens als von einem „starken [...] Gegner der sittlichen Gesinnung". Das Vermögen, diesem „Gegner der sittlichen Gesinnung in uns" „Widerstand zu thun" ist die Tugend (TL, AA 6: 380). Die Tugendlehre ist also eine Ergänzung der Moraltheorie, die erforderlich ist, weil Menschen keine reinen Vernunftwesen, sondern auch verletzliche Wesen sind, die Schaden, Schmerz und den Verlust des Lebens fürchten. Während die Moralphilosophie eine Antwort auf die Frage nach dem richtigen Handeln und der gewissen Erkenntnis desselben gibt, entwickelt die Tugendlehre eine Antwort auf die Frage, wie wir als Menschen daran arbeiten können, die Versuchung zu minimieren, gegen das moralische Gesetz zu verstoßen.

Für den Menschen als Staatsbürger und dessen Pflicht, sich an die Gesetze des Staates zu halten, gibt es kein dem Problem der moralischen, rein vernünftigen Motivation vergleichbares Motivationsproblem. Denn während der Mensch als moralisches Wesen darauf angewiesen ist, sich selbst zur Moralität zu motivieren, gegebenenfalls auch gegen seine Neigungen, wird der Mensch als Bürger von den staatlichen Institutionen durch Androhung von Zwang und Strafe motiviert, sich an die Gesetze zu halten; Zwang und Strafe wenden sich an den Menschen als verletzliches Wesen, das Schaden und Schmerz fürchtet und zu

---

[14] Weitere moralisches Defizite ergeben sich daraus, dass Kant einem Staat das Recht zugesteht, seinen Bürgern die Würde des Staatsbürgers zu entziehen (siehe TL, AA 6: 463 und RL, AA 6: 329/30), sowie das Recht, in besonderen Fällen die Todesstrafe zu verhängen (siehe RL, AA 6: 320 und RL, AA 6: 333).

vermeiden sucht. Folgt daraus, dass ein Staatsbürger nicht tugendhaft zu sein braucht, weil die Versuchung, den Staatsgesetzen zuwider zu handeln, ohnehin gering ist?

Die Frage ist jedoch nicht nur, ob ein Staat, der seine Bürger zur Gesetzestreue zwingen kann, diese Bürger auch auffordern sollte, tugendhaft zu sein. Vor dem Hintergrund des von mir so genannten Immanuel-Kant-Problems stellt sich auch und vor allem die Frage, ob Tugendpflichten mit der Pflicht des Staatsbürgers zur Gesetzestreue überhaupt vereinbar sind. Da sich die Tugendpflichten an ein moralisches Handlungssubjekt richten, ein Staatsbürger aber nicht moralisch autonom, sondern durch den allgemeinen Willen zur Gesetzestreue verpflichtet ist, sollte man erwarten, dass die Tugendpflichten so wenig mit den Rechtspflichten kompatibel sind wie die Pflicht zur Moralität.

Kant selbst behauptet allerdings, dass die Tugendpflichten mit den Pflichten des Staatsbürgers nicht nur kompatibel sind; sie ergänzen diese auch auf eine moralisch wünschenswerte Weise. Die Frage:

> Würde es mit dem Wohl der Welt überhaupt nicht besser stehen, wenn alle Moralität der Menschen nur auf Rechtspflichten, doch mit der größten Gewissenhaftigkeit eingeschränkt, das Wohlwollen aber unter die Adiaphora gezählt würde? (TL, AA 6: 458)

beantwortet er negativ – wenn auch mit einer gewissen Zurückhaltung:

> Es ist nicht so leicht zu übersehen, welche Folge es [eine solche Einschränkung] auf die Glückseligkeit der Menschen haben dürfte. Aber in diesem Fall würde es doch wenigstens an einer großen moralischen Zierde der Welt, nämlich der Menschenliebe, fehlen, welche also für sich, auch ohne die Vortheile (der Glückseligkeit) zu berechnen, die Welt als ein schönes moralisches Ganze in ihrer ganzen Vollkommenheit darzustellen erfordert wird. (TL, AA 6: 458)

Die Tugendpflichten können, so Kant, die Rechtspflichten ergänzen. Zur Verteidigung dieser Auffassung bestimmt Kant die Funktion der Tugendpflichten nun konsequentialistisch und nicht mehr motivationspsychologisch. Die Funktion der Tugendpflichten ist nun nicht mehr, die Motivation, moralisch zu handeln, zu befördern. Vielmehr geht es hier um die *Konsequenzen* tugendhaften Handelns. Die Gesetzestreue der Bürger eines Staates allein reicht nicht, um ein „schönes moralisches Ganzes" zu verwirklichen; um dieses moralische Ziel zu erreichen, muss die Gesetzestreue durch Tugend ergänzt werden. Eine solche Ergänzung ist aber nur unter der Bedingung möglich, dass die Tugendpflichten mit den Rechtspflichten kompatibel sind, dass also die Tugendpflichten nicht zu gesetzeswidrigem Handeln verpflichten. Das Problem ist jedoch, dass diese Bedingung nicht trivialerweise erfüllt ist. Da Gesetze nicht per se zu moralisch richtigem

Verhalten anleiten, können Tugendpflichten einen Bürger zu gesetzwidrigem Handeln verpflichten, z. B. zur Hilfeleistung für einen von staatlichen Institutionen Verfolgten, der sich, moralisch betrachtet, nichts hat zu Schulden kommen lassen.

## 7 Kants moralische Begründung staatlicher Autorität und das Immanuel-Kant-Problem

Die *Metaphysik der Sitten* und insbesondere die von Kant in der *Rechtslehre* entwickelte politische Vertragstheorie Rousseauscher Prägung sieht zwar die Autorität des positiven Rechts und der gesetzgebenden staatlichen Institution in der moralischen Autonomie und der Pflicht zur Moralität der einzelnen Vertragspartner begründet; aber ist der Vertrag einmal geschlossen und der allgemeine Wille etabliert, gibt es einen Primat des positiven Rechts. Genauer gesagt: Die individuelle Autonomie der Vertragspartner geht in dem durch den Vertrag konstituierten allgemeinen Willen, einer Art kollektiver Autonomie, auf – ohne Rest.

Ein durch einen allgemeinen Willen autorisierter Staat und dessen Institutionen haben die uneingeschränkte Autorität der Gesetzgebung. Die politischen Institutionen, die im Namen dieses Willens handeln, sind eine eigenständige und von den Beschränkungen durch die reine praktische Vernunft unabhängige Quelle von Gesetzen und ihrer Autorität. Dass ein Gesetzgeber Gesetze im Geist der Moral erlässt ist wünschenswert, aber weder eine notwendige noch eine hinreichende Bedingung seiner absoluten Autorität.

Nun schreibt die reine praktische Vernunft allerdings keine inhaltliche, sondern nur eine formale Bedingung für die Prinzipien moralisch richtigen Handelns vor. Das ist bekanntlich die Bedingung der Verallgemeinerbarkeit einer Handlungsmaxime (die ein allgemeines, wenn auch nur subjektives Prinzip ist). Nur ein allgemeines Handlungsprinzip, das die Bedingung der Verallgemeinerbarkeit erfüllt, kann ein Gesetz im so genannten „Reich der Zwecke" sein; es ist sozusagen gesetzestauglich. Bedeutet das, dass mein Bedenken, eine durch den allgemeinen Willen autorisierte staatliche Institution könne durchaus moralisch falsche Gesetze erlassen, unbegründet ist? Erfüllt nicht jedes Gesetz, das eine staatliche Institution erlässt, *per definitionem* die Bedingung der Gesetzestauglichkeit? Ist ein solches Gesetz nicht in jedem Fall verallgemeinerbar? Schließlich gilt es für alle Bürger des entsprechenden Staates gleichermaßen. Dennoch scheint mir das genannte Bedenken berechtigt zu sein. Denn die Bedingung der Verallgemeinerbarkeit einer Handlungsmaxime, die Bedingung ihrer Tauglichkeit zu einem Gesetz im „Reich der Zwecke", ist eine andere und wesentlich strengere als die Bedingung, die ein Handlungsprinzip erfüllen muss, damit es von einer staatlichen Institution als Gesetz erlassen werden kann. Ein Gesetz, das für alle Bürgerinnen und Bürger eines Staats gilt, darf nur das vorschreiben oder untersagen, das zu tun oder zu unterlassen für jede Bürgerin und jeden Bürger des betreffenden Staates möglich ist. Ein Gesetz im „Reich der Zwecke" dagegen darf nichts vorschreiben, von dem nicht jeder Bürger dieses Staates wollen kann, dass es ein allgemeines Gesetz in diesem Reich sei. Im Reich der Zwecke sind die Bürger autonome Individuen, die sich durchgängig an Gesetze halten, die die Bedingung erfüllen, von allen autonomen Bürgern gewollt werden zu können.[15] Die Ausübung von Zwang ist im „Reich der Zwecke" nicht erforderlich. Das bedeutet letztlich, dass das „Reich der Zwecke" keine politische Institution, kein Staat ist; es ist ein Ort moralischer und glücklicher Anarchie.

Die Gesetze eines Staats sind nicht unweigerlich moralisch richtig. Im Gegenteil, da im Namen der Gesetze eines Staats Strafen verhängt werden können, ein zu Strafender aber schwerlich wollen kann, bestraft zu werden (und das gilt insbesondere dann, wenn die Todesstrafe über ihn verhängt wird), ist es für die Autorität eines Staates gegenüber seinen Bürgerinnen und Bürgern unabdingbar, in der Ausübung seiner exekutiven Gewalt nicht von ihrer aller Zustimmung abhängig zu sein. Kant selbst führt dieses Argument gegen den Marchese Beccaria an, der die Rechtmäßigkeit der Todesstrafe bezweifelt hatte, und zwar mit dem Hinweis darauf, dass der zu Strafende diese Strafe zu erleiden nicht wollen könne (siehe RL, AA 6: 335).[16]

Was bedeutet das Immanuel-Kant-Problem für die Beantwortung der Frage nach dem Begründungsverhältnis zwischen Kants Moralphilosophie und seiner politischen Philosophie? Zwingt es uns dazu, beide Philosophien als voneinander unabhängige Projekte zu verstehen? Horn weist darauf hin, dass sich Kant in seiner politischen Philosophie an Menschen wendet, die egoistische Neigungen verfolgen und Mitmenschen vor allem als Konkurrenten um knappe Ressourcen

---

15 Ähnlich argumentiert schon Horn. Er spricht von einem „Gemeinwillenstest", der der Freiheit des Gesetzgebers eines Staats Grenzen setzt, die weit weniger restriktiv sind als die, die sich aus dem Sittengesetz ergeben, das dem autonomen Handlungssubjekt vorschreibt, seine Maximen auf ihre Verallgemeinerbarkeit zu prüfen. Es ist dieser Unterschied in der Restriktion der Freiheit der politischen und der moralischen Gesetzgebung, der Horn veranlasst hat, Kants politische Normativität als ‚nichtideal' zu beschreiben; im Gegensatz dazu ist die moralische Normativität ideal. Siehe Horn 2014, 226.

16 Jeder Bürger, der sich durch Vertrag zum allgemeinen Willen bekennt, gibt seine Zustimmung dazu, dass in seinem Namen Gesetze erlassen und Strafen für Gesetzesverstöße verhängt werden. Das Vollziehen der Strafe wäre ohne diese Zustimmung nicht erlaubt. Dass durch Zustimmung Interaktionen zwischen Personen, die eigentlich nicht erlaubt sind, erlaubt werden, ist eine These, die Arthur Ripstein ausführlich begründet hat. Siehe Ripstein 2004, 17.

sehen (siehe Horn 2014, 300–320). In einer solchen Perspektive ist die zentrale normative Frage die, wie egoistische und miteinander konkurrierende Menschen als Bürgerinnen und Bürger eines Nationalstaates friedlich und zum gegenseitigen Vorteil leben können. Kants *Metaphysik der Sitten* lässt sich durchaus als eine Schrift lesen, in der es um die Beantwortung dieser Frage geht.

Die These, Kant habe zum einen eine apriorische und universalistische Moraltheorie entwickelt und zum anderen eine von dieser ganz unabhängige politische Theorie erscheint vor dem Hintergrund seines ambivalenten Menschenbildes naheliegend. Kant zufolge sind Menschen tierische Vernunftwesen. Als Vernunftwesen ähneln Menschen göttlichen Wesen; aber als körperliche, verletzliche, bedürftige und endliche Wesen ähneln sie nicht-menschlichen Tieren. In seiner Moraltheorie wendet sich Kant an Menschen, die sich mit gebührendem Stolz der Möglichkeit bewusst sind, ihren Willen durch die reine Vernunft zu bestimmen; in seiner politischen Philosophie dagegen, so könnte man mit Horn meinen, an Menschen, die die ganze Bandbreite des tatsächlichen menschlichen Empfindens und Handelns aus eigener Erfahrung kennen und daher moralisch bescheiden sind: Sie sind sich ihrer psychisch und insbesondere emotional bedingten Unfähigkeit bewusst, den moralischen Anforderungen an ein vernünftiges Handlungssubjekt gerecht zu werden. Für sie ist es dann ein Gebot der Klugheit, sich als Bürger einem Nationalstaat unterzuordnen. Aber geht Kant in seiner politischen Philosophie wirklich von einem Menschenbild aus, wie wir es z. B. von David Hume und Adam Smith kennen? Wer diese Frage, wie Horn, bejaht, redet letztlich einer sentimentalistischen und naturalistischen Lesart von Kants politischer Philosophie das Wort. Jedoch ist es für Kant kein Gebot der Klugheit, sich als Bürger einem Staat unterzuordnen, es ist eine moralische und damit objektive und notwendige Pflicht.

Nun könnte man dafür argumentieren, dass die *Metaphysik der Sitten* von Kant selbst nie als das Gebäude gemeint war, zu dem er mit seiner *Grundlegung zur Metaphysik der Sitten* und seiner *Kritik der praktischen Vernunft* das Fundament gelegt hatte. Könnte es nicht sein, dass die *Metaphysik der Sitten* von Anfang an als ein politisches Manifest konzipiert war, das einem Missbrauch seiner Lehre von der moralischen Freiheit zum Zweck einer Rechtfertigung politischer Revolution vorbeugen bzw. entgegentreten sollte? Historisch wäre eine solche Lesart keineswegs abwegig (siehe Maliks 2014, 112–143). Hat Kant die Rhetorik des Rechtsmoralismus bewusst gewählt, um diejenigen zurück zur politischen Ordnung und Gesetzestreue zu rufen, die im Namen der moralischen Freiheit, wie Kant ihr in der *Grundlegung* und der zweiten *Kritik* das Wort geredet hatte, zur Revolution aufrufen?

Mir selbst scheint es plausibler zu sein, den Zusammenhang zwischen Kants Moralphilosophie und seiner politischen Philosophie in Kants Absicht zu suchen, eine der uneingeschränkten, absoluten Autorität des Sittengesetzes entsprechende absolute Autorität auch für die Institutionen eines Staats und der von ihnen erlassenen positiven Gesetze zu verteidigen. Der Begriff eines ‚Gesetzes' ist bekanntlich ambivalent: Einerseits steht er für Naturgesetze, die notwendig und streng allgemein gelten; Verstöße gegen Naturgesetze sind aus metaphysischen Gründen unmöglich. Andererseits steht dieser Begriff für positive Gesetze, wie sie die gesetzgebenden Institutionen eines Staates oder einer Staatengemeinschaft erlassen; die Bürgerinnen und Bürger eines Staates sind sehr wohl in der Lage, gegen dessen Gesetze zu verstoßen, wenn Gesetzesverstöße auch – in einem funktionierenden Staat – durch die Judikative identifiziert und durch die Exekutive bestraft werden. Moralische Gesetze werden von vielen Philosophen als Gesetze im zweiten Sinn dieses Begriffs verstanden; schließlich können Menschen gegen sie verstoßen. Kant aber hat dafür argumentiert, den Begriff des ‚moralischen Gesetzes' nach dem Modell eines Naturgesetzes zu verstehen: Das moralische Gesetz ist ein Gesetz im „Reich der Zwecke", es gilt notwendig und streng allgemein; wer sich erst einmal unter dem moralischen Gesetz weiß, kann und wird nicht gegen es verstoßen. Und es ist diese absolute Autorität des moralischen Gesetzes, auf deren Grundlage Kant eine entsprechend uneingeschränkte Autorität der Institutionen und positiven Gesetze eines Staates zu etablieren versucht. Wer sich *aus moralischen Gründen* den positiven Gesetzen eines Staates unterwirft, hat Grund dazu, diesen dieselbe *bedingungslose und absolute* Autorität zuzuerkennen, wie er sie dem moralischen Gesetz zuerkannt hatte. Dafür, dass es Kant in der *Metaphysik der Sitten* darum ging, eine der Autorität des moralischen Gesetzes entsprechende Autorität auch für die positiven Gesetze eines Staats zu etablieren, spricht seine Kritik an den sentimentalistischen und naturalistischen Theorien von Moral und Recht, wie sie z. B. David Hume und Adam Smith entwickelt haben. Kant disqualifiziert die Autorität der positiven Gesetze richtigen Handelns, auf die sich Menschen aus eigennützigen Überlegungen (so Hume) oder auf der Grundlage von sympathiegeleiteten Interaktionsprozessen (so Smith) geeinigt haben, in der Einleitung in die *Metaphysik der Sitten* als „kümmerlich":

> Wenn die Sittenlehre nichts als Glückseligkeitslehre wäre, so würde es ungereimt sein, zum Behuf derselben sich nach Principien *a priori* umzusehen. [...] Nur die Erfahrung kann uns lehren, was uns Freude bringe. [...] Alles scheinbare Vernünfteln *a priori* ist hier im Grunde nichts, als durch Induction zur Allgemeinheit erhobene Erfahrung, welche Allgemeinheit [...] noch dazu so *kümmerlich* ist, daß man einem jeden unendlich viel Ausnahmen erlauben muß, um jene Wahl seiner Lebensweise seiner besondern Neigung und seiner Empfänglichkeit für die Vergnügen anzupassen und am Ende doch nur durch seinen oder anderer ihren Schaden klug zu werden. (RL, AA 6: 215f., Hervorhebung CF)

Es geht Kant in der *Metaphysik der Sitten* darum, dieser „kümmerlichen", letztlich kontingenten, da in den Glücksvorstellungen der Menschen entspringenden Autorität der Gesetze eines Staates eine weniger kümmerliche, nämlich absolute Autorität entgegenzustellen. Kants Ableitung objektiver und notwendiger Rechtspflichten aus der notwendigen und objektiven moralischen Pflicht ist motiviert durch seine Kritik an den seiner Ansicht nach kümmerlichen Begründungen der Autorität politischer Institutionen und positiver Gesetze der schottischen Aufklärer. Und kümmerlich erschien ihm womöglich auch Rousseaus Begründung staatlicher Autorität in seiner Theorie des Sozialvertrags. Denn ähnlich wie vor ihm Hume und Smith ist auch Rousseau der Auffassung, dass es für jede und jeden ein Gebot der Klugheit ist, sich als Bürger einem Staat unterzuordnen: Es ist die beste Strategie, seine eigenen Glücksinteressen, sein Interesse an einem Leben in Freiheit und Gleichheit zu verwirklichen. Wenn aber die Bereitschaft, sich den Gesetzen eines Staates unterzuordnen und ihnen gemäß zu handeln, davon abhängt, dass dieser die Befriedigung der individuellen Glücksinteressen ermöglicht, dann endet diese Bereitschaft auch in dem Moment, in dem Gesetzestreue nicht mit einer realistischen Glückserwartung verbunden ist. Zur Autorisierung des allgemeinen Willens und der entsprechenden politischen Institutionen reicht es, so Kant, nicht, dass dieser Wille allgemein ist, also ausnahmslos von allen Bürgerinnen und Bürgern eines Staates konstituiert wird, dass er von Personen konstituiert wird, die von Natur aus gleich und frei sind und denen es darum geht, diese Gleichheit und Freiheit auch – soweit möglich – als Staatsbürger zu genießen. Ein allgemeiner Wille, wie Rousseau ihn konzipiert, kann den Gesetzen, die in seinem Namen erlassen werden, keine *absolute* Autorität verschaffen. Vielmehr bleibt die Autorität eines solchen allgemeinen Willens abhängig davon, dass die von ihm erlassenen Gesetze in ihrer Anwendung tatsächlich die Gleichheit aller Menschen schützen und sie vor willkürlicher Beherrschung durch andere bewahren, also davon, denjenigen, die ihn konstituieren, zu Glücksgütern zu verhelfen.

Kant will mit seiner moralischen Begründung der Rechtspflichten sicherstellen, dass der allgemeine Wille den in seinem Namen erlassenen Gesetzen absolute Autorität verleiht, denn nur so können auch die Rechtspflichten notwendig und objektiv sein. Die Bereitschaft der Bürgerinnen und Bürger eines Staates, ihren Rechtspflichten zu genügen, darf nicht von Bedingungen abhängig gemacht werden, die ein im Namen des allgemeinen Willens handelnder Gesetzgeber mehr oder weniger erfüllen kann. Derartige Bedingungen würden den Inhalt der Gesetze und die glücksfördernden Konsequenzen ihrer Anwendung in einem Staat betreffen. Absolute Autorität können nur moralisch autonome Personen einem von ihnen konstituierten allgemeinen Willen verleihen. Und die Absolutheit der Autorität eines allgemeinen Willens und der entsprechenden politischen Institutionen bedeutet, dass die Bürgerinnen und Bürger, die diesen Willen gemeinsam konstituiert haben, ihre Bereitschaft, den in seinem Namen erlassenen Gesetzen zu folgen, nicht von Zusatzbedingungen abhängig machen dürfen, nicht einmal von der Bedingung der moralischen Korrektheit dieser Gesetze. Die bedingungslose, absolute Autorität der Gesetze, die im Namen eines durch moralisch autonome Personen konstituierten allgemeinen Willens erlassen wurden, manifestiert sich nicht zuletzt darin, dass diese Gesetze ihrem Inhalt nach nicht moralisch richtig sein müssen.

Die von mir hier verteidigte These, der zufolge Kant in der *Metaphysik der Sitten* einer kümmerlichen Gesetzesautorität entgegentreten und eine absolute Gesetzesautorität begründen wollte, spricht für einen Begründungszusammenhang zwischen seiner Moralphilosophie und seiner politischen Philosophie, also für eine Abhängigkeitsthese. Im Gegensatz zu den bisher entwickelten Abhängigkeitsthesen rede ich aber keinem Kantischen Rechtsmoralismus das Wort. Denn die Grundlegung des Rechts in der Moral, wie Kant sie vorschlägt, betrifft nur die Autorität der Institutionen und positiven Gesetze eines Staates, nicht deren Inhalt oder die Konsequenzen ihrer Anwendung. Jegliche moralischen Einschränkungen der Gesetzgebung, die den Inhalt dieser Gesetze betreffen, würden die Absolutheit ihrer Autorität unterminieren.

Kant begründet die absolute Autorität des allgemeinen Willens und der in seinem Namen erlassenen positiven Gesetze in der moralischen Autonomie der diesen Willen konstituierenden Personen. Die Forderung eines Rechtsmoralismus ist mit dieser Begründung inkompatibel. Das Immanuel-Kant-Problem ist damit in Kants moralischer Begründung der Rechtspflichten angelegt und ihre unvermeidliche Konsequenz.

Ulli F. H. Rühl
# Methodenlehre und kasuistische Fragen in Kants Rechts- und Tugendlehre

## 1

**1.1** Wenn man Kants Sichtweise aus der GMS folgt, dann ist im Bereich des Moralischen – d.h. der *Erkenntnis* von Gut und Böse, Recht und Unrecht – eigentlich alles ganz einfach. Ein Problem gibt es nur in Bezug auf die *Motivation*, gemäß der moralischen Erkenntnis zu handeln. Kant zieht gelegentlich den Vergleich mit einem „heiligen Willen" (GMS, AA 4: 414) heran, für den es keine Imperative, kein Sollen, keine Nötigung und keine Pflichten geben würde. Das ist deshalb so, weil solche Geistwesen automatisch dem moralischen Gesetz folgen würden so wie Planeten dem Gravitationsgesetz unterliegen. Das ergäbe dann eine perfekte Welt von Gesetzen für die Natur und für die soziale und moralische Welt der reinen Vernunftwesen.

Menschen sind aber keine reinen Vernunftwesen; sie sind lediglich der Vernunft fähig. Sie handeln nicht automatisch gemäß dem moralischen Gesetz, sondern sie sind Wesen gemischt aus sinnlichen Neigungen und vernünftigen Erkenntnissen. Deshalb empfinden sie das moralische Gesetz als Nötigung und als Sollen. Und oftmals handeln Menschen pflichtwidrig, denn sie sind, wie Kant ironisch sagt, „unheilig genug [...], daß die Lust wohl anwandeln kann das moralische Gesetz, ob sie gleich dessen Ansehen selbst anerkennen, doch zu übertreten [...]" (TL, AA 6: 379). Die Erkenntnis des moralisch Richtigen ist aber nach Kants Auffassung selbst für die gemeinste Menschenvernunft einfach. Ohne sich darüber theoretisch bewusst zu sein, wendet der einfache Mensch das Verfahren des kategorischen Imperativs an und trifft immer das Richtige: „*Es wäre hier leicht zu zeigen, wie sie* [die einfache Menschenvernunft] *mit diesem Kompasse in der Hand in allen vorkommenden Fällen sehr gut Bescheid wisse, zu unterscheiden, was gut, was böse, pflichtmäßig oder pflichtwidrig sei* [...]" (GMS, AA 4:404). Nur ganz en passant wird in der Vorrede zur GMS kurz darauf hingewiesen, dass die

> Gesetze *a priori* [...] noch durch Erfahrung geschärfte Urtheilkraft erfordern, um theils zu unterscheiden, in welchen Fällen sie ihre Anwendung haben, theils ihnen Eingang in den Willen des Menschen [...] zu verschaffen (GMS, AA 4: 389).

Das oberste Prinzip der Moralität wird von einfachen Menschen im Alltag angewendet, ohne dass sie genau explizieren könnten, was sie da machen (sie haben es immer „vor Augen" ohne es in „allgemeiner Form" zu denken (GMS, AA 4: 403). Man kann das vergleichen mit der alltäglichen Sprachverwendung, die auch funktioniert, obwohl die Sprachverwender nicht in der Lage sind, Syntax und Grammatik zu explizieren. Kant erfindet keine neue Moral wie auch ein Linguist keine neue Sprache erfindet. Er expliziert lediglich wissenschaftlich, wie die Alltagsmenschen moralisch urteilen. So wie Newton das Gravitationsgesetz entdeckt hat, ist Kant der Entdecker des moralischen Gesetzes.

In GMS und KpV wird vorausgesetzt: (1) Der kategorische Imperativ bzw. das Grundgesetz der reinen praktischen Vernunft als oberstes Prinzip (Kriterium) der Moral. (2) Dass dieses Verfahren der Maximenprüfung zu Gesetzen als konkreten Handlungsregeln führt – der Kompaß. (3) Dass vom Anwender in einem Akt der bestimmenden Urteilskraft erkannt wird, dass in der konkreten Situation ein Fall der Pflicht-Regel vorliegt (Subsumtion). – Problematisch erscheint Kant lediglich, ob beim Menschen die reine praktische Vernunft als *Triebkraft* ausreicht, gemäß dem als moralisch richtig Erkannten auch tatsächlich zu handeln. Insbesondere die dritte Voraussetzung ist lediglich implizit. Bei den vier Beispielen, die Kant in der GMS (GMS, AA 4: 421 ff.) anführt[1], gibt es keine Anwendungs- bzw. Subsumtionsprobleme. Es gibt keine Methodenfragen – und auch von Urteilskraft ist keine Rede. Was die praktische Umsetzung angeht, macht sich Kant keine Sorgen in Bezug auf die Erkenntnis der konkreten Pflichten. Besorgt ist Kant nur wegen der Neigung der Menschen, die Pflichten abstrakt anzuerkennen, für sich selbst aber eine Ausnahme zu machen – eben das, was Kant „eine natürliche Dialektik" nennt (GMS, AA 4: 405). Die Pflicht wird zwar erkannt, entgegenstehende Neigungen verführen uns jedoch dazu, nach einem Schlupfloch zu suchen. Kant vertraut dem Formalismus des moralischen Gesetzes und misstraut den Menschen.

Im Folgenden möchte ich darstellen und begründen, dass und warum die Probleme des moralisch richtigen Handelns nicht nur auf Seiten der schwachen menschlichen Triebkraft zu suchen sind. Die Bedeutung der Phase der Anwendung von Pflichten auf Fälle der Erfahrung, d. h. einer praktischen Urteilskraft bei der Subsumtion sowie bei der Auflösung von Normenkonflikten, wird von Kant teils übersehen, teils unterschätzt. Es gibt nicht nur ein Triebkraft- und Motivationsproblem, sondern auch Erkenntnisprobleme bei der Anwendung von Pflichtregeln.

---

[1] Selbstmord, falsches Versprechen (Darlehen), ungenutztes Talent, Hilfegebot.

**1.2** In der Einleitung zur Tugendlehre liefert Kant eine Begründung für die Gliederung in Elementarlehre und Methodenlehre. Warum wird der Ethik eine Methodenlehre angefügt, nicht aber der Rechtslehre? Kants Antwort lautet:

> Die Ursache ist: weil jene es mit *weiten*, diese aber mit *lauter engen* Pflichten zu thun hat; weshalb die letztere, welche ihrer Natur nach strenge (präcis) bestimmt sein muß, eben so wenig wie die reine Mathematik einer allgemeinen Vorschrift (Methode) wie im Urtheilen verfahren werden soll, bedarf, sondern sie durch die That wahr macht. – Die Ethik hingegen führt wegen des Spielraums, den sie ihren unvollkommenen Pflichten verstattet, unvermeidlich dahin, zu Fragen, welche die Urtheilskraft auffordern auszumachen, wie eine Maxime in besonderen Fällen anzuwenden sei und zwar so: daß diese wiederum eine (untergeordnete) Maxime an die Hand gebe (wo immer wiederum nach einem Princip der Anwendung dieser auf vorkommende Fälle gefragt werden kann); und so geräth sie in eine *Casuistik*, von welcher die Rechtslehre nichts weiß. (TL, AA 6: 411)

Bei den Rechtspflichten sieht Kant eine Analogie zur Mathematik: „nach welcher Analogie auch die Rechtslehre das *Seine* einem jeden (mit mathematischer Genauigkeit) bestimmt wissen will, [...]" (RL, AA 6: 233).

Diese Begründung ist in mehrfacher Hinsicht verwirrend. Zunächst ist es verwirrend für einen Juristen, für den es nicht zu seiner Erfahrung passt, dass es keine Anwendungs- und Subsumtionsprobleme geben und folglich eine juristische Methodenlehre überflüssig sein soll. Verwirrend ist es aber auch gleichsam Kant-immanent – und dies wiederum aus mehreren Gründen. Erstens unterscheidet Kant auch hier Rechtspflichten und Tugendpflichten nach dem Schema eng-vollkommen / weit-unvollkommen (Schema RL, AA 6: 240). Zweitens müssten danach eigentlich alle Tugendpflichten weite Pflichten sein und entsprechend alle Rechtspflichten enge Pflichten. Nach diesem System dürfte es vollkommene (enge) Tugendpflichten quasi definitionsgemäß gar nicht geben. Im Widerspruch dazu stehen am Anfang der ethischen Elementarlehre vollkommene (enge) Pflichten gegenüber sich selbst (vgl. TL, AA 6: 421); und bei diesen Pflichten gibt es keinen Spielraum (des Mehr oder Weniger der Erfüllung). Kant fügt zudem diesen vollkommenen, engen Pflichten gegenüber sich selbst jeweils „Casuistische Fragen"[2] an. Und bei einigen dieser kasuistischen Fragen geht es sicher nicht um ein Mehr oder Weniger der Erfüllung, sondern um die Frage ‚ob' es sich überhaupt um einen Anwendungsfall der Pflicht handelt. Wie passt das zur (angeblichen) mathematischen Genauigkeit der engen Pflichten?

Rechtspflichten und Tugendpflichten werden von Kant nach dem Schema eng-vollkommen bzw. weit-unvollkommen unterschieden (siehe Schema RL, AA 6: 240). Von Kant wird das in Rechtslehre und Tugendlehre wie folgt begründet

---

[2] Zur Unterscheidung zwischen Kasuistik und kasuistischen Fragen: Schüßler 2012, 70–95.

und erläutert: Rechtspflichten sind deshalb eng, weil sie (genau) eine Handlung gebieten (TL, AA 6: 390). An anderer Stelle spricht Kant davon, dass die Rechtslehre die konkrete Handlungspflicht „mit mathematischer Genauigkeit", also auf den Punkt genau, festlegt (RL, AA 6: 233). Demgegenüber sind die Tugendpflichten deshalb weit, weil sie nicht genau eine Handlung gebieten, sondern nur die „Maxime der Handlungen" (TL, AA 6: 390). Es gibt einen Spielraum für die Erfüllung der Pflicht in Bezug auf das „wie und wie viel" (TL, AA 6: 390). Aus der Stelle „je weiter die Pflicht, desto unvollkommener also die Verbindlichkeit" (TL, AA 6: 390) kann man schlussfolgern: Eine Pflicht ist deshalb unvollkommen, weil sie weit ist und bei der Ausführung einen Spielraum lässt. Maßstab der Vollkommenheit ist also vermutlich die mathematische Genauigkeit.

Mit der Frage der Stimmigkeit von Kants System der Pflichten will ich mich jetzt nicht befassen (vgl. dazu: Horn 2014, 144 ff.; Rühl 2010, 23–26). Es soll im Folgenden um die Prozedur der Anwendung von Pflichten auf besondere Fälle gehen. Es geht um den Akt der Subsumtion, d.h. die Prüfung und Entscheidung, ob ein besonderer Fall unter eine allgemeine Regel fällt. Hier gibt es, so meine These, in Kants Moralphilosophie (Rechts- und Tugendlehre) eine Leerstelle. Bei der Anwendung einer allgemeinen Regel (Pflicht) muss man unterscheiden zwischen dem *Ob* und dem *Wie*: (i) Es ist *eine* Frage, *ob* ein besonderer Fall überhaupt unter die Regel fällt; das ist ein Akt der Subsumtion. (ii) Eine *andere* Frage ist es, *wie* eine Regel angewendet wird. Die Maximen und Untermaximen von denen Kant in der oben im Wortlaut zitierten Stelle aus der TL spricht, beziehen sich nur auf ‚wie und wie viel'. Dass man den Armen etwas abgeben und spenden soll, wird als Pflicht vorausgesetzt; es geht nur noch darum wie (Geld oder Sachspende?) und wie viel … Es wird zudem vorausgesetzt, *dass* ein Fall von Armut vorliegt. Hier gibt es bei Kant einen blinden Fleck, wenn er behauptet: Bei Rechtspflichten brauche man keine Methode, sie würden „durch die That wahr gemacht" (TL, AA 6: 411).

## 2

Leider gibt es bei Kant keine Beispiele für die Anwendung von Rechtspflichten mit denen sich das Methoden- bzw. Subsumtionsproblem gut verdeutlichen lässt. Beispiele finden sich aber an anderer Stelle. So gibt es in der TL enge-vollkommene Pflichten gegen sich selbst, die strukturell den Rechtspflichten entsprechen. Zu diesen Pflichten gehört an prominenter Stelle die Pflicht zur physischen Selbsterhaltung (TL, § 5) und daraus folgt das Verbot des Selbstmordes. Kant sagt: „Die Selbstentleibung ist ein Verbrechen" (TL, AA 6: 422). Zur Verdeutlichung des Methodenproblems ist der Fall des Selbstmordes deshalb geeignet, weil diese

Tugendpflicht in Bezug auf die Merkmale eng und vollkommen den Rechtspflichten exakt entspricht. Das Verbot des Selbstmordes ist eine enge Pflicht, weil es sich um eine Unterlassungspflicht handelt, bei der es kein Mehr oder Weniger gibt. Unterlassungspflichten bestimmen auf den Punkt genau die Handlung, die zu unterlassen ist; es kann hier keinen Spielraum geben. Unterlassungspflichten sind *per se* enge, vollkommene Pflichten. Anwendungsprobleme dürfte es also eigentlich nicht geben. Um so merkwürdiger und interessanter ist es, dass Kant dem Artikel zur Selbstentleibung „Casuistische Fragen" angefügt hat. Kant fragt „Ist es Selbstmord [...]? (TL, AA 6: 423) und führt dann sechs Beispielsfälle an, wobei die Antwort jeweils offen bleibt: Der sichere Heldentod fürs Vaterland; Märtyrertod für das Heil der Menschheit; Seneca, der dem ungerechten Todesurteil des Nero zuvorkommt; Friedrich II., der für den Fall der Gefangennahme eine Giftkapsel mit sich führte; der an Tollwut erkrankte Mann und schließlich der Fall der Pockenschutzimpfung. Hier ist die kurze Textpassage aus der TL im Wortlaut:

> Wer sich die Pocken einimpfen zu lassen beschließt, wagt sein Leben aufs Ungewisse, ob er zwar thut, *um sein Leben zu erhalten*, und ist so fern in einem weit bedenklicheren Fall des Pflichtgesetzes, als der Seefahrer, welcher doch wenigstens den Sturm nicht macht, dem er sich anvertraut, statt dessen jener die Krankheit, die ihn in Todesgefahr bringt, sich selbst zuzieht. Ist also die Pockeninoculation erlaubt? (TL, AA 6: 424)

Am Ende der Textpassage steht zwar ein Fragezeichen, die Frage wird allerdings schon mit einer gewissen Tendenz gestellt. Man kann sie wie *Schüßler* so verstehen (Schüßler 2012, 78.), dass Kant sich gegen die Pockenschutzimpfung ausspricht, diese also unter Selbstmord[3] subsumiert. Was sind die Argumente, die in der zitierten Textstelle angeführt werden? (i) Kant ist sich darüber im Klaren, dass wer sich impfen lässt, sein Leben schützen will und gerade nicht die Absicht hat, sich zu töten. (ii) Entscheidend für die Subsumtion als Selbsttötung ist der Gesichtspunkt des Risikos, das durch die Pockenimpfung bewusst eingegangen wird. (iii) Kants Vergleich mit Seefahrer und Sturm deutet hin auf eine Unterscheidung zwischen unerlaubten und erlaubten Risiken. Auch der Seefahrer geht bewusst ein Risiko ein, indem er sich Stürmen aussetzt. Aber, so Kants Argument: Er hat die Stürme nicht selbst verursacht, das Risiko nicht selbst bewirkt. Wer sich impfen lässt, verursacht demgegenüber das Risiko selbst; das macht für Kant den Unterschied aus.[4]

---

3 Zu Begriff und Begründung vgl. Wittwer 2001, 180–209.
4 Schüßler 2012, 78 verweist auf eine Stelle aus der Religionsschrift, den man als das Gebot der moralischen Risikoscheu bezeichnen könnte: „[...] *ein moralischer Grundsatz, der keines Beweises*

Eine weitere Erhellung erfährt das Methoden- und Anwendungsproblem durch den Brief eines Verehrers, der Kant um Rat bittet. *Reinhard Brandt* hat auf den Brief des jungen Reichsgrafen zu Dohna aus dem Jahr 1799 aufmerksam gemacht (Brandt 2010, 113): Erst kurz zuvor war in der Familie des Grafen eine junge Frau im ›Kindbett‹ an den Pocken gestorben. Dies veranlasste seine Braut, welche die Pocken (Blattern) noch nicht hatte,

> sich die Blattern einimpfen zu laßen, wodurch sie meinem sehnlichen Wunsche zuvorkam. – Nun lese ich in Ihrer Tugendlehre, welche mein Handbuch geworden ist, [und es] fallt mir besonders die Stelle wegen der Einimpfung der Blattern unter den Casuistischen Fragen auf. Ich halte sie fur erlaubt, da ich doch mein Leben noch auf etwas Ungewisseres wage, wenn ich es darauf ankommen laße, von einem bößeren Gifte, zu einer gefährlicheren Zeit, und unvorbereitet angesteckt zu werden. Ich bitte Sie herzlich lassen Sie mich wissen, was das Gesetz spricht, sobald als möglich. (Br, AA 12: 283)

Es wird hier zu Recht darauf aufmerksam gemacht, dass Kant etwas übersehen hat. Dass nämlich ein natürliches Infektionsrisiko besteht. Ist jemand schon vorher geschwächt, dann verläuft die natürliche Infektion mit den Pocken oft tödlich (,Kindbett'). Ist es da nicht klüger, die Impfung bei Gesunden durchzuführen?

Ein Antwortbrief von Kant ist nicht bekannt (s. Schubert 1842, 168 f.). Im handschriftlichen Nachlass gibt es aber Reflexionen über die Zulässigkeit der Pockenschutzimpfung, die durch die Anfrage des Grafen Dohna veranlasst sind (Refl, AA 15: 971–976). Dass die Pockenimpfung das Gegenteil von Selbstmord bezweckt, ist natürlich auch Kant klar. Kants Überlegungen kreisen im Wesentlichen um das Problem des (un-)erlaubten Risikos. Ob das Risiko eingegangen werden darf? Vom wem das Risiko eingegangen werden darf: Vom Betroffenen? Von den Ärzten? Von der Regierung? Eine etwas spitzfindige Überlegung lautet, „daß nämlich die Regierung die Pockeninocullerung *durchgängig* anbefehle, da sie dann für jeden Einzelnen, unvermeidlich: mithin erlaubt ist." (Refl, AA 15: 972,8–10) Das würde den Einzelnen moralisch exkulpieren. Offen bleibt aber die Frage, nach welchen Kriterien die Regierung entscheidet (Brandt 2010, 114.) und warum die Regierung die Bürgerinnen und Bürger mit einem Risiko belasten darf, das diese sich selbst nicht zumuten dürften? Obwohl Kant die Pockenimpfung letztlich ablehnt, ist ihm der Gedanke, dass hier ein moralisches Dilemma vorliegen könnte, nicht fremd, wenn es in einer Notiz heißt: „Die Pockennoth ist

---

*bedarf: man soll nichts auf die Gefahr wagen, daß es unrecht sei* [...]" (ein *Plinius*-Zitat RGV, AA 6: 185).

darum eine der am meisten bekümmernden, weil das Mittel wieder dieselbe zugleich der Moralität entgegen scheint." (Refl, AA 15: 975).

Was lehrt das Lehrstück von der Pockenimpfung aus den Casuistischen Fragen? Erstens wird deutlich wie komplex die Überlegungen sind, die bei der Anwendung einer Regel auf empirische Fälle (Subsumtion) erforderlich sind. Die Analogie zur Mathematik passt nicht. Zweitens zeigen Kants Reflexionen aus dem handschriftlichen Nachlass, dass die Casuistischen Fragen letztlich doch offen sind, wenn schon die Subsumtion unter die Regel von empirischen Annahmen und von Risikobewertungen und -Abwägungen abhängig ist. Entscheidend ist: Dass im einzelnen gezeigt werden kann, dass und wie ›durch Erfahrung geschärfte Urteilskraft‹ erforderlich ist, um das *Ob-überhaupt* der Anwendung der Regel auf besondere Fälle zu entscheiden. Denn das ist es, was Kant behauptet hat: Nur für das Wie der Anwendung sei Urteilskraft in Gestalt von Prinzipien (Unter-Maximen) der Anwendung erforderlich. In einem strikten Regelmodell kann man ›Ausnahmen‹ nur berücksichtigen entweder durch Nichtsubsumtion (X ist kein Fall der Regel[5]) oder durch Rechtfertigung. Da für Kant die Rechtfertigung von Ausnahmen nicht in Betracht kommt, bleibt ihm nur der Weg der Nichtsubsumtion. Das hat die missliche Folge, dass Fragen der Bewertung von richtigen Mitteln zum Zweck in quasi logisch-semantische Fragen transformiert werden müssen.[6] Ist Pockenimpfung ein geeignetes Mittel zur Erhaltung der physischen Existenz wird transformiert in die Frage: Ist Pockenimpfung Selbstmord?

# 3

**3.1** Wenn man unterscheidet zwischen den Phasen der Normenbegründung und der Anwendung, dann treten in der Anwendungsphase Normenkollisionen bzw. Normenkonflikte auf. Auf das Problem eines „Widerstreits der Pflichten" oder einer „Collision von Pflichten und Verbindlichkeiten" (RL, AA 6: 224) geht Kant in der Einleitung in die MdS unter den *Vorbegriffen* ein: Eine Kollision von Pflichten sei gar nicht denkbar, weil „zwei einander entgegengesetzte Regeln nicht zugleich nothwendig sein können"; sie würden sich gegenseitig aufheben („obligationes non colliduntur"). Weiter heißt es aber dann:

> Es können aber gar wohl zwei *Gründe* der Verbindlichkeit (*rationes obligandi*), deren einer aber oder der andere zur Verpflichtung nicht zureichend ist (*rationes obligandi non obli-*

---

5 Und ist folglich auch keine echte Ausnahme.
6 Das ist ein Problem, das aus der modernen Grundrechtsdogmatik gut bekannt ist, weil es einen Streitpunkt zwischen Regel- und Prinzipienmodellen ausmacht (vgl. Alexy 1986, 87 ff.).

*gantes*), in einem Subject und der Regel, die es sich vorschreibt, verbunden sein, da dann der eine nicht Pflicht ist. – Wenn zwei solcher Gründe einander widerstreiten, so sagt die praktische Philosophie nicht: daß die stärkere Verbindlichkeit die Oberhand behalte (*fortior obligatio vincit*), sondern der stärkere *Verpflichtungsgrund* behält den Platz (*fortior obligandi ratio vincit*). (RL, AA 6: 224)

Das ist natürlich kommentierungs- und interpretationsbedürftig: Eine „*Collision* von *Pflichten* und Verbindlichkeiten [ist] gar nicht denkbar" (RL, AA 6: 224) – diese These ist richtig. Das ist aber zunächst nichts anderes als der Satz vom ausgeschlossenen Widerspruch. Dies betrifft aber nur und ausschließlich Gebote, die sich direkt widersprechen (wenn die gleiche Handlung zugleich verboten und geboten sein soll – sein Leben erhalten und sich selbst töten). Handelt es sich um verschiedene Pflichtgebote, so kann es im platonischen Ideenhimmel noch keine Normenkollisionen geben. Das Verbot der Lüge und das Gebot anderen in der Not zu helfen, bestehen hier (noch) ohne Kollision einträchtig nebeneinander. Der Normenkonflikt tritt erst dann auf, wenn ein Subjekt in einer Anwendungssituation nicht beide Pflichten *zugleich* erfüllen kann.

Kant unterscheidet in der oben zitierten Textpassage zwischen Pflichten und Verpflichtungsgründen. Nicht Pflichten, aber Verpflichtungsgründe können sich widerstreiten. Gelöst wird der Widerstreit durch die Bildung einer Vorrangregel. Kants Vorrangregel lautet: Nicht die stärkere Verbindlichkeit hat den Vorrang, sondern der stärkere Verpflichtungsgrund (RL, AA 6: 224). Das ist natürlich interpretationsbedürftig. Arten von Pflichten wären im Kant'schen System der Pflichten (RL, AA 6: 240) z. B. Rechtspflichten und Tugendpflichten sowie vollkommene und unvollkommene Pflichten. Denkbar wäre also eine Vorrangregel die lautet: Im Kollisionsfall haben Rechtspflichten immer den Vorrang vor Tugendpflichten und vollkommene vor unvollkommenen Pflichten. Kant lehnt aber eine fixierte Rangfolge (Taxonomie) der Pflichtarten ausdrücklich ab, wenn er sagt, dass nicht die stärkere Verbindlichkeit den Platz behalte, sondern der stärkere Verpflichtungsgrund. Was genau ein *Verpflichtungsgrund* sein soll, wird von Kant nicht erläutert (O'Neill 2002, 331–347, hier: 338–347). Wir können lediglich aus dem Kontext entnehmen, dass der Begriff eine Rolle spielt bei der Bildung von Maximen, welche Normenkollisionen auflösen sollen. Es geht um die Begründung einer Vorrangregel für ein Subjekt in einer Anwendungssituation mit einer Normenkollision. Die objektive Primärpflicht bleibt unberührt, gebildet wird lediglich eine (Unter-)Maxime zum Zweck der Lösung von Kollisionen von objektiven Primärpflichten in Anwendungsfällen. Ein einfaches Beispiel wäre die Kollision von Elternliebe und Nächstenliebe (TL, AA 6: 390), wenn die Ressourcen und Kräfte nicht ausreichen um beide Anforderungen zu erfüllen. Kant kommentiert das so: Es wird hier nicht eine Ausnahme von der Maxime der Handlungen begründet, sondern nur die „Einschränkung einer Pflichtmaxime durch die andere" (TL, AA 6: 390). Die Frage ist, was das praktisch bedeutet? Meine Antwort wäre: Man muss dann eine Vorrangregel bilden. Diese Vorrangregel hat den Status einer Maxime, d. h. eines subjektiven praktischen Grundsatzes, der einen Entscheidungs- und Ermessensspielraum ausfüllt.

**3.2** Zu den besonders *lehrreichen* Casuistischen Fragen gehören die Anwendungsfälle zum Lügenverbot. Kant behandelt das Lügenverbot in der TL unter den vollkommenen Pflichten des Menschen gegen sich selbst als moralisches Wesen, und zwar explizit als ethische Pflicht (TL, AA 6: 429f.). Unter den Casuistischen Fragen gibt es neben den zwei eher harmlosen Fällen („Ihr gehorsamer Diener" am Briefende; der Autor fragt: „Wie gefällt Ihnen mein Werk?") auch schon den Fall des Dienstboten, der den Hausherrn auf Anweisung verleugnet, woraufder Hausherr entwischen und ein Verbrechen begehen kann (TL, AA 6: 431). Es war vermutlich diese Casuistische Frage aus der TL, die *Benjamin Constant* zugespitzt hat zum Mörder-Fall; ein deutscher Philosoph behaupte

> daß die Lüge gegen einen Mörder, der uns fragte, ob unser von ihm verfolgter Freund sich nicht in unser Haus geflüchtet, ein Verbrechen sein würde (VRML, AA 8: 425).

Das ist die Formulierung des Sachverhaltes, wie er von Kant in „*Über ein vermeintes Recht aus Menschenliebe zu lügen*" (VRML, AA 8: 425) wiedergegeben wird und wo er sich die These in der Fußnote ausdrücklich zu Eigen macht. In der TL wird die Schuld des Dienstboten explizit „nach ethischen Grundsätzen" (TL, AA 6: 431 Z. 32) beurteilt, während in der zugespitzten Version in *Vermeintes Recht* ein Verbrechen, also die Verletzung einer Rechtspflicht zur Diskussion steht. Hier (Ethik) eine vollkommene Pflicht gegen sich selbst mit dem Zweck der Menschheit in der eigenen Person als Schutzgut, dort (Rechtslehre) die vollkommene Pflicht gegen andere mit dem Recht der Menschheit als Schutzgut. Wenn im Folgenden abgekürzt vom ›Mörder-Fall‹ gesprochen wird, dann ist damit die Rechtspflicht-Version gemeint. In tatsächlicher Hinsicht muss klar sein, dass der Befragte die Mordabsicht kennt. Lehrreich ist der Fall, wenn man einerseits die Begründung von Kants Moralphilosophie in *GMS* und *KpV* als überzeugend ansieht, andererseits aber nicht bereit ist, im konkreten Fall die Schlussfolgerung zu akzeptieren. Wenn die moralische und rechtliche Verurteilung völlig unakzeptabel ist, dann muss der Fehler in den Prämissen stecken. Im Folgenden soll die kritische Analyse einem externen Ansatz folgen,[7] d. h. es werden Begriffe und theoretische Konzepte verwendet, die eigentlich unhistorisch und unzeitgemäß sind. Das ist

---

7 Einen immanenten Ansatz verfolgt z. B. Korsgaard 1996a, 133 ff.

zugegebenermaßen sehr ‚unkantisch'. Ein solcher Ansatz setzt voraus, dass es starke Gründe gibt, Kants Ergebnis nicht zu akzeptieren. Diese starken Gründe gibt es aber, R. Brandt hat sie prägnant formuliert:

> Wer vor den Toren der Vernichtungslager darauf pocht, dass nicht gelogen werden darf, wird, anders als Kant meint, auf zwei Reaktionen der sittlich Urteilenden stoßen: Erstens: Die Gemeinschaft der sittlich urteilenden Personen verachtet ihn, und zweitens: Das eigene Gewissen, wenn es überhaupt intakt ist, verurteilt die Person die in dieser Situation vor der Lüge zurückschreckt. (Brandt 2010, 117)

Praktisch niemand teilt Kants moralische Verurteilung der Lüge in den Mörder-Fällen.[8] Weder ist die Lüge in dieser Situation ein Verbrechen (aus Sicht der Rechtsgemeinschaft strafbares Unrecht), noch wird uns unser Gewissen verurteilen. Das Gegenteil ist der Fall.

Allerdings ist der Hinweis auf das moralische Gefühl einer überwältigenden Mehrheit noch kein philosophisches Argument. Es sind praktische Prinzipien gefordert. Warum versagt Kants moralischer *Kompass?*

Bei unvoreingenommener Betrachtungsweise liegt im Mörder-Fall eine Normenkollision bzw. ein Normenkonflikt vor:
- Das Gebot der Wahrhaftigkeit (Lügenverbot).
- Das Gebot, andere nicht zu schädigen (Schädigungsverbot).
- Das Gebot, anderen in der Not zu helfen (Hilfegebot).

Das Gebot der Wahrhaftigkeit hat bei Kant – wie gezeigt – eine ethische und eine rechtliche Bedeutungskomponente. Das Schädigungsverbot wird von Kant als Rechtspflicht (RL, AA 6: 236) und das Hilfegebot wird als Tugendpflicht (GMS, AA 4: 423) anerkannt. Wenn man die prinzipielle Geltung aller drei Normen voraussetzt, dann ergibt sich im Anwendungsfall ein Normenkonflikt. Anders als im Impfungs-Fall gibt es keine Subsumtionsprobleme: Die Auskunft ist unwahrhaftig, d.h. es liegt definitionsgemäß eine Lüge vor. Außerdem liegt auch ein Anwendungsfall des Schädigungsverbots vor, weil bei normalem Geschehensablauf (ich nehme an, dass das Opfer sich im Haus befindet), der Schaden (der Mord) vorhersehbar ist. Schließlich ist erkennbar, dass sich ein Mensch in Not befindet, wenn er von jemandem verfolgt wird, der beabsichtigt, ihn zu ermorden. In dieser Situation ist man ethisch verpflichtet, ihm zu helfen.

Nimmt man auf der Grundlage dieser Prämissen an, dass hier ein Normenkonflikt vorliegt, weil in der gegebenen Situation nicht alle Gebote gleichzeitig

---

[8] Mit Ausnahme von Geismann, der jedenfalls das bedingungslose Lügenverbot als immanent stimmig gegen Kritiker verteidigt: Geismann 1988, 293–316.

erfüllt werden können, dann muss man eine Vorrangregel bilden. Diese würde lauten:

> In der Situation ‚Mordabsicht' haben Schädigungsverbot und Hilfegebot Vorrang vor dem Gebot der Wahrhaftigkeit (Vorrangregel). Daraus folgt: Die Lüge als Mittel, ein potentielles Mordopfer zu retten, ist erlaubt.

Es dürfte diese Überlegung sein, welche die nahezu absolute Mehrheit der sittlich Urteilenden in Opposition zu Kant zu dem Ergebnis kommen lässt, dass die Lüge in der Mörder-Situation rechtlich erlaubt und sogar eine tugendhafte Handlung ist.

Warum sieht Kant die Normenkollision nicht, wenn diese doch (wie von mir behauptet) so offensichtlich ist? Zwar kommt das Wort Normenkonflikt in *Vermeintes Recht* nicht vor, es wird jedoch das Schädigungsverbot bzw. die Kollision mit dem Schädigungsverbot thematisiert. Wenn kein Verstoß gegen das Schädigungsverbot vorliegt, dann gibt es auch keine Normenkollision. Genau das ist Kants Argumentationsstrategie: Der Verstoß gegen das Schädigungsverbot wird von Kant bestritten durch die feinsinnige Unterscheidung zwischen *schaden* und *Unrecht tun* (VRML, AA 8: 428). Wer die Wahrheit sagt, schadet dem Opfer nicht selbst und unmittelbar (Unrecht), sondern dies tue der Zufall:

> Es war blos ein *Zufall* (*casus*), daß die Wahrhaftigkeit der Aussage dem Einwohner des Hauses schadete, nicht eine freie *That* (in juristischer Bedeutung). (VRML, AA 8: 428)

Es stellt dies jedoch eine klare Überdehnung des Bedeutungsumfangs des Begriffs ›Zufall‹ dar: Die vorhersehbare Wirkung einer Handlung ist und kann kein *Zufall* sein. Die Ausführung der Mordabsicht ist aus Sicht des Befragten kein Zufall; es geschieht ganz im Gegenteil genau das was vom Mörder beabsichtigt und vom Befragten vorherzusehen ist. Dass der Befragte den Mord nicht *will*, macht diese Tat aus seiner Sicht nicht zu einem Zufall. Kant geht jedoch sogar noch weiter und begründet die vernunftrechtliche These, wer in guter Absicht lügt, habe auch die zufälligen und unvorhersehbaren Folgen rechtlich zu verantworten:

> Hast du [...] einen eben jetzt mit Mordsucht Umgehenden durch eine Lüge an der That verhindert, so bist du für alle Folgen, die daraus entspringen mögen, auf rechtliche Art verantwortlich. (VRML, AA 8: 427)

Mit dieser These steht Kant allein gegen den Rest der moralischen Welt. Es ist mir kein Moralsystem, keine Rechtsordnung und auch kein vernunftrechtliches System bekannt, das diese vernunftrechtliche Regel enthält. Die allgemein anerkannte Regel für ethische und rechtliche Verantwortlichkeit lautet: Wissen *und*

Wollen (Vorsatz). Niemand ist verantwortlich für etwas was er nicht gewollt und nicht gewusst hat bzw. nicht vorhersehen konnte. Kants Hilfskonstruktionen können den Normenkonflikt nicht beseitigen; und deshalb bleibt die Notwendigkeit der Bildung einer Vorrangregel bestehen.

**3.3** Normen bzw. Regeln wie das Lügenverbot enthalten bei Begründung und bei der Anwendung immer einen Situationsbezug. Die Regel ist gemacht und begründet unter Bezugnahme auf eine typische Anwendungssituation. Nur im direkten oder analogen Bezug auf diese paradigmatische Situation ist die Regel sinnvoll anwendbar. Regelanwendung ohne Situationsberücksichtigung ist immer ein Fehler. Die paradigmatische Begründungssituation für das Lügenverbot, auf die Kant wiederholt Bezug nimmt, ist der Vertrag.[9] So auch im Mörder-Fall, wo es heißt:

> [...] ich mache, so viel an mir ist, daß Aussagen (Declarationen) überhaupt keinen Glauben finden, mithin auch alle Rechte, die auf Verträgen gegründet werden, wegfallen und ihre Kraft einbüßen; welches ein Unrecht ist, das der Menschheit überhaupt zugefügt wird. – Die Lüge [...] schadet [...] der Menschheit überhaupt, indem sie die Rechtsquelle unbrauchbar macht. (VRML, AA 8: 426)

Nur für die Vertragssituation trifft das Argument zu, dass mit der Erlaubnis zu lügen – als Naturgesetz gedacht – die Institution des Vertrages unmöglich gemacht würde. Die Institution des Vertrages beruht auf dem berechtigten Vertrauen in die Einhaltung der wechselseitigen Versprechen. Zu diesem Vertragskontext der Wahrhaftigkeit gehört beim Naturgesetz-Test aber auch das konstituierende Merkmal „zu seinem eigenen Vortheil sich erlauben, zu betrügen" (vgl. KpV, AA 5: 69). Im Mörder-Fall ist ein Vertragskontext auch nicht im Entferntesten vorhanden. Es ergibt einfach keinen Sinn, zu behaupten, dass man die Rechtsquelle vernichtet und das Recht der Menschheit schädigt, wenn man den Versuch unternimmt, eine unschuldige Person durch eine Lüge vor ihrer Ermordung zu bewahren. Ein Darlehensbetrug ist etwas anderes als der Versuch, einen Menschen vor einem Mörder zu retten. Der gleiche Sprechakt „Ich bin Hamlet"[10] ist je nach Situation und Kontext die harmlose Ausführung einer Theaterrolle durch einen Schauspieler, kann aber in der Vertragssituation als falsche Namensangabe (Täuschung) ein strafbarer Betrug sein. Ohne Berücksichtigung von Kontext und Situation kann der moralische Kompaß nicht funktionieren.

---

**9** Vgl. GMS, AA 4: 422 – falsches Versprechen, Geld borgen; KpV, AA 5: 27 – Depositum ableugnen.
**10** Das Beispiel stammt von R. Brandt 2010, 115.

# 4

Fazit: Praktische Urteilskraft geht anders als Kant meint (KpV, AA 5: 67 ff.) nicht im Typus des Sittengesetzes und dem Naturgesetz-Test auf. Der Kurzschluss zwischen der Gesetzesform und der mathematisch exakt auf den Punkt bestimmten Handlung, den es nach Kant bei den Rechtspflichten geben muss (TL, AA 6: 411), gelingt nicht. Die Casuistischen Fragen geben – entgegen Kants Intention – Hinweise darauf, dass Kants Moralphilosophie nicht vollständig und abgeschlossen, sondern entwicklungsoffen ist. Praktische Urteilskraft muss Anwendungsprobleme wie Subsumtion, Normenkollisionen und Situationsbezug berücksichtigen. Nur als Stichworte seien genannt: Überlegungsgleichgewicht (Rawls) statt mechanischer Regelanwendung und der Übergang von einem reinen Regelmodell zu einem Prinzipienmodell der Normanwendung (Dworkin).Vielleicht kann man eine Analogie bilden zu den Vernunftideen in der theoretischen Philosophie: So wie die Vernunftideen im Theoretischen noch keine Erkenntnisse sind, sondern nur die Richtung angeben, wo diese zu suchen sind, so ist es auch im Praktischen. Der Formalismus des moralischen Gesetzes ist nicht der Kompaß, der exakt auf den Punkt deutet; der Kompaß zeigt nur die Richtung am Horizont an, in der nach der Lösung gesucht werden muss.

Andrea Marlen Esser
# Kants Verbot der Lüge in der *Metaphysik der Sitten*: Irrweg eines „Moralpathologen" oder konsequentes moralphilosophisches Denken?

Kaum ein anderer Teil der Kantischen Moralphilosophie hat so heftige Kontroversen ausgelöst wie sein striktes Verbot der Lüge. Auch viele wohlwollende Interpreten der Kantischen Philosophie können in der Absolutheit des Anspruchs, der damit verbunden ist, nichts anderes erkennen als einen fundamentalen Irrtum. Kant scheint in seinen Schriften nicht nur ein allgemeines Lügenverbot begründen zu wollen, sondern auch noch zu fordern, dass von diesem Verbot – wie schwerwiegend auch immer die Folgen in der Lebenswelt sein mögen – keine Ausnahmen gemacht werden dürfen.

Seine Position steht damit nicht nur im krassen Gegensatz zu der Alltagsmeinung, dass es unter bestimmten Umständen ganz harmlos oder erlaubt sein könne zu lügen (so etwa schon Ross 1954, 32f.; ebenfalls Timmons 2012, 172f.; Timmons 2006, 163; 176; Löhrer 2012, 18; Himmelmann 2001, 235), sie widerspricht auch der weit verbreiteten Überzeugung, dass die Lüge mitunter ein nützliches, und in dilemmatischen Situationen vielleicht sogar das einzige Mittel ist, um Schlimmeres zu verhüten. Wenn moralphilosophische Forderungen in einer so gravierenden Spannung zum Alltagsbewusstsein stehen, ist das offenkundig unbefriedigend, denn schließlich sollen uns die Prinzipien der Moralphilosophie ja doch in der Lebenswelt leiten können. Wohl aus diesem Grund haben Kant-Interpreten – Kritiker wie Verteidiger des Kantischen Lügenverbots – wiederholt zu begründen versucht, dass sich Einschränkungen und Ausnahmen von einem strikten Verbot der Lüge, und für bestimmte Umstände sogar eine Pflicht zur Lüge auf der Grundlage einer Kantischen Moralphilosophie sehr wohl entwickeln und verteidigen lassen. Wo dies hingegen als unmöglich angesehen wurde, hat man die Forderung aufgestellt, dass Einschränkungen und Ausnahmen von einem strikten Verbot der Lüge entwickelt und verteidigt werden *sollten* (vgl. schon Paton 1954; Korsgaard 1986; Timmermann 2000; Babic 2000, 434). Diese, übrigens schon zu Kants Zeiten, geführte Kontroverse über das Lügenverbot endet mit solchen Vorschlägen allerdings nicht. Das liegt möglicherweise auch daran, dass sich die Auseinandersetzung immer wieder an einem Beispiel aufs Neue entzünden kann, auf das Kant in der kleinen Schrift *Über ein vermeintes Recht aus Menschliebe zu lügen* (1797) Bezug nimmt. Kants Behandlung dieses Beispiels wird für gewöhnlich als der schlagende Beweis für die Radikalität seiner Position, für ihre absurden Konsequenzen und so auch die Vergeblichkeit aller ihrer Rettungsversuche herangezogen. Kant scheint uns darin nämlich den Gedanken vermitteln zu wollen, dass wir nicht einmal gegen einen Mörder, der nach einem Freund fragt, den wir in unserem Haus vor ihm verbergen, zur Lüge berechtigt sind (vgl. VRML, AA 8: 425 sowie VRML, AA 8: 425 Anm.). Die dargestellte Szene wirkt so eindringlich, dass sie oft auch die Lektüre anderer Schriften, in denen Kant das Lügenproblem thematisiert, inhaltlich vorprägt und dadurch ihre Rezeption erschwert. Das gilt auch und ganz besonders für die im gleichen Jahr wie der sogenannte „Lügenaufsatz" erschienene *Metaphysik der Sitten*, in deren beiden Teilen – der Rechtslehre und der Tugendlehre – die Lügenthematik ebenfalls angesprochen und an einer Stelle sogar ein ähnliches Beispiel gewählt wird.

Die Überlegungen in der *Metaphysik der Sitten* sind für die Beschäftigung mit dem Lügenproblem deshalb so wichtig, weil Kant in diesem Text viel expliziter als in den vorangehenden Werken die Differenzierung seiner Moralphilosophie in einen Bereich des Rechts und in einen der Ethik heraustreten lässt. Vor allem solche Interpretationen, die Kants Ausführungen im Lügenaufsatz gegen den Vorwurf der Inhumanität verteidigen, betonen, dass sich die oft bemängelten Härten der Kantischen Überlegung nur einstellen, wen man es versäumt, eben diese Differenzierung zwischen der rechtsphilosophischen Argumentation, die das Thema des Lügensaufsatzes sei, und einer ethischen Behandlung, um die es in diesem Text explizit nicht gehe, zu beachten (so etwa Geismann 1988, 297; Sedgwick 1991, 43; Wagner 1986, 102; Himmelmann 2001, 233; Esser 2004, 258 f.). Doch gegen diese Lösung wurde immer wieder kritisch eingewendet, dass Kant selbst die entscheidende Differenzierung in seinen Schriften gar nicht durchgehalten habe, sondern diese bereits in der *Metaphysik der Sitten* „verschwimme"[1]. Diese Einwände sind deshalb ernst zu nehmen, weil die Differenzierung zwischen einer rechtsphilosophischen und einer ethischen Argumentation für jede Interpretation des Kantischen Lügenproblems entscheidend ist – nicht nur für den Anstoß erregenden Lügenaufsatz, sondern auch für die Ausführungen in anderen Texten seiner Praktischen Philosophie. Ich werde das Lügenproblem daher im Folgenden primär auf der Grundlage der Ausführungen in der *Metaphysik der Sitten* betrachten und möchte dabei vor allem versuchen, den Textbestand nicht schon unter der Perspektive des berüchtigten Beispiels aus dem Lügenaufsatz auszuwerten.

---

[1] Jüngst etwa Brandhorst 2013, 77, der Sache nach auch Wittwer, der in Zweifel zieht, dass die Tugendlehre als Maximen-Ethik gelten könne, sofern „Kant in ihr moralische Normen zu begründen versucht, die sich nicht auf Maximen, sondern unmittelbar auf Handlungsweisen beziehen" (Wittwer 2010, 388).

In einem ersten Teil (1) werde ich kurz die Unterscheidung zwischen Recht und Ethik, wie Kant Sie in der Einleitung zur *Metaphysik der Sitten* dargelegt, in Erinnerung rufen, um dann zunächst (1.1) eine Lesart des Lügenproblems für den *rechtsphilosophischen* Kontext vorzuschlagen, mit der sich schließlich auch (1.2) die Argumentationen des Lügenaufsatzes als Überlegungen rekonstruieren lassen, die zwar strikt, aber keineswegs inhuman sind. In einem zweiten Teil (2) versuche ich dann Kants Position zur Lüge in der Tugendlehre von der Differenzierung zwischen Recht und Ethik aus zu fassen, um im Anschluss daran (3) noch kurz diejenigen Punkte zu benennen, in denen Kant meiner Ansicht nach eine recht pragmatische Behandlung des Lügenproblems eröffnet, mit der sich der Verdacht des moralischen Rigorismus dann auch auflösen lässt.

# 1 Das Lügenproblem unter der Differenzierung von Recht und Ethik in der Rechtslehre

Bereits in der Einleitung der *Metaphysik der Sitten* scheint es so, als könne die Differenz zwischen Recht und Ethik nicht deutlicher gezogen werden: Die Verbindlichkeit des Rechts richtet sich auf Handlungen bzw. Handlungsmaximen (vgl. RL, AA 6: 219, auch RL, AA 6: 230); die der Ethik dagegen auf Handlungszwecke und Zweckmaximen (vgl. TL, AA 6: 395).[2] Der ethischen Verpflichtung kommt die weitreichendere Verbindlichkeit zu, sofern sie auch noch die sogenannten „Triebfedern" (RL, AA 6: 218) des Handelns, die subjektiven Handlungsgründe, in die Beurteilung miteinbezieht und, wie Kant betont, sich damit „auf alles, was Pflicht ist" (RL, AA 6: 219), erstreckt – ganz unabhängig davon, ob die jeweiligen Pflichten darüber hinaus noch als Rechtspflichten ausgewiesen werden können oder nicht. Entsprechend den so unterschiedenen Feldern der Verbindlichkeit handelt es sich im Falle a) der rechtlichen Verbindlichkeit um eine solche, von der eine „äußere" Gesetzgebung verbunden mit Sanktionen möglich ist. Im Falle b) der ethischen Verbindlichkeit geht es dagegen um eine solche, die nur und ausschließlich als „innere" Gesetzgebung (vgl. RL, AA 6: 220) wirken und die (weil sie sich eben auf die subjektiven Handlungsgründe richtet) nicht durch

---

[2] Nach meinem Verständnis haben ethische Maximen den Status von hypothetischen Bestimmungen der subjektiven Grundsätze oder Haltung einer handelnden Person. Sie sind nicht das Resultat psychologischer Selbstbeschreibung der jeweiligen Person, sondern gehen aus der (durchaus auch interpersonal vollzogenen) Reflexion auf jeweils konkrete Handlungen der betreffenden Person hervor. Vgl. dazu Esser 2004, 273 f.; Esser 2008, 298.

Strafe und Sanktion – also gleichsam „von außen" (vgl. RL, AA 6: 220) – durchgesetzt werden kann.

Soweit scheint zumindest dem Plan nach eine deutliche Differenzierung der beiden Gebiete vollzogen, wobei Kant auch noch ihren Zusammenhang thematisiert: Beide Verbindlichkeiten erfahren im Rekurs auf die Idee der Freiheit und deren Gesetz, das sogenannte „praktische Gesetz" (vgl. dazu RL, AA 6: 218), ihre Rechtfertigung und erhalten dadurch auch einen kritischen Maßstab für ihre konkrete Ausgestaltung. Recht und Ethik stellen somit in moralphilosophischer Hinsicht zwar hinsichtlich ihrer Gesetzgebung und ihres Gegenstandes spezifisch verschiedene Bereiche dar (und entsprechend differenziert die Kantische Moralphilosophie das praktische Gesetz auch in einen Kategorischen Imperativ der Ethik und einen Kategorischen Imperativ des Rechts), aber es verwirklicht sich in ihnen dennoch gleichermaßen *ein* Gedanke: dass die Idee der Freiheit nur unter verbindlichen Gesetzen „Realität" erhalten kann und so „wirklich" im Sinne von „wirksam" ist. In der Ethik muss die Selbstbestimmung der Person unter einer einschränkenden, aber selbstgesetzten Bedingung stehen; im Recht müssen die Verhältnisse zwischen Personen, sofern diese Verhältnisse das Resultat von Handlungen sind, die aus dieser Selbstbestimmung hervorgehen, unter der einschränkenden Bedingungen geregelt werden, wie sie das Allgemeine Rechtsprinzip (vgl. RL, AA 6: 230 f.) formuliert. Betrachten wir zunächst die Bedeutung dieser allgemeinen Unterscheidungen für das Lügenvorbot im rechtlichen Kontext.

## 1.1 Das Lügenverbot im Kontext der Kantischen Rechtsphilosophie

Welche Bedeutung der Unterscheidung von Recht und Ethik für das Problem der Lüge zukommt, lässt sich an dem Abschnitt über das „vorsetzliche" Sagen der „Unwahrheit" (RL, AA 6: 238 Anm.) erkennen. Kant referiert darin zunächst eine verbreitete, aber unspezifische Bestimmung der Lüge, um sie dann für den rechtlichen Kontext zu präzisieren und von einer ethischen Bestimmung abzugrenzen:

> Im rechtlichen Sinne aber will man, daß nur diejenige Unwahrheit Lüge genannt werde, die einem anderen unmittelbar an seinem Rechte Abbruch thut, z. B. das falsche Vorgeben eines mit jemandem geschlossenen Vertrags, um ihn um das seine zu bringen (*falsiloquium dolosum*), und dieser Unterschied sehr verwandter Begriffe ist nicht ungegründet: weil es bei der bloßen Erklärung seiner Gedanken immer dem andern frei bleibt, sie anzunehmen, wofür er will, obgleich die gegründete Nachrede, daß dieser ein Mensch sei, dessen Reden man nicht glauben kann, so nahe an den Vorwurf, ihn einen Lügner zu nennen, streift, daß

die Grenzlinie, die hier das, was zum *Ius* gehört, von dem, was der Ethik anheim fällt, nur so eben zu unterscheiden ist. (RL, AA 6: 238 Fn.)

Sowohl die Bestimmung dessen, was eine Lüge ist, als auch die Begründung eines Lügenverbots fallen für den rechtlichen und für den ethischen Zusammenhang unterschiedlich aus. Sie sind nicht voneinander abhängig, denn weder liegt die ethische Pflicht zur Wahrhaftigkeit dem rechtlichen Lügenverbot zu Grunde noch ist die ethische Bestimmung der Lüge unmittelbar auf das Recht übertragbar. In der Rechtslehre der *Metaphysik der Sitten* trifft man auch nicht auf eine „Pflicht zur Wahrhaftigkeit", die unmittelbar an eine Person gerichtet werden könnte, und entsprechend wird auch kein Verbot der Lüge formuliert, das mit der Verletzung einer solchen Pflicht begründet wird. In einem rechtlichen Sinne spielt „Wahrhaftigkeit" als ein Wert für sich oder als eine Qualität etwa des Selbstverhältnisses einer Person, ihrer Haltung oder ihres Charakters keine Rolle. Sofern der Bereich des Rechts ausschließlich die „äußeren" Freiheitsverhältnisse und Beziehungen zwischen Personen regelt, ist auch nur die Wahrhaftigkeit in „Deklarationen" von juridischer Bedeutung. Thematisiert werden daher Sprachäußerungen nur, sofern sie als zurechenbare „Willkürakte", als Handlungen gelten können und unter genau bestimmten Bedingungen der Interaktion zwischen Personen (eben in deren „äußerem Verhältnis") den Status von Erklärungen, Zustimmungen, Einwilligungen, Ablehnungen – eben von „Deklarationen" annehmen, die auf das „äußere" Verhältnis der Personen einwirken können.[3] Dazu müssen Sprachäußerungen in einer Situation vollzogen werden, deren Bedingungen sie zu einem Teil einer Rechtsfigur (wie z. B. einer Vertragssituation) bestimmen und sie dadurch mit einer bestimmten Rechtsfolge (etwa der Annahme eines Angebots oder einer Einwilligung im Rahmen eines Vertragsschlusses) verknüpfen. Dem entsprechend gilt als eine Lüge im rechtlichen Zusammenhang auch nicht der Verstoß etwa gegen eine persönliche Pflicht zur Wahrhaftigkeit, sondern nur derjenige Sprechakt, der eine andere Person in einem „Recht" verletzt und ihr (diesbezüglich) schadet.

Ganz allgemein kann ein Sprechakt, in dem die Unwahrheit geäußert wird, einer anderen Person freilich in vielerlei Weise schaden – er mag diese verführen etwas Bestimmtes zu tun, er kann ihr ein falsches Bild von einem Sachverhalt zeichnen oder sie sogar in ihren freien Entscheidungen einschränken. Doch rechtlich sind diese Folgen solange nicht relevant und die sie verursachenden Sprechakte keine Lüge, als die Rechte der getäuschten Person nicht verletzt

---

[3] So auch Wood, der betont, dass es sich hier um einen „technical term" handelt, der im Kontext des Rechts auch in den Bedingungen der Anwendung genau bestimmt ist (Wood 2011, 100).

werden (weil sich diese Akte etwa als „vermögensschädigend" auswirken oder in die rechtlich geschützte Freiheitssphäre eingreifen). Auch von der „innerlichen" Bedeutung eines Sprechakts, der etwa ethisch als problematisch zu beurteilende Zweckmaximen oder Charakterzüge des Sprechers zu erkennen gibt, kann in diesem Zusammenhang abstrahiert werden, solange dieser Sprechakt keine Rechtsverletzung darstellt.

Jemand mag zum Beispiel ein Kaufangebot machen und dabei das Geschäft seines Lebens wittern, er mag dem Käufer entgegen seinen wahren Interessen den Eindruck vermitteln, an dem Geschäft gar nicht interessiert zu sein, oder den Kaufgegenstand in den rosigsten Farben zeichnen und das Glück beschwören, das den Käufer durch den Kauf erwartet usw., doch all dies ist, sofern es die verbürgten Rechte des anderen unberührt lässt, eine „bloße Erklärung seiner Gedanken" und legitim, auch wenn davon eine verführerische, motivierende Wirkung auf den Käufer ausgehen mag. Unwahre Äußerungen spielen für die Rechtmäßigkeit eines Vertragsschlusses solange keine Rolle, als sie nicht gegen die rechtlich festgelegten Vertragsbedingungen verstoßen. Das wäre nur dann der Fall, wenn der Vertragsgegenstand mit falschen vertragsrelevanten Eigenschaften beschrieben würde oder wenn über die vertragsrelevanten Deklarationen (Angebot, Kaufpreis, Übergabemodalitäten etc.) getäuscht wird (und der Gegenstand tatsächlich schon verkauft oder unbrauchbar ist bzw. gar nicht existiert). Unter diesen Umständen wären die entsprechenden Sprechakte als Lügen im Rechtssinne, als *falsiloquium dolosum,* wie Kant sagt, auszuzeichnen und der auf ihnen gegründete Vertrag könnte angefochten werden. Ebenfalls rechtlich irrelevant ist, aus welchem Grund ein Vertragspartner – etwa der Verkäufer eines Gegenstandes – seiner Auskunftspflicht korrekt nachkommt; es ist gleichgültig, ob er dies aus einer Einsicht in die Wichtigkeit der Rechtswerte tut oder nur, um schlechte Bewertungen seiner Verkaufstätigkeit zu vermeiden. Unter ethischen Gesichtspunkten kann es freilich einen Unterschied machen, wie sich jemand zu seinen rechtlichen Verbindlichkeiten verhält.

Wenn Kant in dem oben zitierten Abschnitt noch anmerkt, dass es in manchen Fällen – wo einem Verkäufer nachgesagt wird, dass er keine verlässlichen Aussagen macht, „nur so eben" noch zu entscheiden sei, ob dies nun in das Jus oder in die Ethik fällt, so „verschwimmt" auch hier keine prinzipielle Unterscheidung. Mit dieser Nebenbemerkung ist lediglich das besondere Phänomen angesprochen, dass wir geneigt sind, von schlechten Erfahrungen, die wir im Rechtshandel mit jemandem gemacht haben, auf seinen Charakter und die der Handlung zugrundeliegenden unlauteren ethischen Maximen zu schließen. Daher mag es im konkreten Fall „nur so eben" noch gelingen, die Grenzlinie zu ziehen, die in der Theorie festgelegt wurde, weil die „verwandte(n) Begriffe" (RL, AA 6: 238 Anm.) hier auf dieselbe Person angewendet werden können, obwohl die rechtliche Beurteilung als Betrüger und die ethische als Lügner jeweils einer gesonderten Prüfung unter den jeweils besonderen Maßgaben bedürften.

Die Differenzierung zwischen Recht und Ethik wird in der Einleitung der *Metaphysik der Sitten* vor allem erläutert, um auf ihrer Grundlage die ethischen und rechtlichen Aspekte eines komplexen Handlungszusammenhangs zu bestimmen, die dann wiederum unter dem jeweiligen Kategorischen Imperativ beurteilt werden können. Aber nicht einmal der Kategorische Imperativ des Rechts, der als Gesetzgebung „äußerer Freiheit" auf Interaktionen und interpersonale Verhältnisse gerichtet ist, schreibt dabei bestimmte Handlungen oder Handlungstypen vor. Seine Normierung besteht vielmehr darin, die konkrete Regelung interpersonaler Verhältnisse auf die von ihm formulierten Bedingungen eines allgemeinen Gesetzes hin einzuschränken. Das allgemeine Rechtsgesetz legt damit jedes besondere Gesetz und jede besondere Regelung vorweg daraufhin fest, dass sie jede Handlung als recht qualifizieren, „die oder nach deren Maxime die Freiheit der Willkür eines jeden mit jedermanns Freiheit [...] zusammen bestehen kann" (RL, AA 6: 230). Unter dieser Bedingung dürfen die „äußeren Verhältnisse" der Personen nicht mehr beliebig, auch nicht durch besondere Gesetze, eingeschränkt werden. Sie garantiert ein nicht mehr einschränkbares, rechtlich (heute würde man sagen: grundrechtlich) geschütztes Fundament. Es ist genau diese allgemeine Bedingung des Kategorischen Imperativs des Rechts, unter der die „Wahrhaftigkeit in Deklarationen" als eine allgemeine Regelung der interpersonalen Verhältnisse, nicht aber ihr Gegenteil, die Täuschung in Deklarationen, Bestand hat. Letztere nämlich führt nicht notwendig in problematische gesellschaftliche Verhältnisse und zerstört auch nicht unsere Kommunikationsverhältnisse, sondern scheitert an der Forderung, dass sie bzw. nach ihrer „Maxime die Freiheit der Willkür eines jeden mit jedermanns Freiheit nach einem allgemeinen Gesetze zusammen bestehen" können muss (RL, AA 6: 230). Die Argumentation zur Begründung dieses Prinzips, das seinerseits die weiteren Regelungen der interpersonalen Verhältnisse leitet, ist analog zu der Begründung, die wir mit Bezug auf den Kategorischen Imperativ der Ethik kennen: Es ist nicht denkbar, die Maxime der Lüge als ein allgemeines Gesetz zu wollen, weil ich zugleich die Geltung des Gegenteils, der Wahrhaftigkeit als allgemeines Prinzip wollen muss und von daher in einen Widerspruch in Bezug auf mein eigenes Wollen gerate. Und in Bezug auf die Lüge gilt auch noch, dass ihre Verallgemeinerung sowohl zu einem Prinzip der Ethik wie auch des Recht bereits begrifflich widersprüchlich ist, sie als ein solches nicht einmal ohne Widerspruch *gedacht* werden kann, weil das Prinzip die Geltung von Wahrhaftigkeit in Aussagen einschließen müsste. Die Lüge kann daher nicht als Prinzip, sondern nur als eine Ausnahme vom Prinzip gewollt werden. Wenn ich dementsprechend das Recht zu täuschen fordere, so muss unter der Perspektive eines allgemeinen Willens zugleich die Gültigkeit des entgegengesetzten Rechts angenommen werden. Die Handlungsmaxime müsste also fordern, dass allgemein die Wahrhaftigkeit in Deklarationen vom Recht gesichert und durchgesetzt wird, dies in besonderen Fällen jedoch nicht der Fall sein soll. Damit ist eine Maxime formuliert, die nicht als ein allgemeines Gesetz formuliert werden kann: denn sie schließt bereits selbst – inhaltlich in ihren Grenzen unbestimmte – Einschränkungen ihrer Geltung ein und kann damit für sich nicht mehr den Status eines allgemeinen Prinzips beanspruchen. Freilich könnte man nun einwenden, dass doch die Einschränkbarkeit darin allgemein gefordert wird – doch der Status der Allgemeingültigkeit würde dann nur noch sprachlich behauptet, während der Sache nach eine unbestimmte und jederzeit zu beanspruchende Einschränkung gesetzt wäre. Im Unterschied dazu sollen mit dem Kategorischen Imperativ des Rechts verbindliche formale Rahmenbedingungen festgelegt werden, auf die sich alle insofern verlassen können, als sie auch in besonderen Gesetzen nicht mehr zurückgenommen werden.

Diese Rechtssicherheit betrifft insbesondere solche Handlungen wie die „Deklarationen". Sofern sie ein Grundelement jeder verbindlichen Verabredung darstellen, muss die „Wahrhaftigkeit in Deklarationen" durch das oberste Rechtsprinzip geschützt werden; und auch eine besondere Rechtsordnung darf in ihren „Bürgerlichen Gesetzen" diesen Schutz nicht konterkarieren. In der Folge darf die besondere Gesetzgebung wahrhaftige Deklarationen nicht der Gefahr aussetzen, dass sie in bestimmten Fällen als Unrecht beurteilt werden; und sie darf es nicht den Individuen aufbürden, von Fall zu Fall darüber entscheiden zu müssen, ob sie die Forderung, in Deklarationen wahrhaftig zu sein, befolgen sollen. Denn die „rechtstheoretisch zu fordernde Widerspruchsfreiheit des Rechts, d. h. seine logische Geltung, steht auf dem Spiel, wenn die rechtliche Pflicht zu einer Handlung, Duldung oder Unterlassung als rechtswidriger Verlust von Freiheit gedacht wird, nur weil ein einzelner sich die Pflicht – und sei es auch auf sozialethisch verwerfliche Weise – zunutze macht" (Kindhäuser 1991, 401).

Nicht aufs Spiel gesetzt wird die Geltung des Rechts dagegen, wenn innerhalb einer bestehenden Rechtsordnung – unter Rekurs auf das sie leitende oberste Rechtsprinzip und um dieses Prinzip zu wahren – gesetzlich genaue Bedingungen festgelegt werden, unter denen ein Individuum explizit nicht der Pflicht zu wahrhaftigen Deklarationen untersteht. Solche Regelungen sind keine Ausnahmen auf prinzipieller Ebene, sondern nachgeordnete Regeln für besondere und durch sie in ihren Bedingungen ausgezeichnete Situationen und Interaktionen, die auf Grund ihrer spezifischen Anlage die Möglichkeit eröffnen, die „Wahrhaftigkeit in Deklarationen" zum Schaden der Sprecher auszunutzen und auf diese Weise die Bedeutung des allgemeinen Prinzips in der Anwendung zu „verkehren".

Solche Maßnahmen müssen allerdings innerhalb einer konkreten Rechtsordnung entwickelt werden und sind nicht unmittelbar aus rechtsphilosophischen Grundsätzen und Prinzipien abzuleiten. Diese sollen die Gesetzgebung zwar orientieren und begrenzen, können aber selbst nicht ohne Spezifikation und damit auch Modifikation in besondere Gesetze übertragen werden, denn die besondere Gesetzgebung muss die Lebens- und Kommunikationsumstände der jeweiligen Gesellschaft in der konkreten Ausgestaltung berücksichtigen. Das bedeutet auch – wie im eben angesprochenen Fall – eine mögliche „Verkehrung" zum Beispiel des Schutzes der Wahrhaftigkeit in Deklarationen zu antizipieren, um ihr mit rechtlichen Mitteln entgegenzuwirken. Dass dies durchaus möglich ist, möchte ich kurz an einem konkreten Beispiel der Gesetzgebung belegen. Auch unser gegenwärtiges Rechtssystem schützt die Wahrhaftigkeit in Deklarationen. Interessanterweise besteht dieser Schutz nicht darin, dass allen Bürgern etwa ein absolutes Recht auf Wahrheit oder Wahrhaftigkeit zugestanden würde, denn Wahrhaftigkeit ist in unserer Rechtsordnung nur ein relatives Recht gegen den, der rechtlich zu ihr verpflichtet ist. Sie einzufordern setzt einen Verpflichtungsgrund voraus – etwa eine „Äußerungspflicht" oder eine Pflicht auf Grund einer „Vertragsanbahnung". Wenn im besonderen Fall ein solcher Verpflichtungsgrund besteht, gilt eine vorsätzlich geäußerte Unwahrheit als eine rechtlich relevante Täuschung, weil sie die Rechte des Getäuschten verletzt. Äußerungen der Unwahrheit werden also – wie es auch Kant in der Einleitung in die Rechtslehre fordert – von irrelevanten Täuschungen differenziert, indem gefragt wird, ob sie das Recht eines anderen verletzen. Es ist also weder nach Kants Überlegung, noch in unserer Rechtsordnung generell verboten zu lügen. Wohl aber finden sich in unseren besonderen Gesetzen genaue formale Bestimmungen, welche Aussagen rechtsrelevant sind und welche Falschaussagen etwa als „arglistige Täuschung" im Sinne des § 123 BGB beurteilt werden müssen. Nehmen wir einen konkreten Fall: Liegt „arglistige Täuschung" vor, wenn bei einem Einstellungsgespräch die Frage des Arbeitgebers nach einer Schwangerschaft verneint wird, obgleich die Bewerberin zu dem Zeitpunkt nachweislich wusste, dass sie schwanger ist? Obwohl sie – umgangssprachlich ausgedrückt – in einer Situation der Vertragsanbahnung „gelogen" hat? Ist der danach geschlossene Vertrag deshalb anfechtbar?

Der § 611a BGB a. F. (das sog. Benachteiligungsverbot) und das nun geltende Allgemeine Gleichbehandlungsgesetz (AGG), welche die europäischen Gleichbehandlungsrichtlinien umsetzen, verbieten die Benachteiligung einer schwangeren Bewerberin und verbieten deshalb auch die Frage nach einer bestehenden Schwangerschaft. Das Bundesarbeitsgericht hat im Urteil vom 06.02.2003 (2 AZR 621/01) daher der Klage einer Arbeitnehmerin gegen ihre Entlassung mit folgender Begründung stattgegeben: Erstens ist bereits die Frage gemäß § 611a BGB a. F. bzw. §§ 2 Abs. 1, 12 AGG unzulässig. Und: Diese Frage musste deshalb zweitens auch nicht wahrheitsgemäß beantwortet werden, so dass insgesamt keine „arglistige Täuschung" vorliegt und der Arbeitsvertrag weiter Bestand hat.[4] Was ich mit diesem Fall zeigen möchte, ist Folgendes. Nicht lautet das Ergebnis: Die fundamentale Forderung (die Wahrhaftigkeit in Deklarationen) hat in diesem Fall keine Geltung oder es darf von diesem Prinzip auch eine Ausnahme gemacht werden, wenn in einem Fall die Folgen zu unerträglichen Härten führen. Sondern: Die fundamentale Forderung der „Wahrhaftigkeit in Deklarationen" bleibt weiterhin in Geltung und begründet sogar diese besondere Regelung: Diese versucht nämlich gerade die subjektive Wahrhaftigkeit (der Bewerberin) und die Rechte der Beteiligten (hier das Recht der Bewerberin auf Gleichbehandlung) zu schützen, indem sie die genauen Bedingungen festlegt (und dies nicht den Beteiligten oder Betroffenen überlässt), unter denen eine beliebige Antwort erlaubt ist. Die Regelung zielt gerade darauf ab, einer weit verbreiteten Praxis entgegenzuwirken, in der eine wahrhaftige Deklaration der Bewerberin zu ihrem Nachteil ausgelegt wird.

Vor dem Hintergrund dieser Überlegungen der *Metaphysik der Sitten* und dem aktuellen Fall lässt sich meines Erachtens auch der berüchtigte Lügenaufsatz mit mehr Gewinn lesen. Denn auch in diesem Text geht es nicht primär um die Frage, was jemand in der beschriebenen Situation des Beispiels konkret tun soll oder tun darf, sondern um die Frage, ob uns ein tragischer Fall dieser Art dazu berechtigen könnte, die Geltung einer fundamentalen Forderung des Rechts grundsätzlich einzuschränken.

## 1.2 Die Lektüre des Lügenaufsatzes aus der Perspektive der Metaphysik der Sitten

Auch in der Schrift *Über ein vermeintes Recht aus Menschenliebe zu lügen* geht es Kant um die Klärung des Status allgemeinster Rechtsgrundsätze. Dies zeigt schon Kants Formulierung: Die Lüge „schadet jederzeit" – wenn vielleicht nicht einem konkreten Menschen, so doch „der Menschheit überhaupt" (VRML, AA 8: 426).

---

[4] Diese Möglichkeit verstößt nicht gegen den für jede vertragliche Verbindlichkeit unabdingbaren Rechtsgrundsatz „pacta sunt servanda", wie man mit Geismann (2010, 241) meinen könnte. Denn es handelt sich im vorliegenden Fall nicht um die Etablierung eines diesem Grundsatz entgegenstehenden weiteren Grundsatzes – etwa eines generellen Rechts auf eine „bedingte Lüge" –, sondern um eine in seinen Bedingungen rechtlich präzise bestimmte Spezifizierung dieses Grundsatzes: Verträge sind auch dann gültig und zu halten, wenn in der Verabredung, die dazu geführt hat, eine Partei auf eine (nämlich unerlaubte) Frage nicht wahrhaftig geantwortet hat.

Das prinzipielle (nicht ein besonderes gesetzliches) Verbot der Lüge wird damit begründet, dass zu lügen „die Rechtsquelle unbrauchbar" mache (VRML, AA 8: 426). „In allen Erklärungen wahrhaft (ehrlich) zu sein", so schließt Kant, sei daher umgekehrt auch „ein heiliges, unbedingt gebietendes, durch keine Convenienzen einzuschränkendes Vernunftgebot" (VRML, AA 8: 427). Und weil die „Wahrhaftigkeit in Aussagen, die man nicht umgehen kann", damit eine „formale Pflicht des Menschen gegen jeden" ist, besteht sie auch dann, wenn „ihm oder einem anderen daraus auch noch so großer Nachtheil erwachsen" könnte (VRML, AA 8: 426).

Bei der Lektüre dieser und auch anschließender Passagen kann man in der Tat den Eindruck gewinnen, dass Kant ein allgemeines Vernunftgebot – so werden diese Sätze jedenfalls auch in der aktuellen Diskussion immer wieder verstanden – wohl über alles andere, über das Leben, über die Liebe, über das Mitgefühl, über die Solidarität stellt, und er anscheinend der Auffassung ist, dass auch eine Person „ohne mit der Wimper zu zucken dem Gesetz geopfert werden" müsse (Nickl 2013, 466). Viele Leser wie auch viele Kant-Interpreten erkennen entsprechend gerade in dem Beispiel des Lügenaufsatzes einen der deutlichsten Belege dafür, dass seine Moralphilosophie in der Anwendung zu inhumanen Handlungsempfehlungen führt und sie deshalb zumindest in diesen Auswüchsen sogar als „moralpathologisch" beurteilt werden müsse (Brandhorst 2013, 81). Tatsächlich kann man diesen gewichtigen Einwänden auch nicht mit dem Hinweis begegnen, dass das problematische Beispiel nur von Kants Diskussionspartner Constant, mit dem sich die kleine Schrift auseinandersetzt, ersonnen und es Kant versehentlich in die Schuhe geschoben worden sei.[5] Vielmehr scheint es auch Kant selbst wohl für so geeignet gehalten zu haben, dass er es bereitwillig aufnahm, um daran seine Position zu verdeutlichen. Zudem hat die Auseinandersetzung mit der Lüge in Kants Moralphilosophie auch schon vor dem sogenannten Lügenaufsatz nicht nur eine randständige Bedeutung. Sie dient dazu, zentrale Einsichten der Theorie zu demonstrieren, hat also exemplarischen Charakter und steht mit dieser Funktion in einem engen systematischen Zusammenhang mit zentralen Unterscheidungen der gesamten Kantischen Moralphilosophie. Schon deshalb kann man die Ergebnisse nicht einfach im Hinweis auf ein mangelndes Geschick des Autors in der Auswahl von Beispielen abtun. Man muss sie wohl als einen ernstzunehmenden, durchaus gewichtigen Teil seiner Theorie betrachten.

---

5 Zum ideengeschichtlichen Hintergrund der Diskussion über das Problem der Wahrhaftigkeit und zur Entstehungsgeschichte der Schrift *Über ein vermeintes Recht aus Menschenliebe zu lügen* vgl. Annen 1997, insbesondere 98.

Unerlässlich zur angemessenen Rezeption von Kants Auseinandersetzung mit der Lüge ist es aber, nach dem Status und der Funktion zu fragen, die Kant dem Beispiel jeweils zumisst und genau die Analyseperspektiven zu unterscheiden, unter denen er es im jeweiligen Kontext auswertet. Dazu ist zunächst wichtig, die Frage ernst zu nehmen, auf die der Lügenaufsatz antwortet: ob sich nämlich ein *Recht* zur Lüge überhaupt allgemein konsistent begründen lasse. Mit der Fragestellung wird immerhin schon deutlich, dass sich der kleine Text nicht mit dem Problem befasst, ob eine einzelne Person es in bestimmten Situationen rechtfertigen könnte, wenn sie in ihren Aussagen nicht wahrhaftig ist. Um Letzteres geht es in diesem Text allenfalls am Rande, genauer gesagt: nur in einem kleinen Absatz, auf den ich am Ende dieses Abschnittes noch zurückkommen werde.

Zunächst aber übersetzt Kant Constants fallbezogene Kritik gegen seine Theorie in eine generelle rechtsphilosophische Fragestellung zurück. Diese Übersetzung sollten wir auch in der Rekonstruktion seiner Überlegungen berücksichtigen. Denn die Fragestellung lautet entsprechend nicht mehr: „Soll ich den Freund retten oder die Wahrheit sagen?", sondern: Kann es einen Rechtsanspruch zur Lüge geben?[6] Ließe sich ein solcher Anspruch im Rahmen einer Theorie begründen? Mit dieser Transformation bewegt sich die Untersuchung also weg von dem konkreten Fall und nimmt ihn nur mehr zum Anlass, um einen weitaus fundamentaleren Geltungsdiskurs aufzunehmen und anzustrengen. Während Constant beide Dimensionen der Frage (die fallbezogene einerseits und die damit verbundene prinzipielle Dimension nach einem allgemeinen Recht zu lügen andererseits) insgesamt affirmativ beantwortet, differenziert Kant in seiner Antwort diese zwei Perspektiven und ergänzt sie sogar noch um eine weitere. Die verschiedenen Perspektiven kennzeichne ich kurz: Bezogen auf (1) die handelnde Person als Individuum räumt Kant ein, dass diese in den besonderen Umständen ungerechterweise zu einer Antwort genötigt ist und daher kein Unrecht tut, wenn sie unwahrhaftig ist (so auch Wood 2011, 104; Rehbock 2010, 109). Man würde sie daher, so könnte man die Überlegung weiter entwickeln, auch (2) im Falle eines Rechtsstreits auf der Grundlage bürgerlicher Gesetze (gesetzt, dass diese in Übereinstimmung mit dem „Allgemeinen Princip des Rechts" sind (vgl. RL, AA 6: 230) nicht belangen und sie auch nicht für die Folgen ihrer falschen Aussage haftbar machen. Doch damit ist der Fall für Kant noch nicht gelöst, denn das grundlegende Problem, das Constant aufgeworfen hat, ist noch nicht entschieden: ob es nämlich über den konkreten Fall hinaus (und vielleicht aus Anlass der

---

6 Bereits der Titel der kleinen Schrift macht deutlich, dass ein solches Recht aus Menschenliebe für sich in Anspruch zu nehmen die Grenze der prinzipiellen Unterscheidung zwischen Rechts- und Tugendpflichten auf unzulässige Weise überschreiten würde, wie auch Sugasawa betont (vgl. Sugasawa 2013, 662).

Möglichkeit eines solchen Falls) auch ein allgemeines Recht zur Unwahrhaftigkeit geben könne. Nur gegen *diese* Möglichkeit argumentiert Kant in der kleinen Schrift und negiert sie explizit unter Rekurs (3) auf rechtsphilosophische Begründungen. Weder ein (2) allgemeines Recht in einer Rechtsordnung und ebenso eine (2) allgemeine Pflicht zu lügen lassen sich begründen, denn sie würden zum einen der (3) notwendigen Bedingung rechtlicher Verbindlichkeit (der Wahrhaftigkeit in Deklarationen) widersprechen und zum anderen eine Ausnahme vom obersten Rechtsprinzip erzwingen – womit dessen Prinzipienstatus in Frage gestellt wäre und sich in Fällen konkurrierender Prinzipien keine Orientierung mehr angeben ließe.

Ohne die (3) Forderung der Wahrhaftigkeit in Deklarationen würde also die Geltung von Verträgen und überhaupt von Rechten in Frage gestellt – und in diesem prinzipiellen Sinne, wie es Kant formuliert, „die Rechtsquelle unbrauchbar" gemacht (VRML, AA 8: 426). Nicht eine einzelne Lüge, auch nicht eine von Fall zu Fall geäußerte Lüge stellt eine Gefahr dar, sondern sie sind nur dann ein erstzunehmendes Problem, wenn man sie zum Anlass nimmt, um daraus eine allgemeine Erlaubnis zur Ausnahme von der prinzipiellen Forderung nach Wahrhaftigkeit in Deklarationen zu schmieden.[7]

Um seine Leser auf dieses Problem überhaupt erst zu leiten und es ihnen dann in seiner ganzen Tragweite vorzustellen und auseinanderzusetzen, fingiert der Text erst einmal den Fall, dass wir ein solches Recht zugestehen könnten (vgl. auch Annen 1997, 99 f.). Damit wird die Frage aber nicht im Rahmen möglicher konkreter Gesetzgebung, sondern immer noch unter der Perspektive diskutiert, ob ein Recht zur Lüge mit dem Rechtsprinzip der Wahrhaftigkeit vereinbar wäre, das in jeder konkreten Rechtsordnung vorausgesetzt ist. Würden wir ein solches Recht etablieren, so lautet Kants Überlegung, dann würden Aussagen „überhaupt keinen Glauben finden" (VRML, AA 8: 426) können, aber nicht etwa, weil wir ihnen in einem psychologischen Sinne nicht mehr vertrauten, sondern weil das Wegfallen dieser Voraussetzung eine notwendige Bedingung der Vertragsfigur als einer fundamentalen Form rechtlicher Verbindlichkeit zerstören würde. Als Konstitutionsbedingung muss die Wahrhaftigkeit von Deklarationen in rechtlichen Verabredungen wie etwa dem Vertrag unter Umständen auch kontrafaktisch vorausgesetzt werden, um überhaupt gegenseitige Verbindlichkeitsverhältnisse denken und ein formales System wechselseitiger Verbindlichkeiten errichten zu können. Insofern also „schadet die Lüge jederzeit" und „zerstört die Rechts-

---

[7] So Zazcyk 2015, 87; auch Rehbock, die Kants Intention des „Lügenaufsatzes" in der folgenden These zusammenfasst: „Die Tatsache, dass Notsituationen uns moralisch nötigen können, gegen Recht zu verstoßen, sollte uns nicht dazu verleiten, einen solchen Rechtsverstoß seinerseits in Recht umzudeuten" (Rehbock 2010, 109).

quelle" (VRML, AA 8: 425) – sie ist in ein solches System gegenseitiger Verbindlichkeiten, das auf der Grundlage von Deklarationen aufbaut, nicht zu integrieren, sondern widerspricht dessen Grundprinzip.

Dass Kant dann noch die Überlegung anstellt, es seien gültige bürgerliche Gesetze denkbar, die so strikt sind, dass sie dem Lügenden sogar eine Mitverantwortung an den Folgen zuschreiben, mag man für unglücklich und vor allem für höchst unwahrscheinlich halten.[8] Denn vermutlich würde eine jede konkrete Rechtsordnung, die der Prüfung des Kategorischen Imperativs des Rechts standhält, auch Entschuldigungsgründe gelten lassen.[9] Oder sie würde wie unsere Rechtsordnung zum Beispiel im Falle des § 611a BGB a. F. und des AGG, Bedingungen formulieren, um die Härten auszugleichen, zu denen die Wahrhaftigkeit in Deklarationen in bestimmten Situationen führen kann. Dies wäre allerdings eine Aufgabe der besonderen Gesetzgebung, die das Individuum und sein Gewissen entlastet, indem sie ihm nicht die Einschätzung der Situation und die Schlussfolgerung auf mögliche Folgen zumutet. Auch dieser problematische Absatz des Lügenaufsatzes hat meines Erachtens primär die Funktion, eine Überlegung der Theorie zu verdeutlichen: nämlich, dass die besondere Gesetzgebung den Individuen die Sicherheit geben muss, dass es unter keinen Umständen als ein Rechtsverstoß gewertet wird, wenn man dem Prinzip der Wahrhaftigkeit in Deklarationen folgt – es sei denn, dass eine besondere rechtliche Verabredung etwa zur Geheimhaltung oder zur Schweigepflicht zwingt. Anders gewendet bedeutet dies aber auch, dass die Individuen, wenn sie die Unwahrheit sagen oder täuschen, sich nicht darauf verlassen können, dass sie auch dann noch von den besonderen Gesetzen einer Rechtsordnung geschützt werden. Mit einer Abweichung vom Rechtsprinzip der Wahrhaftigkeit gehen sie vielmehr das

---

8 Vgl. dazu auch Zazcyk, der ebenfalls Erweiterungen seiner Argumentation auf konkrete Rechtsfragen nicht für förderlich hält, aber einige Hinweise dafür gibt, dass es sich zumindest nicht um eine völlig absurde Überlegung handelt. Seiner Ansicht nach kann sich Kants Position auf historische Vorbilder wie die Lehre vom „versari in reillicita" stützen (vgl. Zazcyk 2015, 88–89).

9 Eine zunächst ähnliche Überlegung stellt Richard McCarty an. Er versucht nachzuweisen, dass die Kantische Ethik (in diesem Fall: Moralphilosophie) (McCarty 2012, 341) einem Befragten sehr wohl das Recht zugesteht, auf eine „trap question" unwahrhaftig zu antworten. Der Grund liegt nach McCarty darin, dass die Frage (im moralischen Sinne) „falsch" sei. Und die Lüge sei dann im Fall einer unzulässigen Frage als eine Verhinderung eines Hindernisses der Freiheit gerechtfertigt. McCarty entnimmt die Argumentationsfigur der Kantischen Legitimation staatlicher Strafe. Als Rechtfertigung individuellen Handelns birgt diese Argumentation aber meines Erachtens die Gefahr, dass beliebige Mittel zur Verhinderung eines Hindernisses der Freiheit eingesetzt werden können, weil keine gesetzlichen Bedingungen die Wahl der Mittel in genau bestimmten Situationen einschränken.

Risiko ein, dass sie das Recht eines anderen verletzen oder zumindest zur Rechtfertigung ihres Verhaltens gezwungen werden können.

In der Summe scheint es jedenfalls nach dieser Lesart so, als habe Kant in dem Lügenaufsatz seine rechtsphilosophische Argumentation sehr wohl durchgehalten, auch wenn der Text es seinen Lesern abverlangt, dass sie bei der Lektüre den oft unvermittelten Wechsel der jeweiligen Analyseperspektiven aufmerksam verfolgen.

## 2 Das Lügenproblem in der Tugendlehre als ethisches Problem

Kant zeichnet die Lüge in der *Tugendlehre* als einen Verstoß gegen die vollkommene Pflicht zur Wahrhaftigkeit[10] aus und wählt harte Worte, um den Pflichtverstoß zu charakterisieren: Die Lüge sei „die größte Verletzung der Pflicht des Menschen gegen sich selbst" (TL, AA 6: 429), kann man im § 9 der Tugendlehre lesen. Die Ehrlosigkeit begleite „den Lügner wie seinen Schatten" (TL, AA 6: 429), sie „verletzt die Würde der Menschheit" in der je eigenen Person (TL, AA 6: 429), und überhaupt habe ein „Mensch, der selbst nicht glaubt, was er einem Anderen [...] sagt, [...] noch einen geringeren Werth, als wenn er blos Sache wäre" (TL, AA 6: 429).

Schon der Ton der Darstellung ist so strikt, dass der Schluss naheliegt, Kant belege die Lüge mit einem Handlungsverbot und verbinde entsprechend die Pflicht zur Wahrhaftigkeit mit dem Handlungsgebot, dass man in seiner „Erklärung (*declaratio*)" auch seine Gedanken entsprechend mitteilt und nicht etwas anderes in seinem Herzen verschlossen hält (vgl. TL, AA 6: 430). Welcher Unterschied aber kann die ethische dann noch von der rechtsphilosophischen Behandlung der Lüge abheben, wenn im Falle der vollkommenen Pflicht doch ein striktes Verbot der Lüge und ein Handlungsgebot, seine Gedanken wahrhaftig mitzuteilen, abgeleitet werden? Es scheint so, als könne der Vorwurf des Rigorismus zwar nicht in der Kantischen Rechtsauffassung, aber doch in seiner *Tugendlehre* Bestätigung finden.

Kant scheint allerdings die Unterscheidung zwischen Recht und Ethik als gewahrt zu beurteilen. Er bringt den Unterschied nicht nur im § 9 in Erinnerung,

---

**10** Vgl. den Abschnitt über „Die Pflicht des Menschen gegen sich selbst, bloß als einem moralischen Wesen" (TL, AA 6: 428), in dem die Lüge – sei es die sog. „innere", sei es die „äußere" (TL, AA 6: 429) – als ein „Laster" (TL, AA 6: 429.18) und als die größte Verletzung dieser Pflicht (vgl. TL, AA 6: 429.04–06) bezeichnet wird.

sondern er thematisiert ihn auch ausführlich in der sehr langen Einleitung zur Tugendlehre. Darin finden sich auch einige erhellende Hinweise sogar für die Frage des Verhältnisses von vollkommenen Pflichten zu Handlungsgeboten bzw. -verboten. Tugendpflichten, so liest man, können nicht in einer „äußeren Gesetzgebung" (TL, AA 6: 410) niedergelegt werden, das Gesetz aber, das den Tugendpflichten zugrunde liegt und das auch ihre Verbindlichkeit begründet, ist ein Pflichtgesetz der Ethik „nicht für die Handlungen, sondern bloß für die Maximen der Handlungen" (TL, AA 6: 410) und schließlich – das folgt nach Kant aus dem letzteren: ist die ethische Pflicht damit insgesamt eine „weite […] Pflicht" (TL, AA 6: 410). Auch wenn in der *Tugendlehre* Zwecke, die zugleich Pflicht sind, formuliert werden, bleibt es dabei, dass alle Pflichten der Ethik von weiter Verbindlichkeit sind und – im Unterschied zum Recht – in der Ausführung einen gewissen „Spielraum (*latitudo*)" (TL, AA 6: 390) lassen. Dieser Spielraum bezieht sich bei vollkommenen Pflichten sicherlich nicht auf die Möglichkeit, von der jeweiligen Pflicht Ausnahmen zu machen. Er eröffnet sich vielmehr dadurch, dass ethische Pflichten generell nicht festlegen, „wie und wie viel durch die Handlung zu dem Zweck, der zugleich Pflicht ist, gewirkt werden solle" (TL, AA 6: 390) – und dies auch nicht können, weil sie ja nur subjektive Grundsätze vorschreiben. Ein solcher Spielraum muss also in der Umsetzung *aller* Tugendpflichten – sei es der vollkommenen, sei es der unvollkommenen – zugestanden werden. Auch vollkommene Pflichten sind so gesehen „weite" Pflichten und lassen einen Spielraum im Handeln (so auch Schüssler 2012, 83). Andererseits, betont Kant, dass eigentlich nur unvollkommene Pflichten „allein" Tugendpflichten seien (TL, AA 6: 390) und die Vollkommenheit einer Tugendhandlung daran gemessen werden könne, wie nahe ein Handelnder „die Maxime der Observanz derselben (in seiner Gesinnung) der *engen* Pflicht (des Rechts)" bringe (TL, AA 6: 390). Diese Bemerkung könnte man nun so verstehen: Je weniger wir, trotz des Spielraums, den uns die ethische Verpflichtung generell lässt, diesen Spielraum für unsere eigenen Neigungen und Interessen nutzen, je strikter wir uns um die tätige Umsetzung der Tugendpflicht bemühen, als desto tugendhafter kann unsere Haltung gelten.

In dem Hinweis auf die Annäherung geht es primär um die „Observanz" in der „Gesinnung"[11] – also um die Bereitschaft die vorgeschriebenen Pflichten als Maximen aufzunehmen und ihre Befolgung zu habitualisieren. Die Differenz zur Rechtspflicht wird auch mit diesem Hinweis nicht aufgehoben, sofern die Tugendpflichten dennoch keine konkreten Handlungen vorschreiben. Auch die

---

11 Zur Bedeutung des Ausdrucks „Observanz" vgl. Adelung 1811: „aus dem Lat. observantia, in den Rechten, das Herkommen, ingleichen eine in dem Herkommen gegründete Gewohnheit, ein hergebrachtes Recht".

Pflicht zur Wahrhaftigkeit, die bezeichnenderweise in der Tugendlehre über das Laster charakterisiert wird, muss damit einen Spielraum in der handelnden Umsetzung lassen, weil auch diese vollkommene Pflicht eine ethische, nicht eine rechtliche Verbindlichkeit auferlegt.[12]

Entscheidend für die Auswertung des ganzen § 9 scheint mir allerdings, dass darin die Lüge als die Verletzung einer „vollkommenen Pflicht gegen mich selbst" verhandelt wird und nicht etwa, wie man zunächst vermuten könnte, als eine Verletzung der Pflicht gegen andere. Das macht einen gravierenden Unterschied sowohl in der Bewertung der harten Worte, die Kant darin für den Lügner findet, als auch für die Diskussion der Beispiele aus den „Kasuistischen Fragen". „Pflichten [...] gegen sich selbst" (TL, AA 6: 419 f.) fordern, diejenigen Bedingungen zu erhalten, die es dem Menschen erlauben, sich als ein „moralisches Wesen" (TL, AA 6: 420) zu verstehen und zu entfalten. Unter einem „moralischen Wesen" versteht Kant nicht ein Wesen, das moralisch gut ist, sondern dessen „innere Freiheit" darin besteht, „nach Principien zu handeln" TL, AA 6: 420). Die Laster, die dieser Pflicht entgegengesetzt sind, verhindern nicht nur dies, sondern sind auch grundsätzlich einer autonomen Selbstbestimmung des Menschen abträglich. Ihre destruktive Wirkung ergibt sich aber nicht aus einzelnen Handlungen, sondern daraus, dass sie es „sich zum Grundsatz [machen, meine Ergänzung AME], keinen Grundsatz und so auch keinen Charakter zu haben" (TL, AA 6: 420). Die Lüge als ein Laster verstanden, das der Pflicht des Menschen gegen sich selbst als moralisches Wesen entgegensteht, muss demnach einen Grundsatz betreffen, den jemand an die Stelle der Maxime der Wahrhaftigkeit setzt. Dieses Verständnis würde auch die Schärfe der Worte erklären, mit denen Kant im § 9 den Lügner charakterisiert. Mit ihm kann nicht eine Person gemeint sein, die aus einer Zwangslage heraus oder auf Grund ihrer „Schwachheit" (TL, AA 6: 430) in einer bestimmten Situation die Lüge als ein Mittel ergreift, um einen guten oder vermeintlich guten Zweck zu realisieren. Nimmt man die in der Einleitung und in der gesamten Schrift immer wieder gegebenen Hinweise auf die Differenz zum Recht und die Maximenorientierung der Tugendpflichten ernst, dann muss man auch im § 9 den Lügner als denjenigen begreifen, der aus einem Grundsatz heraus sich der Lüge bedient. Und es ist im Rückgriff auf die oben zitierte Passage aus der Einleitung deutlich, welcher Natur der Grundsatz des Lügners ist: es ist der Grundsatz „keinen Grundsatz [...] zu haben" (TL, AA 6: 420) und lediglich aus den eigenen

---

[12] Vgl. dazu auch Babic (2000, 438), der deutlich herausarbeitet, dass sich vollkommene Pflichten gegen sich selbst schon allein durch diese ihre Bestimmung (nämlich Pflichten gegen sich selbst zu sein) der Möglichkeit entziehen, auch als juridische qualifiziert zu werden.

Interessen heraus zu entscheiden, wann es günstig ist zu lügen oder wahrhaftig zu sein.

Noch deutlicher wird die ethische Dimension dieses Abschnittes, wenn das Lügenproblem auf die sogenannte „innere Lüge" konzentriert wird. Sie ist eine Art vorsätzlicher Selbsttäuschung, die nach Kants Meinung „noch mehr" (TL, AA 6: 429) als die äußere Lüge eine Würdeverletzung der Menschheit in der eigenen Person darstellt. Auch die innere Lüge erhält den Status eines Lasters nicht durch den Schaden, den sie verursacht (vgl. TL, AA 6: 430), sondern weil sie die für alle kritische Selbstaufklärung erforderliche Wahrhaftigkeit gegen sich selbst aufhebt. Auch im Zusammenhang der „inneren Lüge" geht es um eine grundsätzliche Haltung und nicht darum, dass wir uns in bestimmten Situationen belügen, wie der von Kant als Beispiel angeführte Liebhaber, der „lauter gute Eigenschaften an seiner Geliebten zu finden" versucht, um „ihre augenscheinlichen Fehler unsichtbar" (TL, AA 6: 430) zu machen.

Diese Lesart wird meines Erachtens auch durch die Beispiele in den „Kasuistischen Fragen" gestützt. Sie präsentieren Problemstellungen, die nicht etwa justiziable Täuschungen, sondern eher banale Interaktionen betreffen, in denen sich jemand durch eine Lüge aus einer unangenehmen Situation zu winden versucht. Die skizzierten Fälle werden von Kant weder genau analysiert, noch erfahren sie eine abschließende Beantwortung. Sie sind vermutlich mit Bedacht als „Kasuistische Fragen" bezeichnet, weil sie gar keine Kasuistik im strengen Sinne bilden.[13] Vielmehr scheinen sie nur zu verdeutlichen, wie Kant in der Einleitung zur *Tugendlehre* herausstellt, dass man in der Tugendlehre in eine Kasuistik geraten kann. Wenn nämlich zu entscheiden ist, „wie eine Maxime in besonderen Fällen anzuwenden sei" (TL, AA 6: 411), dann ist die Urteilskraft aufgefordert, nach den jeweils untergeordneten Maximen zu suchen. Die Urteilskraft kann sich dabei aber nicht auf feste Subsumtionsregeln berufen, sondern muss sich üben und ausbilden (vgl. TL, AA 6: 411). Die Beispiele, die von Kant in den „Kasuistischen Fragen" gegeben werden, stellen entsprechend auch keine Fälle dar, die zu lösen sind, indem man sich für die „richtige" Handlungsanweisung entscheidet.[14] Sie werden herangezogen, um an ihnen die Grundeinsichten seiner Tugendlehre zu explizieren und deren Anwendung einzuüben. Auch dabei unterscheidet Kant

---

13 So etwa Schüssler (2012, 71), der überzeugend zeigt, dass Kant in der Tugendlehre mit Bedacht nur kasuistische Fragen formuliert, denen vor allem eine moralpädagogische Funktion zukommt (ebd., 75). Mit ihnen sollen die Leser überprüfen, ob sie „den Geltungsumfang einer vollkommenen Pflicht richtig verstanden" haben (ebd.), nicht aber Geltungsgründe abwägen.

14 Vgl. etwa Timmermann 2000. Himmelmann begreift Kants Beispiel, wie viele Interpreten, als eine Dilemmasituation, für die wir auf der Grundlage seiner Theorie eine überzeugende Handlungsoption für die beteiligten Individuen finden müssen (vgl. Himmelmann 2001, 236).

aber deutlich zwischen Recht und Ethik, wie sich etwa an Kants Beispiel eines Dieners, der seinen Herrn vor einer bestimmten Person verleugnen soll, zeigen lässt. Durch die Verleugnung wird ein von dieser Person im Anschluss begangenes Verbrechen zwar nicht ausgelöst, aber auch nicht verhindert, obgleich dies der Fall gewesen wäre, wenn der Diener der Anweisung zuwider gehandelt hätte. Schon die artifizielle Anlage des Beispiels macht deutlich, dass es sich nicht um einen Alltagsfall handelt, den wir nun mit den Mitteln der Kantischen Theorie lösen sollen, sondern dass die Konstruktion so angelegt ist, dass daran Unterscheidungen und Einsichten der Theorie demonstriert werden können. Den Diener trifft zwar keine *rechtliche* Mitschuld an dem Geschehen, wohl aber erwägt Kant eine Verantwortlichkeit „nach ethischen Grundsätzen" (TL, AA 6: 431).

Für diese Lesart könnte auch sprechen, dass Kant in einer späteren Schrift, der *Anthropologie in pragmatischer Hinsicht*, affirmativ den von ihm so genannten „erlaubten moralischen Schein" (Anth, AA 7: 151) verhandelt.

## 3 Der erlaubte Schein in pragmatischer Absicht

In dem entsprechenden Abschnitt der Anthropologie werden Handlungsformen untersucht, die der Realisierung moralischer Ziele nützlich sind, wie etwa die gesellschaftliche Praxis der gegenseitigen Achtungsbekundung. Von ihr sagt Kant, dass es, auch wenn die beteiligten Personen sie „nicht herzlich" meinen (vgl. Anth, AA 7: 151), doch sehr gut sei, auf diese Weise einander zu begegnen. Denn dadurch, dass Menschen eine solche Rolle spielten, würden zuletzt die Tugenden, deren Schein sie eine geraume Zeit hindurch nur „erkünstelt" haben, in ihnen nach und nach wohl wirklich wach und könnten in Grundhaltungen übergehen. Kant setzt also auf eine Art Gewöhnung, die dann allmählich ihre Wirkung auch auf die Überzeugung tun wird. Mit direkter Gewalt sei nämlich „wider die Sinnlichkeit in den Neigungen nichts ausgerichtet" – so liest man in diesem Text weiter – man müsse sie daher „überlisten" (Anth, AA 7: 152). Statt nun „Niederschlagung" der Neigungen und absoluten Gehorsam zu fordern, zeichnet Kant uns hier in einem Bezug auf Swift das Bild der moralischen Person als eines Steuermanns, der unter Umständen eben „dem Walfisch eine Tonne zum Spiel hingeben [müsse], um das Schiff zu retten" (Anth, AA 7: 152; vgl. „D Jonathan Swifts Mährgen von der Tonne, in: Swift 1758, 46; auch Refl. 1482, AA 15: 686). Allerdings sollten wir uns bei diesen nützlichen Illusionen immer darüber bewusst bleiben, dass sie nur funktionale Vorstellungen sind und nicht etwa moralische Grundsätze.

Wenn wir vor diesem Hintergrund noch einmal auf die „Casuistischen Fragen" der Tugendlehre zurückblicken, erhält vielleicht die darin angedeutete Lösung für unangenehme Fragen, denen man nicht entgehen kann, ein anderes Gewicht: „Die Antwort", meint Kant, „könnte [...] illusorisch gegeben werden, da man über die Verfänglichkeit einer solchen Frage spöttelte; aber wer hat den Witz (schon) immer bei der Hand?" (TL, AA 6: 431). Es handelt sich bei diesem Vorschlag zwar nur um eine kleine Seitenbemerkung, aber sie kann uns, ganz entsprechend der Intention der „Kasuistischen Fragen", auf den Gedanken bringen, dass es einer kreativen Leistung bedarf, um ethische Forderungen in Handlungen zu verwirklichen. Wie es im Recht einer Kreativität bedarf, um in konkreten gesetzlichen Regelungen der allgemeinen Forderung nach Wahrhaftigkeit in Deklarationen zu entsprechen und sie vor „verkehrenden" Umständen zu bewahren, so könnte es auch in der Ethik erforderlich sein, die „rechten Worte zu finden", um die Wahrhaftigkeit in der Kommunikation zwischen Personen angemessen zum Ausdruck zu bringen. Kant legt allerdings nahe, dass, wenn uns in einer entsprechenden Situation eben kein Witz einfällt, wir einfach auf eine zwar unkreative, aber seiner Meinung nach doch schon fertig vorliegende Antwort zurückgreifen sollten, indem wir nichts anderes sagen, als das, was wir in Gedanken haben. Genau darin aber liegt meines Erachtens ein Irrtum, den wir – gerade im Problemzusammenhang der Anwendung ethischer Grundsätze – nicht übernehmen sollten. Wahrhaftigkeit ist schon deshalb nicht mit dem Aussprechen der eigenen Gedanken gleichzusetzen, weil diese selbst keineswegs immer bereits als formulierte Sätze vorliegen. Selbst wenn dies der Fall wäre, so müsste man doch fragen, ob aus der ethischen Forderung nach Wahrhaftigkeit auch unmittelbar die entsprechende Handlung – nämlich das auszusprechen, was einem gerade in den Sinn kommt – festgelegt wird. Die „Wahrheit" (umgangssprachlich formuliert) lässt sich schließlich auf viele Weisen aussprechen – auf schöne und hässliche, glückliche und unglückliche –, und bedingt durch diese Form: auf moralische und unmoralische Weise. Nahezu jeder Fall verlangt ein gewisses Maß an Kreativität, um in ihm die richtige Weise (weniger zu „finden", als vielmehr) zu formen, in der die „Wahrheit" zur Sprache kommen kann. Damit sind nun keineswegs bloß „äußerliche" Ansprüche an die „Verpackung" eines Gedankens angesprochen. Diese Überlegung richtet sich vielmehr unmittelbar auf den ethischen Gehalt der jeweiligen Äußerung, der nicht in der Gesinnung oder in einem, im psychologischen Sinne, Gemeinten liegt, sondern der von der konkreten Weise des Erscheinens – in diesem Falle eben von der konkreten Formulierung abhängt. Solche Bemühung um „sozialverträgliche" Weisen des Sprechens rückt gewiss in die Nähe dessen, was Kant als „moralischen Schein" bezeichnet hat. Doch er wird sie, wie andere Formen des Scheins, die schon erwähnt wurden, für „erlaubt" gehalten haben, und vielleicht sogar für eine „Art von Unwahrheit, die dann nicht eine Lüge ist" (GSE, AA 20: 134), sondern ein angemessenes Mittel des moralischen Handelns.

Patrick Kain
# Pflichten in Ansehung der Tiere

## 1 Einleitung

In einigen der meistzitierten und sicherlich den meist*kritisierten* Passagen der *Metaphysik der Sitten* betont Kant auf berüchtigte Weise, dass wir Menschen Pflichten gegen alle anderen Menschen haben: „so daß der Mensch sowohl sich selbst, als auch jeden anderen Menschen sich als seinen Zweck zu denken verbunden ist" (TL, AA 6: 410); aber „der Mensch [hat] sonst keine Pflicht, als blos gegen den Menschen (sich selbst oder einen anderen)" (TL, AA 6: 442). Obwohl Kant viele moralische Einschränkungen unseres Verhaltens gegenüber nichtmenschlichen Tieren anerkennt, betont er, dass sie Pflichten bloß „*in Ansehung* dieser Tiere" sind, anstatt „*gegen* diese *Wesen*" (TL, AA 6: 442–43).[1] „Ein jeder Mensch hat rechtmäßigen Anspruch auf Achtung von seinen Nebenmenschen, und *wechselseitig* ist er dazu auch gegen jeden Anderen verbunden" (TL, AA 6: 462), aber Tiere sind keine Personen, sondern „Sachen" und „*Achtung* geht jederzeit nur auf *Personen*, niemals auf *Sachen*" (KpV, AA 5: 76). Dass irgendjemand anders denken würde, wäre auf eine „Amphibolie der Reflexionsbegriffe" zurückzuführen (TL, AA 6: 442). Es sieht so aus, als ob Kant denken würde, dass Tiere unserer Rücksicht nicht würdiger als der Drehspieß seien, auf dem wir sie grillen wollen könnten.

    Diese Haltung zur Natur und zur Reichweite des grundlegenden „moralischen Status" und deren praktischen Folgen sowohl für die Behandlung sogenannter „Grenzfälle" sehr unreifer oder schwerbehinderter Menschen, als auch für die Behandlung nichtmenschlicher Tiere ist eine Quelle erheblicher Bestürzung gewesen.[2] Kant wird häufig vorgeworfen, 1. den moralischen Status aller Menschen von dem Status nichtmenschlicher Tiere willkürlich zu unterscheiden, was mit dem tatsächlichen Zustand menschlicher Kinder und schwerbehinderter Erwachsene nicht vereinbar ist; 2. die Natur nichtmenschlicher Tiere und ihre

---

Auszug aus: Kain, Patrick (2010): „Duties Regarding Animals". In: Lara Denis (Hg.): Kant's Metaphysics of Morals. A Critical Guide. Cambridge UK: Cambridge University Press, 210–233. Reproduziert mit Erlaubnis des Lizenzgebers durch PLSclear.

[1] Im Folgenden werde ich oft „Tiere" als Abkürzung für „nichtmenschliche Tiere" verwenden.
[2] „Moralischen Status zu haben, heißt moralisch wichtig zu sein bzw. einen moralischen Rang zu haben. Es heißt, eine Entität zu sein, gegen welche moralische Akteure moralische Pflichten haben bzw. haben können." (Warren 1997, 3).

Ähnlichkeit zu Menschen grundlegend zu verkennen; 3. zu verkennen, dass die moralischen Einschränkungen des menschlichen Verhaltens gegenüber nichtmenschlichen Tieren in der Natur dieser Tiere statt in akzidentellen Auswirkungen unseres Verhaltens gegenüber anderen Menschen begründet sein sollten, die sich um höchst zufälligen Eigenschaften menschlicher Psychologie drehen; und 4. Tiere an sich nicht als Gegenstand eines menschlichen Anliegens zu betrachten. Diese Vorwürfe scheinen den Kern der kantischen Ethik zu treffen; und sie anzugehen scheint entweder die vollständige Ablehnung der kantischen Ethik oder eine wesentliche Änderung ihrer Fokussierung auf die Menschenwürde zu erfordern, die ihr Markenzeichen ist. (Für wichtige diesbezügliche Zugeständnisse von Kantianern siehe: Korsgaard 1996a; Korsgaard 2005; Korsgaard 2011; Timmermann 2005; Wood 1998; Wood 1999; Wood 2008).

Eine bessere Beurteilung dessen, worauf sich Kant in einer Vielfalt von Fächern festlegt, lässt erkennen, dass Kant ein tieferes Verständnis von menschlichen und nichtmenschlichen Tieren hatte, als allgemein anerkannt wird, und wird uns helfen, viele der üblichen Einwände gegen seine Darstellung unserer Pflichten mit Bezug auf Tiere anzugehen.

## 2 Die Basis des moralischen Status

Kant besteht auf eine deutliche Unterscheidung zwischen Lebewesen, die eine Würde haben, und Lebewesen, die bloß einen Preis haben. Der Preis ist eine Art relativer Wert, den etwas hat, wenn es mit etwas anderem – insbesondere mit den Bedürfnissen und Wünschen von Menschen – auf die richtige Weise verbunden ist. Dagegen ist Würde eine Art absoluter und innerer Wert: „Was dagegen über allen Preis erhaben ist, mithin kein *Äquivalent* verstattet, das hat eine Würde." (GMS, AA 4: 434) Etwas anderes könnte also nicht „an dessen Stelle [...] gesetzt werden" (GMS, AA 4: 434).[3] Kant behauptet, dass das, was einem Lebewesen Würde verleiht und es als „Zweck an sich selbst" kennzeichnet, seine angeborene vernünftige Fähigkeit zur Autonomie ist, eine Anlage zur „Persönlichkeit" (TL, AA 6: 223, 418, 434 f.), die Fähigkeit zur moralischen „Gesetzgebung" (GMS, AA 4: 435, siehe auch 428) und zum Handeln aus „Achtung für das moralische Gesetz" (RGV, AA 6: 27), zur „Freiheit [...] unter moralischen Gesetzen" (TL, AA 6: 223).[4]

---

[3] Hier will ich nicht bestreiten, dass Kant den Begriff „Preis" differenziert sieht. Siehe z. B. GMS, AA 4: 428, GMS, AA 4: 434; TL, AA 6: 434.
[4] Kant lehnt die Möglichkeit ab, dass Organismen im Allgemeinen letzte Zwecke oder Zwecke an sich selbst sein könnten (vgl. KU, AA 5: 425–35), kontra hingegen: Meier 1753-61, §975.

In Kants Theorie gibt es eine starke Verbindung zwischen Würde und moralischer Verpflichtung. In Kants Worten sind nur Lebewesen, die Würde haben, zu „der Verpflichtung (der activen oder passiven)" (TL, AA 6: 442) fähig: Nur Wesen, die Würde haben, können verpflichtet sein oder andere verpflichten. „Pflicht gegen irgend ein Subject ist die moralische Nöthigung durch dieses seinen Willen" (TL, AA 6: 442). Moralische Verpflichtungen können als die Forderung formuliert werden, die Würde und die Autonomie jedes Vernunftwesens zu achten (vgl. GMS, AA 4: 428 – 36). Demnach fordert die zweite Formel des kategorischen Imperativs: *„Handle so, daß du die Menschheit sowohl in deiner Person, als in der Person eines jeden andren jederzeit zugleich als Zweck, niemals bloß als Mittel brauchst."* (GMS, AA 4: 429). Entgegen dem möglichen Anschein, Kant würde einfach einen Zirkelbeweis für alle relevanten Fragen zur Reichweite des moralischen Status führen, muss bemerkt werden, dass Kant die Begriffe „Menschheit" und „Person" in einem technischen Sinne verwendet, um sich auf gewisse Fähigkeiten und Anlagen des Willens zu beziehen, von denen sich herausstellen wird, ob sie sich allen Menschen und nur Menschen zuschreiben lassen.

Da eine „Pflicht gegen irgend ein Subject [...] die moralische Nöthigung durch dieses seinen Willen" ist (TL, AA 6: 442), muss ein Verpflichtendes (ein Lebewesen, *demgegenüber* wir eine Pflicht haben können, d.h. ein Lebewesen, das zur „activen" (TL, AA 6: 442) Verpflichtung fähig ist) einen Willen haben, der dem Verpflichteten eine moralische Nötigung auferlegen kann, und das Verpflichtete (ein Lebewesen, das zur „passiven" (TL, AA 6: 442) Verpflichtung fähig ist) muss einen Willen haben, der vom Verpflichtenden genötigt werden kann. Demnach isolierte Kant zwei notwendige Bedingungen für einen genuinen moralischen Status: Wir können nur gegenüber einem Lebewesen verpflichtet sein, das sowohl 1. eine „Person" ist, d.h. ein Lebewesen mit einem freien Willen unter dem moralischen Gesetz, als auch 2. als ein „Gegenstand der Erfahrung gegeben" wird, so dass wir anerkennen können, dass es uns verpflichten kann, und so dass wir durch unsere Handlung einen Einfluss auf ihn bzw. auf seine Zwecke haben können (TL, AA 6: 442).

Kants Insistieren darauf, dass wir nur gegenüber Personen verpflichtet sein können, die als „Gegenstand der Erfahrung gegeben" werden, legt nahe, dass Erfahrung und die biologischen, psychologischen und anthropologischen Theorien, Begriffe und Urteile, durch welche wir den Gegenständen, die uns durch Erfahrung gegeben werden, einen systematischen Sinn verleihen, uns erheblich helfen müssen, auf eine naturalistisch akzeptable Weise zu bestimmen, welche Gegenstände der Erfahrung als die Erscheinung der relevanten Arten von Anlagen angesehen werden sollen. Diese These wird u.a. durch Kants Berufung auf die „Erfahrung" und durch die Verwendung der biologischen und psychologischen Terminologie in Erörterung zu unseren Pflichten in Ansehung nichtmenschlicher

Tiere sowie zur moralischen Beziehung zwischen menschlichen Eltern und den Kindern, die sie zeugen, bestätigt (vgl. RL, AA 6: 280; TL, AA 6: 442).

## 3 Die Natur der Tiere

Kant hat einen naturalistischen Rahmen für systematische biologische und psychologische Untersuchungen formuliert. Kant besteht darauf, dass wir in den Naturwissenschaften versuchen müssen, ein System effizienter oder „mechanischer" Kausalitätsgesetze zu identifizieren (KU, AA 5: 387), die den beobachtbaren Regelmäßigkeiten zugrunde liegen. Es gibt aber Phänomenen, die wir auf eine solche Weise nicht verstehen können (vgl. KU, AA 5: 387 f., 372–76, 401–04). Um solche Regelmäßigkeiten „unter Gesetze" zu bringen (VvRM, AA 2: 429), braucht man eine Reihe teleologischer Begriffe, einschließlich des Begriffs eines Organismus, d. h. eines „Zweck der Natur" (KU, AA 5: 376), welcher ein teleologisch organisiertes und selbstorganisierendes Ganzes ist, das für das Leben und die Fortpflanzung organisiert ist (vgl. VvRM, AA 2: 429). Man sollte nach einer systematischen und sparsamen Darstellung suchen, die sich auf Analogien zu beobachteten Kräften stützt und sowohl eine unnötige und nutzlose Komplexität, als auch eine direkte Berufung auf göttliche Intervention vermeidet. Eine philosophisch geeignete, naturalistische Erläuterung der unter Organismen beobachteten Regelmäßigkeiten bevorzugt eine epigenetische Theorie der Fortpflanzung von Organismen, die mit einem Bekenntnis zur Existenz von wirklichen biologischen Spezies und mit einer Lehre von ursprünglichen Anlagen kombiniert wird (vgl. ÜGTP, AA 8: 168 f.; BBM, AA 8: 102; ÜGTP, AA 8: 178). Bei der Fortpflanzung erzeugen erwachsene Organismen einer Spezies einen neuen Organismus ihrer Spezies, der bei der Empfängnis mit der spezifischen Organisation der Spezies ausgestattet wird, d. h. mit einer bestimmten Reihe von „Anlagen" (KU, AA 5: 423), „Embryo[s]" (KU, AA 5: 423 u. 424) und „Samen" (KU, AA 5: 424), die ursprünglich in die ersten Glieder dieser Spezies eingepflanzt wurden.

In der Psychologie finden wir eine Darstellung der Tiere bzw. der „lebenden" Organismen, d. h. derjenigen Organismen, die „mit Empfindung und Willkür" ausgestattet sind (TL, AA 6: 442), die den genannten biologischen Rahmen erweitert. Lebewesen haben die Fähigkeit, sich nach ihrer Willkür, d. h. auf der Basis ihrer Vorstellungen, zu bewegen. Kant bestand darauf, dass Tiere keine bloßen „Maschinen" sind (KU, AA 5: 464 Fn.), sondern Seelen mit einem *„vim locomotivam"* haben (KU, AA 5: 457), weil die psychischen Vorstellungen, die ihr Verhalten anführen, in keiner Materie realisiert werden können. Bei Tieren ist das „Begehrungsvermögen" mit einem „Erkenntnisvermögen" bzw. mit der Anschauung verbunden, was zu Vorstellungen (durch die Sinnlichkeit, aber auch durch eine reproduktive und vorausschauende Einbildungskraft) und zu einer „Empfänglichkeit" für „Lust oder Unlust" in Verbindung mit einer Vorstellung führt (RL, AA 6: 211).[5] Aus systematischen Gründen befürwortete Kant eine Darstellung der tierischen Fortpflanzung und der ursprünglichen Beseelung, nach welcher jedes Tier bei seiner Zeugung mit den biologischen und psychologischen Anlagen seiner Spezies ausgestattet wird (vgl. Kain 2009, 82–87). Die Anlagen und Formen des Hangs einer Tierart, die einer Vielfalt von Instinkten, erworbenen Neigungen und Gewohnheiten zugrunde liegen oder sich in ihnen ausdrücken mögen, dienen als kausale Gründe für den Auftritt bestimmter Gedanken, Gefühle, Wünsche und Verhalten (vgl. Frierson 2005).

Wir Menschen können unserer eigenen Vorstellungen „unmittelbar bewußt" sein (KU, AA 5: 454 Fn.), insbesondere jener Vorstellungen, auf deren Basis wir handeln. Aus beobachtbaren Ähnlichkeiten zwischen unseren Handlungen und dem Verhalten nichtmenschlicher Tiere (wie etwa Dämme bauenden Bibern) schließen wir, dass sie einige Fähigkeiten haben, die unserer Vernunftfähigkeit und unserer Fähigkeit, aus Vernunft zu handeln, analog sind, obgleich sie ansonsten von einer ganz anderen Art sind. Tiere können sich Gegenstände vorstellen, sie wahrnehmen und durch ihre Vorstellungen kennen, und sie sind zu feinen Unterscheidungen zwischen ihren Objekten fähig (vgl. Log, AA 9: 64–65; DfS, AA 2: 59–60; UD, AA 2: 285; HN, AA 15: 161–62; V-Met/Herder, AA 28: 66f., 78f., 98f.; V-Met-N/Herder, AA 28, 857). Manche Tiere haben subtilere äußere Sinne als wir Menschen (V-Met-L1/Pölitz, AA 28: 277).[6] Kant dachte, dass Tiere keine Sprachfähigkeiten haben, die auf Begriffe und auf eine höhere Erkenntnis hindeuten würden, geschweige denn ein Pronomen der ersten Person. Was das o.g. „Kunstwerk" der Biber angeht, übernimmt Kant Bonnets Behauptung, nach welcher Biber Dämme immer nach einem einzigen Muster oder Plan bauen, was darauf hindeutet, dass sie trotz ihrer Kunstfertigkeit und der komplexen Form von sozialer Zusammenarbeit, die sie einsetzen, nicht über die Fähigkeit verfügen, über ihre Bautechnik zu reflektieren, sie zu ändern und zu verbessern oder ihren Instinkt zu hemmen (VPG-Hesse, AA 26: 122f., siehe auch V-Met/Herder, AA 28: 117). Im Allgemeinen scheint das Verhalten der Tiere von eher festgelegten und beherrschenden Neigungen gesteuert zu werden; sie sind der Impulskontrolle unfähig und viele sind leicht zu betrügen. Ihr Verhalten entwickelt sich nicht kumulativ über Generationen hinweg. Das Sparsamkeitsprinzip rät dazu, ihnen keine subtileren psychischen Fähigkeiten zuzuschreiben, als es für die Erklärung

---

5 Siehe auch V-Met/Herder, AA 28: 115–17, V-Met/Volckmann, AA 28: 448–49, V-Met-L2/Pölitz, AA 28: 594, V-Met/Dohna, AA 28: 690; V-Mo/Mron II, AA 29: 906, V-Met/Arnoldt, AA 29: 1026.
6 Zur weiteren Untersuchung von Kants Ansichten über manche charakteristischen Fähigkeiten der Affen, Hunde und Elefanten vgl. Kain 2010, 217 ff.

dieser Phänomene erforderlich ist. Darum zog Kant den Schluss, dass nichts in ihrem Verhalten es erfordert, ein voll entwickeltes „Bewusstsein", eine Fähigkeit zu einem „inneren Sinn" und zu Vorstellungen zweiter Stufe einschließlich Vorstellungen ihres Selbst bzw. ihres ganzen Zustands zu postulieren: Tieren fehlen Begriffe, Urteile, Apperzeption und Selbstbewusstsein, und daher eine genuine Erkenntnis von Objekten. Da sie sich „nicht die Beweggründe vorstellen" können, können sie über ihre Wünsche nicht reflektieren oder ein „Belieben im Belieben" haben (V-MP/Herder, AA 28:99). Da sie unfähig sind, dasjenige vorzustellen, „was [...] nützlich oder schädlich ist" bzw. „was in Ansehung [ihres] ganzen Zustandes begehrungswerth [...] ist" (KrV, A 802/B 830), können sie das Glück als solches weder anstreben noch erfahren. Für unseren Zweck vielleicht am wichtigsten muss Tieren in Ermangelung der Fähigkeit, sich das vorzustellen, was gut „ohne Einschränkung" ist (GMS, AA 4: 393), die Fähigkeit fehlen, nach der (oder gegen die) Vorstellung eines solchen unbedingten, „schlechthin gebieten[den]" Gesetzes zu handeln (KrV, A 800/B 828).

Demgegenüber haben wir Menschen die Sprache, den „inneren Sinn" und Vorstellungen zweiter Stufe, Begriffe, Apperzeption, Selbstbewusstsein, Erkenntnisse und Fähigkeiten, uns im Lichte von allgemeinen Vorstellungen zu überlegen und zu hemmen. In der *Anthropologie in pragmatischer Hinsicht* behauptet Kant, dass jede der drei menschlichen praktischen Anlagen, nämlich die „technische", die „pragmatische" und die „moralische" Anlage, die Menschen von allen anderen irdischen Tieren unterscheiden. Die tiefe Unbestimmtheit unserer Neigungen und Fertigkeiten und die Verbindung zwischen unserem „Bewusstsein" und unserer technischen Fertigkeit, Sachen auf unbestimmte Weise zu handhaben, unterscheiden uns von allen anderen Tieren, von denen wir Kenntnis haben. Unsere Fähigkeit, andere Menschen beim Anstreben von Glück und Kultur zu benutzen, und uns nach rationalen Grundsätzen selbst zu regieren zeichnen Menschen noch mehr aus (vgl. Anth, AA 7: 321ff.). (Es gibt eine zweideutige Beziehung zwischen dieser Darstellung der praktischen Veranlagungen und der sich in der Religion befindenden Darstellung (Tierheit, Menschheit und Persönlichkeit, vgl. RGV, AA 6: 26ff.).

## 4 Moralische Implikationen

Wie wir gesehen haben, erfordert nach Kants Darstellung der moralische Status, dass etwas, was „als Gegenstand der Erfahrung gegeben wird" „Freiheit unter moralischen Gesetzen" vorweist. Kant behauptet, dass, indem uns das moralische Gesetz „unmittelbar bewußt" ist (KpV, AA 5: 29), „der kategorische Imperativ in moralisch-praktischer Absicht" beweist, dass mindestens einige von uns „Menschen" „frei" sind (RL, AA 6: 280 Fn.). Natürlich weisen frühkindliche und schwerbehinderte Menschen in ihrem Verhalten überhaupt nicht viel komplexes Bewusstsein auf, geschweige denn ein unmittelbares Bewusstsein des moralischen Gesetzes.[7] An anderer Stelle habe ich dafür argumentiert, dass Kant die Zuschreibung eines moralischen Status auch im Fall von Menschen, die sogenannte „Grenzfälle" darstellen, auf der Basis von Grundsätzen durchführt (vgl. Kain 2009, 90–100). Erstens behauptet Kants Analyse der Freiheit, dass Freiheit eine ursprüngliche und grundlegende Anlage von jedem Lebewesen sein muss, das sie besitzen kann. Kant betont, dass es möglich sein muss, dass freiheitbegabte endliche Lebewesen existieren, da „der kategorische Imperativ in moralisch-praktischer Absicht" beweist, dass mindestens einige von uns „Menschen" „frei" sind (RL, AA 6: 280, Fn.), aber er argumentiert, dass es für freie Lebewesen logisch unmöglich ist, das Erzeugnis irgendeiner „physischen Operation" zu sein (RL, AA 6: 280). Kant vertritt die Ansicht, dass die angemessenste Weise, über den Ursprung eines Einzelmenschen zu denken, darin besteht, dass vernünftige mit Freiheit begabte Seelen geschaffen worden sein müssen und dass die genannten Seelen von menschlichen Eltern körperliche Gestalt bekommen bzw. bloß „auf die Welt gesetzt" und „eigenmächtig in sie herüber gebracht" worden sind (RL, AA 6: 281), wenn Letztere einen menschlichen Organismus erzeugen und ihm eine Seele geben (vgl. RL, AA 6: 281).

Zweitens bietet Kants These der Freiheit als Anlage in Verbindung mit Kants biologischen, psychologischen und anthropologischen Festlegungen Rückhalt für sein Urteil, dass alle Menschen Freiheit besitzen. Kants biologische Theorie behauptet, dass jeder Organismus als die Erscheinung eines Lebewesens mit Anlagen betrachtet werden kann, und dass wir ihn als eine solche Erscheinung von ihrer Zeugung oder Empfängnis an betrachten müssen. Die praktische Lehre der ursprünglichen Freiheit hat zur Folge, dass freie vernünftige Seelen *von ihrem Wesen her* freie vernünftige Wesen sein müssen, was impliziert, dass der moralische Status anhaftet, sobald ein mit einer solchen Seele ausgestattetes Lebewesen erzeugt wird. Die Muster der pragmatischen und moralischen Entwicklung menschlicher Bevölkerungen haben Kant nachdrücklich nahegelegt, dass die Anlage zur Persönlichkeit als eine Anlage der Menschengattung betrachtet werden soll, statt als eine Anlage von nur einigen ihrer Mitglieder. Kants Festlegungen bieten eine auf Grundsätzen beruhende, obgleich kontroverse Basis für sein Urteil, dass alle Menschen – sogar diejenigen, die anscheinend „Grenzfälle" sind –

---

[7] Es wird manchmal davon ausgegangen, dass Kants Behauptungen zur „Persönlichkeit" auf einen Locke'schen Ansatz zur persönlichen Identität und zum moralischen Status hindeuten, was allerdings zweifelhaft ist (vgl. Kain 2009, 65, Fn. 16).

der Achtung intrinsisch würdig sind, und dass jeder Mensch fähig ist, uns unmittelbar zu verpflichten.

In diesem Zusammenhang stellt sich die Frage, ob eine sorgfältige Beobachtung der Natur und des Verhaltens eines beliebigen nichtmenschlichen Lebewesens Beweisstücke anbieten kann, dass das genannte Lebewesen, und durch Verallgemeinerung die anderen Mitglieder seiner Spezies, die Anlage zur Persönlichkeit haben. Kants Schluss ist, dass dies nicht der Fall ist. In der Tat lautete sein Urteil, dass es keinen ausreichenden Beweis dafür gibt, auch nichtmenschlichen Tieren viele der Anlagen und Fähigkeiten zuzuschreiben, die notwendige Bestandteile der Anlage zur Persönlichkeit sind: Ihnen fehlt die Fähigkeit zu Begriffen, Selbstbewusstsein, Urteilen und so weiter.

In der *Metaphysik der Sitten* und in Nachschriften seiner *Vorlesungen über Ethik* identifiziert Kant eine allgemeine Pflicht gegen sich selbst zur Enthaltung von ungerechtfertigter, gewaltsamer oder grausamer Behandlung von Tieren, sowie eine Reihe spezifischer moralischer Forderungen bezüglich unseres Verhaltens gegenüber bestimmten Tieren (vgl. V-Mo/Collins, AA 27: 458 ff.).

Kants Behauptung in der *Metaphysik der Sitten* ist, dass das grundlegende moralische Problem mit der „gewaltsame[n] und zugleich grausame[n] Behandlung der Thieren" darin besteht, dass eine solche Behandlung „der Pflicht des Menschen gegen sich selbst weit inniglicher entgegengesetzt" ist (TL, AA 6: 443). Wie Baranzke es neulich betont hat, befindet sich Kants Erörterung zu den Pflichten in Ansehung von Tieren am Schluss seiner Erörterung zu den vollkommenen Pflichten gegen sich selbst, bevor er zu seiner sorgfältigen Untersuchung der unvollkommenen Pflichten gegen sich selbst, sodann der Pflicht gegen andere übergeht (vgl. Baranzke 2005). In der *Metaphysik der Sitten* sind die Pflichten gegen sich selbst mit der ethischen Forderung verbunden, die „eigene Vollkommenheit" (TL, AA 6: 385) zum Zweck zu machen. Die vollkommenen oder einschränkenden oder „(negativen Pflichten) [gegen sich selbst] sind: jenige, welche dem Menschen in Ansehung des *Zwecks* seiner Natur *verbieten* demselben zuwider zu handeln, mithin blos auf die moralische *Selbsterhaltung*" (TL, AA 6: 419). Dagegen gebieten positive, erweiternde unvollkommene Pflichten gegen sich selbst, „sich einen gewissen Gegenstand der Willkür zum Zweck zu machen" und sie gehen „auf die *Vervollkommnung* seiner selbst" (TL, AA 6: 419). Sie gehören „zur *Cultur* (als thätiger Vollkommenheit) seiner selbst" (TL, AA 6: 419). Selbstmord z. B. verstößt gegen die vollkommene Pflicht gegen sich selbst wegen der Weise, auf die er mit der natürlichen Neigung zur Selbsterhaltung des Handelnden kollidiert. Selbstmord beinhaltet, dass sich der Mensch „der Persönlichkeit […] entäußern" (TL, AA 6: 422) und „die Menschheit in seiner Person […] abwürdigen" würde (TL, AA 6: 423); er bezieht eine Entäußerung der Persönlichkeit und die Herabwürdigung der Menschheit in seiner Person ein (vgl. TL, 6:420,

422 f.). Aufgrund dessen, was der Handelnde über seine eigene Natur ausdrückt, indem er eine vollkommene Pflicht gegen sich selbst verletzt, sind solche Handlungen besonders entehrend.

Im Wesentlichen behauptet Kant, dass die „gewaltsame und zugleich grausame Behandlung der Thiere" eine vollkommene Pflicht gegen sich selbst verletzt (TL, AA 6: 443). Dieser Ansatz betont zwei Punkte: einen Punkt über den moralischen Stellenwert von einigen unserer Gefühle, den anderen über die Natur von Tieren und darüber, wie in Anbetracht dieser Natur und unserer eigenen Natur Tiere unsere Gefühle angemessen verpflichten. Erstens sind „gewisse emotionale Veranlagungen äußerst nützliche natürliche Werkzeuge für uns als moralische Lebewesen" – nützlich sowohl für die Motivation als auch epistemisch –, und sie „mögen auch gewisse moralische Forderungen wiedergeben, insoweit sie sich durch unsere Entscheidungen gestalten lassen" (Denis 2000, 406 f.). Kant wählt insbesondere die „Stimmung der Sinnlichkeit [...] etwas auch ohne Absicht auf Nutzen zu lieben" und besonders die „natürliche Anlage" zum „Mitgefühl [am fremden] Leiden" als Gefühle aus, die „die Moralität sehr beförder[n], wenigstens dazu vorbereite[n]" mögen und die „der Moralität, im Verhältnisse zu anderen Menschen, sehr diensam [] [...]" sind (TL, AA 6: 443).

Wir können noch weiter gehen, wenn wir einmal bemerken, dass Kant manche „Gefühle", nämlich „das *moralische Gefühl*, das *Gewissen*, die *Liebe* des Nächsten und die *Achtung* für sich selbst (*Selbstschätzung*)", als „moralische Beschaffenheiten" anerkennt, die „als *subjective* Bedingungen der Empfänglichkeit für den Pflichtbegriff [...] der Moralität zum Grunde liegen" (TL, AA 6: 399). Obwohl sogar diese Gefühle keine Gefühle sind, welche zu haben eine Pflicht sein könnte (sowohl deswegen, weil ihr Vorhandensein für Lebewesen wie uns notwendig und eine Voraussetzung für die Pflicht überhaupt ist, als auch deswegen, weil sie nicht erzeugt oder gesteigert werden können, ob *ex nihilo* oder einfach nach Belieben), sollen diese Gefühle kultiviert werden und – was in diesem Zusammenhang noch wichtiger ist – sie dürfen nicht vermindert, erniedrigt oder abgewertet werden. Die zwei Gefühle, auf die sich Kant in seiner Erörterung zu den Pflichten gegen Tiere und gegen die leblose Natur unmittelbar beruft, d. h. Liebe und Sympathie, sind mit den Gefühlen der o.g. Liste „inniglich" verbunden. Die allgemeine Fähigkeit zur „Liebe des *Wohlgefallens (amor complacentiae)*" als „einer unmittelbar mit der Vorstellung der Existenz eines Gegenstandes verbundenen Lust" (TL, AA 6: 402), wird als Teil von Kants Behandlung über die „moralische Beschaffenheit" der *Menschenliebe* erörtert, da Letztere entweder ein Sonderfall oder eine besondere Entwicklung der Ersteren ist (vgl. TL, AA 6: 402, 449, 450). Obwohl die Sympathie selbst in der Liste der subjektiven Voraussetzungen für die Pflicht nicht explizit erscheint, scheint sie doch einen ähnlichen Status zu haben. „*Mitfreude* und *Mitleid* (*sympathia moralis*) sind [...] sinnliche

Gefühle einer [...] Lust oder Unlust an dem Zustande des Vergnügens sowohl als Schmerzens Anderer [...]" (TL, AA 6: 456). Kant behauptet, dass Menschen eine natürliche Empfänglichkeit für ein solches geteiltes Gefühl haben, das oft „*Menschlichkeit*" bzw. Humanität (*humanitas aesthetica*, TL, AA 6: 456) genannt wird, welche eine Voraussetzung für die Bereitschaft ist, die Gefühle anderer zu teilen. „Obzwar aber Mitleid (und so auch Mitfreude) mit Anderen zu haben an sich selbst nicht Pflicht ist, so ist es doch thätige Theilnehmung an ihrem Schicksale und zu dem Ende also indirecte Pflicht, die mitleidige natürliche (ästhetische) Gefühle in uns zu cultivieren" (TL, AA 6: 457). Das Mitgefühl ist eine notwendige Voraussetzung für die moralische Verbindlichkeit, zumindest für vernunftbegabte Tiere wie uns. Mit anderen Worten sind diese Liebes- und Mitgefühle weder einfach moralisch nützlich – als lediglich ein Mittel unter anderen – noch bloß wegen höchst kontingenter Tatsachen über die menschliche Psychologie; sondern sie könnten „ein grundlegender Teil der Erfüllung der Pflicht selbst" sein, zumindest für Lebewesen, die uns irgendwie ähnlich sind (Guyer 1993, 390).[8] Zumindest sind sie mit solchen grundlegenden Gefühlen eng verbunden. Zusätzlich zu unserer unvollkommenen Pflicht gegen uns selbst, diese Gefühle zu kultivieren, haben wir eine vollkommene Pflicht gegen uns selbst, diese Gefühle zu bewahren und sie weder zu verunglimpfen noch zu erniedrigen.

Der zweite entscheidende Punkt von Kants Plädoyer für die vollkommene Pflicht gegen uns selbst bezüglich der Grausamkeit gegenüber Tieren besteht darin, dass diese nach Kants Darstellung der Natur der Tiere aufgrund ihrer Natur unsere moralisch relevanten Gefühle angemessen hervorrufen können. Ein Tier ist nicht nur ein schönes und teleologisch organisiertes Lebewesen, sondern auch ein Lebewesen, das Lust und Schmerz empfinden, sich die Welt vorstellen, Begierden (einschließlich Begierden, die für seine Selbsterhaltung, seine Fortpflanzung und sein Vergnügen förderlich sind) haben und nach jenen Begierden und „Grundsätzen" handeln kann, die den unsrigen analog sind. Ein solches Lebewesen ist ein geeigneter Gegenstand unserer Liebe und unseres Mitgefühls auf eine Art und Weise, auf die Pflanzen, Maschinen und Kristallisationen es nicht sein können. Gerade wegen dieser Analogien zwischen menschlicher und tierischer Natur „wiedergibt und beeinflusst" die „Art und Weise, wie wir Tiere behandeln [...] moralisch relevante Einstellungen und Gefühle" (Denis 2000, 417). „Viele unserer moralisch wichtigen Gefühle unterscheiden nicht zwischen Menschen und Tieren" und zwar weder zufällig noch wegen einer psychologischen Marotte (Denis 2000, 407). Im Allgemeinen ist die gewaltsame oder grausame Behandlung von Tieren (zumindest wenn sie unbegründet ist) mit der Achtung für

---

8 Guyer vertritt weder diese spezifische Analyse noch die Absicht, in der ich sie anwende.

uns selbst nicht kompatibel, weil sie die Missachtung, die Verneinung oder die Herabwürdigung derjenigen Veranlagungen, Gefühle und Bindungen grundsätzlich beinhaltet, die Bestandteile unserer eigenen Natur als moralische Tiere sind. Tiere dürfen nicht „grundlos" verletzt oder zerstört werden (V-Mo/Collins, AA 27: 459).

Im Falle von bestimmten Tierarten und von einzelnen speziellen Tieren bietet Kant einige zusätzliche Schlussfolgerungen. Die spezifischen Fähigkeiten eines Einzeltiers, nicht nur zur Schmerzempfindung, sondern auch zur Überanstrengung oder zur Treue können ins Spiel kommen, genauso wie auch seine individuelle Geschichte. Die Arten von Arbeiten, für die ein Tier oder eine Tierart zulässigerweise eingesetzt werden kann, sollen seinen bzw. ihren Fähigkeiten entsprechen. Sie dürfen „nicht bis über Vermögen" angestrengt werden (TL, AA 6: 443). Die Fähigkeiten eines Hundes zu besonderen Arten von Empfindungen, Begierden und Bindungen machen ihn außerdem zum adäquaten Objekt einer größeren Liebe und Sympathie als sie gegenüber einer Larve angebracht wären, und die besondere Ergebenheit des eigenen Hundes machen ihn für ein erhebliches Maß an eigener Sympathie und Dankbarkeit besonders geeignet. Pferde und Hunde können jahrelang Dienst leisten und Hunde können es mit besonderer Treue zu ihrem Herrn und Bindung an ihn tun. Nachdem sie dies getan haben, sollen sie mit Dankbarkeit belohnt werden, „gleich als ob sie Hausgenossen wären" (TL, AA 6: 443); wir müssen „den Hund, wenn er nicht mehr dienen kann, bis an sein Ende erhalten" anstatt ihn zu „verstoßen" oder „darben" bzw. „totschießen" zu lassen (V-Mo/Collins, AA 27: 459). Dies zu versagen zeigt „immer eine sehr kleine Seele" an (V-Mo/Collins, AA 27: 460) und ist gegen unsere menschlichen oder sympathetischen Gefühle (TL, AA 6: 443; V-Mo/Collins, AA 27: 459; V-MS/Vigil, AA 27:710).

Selbstverständlich ist es nicht so, dass Liebes- bzw. Sympathiegefühle gegenüber Tieren von selbst eine Handlungsregel geben würden. Kein Gefühl – nicht einmal das „moralische Gefühl" selbst (vgl. TL, AA 6: 399 f.), spielt eine solche Rolle in Kants Theorie (vgl. TL, 6:400; GMS, AA 4: 398). Ferner lässt Kant die „behende (ohne Qual verrichtete) Tödtung" gewisser Tiere und sogar einige „martervolle physische Versuche" zu wichtigen Zwecken, jedoch nicht „zum bloßen Behuf der Speculation" ausdrücklich zu (TL, AA 6: 443; V-Mo/Collins, AA 27: 460). Wie bei anderen vollkommenen Pflichten ist dasjenige, was in jedem Bereich bestimmt werden muss, welche Vorgehensweisen, oder genauer Handlungsmaximen, mit dem Respekt für die eigene rationale Natur, d. h. in diesem Fall mit der eigenen moralischen Selbsterhaltung inkompatibel sind. Genauso wie die zulässige Annahme einiger Risiken für das Leben und die Unversehrtheit des Leibes mit dem Selbstmordverbot (und mit einer angemessenen Berücksichtigung der Neigung zur Selbsterhaltung) kompatibel sind, können manche Verwendungen, Tötungen oder sogar grausame Behandlungen von Tieren zu wichtigen menschlichen Zwecken zulässig oder sogar erforderlich sein.[9]

Es ist wichtig darauf zu achten, wie sich dieses Kernargument von dem Kant häufig zugeschriebenen Argument unterscheidet. Es wird oft angenommen, dass sich Kants einziger Einwand gegen Grausamkeit gegenüber Tieren auf die vermeintlichen psychologischen *Auswirkungen* der Gewalt und der Grausamkeit gegenüber Tieren auf den Menschen, der sie begeht, vor allem aber auf deren Auswirkungen auf andere Menschen, denen er nachher begegnet und die er mit erhöhter Wahrscheinlichkeit misshandeln wird, fokussiert. Wenngleich Kant nicht widerstehen kann, sich plausible empirische Hypothesen über die langfristigen Auswirkungen der Grausamkeit gegenüber Tieren zu eigen zu machen, sollte dies nicht mit der „weit inniglicher[en]" Entgegensetzung der genannten Grausamkeit zu „der Pflicht des Menschen gegen sich selbst" (TL, AA 6: 443) verwechselt werden, die Kant hervorzuheben beabsichtigt. Das bekanntere Brutalisierungsargument ist für den häufigen Einwand anfällig, dass eine einzige grundlose Gewalttat ohne erkennbare langfristige Auswirkung bleiben mag, sowie für den Einwand, dass die Zufälligkeiten der menschlichen Psychologie, durch die die These der Brutalisierung bedingt ist, nicht tief genug sind, um ein starkes Verbot der Grausamkeit gegenüber Tieren angemessen abzusichern. Kants Kernargument entkommt aber beiden Kritikpunkten. Seine Fokussierung liegt auf der unmittelbaren Missachtung unserer moralisch relevanten Gefühle, die Bestandteil der Tiermisshandlung auch in Einzelfällen ist. Dies ist unabhängig von psychologischen Zufälligkeiten.

## 5 Schluss

Wenn Kants Darstellung unserer Pflichten in Ansehung nichtmenschlicher Tiere im Zusammenhang mit seinem gesamten Werk sorgfältig analysiert wird, ist sie weniger anfällig für viele geläufige Einwände, als man häufig denkt. Wenn Kant-Interpreten Kants Beispiel folgen wollen und in der Lage sind, zeitgenössische wissenschaftliche Darstellungen menschlicher und nichtmenschlicher Tiere in die kantische Theorie zu integrieren, können sie vielleicht die Grundlagen der kantischen Moralphilosophie verteidigen, und gleichzeitig sowohl die Wichtigkeit eines genuinen Anliegens für Tiere behaupten, als auch dieses Anliegen von der gebührenden Achtung vor den Menschen unterscheiden.

*Aus dem Englischen übersetzt von Jean-Christophe Merle und Diogo Campos Sasdelli*

---

[9] Denis 2000, besonders 413–14. Siehe TL, AA 6: 422–24, 434–37.

Susan Meld Shell
# Kants moralische Amphibolie und die Beziehung zwischen Ethik und Religion

## 1

Der „Episodische [...] Abschnitt: Von der Amphibolie der moralischen Reflexionsbegriffe" (TL, AA 6: 442 ff.), welcher Kants Ausführungen zu den „vollkommenen Pflichten [...] des Menschen gegen sich selbst, bloß als einem moralischen Wesen" (Erstes Buch, zweites Hauptstück) von denen zu den „unvollkommenen Pflichten des Menschen gegen sich selbst (in Ansehung seines Zwecks)" (Zweites Buch), inklusive des Menschen Pflicht zur „Erhöhung seiner moralischen Vollkommenheit" (Zweites Buch, zweiter Abschnitt) trennt (TL, AA 6: 492.), stellt uns vor ein Rätsel, welches die Frage nach der Beziehung zwischen Ethik und Religion in Kants Denken direkt betrifft. Wie Kant dort feststellt:

> [...] kann der Mensch sonst keine Pflicht gegen irgend ein Wesen haben, als blos gegen den Menschen, und stellt er sich gleichwohl eine solche zu haben vor, so geschieht dieses durch eine *Amphibolie der Reflexionsbegriffe*, und seine vermeinte Pflicht gegen andere [nichtmenschliche] Wesen ist blos Pflicht gegen sich selbst [...] (TL, AA 6: 442).
>
> In *Ansehung* dessen, was ganz über unsere Erfahrungsgrenze hinaus liegt, aber doch seiner Möglichkeit nach in unseren Ideen angetroffen wird, z. B. der Idee von Gott, haben wir eben so wohl auch eine Pflicht, welche *Religionspflicht* genannt wird, die nämlich ‚der Erkenntnis aller unserer Pflichten *als* (*instar*) göttlicher Gebote'. Aber dieses ist nicht das Bewusstsein einer Pflicht *gegen Gott*. Denn, da diese Idee ganz aus unserer eigenen Vernunft hervorgeht und von uns, es sei in theoretischer Absicht, um sich die Zweckmäßigkeit im Weltganzen zu erklären, oder auch zur Triebfeder in unserem Verhalten zu dienen, selbst gemacht wird, so haben wir hiebei nicht ein gegebenes Wesen vor uns, *gegen* welches uns Verpflichtung obläge: denn da müsste dessen Wirklichkeit allererst durch Erfahrung bewiesen (geoffenbart) sein; sondern es ist Pflicht des Menschen gegen sich selbst, diese unumgänglich der Vernunft sich darbietende Idee auf das moralische Gesetz in uns, wo es von der größten Fruchtbarkeit ist, anzuwenden. In diesem (*praktischen*) Sinn kann es also so lauten: Religion zu haben ist Pflicht des Menschen gegen sich selbst (TL, AA 6: 443 f.).

Wie Kant zuvor (unter der Rubrik des „Gewissens")[1] in seiner Behandlung unserer „vollkommenen Pflichten" gegen uns selbst als moralische Wesen insistiert hatte, so berechtigt – oder gar verbindet – das „Prinzip der Beurteilung aller seiner

---

[1] Für eine detaillierte Erörterung von Kants Verständnis von „Gewissen" sowohl hier als auch an anderer Stelle siehe Esser 2013, 269–291.

Pflichten als göttlicher Gebote" (TL, AA 6: 440) den Menschen gleichwohl nicht, die wirkliche Existenz Gottes (außerhalb sich selbst) anzunehmen. Jenes Gewissen wird „als subjectives Princip einer vor Gott seiner Thaten wegen zu leistenden Verantwortung [...] gedacht werden müssen" (TL, AA 6: 439):

> Dieses will nun nicht soviel sagen als: der Mensch durch die Idee, zu welcher ihn sein Gewissen unvermeidlich leitet, sei berechtigt, noch weniger aber: er sei durch dasselbe *verbunden*, ein solches höchste Wesen außer sich als *wirklich anzunehmen*; denn sie wird ihm nicht *objectiv* durch theoretische, sondern blos *subjectiv*, durch praktische, sich selbst verpflichtende Vernunft, ihr angemessen zu handeln, gegeben (TL, AA 6: 439f.).

Das Erfordernis der Religion („*religio*") in diesem engen moralischen Sinn (der also eine Akzeptanz von Gottes unabhängiger Existenz nicht voraussetzt) entsteht, wie Kant zu erklären fortfährt, aufgrund der „ungereimte[n] Vorstellungsart", welche andernfalls unserer Vorstellung des „inneren Gerichtshofes" des Gewissens anhängen würde, in welchem der Mensch in einer zweifachen Rolle des Angeklagten und des Richters auftritt. Das Gewissen, dessen Urteil zu folgen wir eine „vollkommene Pflicht" haben, hat, wie Kant erklärend hinzufügt, das Besondere in sich, dass

> [...] obzwar dieses sein Geschäfte ein Geschäfte des Menschen mit sich selbst ist, dieser sich doch durch seine Vernunft genöthigt sieht, es als auf das Geheiß *einer anderen Person* zu treiben. Denn der Handel ist hier die Führung einer *Rechtssache* (*causa*) vor Gericht. Daß aber der durch sein Gewissen *Angeklagte* mit dem Richter als *eine und dieselbe Person* vorgestellt werde, ist eine ungereimte Vorstellungsart von einem Gerichtshofe; denn da würde ja der Ankläger jederzeit verlieren. – Also wird sich das Gewissen des Menschen bei allen Pflichten einen *Anderen* (als den Menschen überhaupt, d.i.) als sich selbst, zum Richter seiner Handlungen denken müssen, wenn es nicht mit sich selbst im Widerspruch stehen soll (TL, AA 6: 438f.).

In dieser Darstellung würde die Pflicht zur Religion als eine Ausarbeitung des Prinzips erscheinen, dass niemand Richter in eigener Sache sein kann, obgleich jenes Prinzip ein metaphysisch komplexes Addendum erhält, wie Kant in einer wichtigen Fußnote, auf die wir weiter unten zurückkommen werden, detailliert ausführt.[2] Und dies legt einen Grund für Kants Annahme nahe, dass der Mensch für die „Amphibolie", empfänglich sein könnte, „seine Pflicht *in Ansehung* anderer Wesen mit einer Pflicht *gegen* diese Wesen" (vgl. TL, AA 6: 442) zu ver-

---

[2] In Anbetracht des Umstandes, dass es „über das Causal-Verhältniß des Intelligibilen zum Sensibilien [...] keine Theorie" gibt, bedarf, wie Kant dort feststellt, die Beziehung zwischen der oberen und der unteren Fakultät des Menschen einer spezifischen „Erläuterung", wenn die Vernunft nicht mit sich selbst in Widerspruch geraten soll (TL, AA 6: 438Fn.).

wechseln, nämlich die Schwierigkeit, sich ohne Selbstwiderspruch als sein eigener Richter zu denken.

Soviel zur engen Auslegung von Religion als „ein Princip der Beurtheilung aller [unserer] Pflichten als [*instar*] göttlicher Gebote" (TL, AA 6: 440), welches den Menschen nicht dazu berechtigt, und schon gar nicht dazu verbindet, ein „höchstes Wesen außer sich als wirklich anzunehmen" (TL, AA 6:439–40). Was aber ist dann die spezifische Rolle des Glaubens[3] an die Existenz Gottes (auf dessen moralische Notwendigkeit Kant anderenorts besteht[4]) – ein Glaube, der genau in dieser Vorannahme zu bestehen scheint? In welchem Sinn ist solch ein Glaube moralisch notwendig, und wie verhält er sich zur Religion in der Bedeutung aus der *Tugendlehre*, oder in einer „reinen philosophischen Moral" proper? Die letzte Frage ist keine rein technische. Vielmehr hängt an ihr die fortwährende Debatte zwischen den zwei Hauptansätzen zur Interpretation von Kants Religionslehre, deren einer diese reduktiv (oder als letztendlich äquivalent zu einer vollständig säkularen Moral)[5] behandelt, der andere dagegen positiver und expansiver (s. z. B. Palmquist 2009, 3–22), und sie mag auch unmittelbarere und zwingende Implikationen für die gegenwärtigen und zukünftigen Aussichten für eine liberale Welt in unserer zunehmend post- und nichtchristlichen Welt haben.

Eine tentative Antwort auf diese Frage könnte die folgende sein: was auch immer sonst Moral im Sinne des Glaubens an die Existenz Gottes mit sich bringen mag, eine „philosophische Moral" benötigt und bedarf dessen nicht. Wie Kant am Ende der *Tugendlehre* schreibt:

> Das *Formale* aller Religion, wenn man sie so erklärt: sie sei ‚der Inbegriff aller Plichten, als (*instar*) göttlicher Gebote', gehört zur philosophischen Moral, indem dadurch nur die Be-

---

**3** Der Glaube ist eine Form von „Zustimmung" oder von „Führwahrhalten" (zusammen mit Wissen und Meinen; als solches steht er für „Erkenntnis", wenn auch einer besonderen Art: nämlich von Extras, das „für uns" erkennbar ist, im Unterschied zur Erkenntnis von „Gegenstände[n] für Begriffe[n], deren objektive Realität […] bewiesen werden kann" entweder durch Erfahrung oder durch reine Vernunft, und welches „Thatsachen" und nicht „Glaubenssachen" darstellt (KU, AA 5: 467 f.). Kant unterscheidet Glaubenssachen (das höchste Gut, Gott und Unsterblichkeit), welche in einem praktischen Sinne „objective Realität" haben (KU, AA 5: 469), von Tatsachen, deren „objective Realität" mittels reiner Vernunft bewiesen wird, e. g. mathematische Fakten und Freiheit (als einziges Faktum der reinen Vernunft). Wie wir sehen werden, betreffen unsere vollkommenen Pflichten gegen uns selbst im Unterschied zu unseren unvollkommenen Pflichten Fragen verstandesmäßiger „Thatsachen".
**4** Siehe insbesondere seine Diskussion des „Postulats" der Existenz Gottes in der *Kritik der praktischen Vernunft* (KpV, AA 5: 124 ff.), §§ 86–91 der *Kritik der Urteilskraft* (besonders KU, AA 5: 445 f., 452) und die einleitenden Abschnitte der „Vorrede zur ersten Auflage" von *Die Religion innerhalb der Grenzen der bloßen Vernunft* (RGV, AA 6:3–8).
**5** Für ein aktuelles Beispiel siehe DiCenso 2012.

ziehung der Vernunft auf die *Idee* von Gott, welche sie sich selber macht, ausgedrückt wird, und eine Religionspflicht wird alsdann noch nicht zur Pflicht *gegen* (*erga*) Gott, als ein außer unserer Idee existirendes Wesen, gemacht, indem wir hiebei von der Existenz desselben noch abstrahiren. – Daß alle Menschenpflichten diesem *Formalen* (der Beziehung derselben auf einen göttlichen, *a priori* gegeben Willen) gemäß gedacht werden sollen, davon ist der Grund nur subjectiv-logisch. Wir können uns nämlich Verpflichtungen (moralische Nöthigung) nicht wohl anschaulich machen, ohne einen *Anderen* und dessen Willen (von dem die allgemein gesetzgebende Vernunft nur der Sprecher ist), nämlich Gott, dabei zu denken (TL, AA 6: 487).

Das „Formale aller Religion" ist Religion, insofern als es in unserer vollkommenen Pflicht gegen uns selbst als moralische Wesen enthalten ist – solche, die das Dekret des Gewissens auf keine andere Art und Weise darstellen können, als dass es vom Willen Gottes kommt, dessen Sprecher unsere eigene Vernunft ist.

Im Unterschied hierzu kann das „*Materiale* der Religion" (der „Inbegriff der Pflichten *gegen* (*erga*) Gott, d.i. den ihm zu leistenden Dienst (*ad praestandum*)")[6] „keinen Theil der *reinen philosophischen Moral* ausmachen" (TL, AA 6: 487). Denn solch ein Materiales der Religion

> [...] würde [...] besondere, von der allgemein-gesetzgebenden Vernunft allein nicht ausgehende, von uns also nicht *a priori*, sondern nur empirisch erkennbare, mithin nur zur geoffenbarten Religion gehörende Pflichten als göttliche Gebote enthalten können; die also auch das Dasein dieses Wesens, nicht blos die Idee von demselben, in praktischer Absicht, nicht willkürlich, voraussetzen, sondern als unmittelbar (oder mittelbar) in der Erfahrung gegeben dargelegt werden könnte (TL, AA 6: 488).

Besondere Pflichten dieser Art müssten ausschließlich zur „geoffenbarten Religion" oder den „Geschichts- und Offenbarungslehren" gehören; und sie würden uns auch abverlangen, an die Existenz eines göttlichen Gesetzgebers zu glauben (i.e. diese zu akzeptieren/anzunehmen), und dies nicht „willkürlich", wie Kant es hier ausdrückt, sondern als „unmittelbar (oder mittelbar), in der Erfahrung" gegeben (TL, AA 6: 487).

Kant führt an dieser Stelle nicht aus, was solch eine „willkürliche" Akzeptanz oder Annahme der Existenz Gottes bedeuten könnte, öffnet (allen Scheinbeteuerungen zum Trotz) indessen aber zugleich ein unauffälliges Schlupfloch für ein potentielles Eindringen der Philosophie in – aus geschichtlicher Perspektive – theologisches Territorium (e.g. jenseits einer „rein-philosophischen Ethik",

---

[6] Kant meint vermutlich „ad factum praestandum", einen Rechtsbegriff für eine Klasse von Verpflichtungen, die von außergewöhnlicher Strenge und ohne mildernde Ausnahme wie etwa das Privileg der Zuflucht sind.

gleichwohl „innerhalb der Grenzen der bloßen Vernunft"). Er lässt auch Raum für die rationale Rechtfertigung des Glaubens an die Existenz Gottes (i. e. moralischer Glaube), wie diese in der *Kritik der Urteilskraft* unter der Überschrift der „Ethikotheologie" ausgeführt wird – ein moralischer Glaube, dessen genaue Beziehung sowohl zu einer rein-philosophischen Moral auf der einen Seite als auch zu „Geschichtslehren" auf der anderen hier auffällig vage verbleibt.

In einem früheren Abschnitt („Bruchstück eines moralischen Katechismus") hatte Kant selbst auf solch eine rationale Rechtfertigung des Glaubens verwiesen (vgl. TL, AA 6: 481 ff.), während er auch einen geeigneten Grund für deren Ausschluss aus der *Tugendlehre* proper angibt. Er kommt dort zu dem Schluss:

> Von der größten Wichtigkeit aber in der Erziehung ist es, den moralischen Katechism nicht mit dem Religionskatechism vermischt vorzutragen (zu amalgamiren), noch weniger ihn auf den letzteren folgen zu lassen; sondern jederzeit den ersteren und zwar mit dem größten Fleiße und Ausführlichkeit zur klarsten Einsicht zu bringen. Denn ohne dieses wird nachher aus der Religion nichts als Heuchelei, sich aus Furcht zu Pflichten zu bekennen und eine Theilnahme an derselben, die nicht im Herzen ist, zu lügen (TL, AA 6: 484).

Dieser Hinweis wird verstärkt durch Kants nachfolgende „Rechtfertigung des Verfassers des Gegenwärtigen" dafür, dass er „zur Vollständigkeit derselben nicht wie es sonst wohl gewöhnlich war, die Religion [im Sinne einer Lehre der Pflichten gegen Gott] in die Ethik mit hineingezogen hat" (TL, AA 6: 488). Der gewöhnlichen Praxis zu folgen, und also die Religion (in diesem Sinne) zu einem *Teil* der Ethik – und in der Tat zur *Vervollständigung* der Ethik – zu machen, würde, wie man leicht aus der oben zitierten Passage erahnen kann, eine beide bedrohende „Amalgamierung" von Ethik und Religion darstellen.

Und doch fügt Kant, nachdem er scheinbar die schärfst mögliche Linie zwischen einer rein-philosophischen Moral auf der einen Hand und der Religion als einer Lehre der Pflichten gegen Gott auf der anderen gezogen hat, die nachfolgende strenge Qualifikation hinzu:

> Es kann zwar von einer ‚Religion *innerhalb den Grenzen* der bloßen Vernunft', die aber nicht *aus* bloßer Vernunft abgeleitet, sondern zugleich auf Geschichts- und Offenbarungslehren gegründet ist, und die nur die *Übereinstimmung* der reinen praktischen Vernunft mit denselben (daß sie jener nicht widerstreite) enthält, die Rede sein. Aber alsdann ist sie auch nicht *reine*, sondern auf eine vorliegende *Geschichte angewandte* Religionslehre, für welche in einer *Ethik*, als reiner praktischen Philosophie, kein Platz ist (TL, AA 6: 488).

Man verbleibt insofern mit der folgenden Typologie:

A. Religion als die Pflicht, unsere Verpflichtungen als (*instar*) göttliche Gebote zu beurteilen. Religion in diesem Sinne ist ein Aspekt der vollkommenen Pflicht gegen uns selbst als vollständig moralische Wesen, und weder bedarf noch rechtfertigt sie die Annahme der Existenz Gottes außerhalb unserer selbst.

B. Religion als eine Lehre der Pflichten *gegen* Gott, welche „jenseits aller Grenzen der rein-philosophischen Ethik" fällt.

Religion in diesem Sinne: a) erfordert die Annahme der Existenz Gottes; b) gründet diese Annahme – entweder unmittelbar oder durch „Geschichtslehren" übermittelt – auf „Offenbarungslehren" (TL, AA 6: 488).

C. Religion „innerhalb der Grenzen der bloßen Vernunft". Religion in diesem Sinne:

a) nimmt die Existenz Gottes an; b) gründet diese Annahme auf reine Vernunft *und* auf „vorliegende Geschichtslehren" insofern als sie nicht miteinander konfligieren; c) fällt jenseits der Grenzen der „Ethik, als reine praktische Philosophie." (TL, AA 6: 488).

Unklar bleibt noch, wie ein rationaler Glaube an die Existenz Gottes der nicht *auch* auf den spezifischen Lehren einer „Geschichtslehre" aufruht zu klassifizieren ist. Wo, mit anderen Worten, sollten wir den Glauben ansiedeln, der in der *Kritik der Urteilskraft* gegenüber einem moralisch aufrechten Mann („Spinoza") verteidigt wird, der weder Jude noch Christ war?

Vermag ein solcher Glaube an die Existenz Gottes das gesamte „Materiale", das eine moralisch abgeleitete Religion benötigt, bereitzustellen, sofern er überhaupt ein Materiales benötigt[7] (TL, AA 6: 487)? Oder muss sich ein „lebendiger" Glaube auch aus den Geschichtslehren speisen (so wie bei Kants eigener *Religion innerhalb der Grenzen der bloßen Vernunft*)? So oder so, wie, wenn überhaupt, vermag der „freiwillige" (KU, AA 5: 446) Charakter solch einer moralbasierten Annahme der Existenz Gottes[8] jenen Glauben vor den Gefahren der „Amalgamierung" zu schützen, auf die zuvor angespielt wurde? Zur Beantwortung dieser Fragen wird es sich als hilfreich erweisen, Kants Erörterung der Amphibolie der moralischen Reflexionsbegriffe detaillierter zu untersuchen.

---

[7] Kant spricht hier von einem „Formalen aller Religion" und einem „Materialen der Religion", wobei er offenlässt, inwieweit *alle* Religionen auch einen materialen Aspekt haben müssen.

[8] Unter den in der *Kritik der Urteilskraft* für diese Annahme angebotenen Gründen finden sich folgende: Eine Anordnung „uns gemäß dem moralischen Gesetze einen Endzweck vorzusetzen" (KU, AA 5: 450), welches wir nicht tun können, oder, um die Sache weniger emphatisch auszudrücken, „jene Bestrebung in ihren Wirkungen nicht für ganz eitel anzusehen und dadurch sie ermatten zu lassen Gefahr [zu] laufen" (KU, AA 5, 446 f.), insoweit als „nach der Beschaffenheit unseres Vernunftvermögens wir uns" die „Zweckmäßigkeit" des Moralgesetzes in Bezug auf seine Objekte auf keine andere Weise „begreiflich machen können" (KU, AA 5: 455).

## 2

Eine „Amphibolie der moralischen Reflexionsbegriffe" entsteht der *Kritik der reinen Vernunft* zufolge durch eine gewisse „Verwechslung des empirischen Verstandesgebrauchs mit dem transzendentalen", zu welcher die „reflektierende Urteilskraft" neigt. Vor dem Akt der bestimmenden Urteilskraft, durch welchen eine Vorstellung zu einem Gegenstand der Erkenntnis wird, muss die Urteilskraft ihre Begriffe „reflexiv" vergleichen, um zu sehen, ob sie sich ähnlich oder unähnlich sind, in Übereinstimmung oder Nichtübereinstimmung, etc. Um dies aber korrekt zu tun muss die Urteilskraft der betreffenden Vorstellung in Zusammenstimmung mit dem Erkenntnisvermögen (vgl. A 268/B 324), in welchem sie ihren Ursprung hat, den angemessenen „transzendentalen Ort" zuzuweisen: den reinen Verstand oder die reine Anschauung. Im ersteren Fall ist die Vorstellung ein reiner Begriff des Verstandes; im letzteren ist sie ein empirischer Begriff aus der sinnlichen Anschauung. In Anpassung an die Aristotelische Logik,[9] kommen diese Reflexionsregeln in vier Begriffspaaren, von denen jedes einem Hauptabschnitt von Kants Tafel der Kategorien entspricht: 1) Einerleiheit und Verschiedenheit [der Quantität entsprechend]; 2) Einstimmung und Widerstreit [der Qualität entsprechend]; 3) Das Innere und das Äußere [der Relation entsprechend]; und 4) Das Bestimmbare und dessen Bestimmung (Materie und Form) [der Modalität entsprechend]. In jedem dieser Fälle gelten die gültigen Regeln für dem reinem Verstandesgebrauch entspringende Begriffe nicht für Begriffe, die der reinen Anschauung entspringen, und sind deshalb in der Lage, mögliche Gegenstände der theoretischen Erkenntnis vorzustellen. Somit: 1) gilt der „Satz des Nichtzuunterscheidenden" (KrV, A 281/ B 337) dem zufolge begriffliche Identität numerische Identität impliziert für reine Begriffe, nicht aber für Gegenstände in Raum und Zeit, die – zumindest prinzipiell – begrifflich identisch und numerisch verschieden sein können. 2) Das Prinzip, demzufolge die Bestimmungen eines Begriffs nicht miteinander in Widerstreit stehen dürfen (X kann nicht zugleich A und nicht-A sein) gilt für reine Begriffe, die „leer" von jedwedem realen Gegenstand sind, nicht aber für Begriffe, denen ein realer (empirischer) Gegenstand korrespondieren kann, ein Gegenstand, welcher „einander widerstreitende" Bestimmungen (e. g. gleichzeitig in zwei entgegengesetzte Richtungen gedrückt) haben kann, ohne dass damit seine Existenz aufgehoben würde. 3) Die Reduzierbarkeit

---

**9** Gemäß Kants früherer Vereinfachung der Syllogismen-Tafel in seinem Aufsatz *Die falsche Spitzfindigkeit der vier syllogistischen Figuren erwiesen* (1763). Für eine detailliertere Diskussion von Kants Abhängigkeit von Aristoteles im episodischen Abschnitt von der moralischen Amphibolie siehe Haro Romo 2015, 281 ff.

aller äußeren Beziehungen auf innere Bestimmungen ihrer jeweiligen Subjekte gilt für reine Begriffe, nicht aber für Gegenstände der Erfahrung, deren Beziehungen, Kant zufolge, ausschließlich äußerlich sind. Schließlich, 4) Der Vorrang der Materie vor der Form gilt für reine Begriffe von Dingen an sich (bei denen die Materie der Form vorhergeht),[10] nicht aber für Begriffe von Gegenständen der Erfahrung (bei denen die Form der Materie vorhergeht).[11]

Wenn die zwei Regelsätze wahllos angewendet werden, entsteht Verwirrung, welche die „verleitend[e]" (KrV, A 280/B 336) Illusion verursacht, der Verstand komme mit Begriffen alleine aus.

> Die Begriffe der Reflexion haben [...] durch eine gewisse Mißdeutung einen solchen Einfluß auf den Verstandesgebrauch, daß sie sogar einen der scharfsichtigsten unter allen Philosophen [i.e. Leibniz] zu einem vermeinten System intellectueller Erkenntniß, welches seine Gegenstände ohne Dazukunft der Sinne zu bestimmen unternimmt, zu verleiten imstande gewesen. Eben um deswillen ist die Entwicklung der täuschenden Ursache der Amphibolie dieser Begriffe in Veranlassung falscher Grundsätze, von großem Nutzen, die Grenzen des Verstandes zuverlässig zu bestimmen und zu sichern (A 280/B 336).

Die Amphibolie bei *moralischen* Reflexions-Begriffen stellt eine ähnliche Verwechslung dar, bei der wir dieselben Regeln welche eigentlich für die Begriffe möglicher Erkenntnis gelten auf „reine Begriffe" anwenden. Die betreffende Amphibolie entsteht also dann, wenn wir irrtümlicherweise Regeln der Verpflichtung, die eigentlich für „moralische Personen" (im Sinne von „dasjenige Subject, dessen Handlungen einer Zurechnung fähig sind", RL, AA 6: 223), welche *auch* Gegenstände der Erfahrung sind, gelten, auf entweder die ersteren oder die letzteren anwenden, aber nicht auf *beide*. Geht man dieser Analogie weiter nach, so kann man sagen, dass menschliche Wesen als moralische Personen, die *auch* Gegenstände der Erfahrung sind, auf einzigartige Weise die Bedingungen erfüllen, welche es den reinen Begriffen ermöglichen, den Regeln zu gehorchen, die ansonsten nur für Begriffe gelten, welche ihre Quelle (teilweise) in der reinen Anschauung haben.

Moralische Personen, die auch Gegenstände der Erfahrung sind:

1) unterscheiden sich numerisch dadurch, dass sie der Zuschreibung fähige Akteure sind, ohne sich damit notwendigerweise „begrifflich" (oder in ihrer essentiellen „Menschheit") zu unterscheiden.

---

10 Aktualität setzt, mit anderen Worten, die innere Möglichkeit oder das Wesen voraus.
11 Die konkrete Materie der Erfahrung setzt a priori Formen von Raum und Zeit voraus.

2) können einander entgegengesetzte Bestimmungen haben (i.e. zeitgleich in Beziehungen des Andere Verpflichtens und verpflichtet Werdens stehen), ohne dass dies ihr Dasein gegenseitig aufhebt.
3) stehen in einer Beziehung der Gemeinschaft die gleichzeitig innerlich und äußerlich ist, und damit real.
4) sind Ausdruck des Vorrangs der Form (Gesetz) vor der Materie (Personalität).

Im Unterschied zu dem „intellectuellen System der Welt", welches Leibniz auf Sand baute (A 270/B 326), bietet die Metaphysik der Sitten (Recht und auch Tugend) sozusagen das Schema für eine intelligible Welt, die tatsächlich verwirklicht werden würde, wenn die Prinzipien von Recht und Tugend vollständig ausgeführt würden, i.e., wenn die Handlungen aller menschlichen Wesen in vollständiger – äußerer und innerer – Übereinstimmung mit dem Moralgesetz wären. Es ist, wie Kant am Ende der *Metaphysik der Sitten* nahelegt, in der Tat nur aufgrund eines solchen Schemas, dass eine „Philosophie der inneren Gesetzgebung [...] begreiflich" gemacht werden kann (TL, AA 6: 491; vgl. TL, AA 6: 449). Eine Amphibolie in moralischen Reflexionsbegriffen liegt dann vor, wenn die einzigartigen Bedingungen, die ein solches Schema ermöglichen – entweder weil die betreffende Person kein Gegenstand möglicher Erfahrung (e.g. Gott) oder der Gegenstand der Erfahrung keine Person (e.g. Tiere) ist – nicht erfüllt sind.

Die Fähigkeit des Menschen, diese beiderseitigen Kriterien zu erfüllen, rührt von der merkwürdigen Dualität, oder der „zweifachen Persönlichkeit" her, von welcher das moralische „Gewissen" unmittelbares Zeugnis ablegt. Dieser Begriff wiederum entgeht dadurch dem „Selbstwiderspruch", dass, wie Kant hier bemerkt, der „Kläger" und der „Angeklagte" „ebenderselbe *Mensch* (*numero idem*) sind (TL, AA 6: 439). Insofern schreibt Kant:

> [...] als Subject der moralischen [...] Gesetzgebung, wo der Mensch einem Gesetz unterthan ist, das er sich selbst giebt (*homo noumenon*), ist er als ein Anderer als der mit Vernunft begabte Sinnenmensch (*specie diversus*), aber nur in praktischer Rücksicht zu betrachten – denn über das Causal-Verhältniß des Intelligibilen zum Sensibilen giebt es keine Theorie, – und diese specifische Verschiedenheit ist die der Facultäten des Menschen (der oberen und unteren), die ihn charakterisiren (TL, AA 6: 439 Fn.).

Theoretisch betrachtet ist die Person, welche auch ein menschliches Wesen ist, im Unterschied zu dem Gegenstand eines reinen Begriffs gleichzeitig noumenal und phänomenal – eine Tatsache, welche durch das „Gewissen" unmittelbar bezeugt wird (vgl. RL, AA 6: 240f.).

Zwei die einleitenden Abschnitte der Metaphysik der Sitten begleitende schematische Tafeln (RL, AA 6: 240 ff.) – die „Eintheilung nach dem objectiven Verhältniß des Gesetzes zur Pflicht" und die „Einteilung nach dem subjectiven

Verhältniß der Verpflichtenden und Verpflichteten" – belegen diesen Punkt mit graphischer Klarheit.

Die erste betrachtet den Menschen nur in seinem „Freiheitsvermögen", welches „ganz übersinnlich" ist. Sie betrachtet ihn, mit anderen Worten, in seiner „*Menschheit*", welche Kant hier als „von physischen Bestimmungen unabhängige Persönlichkeit" definiert oder als „*homo noumenon*" im Unterschied zu einem „mit jenen Bestimmungen behaftetem Subject" oder „*homo phaenomenon*" (RL, AA 6: 239).

|  | Vollkommene Pflicht | |
|---|---|---|
| Pflicht gegen sich selbst | 1. Das Recht der Menschheit in unserer eigenen Person | 2. Das Recht der Menschen |
| | (Rechts-) Pflicht (Tugend-) | |
| | 3. Der Zweck der Menschheit in unserer Person | 4. Der Zweck der Menschen |
|  | Unvollkommene Pflicht | Pflicht gegen andere |

**Abbildung:** „Eintheilung nach dem objectiven Verhältniß des Gesetzes zur Pflicht" (RL, AA 6: 240).

Die zweite unterscheidet zwischen Wesen, zwischen welchen „reale" moralische Beziehungen (oder Wechselwirkung) möglich sind und Wesen, zwischen denen diese nicht möglich sind.

**Tabelle:** „Eintheilung nach dem subjectiven Verhältniß der Verpflichtenden und Verpflichteten" (RL, AA 6: 241).

| 1. | 2. |
|---|---|
| Das rechtliche Verhältniß des Menschen zu Wesen, die weder Recht noch Pflicht haben. | Das rechtliche Verhältniß des Menschen zu Wesen, die sowohl Recht als Pflicht haben. |
| *Vacat. [leer]* | *Adest. [zugegen]* |
| Denn das sind vernunftlose Wesen, die weder uns verbinden, noch von welchen wir können verbunden werden. | Das rechtliche Verhältniß des Menschen zu einem Wesen, was lauter Rechte und keine Pflichten hat (Gott). |

|  3. | 4. |
|---|---|
| Das rechtliche Verhältniß des Menschen zu Wesen, die lauter Pflichten und keine Rechte haben. | Das rechtliche Verhältniß des Menschen zu einem Wesen, was lauter Rechte und keine Pflichten hat (Gott). |
| *Vacat. [leer]* | *Vacat. [leer]* |
| Denn das wären Menschen ohne Persönlichkeit (Leibeigene, Sklaven) | Nämlich in der bloßen Philosophie, weil es kein Gegenstand möglicher Erfahrung ist. |

Wir finden, so Kants Schlussfolgerung, ein „*reales* Verhältnis zwischen Recht und Pflicht" nur im Fall Nr. 2. Im Unterschied hierzu ist eine Pflicht zwischen dem Menschen und Gott „transzendent", i. e. eine, für welche kein korrespondierendes moralisches Subjekt in der Erfahrung gegeben werden kann,

> [...] mithin das Verhältniß in theoretischer Rücksicht hier nur *ideal*, d.i. zu einem Gedankendinge ist, was wir uns selbst, aber doch nicht durch seinen ganz *leeren*, sondern in Beziehung auf uns selbst und die Maximen der inneren Sittlichkeit, mithin in praktischer innerer Absicht, fruchtbaren Begriff *machen*, worin denn auch unsere ganze *immanente* (ausführbare) Pflicht in diesem bloß gedachten Verhältnisse allein besteht (RL, AA 6: 241 f.).

Entsprechend fällt der Begriff Gottes (als eines Wesens welches nur Rechte aber keine Pflichten hat) nicht innerhalb den moralischen Begriffen angemessenen Bereich, dessen korrespondierende Gegenstände in „realem Verhältnis" stehen; Er ist nur indirekt und mit Blick darauf nützlich, die gebietende Stimme des Gewissens effektiver zu machen.

# 3

Wir können nun zu der Frage zurückkehren wie die moralische Religion, die *nicht* die Annahme Gottes beinhaltet (und die strikt innerhalb eine „rein-philosophische Ethik" fällt), sich zur moralischen Religion verhält, welche dies *tut*. Eine Untersuchung von Kants Hauptschriften zur Religion von 1787 bis 1798 ergibt die nachfolgende (revidierte) Taxonomie:

I. Religion als das Prinzip, unsere Pflichten „als (*instar*) göttlicher Gebote" zu beurteilen. Kant beschreibt die Religion in diesen präzisen Begriffen *nur* in seinen späten Schriften; nämlich in der *Metaphysik der Sitten* (1797) (wo er sie auch als „das Formale" der Religion bezeichnet, TL, AA 6: 443, 487), dem *Opus Posthumum* (späte 1790er bis frühe 1800er, OP, AA 22: 64, 120) und in einer Reflexion über Achenwall aus dem Jahre 1800 (Refl, AA 19: 65). Wie wir gesehen haben wird die so verstandene Religion in der *Metaphysik der Sitten* ausdrücklich von einer Religion unterschieden, welche die Annahme der Existenz Gottes beinhaltet.

II. Religion als die „Erkenntniß aller Pflichten als göttlicher Gebote". Diese Formulierung, welche fettgedruckt in der *Kritik der Praktischen Vernunft* präsentiert (KpV, AA 5: 129) und fast wortwörtlich in der *Kritik der Urteilskraft* wiederholt wird (KU, AA 5: 481), beinhaltet eine moralisch begründete Annahme der Existenz Gottes oder Ethikotheologie, welche zufolge der *Kritik der Urteilskraft* zur Religion führt (KU, AA 5: 481; vgl. KpV, AA 5: 129). Religion in diesem Sinne folgt auf einen moralischen Glauben an die Existenz Gottes, welcher (auf Kosten der Gefahr, ansonsten unsere moralische Einstellung zu beeinträchtigen) ein praktisches Bedürfnis erfüllt, den Endzweck (i. e. das höchste Gut), nach dessen Erreichung zu streben uns das Moralgesetz ermahnt, als möglich zu anzusehen (vgl. KU, AA 5: 125 – 6, 446, 452 – 3, 471, 485; RGV, AA 6: 4 – 5).

III. Die Religion innerhalb der Grenzen der bloßen Vernunft. Religion in diesem Sinne definiert die Domäne, innerhalb derer die Philosophie rechtmäßig ohne äußere Beaufsichtigung (e. g. durch die theologische Fakultät, wie sie von der Preußischen Regierung gebührend dazu autorisiert war, Alles zu zensieren, was in ihre Domäne fällt) sprechen darf (vgl. SF, AA 7: 8). Sie setzt somit die besonderen politischen Umstände voraus in denen Kant sich befindet, solche, deren allgemeine Merkmale (i. e. gesetzliche Beaufsichtigung einer Fakultät, die „selbst frei bleiben [sollte,] öffentlich zu urteilen", SF, AA 7: 8) auf unbestimmte Zeit weiterexistieren könnten. Die so dargestellte Religion beinhaltet in dem Maße „Geschichts- und Offenbarungslehren" (TL, AA 6: 488), wie sie mit der rein moralischen Religion „in Übereinstimmung" (TL, AA 6: 488) stehen können. Religion in diesem Sinne ist nicht „rein", sondern „auf eine vorliegende Geschichte *angewandte* Religionslehre"; und dementsprechend ist für sie „in einer Ethik, als reiner praktischen Philosophie, kein Platz" (TL, AA 6: 488). Die so dargestellte Religionslehre bedient sich historischer (kontingenter) religiöser Lehren, um die theoretischen Unzulänglichkeiten des reinen moralischen Glaubens auszugleichen (e. g. was die Frage zum Ursprung des Bösen anbelangt) und erfüllt damit („nach Verschiedenheit der Zeitumstände und der Personen", SF, AA 7: 9) einen legitimen rationalen Zweck.

IV. Die Religion, die vollständig jenseits der Grenzen der bloßen Vernunft fällt, und die entweder nutzlos oder moralisch schädlich ist.

Was sollen wir dann also von der Religion im ersten Sinne halten, besonders angesichts Kants relativ später Einführung ihrer ausdrücklichen Formulierung als das „Formale" aller Religion? Auf der einen Seite legt sein Insistieren darauf, dass die Religion im ersten Sinne den formalen Aspekt *jedweder* nicht vollständig jenseits der Grenzen der bloßen Vernunft fallenden Religion konstituiert nahe, dass er etwas derartiges die ganze Zeit über im Sinn hatte, insoweit als das Moralgesetz (i. e. das „Formale" aller Religion) auch den bestimmenden Grund für Religion im zweiten und dritten Sinne liefert. Zur gleichen Zeit legt die Religion als das Prinzip, unsere Pflichten nur *als ob* [*instar*] sie göttliche Gebote seien zu beurteilen neue Betonung auf den *Ausschluss* des Glaubens an die Existenz Gottes aus der Entwicklung einer Ethik proper, und dies dem früheren vorläufigen Vorschlag in *Die Religion innerhalb der Grenzen der bloßen Vernunft*, dass der „Begriff der Pflicht den die Moral enthält" „keine Materie der Willkür" voraussetzt und bloß „analytisch" und ohne „Zweck", i. e. ohne Glaube an Gott und an das höchste Gut als eine synthetische Proposition *a priori* verbleiben würde, zum Trotz, obgleich dies eine Angelegenheit ist, von der Kant zugibt, dass ihm die volle Einsicht fehle (vgl. RGV, AA 6: 6 Fn.).

Im Unterschied hierzu gibt sich Kant in der *Metaphysik der Sitten* besondere Mühe zu zeigen, dass unsere ethischen Pflichten tatsächlich auf Zwecke verweisen, oder auf „Das Materiale der Tugendpflicht", wie im Diagramm auf TL, AA 6: 398 (vgl. TL, AA 6: 382–9) aufgezeigt (nämlich: unsere eigene Vollkommenheit und die Glückseligkeit Anderer), und dass daher eine Tugendlehre zumindest begrifflich unabhängiger vom religiösen Glauben ist als er vor der lang erwarteten Vollendung der *Metaphysik der Sitten* angenommen haben oder, alternativ, sich selbst vorzustellen gestattet haben mag.

Es gibt mehrere Gründe für Kants späte Skrupel, zu einer Zeit, in der es ihm zumindest freistand, seine Ansichten offener zu präsentieren als ihm dies vor dem Tode Friedrich Wilhelms II in 1796 möglich war, eine Pflichtenlehre (zusammen mit dem Begleitprinzip der Betrachtung von Pflichten *als ob* sie göttliche Gebote seien) von der Religion, die den Glauben an die Existenz Gottes beinhaltet, zu unterscheiden.[12] Der erste ist ein pädagogischer: wie wir zuvor gesehen haben, riskiert man ohne eine klare Abgrenzung der Reihenfolge, in welcher eine Pflichtenlehre und eine Religionslehre zu erlernen sind – und folglich ohne eine klare Präsentation der Ethik als ein begrifflich selbststehendes Ganzes –, eine für alle genuine Moral destruktive heuchlerische Religion zu fördern.

Der zweite, mehr offen politische Grund beinhaltet den öffentlichen Schwur – eine Angelegenheit, die Kant persönlich betroffen hatte. Wie er am Ende der *Metaphysik der Sitten* sardonisch bemerkt, ist die Praxis, vor Gott zu schwören, moralisch ungereimt, insofern sie ein Bekenntnis theoretischen Wissens, *per impossibile*, involviert, dass Gott tatsächlich existiert, auch wenn „man" zugleich „glaubt", ihrer „in politischer Rücksicht [...] schlechterdings nicht entbehren zu können" (TL, AA 6: 486, Fn \*\*). Kants nachfolgende Unterscheidung zwischen dem „Formalen" und dem „Materialen" der Religion (oder zwischen einer Reli-

---

12 Ich lasse hier unerforscht, ob Kants späte Artikulation der Beziehung zwischen Ethik und Religion genuin neu war oder einfach das Ergebnis einer Aufhebung der politischen Restriktion seine Veröffentlichung zu religiösen Angelegenheiten betreffend.

gionslehre, die ein integraler Teil einer „allgemeinen Pflichtenlehre" ist und einer Religionslehre der „Pflichten gegen Gott", die „jenseits aller Grenzen der rein-philosophischen Ethik" liegen (TL, AA 6: 487f.) ist also eine explizite Antwort auf das durch die öffentliche Unerlässlichkeit irgendeiner etablierten Religion aufgeworfene moralische Problem – zumindest vor der kritischen „Umänderung der Denkart" (KrV, B xxii, Fn), auf deren Beförderung Kants „Religion innerhalb der Grenzen der bloßen Vernunft" abzielt.

## Schlussbemerkung

Als Verdienst jener revidierten Taxonomie könnte man die Beziehung zwischen Ethik und Religion folgendermaßen klassifizieren:

Religion I ist untrennbar mit des Menschen „vollkommener Pflicht" gegen sich selbst als der „angeborene Richter über sich selbst" (TL, AA 6: 437) verbunden.

Religion II fällt unter des Menschen „vollkommene Pflicht" der moralischen Vervollkommnung, e. g. durch das Ausräumen von Hindernissen für innere moralische Stärke: in diesem Fall den theoretischen Zweifel, ob das höchste Gut, welches die reine praktische Vernunft uns zur Aufgabe gibt, wirklich möglich ist.[13]

Religion III fällt innerhalb die (sehr weit verstandene) Bürgerpflicht derer, die sich (wie Kant selbst) in einer Position befinden (öffentlich) auf moralisch günstige Art und Weise und ohne Verletzung gesetzlichen Rechts, von der Geschichte überlieferten Religionslehren zu interpretieren.[14]

Religion IV ist entweder nutzlos oder schädlich.

Durch seine Behandlung moralischer Reflexionsbegriffe als „episodisch" (TL, AA 6: 442) eher denn als systematisch indiziert Kant zur gleichen Zeit eine gewisse Lockerheit in der Beziehung zwischen Religion I und Religion II (oder zwischen der Religion, die strikt innerhalb einer Metaphysik der Sitten und Ethikotheologie fällt). Die Pflicht zu unserer moralischen Vervollkommnung ist nur bezüglich ihres Grades „weit und unvollkommen" (TL, AA 6: 446) und ruft Kants frühere Ausnahme eines willkürlichen moralischen Glaubens von seinem allgemeinen

---

[13] Siehe insbesondere RL, AA 6: 213 (zum Unterschied zwischen wollen und wünschen), TL, AA 6: 383, 390, 391–4, 446f., 484f. Vgl. KU, AA 5: 446f., 450, 452f., 472.
[14] Vgl. TL, AA 6: 484f. (zu „moralische Ascetik") und Kants Verweis auf eine spezifisch „Mönchsascetik" in Die Religion innerhalb der Grenzen der bloßen Vernunft. Zur politischen und ethischen Verwendung von „Religion innerhalb der Grenzen der bloßen Vernunft" s. a. Shell 2009, 187–211.

Ausschluss der Annahme der Existenz Gottes aus einer rein-philosophischen Moral in Erinnerung (TL, AA 6: 447).

Die *Metaphysik der Sitten* ist, vielleicht aus hiermit verbundenen Gründen, weniger damit beschäftigt, die Hindernisse der Tugend (eigentlich die Angelegenheit der „moralische[n] Anthropologie" (RL, AA 6: 217))[15] zu überwinden als damit, eine innere Fröhlichkeit im Fortgang von Vollkommenheit zu Vollkommenheit, die Kant hier mit Epikur (dem Atheisten) verbindet, zu kultivieren (TL, AA 6:485). Das Werk endet somit nicht mit dem Übergang zur Ethikotheologie, den seine vorhergehenden pädagogischen Diskussionen hätten vermuten lassen können (TL, AA 6: 478), sondern stattdessen mit einer expliziten Warnung vor dieser Sorte schwärmerischer „Entsündigung" oder „geheimen Hass" des Moralgesetzes, zu welchen der Begriff der Pflichten *gegen* Gott allzu leicht führen kann, wie seine Religion innerhalb der Grenzen der bloßen Vernunft mehr als deutlich klargestellt hat. Dementsprechend besteht

> [d]ie ethische Gymnastik [...] also nur in der Bekämpfung der Naturtriebe, die das Maß erreicht, über sie bei vorkommenden, der Moralität Gefahr drohenden, Fällen Meister werden zu können; mithin die wacker und im Bewußtsein seiner wiedererworbenen Freiheit fröhlich macht. [...] sich eine Pönitenz auferlegen, [...] welche freudenlos, finster und mürrisch ist [macht] die Tugend selbst verhaßt und [verjagt] ihre Anhänger [...] Die Zucht (Disciplin), die der Mensch an sich selbst verübt, kann daher nur durch den Frohsinn, der sie begleitet, [...] verdienstlich und exemplarisch werden (TL, AA 6:485).

Die *Religion innerhalb der Grenzen der bloßen Vernunft* involviert das, was Kant dort im Unterschied zur „moralische[n] Asketik ,", welche innerhalb der *Metaphysik der Sitten* proper fällt als „Mönchsascetik" bezeichnet. Und in der Tat ist falschverstandene und falsch verwendete Religion der moralischen Tugend nicht zuletzt deshalb ein ernsthaftes Hindernis (s. z.B. RGV, AA 6:189; EAD, AA 8: 339), weil sie zu einer inneren Heuchelei ermuntert, welche die Reue durch das „Buße

---

15 Als eine Übung in von Kant sogenannter „Mönchsascetik" (TL, AA 6: 484f.), scheint *Die Religion innerhalb der Grenzen der bloßen Vernunft* (RGV, AA 6: 51) direkt in die Kategorie der Moralanthropologie zu fallen, welche er von einer „Metaphysik der Sitten" proper ausschließt, mit der Begründung, das ihre Beschäftigung sich „nur [auf] subjective, hindernde sowohl als begünstigende Bedingungen der Ausführung der Gesetze der ersteren in der menschlichen Natur" und somit auf die „Erzeugung, Ausbreitung und Stärkung moralischer Grundsätze (in der Erziehung, der Schul- und Volksbelehrung) bezieht (RL, AA 6: 216f.). Kant unterscheidet, mit anderen Worten, ausdrücklich zwischen einer „moralischen Ascetik" (TL, AA 6: 484), welche strikt innerhalb einer „Metaphysik der Sitten" fällt, und einer „Mönchsascetik (TL, AA 6: 485), welche stattdessen innerhalb der Religion innerhalb der Grenzen der bloßen Vernunft fällt (vgl. dazu RGV, AA 6: 71), deren Ziele mitten in das zu fallen scheinen, was Kant hier als „Moralanthropologie" bezeichnet.

tun" ersetzt, oder den Buchstaben mit dem Geiste verwechselt.[16] Daher rührt das temporäre Erfordernis für eine spezielle Art von „Gottesdienst "„ wie Kant dies in der *Religion innerhalb der Grenzen der bloßen Vernunft* ausdrückt, i.e. eines Dienstes *gegen* Gott allein zum Zwecke der Überwindung von „Afterdienst" innerhalb des Geschichtsglaubens (RGV, AA 6: 151; vgl. 51; TL, AA 6: 488).

Sollte diese Lesart korrekt sein, dann spiegelt Kants Rückzug von Pflichten als „göttliche Gebote" – die Formel, welche er in der *Kritik der praktischen Vernunft* (vgl. KpV, AA 5: 129) und auch in der *Kritik der reinen Vernunft* (vgl. KrV, A 819/B 847) verwendet hatte – auf Pflichten „als (*instar*) göttlicher Gebote" (TL, AA 6: 487) – eine Formel, welche, anders als die vorhergehende, die „Annahme" der Existenz Gottes (außerhalb der Vernunft selbst) explizit ausschließt – in der *Metaphysik der Sitten* die wachsende Verfeinerung und Präzision von Kants Verständnis von Religion als einer Übung darin, Hindernisse wider die Tugend zu überwinden, i.e. Moralanthropologie, wieder. Religion in diesem Sinne beschäftigt sich mit moralischen Hindernissen, die bloß subjektiv (und historisch) sind, besonders in ihrer Beziehung auf „Volksbelehrung" und bleibt somit unterschieden von Ethikotheologie und auch von Religion im noch engeren Sinn, die innerhalb einer Metaphysik der Sitten proper liegt.

Sie mag auch neues Selbstbewusstsein auf Kants Seite bei der endlichen Vollendung seiner langerwarteten *Metaphysik der Sitten* widerspiegeln, dass das Schema einer intelligiblen Welt mit einer Spezifizität bestimmt werden könnte, die hinreicht die „Möglichkeit" der Idee des „*höchste*[n] *Gut durch Freiheit*" praktisch „auf Erkenntnißgründen a priori beruhen" (KpV, AA 5: 113) zu lassen, ohne den unmittelbaren Rückgriff auf den moralischen Glauben, auf den seine *Kritiken* selbst insistiert hatten.

Was die politischen Implikationen von Kants Ausführungen zur Beziehung zwischen Ethik und Religion für die Gegenwart anbelangt: Auf der einen Seite legt eine sorgfältige Lektüre der relevanten Texte nahe, dass der stark christliche Beigeschmack von Kants moralischer Adaption historischer religiöser Lehren in *Die Religion innerhalb der Grenzen der bloßen Vernunft* und *Der Streit der Fakultäten* am besten als optional zu betrachten ist – i.e. von den Umständen abhängig, Raum lassend für alternative Ausführungen der „Religion innerhalb der Grenzen der bloßen Vernunft", die der heutigen zunehmend nicht- und nach-christlichen Welt angemessener sein mögen. Auf der anderen Seite legt sie auch, aus einer streng Kantianischen Perspektive, die Beschränkungen einer gänzlich säkularen Religion der Menschlichkeit nahe.

---

[16] Für eine vollständigere Behandlung siehe Shell (2009), Kap. 7.

*Aus dem Englischen übersetzt von Carola Freiin von Villiez und Jean-Christophe Merle*

Thomas Mertens
# Kant und die Zwecke des Lebens

## Einleitung

Das Recht auf Leben ist heute zweifellos eines der zentralsten Rechte, wenn nicht sogar *das* zentralste Recht des Menschen. Als dessen Artikel 3 findet es sich fast am Anfang der *Allgemeinen Erklärung der Menschenrechte* von 1948: „Jeder hat das Recht auf Leben, Freiheit und Sicherheit der Person." Eine Formulierung von Menschenrechten würde ohne das Recht auf Leben in der Tat kaum Sinn ergeben.[1] Es könnte insofern so scheinen, als sei dieses Recht selbst-evident und benötige kaum Reflektion. Dieser erste Eindruck ist jedoch falsch. Die Frage danach, was das Recht auf Leben beinhaltet ist komplex und lädt zu einem Verständnis des Sinns des Lebens ein. Ein guter Ansatzpunkt zur Beschäftigung mit seiner Komplexität ist die Formulierung des Rechts auf Leben in Artikel 2 der *Europäischen Menschenrechtskonvention* von 1950, die folgendermaßen lautet:

> 1. Das Recht jedes Menschen auf Leben wird gesetzlich geschützt. Niemand darf absichtlich getötet werden, außer durch Vollstreckung eines Todesurteils, das ein Gericht wegen eines Verbrechens verhängt hat, für das die Todesstrafe gesetzlich vorgesehen ist. 2. Eine Tötung wird nicht als Verletzung dieses Artikels betrachtet, wenn sie durch eine Gewaltanwendung verursacht wird, die unbedingt erforderlich ist, um a. jemanden gegen rechtswidrige Gewalt zu verteidigen; b. jemanden rechtmäßig festzunehmen oder jemanden, dem die Freiheit rechtmäßig entzogen ist, an der Flucht zu hindern; c. einen Aufruhr oder Aufstand rechtmäßig niederzuschlagen.

Dieser Artikel verweist auf mehrere wichtige Anliegen. Deren wichtigstes ist die zentrale Regel der Konvention, dass das Recht auf Leben rechtlich zu schützen ist, und dass niemandem dieses Recht vorsätzlich entzogen werden darf. Das Recht auf Leben enthält, in anderen Worten, die Pflicht, insbesondere des Staates, menschliches Leben rechtlich zu schützen und dafür Sorge zu tragen, dass niemand vorsätzlich getötet wird. Vorsätzliche Tötung wird von der *Konvention* nur unter einer sehr begrenzten Anzahl von Umständen als Nicht-Verletzung des Rechts auf Leben akzeptiert. Die vier Situationen, in denen dies der Fall ist, sind: die Todesstrafe, die Verteidigung einer Person gegen rechtswidrige Gewalt, das Verhindern gesetzeswidriger Flucht und die Niederschlagung von Aufständen. In

---

[1] Hierzu etwa R. Smith 2005, 205: „das Recht auf Leben steht zweifelsohne an der Spitze der Hierarchie".

den letzten drei Situationen sollte die Anwendung von tödlicher Gewalt gegen Personen die zu rechtswidriger Gewalt greifen, versuchen, sich gesetzeswidrig durch Flucht zu entziehen oder Aufstände zu anzuzetteln das letzte Mittel, oder in den Worten der Konvention, ‚unbedingt erforderlich' sein. Die Präsumtion ist, in anderen Worten, dass menschliches Leben unter fast allen Umständen geachtet und geschützt werden sollte. Eine spätere Entwicklung im Kontext des Europarates bekräftigt dies. Artikel 2 der o.g. *Menschenrechtskonvention* stellt – genauso wie Artikel 6 des *Internationale[n] Pakt[es] über Bürgerliche und Politische Rechte* – fest, dass die vorsätzliche Tötung als eine Form der Strafe nur unter den strengsten Bedingungen stattfinden darf. Im Rahmen dieses Rates wuchs indessen allmählich die Überzeugung, dass das Recht auf Leben mit der Todesstrafe unvereinbar ist. Dies führte 1983 zur Annahme des sogenannten 6. *Zusatzprotokolls* der o.g. *Menschenrechtskonvention*, welches die Todesstrafe abschafft. Seitdem kann die Todesstrafe nicht mehr angewendet werden, da sie als eine Verletzung des Rechtes auf Leben angesehen wird. Seit der Entscheidung des Europäischen Gerichtshofes für Menschenrechte in *Soering vs. The United Kingdom*[2] 1989 implizieren das Recht auf Leben und die Abschaffung der Todesstrafe nicht nur, dass kein Staat innerhalb des Europäischen Rates die Todesstrafe anwendet, sondern auch, dass keiner dieser Staaten Personen an einen anderen Staat ausliefern kann, in welchem diese eines Verbrechens angeklagt werden können, für das sie zum Tode verurteilt werden können. Das Verständnis des Rechtes auf Leben als mit der Todesstraffe unvereinbar hat demnach Auswirkungen über die Grenzen des Europäischen Rates hinaus.

Heute erkennt die Europäische Konvention daher nur die übrigen drei Umstände an, unter welchen die vorsätzliche Tötung keine Verletzung des Rechts auf Leben darstellen mag, sofern der Erweis erbracht werden kann, dass die Anwendung von tödlicher Gewalt ‚unbedingt erforderlich' war. Das Recht auf Leben als ein Menschenrecht oder als ein ‚angeborenes Recht', wie es in Artikel 6 ICCPR (*Internationaler Pakt über bürgerliche und politische Rechte*) genannt wird, wird als dermaßen wichtig betrachtet, dass der Staat verpflichtet ist, alle Fälle zu untersuchen und gegebenenfalls strafrechtlich zu verfolgen, in denen behauptet wird, der Wert des Lebens sei durch Werte ‚übertrumpft' worden, die in den Ausnahmeklauseln erwähnt werden. Es scheint somit, als betrachteten diese Menschenrechtserklärungen, Dokumente und Fallbeispiele ‚Leben' beinahe als einen absoluten Wert, der nur unter außerordentlichen Umständen anderen Werten zu weichen hat. Die Vorannahme geht stets zugunsten der Achtung menschlichen Lebens, mit der implizierten Pflicht des Staates, Leben zu schützen und sicher-

---

[2] http://hudoc.echr.coe.int/sites/eng/pages/search.aspx?i=001-57619#{„itemid":[„001-57619"]}

zustellen, dass keine vorsätzliche Tötung stattfindet, sofern dies nicht ‚unbedingt erforderlich' ist (Fredman 2008, 74).

## 1 Das Leben als ein Geschenk

Es ist nicht überraschend, dass menschlichem Leben innerhalb dieser rechtlichen Dokumente ein so hoher Stellenwert zugeschrieben wird. Das Recht auf Leben nimmt in der zeitgenössischen sowie der klassischen Philosophie einen prominenten Platz ein: der späte John Rawls setzt das Recht auf Leben in seiner ‚Kurzliste' international zu achtender, zwingender, politisch neutraler Rechte auf den ersten Platz (Rawls 2002, 80). Was aber macht das Leben so wichtig, dass sich die Pflicht, Leben zu achten und zu schützen als Kern dessen, was Menschen einander und sich selbst schuldig sind, überall in der Moralgeschichte der Menschheit findet? In den Zehn Geboten wird die Pflicht nicht zu töten an prominenter Stelle präsentiert, was – anders als dieses Gebot oftmals verstanden wird – nicht nur ein Verbot bezeichnet, andere zu töten, sondern auch sich selbst das Leben zu nehmen (*Exodus* 20, 16; *Deuteronomium* 5, 20). Einige vertreten die Ansicht, die Antwort darauf, was das Leben so wichtig macht, sei in dem Umstand zu suchen, dass das Leben nicht als Etwas das einem zusteht gesehen werden sollte, sondern als ein Geschenk, als etwas Heiliges. Dies ist, um nur einen ersten wichtigen Autor zu nennen, in John Lockes Moralphilosophie deutlich. Bekanntermaßen betont Locke den Schutz des Rechtes auf Leben, zusammen mit dem Recht auf Freiheit und Eigentum, als grundlegenden ‚Zweck von politischer Gesellschaft und Regierung'. Deshalb betont Locke, dass der Mensch im Naturzustande „absolute[r] Herr seiner eigenen Person und seiner Besitztümer" sei (Locke 1977, 278, §123). Er betont aber auch, dass ein solcher ‚Zustand perfekter Freiheit' keiner der Zügellosigkeit ist; der Mensch kann nur innerhalb der Grenzen des Naturrechts über seinen Besitz und seine eigene Person verfügen. Obgleich Lockes Formulierungen hier eher skizzenhaft sind,[3] scheint uns dieses Recht mindestens drei Dinge zu sagen: man solle einander nicht an Leben, Gesundheit, Freiheit oder Besitz schädigen; man solle nicht das eigene Leben schädigen (jedermann ist dazu gehalten, ‚sich selbst zu erhalten und seinen Posten nicht willentlich zu verlassen'); man solle so viel wie möglich tun, um den Rest der Menschheit zu erhalten, solange diese Bemühungen nicht mit der Selbsterhaltung rivalisieren. Mit anderen Worten: da der Mensch nach Locke von „einem allmächtigen und unendlich weisen Schöpfer" erschaffen wurde, und Alle Diener dieses „souve-

---

[3] Ich folge hier der Interpretation von J. Griffin 2008, 213–4.

ränen Herrn" sind (Locke 1977, 203, §6), hat er dessen Besitz in den drei genannten Hinsichten zu achten: der Mensch hat die (negativen) Pflichten, weder das Leben einer anderen Person zu nehmen, noch sein eigenes Leben zu nehmen (er muss das Werk seines Schöpfers ‚gemäß dessen und nicht der eigenen Vorliebe erhalten') und die (positive) Pflicht, die Menschheit soweit wie vernünftigerweise erwartet werden kann zu erhalten.

Die Art und Weise, in der Locke die Wichtigkeit des Lebens aus einer naturrechtlichen Perspektive als etwas in sich selbst Wertvolles betont, ist weit von dem heute oft üblichen Verständnis des Lebens entfernt: Heutzutage scheint es selbstevident, dass das Leben primär für diejenige Person wertvoll ist, die dieses Leben lebt und daher als Etwas, zu dem diese Person berechtigt ist. Als ein subjektives Recht wird das Leben als ein ‚Gut' verstanden, welches inhärent ‚meines' ist. Deswegen birgt mein ‚Leben' als Etwas, das es – in welcher Form auch immer ich mein Leben führe – zu achten gilt, primär die negative Verpflichtung Anderer in sich. Das heutige Verständnis von Leben kommt dem, was Locke als ‚Zügellosigkeit' bezeichnet oftmals sehr nahe. Zwei weitere von Locke betonte Elemente – das Recht auf Leben als eine Pflicht zu leben und die Beistandspflicht zur Erhaltung des Lebens Anderer – spielen im gemeinen Verständnis des Rechtes auf Leben oftmals keine hervorgehobene Rolle. Während der Mensch nach Locke nicht vollständig Herr seines eigenen Lebens ist, wird das Recht auf Leben heute oftmals als Ausdruck menschlicher Autonomie gesehen: der Mensch ist Herr seines eigenen Lebens, oder sollte dies sein, in gleicher Weise wie der Mensch Herr seines Eigentums, seines Gewissens oder seiner religiösen Anschauungen ist. Die Beziehung des Menschen zu seinem eigenen Leben wird nicht als ein ‚Geschenk' gesehen, sondern eher als Eigentum.

Dieser Übergang von dieser ersten, naturrechtlichen Perspektive zu der zweiten Konzeption, das Leben als Autonomie, war Resultat eines allmählichen Prozesses der Säkularisierung, in welchem der Aspekt des Lebens als eines Geschenkes und als etwas, das es zu schützen gilt, nichtsdestotrotz nie ganz verschwand. Das Recht auf Leben wird nie bloß als die Pflicht zur Autonomie verstanden. Es lohnt daher, Kants Moralphilosophie sorgfältig mit Blick auf den Zweck des Lebens zu untersuchen. Auf der einen Seite teilt Kant mit Locke die Ansicht, das Leben sei nichts, über das man willkürlich verfügen könnte als sei es eine Art von Eigentum. Er verteidigt auf der anderen Seite jedoch die Ansicht, der Mensch habe sein Leben als einen Ausdruck von Autonomie zu betrachten. Es kann, in anderen Worten, nach Kant der Wert des Lebens nicht auf das bloße Faktum reduziert werden, dass der Mensch in irgendeinem biologischen Sinne des Wortes ein Lebewesen ist. Der Mensch ist ein autonomes Wesen, und der Zweck seines Lebens wird von ihm selbst geformt, auch wenn derartige Autonomie gewiss nicht als bloße ‚Zügellosigkeit' zu verstehen ist.

## 2 Kant zum Selbstmord I

Das Moralgesetz verpflichtet uns nach Kant zur Achtung des Lebens – sowohl des eigenen als auch des Lebens Anderer. ‚Das Leben' zu achten, ist eine unserer zentralsten Verpflichtungen. Diese Pflicht wird durch die Tatsache, dass ein menschliches Leben stets das einer bestimmten Person ‚ist', die dieses Leben lebt, nicht gemindert: niemand kann über sein eigenes Leben frei verfügen. Die Moralität von Selbstmord lehnt Kant in all seinen Texten ab, und dieses Verbot gründet auf eine Vielzahl von Argumenten (s. Wittwer 2001, 180–209). Man findet, um ein erstes Argument zu erwähnen, die Lockes Ansicht ähnliche religiöse Perspektive: Selbstmord wird von Gott untersagt, und jemand der Selbstmord begeht verletzt den Zweck seines Schöpfers; da der Mensch Gottes Eigentum ist, kann er nicht willkürlich über sein Leben verfügen. Man findet dieses Argument gegen Selbstmord sowohl in Kants vorkritischer Ethik als auch in seiner reifen Moralphilosophie: Selbstmord ist eine Verletzung einer Pflicht gegen Gott als ein Verlassen „des uns anvertrauten Posten[s] in der Welt [...] ohne davon abberufen worden zu sein" (TL, AA 6: 422; vgl. auch V-Mo/Collins, AA 27: 375). Als der Rationalist der er nun einmal ist, fügt Kant sogleich hinzu, dass Selbstmord offensichtlich nicht bloß als eine Verletzung des Willen Gottes untersagt ist, sondern als ein Unrecht an sich: Selbstmord ist nicht deshalb verboten, weil Gott dies so bestimmt hat, sondern Gott hat dies verboten, weil es unrecht ist. Für Kant ist die religiöse Perspektive demnach nicht entscheidend. Ein zweites Argument wider den Selbstmord in Kants Denken fokussiert sich auf die verderblichen Effekte zu denen die – rechtliche oder moralische – Akzeptanz von Selbstmord führen würde. Wer auch immer, so Kant, sein eigenes Leben nicht wertschätzt, wird das Leben Anderer nicht wertschätzen. Eine solche Person wird fähig sein, die schrecklichsten Verbrechen zu begehen. Gemäß seinem Argument ist es für das Wohlergehen der Gesellschaft wichtig das Selbstmordverbot aufrechtzuerhalten, um den Respekt für das Leben im Allgemeinen zu verstärken. Die Akzeptanz von Selbstmord würde den dem menschlichen Leben zuerteilten Wert im Allgemeinen gefährden. Heute kennen wir Beispiele schrecklicher Fälle, in denen Terroristen Selbstmordattentate begehen, oder in denen Personen Selbstmord begehen, nachdem sie ihre eigenen Kinder getötet haben, um ihre früheren Partner zu schädigen. Wir hören des Öfteren das Argument, die rechtliche Akzeptanz von Euthanasie sei eine Art Beihilfe zum Selbstmord, welche zu einer gesellschaftlichen Abwertung des Wertes des Lebens führe. Für Kant indessen kann auch dieses Argument nicht entscheidend sein, denn es gründet auf die (ungewisse) Kalkulation des Ergebnisses dessen was geschehen würde, wenn Selbstmord nicht als moralisch verabscheuenswürdig betrachtet würde. Außerdem scheint der Umstand, dass manche Menschen in dem Wissen, dass sie sich der Bestrafung und sozialen Ächtung durch Selbstmord entziehen können, die entsetzlichsten Verbrechen begehen, den Effekt der heutigen mitfühlenderen Einstellung im Hinblick auf Selbstmord nicht zu belegen. Terroristische Attentate und racheartige Kindestötung fanden in alten Zeiten, in denen Selbstmord als moralisch verabscheuenswürdig betrachtet wurde, ebenso statt wie heutzutage, jetzt wo Selbstmord oftmals eher mit Mitgefühl wahrgenommen wird denn mit moralischer Indignation ob einer Abwertung des Lebens.

In einem dritten Argument gegen Selbstmord, das man in Kants Texten findet, liegt der Focus nicht auf den Konsequenzen einer gewissen sozialen Akzeptanz von Selbstmord, sondern darauf, ob die Maxime, auf welcher Selbstmord gründet, jemals als dem Moralgesetz gemäß betrachtet werden kann. Kant vertritt die Auffassung, dass dies nicht der Fall ist. Selbstmord zu begehen ist mit der moralischen Forderung, dass die Menschheit nie als bloßes Mittel zum Zweck zu betrachten sei, sondern stets auch als ein Zweck an sich selbst, inkonsistent. Folglich ist es nicht erlaubt, Selbstmord zu begehen, um einem elenden Leben zu entgehen, denn dies setzt fälschlicherweise voraus, der Zweck des Lebens würde der Glückseligkeit der dieses Leben lebenden Person innewohnen. ‚Das Leben' ist indessen nicht ein Mittel zum Zweck der Glückseligkeit, sondern, so scheint es, ein Zweck an sich selbst. Insofern ist das Leben nicht ein ‚Ding' zu Jemandes willkürlicher Verfügung.[4] Da die Idee, Selbstmord bedeute die Reduzierung seiner selbst zu einem bloßen ‚Ding', in Kants vorkritischen und kritischen Schriften zu finden ist, lohnt es sich, zu verfolgen was Kant hier meinen könnte. Wittwer bemerkt zurecht, dass eine Sache ein unbelebtes Objekt ist, d.i. eines ohne Bewusstsein und Willen; es ist daher schwierig zu verstehen wie ein menschliches Wesen, das sich entscheidet sich das Leben zu nehmen, als jemand beschrieben werden kann, der sich auf eine Sache reduziert. Kant könnte meinen, dass die meisten Selbstmorde durch „Wut, Leidenschaft und Wahnsinn" motiviert sind (Seidler 1983, 440), und solche Personen daher nicht den Forderungen der (praktischen) Vernunft folgen. Alle Handlungen, die sich als moralische Handlungen qualifizieren wollen, sollten durch die praktische Vernunft motiviert sein, und die Entscheidung zum Selbstmord ist es nicht. Indessen erklärt dies nicht, warum die moralische Verderbtheit von Selbstmord der ‚Selbstverdinglichung' innewohnen sollte. Die ‚Entscheidung' – sozusagen – der Person, es ‚Wut, Leidenschaft und Wahnsinn' zu erlauben, im Angesicht der Frage danach, ob man

---

[4] Kant legt in recht harten Worten nahe, jemand, der Selbstmord begehe, setze „die Menschheit unter die Thierheit" und wird – sofern er seinen Selbstmordversuch überlebt – „ein Object der freyen Willkür für jedermann, mit dem kann hernach ein jeder machen was er will; der bereit ist, sich sein Leben zu nehmen, ist nicht mehr wehrt zu leben" (V-Mo/Kahler(Stark) 222).

Selbstmord begehen soll oder nicht, die Vernunft zu übermannen, ist nur deshalb moralisch kritikwürdig, weil sie dieser Person zugeschrieben werden kann. Kants Verwendung des Begriffs „Sache" (V-Mo/Collins, AA 27: 373) scheint daher in diesem Kontext nur Sinn zu machen, wenn man annimmt, das religiöse Argument lauere implizit hinter seinem Argument, dass das Leben im Selbstmord als eine Sache angesehen wird. Dies, das Begehen von Selbstmord, heißt sein Leben nicht als Geschenk zu betrachten, sondern als Etwas, über das man frei verfügen kann als sei es das eigene.

Aufgrund ihrer ähnlichen Struktur hilft Kants Argumentation wider die Sklaverei uns zu verstehen, was er meint. Hier bestreitet er, dass eine Person sich selbst zum Sklaven reduzieren kann: „er kann durch keine rechtliche That [...] aufhören, Eigner seiner selbst zu sein, und in die Klasse des Hausviehs eintreten [...]" (TP, AA 8: 293; RL, AA 6: 330). Zwei Elemente stechen hier heraus: entgegen dem, was vielleicht zu erwarten wäre, verbietet ihm der Umstand, dass er ‚sein eigener Herr' ist, sich selbst zu versklaven. Sein eigener Herr[5] zu sein ruft nicht nur Rechte hervor, sondern auch Pflichten, nämlich sich nicht zu verdinglichen, weder wie bei der Sklaverei noch wie beim Selbstmord; zweitens, es ist wichtig anzumerken, dass Kant den Begriff ‚können' im moralischen Sinn verwendet: niemand sollte seine Freiheit auf eine solche Weise leugnen, dass er nicht länger frei ist, sondern ein Sklave, oder dass er sich selbst durch das Begehen von Selbstmord als ein ‚Sache' behandelt. Obgleich es offensichtlich faktisch möglich ist, sich selbst als Sklave zu ‚verkaufen', ist dies nach Kant ‚logisch' unmöglich, da der Vertrag zur Selbstversklavung in dem Moment seine Gültigkeit verlieren würde, in dem er geschlossen ist. Eine der beiden Vertragsparteien würde sogleich verschwinden, wenn der Vertrag abgeschlossen ist; der ‚Sklave' wäre insofern nicht mehr durch die Vertragsbedingungen verbunden. Die moralische Verworfenheit wohnt hier der Weigerung der sich selbst zu versklaven beabsichtigenden Person inne, anzuerkennen, dass sie sich nicht selbst besitzt. Ähnlich ist Selbstmord im realen Leben natürlich möglich, involviert ‚logisch' indessen aber auch einen Selbstwiderspruch. Diesem Element in Kants Argumentation zum Selbstmord wenden wir uns nun zu.

Kant argumentiert, dass Selbstmord ein Verbrechen ist (RL, AA 6: 422), weil die Maxime auf der er gründet nicht universalisiert werden kann und sich somit[6]

---

[5] Nicht im Sinne des ‚*dominium*', sondern nur im Sinne der ‚*proprietas*', was ein beschränktes Recht ist (RL, AA 6: 270).
[6] Das ‚somit' ist natürlich in der nachkantischen Geschichte der Moralphilosophie, beginnend mit Hegel, in Zweifel gezogen worden.

selbst widerspricht. Stellen wir uns vor, schreibt Kant in der *Grundlegung*, einer, der des Lebens überdrüssig ist fragt sich, ob die Maxime, seinem Leben ein Ende zu setzen ein allgemeines Naturgesetz werden könne (GMS, AA 4: 421–2). Er würde, so Kant, gewiss zu dem Schluss kommen, dass diese Maxime unmoralisch ist, weil sie nicht universalisiert werden kann.[7] Es wird oftmals bemerkt, dass diese Argumentation nicht unproblematisch ist, da sie einem ‚naturalistischen Fehlschluss' aufzuliegen scheint. Der Grund, warum Selbstmord kein allgemeingültiges Gesetz der Natur sein kann, ist, dass die Natur Gefühle des Mangels und des Verlusts als Mittel zur Förderung des Lebens verwendet. Es wäre widersprüchlich, würde die Natur das gleiche Gefühl verwenden um das Leben sowohl zu fördern als auch zu vernichten.[8] Die *Vorlesung zur Moralphilosophie* erwähnt dieses Argument recht direkt: Selbstmord ist eine verabscheuungswürdige Tat, ‚denn' jede Natur – ein verletzter Baum, ein lebendiger Körper und ein Tier – sucht, sich selbst zu erhalten. Es wäre, so Kant, furchtbar, wenn ein menschliches Wesen seine Freiheit, welche ‚der höchste Grad des Lebens ist', dazu verwenden würde, sich selbst zu zerstören (vgl. V-Mo/Collins, AA 27: 374). Dies ist bemerkenswert: Selbstmord wird aufgrund des Gesetzes des natürlichen Selbsterhalts als unmoralisch, und somit verboten betrachtet; wenngleich Menschen freie Wesen sind, so sollten sie angesichts der Konfrontation mit Elend und Unglück doch auf die niedrigeren Ebenen der Natur schauen, um moralische Richtlinien zu finden. Kann es Kants Position entsprechen, das Moralgesetz vom Gesetz der Natur herzuleiten? Unterscheiden sich nicht Naturgesetze dadurch von Gesetzen der Moral, dass die ersten deskriptiv sind und die letzteren präskriptiv? Auch hier scheint das Problem zu verschwinden sobald man einsieht, dass Selbstmord die Ansicht bezeugt, dass das Leben nicht ein Geschenk ist, sondern etwas, über das als eine Sache verfügt werden kann, als sei es Eines Eigentum.

## 3 Kant zum Selbstmord II

Es scheint als bringe uns Kant im Hinblick darauf, was aus ‚dem Leben' folgt, nicht weiter als Locke. Dies ist aber nicht der Fall: Locke bemerkt in der *Zweiten Abhandlung über die Regierung*, dass Menschen ihr Leben stets als etwas achten sollten, das nicht ihr eigen ist. Kants elaboriertere Ansichten zum Selbstmord

---

[7] Kant schreibt: […] „eine Natur, deren Gesetz es wäre, durch dieselbe Empfindung, deren Bestimmung es ist, zur Beförderung des Lebens anzutreiben, das Leben selbst zu zerstören, ihr selbst widersprechen und also nicht als Natur bestehen würde […]." (GMS, AA 4: 422).
[8] Ähnlich: TL, AA 6: 422. Aber: Warum wäre es ein Widerspruch, wenn alle Menschen Selbstmord begehen würden? Siehe Wittwer 2001, 198–9; und viel früher: Hegel 2009, Par. 135.

indizieren eine nuancenreichere Haltung mit Blick darauf, wie Menschen sich zu der Tatsache, dass sie Lebewesen sind, verhalten sollten. Mit Locke geht Kant davon aus, dass Menschen nicht willkürlich über ihr Leben verfügen sollten so als sei „das Leben" ihr Eigentum. (Der „Schöpfer" ist vielmehr unser Eigentümer: „Er ist unser Eigentums-Herr, wir sind sein Eigentum [...]", V-Mo/Collins, AA 27: 375). Sie sollten menschliches Leben jedoch auch nicht nur deshalb als wertvoll erachten, weil es ein Teil der natürlichen Lebenswelt ist. Für Kant ist menschliches Leben wertvoll als die Verkörperung von Moral. Selbstmord ist folglich moralisch falsch, weil das

> Subject der Sittlichkeit in seiner eigenen Person zernichten, [...] ebensoviel [ist], als die Sittlichkeit selbst ihrer Existenz nach, soviel an ihm ist, aus der Welt vertilgen [...] (TL, AA 6: 423).[9]

Selbstmord konfligiert, mit anderen Worten, nicht so sehr mit dem Gesetz des natürlichen Selbsterhalts als – um mit Wittwer zu sprechen – mit der unbedingten Pflicht zu moralischem Selbsterhalt (Wittwer 2001, 200).

Dies ist in zweierlei Hinsicht wichtig: erstens passt diese Position gut in Kants allgemeine philosophische Ausrichtung: Die *Kritik der Urteilskraft*, die Kants Versuch darstellt, die Gesetze der Natur und die der Freiheit zusammenzubringen, porträtiert Moralität – und nicht das biologische Leben – als den alleinigen Zweck der Schöpfung, in welcher sich Menschen als die Träger von Moralität auszeichnen (KU, AA 5: 429 – 436, §83 – 4). Dementsprechend ‚besitzt' der Mensch nicht als ein natürliches Wesen, sondern als ein moralisches Wesen eine Würde, die weder durch ihn selbst noch durch andere verletzt werden darf. Das Selbstmordverbot gründet daher nicht auf einem Wert, den Kant dem Leben als solchem zuerkennt, sondern dem menschlichen Leben als dem Träger von Moralität. Menschen sind als moralische Wesen Zweck an sich selbst. Deshalb findet die Regel „*volenti non fit iniuria*" im Falle von Selbstmord keine Anwendung. Als moralisches Wesen kann niemand wirklich Selbstmord „wollen"; Selbstmord begehen zu „wollen" stellt die „*inuiria*" der Verletzung „der Menschheit in seiner Person [...] der doch der Mensch [...] zur Erhaltung anvertraut war" dar (TL, AA 6: 423). Den Menschen ‚anvertraut' ist nicht das Leben als solches, sondern die Moralität in ihrer eigenen lebendigen Person.

---

9 Wäre das Selbstmordverbot tatsächlich auf den Wert des Lebens gegründet, so wäre Kants Verteidigung der Todesstrafe inkonsistent. Wie wir sehen werden, ist dies nicht der Fall. Nichtsdestotrotz bleibt die Frage warum die Todesstrafe als eine Auslöschung des „Subject[s] der Sittlichkeit" in einer anderen Person nicht äquivalent ist zu „die Sittlichkeit selbst ihrer Existenz nach [...] vertilgen [...]".

Wenn es wirklich der moralische Selbsterhalt ist, auf den es Kant ankommt, dann ist es ihm, zweitens, tatsächlich möglich das kategorische Verbot des Selbstmordes zu vertreten, gleichzeitig aber Fälle moralisch gutzuheißen, in denen dem Tod der Vorzug über das Leben gegeben wird. Wenn es in der Tat die Moralität ist, die zählt, und nicht das Leben als solches, dann sind Fälle vorstellbar, in denen die Moralität mit dem Leben in Konflikt gerät, auch wenn Kant der Auffassung verpflichtet zu sein scheint, dass „so lange der Mensch lebt, er immer Gelegenheit [hat], gute und selbst heroische Tugend auszuüben" (Refl 6801, AA 14: 166). Der begriffliche Raum für diese Fälle wird bereits in der *Grundlegung* angedeutet: Kants Frage lautet nicht, ob Selbstmord immer die Verletzung einer moralischen Pflicht darstellt, sondern ob dies der Fall ist, wenn eine Person ihres Lebens überdrüssig ist. Hier ist die Antwort negativ: aus Selbstliebe den Tod über das Leben zu wählen, ist nicht erlaubt. In solch einem Fall sollte der Mensch durch die Stärke seiner Seele[10] überzeugt werden den Tod nicht zu fürchten, und das Wissen darum, dass er etwas höher schätzen kann als sein eigenes Leben, als einen Grund wider die Selbsttötung anzuerkennen. Jedoch schließt das nicht außergewöhnliche Fälle aus, in denen die Achtung, welche ein Mensch seinem eigenen Leben schuldet,[11] mit anderen Erfordernissen der Moral konfligiert. Kant stellt uns tatsächlich einige Fälle der gerechtfertigten „willkürliche[n] Entleibung" vor (TL, AA 6: 422). Die *Vorlesung zur Moralphilosophie* erwähnt den Fall Catos, der sich selbst das Leben nahm, sobald ihm klar wurde, dass es ihm nicht gelingen würde, der mörderischen Hand Cäsars zu entkommen. Der Grund für die Zulässigkeit dieses präventiven Selbstmords ist, dass die Freiheit des gesamten römischen Volkes von Cato abhing und jedweder Widerstand gegen Cäsar vergeblich gewesen wäre, wenn Cato sich ergeben hätte. Wenngleich dies Kant zufolge das einzige Beispiel für berechtigten Selbstmord ist, welches die Welt je gesehen hat (V-Mo/Collins, AA 27: 371)[12], fügt er hinzu, dass Catos Verhalten sogar noch ‚heroischer' gewesen wäre, wenn er Cäsars Folter erduldet hätte. Die Berechtigung von Lucretias Selbstmord weist Kant zurück: sie hätte ihre Ehre bis zum Tode verteidigen sollen, anstatt aus Furcht vor Scham und Zorn Selbstmord zu begehen, womit er impliziert, dass von anderen getötet zu werden der Selbsttötung moralisch vorzuziehen ist. Wege zu finden, der Tötung durch

---

10 Er ist „ein Wesen von so großer, über die stärkste sinnliche Triebfedern gewalthabenden Obermacht", TL, AA 6: 422.
11 Im Kontext dieses Aufsatzes fokussiere ich mich nur auf Fälle, in denen Kant die Selbsttötung als moralisch akzeptabel erachtet. Es gibt auch Fälle, in denen es Kant es entweder als gerechtfertigt erachtet, Anderen das Leben zu nehmen, so wie in (kollektiver) Selbstverteidigung und der Todesstrafe, oder als entschuldbar, so in Fällen höchster Not.
12 Später aber findet man bei Kant noch: Seneca und Roland (MdST, VI, 423; AA, 7: 259).

andere zu entgehen, ist aber gewiss nicht immer erforderlich. Da das Leben als solches nicht von ultimativem Wert ist, kann tatsächlich ein Widerstreit zwischen Leben und Moral entstehen. Kant präsentiert uns eine ganze Reihe von Fällen, in denen die Wahl eines ehrenhaften Todes gelobt wird. Ein Fall, in welchem jemand sein eigenes Leben auf Kosten seiner Ehre hätte retten können, betrifft den schottischen Rebellen Balmerino: er wurde vor die Wahl zwischen Tod und Gefangenenarbeit gestellt. Als „ehrliche[r] Mann" wählte er den Tod; nur der Schurke würde Gefangenenarbeit wählen (RL, AA 6: 333f.). Menschen können sich offenbar in Situationen wiederfinden, in denen es richtig ist, dem Tod den Vorzug über das Leben zu geben. Ein anderer Fall ist der folgende: stellen wir uns eine Person vor, der die unmittelbare Exekution droht, wenn sie dem Befehl ihres Fürsten, „ein falsches Zeugniß wider einen ehrlichen Mann, den er gerne unter scheinbaren Vorwänden verderben möchte" (KpV, AA 5: 30), nicht gehorcht. Auch hier ist klar, dass diese Person das moralische Gebot, kein falsches Zeugnis abzulegen, höher werten sollte als die moralische Pflicht ihr eigenes Leben zu retten.[13] Kant erkennt nicht nur Umstände an, unter denen Menschen zu Recht der Aufrechterhaltung ihrer Ehre oder, um ein anderes Vokabular zu verwenden, ihrer moralischen Integrität den Vorzug geben. Er legt auch nahe, dass man in bestimmten Situationen zugunsten des größeren Wohles der Gesellschaft oder um zu verhindern, dass man selbst anderen schadet,[14] den Tod wählen sollte. Kant nennt die folgenden Fälle: Curtius' Entscheidung für den Tod zur Rettung seines Landes; Friedrich des Großen Bereitschaft, im Falle der lebendigen Gefangennahme durch den Feind ein schnellwirkendes Gift zu nehmen; den Selbstmord eines Mannes, der von einem Hund gebissen wurde und befürchtet, Anderen aufgrund von Tollwut zu schaden; das tödliche Risiko das eine Person als Folge von Impfungen auf sich nimmt.

Dieser Überblick zeigt, dass Kant uns ein recht nuanciertes Verständnis dessen, was aus dem Umstand folgt, dass menschliche Wesen Lebewesen sind, bietet. Das Element des Lebens als eines Geschenkes und nicht als einer ‚Sache' die besessen wird ist stark präsent. Kant lehnt den Selbstmord klar und durchgängig ab, aber diese Ablehnung hat keine kategorische Geltung. Man könnte mit Rawls sagen, dass Kants Lehre den Selbstmord nicht ungeachtet der Gründe ablehnt, sondern nur aus Gründen, die sich auf unsere natürlichen Neigungen basieren (Rawls 2004, 261). Der Umstand, dass ein Mensch ein Leben ‚hat', impliziert eine starke Präsumtion wider das Nehmen des eigenen Lebens sowie auch des

---

**13** Sind dies Fälle von Kants Befürwortung des *Honeste vive*, was bedeutet: Sei ein Rechtssubjekt? Siehe Pinzani 2005, 71–94.
**14** Dies könnte die Kant von Wittwer zugeschriebene Behauptung widerlegen, so lange ein Mensch lebe, wäre er in der Lage ein tugendhaftes Leben zu leben, siehe Wittwer 2001, 201.

Lebens anderer Menschen. Aber auch das Verbot, anderen das Leben zu nehmen hat keine kategorische Geltung. Kant erwähnt eine ganze Anzahl von Fällen, in denen es entweder gerechtfertigt oder entschuldbar ist zu töten. Ohne hier ins Detail gehen zu wollen, ist wohl klar, dass Kant das Töten zur Selbstverteidigung sowie die Todesstrafe als gerechtfertigt betrachtet. Kants Befürwortung der Todesstrafe ist relevant, weil der rechtliche Schutz, der mit dem Recht auf Leben einhergeht, für Kant scheinbar auf diejenigen begrenzt ist, die keinen Mord begehen (oder dazu Beihilfe leisten, RL, AA 6: 334). Zur Kategorie eines entschuldbaren Nehmens des Lebens einer anderen Person gehört die Tötung aus höchster Not. Obwohl Kant das Notrecht nicht als „Befugnis […] im Fall der Gefahr des Verlustes meines eigenen Lebens, einem Anderen, der mir nichts zuleide tat, das Leben zu nehmen" (RL, AA 6: 235) akzeptiert, so ist es ihm zufolge doch nichtsdestotrotz rechtlich unmöglich, den Einen davon abzuhalten dadurch das Leben des Anderen zu nehmen, dass er sich nach einer Schiffshavarie mithilfe einer Planke rettet, die nur eine Person tragen kann. Zu dieser Kategorie gehört auch die unverheiratete Frau, die ihr illegitimes Kind tötet. Der rechtliche Schutz des Lebens erstreckt sich nicht auf solche Kinder, weil sich ein uneheliches Kind *eo ipso* außerhalb des Rechts befindet. Solcher Schutz folgt nicht aus dem Geborenwerden, sondern nur aus dem legal, d.i. innerhalb einer ehelichen Verbindung Geborenwerden. Ein letzter von Kant erwähnter Fall für das entschuldbare Nehmen eines Lebens ist die Tötung im Rahmen eines einvernehmlichen Duells. Gewissen sozialen Kreisen zufolge gibt es keine rechtliche Kompensation für Beleidigung; insofern suchen manche Personen die Kompensation mittels eines Duells. Die innerhalb dieses Kontextes vorkommende Tötung ist nach Kant (solange die Gesetzgebung noch barbarisch und unausgebildet ist) entschuldbar (RL, AA 6: 335–7).

## 4 Das Recht zu leben und das Recht zu sterben

Die obige Analyse von Kants Interpretation des Wertes menschlichen Lebens könnte als Ausgangspunkt für in viele Richtungen gehende Überlegungen dienen. Eine dieser Richtungen wäre, Kants Position im Hinblick auf Menschenrechte im Allgemeinen zu untersuchen. Es wird oft angenommen, dass Kant aufgrund seines Insistierens auf die Menschenwürde der Urvater des modernen Begriffs der Menschenrechte ist. Auf der Basis des oben Gezeigten, gibt es Grund zu zögern. Kant betont den Wert menschlichen Lebens, umfasst das Recht auf Leben aber nicht vollumfänglich: es scheint als würde der rechtliche Schutz des Lebens nicht jedes menschliche Wesen umfassen. Es wird weiterhin deutlich, dass Kant nicht so sehr auf die Ansprüche insistiert, die ich auf der Basis meines Rechts auf Leben an Andere stellen kann, sondern auf die Pflichten, die aus dem Umstand folgen, dass ich ein Leben habe. Anstatt eine Menschenrechtslehre zu formulieren, legt Kant eine Reihe von Pflichten vor (RL, AA 6: 239).[15]

Eine andere Richtung wäre zu fragen, was uns die kantische Perspektive mit Blick auf Überlegungen zu kontroversen Sachverhalten, die heute mit Blick auf das Recht auf Leben existieren, zu bieten hätte. Hierbei folgen wir in gewisser Weise Kants Vorgaben: die dritte Formulierung des Kategorischen Imperativs fordert uns dazu auf, uns vorzustellen, wir seien Mitglieder einer Versammlung moralischer Gesetzgeber, um nur solche Gesetze anzunehmen, die wir universal akzeptabel finden könnten (GMS, AA 4: 433). Nehmen wir jetzt tatsächlich einmal diese Perspektive ein und wenden Kants Ansicht auf einige gegenwärtige Problematiken mit Bezug auf das Recht auf Leben an, auch wenn wir diese hier aufgrund ihrer kontroversen Natur und Komplexität klarerweise nicht ausführlich behandeln können.

Mit Blick auf Handlungsimplikationen – und die Pflicht des Staates das Leben rechtlich zu schützen – wirft das Recht auf Leben, als eines der Kernrechte des Menschen, heutzutage Schwierigkeiten auf. Stellt die rechtliche Anerkennung des Rechtes einer Frau auf einen *abortus provocatus* eine Verletzung der staatlichen Pflicht ungeborenes Leben zu schützen dar? Verletzt die Legalisierung von Formen der Beihilfe zum Selbstmord und der Euthanasie die Pflicht Todkranke zu schützen? Ist, mit anderen Worten, der Staat auf Grundlage des Rechtes auf Leben verpflichtet, alles menschliche Leben – inklusive des noch nicht vollständig entwickelten – sowie das Leben derer, die, aus welchem Grund auch immer, zu sterben wünschen, zu schützen?

In vielen zeitgenössischen Rechtssystemen wird der *abortus provocatus* aus zwei Gründen nicht als eine Verletzung des Rechtes auf Leben betrachtet. Erstens wird argumentiert, dass ein Fötus in seinen frühen Stadien kein verfassungsmäßig geschütztes Recht auf Leben hat; dieses Recht würde erst während seiner späteren Entwicklung entstehen. Aber selbst wenn das Recht auf Leben hier auf dem Spiel stünde, würde es, zweitens, durch das Recht der Frau auf autonome Entscheidung darüber, was mit ihrem Körper geschieht, übertrumpft (siehe Dworkin 1993, 31–67; Dworkin 1996, 83–116). Indessen bedeutet der Umstand, dass dieser Sachverhalt in vielen Rechtsprechungen legal festgelegt ist, nicht, dass damit auch der moralische Sachverhalt ausgemacht wäre. Vertritt man mit Locke oder auch mit der Katholischen Kirche die Auffassung, dass das Leben als Geschenk immer zu erhalten sei, haben diese rechtlichen Argumenten wenig Gewicht. Ist es keine rechtliche Sophisterei zwischen dem ‚Leben' und dem

---

**15** Dies wurde kürzlich auch betont von Horn 2014, 68–84.

‚verfassungsmäßig geschützten Recht auf Leben' zu unterscheiden, und warum sollte also das wichtige Recht auf Leben dem Recht der Frau auf Selbstbestimmung weichen?

Aus Kants Sicht ist dieser Sachverhalt kompliziert. Auf der einen Seite betrachtet er die Kindstötung unter bestimmten Umständen als entschuldbar. Es wäre insofern folgerichtig, auch die Abtreibung als entschuldbar zu betrachten, wenn die schwangere Frau nicht mit dem biologischen Vater verheiratet ist. Kant argumentiert auf der anderen Seite aber auch deutlich für die elterliche Pflicht der „Erhaltung und Versorgung" ihrer Kinder: „Sie können ihr Kind nicht gleichsam als ihr Gemächsel [...] und als ihr Eigentum zerstören" (RL, AA 6: 280). Die Erklärung für diese Ambiguität ist in unserer vorhergehenden Feststellung zu finden: für Kant liegt der Wert des Lebens nicht im Leben selbst als einem biologischen Faktum, sondern darin, die Potentialität eines moralischen Lebens zu leben oder zu haben. Das Recht erstreckt seinen Schutz des Lebens auf innerhalb rechtlich anerkannten Beziehungen stattfindende Lebensarten, so wie Ehe und Mutterschaft. Obwohl Kant ein Recht auf Leben als solches abzulehnen scheint, würde er den *abortus provocatus* wahrscheinlich ablehnen – nicht als die Verletzung eines abstrakten Rechts, sondern wegen der rechtlichen Anerkennung der Ehe mit ihrem prokreativen Ziel und dem Recht des Kindes, nicht als bloße Sache behandelt zu werden.

## 5 Das Selbstbestimmungsrecht

Die gegenwärtige Debatte um den *abortus provocatus* verdeutlicht, wie wichtig das Recht auf Selbstbestimmung – in diesem Falle das der Frau – geworden ist. Die Debatte um Beihilfe zum Selbstmord und Euthanasie zeigt, dass das Recht auf autonome Selbstbestimmung tatsächlich zum Prisma geworden ist, durch welches das Recht auf Leben verstanden wird. Es wird jetzt häufig argumentiert, das Recht auf Leben bedeute nicht bloß, dass das Leben zu achten und zu schützen sei, sondern auch, und vorrangig, die Art und Weise, auf die man sein Leben führt und organisiert. Das Leben wird nicht als Etwas gesehen, das mir anvertraut wurde, sondern als Etwas, das vorrangig mein eigenes ist, sodass ich Anrecht auf meinen eigenen Lebensplan habe – inklusive dem Recht dieses Leben zu beenden, sollte ich mich hierzu entscheiden. Das Gesetz sieht sich vermehrt damit konfrontiert, dass Leute im Namen des Rechtes auf Leben Anspruch darauf erheben, ihnen die Beihilfe zum Sterben nicht vorzuenthalten oder Gelegenheit zum würdevollen Sterben zu geben, sollten sie sich in Spätstadien von Krankheiten wie die amyotrophe Lateralsklerose (ALS) oder Alzheimer wiederfinden. Im Wissen darum, dass sie der Situation nicht länger selbst werden entkommen können, äußern manche Personen im Vorausblick auf diese späteren Stadien, den Wunsch, nicht unter solch schwierigen Bedingungen zu leben. Manchmal wird die Frage der Beihilfe zum Selbstmord im Namen einer Person aufgeworfen, die nicht mehr in der Lage ist ein solches Ersuchen zu formulieren, weil er oder sie in einem vegetativen Zustand lebt, z. B. nach einem schweren Unfall. Stützt man sich auf Locke, so wäre die Antwort auf die Frage, ob das Gesetz Erlaubnis erteilen sollte, einem unheilbar kranken Menschen Sterbehilfe zu leisten oder lebenserhaltende Maßnahmen für einen Menschen im vegetativen Zustand zu beenden, wahrscheinlich negativ. Das Recht auf Leben impliziert die staatliche Pflicht, das Leben in jedweder Form zu schützen.

Diese Antwort wird heutzutage ernsthaft in Zweifel gezogen. Sie wurde im Namen von Dianne Pretty vor dem Europäischen Gerichtshof für Menschenrechte angefochten. Pretty litt unter einer fortschreitenden neuro-degenerativen Krankheit. Sie argumentierte, das Recht auf Leben sollte im Lichte der Selbstbestimmung verstanden werden und würde somit das Recht beinhalten, in Würde zu sterben. Der Europäische Gerichtshof bekräftigte jedoch die vorherige Entscheidung der britischen Rechtsprechung, Prettys Ersuchen, ihren Ehemann nicht strafrechtlich zu verfolgen, falls er ihr während der Endstadien ihrer Krankheit Sterbehilfe leisten sollte, abzulehnen. Das Gericht urteilte, Artikel 2 der o.g. *Menschenrechtskonvention* lege eindeutig fest, dass das Recht auf Leben rechtlich zu schützen sei und dass die einzigen Umstände, unter denen die vorsätzliche Tötung keine Verletzung dieses Rechtes darstellt, in dessen zweitem Paragraph aufgezählt werden; die Sterbehilfe ist nicht darunter enthalten. Das Recht auf Leben beinhaltet, mit anderen Worten, nicht das juridische Recht zu einer selbst bestimmten Zeit Sterbehilfe zu erhalten.[16] Ein weiterer wohlbekannter Fall betrifft Nancy Cruzan, die nach einem schweren Unfall mehrere Jahre lang in einem unheilbaren vegetativen Zustand lebte. Das US-Amerikanische Supreme Court lehnte das von Cruzans Eltern im Namen ihrer Tochter eingebrachte Ersuchen, die lebenserhaltenden Systeme zu entfernen und ihr zu ermöglichen zu sterben, ab. Hier wurde argumentiert, es gäbe nicht genug Indizien dafür, dass es in Anbetracht der Umstände Cruzans informiertem Wunsch entsprochen hätte zu sterben; und zudem sei das objektive Interesse des Staates beim Schutz menschlichen Lebens wichtiger als das subjektive Interesse der Person, um deren Leben es sich handle. Der Wert des Lebens kann nicht auf die subjektive Wertschätzung derjenigen Person, die dieses Leben lebt, reduziert werden (Dworkin 1996, 130–143).

---

16 http://hudoc.echr.coe.int/sites/eng/pages/search.aspx?i=001-60448#{„itemid":[„001-60448"]}

Es ist offenkundig, dass diese Entscheidungen zugunsten des Lebensschutzes mit Lockes Bedingung, „ein jeder [...] sollte [...] nach Möglichkeit auch die *übrige Menschheit erhalten*", übereinstimmt (Locke 1977, 203, §6). Dagegen scheint Kants Perspektive den begrifflichen Raum für eine nuanciertere Sicht auf diesen Sachverhalt offenzulassen, was gleichwohl nicht unmittelbar evident ist. Sowohl Prettys Fall als auch Cruzans Fall scheinen große Ähnlichkeit zu Kants Beispiel aus der *Grundlegung* aufzuweisen, in dem eine Person ihres Lebens überdrüssig ist und darüber nachdenkt, „um einem beschwerlichen Zustande zu entfliehen, sich selbst" zu zerstören (GMS, AA 4: 429). Selbstmord „zu Erhaltung eines erträglichen Zustandes bis zu Ende des Lebens" ist, nach Kants Argumentation, nicht zulässig (GMS, AA 4: 429). Allerdings haben wir gesehen, dass Kant bestimmte Fälle gutheißt, in denen der Tod aus nicht-selbstbezogenen Gründen dem Leben vorgezogen wird. Personen wie Cato, Balmerino und andere werden gepriesen, weil sie Etwas höher werten als ihr eigenes Leben. Was für Kant zählt, ist nicht das bloße Faktum des Lebendigseins; das Leben ist wertvoll als die Bedingung für Moralität. Insofern lohnt sich der Versuch, genau zu bestimmen, warum er bestimmte Entscheidungen zugunsten des Todes als lobenswert betrachtet. Die von Kant erwähnten Fälle legen zwei Gründe nahe. Es steht, erstens, beim Selbstmord von Cato und Crusius, dem Tragen des Giftes durch Friedrich den Großen und dem tollwütigen Mann das Wohl der Gemeinschaft auf dem Spiel. Scheinbar ist es nach Kant also gerechtfertigt, das eigene Leben für dieses größere Gut aufzugeben. Es steht, zweitens, im Falle Balmerinos und des Mannes, der sich weigert, sich zum Ablegen falschen Zeugnis zwingen zu lassen, die Ehre oder moralische Integrität auf dem Spiel. Der erste wäre sich selbst und seiner Sache untreu geworden, hätte er Gefangenenarbeit dem Tode vorgezogen; der Zweite wäre sich selbst untreu geworden, hätte er gelogen, um seine Haut zu retten – selbst unter den strafmildernden Umständen einer ,offiziellen' Todesdrohung. Hier erscheint der Vorzug des Todes über das Leben aufgrund des moralischen Imperativs, ehrenhaft zu leben, lobenswert (,*honeste vive*'): unglücklicherweise ist es manchmal unmöglich, zu leben und sich zugleich treu zu bleiben. Kant lehnt in Eigeninteresse begründeten Selbstmord ab, betrachtet aber bestimmte selbstgewählte Handlungen als lobenswert, selbst wenn sie zum Tode führen, sofern sie durch uneigennützige Gründe wie etwa das Gemeinwohl oder die Ehre motiviert sind.

Dass die Fälle von Cruzan und Pretty für Kant vermutlich dem der des Lebens überdrüssigen Person und nicht denen Balmerinos oder des wahrhaftigen Mannes ähneln würden, liegt in seinem scheinbar ziemlich einfachen Begriff des von ,Selbstliebe' beherrschten Eigeninteresses begründet. Dieser Begriff ist indessen insbesondere mit Blick auf Fälle, die mit dem Ende des Lebens zu tun haben, komplex. Dworkin hat vor kurzem eine hilfreiche Unterscheidung zwischen zwei

Arten von Gründen eingeführt, aus denen Menschen ihr Leben weiterzuführen wünschen. Menschen haben den Wunsch zu leben aufgrund von dem, was er als ‚erfahrungsmäßige' Interessen bezeichnet: „wir Alle tun Dinge, weil uns die Erfahrung sie zu tun, angenehm ist, so wie [...] Fußball zu schauen, oder *Die Hochzeit des Figaro* zu hören" (Dworkin, 1993, 201). Alle Menschen betrachten bestimmte Erfahrungen als wertvoll für ein gutes Leben, und sie versuchen bestimmte negative Erfahrungen, wie etwa Schmerzzustände, zu vermeiden. Die Menschen unterscheiden sich mit Blick darauf, welche Erfahrungen sie als wertvoll betrachten. Manche Menschen haben ganz einfach kein Vergnügen an Fußball oder an Mozartopern; gleichwohl wertschätzen sie andere Dinge, so wie etwa Baseball zu schauen oder Rockmusik zu hören. Der Umstand, dass sich die ‚Erfahrungsinteressen' der Menschen unterscheiden bedeutet nicht, dass manche Menschen rechthaben und andere falschliegen oder dass manche Menschen ein wertvolles Leben führen und andere ein mangelhaftes. Etwas ist für mich ganz einfach von Erfahrungsinteresse, weil ich es als angenehm empfinde. Dworkin vertritt allerdings die Auffassung, dass die Menschen auch andere Interessen haben, welche er als ‚kritische' bezeichnet. Es sind dies ‚Sachverhalte', die für jeden von Interesse sein sollten, weil sie für ein wahrhaft gutes Leben ausschlaggebend sind, so wie etwa enge Freundhaften oder enge Beziehungen mit den eigenen Kindern und Eltern zu haben, oder – e. g. durch die eigene Arbeit – etwas Wertvolles im Leben zu erreichen. Menschen ist, so Dworkins Verteidigung dieser These, nicht nur an ihren Erfahrungsinteressen zu den Behufen eines einigermaßen angenehmen Lebens gelegen; sie haben vielmehr auch ein ‚kritisches' Interesse daran, ein wertvolles und kohärentes Leben zu führen. Ein Leben ohne ein Interesse an der Integrität des eigenen Lebens könnte immer noch ein vergnügliches Leben sein, wäre indessen aber nicht ein gutes Leben (Dworkin 1993, 201 ff.).

Wenngleich diese Unterscheidung hier auf eine Weise umrissen wurde, die Dworkins reicher und balancierter Analyse nicht gerecht wird, so hilft sie uns doch zu verdeutlichen, was Kants Position mit Blick auf den Wert des Lebens hätte sein können. Er verwirft, wie wir gesehen haben die Moralität von Selbstmord, wenn dieser von dem Verlangen motiviert wird, einem elenden Leben zu entkommen – dies allerdings nicht aufgrund des Wertes, den er dem biologischen Leben beimisst. Das Leben formt lediglich die Basis für das Führen eines moralisch wertvollen Lebens. Wenn Kant den Selbstmord tatsächlich aufgrund von (negativen) Erfahrungsinteressen, um Dworkins Vokabular zu verwenden, ablehnen würde, sind wir vom heutigen Verständnis des Selbstmordes nicht weit entfernt. Sind wir mit jemandes Wunsch das eigene Leben zu beenden konfrontiert, so macht es einen großen Unterschied welche Interessen auf dem Spiel stehen. Stellen wir uns vor, dieser Wunsch würde von einem jungen Menschen geäußert, der von einem besonders tragischen Ereignis überwältigt und unfähig ist, diese negative Erfahrung in eine breitere Perspektive zu setzen. Selbst wenn dieser Mensch überzeugt wäre, dass es den eigenen Interessen am dienlichsten wäre, sein Leben zu beenden, so würden doch Andere, der Staat eingeschlossen, nicht zögern, paternalistisch zu versuchen, ihn davon abzuhalten sich das Leben zu nehmen. Es ist aber ein gänzlich anderer Sachverhalt, wenn der Wunsch nach einer Beendigung des eigenen Lebens von, oder im Namen von, Pretty oder Cruzan geäußert wird. Hier besteht der Wunsch weniger darin, einem elenden Leben zu entkommen, selbst wenn dies auch der Fall sein mag, als darin, auf eine Art und Weise zu sterben, die den eigenen ‚kritischen' Interessen gerecht wird. Ungefähr so könnte Kants Billigung von Balmerinos Entscheidung für die Todesstrafe sowie der Entscheidung des Mannes, dem Druck seines Fürsten nicht nachzugeben, verstanden werden: beide folgten ihren ‚kritischen' Interessen und nicht ihren Erfahrungsinteressen, nämlich indem sie etwas Anderes höher wertschätzten als das Leben. Dies wäre dann also die Position, die man Kant zuordnen würde: Um ein moralisches Leben zu führen, muss man leben, aber manchmal ist es unmöglich zu leben und dabei zugleich moralisch zu leben. In diesen Fällen sollte der Moralität der Vorzug gegeben werden. Wenn der Wunsch nach der Beendigung des eigenen Lebens Ausdruck moralischer Integrität ist, kann er keine Verletzung des Moralgesetzes darstellen.

## Postskript

Es wäre ein ernsthaftes Missverständnis, zu glauben, die Unterscheidungen zwischen Erfahrungsinteressen und ‚kritischen' Interessen oder zwischen dem Leben als einem biologischen Faktum und dem moralischen Leben würden die in der wirklichen Welt entstehenden Probleme einfach lösen können. Kant mag geglaubt haben, dass alle moralischen Fragen ganz einfach durch die Anwendung des Moralgesetzes beantwortet werden können (oder indem man einen 8- oder 9-jährigen fragt, TP, AA 8: 286), was aber nicht stimmt. Manchmal gilt es, tragische Entscheidungen zu treffen, und die gerade aufgezeigten Unterscheidungen sind bloß die Werkzeuge, mithilfe deren wir versuchen, die beste Entscheidung zu finden. Thomas Hill hat recht, wenn er folgert, dass wir uns mit Prinzipien zufriedengeben müssen, die „komplex, vielseitig, voll von Qualifizierungen und Ausnahmen, ständig revisionsbedürftig, und zweifellos immer kontrovers" sind (Hill 2000, 229). Wie tragisch eine das Ende des Lebens betreffende Situation sein kann, wurde uns schmerzhaft bewusst in einem Fall, der 2012 vor einem britischen Richter verhandelt wurde.[17] Dieser Fall betraf eine 32-Jahre alte Frau, die während ihrer Kindheit traumatisiert wurde und über viele Jahre hinweg an schwerer *anorexia nervosa* sowie anderen gesundheitlichen Problemen litt. Als bekanntwurde, dass sie sich weigerte zu essen und dass sie palliative Behandlung erhielt, wurde beim sogenannten *Court of Protection* Einspruch eingelegt. Das Gericht wurde mit der Prüfung des Falles beauftragt. Sollte es dieser Frau einfach erlaubt werden, zu sterben, wie sie es sich zu wünschen schien? Oder sollte ihr Leben geschützt werden – was in ihrem Fall eine invasive Lebenserhaltende Maßnahme beinhalten würde – wie dies in Artikel 2 der Europäischen Konvention vorgeschrieben ist, und wie dies vom Gericht dahingehend interpretiert wurde, dass alle Schritte unternommen werden ihr Leben zu erhalten, sofern nicht außergewöhnliche Umstände vorliegen?

Um dieses Dilemma aufzulösen musste das Gericht im Grunde genommen zwei Fragen beantworten. Die erste Frage betraf die Selbstbestimmung: war die Frau geistig fähig, selbstständige Entscheidungen – inklusive der, was sie essen würde und was nicht – für sich zu treffen, wozu sie im Prinzip berechtigt ist? Auf der Grundlage einer anscheinend gewissenhaften Überlegung entschied das Gericht, dass die Frau – zu diesem Zeitpunkt – nicht über die für eine Entscheidung bezüglich solch einer lebensrettenden Behandlung erforderliche geistige Fähigkeit verfügte, genauso wenig wie zu einem früheren Zeitpunkt, zu dem sie eine sogenannte ‚vorausschauende Entscheidung' mit Bezug auf eine solche Behandlung traf. Es ist wichtig, dass diese erste Frage so beantwortet wurde – die Alternative, zugunsten ihrer geistigen Befähigung zu entscheiden, wäre nicht unvernünftig gewesen –, da sich erst jetzt die zweite Frage stellte: welche Lösung, sie sterben zu lassen oder sie zum Leben zu zwingen, sollte als im besten Interesse der Frau zu betrachten sein? Liegt es angesichts ihres sehr schwierigen und komplizierten medizinischen Zustands in ihrem besten Interesse zu sterben, oder sollte ihr die Möglichkeit ‚gegeben' werden, i.e. durch Zwangsernährung, ihre unabhängige Entscheidungsfähigkeit wiederzuerlangen[18], selbst wenn die Gesundungschancen begrenzt wären und die Kosten ihrer medizinischen Behandlung hoch. Dies bedeutete nicht nur, dass das Gericht im wahrsten Sinne des Wortes über Leben und Tod zu befinden hatte, sondern auch, dass das ganze Gewicht des Falles auf dem Stellenwert zu liegen kam, welchen das Gericht dem Leben beimaß. In der abschließenden Urteilsbegründung räumte das Gericht ein, dass sich die konkurrierenden Faktoren zugunsten jedes der beiden möglichen

---

17 http://www.bailii.org/ew/cases/EWHC/COP/2012/1639.html
18 Bei der Anwendung von Dworkins Vokabular sollte man sagen, dass das Gericht zu entscheiden hatte, ob die ‚kritischen' Interessen der Frau im Tode oder im Leben liegen würden.

Ergebnisse ‚fast genau im Gleichgewicht' befanden. Nichtsdestotrotz würde die Balance jedoch ‚unverkennbar' in die Richtung Lebenserhaltender Maßnahmen kippen, weil das Recht auf Leben das grundlegendste Recht menschlicher Wesen darstellt: ‚wir leben nur einmal – wir werden einmal geboren und wir sterben einmal – und der Unterschied zwischen dem Leben und dem Tod ist der größte Unterschied, den wir kennen'.

*Aus dem Englischen übersetzt von Carola Freiin von Villiez*

# Literaturverzeichnis

Accursius (1969): *Accursii glossa in Digestum Vetus*, Venedig 1488, Nachdr. Turin: Augustae Taurinorum Officina Erasmiana.
Adelung, Johann Christoph (1811): Observanz. In: *Grammatisch-kritisches Wörterbuch der Hochdeutschen Mundart*. Bayerische Staatsbibliothek / Münchener DigitalisierungsZentrum (Hg.). München, 572. http://lexika.digitale-sammlungen.de/adelung/lemma/bsb00009133_3_0_205, besucht am 27.02.2017.
Aischylos (2017): *Die Perser*. Kurt Steinmann (Übers.). Stuttgart: Reclam.
Alexy, Robert (1986): *Theorie der Grundrechte*. Frankfurt am Main: Suhrkamp.
Altman, Matthew (2010): „Kant on Sex and Marriage: The Implications for the Same-Sex Debate". In: *Kant-Studien* 101/3, 309–330.
Annen, Martin (1997): *Das Problem der Wahrhaftigkeit in der Philosophie der Aufklärung*. Würzburg: Königshausen und Neumann.
Aris, Reinhold (1936): *History of Political Thought in Germany from 1789 to 1815*. London: Frank Cass.
Aristoteles (1983): *Nikomachische Ethik*. Franz Dirlmeier (Übers.). Stuttgart: Reclam.
Aristoteles (2009): *Der Staat der Athener*. Martin Dreher (Übers.). Stuttgart: Reclam.
Aristoteles (2012): *Politik*. Eckart Schütrumpf (Übers.). Hamburg: Meiner.
Augustinus Aurelius von Hippo (2006): *Der freie Wille*. Johannes Brachtendorf (Übers.). In: *Opera/Werke*. Wilhelm Geerlings (Hg.), Bd. 9, Paderborn: Schöningh.
Babic, Jovan (2000): „Die Pflicht nicht zu lügen. Eine vollkommene, jedoch nicht auch juridische Pflicht". In: *Kant-Studien* 91, 433–449.
Bacin, Stefano / Ferrarin, Alfredo / La Rocca, Claudio / Ruffing, Margit (Hg.) (2013): *Kant und die Philosophie in weltbürgerlicher Absicht. Akten des XI. Kant-Kongresses 2010*. Berlin: De Gruyter.
Bärthlein, Karl (1988): „Die Vorbereitung der Kantischen Rechts- und Staatsphilosophie in der Schulphilosophie". In: Oberer/Seel 1988, 221–272.
Baier, Kurt (1958): *The Moral Point of View: A Rational Basis of Ethics*. Ithaca, NY: Cornell University Press.
Ballestrem, Karl Graf (2001): *Adam Smith*. München: C.H.Beck.
Baranzke, Heike (2005): „Tierethik, Tiernatur und Moralanthropologie im Kontext von §17 Tugendlehre". In: *Kant-Studien* 96/3, 336–363.
Baron, Marcia (2002): „Love and Respect in the Doctrine of Virtue". In: Timmons (2002), 391–407.
Baron, Marcia (2013): „Friendship, Duties Regarding Specific Conditions of Persons, and the Virtues of Social Intercourse (TL 6:468–474)". In: Trampota/Sensen/Timmermann (2013), 365–382.
Beiser, Frederick Charles (1987): *The Fate of Reason*. Cambridge, MA: Harvard University Press.
Betzler, Monika (Hg.) (2008): *Kant's Ethics of Virtues*. Berlin: De Gruyter.
Blum, Lawrence A. (1980): *Friendship, Altruism, and Morality*. London: Routledge & Kegan Paul.
Blum, Lawrence A. (1993): „Friendship as a Moral Phenomenon". In: Neera Kapur Badhwar (Hg.): *Friendship: A Philosophical Reader*. Ithaca, NY: Cornell University Press, 192–210.
Bodin, Jean (2005): *Über den Staat*. Gottfried Niedhart (Übers.). Stuttgart: Reclam.

Bohman, James (2009): „Living without Freedom: Cosmopolitanism at Home and the Rule of Law". In: *Political Theory* 37/4, 539–561.

Brake, Elizabeth (2005): „Justice and Virtue in Kant's Account of Marriage". In: *Kantian Review* Bd. 9, 58–94.

Brandhorst, Mario / Hahmann, Andree / Ludwig, Bernd (Hg.) (2012): *Sind wir Bürger zweier Welten? Freiheit und moralische Verantwortung im transzendentalen Idealismus.* Hamburg: Meiner, 311–360.

Brandhorst, Mario (2013): „Über das Recht aus Menschenliebe zu lügen". In: Bacin/Ferrarin/La Rocca/Ruffing (2013), Bd. 3. Berlin: De Gruyter, 75–86.

Brandt, Reinhard (1974): *Eigentumstheorien von Grotius bis Kant*, Stuttgart Bad-Cannstatt: Frommann-Holzboog.

Brandt, Reinhard (1982): „Das Erlaubnisgesetz, oder: Vernunft und Geschichte in Kants Rechtslehre". In: ders. (Hg.), *Rechtsphilosophie der Aufklärung*. Berlin: De Gruyter, 223–285.

Brandt, Reinhard (2010): *Kant – Was bleibt?* Hamburg: Meiner.

Brandt, Reinhard (2012): „Sei ein rechtlicher Mensch (Honeste vive) – wie das?". In: Brandhorst/Hahmann/Ludwig (2012), 311–360.

Brocker, Manfred (1987): *Kants Besitzlehre. Zur Problematik einer transzendentalphilosophischen Eigentumslehre*. Würzburg: Königshausen und Neumann.

Brocker, Manfred (1992): *Arbeit und Eigentum. Der Paradigmenwechsel in der neuzeitlichen Eigentumstheorie*. Darmstadt: Wissenschaftliche Buchgesellschaft.

Buckle, Stephen (1991): *Natural Law and the Theory of Property*. Oxford: Clarendon Press.

Byrd, B. Sharon (1989): „Kant's Theory of Punishment: Deterrence in its Threat, Retribution in its Execution". In: *Law and Philosophy* 8/2, 153–200.

Byrd, Sharon (2002): „Kant's Theory of Contract". In: Timmons (2002), 111–131.

Byrd, B. Sharon / Hruschka, Joachim (2005): „Lex iusti, lex iuridica und lex iustitiae in Kants Rechtslehre". In: *Archiv für Rechts-und Sozialphilosphie*, 91/4, 484–500.

Byrd, B. Sharon / Hruschka, Joachim (2010): *Kant's Doctrine of Right: A Commentary*. Cambridge UK: Cambridge University Press.

Cicero, Marcus Tullius (1976): *De Officiis. Vom pflichtgemäßen Handeln*. Heinz Gunermann (Übers.). Stuttgart: Reclam.

Curren, Randal (2000): *Aristotle on the Necessity of Public Education*. Lanham MD: Rowman & Littlefield.

Curren, Randal (2010): „Aristotle's Educational Politics and the Aristotelian Renaissance in Philosophy of Education". In: *Oxford Review of Education* 36/5, 543–559.

Deggau, Hans-Georg (1983): *Die Aporien der Rechtslehre Kants*. Stuttgart Bad-Cannstatt: Frommann-Holzboog.

De Haro Romo, Vincente (2015): *Duty, Virtue and Practical Reason in Kant's Metaphysics of Morals*. Erik Norvelle (Übers.). Hildesheim: Georg Olms Verlag.

De Laurentiis, Allegra (2000): „Kant's Shameful Proposition: A Hegel-Inspired Criticism of Kant's Theory of Domestic Right". In: *International Philosophical Quarterly* 40/3, 297–312.

Denis, Lara (2000): „Kant's Conception of Duties Regarding Animals: Reconstruction and Reconsideration". In: *History of Philosophy Quarterly* 17/4, 405–423.

Denis, Lara (2001): „From Friendship to Marriage: Revising Kant". In: *Philosophy and Phenomenological Research* 63/1, 1–28.

DiCenso, James (2012): *Kant's Religion within the Boundaries of Bare Reason: A Commentary.* Cambridge UK: Cambridge University Press.
Döring, Lars (2004): *Fundament für Europa: Subsidiarität, Föderalismus, Regionalismus.* Münster: LIT.
Dworkin, Ronald (1984): *Bürgerrechte ernstgenommen.* Ursula Wolf (Übers.). Frankfurt am Main: Suhrkamp.
Dworkin, Ronald (1993): *Life's Dominion*, New York: Knopf.
Dworkin, Ronald (1996): *Freedom's Law. The Moral Reading of the American Constitution*, Oxford: Oxford University Press.
Ebert, Theo (1976): „Kants kategorischer Imperativ und die Kriterien gebotener, verbotener und freigestellter Handlungen". In: *Kant-Studien* 67/4, 570–583.
Einstein, Albert (2000): *The Expanded Quotable Einstein.* Alice Calaprice (Hg.). Princeton NJ: Princeton University Press.
England and Wales Court of Protection Decisions: http://www.bailii.org/ew/cases/EWHC/COP/2012/1639.html
Epping, Volker (1999): „2. Kapitel: Völkerrechtssubjekte". In: Ipsen (1999a), 51–91.
Esser, Andrea Marlen (2004): *Eine Ethik für Endliche. Kants Tugendlehre in der Gegenwart.* Stuttgart: Frommann-Holzboog.
Esser, Andrea Marlen (2008): „Kant on Solving Moral Conflicts". In: Betzler (2008), 279–302.
Esser, Andrea M. (2013): „The Inner Court of Conscience, Moral Self-Knowledge, and the Proper Object of Duty (TL 6: 437–444)". In: Trampota/Sensen/Timmermann (2013), 269–291.
Euripides (2016): *Die Schutzflehenden.* J. J. Donner (Übers.). In: ders.: *Dramen*, Bd. I, Stuttgart: Kröner.
European Court of Human Rights: http://hudoc.echr.coe.int/sites/eng/pages/search.aspx?i=001–57619#{„itemid":[„001–57619"]}
Falcioni, Daniela (1999): „Fragen der Gerechtigkeit bei Kant: Was ist an sich recht? Was ist Rechtens?": In: Heiner Klemme / Bernd Ludwig / Michael Pauen / Werner Stark (Hg.): *Aufklärung und Interpretation – Studien zu Kants Philosophie und ihrem Umkreis.* Würzburg: Königshausen und Neumann, 153–170.
Fastenrath, Ulrich / Simma, Bruno (Hg.) (1998): „8. Internationaler Pakt über bürgerliche und politische Rechte (19.12.1966)". In: *Menschenrechte – Ihr internationaler Schutz*, 4. Aufl. München: DTV, 25–40.
Feinberg, Joel (2003): *Problems at the Roots of Law.* Oxford UK: Oxford University Press.
Fichte, Johann Gottlieb (1966–1970): „Grundlage des Naturrechts nach Principien der Wissenschaftslehre". In: *Fichte-Gesamtausgabe der Bayerischen Akademie der Wissenschaften*, Reihe I, Bd. 3–4. Reinhard Lauth u. a. (Hg.). Stuttgart: Frommann-Holzboog, 291–460 (Bd. 3) u. 1–165 (Bd. 4).
Fichte, Johann Gottlieb (1971): „Zur Recension der Naturrecht für das Niethammersche Journal (1795)". In: *Fichte-Gesamtausgabe der Bayerischen Akademie der Wissenschaften*, Reihe II, Bd. 3. Reinhard Lauth u. a. (Hg.). Stuttgart: Frommann-Holzboog, 395–406.
Foucault, Michel (2010): *Einführung in Kants Anthropologie.* Ute Frietsch (Übers.). Berlin: Suhrkamp.
Fredman, Sandra (2008): *Human Rights Transformed, Positive Rights and Positive Duties.* Oxford: Oxford University Press.

Freiin von Villiez, Carola (2001): *Grenzen der Gerechtigkeit? Zur Begründung eines transnationalen Legitimationsgrundsatzes im Ausgang von John Rawls.* Dissertation: Universität Bremen.

Freiin von Villiez, Carola / Mohr, Georg (2002): „Europa zwischen nationaler und globaler Rechtskultur". In: Ralf Elm (Hg.): *Europäische Identität: Paradigmen und Methodenfragen.* Baden-Baden: Nomos, 177–198.

Freiin von Villiez, Carola (2003): „Demokratie und Menschenrechte". In: *15. Bremer Universitätsgespräch: Demokratie und Menschenrechte in einer globalisierenden Welt.* Bremen: Universitätsverlag Aschenbeck und Isensee, 54–62.

Freiin von Villiez, Carola (2004): „Cultural Integrity and Human Rights. A four-level-model of legal culture". In: Hans-Jörg Sandkühler / Hong-Bin Lim (Hg.): *Transculturality – Epistemology, Ethics and Politics.* Frankfurt am Main: Peter Lang, 127–139.

Freiin von Villiez, Carola (2005): *Grenzen der Rechtfertigung? Internationale Gerechtigkeit durch transnationale Legitimation.* Paderborn: mentis.

Freiin von Villiez, Carola (2018): „Emotional configuration and intellectual duty: Smith's democratic concept of morality". In: *Journal of Scottish Philosophy* 16/3, 260–263.

Freiin von Villiez, Carola (2019): „Politische Konstruktion einer realistischen Utopie zwischen Völkern". In: Henning Hahn / Reza Mosayebi (Hg.): *John Rawls: The Law of Peoples.* Berlin: De Gruyter.

Friedman, Marilyn (1989): „Friendship and Moral Growth". In: *Journal of Value Inquiry* 23/1, 3–13.

Friedman, Marilyn (Hg.) (1993): *What Are Friends For? Feminist Perspectives on Personal Relationships and Moral Theory.* Ithaca, NY: Cornell University Press.

Friedrich, Rainer (2004): *Eigentum und Staatsbegründung in Kants Metaphysik der Sitten.* Berlin: De Gruyter.

Frierson, Patrick R. (2005): „Kant's Empirical Account of Human Action". In: *Philosophers' Imprint* 5/7, 1–34.

Fuller, Lon Luvois (1949): „The Case of the Speluncean Explorers in the Supreme Court of Newgarth, 4300." In: *Harvard Law Review* 62/4, 616–645.

Geismann, Georg (1988): „Versuch über Kants rechtliches Verbot der Lüge". In: Oberer/Seel (1988), 293–316.

Geismann, Georg (1996): „World Peace: Rational Idea and Reality. On the Principles of Kant's Political Philosophy". In: Oberer (1996), 265–319.

Geismann, Georg (2010): *Kant und kein Ende.* Bd. 2: *Studien zur Rechtsphilosophie.* Würzburg: Königshausen und Neumann.

Gentz, Friedrich von (1793): „Nachtrag zu dem Räsonnement des Hrn Professor Kant über das Verhältniß zwischen Theorie und Praxis." *In: Berlinische Monatsschrift* 22/2: 518–554.

Gloria, Christian (1999): „5. Kapitel: Der Staat im Völkerrecht". In: Ipsen (1999a), 222–306.

Gornig, Gilbert / Horn, Hans-Detlef / Murswiek, Dietrich (Hg.) (2013): *Das Selbstbestimmungsrecht der Völker – eine Problemschau.* Berlin: Duncker und Humblot.

Goyard-Fabre, Simone (1996): *La philosophie du droit de Kant.* Paris: J. Vrin.

Greely, Henry T. (2016): *The End of Sex and the Future of Human Reproduction.* Cambridge, MA: Harvard University Press.

Green, Thomas F. (1999): *Voices: The Educational Formation of Conscience.* Notre Dame, IN: University of Notre Dame Press.

Gregor, Mary J. (Hg. u. Übers.) (1996): *Immanuel Kant, Practical Philosophy*. Cambridge: Cambridge University Press.
Griffin, James (2008): *On Human Rights*, Oxford: Oxford University Press.
Guyer, Paul (1993): *Kant and the Experience of Freedom*. Cambridge UK: Cambridge University Press.
Guyer, Paul (2002): „Kant's Deductions of the Principles of Rights". In: Timmons (2002), 23–64.
Haakonssen, Knud (1981): *The Science of a Legislator: The Natural Jurisprudence of David Hume and Adam Smith*. Cambridge UK: Cambridge University Press.
Haakonssen, Knud (1993): „The Structure of Hume's Political Theory". In: D. F. Norton (Hg.): *The Cambridge Companion to Hume*. Cambridge UK: Cambridge University Press, 182–221.
Haakonssen, Knud (1996): *Natural Law and Moral Philosophy: From Grotius to the Scottish Enlightenment*. Cambridge UK, Cambridge University Press.
Heck, José N. (2009): „Kant e os princípios de Ulpiano: a erradicação da doutrina do direito natural". In: *ethic@-An international Journal for Moral Philosophy*, 8/2, 229–245.
Hegel, G. W. F. (1980): „*Phänomenologie des Geistes* (1807)" (PhdG). In: ders.: *Gesammelte Werke* (GW). Bd. 9. Wolfgang Bonsiepen (Hg.). Hamburg: Meiner.
Hegel, G. W. F. (2009): „*Grundlinien der Philosophie des Rechts oder Naturrecht und Staatswissenschaft im Grundrisse* (1821)" (RPh). In: ders.: *Gesammelte Werke* (GW). Bd. 14. Klaus Grotsch (Hg.). Hamburg: Meiner.
Heintze, Hans-Joachim (1999): „6. Kapitel: Völker im Völkerrecht". In: Ipsen (1999a), 341–386.
Helm, Bennett (2009): „Friendship". In: E. N. Zalta (Hg.): *The Stanford Encyclopedia of Philosophy*, URL: http://plato.stanford.edu/archives/fall2009/entries/friendship.
Herman, Barbara (1993): „Could It Be Worth Thinking About Kant on Sex and Marriage?". In: Louise M. Antony / Charlotte Witt (Hg.): *A Mind of One's Own: Feminist Essays on Reason and Objectivity*. Boulder, CO: Westview Press, 49–68.
Herman, Barbara (2007): *Moral Literacy*. Cambridge, MA: Harvard University Press.
Herodot (2019): Historien. Kay Brodersen / Christine Ley-Hutton (Übers.). Stuttgart: Reclam.
Hill, Thomas (2000): *Respect, Pluralism, and Justice. Kantian Perspectives*. Oxford: Oxford University Press.
Himmelmann, Beatrix (2001): „Die Lüge als Problem für Kants praktische Philosophie". In: Volker Gerhardt / Rolf-Peter Horstmann / Ralph Schumacher. (Hg.): *Kant und die Berliner Aufklärung. Akten des IX. Internationalen Kant-Kongresses 2000*. Bd. 3. Berlin: De Gruyter, 230–238.
Höffe, Otfried (1997a): „Subsidiarität als staatsphilosophisches Prinzip". In: Knut Wolfgang Nörr / Thomas Oppermann (Hg.): *Subsidiarität: Idee und Wirklichkeit: Zur Reichweite eines Prinzips in Deutschland und Europa*. Tübingen: Mohr Siebeck 1997, 49–67.
Höffe, Otfried (1997b): „Subsidiarität als Gesellschafts- und Staatsprinzip". In: *Swiss Political Science Review* 3/3, 1–31.
Höffe, Otfried (1998): „Kant als Theoretiker der internationalen Rechtsgemeinschaft". In: Dieter Hüning / Burkhard Tuschling (Hg.): *Recht, Staat und Völkerrecht bei Immanuel Kant*. Berlin: Duncker und Humblot, 233–246.
Höffe, Otfried (1999): *Demokratie im Zeitalter der Globalisierung*. München: C.H.Beck.
Höffe, Otfried (2001): *Königliche Völker. Zu Kants kosmopolitischer Rechts- und Friedenstheorie*. Frankfurt am Main: Suhrkamp.

Hobbes, Thomas (1966): *Leviathan*. William Molesworth (Hg.). In: The English Works of Thomas Hobbes, Bd. III (1889), London: John Bohn. Nachdr. Aalen: Scientia Verlag.
Hobbes, Thomas (1984): *Leviathan*. Walter Euchner (Übers.). Frankfurt am Main: Suhrkamp.
Hoffbauer, Johann Christoph (1793): *Naturrecht aus dem Begriffe des Rechts entwickelt*. Halle: Hemmerde und Schwetschke.
Hohfeld, Wesley Newcomb (2007): „Einige Grundbegriffe des Rechts, wie sie in rechtlichen Überlegungen Anwendung finden". Dunja Jaber (Übers.). In: Markus Stepanians (Hg.): *Individuelle Rechte*. Paderborn: mentis, 51–85.
Horn, Christoph (2008): „The Concept of Love in Kant's Virtue Ethics". In: Betzler (2008), 147–173.
Horn, Christophe (2014): *Nichtideale Normativität. Ein neuer Blick auf Kants politische Philosophie*. Berlin: Suhrkamp.
Hruschka, Joachim (1994): „On the History of Justification and Excuse in Cases of Necessity." In: Werner Krawietz / Neil MacCormick / George Henrik von Wright (Hg.): *Prescriptive Formality and Normative Rationality in Modern Legal Systems*. Berlin: Duncker und Humblot, 337–349.
Hruschka, Joachim (2004): „The Permissive Law of Practical Reason in Kant's Metaphysics of Morals". In: *Law and Philosophy* 23, 45–72.
Hufeland, Gottlieb (1790): *Lehrsätze des Naturrechts und der damit verbundenen Wissenschaften*. Jena: Cuno's Erben.
Hufeland, Gottlieb (1785): *Versuch über den Grundsatz des Naturrechts*. Leipzig: G.J. Göschen.
Hume, David (1978): *Ein Traktat über die menschliche Natur*. Theodor Lipps (Übers.). Hamburg: Meiner.
Hume, David (1984): *Eine Untersuchung über den menschlichen Verstand*. Raoul Richter (Übers.). Hamburg: Meiner.
Hume, David (2003): *Eine Untersuchung über die Prinzipien der Moral*. Manfred Kühn (Übers.). Hamburg: Meiner.
Hüning, Dieter (2008): „Kants Stellung zum Eid in den Metaphysischen Anfangsgründen der Rechtslehre". In: Valerio Rohden / Ricardo R. Terra / Guido A de Almeida / M. Ruffing (Hg.): *Recht und Frieden in der Philosophie Kants. Akten des X. Internationalen Kant-Kongresses 2005*, Bd. 4. Berlin: De Gruyter, 409–423.
Hüning, Dieter (2017): „Kant und die crimina carnis". In: Bernd Dörflinger / Dieter Hüning / Günter Kruck (Hg.). *Das Verhältnis von Recht und Moral in Kants praktischer Philosophie*. Hildesheim: Olms, 257–288.
Ipsen, Knut (Hg.) (1999a): *Völkerrecht*. München: C.H. Beck
Ipsen, Knut (1999b): „1. Kapitel: Regelungsbereich, Geschichte und Funktion des Völkerrechts". Ipsen (1999a), 1–50.
James, David (2011): *Fichte's Social and Political Philosophy: Property and Virtue*. Cambridge UK: Cambridge University Press.
James, David (2013): *Rousseau and German Idealism: Freedom, Dependence and Necessity*. Cambridge UK: Cambridge University Press.
Kain, Patrick (2009): „Kant's Defense of Human Moral Status". In: *Journal of the History of Philosophy* 47/1, 59–101.
Kain, Patrick (2010): „Duties Regarding Animals". In: Lara Denis (Hg.): *Kant's Metaphysics of Morals*. Cambridge UK: Cambridge University Press, 210–233.
Kaser, Max / Knütel, Rolf (2013): *Römisches Privatrecht*. 20. Aufl. München: C.H. Beck.

Kaufmann, Matthias (1997): „The Relation Between Right and Coercion: analytic or Synthetic". In: *Jahrbuch für Recht und Ethik* 5, 73–84.
Kersting, Wolfgang (1993): *Wohlgeordnete Freiheit: Immanuel Kants Rechts- und Staatsphilosophie.* Frankfurt am Main: Suhrkamp.
Kersting, Wolfgang (2004): *Kant über Recht.* Paderborn: mentis.
Kiefner, Hans (1991): „§ 39 der Metaphysischen Anfangsgründe der Rechtslehre Kants". In: Michael Stolleis (Hg.): *Die Bedeutung der Wörter – Studien zur europäischen Rechtsgeschichte.* München: C. H. Beck, 133–153.
Kindhäuser, Urs (1991): „Täuschung und Wahrheitsanspruch beim Betrug". In: *Zeitschrift für die gesamte Strafrechtswissenschaft* 103/2, 398–424.
Kleingeld, Pauline (2007): „Kant's Second Thoughts on Race". In: *Philosophical Quarterly* 57/229, 573–92.
Kleingeld, Pauline (2012): *Kant and Cosmopolitanism. The Philosophical Ideal of World Citizenship.* Cambridge UK: Cambridge University Press.
Kleingeld, Pauline (2014): „Chapter 54: Immanuel Kant". In: Bardo Fassbender / Anne Peters (Hg.): *The Oxford Handbook of the History of International Law.* Oxford: Oxford University Press, 1122–26.
Kneller, Jane (2006): „Kant on Sex and Marriage Right." In: Paul Guyer (Hg.): *The Cambridge Companion to Kant and Modern Philosophy.* Cambridge UK: Cambridge University Press, 447–76.
Korsgaard, Christine (1986): „The Right to Lie: Kant on Dealing with Evil". In: *Philosophy and Public Affairs*, 15/4, 325–349.
Korsgaard, Christine M. (1996a): *Creating the Kingdom of Ends.* Cambridge: Cambridge University Press.
Korsgaard, Christine (1996b): *The Sources of Normativity*, Cambridge University Press.
Korsgaard, Christine (2005): „Fellow Creatures: Kantian Ethics and Our Duties to Animals". In: Grethe B. Peterson (Hg.): *The Tanner Lectures on Human Values*, Bd. XXV. Salt Lake City: Utah University Press, 77–110.
Korsgaard, Christine M. (2009): *Self-Constitution: Agency, Identity, and Integrity.* Oxford: Oxford University Press.
Korsgaard, Christine (2011): „Interacting with Animals: A Kantian Account". In: Tom L. Beauchamp / R. G. Frey (Hg.): *The Oxford Handbook of Animal Ethics.* Oxford: Oxford University Press, 91–118.
Küper, Wilfried (1999): *Immanuel Kant und das Brett des Karneades.* Heidelberg: C.F. Müller.
Ladd, John (Übers.) (1999): *Immanuel Kant, Metaphysical Elements of Justice.* Indianapolis: Hackett.
Locke, John (1977): *Zwei Abhandlungen über die Regierung.* Walter Euchner (Übers.). Frankfurt am Main: Suhrkamp.
Löhrer, Guido (2012): „Ist es manchmal richtig, unaufrichtig zu sein? Zur moralischen Valenz der Lüge." In: *Allgemeine Zeitschrift für Philosophie* 37/1, 5–22.
Louden, Robert (2000): *Kant's Impure Ethics: From Rational Beings to Human Beings.* New York: Oxford University Press.
Louden, Robert (2007): *The World We Want: How and Why the Ideals of the Enlightenment Still Elude Us.* Oxford: Oxford University Press.
Louden, Robert (2011): *Kant's Human Being: Essays on His Theory of Human Nature.* Oxford: Oxford University Press.

Louden, Robert (2013): „El Kant de Foucault." In: *Estudos Kantianos* 1/1, 163–82.
Louden, Robert (2015): „The Last Frontier: Exploring Kant's Geography." In: Robert R. Clewis (Hg.): *Reading Kant's Lectures*. Berlin: De Gruyter, 505–25.
Ludwig, Bernd (1982): „Der Platz des rechtlichen Postulats der praktischen Vernunft innerhalb der §§ 1–6 der Kantischen Rechtslehre". In: Reinhard Brandt (Hg.): *Rechtsphilosophie der Aufklärung*. Berlin: De Gruyter, 218–232.
Ludwig, Bernd (1988): *Kants Rechtslehre*. Hamburg: Meiner.
Ludwig, Bernd (1990): „Einleitung". In: Immanuel Kant: *Metaphysische Anfangsgründe der Tugendlehre*. Hamburg: Meiner, XIII-XXVIII.
Ludwig, Bernd (2013): „Die Einteilungen der Metaphysik der Sitten im Allgemeinen und der Tugendlehre im Besonderen (MS 6:218–221 und RL 6:239–242 und TL 6:388–394, 410–413)". In: Trampota/Sensen/Timmermann (2013), 59–84.
Luf, Gerhard (1978): *Freiheit und Gleichheit. Die Aktualität im politischen Denken Kants*. Wien / New York: Springer.
Macpherson, C.B. (1967): *Die politische Theorie des Besitzindividualismus*. Arno Wittekind (Übers.). Frankfurt am Main: Suhrkamp.
Maliks, Reidar (2014): *Kant's Politics in Context*. Oxford: Oxford University Press.
Marsilius von Padua (2017): *Der Verteidiger des Friedens*. (Übers.) von Horst Kusch, Darmstadt: Wissenschaftliche Buchgesellschaft.
Mautner, Thomas (1981): „Kant's Metaphysics of Morals: A Note on the Text". In: *Kant-Studien* 72/4, 356–59.
McCarty, Richard (2012): „The right to lie: Kantian ethics and the inquiring murderer". In: *American Philosophical Quarterly* 49/4, 331–343.
Meier, Georg Friedrich (1753–1761): *Philosophische Sittenlehre*. Halle: Hemmerde.
Mendus, Susan (1992): „Kant: 'An Honest but Narrow-Minded Bourgeois'?". In: Howard Lloyd Williams (Hg.): *Essays on Kant' Political Philosophy*. Chicago: University of Chicago Press, 166–90.
Merle, Jean-Christophe (1997): *Justice et progrès*. Paris: Presses Universitaires de France.
Mertens, Th. (2014): „Sexual Desire and the Importance of Marriage in Kant's Philosophy of Law". In: *Ratio Juris*, 27/3, 330–343.
Merle, Jean-Christophe (2007): *Strafe aus Respekt vor der Menschenwürde*. Berlin: De Gruyter.
Merle, Jean-Christophe (2013): „Envy and Interpersonal Dependence in Kant's Conception of Economic Justice". In: Bacin/Ferrarin/La Rocca/Ruffing (2013), Bd. 3, 765–775.
Mohr, Georg (2001): „Voraussetzungen und Chancen postnationaler Integration". In: Matthias Kaufmann (Hg.): *Integration oder Toleranz? Minderheiten als philosophisches Problem*. Freiburg: Alber, 200–238.
Mohr, Georg (2002): „Was kann eine Theorie der Rechtskultur vom Neukantianismus lernen? Zu Emil Lasks Rechtsphilosophie". In: Robert Alexy / Lukas Meyer u. a. (Hg.): *Neukantianismus und Rechtsphilosophie*. Baden-Baden: Nomos, 111–125.
Molina, Luis de (Ludovicus de) (2019): *De iustitia et iure. Über Gerechtigkeit und Recht*. Matthias Kaufmann / Alexander Loose / Danaë Simmermmacher (Übers.). Stuttgart Bad-Cannstatt: Frommann-Holzboog.
Montesquieu, Charles de Secondat, Baron de (1965): *Vom Geist der Gesetze*. Kurt Weigand (Übers.). Stuttgart: Reclam.
Montesquieu, Charles de Secondat, Baron de (2000): *Meine Gedanken*. Henning Ritter (Hg. und Übers.). München: Carl Hanser.

Murswiek, Dietrich (1993): „Die Problematik Eines Rechts Auf Sezession – Neu Betrachtet". In: *Archiv des Völkerrechts*, Bd. 31, Nr. 4, 1993, 307–332.
Muthu, Sankar (2003): *Enlightenment against Empire*. Princeton NJ: Princeton University Press.
Nickl, Peter (2013): „Lügenverbot und Liebespflicht. Zu einem Dilemma in Kants Ethik". In: Bacin/Ferrarin/La Rocca/Ruffing (2013), Bd. 3, 457–470.
Nielsen, Kai (1989): *Why be Moral?* Buffalo, NY: Prometheus.
Nielsen, Kai (1999): „Moral Point of View Theories". In: *Crítica, Revista Hispanoamericana de Filosofía* 31/93, 105–116.
Nussbaum, Martha C. (1999): *Sex and Social Justice*. Oxford: Oxford University Press.
Oberer, Hariolf (Hg.) (1996): *Kant. Analyse – Probleme – Kritik*. Bd. 2. Würzburg: Königshausen und Neumann.
Oberer, Hariolf (1997): „Sittengesetz und Rechtsgesetze a priori". In: ders. (Hg.): *Kant. Analysen – Probleme – Kritik*, Bd. 3, Würzburg: Könighausen und Neumann, 157–200.
Oberer, Hariolf / Seel, Gerhard (Hg.) (1988): *Kant. Analyse – Probleme – Kritik*. Bd. 1. Würzburg: Königshausen und Neumann.
Ockham, Guillelmus de (Wilhelm von) (1963): *Guillelmi de Ockham Opera Politica*, Bd. 2. Hilary Offler (Hg.). Manchester: Mancunii Typis Universitatis (Manchester University Press).
O'Neill, Onora (1975): *Acting on Principle*. New York: Columbia University Press; Nachdr. Cambridge UK: Cambridge University Press, 2014.
O'Neill, Onora (1989): *Constructions of Reason*. Cambridge UK: Cambridge University Press.
O'Neill, Onora (1996): *Towards Justice and Virtue: A Constructive Account of Practical Reasoning*. Cambridge UK: Cambridge University Press.
O'Neill, Onora (2000a): „Kant and the Social Contract Tradition". In: François Duchesneau / Guy Lafrance / Claude Piché (Hg.): *Kant Actuel: Hommage à Pierre Laberge*. Montreal: Bellarmin, 185–200.
O'Neill, Onora (2000b): *Bounds of Justice*. Cambridge UK: Cambridge University Press.
O'Neill, Onora (2002): „Instituting Principles: Between Duty and Action". In: Timmons (2002), 331–347.
O'Neill, Onora (2003a): „Constructivism in Rawls and Kant". In: Samuel Freeman (Hg.): *The Cambridge Companion to Rawls*. Cambridge UK: Cambridge University Press, 347–67.
O'Neill, Onora (2004a): „Autonomy, Plurality and Public Reason". In: Natalie Brender / Larry Krasnoff (Hg.): *New Essays in the History of Autonomy*. Cambridge UK: Cambridge University Press, 181–94.
O'Neill, Onora (2004b): „Self-Legislation, Autonomy and the Form of Law". In: Herta Nagl-Docekal / Rudolf Langthaler (Hg.): *Recht, Geschichte, Religion: Die Bedeutung Kants für die Gegenwart*. Sonderband der Deutschen Zeitschrift für Philosophie. Berlin: Akademie Verlag, 13–26.
Oppenheim, Lassa (Hg.) (1914): *The Collected Papers of John Westlake on Public International Law*. Cambridge UK: Cambridge University Press.
Oppenheim, Lassa Francis Lawrence / Lauterpracht, Hersch (1955): *International Law. A Treatise*, London: Longmans, Green & Co.
Palmquist, Stephen (2009): „Kant's Religious Argument for the Existence of God—The Ultimate Dependence of Human Destiny on Divine Assistance". In: *Faith and Philosophy* 26/1, 3–22.
Papadaki, Lina (2010): „Kantian Marriage and Beyond: Why It Is Worth Thinking about Kant on Marriage." In: *Hypatia* 25/2, 276–94.

Paton, Herbert James (1954): An Alleged Right to Lie. In: Kant-Studien 45/3, 190–203.
Pettit, Philip (1997): *Republicanism: A Theory of Freedom and Government.* Oxford: Clarendon Press.
Pinzani, Alessandro (2005): „Der systematische Stellenwert der pseudo-ulpianischen Regeln in Kants Rechtslehre". In: *Zeitschrift für philosophische Forschung*, 59/1, 71–94.
Pinzani, Alessandro (2008): „Kant on Sovereignty". In: *Kant e-Prints, Campinas* Reihe 2, Bd. 3, Heft 2, 229–236.
Pinzani, Alessandro (2017): „Gibt es eine ethische Pflicht, äußerlich frei zu sein?". In: Bernd Dörflinger / Dieter Hüning / Günter Kruck (Hg.): *Das Verhältnis von Recht und Moral in Kants praktischer Philosophie.* Hildesheim: Olms, 171–190.
Pippin, Robert (1999): „Dividing and Deriving in Kant's Rechtslehre". In: Otfried Höffe (Hg.): *Immanuel Kant. Metaphysische Anfangsgründe der Rechtslehre.* Berlin: Akademie Verlag, 63–85.
Pogge, Thomas (1992): „Cosmopolitanism and Sovereignty". In: *Ethics* 103/1, 48–75.
Pogge, Thomas (2002): „Is Kant's Rechtslehre a 'Comprehensive Liberalism'?". In: Timmons (2002), 133–158.
Pufendorf, Samuel (1994): *Über die Pflicht des Menschen und des Bürgers nach dem Gesetz der Natur.* Klaus Luig (Übers.). Frankfurt am Main: Insel.
Polybios (1973): *Historien.* Karl Friedrich Eisen (Übers.). Stuttgart: Reclam.
Quine, W. V. O. (1969): *Ontological Relativity and Other Essays.* New York: Columbia University Press.
Rawls, John, (1975): *Eine Theorie der Gerechtigkeit.* Hermann Vetter (Übers.). Frankfurt am Main: Suhrkamp.
Rawls, John (1992): „Gerechtigkeit als Fairneß: politisch und nicht metaphysisch". In: ders.: *Die Idee des politischen Liberalismus. Aufsätze 1978–1989.* Wilfried Hinsch (Übers.). Frankfurt am Main: Suhrkamp, 255–92.
Rawls, John (1998): *Politischer Liberalismus.* Wilfried Hinsch (Übers.). Frankfurt am Main: Suhrkamp.
Rawls, John (2002): *Das Recht der Völker.* Wilfried Hinsch (Übers.). Berlin: De Gruyter.
Rawls, John (2004): *Geschichte der Moralphilosophie: Hume, Leibniz, Kant, Hegel.* Joachim Schulte (Übers.). Frankfurt am Main: Suhrkamp.
Rehbock, Theda (2010): „Moral und Sprache. Ist das Verbot der Lüge sprachphilosophisch begründbar?". In: *Deutsche Zeitschrift für Philosophie* 58/1, 105–125.
Renan, Ernest (1995): „*Was ist eine Nation?* (1882)". In: ders.: *Was ist eine Nation? Und andere politische Schriften.* Henning Ritter / Werner Euchner (Hg). Wien: Folio.
Riedel, Manfred (1973): „Die Aporie von Herrschaft und Vereinbarung in Kants Idee des Sozialvertrags". In: Gerold Prauss (Hg): *Kant. Zur Deutung seiner Theorie von Erkennen und Handeln.* Köln: Kiepenhauer und Witsch, 337–349.
Ripstein, Arthur (2004): „Authority and Coercion". In: *Philosophy and Public Affairs* 327/1, 2–35.
Ripstein, Arthur (2009): *Force and Freedom: Kant's Legal and Political Philosophy.* Cambridge, MA: Harvard University Press.
Rosas, Allan (1993): „Internal Self-Determination". In: Christian Tomuschat: *Modern Law of Self-Determination.* Leiden: Brill.
Rosen, Allen D. (1993): *Kant's Theory of Justice.* Ithaca, NY: Cornell University Press.

Ross, William David (1954): *Kant's Ethical Theory. A Commentary on the Grundlegung Zur Metaphysik der Sitten*. Oxford: Clarendon Press.
Rousseau, Jean-Jacques (1977): *Vom Gesellschaftsvertrag oder Grundsätze des Staatsrechts*. Hans Brockard / Eva Pietzcker (Übers). Stuttgart: Reclam.
Rühl, Ulli F. H. (2010): *Kants Deduktion des Rechts als intelligibler Besitz – Kants ‚Privatrecht' zwischen vernunftrechtlicher Notwendigkeit und juristischer Kontingenz*. Paderborn: mentis.
Saage, Richard (1994): *Eigentum, Staat und Gesellschaft bei Immanuel Kant*. 2. Aufl. Baden-Baden: Nomos.
Schadow, Steffi (2013): „Recht und Ethik in Kants Metaphysik der Sitten". In: Trampota/Sensen/Timmermann (2013), 85–112.
Schelling, Friedrich Wilhelm Joseph von (1982): „Neue Deduction des Naturrechts (1795)". In: ders.: *Historisch-Kritische Ausgabe*, Reihe 1, Werke 3. Stuttgart: Frommann-Holzboog, 113–176.
Schmalz, Theodor (1792): *Das reine Naturrecht*. Königsberg: Friedrich Nicolai.
Schmitt, Carl (1970): *Verfassungslehre*. 2. Aufl. Berlin: Duncker und Humblot.
Schnepf, Robert (2004): „Systematisierung von rechtlichen Intuitionen? – Die drei Formeln Ulpians bei Leibniz und Kant". In: *Jahrbuch für Recht und Ethik*, Bd. 12, 253–282.
Schönecker, Dieter 2013: „Duties to Others from Love (TL 6:448–461)". In: Trampota/Sensen/Timmermann (2013), 309–341.
Schubert, Friedrich Wilhelm (1842): „Immanuel Kant's Biographie: zum großen Theil nach handschriftlichen Nachrichten dargestellt". In: Karl Rosenkranz / Friedrich Wilhelm Schubert (Hg.): *Immanuel Kant's sämmtliche Werke*, Bad. XI. Leipzig: Voss.
Schüssler, Rudolf (2012): „Kant und die Kasuistik: Fragen zur Tugendlehre". In: *Kant-Studien* 103/1, 70 95.
Sedgwick, Sally (1991): „On Lying and the Role of Content in Kant's Ethics". In: *Kant-Studien* 82/1, 42–62.
Seel, Gerhard (1997): „‚Darin aber wäre ein Widerspruch'. Der zweite Definitivartikel zum ewigen Frieden neu gelesen". In: Oberer (1997), 293–331.
Seidler, Michael (1983): „Kant and the Stoics on Suicide", in: *Journal of the History of Ideas* 44/3, 429–453.
Smith, Rhona K.M. (2005): *Textbook on International Human Rights*, 2. Aufl., Oxford: Oxford University Press.
Sensen, Oliver (2011): *Kant on Human Dignity*. Berlin: De Gruyter.
Shell, Susan Meld (2009): *Kant and the Autonomy of Reason*. Cambridge, MA: Harvard University Press.
Shell, Susan Meld (1996): *The Embodiment of Reason: Kant on Spirit, Generation, and Community*. Chicago: University of Chicago Press.
Singer, Marcus George (1961): *Generalization in Ethics*. New York: Knopf.
Skinner, Quentin (1998): *Liberty before Liberalism*. Cambridge UK: Cambridge University Press.
Sticker, Martin (2020): „The Case against Different-Sex Marriage in Kant". In: *Kantian Review* 25/3, 441–464.
Stocker, Michael (1981): „Values and Purposes: The Limits of Teleology and the Ends of Friendship". In: *Journal of Philosophy* 78/12, 747–65.
Stocker, Michael (1976): „The Schizophrenia of Modern Ethical Theories". In: *Journal of Philosophy* 73/14, 453–66.

Suárez, Francisco (1972): *Tractatus de Legibus ac Deo Legislatore*. Bd. II (De legis obligatione (I, caps. 9–20)). Luciano Pereña Vicente (Übers.). Madrid: Consejo Superior de Investigaciones Científicas.

Suárez, Francisco (2019): *De legibus ac deo legislatore / Über die Gesetze und Gott den Gesetzgeber*. Oliver Bach / Norbert Brieskorn / Gideon Stiening (Übers.). In: ders.: *Werke*, Reihe I, Bd. 12. Stuttgart Bad-Cannstatt: Frommann-Holzboog.

Sugasawa, Tatsubumi (2013): „Kant und das Problem des Lügens. Über Nebeneinanderbestehen der moralischen Pflichten". In: Bacin/Ferrarin/La Rocca/Ruffing (2013), 657–668.

Swift, Jonathan (1758): *Satyrische und ernsthafte Schriften*, Bd. III. Johann Heinrich Waser (Übers.). Hamburg / Leipzig.

Thomas von Aquin (1953): *Summa Theologica*. Dominikanern und Benediktinern Deutschlands und Österreichs (Übers.). Bd. 18, Heidelberg / Graz: F.H. Kerle / Verlag Styria.

Thomas von Aquin (1977): *Summa Theologica*. Dominikanern und Benediktinern Deutschlands und Österreichs (Übers.). Bd. 13, Heidelberg / Graz: F.H. Kerle / Verlag Styria.

Thomasius, Christian (1979): *Fundamenta iuris naturae et gentium*. Halle, 4. Aufl. 1718. Nachdr. Aalen: Sciencia-Verlag.

Thukydides (2000): *Der Peloponnesische Krieg*. Helmuth Vretska (Übers.). Stuttgart: Reclam.

Tierney, Brian (1997): *The Idea of Natural Rights*. Grand Rapids, MI / Cambridge UK: Wm. B. Eerdmans Publishing Co.

Timmermann, Jens (2000): „Kant und die Lüge aus Pflicht. Zur Auflösung moralischer Dilemmata in einer kantischen Ethik". In: *Philosophisches Jahrbuch* 107/2, 267–283.

Timmermann, Jens (2005): „When the Tail Wags the Dog: Animal Welfare and Indirect Duty in Kantian Ethics". In: *Kantian Review* 10, 128–49.

Timmons, Mark (Hg.) (2002): *Kant's Metaphysics of Morals. Interpretative Essays*. Oxford: Oxford University Press.

Timmons, Mark (2006): „The Categorical Imperative and Universalizability". In: Christoph Horn / Dieter Schönecker / Corinna Mieth (Hg.). *Groundwork for the Metaphysics of Morals*. Berlin: De Gruyter, 158–199.

Timmons, Mark (2012): *Moral Theory. An Introduction*. Lanham: Rowman & Littlefield.

Toulmin, Stephen (1953): *An Examination of the Place of Reason in Ethics*. Cambridge UK: Cambridge University Press.

Irampota, Andreas / Sensen, Oliver / Timmermann, Jens (Hg.) (2013): *Kant's Tugendlehre. A Comprehensive Commentary*. Berlin: De Gruyter.

Tuschling, Burkhard (1988): „Das ‚rechtliche Postulat der praktischen Vernunft': seine Stellung und Bedeutung in Kants ‚Rechtslehre'". In: Oberer/Seel (1988), 273–292.

Villey, Michel (1968): *La formation de la pensée juridique moderne*. Paris: Presses Universitaires de France.

von der Pfordten, Dietmar (2009): *Menschenwürde, Recht und Staat bei Kant. Fünf Untersuchungen*. Paderborn: mentis.

von der Pfordten, Dietmar (2007): „Kants Rechtsbegriff". In: *Kant-Studien* 98/4, 431–442; Nachdr.: von der Pfordten (2009), 27–39. (englisch: „On Kant's Concept of Law". In: *Archiv für Rechts- und Sozialphilosophie* 101/2 (2015), 191–201).

Wagner, Hans (1986): „Kant gegen ein Recht zu Lügen". In: Georg Geismann / Hariolf Oberer (Hg.): *Kant und das Recht der Lüge*, Würzburg: Königshausen und Neumann, 95–102.

Warren, Mary Anne (1997): *Moral Status: Obligation to Persons and Other Living Things.* Oxford: Oxford University Press.

Watson, John (1881): *Kant and his English Critics: A comparison of Critical and Empirical Philosophy.* Glasgow: Maclehose.

Weigand, Rudolf (1967): *Die Naturrechtslehre der Legisten und Dekretisten von Irnerius bis Accurius und von Julian bis Johannes Teutonicus.* München: Hueber.

Westphal, Kenneth R. (1989): *Hegel's Epistemological Realism: A Study of the Aim and Method of Hegel's Phenomenology of Spirit.* Dordrecht: Kluwer.

Westphal, Kenneth R. (1997): „Do Kant's Principles Justify Property or Usufruct?" In: *Jahrbuch für Recht und Ethik* Bd. 5, 141–94.

Westphal, Kenneth R. (2002): „A Kantian Justification of Possession". In: Timmons (2002), 89–109.

Westphal, Kenneth R. (2003): *Hegel's Epistemology: A Philosophical Introduction to the Phenomenology of Spirit.* Cambridge, MA: Hackett.

Westphal, Kenneth R. (2010): „Hegel". In: J. Skorupski (Hg.): *The Routledge Companion to Ethics.* London: Routledge, 168–180.

Westphal, Kenneth R. (2012): „Norm Acquisition, Rational Judgment and Moral Particularism". In: *Theory and Research in Education* 10/1, 3–25.

Westphal, Kenneth R. (2013a): „Natural Law, Social Contract and Moral Objectivity: Rousseau's Natural Law Constructivism". In: *Jurisprudence* 4/1, 48–75.

Westphal, Kenneth R. (2013b): „Substantive Philosophy, Infallibilism and the Critique of Metaphysics: Hegel and the Historicity of Philosophical Reason". In: Lisa Herzog (Hg.): *Hegel's Thought in Europe: Currents, Cross-Currents and Undercurrents.* Basingstoke: Palgrave-Macmillan, 192–220.

Westphal, Kenneth R. (2014a): „Rational Justification and Mutual Recognition in Substantive Domains". In: *Dialogue* 53/1, 57–96.

Westphal, Kenneth R. (2014b): „Moralkonstruktivismus, Vertragstheorie und Grundpflichten: Kant contra Gauthier". In: *Jahrbuch für Recht und Ethik* Bd. 22, 545–563.

Westphal, Kenneth R. (2015): „Conventionalism and the Impoverishment of the Space of Reasons: Carnap, Quine and Sellars'". In: *Journal for the History of Analytic Philosophy* 3/8, 1–66.

Westphal, Kenneth R. (2016): *How Hume and Kant Reconstruct Natural Law: Justifying Strict Objectivity without Debating Moral Realism.* Oxford: Clarendon Press.

Westphal, Kenneth R. (2018): *Grounds of Pragmatic Realism: Hegel's Internal Critique & Transformation of Kant's Critical Philosophy.* Leiden & Boston: Brill.

Westphal, Kenneth R. (2020a): *Hegel's Civic Republicanism: Integrating Natural Law with Kant's Moral Constructivism.* New York & London: Routledge.

Westphal, Kenneth R. (2020b): „Beantwortung der Frage: Was ist kritische Philosophie?" In: D. Simmermacher & A. Krause, Hgg., *Denken und Handeln. Perspektiven der praktischen Philosophie und der Sprachphilosophie – Festschrift für Matthias Kaufmann* (Berlin: Duncker & Humblot), 291–305.

Will, Frederick L. (1988): *Beyond Deduction.* London: Routledge.

Will, Frederick L. (1997): *Pragmatism and Realism* (Hg.: Kenneth R. Westphal). Lanham MD: Rowman & Littlefield.

Willaschek, Marcus (1997): „Why the Doctrine of Right does not belong in the Metaphysics of Morals". In: *Jahrbuch für Recht und Ethik* Bd. 5, 205–227.

Willaschek, Marcus (2002): „Which Imperatives for Right? On the Non-Prescriptive Character of Juridical Laws in Kant's Metaphysics of Morals". In: Timmons (2002), 65–87.
Willaschek, Marcus (2009): „Right and Coercion. Can Kant's Conception of Right be Derived from his Moral Theory?". In: *International Journal of Philosophical Studies*, 17/1, 49–70.
Wilson, Donald (2004): „Kant and the Marriage Right." In: *Pacific Philosophical Quarterly* 85/1, 103–123.
Wittwer, Héctor (2010): *Ist es vernünftig, moralisch zu handeln?* Berlin: De Gruyter.
Wittwer, Hector (2001): „Über Kants Verbot der Selbsttötung". In: *Kant-Studien* 92/2, 180–209.
Wolff, Christian von (1969): Institutiones juris naturae et gentium, Halle / Magdeburg 1750, Nachdr. Marcellus Thomann (Hg.). In: ders.: *Gesammelte Werke*, Abt. 2, Bd. 26, Hildesheim / Zürich: Olms.
Wood, Allen W. (1998): „Kant on Duties Regarding Nonrational Nature I". In: *Proceedings of the Aristotelian Society*, Supplementary Volumes 72, 189–210.
Wood, Allen W. (1999): *Kant's Ethical Thought*. Cambridge UK: Cambridge University Press.
Wood, Allen W. (2008): *Kantian Ethics*. Cambridge UK: Cambridge University Press.
Wood, Allen (2011): Kant and the Right to Lie. In: *Eidos* 15, 96–117.
Wood, Allen (2014): *The Free Development of Each: Studies on Freedom, Right, and Ethics in Classical German Philosophy*. Oxford: Oxford University Press.
Wooldridge, Frank (1987): „Uti possidetis Doctrine". In: Rudolf Bernhardt, (Hg.): *Encyclopedia of Public International Law* 10. Amsterdam: Elsevier Science Publishers B.V. 519–521.
Zazcyk, Rainer (2015): „Das Recht und die Lüge. Zu Kants Aufsatz ‚Über ein vermeintes Recht aus Menschenliebe zu lügen'" In: Claus Friedrich Stuckenberg / Klaus Ferdinand Gärditz (Hg.): *Strafe und Prozess im freiheitlichen Rechtsstaat. Festschrift für Hans-Ullrich Paeffgen*. Berlin: Duncker und Humblot, 81–96.
Zöller, Günter (2010): „Autocracy. Kant on the Psycho-Politics of Self-Rule". In: Stephen R. Palmquist (Hg.): *Cultivating Personhood. Kant and Asian Philosophy*. Berlin, New York: De Gruyter, 401–414.
Zöller, Günter (2015a): „Libertas civilis. Zur politischen Prägung von Freiheit und Autonomie bei Kant". In: Mario Egger (Hg.): *Philosophie nach Kant. Neue Wege zum Verständnis von Kants Transzendental- und Moralphilosophie*. Berlin, New York: De Gruyter, 329–338.
Zöller, Günter (2105b): *Res Publica. Plato's 'Republic' in Classical German Philosophy*. Hong Kong: The Chinese University Press.
Zöller, Günter (2015c): „‚The Platonic Republic'. The Beginnings of Kant's Juridico-Political Philosophy in the Critique of Pure Reason". In: *Estudos Kantianos* 3/1, 11–26.
Zöller, Günter (2015d): „‚Without Hope and Fear'. Kant's Naturrecht Feyerabend on Bindingnesss and Obligation". In: Robert Clewis (Hg.): *Reading Kant's Lectures*. Berlin: De Gruyter, 346–361.
Zöller, Günter (2016): „Republicity. The Forensic Form of Life". In: *Yearbook for Eastern and Western Philosophy* Bd. 1, 123–135.
Zöller, Günter (2017): „‚Inborn Freedom'. Kant's Republicanism and Its Historico-Systematic Context". In: Violetta Waibel / Margit Ruffing (Hg.): *Proceedings of the 12th International Kant Congress 2015*. Berlin: De Gruyter, 693–712.
Zöller, Günter (2019): „Vom idealen Staat zur Idee des Staates. Kants freiheitliche Platodeutung". In: Jörg Dünne / Kurt Hahn / Lars Schneider (Hg): *Lectiones difficiliores – Vom Ethos der Lektüre*. Tübingen: Narr Francke Attempto, 559–560.

Zöller, Günter (2020a): „'Right Rests Solely on Freedom'. The Historical and Systematic Significance of Kant's Natural Law Feyerabend. In: Margit Ruffing / Annika Schlitte / Gianluca Sadun Bordoni (Hg.): *Kants ‚Naturrecht Feyerabend'. Analysen und Perspektiven.* Berlin: De Gruyter, 33–50.

Zöller, Günter (2020b): „Republicanism Without Republic. Kant's Political Philosophy In Its Historico-Systematic Context". In: *Studia Kantiana* 18/3, 11–44.

Zöller, Günter (2021a): „Autocracy". In: Julian Wuerth (Hg.): *The Cambridge Kant Lexicon.* Cambridge: Cambridge University Press, 52–54.

Zöller, Günter (2021b): „'Participation of the People Through Its Deputies'. Montesquieu, Kant and Hegel on German Freedom". Erscheint in: *Graduate Faculty Philosophy Journal (New School for Social Research)* 42.

Zotta, Franco (2000): *Immanuel Kant. Legitimität und Recht.* Freiburg / München: Karl Alber.

Zürn, Michael (1998): *Regieren jenseits des Nationalstaats: Denationalisierung und Globalisierung als Chance.* Frankfurt am Main: Suhrkamp.

Zürn, Michael / Leibfried, Stephan (2005): „Reconfiguring the National Constellation". In: Stephan Leibfried / Michael Zürn (Hg.): *Transformations of the State?* Cambridge UK: Cambridge University Press, 1–36.

# Hinweise zu den Autoren

Andrea Marlen Esser ist Professorin für Philosophie an der Friedrich-Schiller-Universität Jena.

Carola Freiin von Villiez ist Professorin für Philosophie an der Universität Bergen (Norwegen).

Christel Fricke ist Professorin für Philosophie an der Universität Oslo (Norwegen).

David James ist Professor für Philosophie an der Universität Warwick (UK).

Patrick Kain ist Professor für Philosophie an Purdue University (USA).

Matthias Kaufmann ist Professor für Philosophie an der Martin-Luther-Universität Halle-Wittenberg.

Robert Louden ist Professor für Philosophie an der University of Southern Maine (USA).

Jean-Christophe Merle ist Professor für Philosophie an der Universität Vechta.

Thomas Mertens ist Professor für Philosophie und Rechtsphilosophie an der Radboud University Nijmegen (Niederlande).

Dietmar von der Pfordten ist Professor für Rechts- und Sozialphilosophie an der Georg-August-Universität Göttingen.

Alessandro Pinzani ist Professor für Philosophie an der Universidade Federal de Santa Catarina, Florianópolis (Brasilien).

Ulli Rühl ist Professor für Öffentliches Recht, Verfassungsrecht, Staatstheorie und Rechtsphilosophie an der Universität Bremen.

Susan Meld Shell ist Professorin für Philosophie an Boston College, Chestnut Hill, MA (USA).

Kenneth Westphal ist Professor für Philosophie an der Bogazici University, Istanbul (Türkei).

Günter Zöller ist Professor für Philosophie an der Ludwig-Maximilians-Universität München.

# Personenregister

Accursius  136
Adelung, Johann Christoph  314
Aischylos  203
Alexy, Robert  291
Altman, Matthew  167
Annen, Martin  309, 311
Aris, Reinhold  169
Aristoteles  33, 103, 202 f., 205, 337
Augustinus von Hippo  132 f., 135

Babic, Jovan  299, 315
Baier, Kurt  49
Ballestrem, Karl Graf  265
Baranzke, Heike  326
Baron, Marcia  24, 233 f., 245
Bärthlein, Karl  141
Beiser, Frederick Charles  44
Blum, Lawrence A.  53
Bodin, Jean  201, 206 f.
Bohman, James  49 f.
Bouterwek, Friedrich  22, 156, 164, 169 f., 179–181
Brake, Elizabeth  169, 172–174, 177, 181
Brandhorst, Mario  300, 309
Brandt, Reinhard  79, 129, 131, 150 f., 155, 157, 164, 290, 294, 296
Brocker, Manfred  147
Buckle, Stephen  34
Byrd, Sharon B.  79, 99, 157 f., 165

Cäsar, Julius  204, 358
Cicero, Marcus Tullius  11, 97, 103, 202
Curren, Randal  52

De Haro Romo, Vincente  337
De Laurentiis, Allegra  169
Deggau, Hans-Georg  157
Denis, Lara  169, 319, 327 f., 330
DiCenso, James  333
Döring, Lars  190
Dworkin, Ronald  95, 102, 169, 173, 297, 361, 363–365, 367

Ebert, Theo  131
Einstein, Albert  32
Epping, Volker  191
Esser, Andrea Marlen  27, 299–301, 331
Euripides  204

Falcioni, Daniela  158, 164
Fastenrath, Ulrich  192
Feinberg, Joel  95
Fichte, Johann Gottlieb  12–14, 120
Foucault, Michel  168
Fredman, Sandra  351
Freiin von Villiez, Carola  1, 17 f., 23, 26, 127, 182 f., 190, 193 f., 199, 347, 368
Fricke, Christel  19, 25, 263
Friedman, Marilyn  53
Friedrich, Rainer  142, 289, 343, 359, 364
Frierson, Patrick R.  323
Fuller, Lon Luvois  99

Geismann, Georg  183–185, 187 f., 198, 294, 300, 308
Gentz, Friedrich von  98
Gloria, Christian  192 f.
Gornig, Gilbert  193
Goyard-Fabre, Simone  140
Greely, Henry T.  171 f., 174
Green, Thomas F.  52
Gregor, Mary J.  168 f., 179
Griffin, James  351
Guyer, Paul  152, 263, 328

Haakonssen, Knud  34
Heck, José N.  79
Hegel, Georg Wilhelm Friedrich  31, 33, 35, 42, 44, 52, 168, 355 f.
Heintze, Hans-Joachim  193, 195
Helm, Bennett  53
Herman, Barbara  33, 169 f., 172, 176–178, 181
Herodot  203
Hill, Thomas  366
Himmelmann, Beatrix  299 f., 316

Hobbes, Thomas  32–35, 150, 183, 201, 207–209, 211, 271 f.
Hoffbauer, Johann Christoph  12
Höffe, Otfried  10, 186, 190, 196, 248, 263
Hohfeld, Wesley Newcomb  100, 102
Horn, Christoph  9, 24, 26, 57, 212, 226–229, 252, 263–265, 273, 280 f., 288, 361
Horn, Hans-Detlef  193
Hruschka, Joachim  21, 79, 98, 129–132, 136, 157 f.
Hufeland, Gottlieb  11 f., 100, 138
Hume, David  31, 34–36, 40, 53, 264, 266, 272, 281–283
Hüning, Dieter  163 f., 247

Ipsen, Knut  191

James, David  20, 105, 115, 120

Kain, Patrick  27, 319, 323, 325
Kaser, Max  161
Kaufmann, Matthias  21, 129, 145, 276
Kersting, Wolfgang  3, 5, 10, 12, 67 f., 129, 131, 149–152, 263
Kiefner, Hans  160
Kindhäuser, Urs  306
Kleingeld, Pauline  167, 196, 218
Kneller, Jane  169–171, 174
Knütel, Rolf  161
König, Peter  201, 205, 215, 221
Korsgaard, Christine M.  177, 293, 299, 320
Küper, Wilfried  99

Ladd, John  169, 179
Lauterpracht, Hersch  193
Leibfried, Stephan  190
Locke, John  150, 272, 325, 351–353, 356 f., 361, 363 f.
Löhrer, Guido  299
Louden, Robert  22, 167 f., 182
Ludwig, Bernd  5 f., 66, 68, 142, 155, 222, 250, 254, 263
Luf, Gerhard  149

Macpherson, Crawford Brough  150
Maliks, Reidar  109, 281

Marsilius von Padua  136
Mautner, Thomas  168
McCarty, Richard  312
Meier, Georg Friedrich  320
Mendus, Susan  169, 174
Merle, Jean-Christophe  1, 17, 19, 24, 55, 95, 98, 151, 222 f., 244, 330, 347
Mertens, Thomas  28, 259 f., 349
Mohr, Georg  190
Molina, Luis de  21, 139–141, 148
Montesquieu, Charles de Secondat, Baron de  52, 201, 209–211
Murswiek, Dietrich  193, 195
Muthu, Sankar  167

Nickl, Peter  309
Nielsen, Kai  49
Nussbaum, Martha C.  173, 181

Oberer, Hariolf  129
O'Neill, Onora  36–40, 43–45, 54, 292
Oppenheim, Lassa  193

Palmquist, Stephen  333
Papadaki, Lina  169, 175 f.
Paton, Herbert James  299
Pettit, Philip  107, 112, 215
Pinzani, Alessandro  19, 24, 79, 81, 93, 199, 247, 250, 359
Pippin, Robert  9
Pogge, Thomas  15, 152, 190, 263
Polybios  204, 207
Pufendorf, Samuel von  4, 135, 148, 151, 187

Quine, Willam van Orman  32

Rawls, John  15, 39, 49 f., 184, 190, 199, 297, 351, 359
Rehbock, Theda  310 f.
Renan, Ernest  199 f.
Riedel, Manfred  113
Ripstein, Arthur  106, 114 f., 118, 121, 212, 263, 270, 276, 280
Rosen, Allen D.  75
Ross, William David  299

Rousseau, Jean-Jacques  20 f., 31 f., 35 f., 107 f., 114 f., 125, 130, 148 f., 151–153, 177, 199, 201, 210 f., 271–273, 283
Rühl, Ulli F. H.  19, 21, 26, 155, 164 f., 285, 288

Saage, Richard  149
Schadow, Steffi  66
Schelling, Friedrich Wilhelm Joseph  12
Schmalz, Theodor  12 f., 100
Schmitt, Carl  137
Schnepf, Robert  79
Schönecker, Dieter  24, 235
Schubert, Friedrich Wilhelm  290
Schüßler, Rudolf  287, 289
Sedgwick, Sally  300
Seel, Gerhard  71, 183, 186, 263, 322, 325, 329, 358
Seidler, Michael  354
Sensen, Oliver  92
Shell, Susan Meld  28, 167, 182, 331, 344, 346
Simma, Bruno  192
Singer, Marcus George  49
Skinner, Quentin  107, 112
Smith, Rhona  21, 25 f., 130, 148, 264–266, 281–283, 349
Sticker, Martin  167
Stocker, Michael  53
Suárez, Francisco  21, 133, 135–138, 141, 146–148
Sugasawa, Tatsubumi  310
Swift, Jonathan  317

Tacitus  202
Thomas von Aquin  132 f., 135, 140, 205

Thomasius, Christian  132, 138, 141, 148
Thukydides  203 f.
Tierney, Brian  133 f., 138
Timmermann, Jens  299, 316, 320
Timmons, Mark  299
Toulmin, Stephen  49
Tuschling, Burkhard  142

Villey, Michel  133
von der Pfordten, Dietmar  18, 57, 68, 71

Wagner, Hans  300
Warren, Mary Anne  319
Watson, John  44
Weigand, Rudolf  134, 138
Westphal, Kenneth R.  17, 31–33, 36, 38–40, 42, 44, 50, 52, 116, 142
Wilhelm von Ockham  132 f.
Will, Frederick L.  36, 43, 52, 63, 70, 73 f., 77, 82, 100, 106, 108–110, 114, 121 f., 124 f., 127, 142, 147–149, 151 f., 181, 194 f., 199, 211, 219, 231, 239, 243, 272–276, 278–281, 283–285, 321, 334, 353 f.
Willaschek, Marcus  57, 145, 252, 263, 270, 274
Wilson, Donald  169
Wittwer, Héctor  289, 300, 353 f., 356 f., 359
Wolff, Christian von  138
Wood, Allen W.  24, 46, 106, 173, 176, 231, 233, 263, 303, 310, 320

Zazcyk, Rainer  311 f.
Zöller, Günter  23, 201, 212 f., 217, 220–222
Zotta, Franco  149
Zürn, Michael  190

www.ingramcontent.com/pod-product-compliance
Lightning Source LLC
Chambersburg PA
CBHW031750220426
43662CB00007B/353